AF553383

कौटिल्य का अर्थशास्त्र

व्याख्या

डॉ. ओम् प्रकाश प्रसाद

इतिहास विभाग

पटना विश्वविद्यालय, पटना

राजकमल प्रकाशन

ISBN : 978-81-267-2734-6

मूल्य : ₹1395

पहला संस्करण : 2014
तीसरा संस्करण : 2023

प्रकाशक : राजकमल प्रकाशन प्रा. लि.
1-बी, नेताजी सुभाष मार्ग, दरियागंज
नई दिल्ली-110 002
शाखाएँ : अशोक राजपथ, साइंस कॉलेज के सामने, पटना-800 006
पहली मंजिल, दरबारी बिल्डिंग, महात्मा गांधी मार्ग, प्रयागराज-211 001
1, अनमोल सोराबजी सन्तुक लेन, धोबी तलाव, मरीन लाइंस, मुम्बई-400 002
वेबसाइट : www.rajkamalprakashan.com
ई-मेल : info@rajkamalprakashan.com

मुद्रक : बी.के. ऑफसेट
नवीन शाहदरा, दिल्ली-110 032

KAUTILYA KA ARTHASHASTRA
by Dr. Om Prakash Prasad

इतिहासकार और गरीबों के हमदर्द

रामशरण शर्मा

(1919–2011)

को

सादर समर्पित

दो शब्द

अर्थशास्त्र का ऐतिहासिक महत्त्व 1960 के बाद प्राचीन भारत के अधिकांश विद्वानों द्वारा समझा गया। रामशरण शर्मा ने अपनी पुस्तकों में इस ग्रन्थ के ऐतिहासिक पक्षों पर सबसे ज्यादा प्रकाश डाला। इस ग्रन्थ को जब विशेष महत्त्व प्रदान करने का सिलसिला प्रारम्भ हुआ तो इसमें वर्णित तथ्यों का गहराई से देशी-विदेशी विद्वानों द्वारा अध्ययन किया गया। वैज्ञानिक दृष्टि और प्रगतिशील विचार रखनेवाले विद्वानों ने तार्किक और निष्पक्ष दृष्टि से प्रमाणित किया कि इस ग्रन्थ में समय-समय पर नवीन तथ्यों को जोड़ने का सिलसिला मौर्यकाल के बाद सैकड़ों वर्षों तक चलता रहा।

इन सभी तथ्यों के बावजूद इस ग्रन्थ में मौर्यकालीन विशेषताओं की उपस्थिति व्यापक रूप में पाते हैं और यही कारण है कि आज भी यह ग्रन्थ मौर्यकालीन स्रोत के रूप में अपना अस्तित्व बनाए हुए है। इतिहास के शिक्षकों एवं छात्रों के बीच काफी महत्त्वपूर्ण एवं लोकप्रिय ग्रन्थ होने के बावजूद इसका पूर्ण उपयोग अभी शेष है। इसमें वर्णित राजनीतिक तथ्यों का ही व्यापक प्रयोग विद्वानों द्वारा किया जाता रहा है। करीब सभी प्रकाशित पुस्तकें अभी तक *अर्थशास्त्र* के आंशिक पहलुओं को पाठकों के समक्ष प्रस्तुत कर पाई हैं। *अर्थशास्त्र* विज्ञान एवं प्रौद्योगिकी, नगरीकरण, कृषि एवं कृषक, शिल्पकार एवं कर्मकार तथा स्त्रियों के बारे में विस्तृत एवं महत्त्वपूर्ण प्रकाश डालता है।

इतिहासलेखन में राजनीति एवं संस्कृति को 1950-60 तक सर्वाधिक स्थान दिया गया। इस विचार को प्रोत्साहन प्रदान करने में वी. ए. स्मिथ, आर. सी. मजुमदार, नीलकंठ शास्त्री आदि विद्वान अग्रणी रहे। इन विद्वानों ने सुविधाभोगियों, धर्म एवं दर्शन को ही इतिहास माना। ए. एल. बाशम और दामोदर धर्मानन्द कोसंबी ने इतिहास लेखन में नवीन बदलाव लाने का प्रयास किया। इन लोगों ने जनसाधारण और गाँवों की सामाजिक एवं आर्थिक दशा को जानना-समझना ही इतिहास बताया। डी. डी. कोसंबी तथा बाशम के विचार को आधार मानकर रामशरण शर्मा और

रोमिला थापर ने समाज एवं अर्थव्यवस्था को इतिहास लेखन का मुख्य आधार बनाया। इस विचार को लोकप्रियता मिली और इतिहासप्रेमियों ने इसे स्वीकृति प्रदान की। इस विचार को सरकारी संरक्षण मिला। विश्व के प्रगतिशील इतिहासकारों ने भारत की सामाजिक एवं आर्थिक स्थिति को आधार मानकर नवीन पुस्तकें लिखीं।

इतिहास में किसी भी प्रकार के सामाजिक, राजनीतिक एवं धार्मिक बदलाव में आर्थिक कारण को सर्वाधिक ठोस कारण मानने का सिलसिला अभी भी जारी है। नवीन शोधकार्यों ने अब यह प्रश्न खड़ा किया है कि सामाजिक, राजनीतिक और धार्मिक बदलाव का अगर प्रधान कारण आर्थिक परिवेश होता है तो आर्थिक बदलाव किस तथ्य पर आधारित है? 21वीं सदी में अन्तर्राष्ट्रीय स्तर पर इस तथ्य को स्वीकृति मिली है कि आर्थिक बदलाव का सबसे ठोस आधार होता है–विज्ञान एवं प्रौद्योगिकी। पूरा विश्व इस तथ्य को स्वीकारने लगा है कि जिस देश (अभी तक विश्व में 196 राष्ट्र हैं और 2011 में सूडान 196वाँ राष्ट्र बना है) में जिस समय विज्ञान एवं प्रौद्योगिकी की जैसी स्थिति रही वैसी ही उसकी आर्थिक स्थिति रही और जैसी आर्थिक स्थिति रही वैसी ही सामाजिक और राजनीतिक दशा रही। इस तरह वर्ष 2011 में *अर्थशास्त्र* में वर्णित विज्ञान एवं प्रौद्योगिकी को स्वतन्त्र रूप से चित्रित करना एक प्रकार की राष्ट्रीय आवश्यकता है। भारत के कई विश्वविद्यालयों में विज्ञान एवं प्रौद्योगिकी की स्वतन्त्र पढ़ाई होने लगी है।

अर्थशास्त्र राजतन्त्रात्मक शासन पद्धति का चित्रण है। कौटिल्य का उद्देश्य एक ऐसे विशाल साम्राज्य की स्थापना करना था, जिसकी शासन-सत्ता निरंकुश हो और इस निरंकुशता के समक्ष किसी को भी सिर उठाने का साहस न हो। इस स्थिति में इस ग्रन्थ का नाम *अर्थशास्त्र* न होकर राजशास्त्र या राजनीतिशास्त्र अथवा शासनशास्त्र या निरंकुशशास्त्र होना चाहिए था किन्तु ऐसा नाम इस शास्त्र का नहीं पड़ा। इसका कारण यह है कि कौटिल्य ने राजतन्त्र को सफलतापूर्वक चलाने के लिए सुदृढ़ राजकोष को सबसे आवश्यक आधार माना है। सुदृढ़ राजकोष उसी स्थिति में सम्भव है जब राजा को प्रजा द्वारा भरपूर टैक्स मिले। भरपूर टैक्स प्राप्त करने के लिए राजा को किस प्रकार की नीति का पालन करना चाहिए और कौन-कौन-सी चाल चलनी चाहिए-इसको ही ध्यान में रखकर कौटिल्य ने इस ग्रन्थ की रचना की, अतः इसका नाम *अर्थशास्त्र* पड़ा। राजकोष की सुदृढ़ता के लिए कौटिल्य प्रजा को प्रसन्न रखना पहला कर्तव्य बताता है। राजा शब्द को परिभाषित करते हुए कौटिल्य बताता है कि राजा को शासक इसलिए कहा गया है कि उसका कर्तव्य अच्छे शासन के द्वारा अपनी प्रजा का रंजन करना अथवा

उसे प्रसन्न करना होता है। (छठी शताब्दी में जैसा कि *अमरकोश* के अध्ययन से पता चलता है, राजा का अर्थ स्वामी, पिता और ईश्वर हो गया।) राजा की तुलना खटमल से करते हुए कौटिल्य बताता है कि जिस प्रकार सोये हुए मनुष्य का रक्त इस प्रकार खटमल चूसता है कि मनुष्य को पीड़ा का कोई एहसास नहीं होता उसी प्रकार राजा इस रूप में टैक्स प्राप्त करे कि प्रजा को किसी प्रकार की पीड़ा का एहसास नहीं हो सके। कौटिल्य की निरंकुश नीति में प्रजातन्त्री विचारों का आश्चर्यजनक समन्वय था। उसका निर्देश है कि राजा का प्रथम कर्तव्य प्रजा को प्रसन्न रखना था। प्रजा के सुख में ही राजा का सुख सम्भव है। कौटिल्य का मत है कि प्रजा की सुख-सुविधाओं एवं प्रजा की भलाई की व्यवस्था करनेवाला राजा एक व्यवस्थापक मात्र है। राजा के चारित्रिक गुणों की जो सीमाएँ कौटिल्य ने निर्धारित की हैं वह अद्वितीय हैं। उसने राजा के चरित्र के प्रधान आवश्यक गुणों की चर्चा करते हुए बताया कि राजा को सत्कुलोत्पन्न, दैवबुद्धि, बलवान, धार्मिक, सत्यवादी, तत्त्ववक्ता, कृतज्ञ, उच्चादर्शयुक्त, उत्साही, शीघ्र कार्य करनेवाला, समर्थ सामन्तों (मुखिया) से युक्त, दृढ़निश्चयी और विद्या-व्यसनी होना चाहिए। वस्तुतः राजा नाम की कोई हस्ती कौटिल्य के सामने नहीं दिखाई देती; प्रजा ही सब कुछ है। राजा को उसने प्रजा की सुख-सुविधाओं की व्यवस्था करनेवाला एक व्यवस्थापक मात्र माना है। इसीलिए मौर्यराजवंश का संस्थापक चन्द्रगुप्त मौर्य अपने परतन्त्र जीवन से कभी-कभी इतना झुँझला पड़ता कि सारा राजपाट छोड़ देने के लिए वह उत्तेजित हो उठता था और इस तथ्य की चर्चा *मुद्राराक्षस* में है।

कौटिल्य का मानना था कि राजा अगर प्रमादी होगा तो उसके कर्मचारी भी प्रमादी होंगे और राजकोष इससे कमजोर होगा। भारतीय राजनीति की दृष्टि से राज्य एक ऐसी पवित्र थाती है जो राजा को इसलिए सौंपी जाती है कि वह प्रजा की सुख-समृद्धि और कल्याण-कामना के लिए सतत् यत्नशील बना रहे। राज्याभिषेक के समय राजा को वचन देना पड़ता कि वह इसका संचालन, नियम और उत्तरदायित्व का निष्ठापूर्वक और ईमानदारी से करेगा। इस शर्त को स्वीकारना पड़ता कि यह राज्य उसे कृषि के कल्याण, सम्पन्नता और प्रजा के पोषण के लिए दिया गया है जिसका वह ध्यान रखेगा। राजा के लिए इस तरह प्रथम प्रतिज्ञा राष्ट्रहित और प्रजा की हित-कामना की हुआ करती थी। संसार की राजनीति का यह आश्चर्यजनक नमूना था। सार्वभौम शासन-प्रणाली का विकास बाद में चलकर चक्रवर्ती शासन-प्रणाली के रूप में प्रकट हुआ। कौटिल्य ने कहा–"भारत हिमालय से लेकर समुद्र तक सीधे उत्तर-दक्षिण एक हजार योजन में चक्रवर्ती क्षेत्र है।"

प्रस्तुत पुस्तक 12 अध्यायों में विभाजित है। *अर्थशास्त्र* की तिथि एवं प्रामाणिकता नामक प्रथम अध्याय में *अर्थशास्त्र* की मूल प्रति प्राप्त होने से लेकर इसके लेखनकाल तक पर विचार किया गया है। इस ग्रन्थ से मौर्यकाल की जानकारी होती है किन्तु कई तथ्य मौर्योत्तरकाल के पाए जाते हैं। इसमें वर्णित कुछ तथ्यों का सम्बन्ध भी बाद के कालों से है। इस ग्रन्थ के तिथिक्रम पर दिए गए विद्वानों के विभिन्न विचारों को प्रस्तुत किया गया है। दूसरा अध्याय स्त्रियों पर है। स्त्रियों के प्रारम्भिक इतिहास की चर्चा करने के साथ *अर्थशास्त्र* में वर्णित कामकाजी स्त्रियाँ, वेश्या, विवाह, पुनर्विवाह, भरण-पोषण, स्त्रीधन आदि तथ्यों की चर्चा की गई है। तीसरे अध्याय में शिल्पीवर्ग एवं कर्मकारों पर प्रकाश डाला गया है। इसमें बुनकर, राजमिस्त्री, धातुकार, चर्मकार, धोबी, चोर, वैद्य, बनिया आदि के सम्बन्ध में बताया गया है। इस पुस्तक का महत्त्वपूर्ण चौथा अध्याय विज्ञान एवं प्रौद्योगिकी है। कौटिल्य ने बताया है कि राजकोष की मजबूती पर ही राज्य की मजबूती निर्भर करती है। विज्ञान एवं प्रौद्योगिकी की भूमिका के अभाव में आर्थिक उन्नति सम्भव नहीं। आर्थिक दशा की बेहतरी पर राजकोष की बेहतरी निर्भर करती है। लोहा और सोना जैसे धातु पदार्थ को खान से निकालने एवं उन्हें शुद्ध करने की तकनीक पर इसमें प्रकाश डाला गया है। नगर एवं गाँव-निर्माण विधि की विस्तृत चर्चा इसमें की गई है। आभूषण तकनीक, पशु विज्ञान और वृक्ष-विज्ञान के सम्बन्ध में इस ग्रन्थ से महत्त्वपूर्ण जानकारी होती है।

पाँचवें अध्याय में कृषि-विज्ञान पर सम्बद्ध तथ्यों को संकलित किया गया है। कृषि योग्य भूमि के विभिन्न प्रकारों की चर्चा है। यह भी बताया गया है कि किस मौसम में कौन-सा अनाज बोया जाता था और मौर्यकालीन इस कृषि-व्यवस्था से आज के किसान भी अपरिचित नहीं हैं। सिंचाई के विभिन्न साधनों पर विचार किया गया है। छठे अध्याय में अर्थव्यवस्था पर विचार किया गया है। इस अध्याय में राजकीय आय में वृद्धि से सम्बद्ध विभिन्न स्रोतों की विवचेना सातवें अध्याय में की गई है। *अर्थशास्त्र* में प्रशासन से सम्बद्ध विभिन्न विभागों का वर्णन किया गया है। गुप्तचरी की चर्चा आठवें अध्याय में की गई है। नवम् अध्याय में व्यसन पर प्रकाश डाला गया है।

10वें अध्याय में दंड व्यवस्था का वर्णन किया गया है। शिल्पकारों और व्यापारियों के द्वारा कई प्रकार के गैरकानूनी काम किए जाते थे। पकड़े जाने पर इन्हें कठोर दंड देने का प्रावधान था। ग्यारहवें अध्याय में कूटनीति पर प्रकाश डाला गया है जिसका महत्त्व आज के सन्दर्भ में भी समझा जा सकता है। 12वें अध्याय में राजा द्वारा किसके साथ सन्धि करनी चाहिए और कितने प्रकार की

सन्धियाँ होती थीं–इस पर विचार किया गया है। चाणक्य नीति को संक्षेप में और पारिभाषिक शब्दावली को पुस्तक के अन्त में दिया गया है।

इस पुस्तक को तैयार करने के पूर्व मैं काफी असमंजस में था। अपने विभाग के कई शिक्षक मित्रों से इस पर विचार-विमर्श किया। इतिहासकार रामशरण शर्मा के समक्ष भी *अर्थशास्त्र* पर पुस्तक लिखने की इच्छा जाहिर की। उन्होंने बताया कि *अर्थशास्त्र* में मिलावट की मात्रा है; इसे मौर्यकाल के लिए आँख मूँदकर इस्तेमाल नहीं किया जा सका। मैंने *अर्थशास्त्र* में वर्णित कृषि एवं कृषक की चर्चा उनसे की। विज्ञान और प्रौद्योगिकी से सम्बद्ध तथ्यों की ओर भी शर्माजी का ध्यान दिलाने की मैंने कोशिश की। कुछ देर सोचने के बाद शर्माजी ने कहा--एक पुस्तक तो *अर्थशास्त्र* पर होनी चाहिए। पाठक पसन्द करेंगे। राजकमल प्रकाशन के बाबू अशोक महेश्वरी से भी इस सम्बन्ध में विचार किया। उन्होंने रुचि दिखाई। इतिहास विभाग के शोधछात्र अकल राम को इस पुस्तक का कुछ अंश पढ़ने को दिया। एम. ए. की छात्रा कीर्ति सिंह और रत्ना तथा प्रिय छात्र कमल से भी इसका कुछ अंश पढ़वाया। और तब जाकर पाठकों के समक्ष इस पुस्तक को प्रस्तुत करने का साहस किया। इतिहास विभाग के अवकाश प्राप्त आदरणीय प्रोफेसर अजय बाबू से मुझे काफी प्रोत्साहन मिला। ऋचा, सुदक्ष और दीया भी मेरे 'हाँ में हाँ' मिलाते रहे। पुस्तक पर सही अन्तिम फैसला पाठक करते हैं।

यह पुस्तक मैं रामशरण शर्मा को समर्पित करता हूँ। 1972-73 में मैं उनका छात्र था। उस समय वे रानीघाट के प्रोफेसर क्वार्टर में रहते थे। मैं रानीघाट के छात्रावास में रहता था। स्नातकोत्तर इतिहास विभाग (दरभंगा हाउस) से वे प्राय: पैदल ही अपने आवास आते थे। कभी-कभी मैं देखता कि वे साइंस कॉलेज के सामने ठेले पर से सेब खरीदते (सम्भवत: ढाई सौ ग्राम) और खाते हुए अपने आवास को चलते जाते थे। मैं, अन्य छात्रों के समान, उन्हें देखते ही सहम-सा जाता था। कभी-कभी अनजाने में उनसे आँखें चार हो जातीं तो वे पूछ बैठते–''कहाँ पढ़ते हैं? क्या नाम है? कहाँ घर है? क्या पढ़ते हैं? मन लगाकर पढ़ें... इधर कहाँ रहते हैं? ठीक है तब? कभी-कभी डी. एन. झा और रामलखन शुक्ल या क्यामुद्दीन साहब के साथ जाते हुए देखा करता था। सबकुछ के बावजूद, स्नातकोत्तर स्तर के दौरान मैं पढ़ने-लिखने में उतना अच्छा नहीं था कि शर्माजी मुझे ठीक से पहचान पाते। 1973 में जूनियर छात्रों ने मेरे फाइनल बैच और शर्मा जी को एक साथ विदाई कार्यक्रम का आयोजन किया। शर्माजी भारतीय इतिहास अनुसंधान परिषद् के संस्थापक-चेयरमैन होकर दिल्ली चले गए। मैं डॉ. आर. एन. नन्दी के निर्देशन में शोधकार्य करने लगा।

हथुआराज रिसर्च फेलोशिप (150 रुपए मात्र) मुझे 1975 से मिलने लगी। इस फेलोशिप की अवधि समाप्त हो गई किन्तु मेरा शोधकार्य बिलकुल अधूरा था। पिताजी कैंसर रोग से पीड़ित थे; 1976 के अन्त में उनका देहावसान हो गया। मैं अपने परिवार का सबसे बड़ा सदस्य और उस समय तक किसी काम का नहीं था। नौबत ऐसी आई कि मुझे पढ़ाई-लिखाई छोड़कर घर लौट चलने को मजबूर हो जाना पड़ा। मुझे पता नहीं था, किन्तु नन्दी जी चाहते थे कि मैं किसी प्रकार अपना शोधकार्य सम्पन्न कर लूँ। उन्होंने मुझमें रुचि लेना प्रारम्भ कर दिया। बात यह थी कि अपने स्वभाव के अनुसार नन्दी जी की अनुपस्थिति में उनकी माता जी से बातचीत किया करता था। यह स्पष्ट हो गया था कि मैं एक गरीब, सीधा, आज्ञाकारी और परिश्रमी लड़का हूँ।

डी. एन. झा, रामलखन शुक्ल और शर्मा जी को मेरे बारे में नन्दी जी द्वारा जानकारी दी गई। 1975 में जब इंडियन हिस्ट्री कांग्रेस के जेनरल प्रेसिडेंट रामशरण शर्मा हुए तो मैं भी अलीगढ़ गया। मैंने शोधलेख पढ़ा किन्तु वह प्रकाशित नहीं हुआ। दुर्गापूजा के दौरान मेरे पिताजी का देहावसान 1976 में हुआ था और उसी वर्ष इंडियन हिस्ट्री कांग्रेस, कालीकट में मैंने अपना शोधलेख पढ़ा और प्रोसिडिंग्स में वह प्रकाशित हो गया। यह प्रकाशित लेख शर्माजी के करीब पहुँचाने में मददगार साबित हुआ। मुझे शोधकार्य करने के दौरान नन्दी जी, रामलखन शुक्ल, डी. एन. झा और प्रभात शुक्ल के कारण आई. सी. एच. आर. फेलोशिप, स्टडी ग्रांट और ट्रेवेल ग्रांट मिला। उस जमाने में सम्भवतः मैं भारतीय इतिहास अनुसंधान परिषद् से सम्बद्ध पहला शोधछात्र था जिसे शर्माजी ने इतने प्रकार से मदद की। इतना ही नहीं, 1980 के प्रारम्भ में जब मैंने पी-एच. डी. कर ली तो मुझे आई. सी. एच. आर. से 10 हजार रुपए का प्रकाशन अनुदान भी मिला।

मेरी पृष्ठभूमि सामाजिक, आर्थिक और पारिवारिक दृष्टि से इतनी दीन थी कि आज यह सबकुछ अजीब-सा लगता है। ऐसा लगता मानो उँगली पकड़कर नन्दी जी के द्वारा मुझे रामशरण शर्मा के करीब जाना ही पहले से तय था। मेरे लग्नशील और परिश्रमी स्वभाव से प्रभावित होकर शर्माजी ने नन्दी जी के कहने पर मुझे सहायता पहुँचाई। मुझे ऐसा भी लगता है कि शर्माजी निर्धन छात्र को ज्यादा प्यार और मदद करते थे। वे कहते थे—धोखा देने से अच्छा है धोखा खाना।

यह बात 18 जनवरी, 1980 की है। उस दिन मेरे पी-एच. डी. की मौखिक परीक्षा होने वाली थी। इसके परीक्षक शर्मा जी थे। नन्दी जी ने 10 बजे सबेरे मुझसे कहा—जाइए शर्माजी को पटना कॉलेज के स्टाफ क्लब में बुलाकर लाइए। उस समय पटना कॉलेज में प्रशासनिक भवन के पश्चिमी हॉल में स्टाफ क्लब

हुआ करता था। मैं साइकिल से शर्माजी के बोरिंग कैनाल रोड पर अवस्थित आवास पर पहुँचा। शर्माजी ने एक रिक्शा बुलाने को कहा। मैं रिक्शा लाया। शर्माजी ने पूछा–'कहाँ चलना है?' मैंने बताया–पटना कॉलेज स्टाफ क्लब। आगे-आगे शर्मा जी का रिक्शा और पीछे-पीछे मैं साइकिल से। रिक्शा का पैसा शर्माजी ने दिया। नन्दी जी ने मुझसे कहा–जाइए, परीक्षा विभाग में सब ठीक कराइए। उस समय वसीम अंसारी परीक्षा विभाग में बड़े बाबू थे और पी-एच. डी. की मौखिक परीक्षा का इन्तजाम वे ही करते थे। इन्होंने ही मेरा शोध-प्रबन्ध (Diacritical के साथ) टाइप किया था। अत: इन्तजाम करने में देरी नहीं हुई। मौखिक परीक्षा का कार्यक्रम उस कमरे में होता था जिसमें आज अरूण बाबू बैठते हैं। यह कमरा परीक्षा नियन्त्रक के चैम्बर के पीछे अवस्थित है। मैंने देखा कि एक टेबुल और उसके तीन तरफ स्टील की तीन साधारण मोड़नेवाली कुर्सियाँ लगी थीं। पटना कॉलेज स्टाफ क्लब में आकर मैंने इसकी सूचना नन्दी जी को दी। नन्दी जी ने मुझे आगे चलने को कहा और स्वयं शर्माजी के साथ पैदल परीक्षा विभाग की ओर चले। अंसारी साहब के कहने पर मैं दस रुपए के दस उजले रसगुल्ले लाया। कमरे के बाहर मैं खड़ा था। नन्दी जी शर्माजी के साथ आए और अंसारी जी ने उन्हें कमरे में स्टील चेयर्स पर बैठा दिया। करीब 15-20 मिनट के बाद अंसारी ने कहा–ओमप्रकाश जी, आइए शर्माजी बुला रहे हैं। शर्माजी का नाम सुनना था कि मैं बेहोश होकर गिर पड़ा। अंसारी घबरा गए। उन्होंने मेरे मुँह पर पानी छिड़का। मैं उठा और जमीन पर ही बैठा रहा। अंसारी ने मुझे प्रोत्साहित किया–घबराइए नहीं, नन्दी जी सब ठीक कर लेंगे। कमरे में प्रवेश किया, सभी को प्रणाम किया। शर्माजी ने मुझे बैठने को कहा। इन लोगों को मालूम नहीं था कि चंद मिनट पहले मेरी क्या दशा थी। मुलायम से और मिठास के साथ शर्मा जी ने मुझसे प्रश्न करना शुरू किया। उनके प्रत्येक प्रश्न का मैं उत्तर देता गया। नन्दी जी चुपचाप बैठे थे। 50 मिनट तक सवाल-जवाब का सिलसिला चला। शर्माजी संतोषप्रद मुद्रा में मुस्कुराए और मुझे बाहर जाने को कहा। अंसारी ने प्लेट में दो-दो रसगुल्ले दोनों को दिए। उन्होंने एक-एक खाया। इसके बाद क्या हुआ, मुझे याद नहीं। शायद किसी शिक्षक ने शर्माजी को उनके घर पहुँचा दिया था। यह कहानी है मेरे पी-एच. डी. की मौखिक परीक्षा की। परीक्षा के समय मुझे ऐसा महसूस हुआ कि शर्माजी मुझे पहचानते तक नहीं। उस दिन का उनका ईमानदार व्यक्तित्व–मैं आज भी महसूस करता हूँ।

मई, 1980 में मुझे स्नातकोत्तर इतिहास विभाग में नौकरी मिल गई। इंडियन हिस्ट्री कांग्रेस में शोधपत्र पढ़ने का सिलसिला जारी रहा। हिस्ट्री कांग्रेस में शर्माजी

का व्यक्तित्व काफी प्रभावशाली रहा करता था। दक्षिण और उत्तर भारत के एम. जी. एस. नारायणन, एस. सेट्टार, के. वी. रमेश, एस. गोपाल, बिपनचन्द्र, रोमिला थापर जैसे इतिहासकारों से शर्माजी मुझे बुला-बुलाकर परिचित कराया करते थे। पढ़ते-लिखते रहने के लिए सदा प्रोत्साहित करते रहना उनका स्वभाव बन चुका था। मेरी जो भी पुस्तक प्रकाशित होती उसे देखकर वे खुश होते और उससे भी अच्छी पुस्तक लिखने की सलाह देते रहते थे। मेरे प्रिय गुरु डॉ. आर. एन. नन्दी ने रामशरण शर्मा के निर्देशन में अपना शोधकार्य सम्पन्न किया। मैंने नन्दी जी के निर्देशन में पी-एच. डी. किया। मेरे शोध-प्रबन्ध के एक परीक्षक रामशरण शर्मा थे। मेरे निर्देशन में शुभाश्री सिंह का जो प्रथम पी-एच. डी. हुआ उस शोध प्रबन्ध के एक परीक्षक शर्माजी थे।

शिक्षक और विभागाध्यक्ष के रूप में शर्मा जी वर्षों दिल्ली विश्वविद्यालय में कार्यरत रहे। अवकाशप्राप्त करने के बाद वे प्राय: पटना में रहा करते। शाम को वे टहलने जाया करते और वर्षों मैं भी शाम को उनके साथ घूमा करता था। मैं सौभाग्यशाली महसूस करता हूँ कि शर्माजी कई बार मेरे आवास पर किसी-किसी पुस्तक की तलाश में आया करते थे। 90 वर्ष की अवस्था में शर्माजी पूरी तरह बीमारी के जाल में फँस गए। 15 अगस्त को उन्हें रूबन अस्पताल में अन्तिम बार शाम को भर्ती कराया गया। उनकी हालत में काफी प्रयास के बावजूद कोई सुधार नहीं हुआ। मैं प्रतिदिन शाम को 2-3 घंटा वहीं रहा। 20 अगस्त को पटना विश्वविद्यालय के कुलपति डॉ. शम्भूनाथ सिंह और इतिहास विभाग के प्रोफेसर अमरनाथ सिंह के साथ मैं उन्हें देखने गया। वे वेंटिलेटर पर थे। रात में 9.30 के आसपास हमलोगों ने उन्हें आई. सी. यू. में जाकर देखा। मैं घर पहुँचा और शर्माजी के पुत्र डॉ. ज्ञान प्रकाश शर्मा का तुरन्त फोन आया कि 10 बजे रात्रि (20 अगस्त 2011) में उनके बाबूजी का देहावसान हो गया। इस तरह, किसी न किसी रूप में मैं शर्माजी से अगस्त 1972 से 20 अगस्त 2011 के बीच जुड़ा रहा। उनके आशीर्वाद और एहसान का बदला किसी भी रूप में चुकाना मेरी लिए सम्भव नहीं; किसी के लिए सम्भव नहीं। उनकी याद को अपने लिए सदा बनाए रखने हेतु मैं यह पुस्तक उन्हें समर्पित करता हूँ। जब से होश सँभाला किसी ने इस रूप में इतनी मदद कभी नहीं की। शर्माजी को कहते हुए सुना–जिन्दगी में कुछ मोड़ ऐसे आते हैं जो पहले दिखाई नहीं देते। वे कहते थे–Books build the character of the reader. उनका मानना था कि Best deserve best. A good teacher is of more use than a hundred priest. शर्मा जी ने जीवनभर अपनी जिम्मेदारियों को समझा और प्रतिदिन अपनी योग्यता

को बेहतर से बेहतर बनाने को प्रयत्नशील रहे। विश्व में यही आश्चर्यजनक सत्य है कि छात्र को सामान्य से अच्छा और तेज बनाने की जिम्मेदारी मात्र शिक्षक को दी गई है। To my knowledge, the destiny of a nation is shaped by teachers like Ram Sharan Sharma and R. N. Nandi but sadly there are not many here in our present educational landscape. व्यक्ति की सफलता उन शिक्षकों पर निर्भर करती जिन्होंने पढ़ाने से प्रेम किया और अपनी भूमिका के लिए सराहे गए। शर्माजी के बारे में लिखना अभी बहुत कुछ शेष है। बिखरी हुई जिन्दगी को शब्दों में एकत्र कर डालना मेरे लिए आसान नहीं।

अमीरे शहर में कोई किसी का नहीं होता
गरीब लोग चाँद को मामा मान लेते हैं।

— डॉ. ओम् प्रकाश प्रसाद

अनुक्रम

अध्याय-1

तिथि एवं प्रामाणिकता

1.1 परिचय

कौटिल्य के **अर्थशास्त्र** का परिचय आधुनिक विश्व को सर्वप्रथम 1905 में मिला जब मैसूर के प्रसिद्ध विद्वान पंडित शामशास्त्री ने उसकी एक प्रति प्राप्त कर उसके अंशों का अनुवाद **इंडियन एन्टिक्वैरी** में प्रकाशित करना शुरू किया। 1909 में समूचे ग्रन्थ को पुस्तकाकार प्रकाशित कर दिया गया। उसके प्रकाशन से प्राचीन भारत की राज्यसंस्था विषयक ज्ञान की एक नई खान विद्वानों के हाथ लग गई। **अर्थशास्त्र** के रचनाकाल और रचनाकार से सम्बन्धित अनेक प्रश्न उठ खड़े हुए। हिलब्रांट, हर्टल और याकोबी नामक जर्मन विद्वानों ने **अर्थशास्त्र** को कौटिल्य की रचना माना। 1914 में विन्सेंट स्मिथ ने अपनी पुस्तक **अर्ली हिस्ट्री** के तीसरे संस्करण में **अर्थशास्त्र** का लेखक कौटिल्य को बताया।

1.2 काल

शामशास्त्री, जायसवाल, रमेशचन्द्र मजूमदार, उपेन्द्र घोषाल, विनय कुमार सरकार आदि भारतीय विद्वानों ने भी **अर्थशास्त्र** के लेखक एवं काल पर प्रकाश डाला। 1923 में जर्मन विद्वान जॉली ने पंजाब-संस्कृत-सीरीज में **अर्थशास्त्र** को तीसरी शताब्दी ई. की रचना बतलाया। **मेगास्थनीज एंड कौटिल्य** नामक पुस्तक में ऑटो स्टाईन नामक विद्वान ने मेगास्थनीज और कौटिल्य की अनेक बातों में विरोध दिखलाया। विन्टरनिट्ज ने अपनी पुस्तक **संस्कृत वाङ्मय** में जॉली महोदय[1] के मत को स्वीकारा है। कीथ ने **अर्थशास्त्र** को 300 ई. से पूर्व का नहीं माना है। इस तथ्य से सम्बन्धित उनका लेख **सर आशुतोष स्मारक ग्रन्थ** (भाग-एक, पटना, 1928, पृ. 8) में प्रकाशित है। उनके अनुसार चन्द्रगुप्त जैन का अमात्य चाणक्य **अर्थशास्त्र** का लेखक नहीं था। चन्द्रगुप्त के अमात्य ने यदि **अर्थशास्त्र** लिखा होता तो छोटे राज्यों के सम्बन्धों के उल्लेखों के बजाय बड़े साम्राज्य की

प्राप्ति और शासन की समस्याएँ उसमें होतीं। **अर्थशास्त्र** की तुलना मेगास्थनीज से करते हुए कीथ बताते हैं कि मेगास्थनीज ने मौर्यों के नौसेनापति के जो कार्य बतलाए हैं तथा **अर्थशास्त्र** (2.28) में नवाध्यक्ष के कर्तव्यों का जो वर्णन है वे बिलकुल भिन्न हैं। **अर्थशास्त्र** का कीथ के अनुसार, भौगोलिक ज्ञान बहुत विस्तृत है। उसमें चीन, वनायु, सुवर्णभूमि और सुवर्णकुंड का उल्लेख है। वनायु सम्भवत: अरब का नाम है। अपने विचार के पक्ष में कीथ की पाँचवीं उक्ति यह है कि **अर्थशास्त्र** के समय तक कृषि, खनिज, धातुओं, स्थापत्य, पशु-आयुर्वेद आदि काफी विकसित अवस्था में था। सांख्य, योग, लोकायत सम्प्रदाय आदि पृथक-पृथक हो चुके थे। तर्कशास्त्र का विकास हो चुका था। **अर्थशास्त्र** के 'शासनाधिकार' अध्याय (2.10) में व्याकरण की परिभाषाओं का प्रयोग **अष्टाध्यायी** के ज्ञान को सूचित करता है। अर्थशास्त्र, धर्मशास्त्र वार्ता, दंडनीति आदि का पृथक-पृथक विकास हो चुका था। फलित ज्योतिष और शुक्र-बृहस्पति ग्रहों का (2.20), पुराणों का (3.7) तथा **महाभारत**, **रामायण** की कहानी कौटिल्य को मालूम था। **अर्थशास्त्र** (2.10 आदि) से लेखनकला की परिपक्वता झलकती है। **अर्थशास्त्र** (10.3) में यान्यज्ञसंघै: और नवं शराबं–ये दो श्लोक प्राचीन श्लोकों के रूप में उद्धृत किए गए हैं। वे भास के नाटकों में भी हैं और इस तरह जॉली और कीथ 300 ई. के बाद का **अर्थशास्त्र** मानते। उनके अनुसार इस काव्य का नाम न तो **महाभारत** के राजधर्म और न तो पतंजलि के **महाभाष्य** में है। याज्ञवल्क्य की तरह **महाभारत** में शान्तिपर्व के राजधर्म को तथा गुप्तयुग की **नारदस्मृति** को भी जिसमें सिक्के के लिए दीनार शब्द है, कीथ **अर्थशास्त्र** से कम परिपक्व बताते हैं। यहाँ प्रश्न उठता है कि यदि **अर्थशास्त्र** 300 ई. के बाद का अर्थात् गुप्तयुग का है तो इस काल की अवस्थाओं के साथ उसका सामंजस्य कैसे होगा? चीनी यात्री फाह्यान इस बात का साक्षी है कि गुप्तयुग का दंडविधान अत्यन्त मृदु और **अर्थशास्त्र** में कठोर दंड की व्यवस्था है। इन बातों का समर्थन कीथ के अलावा जॉली ने भी किया है। अत: ये विद्वान **अर्थशास्त्र** का काल 325 ई. पू. से पूर्व का नहीं मानते हैं।

कौटिल्य को पाणिनी का ज्ञान शामशास्त्री के विचारानुसार नहीं था। **अर्थशास्त्र** के 'देशकालमान' अध्याय (2.10) से यह सूचित होता है कि उसके लेखक को राशियों के अंश-भेदों का ज्ञान न था। इसके आधार पर शामशास्त्री ने **अर्थशास्त्र** को प्राचीनतम बताने का प्रयास किया है।

1.3 विद्वानों के विचार

कामसूत्र के भौगोलिक निर्देशों की बारीकी से छानबीन कर हाराणचन्द्र चकलादार **अर्थशास्त्र** का रचनाकाल ठीक तीसरी शताब्दी बताए हैं। शामशास्त्री ने इस काव्य को **याज्ञवल्क्य स्मृति** से पहले का माना है। के. पी. जायसवाल ने **अर्थशास्त्र**, **मनुस्मृति** और **याज्ञवल्क्य स्मृति** का तुलनात्मक अध्ययन करते हुए बताया है कि **अर्थशास्त्र** में आरंभिक मौर्ययुग का और **याज्ञवल्क्य** में सातवाहन युग का सजीव चित्र है। **अर्थशास्त्र** के 'व्यवहार' में तलाक और नियोग साधारण बातें हैं, गवाह प्राय: श्रोता कहलाते हैं। सामुद्रिक व्यापार विषयक बातें बहुत सीधी-सादी हैं। सिक्के को **पण** या **कर्षापण** कहा है। मांस और शराब का खूब चलन है। दूसरी तरफ **याज्ञवल्क्य स्मृति** विधवा-विवाह रोकना तथा स्त्री को पुरुष की सर्वथा आज्ञाकारिणी बनाना चाहता है, गवाहों को साक्षी कहता, सामुद्रिक व्यापार के पेचीदा नियम देता, **नाणक** सिक्के का उल्लेख करता और अहिंसा का अच्छा उपदेश देता है।

विन्सेंट स्मिथ[2] का कहना है कि **अर्थशास्त्र** में यूनानियों के समान मौर्ययुगीन राजनीति की चर्चा है। हुल्श, जायसवाल और भंडारकर आदि विद्वानों ने अशोक-अभिलेखों और मौर्य युग की अन्य अवस्थाओं के साथ **अर्थशास्त्र** की तुलना की है। भंडारकर ने अशोक की अघात (जन्तुवध-निषेध) घोषणा तथा समाजों विषयक घोषणा की तुलना **अर्थशास्त्र** से की है। राजा की आर्थिक कठिनाई के समय जनता के धर्म विश्वासों से लाभ उठाकर, मन्दिरों द्वारा धन बटोरकर तथा धनी लोगों से प्रणय (प्रेम-भेंट) लेकर कोशाभिसंहरण करने के जो उपाय **अर्थशास्त्र** (5.2) में कहे गए हैं, वे चन्द्रगुप्त और बिन्दुसार की युद्धों के कारण हुई आर्थिक कठिनाई से खूब संगत होते हैं। जायसवाल महोदय ने पतंजलि के इस कथन से उनकी तुलना की है कि मौर्यों ने धन पाने के लिए धार्मिक प्रतीक स्थापित किए थे; उसी प्रकार रूद्रदामा के अभिलेख (150 ई.) में प्रजा से प्रणय न लेने की बात की व्याख्या भी **अर्थशास्त्र** के उस शब्द से की है। **उद्दालक जातक** में झूठे संन्यासियों के उल्लेख की तुलना **अर्थशास्त्र** की प्रव्रजितों पर नियन्त्रण रखने की बात से की जा सकती है।

जर्मन विद्वान हिलब्रांट का मत है कि **अर्थशास्त्र** की रचना उसी कौटिल्य ने की जो चन्द्रगुप्त मौर्य का अमात्य था किन्तु इस ग्रन्थ का कुछ अंश सम्भवत: कौटिल्य सम्प्रदाय-कौटिल्य की शिष्यपरम्परा ने उसका पीछे कुछ सम्पादन किया हो। हिलब्रांट के मत का खंडन करते हुए याकोबी बताते हैं कि विद्यमान **अर्थशास्त्र** एक ही व्यक्ति की कृति है। समूचे ग्रन्थ की एक सुगठित योजना और एक समान

विचारधारा है। समूचे ग्रन्थ पर एक प्रतिभाशाली मस्तिष्क की छाप है। समूचे ग्रन्थ में कुल 114 बार पूर्वाचार्यों के मतों का प्रत्याख्यान है, जिनमें से 72 बार अपना नाम लेकर–इति कौटिल्य: कहकर खंडन किया गया है। इससे प्रकट है कि इसका लेखक अपना मत रखनेवाला एक स्वतन्त्र विचारक था। जिनका वह खंडन करता है उन्हें आचार्य कहता है; यदि कौटिल्य की शिष्य सन्तान में किसी ने इस ग्रन्थ की रचना की होती तो वह आचार्य शब्द कौटिल्य के लिए प्रयोग करता न कि अपने पूर्व पक्ष के लिए। इस ग्रन्थ के दो लम्बे अंशों (पृ. 69–156 तथा पृ. 197–254) में कहीं पूर्वाचार्यों का उल्लेख नहीं है। **दशकुमारचरित** के लेखक दंडीन ने **अर्थशास्त्र** के ठीक शब्दों का अनुवाद करते हुए लिखा है कि यह दंडनीति आचार्य विष्णुगुप्त ने मौर्य के लिए छ: हजार श्लोकों में लिखी। **नीतिसार** के कर्ता कामन्दक, **कामसूत्र** के लेखक मल्लनाग वात्स्यायन, **न्यायभाष्य** के लेखक वात्स्यायन और **याज्ञवल्क्य स्मृति** से पूर्व **अर्थशास्त्र** उपस्थित था। जैन साहित्य **नन्दिसूत्र** में कौटिल्य की गिनती मिथ्या शास्त्रों में है। विद्वान प्राणनाथ ने **अर्थशास्त्र** की तिथि 484–510 के बीच की मानी है।

इन देशी–विदेशी विद्वानों के विचार महत्त्वपूर्ण होने के बावजूद किसी एक निष्कर्ष पर नहीं पहुँचा पाते हैं। कुछ विद्वानों ने **अर्थशास्त्र** की तिथि बताने के लिए साहित्यिक स्रोतों से तुलना की है लेकिन इससे कोई निश्चित निष्कर्ष नहीं निकल पाया। कौटिल्य के **अर्थशास्त्र** की तिथि पर विद्वानों के बीच विचार करने की प्रक्रिया जारी रही। आर. एस. त्रिपाठी, नीलकंठ शास्त्री, ए. एल. वाशम, रोमिला थापर आदि विद्वानों ने भी इस सम्बन्ध में अपने विचार दिए।

धार्मिक विचारों से कम और व्यावहारिक दृष्टि से ज्यादा महत्त्वपूर्ण ग्रन्थ **अर्थशास्त्र** की तिथि एवं लेखक के सम्बन्ध में रामशरण शर्मा (**प्राचीन भारतीय राजनीतिक विचार एवं संस्थाएँ,** दिल्ली, 1977, पृ. 20–23) का विचार ज्यादा तार्किक लगता। यू. एन. घोषाल (**ए हिस्ट्री ऑफ यूनियन पब्लिक लाइफ**, बम्बई, 1966) के विचारों का समर्थन करते हुए रामशरण शर्मा बताते हैं कि **अर्थशास्त्र** की सामग्री का उपयोग मौर्यकाल के सन्दर्भ में नहीं किया जा सकता। इसका जैसा पाठ हमें उपलब्ध है, इसको देखते हुए ऐसा नहीं लगता कि यह एक समय और स्थान पर लिखा गया। इसका अधिकांश अंश ईसा पूर्व प्रथम शताब्दी तक प्रचलित गद्य भाषा शैली में लिखा गया है। इसका पद्य भाग बाद का है। पाटलिपुत्र या मौर्यकालीन शासकों का नाम इसमें नहीं है। अशोककालीन प्राकृत भाषा और कौटिल्यकालीन संस्कृत का भेद तो स्पष्ट ही है। जिन राजनीतिक संगठनों का उल्लेख कौटिल्य ने किया उसका तालमेल अशोककालीन अभिलेखों

में लिखित प्रशासनिक प्रणाली से नहीं बैठता। कौटिल्य ने जहाँ केन्द्रीयकरण पर जोर दिया वहाँ अशोक ने विकेन्द्रीकरण पर। अशोककालीन **महामात्र**, **रजुक**, **प्रादेशिक**, **प्रतिवेदक** आदि की चर्चा **अर्थशास्त्र** में नहीं है। **अर्थशास्त्र** में **महामात्रियम्** नामक अधिकारी की चर्चा अगर है भी तो वह अशोक के महामात्र के समान सर्वाधिक महत्त्वपूर्ण अधिकारी नहीं है। युक्त नामक एक छोटे अधिकारी की चर्चा अशोक एवं कौटिल्य दोनों ने की है लेकिन इससे कोई ठोस निष्कर्ष नहीं निकलता। अशोककालीन **आहार** नामक प्रशासनिक इकाई की चर्चा कौटिल्य ने की है लेकिन इसके आधार पर भी **अर्थशास्त्र** को मौर्यकालीन रचना नहीं माना जा सकता।

अर्थशास्त्र को उत्तर मौर्यकालीन रचना मानने के पीछे शर्मा महत्त्वपूर्ण तर्क यह देते हैं कि इस ग्रन्थ में वर्णित कुछ शब्द जैसे; **भोग प्रणय**, **विशिष्ट** और **परिहार** आदि प्रथम शताब्दी के दक्षिण और पश्चिम भारतीय अभिलेखों में पाए गए हैं। शक और सातवाहनकालीन अभिलेखों में **परिहार** (अनुदत्त भूमि में करों की माफी) काफी प्रचलित और महत्त्वपूर्ण शब्द है और इसकी चर्चा **अर्थशास्त्र** में भी उसी तरह है। शक, सातवाहन पुरालेखों और **अर्थशास्त्र** में **अमात्य** एक महत्त्वपूर्ण अधिकारी है। अतः कह सकते हैं कि इस ग्रन्थ का कुछ अंश ईसवी सन् की प्रथम दो शताब्दियों में संकलित हुआ। इसका कुछ अंश मौर्यकाल को स्पर्श करता है। आर्थिक प्रवृत्तियों पर जिन राजकीय नियन्त्रणों का उल्लेख मेगास्थनीज ने किया उसका तालमेल कौटिल्य द्वारा सुझाए गए नियन्त्रणों से हो जाता। इस ग्रन्थ के लेखक कौटिल्य के बारे में निश्चित रूप से बताना मुश्किल है। किसी निश्चित समय में किसी एक व्यक्ति द्वारा इस ग्रन्थ की रचना नहीं की गई। इस पर मौर्यकालीन छाप कम दिखाई देती। कुषाणों के काल से इसका तालमेल ज्यादा बैठता। इसे पूर्व मौर्य काल और उत्तर कुषाण काल का नहीं माना जा सकता। निश्चित रूप से यह ग्रन्थ एक ऐसे काल का द्योतक है जब भारत की आर्थिक व्यवस्था सर्वोच्च शिखर पर थी। इस ग्रन्थ के आर्थिक महत्त्व को शायद ही कोई अन्य भारतीय ग्रन्थ चुनौती दे सकेगा।

कहते हैं, **अर्थशास्त्र** का लेखक कौटिल्य चणक का पुत्र होने के कारण चाणक्य के नाम से भी जाना जाता था। कुटिल राजनीतिज्ञ होने के कारण उसे कौटिल्य के नाम से जानते हैं। नौवीं शताब्दी के ग्रन्थ **नीतिसार** (कामंदक द्वारा रचित) के अध्ययन से पता चलता है कि कौटिल्य का वास्तविक पितृ-प्रदत्त नाम विष्णुगुप्त था।

प्रारम्भ में पं. शामशास्त्री, महामहोपाध्याय पं. गणपतिशास्त्री, काशीप्रसाद

जायसवाल, नरेन्द्र लाहा, राधाकुमुद मुकर्जी, देवदत्त रामकृष्ण भंडारकर, रमेशचन्द्र मजूमदार, उपेन्द्रनाथ घोषाल, प्राणनाथ विद्यालंकार, विनय कुमार सरकार, जयचंद विद्यालंकार, हिलब्रांट, हर्टल, याकोबी, विन्सेंट स्मिथ, ऑटो स्टाइन, जॉली, विन्टरनित्स और कीथ आदि विद्वानों ने **अर्थशास्त्र** का काल और इसकी ऐतिहासिक महत्ता पर प्रकाश डाला।

इस कृति को भारत का पहला राजनीतिक ग्रन्थ माना जाता है। इस ग्रन्थ में 15 अधिकरण, 180 प्रकरण और कुल श्लोकों की संख्या 6 हजार है। यह ग्रन्थ मुख्यत: शासन की व्यावहारिक समस्याओं पर विचार करता है। विज्ञान और प्रौद्योगिकी को जानने-समझने की दृष्टि से यह काफी उपयोगी है। स्त्रियों, गुप्तचर और दंड-व्यवस्था पर इसमें महत्त्वपूर्ण प्रकाश डाला गया है। शिल्पकारी पर इसमें विस्तृत व्याख्या की गई है। यह ग्रन्थ अंधविश्वास से दूर रहने का सन्देश देता है। पं. शामशास्त्री की दो बातों का, कि **अर्थशास्त्र** कौटिल्य की ही कृति है और वह अपने मूलरूप में उपलब्ध है, समर्थन हिलब्रांट, हर्टल, याकोबी (1912 ई.) और स्मिथ ने भी किया।

स्मिथ साहब के उक्त इतिहास-ग्रन्थ के लगभग आठ वर्ष बाद विदेशी विद्वानों के एक वर्ग ने कौटिल्य, उसके **अर्थशास्त्र** और उसकी प्रामाणिकता एवं रचनाकाल के बारे में अविश्वास की नई मान्यताओं को स्थापित किया। उनके मतानुसार कौटिल्य, ग्रंथकार का वास्तविक नाम न होकर एक कल्पित नाम है एवं **अर्थशास्त्र** तीसरी शती का रचा हुआ एक जाली ग्रन्थ है। आटोस्टाइन[3] महोदय ने मेगास्थनीज और कौटिल्य के सम्बन्ध में पारस्परिक विरोध दिखाने की चेष्टा की है। ओटोस्टाइन के बाद डॉ. जॉली[4] ने यह सिद्ध किया कि **अर्थशास्त्र** तीसरी सदी में लिखा गया एक जाली ग्रन्थ है। उसके रचयिता कौटिल्य को डॉ. जॉली ने एक कल्पित राजमन्त्री कहा है।

डॉ. जॉली के उक्त मत को अतर्क्य कहकर डॉ. विन्टरनित्स[5] ने जॉली के मत की ही पुष्टि की। इसके पश्चात् डॉ. कीथ ने 1928 ई. में **सर आशुतोष स्मारक ग्रन्थ** के प्रथम भाग में एक लेख लिखकर भरपूर शब्दों में यह सिद्ध किया कि **अर्थशास्त्र** की रचना 300 ई. से पहले कदापि नहीं हो सकती है। इससे भी आगे बढ़कर उक्त लेख में एक नई बात उन्होंने यह भी जोड़ दी कि सम्पूर्ण **अर्थशास्त्र** एक अप्रामाणिक रचना है।

डॉ. जॉली के भ्रमपूर्ण प्रचार और प्रस्तावना में उद्धृत उनके तर्कों को डॉ. जायसवाल[6] ने खंडित किया और प्रामाणिक आधारों को साक्षी रखकर स्पष्ट किया कि **अर्थशास्त्र** जैसा संस्कृत साहित्य का महान ग्रन्थ जाली नहीं है। उसका

रचयिता कौटिल्य एक कल्पित व्यक्ति न होकर सम्राट चन्द्रगुप्त मौर्य का महामात्य था। **अर्थशास्त्र** उसी की कृति है, जो प्रामाणिक रूप में सम्प्रति उपलब्ध है और जिसकी रचना चौथी शताब्दी ई. पू. में हुई।

इसी प्रकार श्री जयचंद विद्यालंकार[7] ने डॉ. कीथ द्वारा अपने निबन्ध में उपस्थित किए तर्कों एवं उनकी युक्तियों की विस्तृत आलोचना करके दूसरे इतिहासकारों की इस राय से कि कौटिल्य चन्द्रगुप्त मौर्य (325-273 ई. पूर्व) के राजमन्त्री थे और **अर्थशास्त्र** उन्हीं की कृति है, जो अपने प्रामाणिक रूप में उपलब्ध है, अपना अभिमत कौटिल्य **अर्थशास्त्र** के 300 ई. पू. के लगभग रचे जाने के समर्थन में पेश किया।

1.4 वैज्ञानिक विधि

कम्प्यूटर से सांख्यिकीय विश्लेषण के माध्यम से ट्रॉटमैन[8] ने **कौटिलियम् अर्थशास्त्रम्** में वर्णित अधिकरणों की रचना का काल बताने का प्रयास किया है। उसके अनुसार अधिकरण एक और दो का रचनाकाल एक है। इन अधिकरणों में साम्राज्य के आन्तरिक प्रशासन पर प्रकाश डाला गया है। इन दोनों अधिकरणों का लेखक एक ही व्यक्ति है। अधिकरण 3, 4 और 5 का लेखक दूसरा व्यक्ति है। अधिकरण 3 में नियम-कानून का वर्णन है। अधिकरण 4 में कानून और क्राइम पर प्रकाश डाला गया है। अधिकरण 5 में अधिकारियों के आचरण का गुप्त रूप से पता करने पर प्रकाश डाला गया है। अधिकरण संख्या 7, 9 और 10 की रचना किसी तीसरे काल में की गई है। अधिकरण 7 में अन्तर्राज्य-सम्बन्ध पर प्रकाश डाला गया है। इसी विषय पर अधिकरण 9 और 10 में विवेचना की गई है। इन विश्लेषणों के आधार पर ट्रॉटमैन बताते हैं कि **अर्थशास्त्र** के एक ही भाग की रचना का सम्बन्ध कौटिल्य से है। लेखक ने इस तरह बताया है कि अधिकरण 2 की रचना करीब 150 ई. में की गई। सम्पूर्ण **अर्थशास्त्र** की रचना 250 ई. के आसपास पूर्ण हुई। **अर्थशास्त्र** का संकलन एक व्यक्ति द्वारा किया गया किन्तु इस सम्पूर्ण ग्रन्थ का लेखक एक व्यक्ति नहीं हो सकता। ट्रॉटमैन के विचार को स्वीकारा जाए तो इस निष्कर्ष पर पहुँचना स्वाभाविक होगा कि इस ग्रन्थ का उपयोग केवल मौर्यकाल के लिए नहीं किया जा सकता।[9]

रोमिला थापर **अर्थशास्त्र** का रचनाकार विष्णुगुप्त को बताती हैं जिसने इस ग्रन्थ की रचना तीसरी शताब्दी में की। इसमें केन्द्रीय प्रशासन से सम्बद्ध एक सैद्धान्तिक स्वरूप को प्रस्तुत किया गया है। मगध को प्रधान केन्द्र मानकर इसकी रचना की गई है। इस ग्रन्थ का लेखक कौटिल्य को बताया गया है जिसकी पहचान

कुछ विद्वान चाणक्य के रूप में भी करते हैं। चाणक्य चन्द्रगुप्त मौर्य का प्रधानमन्त्री माना जाता है। यह ग्रन्थ केन्द्रीय शासन-पद्धति को प्रोत्साहित करता है। राजस्व में वृद्धि राज्य-व्यवस्था को संचालित करने के लिए इसमें आवश्यक बताया गया है। राजकोष की समृद्धि पर राजकीय प्रशासन की सफलता आधारित थी।[10]

आर. एस. शर्मा[11] कौटिल्य द्वारा रचित **अर्थशास्त्र** को अपने ढंग का प्राचीनतम और आधारभूत ग्रन्थ मानते हैं। भारतीय विद्वान इसे मौर्यकालीन मानते हैं। यूरोपीय विद्वान इसे मौर्यकाल के बाद की रचना मानते हैं। **अर्थशास्त्र** के अध्ययन से यह स्पष्ट होता है कि यह ग्रन्थ एक समय और एक स्थान पर नहीं लिखा गया है। पुस्तक का अधिकांश ई. पू. प्रथम शताब्दी तक प्रचलित सूत्रशैली का अनुसरण करके गद्य में लिखा गया है। इसका पद्य (श्लोक) भाग बाद में जोड़ा गया है। जहाँ तक भाषा का प्रश्न है, अशोककालीन प्राकृत और कौटिल्यकालीन संस्कृत का भेद स्पष्ट है। कौटिल्य ने जिन राजनीतिक संगठनों का उल्लेख किया है वे अशोककालीन अभिलेखों में निर्दिष्ट प्रणाली से भिन्न हैं। कौटिल्य केन्द्रीकरण पर जोर देता है, तो अशोक विकेन्द्रीकरण पर। **अर्थशास्त्र** की कुछ राजस्विक तथा प्रशासनिक शब्दावली ईसा की पहली और दूसरी शताब्दियों के शासन अभिलेखों में मिलती है। इस ग्रन्थ में वर्णित शब्द **परिहार** शक और सातवाहन के अभिलेखों में देखते हैं। अमात्य शब्द शक और सातवाहन पुरालेखों में सर्वाधिक महत्त्वपूर्ण अधिकारी के रूप में और **अर्थशास्त्र** में भी वैसे ही स्थान पर आसीन है। इससे प्रमाणित होता है कि **अर्थशास्त्र** का कुछ अंश ईसवी सन् की प्रथम दो शताब्दियां में संकलित हुआ।

अर्थशास्त्र में दूसरे अधिकरण के अध्यायों में कर्तव्यों की विवेचना है जिसकी चर्चा मेगास्थनीज ने भी की है। यह अंश मौर्यकाल से प्रभावित है। यही बात तीसरे और चौथे अधिकरणों पर भी लागू हो सकती है, जिनमें दीवानी कानूनों और दंडविधान पर विचार किया गया है। स्कंधावार (सैनिक शिविर) को **अर्थशास्त्र** के प्रथम अधिकरण में वही प्रमुख स्थान प्राप्त है जो सातवाहन-अभिलेखों में देखने को मिलता है।

15 अधिकरणों और 180 प्रकरणों में विभक्त इस ग्रन्थ में अर्थशास्त्र, समाजशास्त्र, राजनीति आदि सभी विषय आए हैं किन्तु इसके अधिकतर भाग में प्रशासनिक समस्याओं का विवेचन हुआ है। इसमें राजा के 7 अंगों, राजा के प्रशिक्षण, कर्तव्यों और दोषों, अमात्यों और मन्त्रियों की नियुक्ति और उनके कर्तव्यों, दीवानी, फौजदारी कानूनों के प्रशासन तथा शिल्पिसंघों और निगमों का विवेचन है। गणतन्त्र एक पूरे अध्याय में वर्णित है। इसमें राजसत्ता को अत्यन्त उच्च स्थान

प्रदान किया गया है और राजा को अनेक सामाजिक तथा आर्थिक दायित्व सौंपे गए हैं।

अर्थशास्त्र मात्र राजनीतिशास्त्र की पुस्तक नहीं है, लेकिन इसमें कोई सन्देह नहीं कि ग्रन्थ का अच्छा-खासा भाग राजनीति से सम्बद्ध है। कौटिल्य ने राजनीति को धर्म और नैतिकता के प्रभाव से मुक्त करने का सजग प्रयास किया है। यह ग्रन्थ मात्र सम्पत्तिशास्त्र ही नहीं, वरन् दंडनीति का शास्त्र और राजनीतिविज्ञान भी है।

1.5 अर्थशास्त्र का व्यापक प्रभाव

संस्कृत-साहित्य के कतिपय ग्रन्थकारों की कृतियों पर **अर्थशास्त्र** का पर्याप्त प्रभाव है, जिससे उसकी सार्वभौम मान्यता का सहज में ही पता चलता है। ईसवी पूर्व प्रथम शताब्दी में वर्तमान संस्कृत के सुपरिचित महाकवि कालिदास से लेकर याज्ञवल्क्य, वात्स्यायन, विष्णुशर्मा, विशाखादत्त तथा बाण प्रभृति महाकवियों, स्मृतिकारों, गद्यकारों और नाटककारों की सातवीं शताब्दी ई. तक की रची गई कृतियाँ **अर्थशास्त्र** से प्रभावित हैं। वैसे भी स्वतन्त्र रूप से **अर्थशास्त्र** का दाय लेकर अनेक तद्विषयक कृतियाँ संस्कृत में निर्मित हुईं, किन्तु दूसरे विषय के जिन ग्रन्थों में **अर्थशास्त्र** का महत्त्व एवं उसकी शैली का अनुकरण है, उनकी संख्या भी पर्याप्त है।

महाकवि कालिदास के **रघुवंश**, **कुमारसम्भव** और **शाकुन्तल** अत्यधिक रूप में **अर्थशास्त्र** से प्रभावित हैं। इसी प्रकार **याज्ञवल्क्य स्मृति** भी **अर्थशास्त्र** के प्रभाव से अछूती नहीं। आचार्य वात्स्यायन ने तो अपने **कामसूत्र** का एकमात्र आधार कौटिल्य का **अर्थशास्त्र** स्वीकार किया है और इसी हेतु इन दोनों का प्रकरण-विभाजन भी एक जैसा है।[12]

संस्कृत के जन्तु-विषयक कथाओं का एकमात्र प्रतिनिधि ग्रन्थ **पंचतन्त्र** सम्प्रति अपने मूल में उपलब्ध नहीं है, जिसकी रचना 300 ई. पू. मानी जाती है और अपने विषय का जिसे दुनिया के जन्तु-कथा-काव्यों में प्रथम स्थान प्राप्त है, तथापि उसके विभिन्न छायारूपों में विष्णु शर्मा कृत **पंचतन्त्र** ही प्रधान माना जाता है, इस कथा-ग्रन्थ में चाणक्य के **अर्थशास्त्र** को **मनुस्मृति** और **कामसूत्र** की भाँति अपने विषय का एकमात्र प्रतिनिधि ग्रन्थ कहकर स्मरण किया गया है। (**ततो धर्मशास्त्राणि मन्वादीनि, अर्थशास्त्राणि चाणक्यादीनि, कामशास्त्राणि वात्स्यायनादीन।**) पंचतन्त्र के प्रथम अध्याय में एक दूसरे स्थल पर **अर्थशास्त्र** को **'नयशास्त्र'** नाम से ही अभिहित किया गया है।

संस्कृत-साहित्य का एक नाटक **मुद्राराक्षस** है, जिसके रचयिता विशाखादत्त थे। यह नाटक एक प्रकार से आचार्य कौटिल्य (**आपस्तंब-धर्मसूत्र** 2, 5, 10, 14) की आंशिक जीवनी है। **गृह्यसूत्र** में तो आदित्य नामक एक अर्थशास्त्रविद् आचार्य का उल्लेख तक मिलता है (**आश्वलायन गृह्यसूत्र** 3, 13, 16)। **महाभारत** में हिन्दू राजनीतिशास्त्र का सिलसिलेवार इतिहास मिलता है और इस परम्परा के कतिपय प्राचीन आचार्यों की सूची भी उसमें उल्लिखित है (**महाभारत**, शान्तिपर्व, अध्याय 58, 59)।

अर्थशास्त्र की प्राचीन परम्परा का अध्ययन करते समय इस सम्बन्ध में एक बात जानने योग्य यह है कि आरम्भ में दंडनीति और शासन-सम्बन्धी कार्यों का उल्लेख भी **अर्थशास्त्र** के लिए ही होता था, किन्तु कौटिल्य के बाद **अर्थशास्त्र** से केवल जनपद-सम्बन्धी कार्यों का ही विधान होने लगा था। अर्थ की व्याख्या करते हुए कौटिल्य ने लिखा है कि 'अर्थ का अभिप्राय है मनुष्यों की बस्ती, अर्थात् वह प्रदेश जिसमें मनुष्य बसते हों। **अर्थशास्त्र** उस शास्त्र को कहते हैं, जिसमें राज्य की प्राप्ति और उसके पालन के उपायों का वर्णन हो।' (**अर्थशास्त्र**, पृ. 765)। आचार्य उष्ण की राजनीतिशास्त्र-विषयक ग्रन्थ को **दंडनीतिशास्त्र** (विशाखादत्त : **मुद्राराक्षस** 17) और आचार्य बृहस्पति के ग्रन्थ को **अर्थशास्त्र** (वात्स्यायन : **कामसूत्र** 1) इसीलिए कहा जाने लगा था। इसी परम्परा के अनुसार महाभारतकार ने भी प्रजापति के ग्रन्थ को राजशास्त्र कहकर स्मरण किया है। (**महाभारत**, शान्तिपर्व, अ. 59)। इसी प्रकार कौटिल्य के **अर्थशास्त्र** में जो ग्रन्थकार ऐतिहासिक व्यक्ति माने गए हैं, वे शान्तिपर्व में देवी-विभूति तथा पौराणिक रूप में स्मरण किए गए हैं (जायसवाल : **हिन्दू-राजतन्त्र**, 1, पृ. 6 का फुटनोट)।

समस्त पूर्ववर्ती आचार्य-परम्परा के सिद्धान्तों और उनकी वे कृतियाँ, जो कि सम्प्रति अनुपलब्ध हैं, उन सबका एक साथ निष्कर्ष हम कौटिल्य के **अर्थशास्त्र** में पाते हैं। कौटिल्य ने अपने पूर्ववर्ती लगभग अट्ठारह-उन्नीस अर्थशास्त्रविद् आचार्यों का उल्लेख किया है; जिनसे विचार ग्रहण कर उन्होंने अपने अद्भुत ग्रन्थ का निर्माण किया। इस प्राचीन आचार्य-परम्परा के परिचय से ऐसा प्रतीत होता है कि **अर्थशास्त्र** का निर्माण बहुत पहले से होने लगा था और विभिन्न ग्रन्थों में आदर के साथ उल्लेख किया जाने लगा था, जिसकी व्यापक व्याख्या हम कौटिल्य के **अर्थशास्त्र** में पाते हैं। **मुद्राराक्षस** से महामति कौटिल्य के अतुल व्यक्तित्व का परिचय प्राप्त किया जा सकता है।

विशाखादत्त के समकालीन कथाकार एवं काव्यशास्त्री आचार्य दंडी ने कौटिलीय दंडनीति के अध्ययन पर जोर दिया ही है, वरन् उस दंडनीति के स्वरूप

के सम्बन्ध में भी एक ऐतिहासिक विवरण प्रस्तुत किया है। दंडी का कथन है कि 'आचार्य विष्णुगुप्त निर्मित उस दंडनीति का अध्ययन करो, जिसको उन्होंने मौर्य (चन्द्रगुप्त) के लिए छह हजार श्लोकों में संक्षिप्त किया था। जो भी इस उत्तम ग्रन्थ को पढ़ेगा उसको उत्तम फल मिलेगा।' (**अधीष्व तावद्दण्डनीतिम्। तदिदमिदानीमाचार्यविष्णुगुप्तेन मौर्यार्थे षड्भिः श्लोकसहस्त्रैः संक्षिप्तता। सैवेयमधीत्य सम्यगनुष्ठीयमानयथोक्तकार्यक्षमेति**)।

कादम्बरी जैसे बृहत्कथा काव्य के निर्माता बाणभट्ट (700 ई.) ने कौटिल्य शास्त्र का उल्लेख किया है, किन्तु मालूम नहीं किस दृष्टि से उन्होंने निकृष्ट शास्त्र की संज्ञा दी है। बाण का कथन है कि 'उन लोगों के लिए क्या कहा जाए जो अति नृशंस कार्य को उचित बताने वाले कौटिल्य के शास्त्र को प्रमाण मानते हैं'। (**किं वा तेषां सांप्रतं येषामतिनृशंसप्रायोपदेशे कौटिल्यशास्त्रप्रमाणम्।**)

सन्दर्भ ग्रन्थ सूची

1. जे. जॉली और आर. स्मित, **अर्थशास्त्र ऑफ कौटिल्य**, खंड-एक, लाहौर, 1924
2. विन्सेंट स्मिथ, **अर्ली हिस्ट्री ऑफ इंडिया**, तीसरा संस्करण, दिल्ली, 1914
3. ऑटोस्टाइन, **मेगास्थनीज एंड कौटिल्य**, लंदन, 1914
4. जॉली, **अर्थशास्त्र ऑफ कौटिल्य**, पंजाबी संस्कृत सीरीज, लाहौर, 1923
5. विन्टरनित्स, **ए हिस्ट्री ऑफ इंडियन लिटरेचर**, 1927
6. के. पी. जायसवाल, **हिन्दू-राजतन्त्र**, प्रथम खंड, परिशिष्ट 'ग' नोट, पृ. 327-67
7. जयचंद विद्यालंकार, **भारतीय इतिहास की रूपरेखा**, जिल्द 2, पृ. 541, 613-700
8. Thomas R. Trautmann(ed.), *TheAryan Debate*, Oxford University Press, Delhi, 2005
9. Upinder Singh,A *History ofAncient and Early Medieval India*, Pearson, Delhi, 2009, P. 323
10. रोमिला थापर, **पूर्वकालीन भारत**, दिल्ली, 2008, पृ. 232-33
11. रामशरण शर्मा, **प्राचीन भारत में राजनीतिक विचार एवं संस्थाएँ**, दिल्ली, 2003, पृ. 35-60; **अर्थशास्त्र ऑफ कौटिल्य** (संपा.), आर. शामशास्त्री, तृतीय संस्करण, मैसूर, 1924; आर. पी. कांगले, **दि कौटिलीय अर्थशास्त्र** (सं. एवं अनु.), 3 जिल्दों में, बम्बई विश्वविद्यालय, 1960-65; काशी प्रसाद जायसवाल, **हिन्दू पॉलिटी**, 2 भाग, कलकत्ता, 1924; प्राणनाथ, **इकनॉमिक कंडीशंस ऑफ एंशियंट इंडिया**, लंदन, 1929; यू. एन. घोषाल, "दि कांस्टिट्यूशनल सिग्निफिकेंट ऑफ संघ गण इन दि पोस्ट वैदिक पीरियड", **इंडियन कल्चर**, Vii, 1945; यू. एन. घोषाल, **हिन्दू पॉलिटिकल थीयरीज**, कलकत्ता, 1923
12. **अर्थशास्त्र**, 2.1, 10.7, 17.55, 10.73, 9.1, 7.15, 1.2, 8.3; **रघुवंश**, 15.9; **रघुवंश**, 17.49, 12.55, 17.56, 17.89, 18.50 तथा **शाकुन्तल**, 2.5; **कामसूत्र**, 1.1

अध्याय-2

स्त्रियाँ

2.1 पृष्ठभूमि

सिन्धुकाल का द्रविड़ समाज मातृप्रधान होने से तत्कालीन स्त्रियों की दशा खराब नहीं थी। कांस्य नर्तकी से पता चलता है कि नारी की परख का स्तर उत्तरकालीन स्त्रियों से भिन्न था। अन्य उत्पादन कार्यों के अलावा वे कृषिकार्य और सूत कातने तथा मिट्टी की सामग्रियाँ भी बनाने का काम करती थीं। धनाढ्य स्त्रियों में आभूषणों के साथ कई प्रकार के श्रृंगार प्रसाधन प्रचलित थे। सिन्धुवासियों की शान्तिप्रियता को देख स्त्रियों द्वारा व्यवस्थित जीवन बिताने की बात सोची जा सकती है। अनाज बोने का काम स्त्रियों ने प्रारम्भ किया।

आर्यों तथा अनार्यों और एक आर्य कबीले का दूसरे आर्य कबीलों से भोजन को लेकर युद्ध का माहौल बने रहने से ऋग्वैदिक स्त्रियों के बीच जंगली पशुओं के अलावा युद्ध के कारण सदा असुरक्षा की स्थिति बनी रहती थी। शिकार से भोजन का जुगाड़ पुरुषों के समान स्त्रियों द्वारा करने के कारण उन्हें पर्दे में रहना सम्भव नहीं था। जानलेवा समस्याओं से मुकाबला करते रहने के कारण मन में पैदा डर से ध्यान हटाने के लिए और द्रविड़ संस्कृति से प्रभावित होते हुए वे मदिरापान करतीं; उत्सवों में भाग लेतीं और पुरुषों के साथ नृत्य करती थीं। (सीमा-प्रान्त पंजाब आदि में स्त्रियों का व्यवहार यथेष्ट उन्मुक्त होने के प्रमाण मिलते हैं। वे न आगन्तुकों के सामने शर्मातीं, न वयोवृद्ध पुरुषों के आगे कोई शील-संकोच का अनुभव करती थीं। स्त्री-पुरुष दोनों मांस खाते थे और कड़ी शराब पीते थे; निर्वसन होकर एक साथ सार्वजनिक नृत्य भी होता था। उत्तरवैदिक काल में इसे अश्लील माना गया किन्तु दहेज प्रथा की बजाय उसकी उल्टी पत्नी-मूल्य की प्रथा का चलन था जो पूर्वी भारतवालों को अपमानजनक लगती थी। महाभारतकालीन पत्नी लूटकर लाने की प्रथा भी खराब नहीं मानी जाती थी।)

सैकड़ों वर्षों तक शिकारी जीवन व्यतीत करने के दौरान जिन आर्य कबीलों को सीधे-साधे पशुओं की जानकारी जैसे-जैसे होती गई उनके बीच पशुपालन की संस्कृति विकसित होती गई। स्त्रियाँ पशुधन की रक्षा करती थीं। वेदाध्ययन करके वे मन्त्रद्रष्टा ऋषि का पद प्राप्त कर सकती थीं। अगस्त्य ऋषि की पत्नी लोपामुद्रा द्वारा एक सूक्त की रचना की गई। *ऋग्वेद* के 8वें मंडल के 10वें सूक्त की रचनाकार अत्रि ऋषि की पुत्री अपाला थी। प्रथम मंडल के 126वें सूक्त की रचना विश्ववारा, सूर्या नामक ब्रह्मवादिनी ऋषिका द्वारा 10वें मंडल का 85वाँ सूक्त और खेल ऋषि की पत्नी विश्वलर अपने पति के साथ युद्ध करने गई थी। मुद्‌गलानी नामक स्त्री शत्रुओं से लड़कर हजार गायें लाई। माँ में निश्चितता थी किन्तु पिता में नहीं। अत: अधेड़ स्त्रियों की दशा जवान पुत्रों के कारण बूढ़े पुरुषों की तुलना में बेहतर थी। ऐसी स्त्रियों की विदथ जैसी तत्कालीन प्रशासनिक संगठनों में हिस्सेदारी स्वाभाविक थी।

उत्तरवैदिक काल में कृषि के कारण समतल मैदान में विवाह की प्रथा विकसित होती गई। *महाभारत* में शकुन्तला और कुन्ती का भरत एवं कर्ण की माँ बनना; माद्री तथा द्रौपदी का एक से ज्यादा अलौकिक/लौकिक देवताओं/पुरुषों के साथ सम्बन्ध से पता चलता है कि ई. पू. नौवीं शती के आसपास उत्तर भारत के कई क्षेत्रों में विवाह प्रथा परिपक्व ढंग से विकसित नहीं हो पाई थी। शकुन्तला को अपने अधिकार के लिए दुष्यंत से लम्बा विवाद करना पड़ा था। राजा नल ने दमयन्ती को जुए के दाँव पर लगा दिया। जुए में ही पांडव द्रौपदी को हार गए और दुर्योधन के चंगुल से जब वह मुक्त हुई तो पांडवों को भर मन अपमानित किया किन्तु शकुन्तला के समान भरे दरबार में नहीं। वासुदेव (श्रीकृष्ण) की 16 हजार पत्नियाँ थीं। कहा गया कि कई पत्नियाँ रखना अधर्म नहीं किन्तु स्त्रियों के लिए पति के प्रति अपना कर्तव्य न करना अधर्म था।

कुन्ती ने ब्राह्मणों से अथर्वशीर्ष का मन्त्र पढ़ा था। हस्तिनापुर के कोष का भार द्रौपदी पर था। जंगल में द्रौपदी जब चलते-चलते थक जाती तो पांडव उसके पैर दबाते थे। अपने पति की मृत्यु पर पांडु की प्यारी रानी माद्री (वैश्य) न कि कुन्ती ने शव के साथ अपने को जला दिया। कीचक के साथ जल जाने के लिए सैरन्ध्री को आज्ञा दी गई। वासुदेव की चार पत्नियों ने–देवकी, भद्रा, रोहिणी एवं मदिरा–अपने को पति के साथ जला डाला। रुक्मिणी, गान्धारी, शैव्या, हैमवती एवं जाम्बवती ने कृष्ण के शरीर के साथ अपने को भी जला दिया। एक कपोती अपने पति (कपोत) के साथ अग्नि में प्रवेश कर गई। सती प्रथा विशेषत: राजघरानों एवं बड़े-बड़े वीरों तक ही सीमित रही; वह भी बहुत कम। द्रोणाचार्य की पत्नी

कृपी विकीर्ण केशी के रूप में रोती हुई युद्ध भूमि में आती है किन्तु अपने को जला डालने की कोई चर्चा नहीं करती है। इससे स्पष्ट होता है कि ब्राह्मणियों का विधवा रूप में जल जाना क्षत्रिय विधवाओं के जल जाने की प्रथा के बहुत दिन उपरान्त आरम्भ हुआ।

ई. पू. 8वीं शती से (लौह उपकरणों के सहयोग से) उत्पादन में अपार वृद्धि हुई और आर्थिक विकास से पुरुषों के अधिकार बढ़ते गए और धनाढ्य स्त्रियों की स्वतन्त्रता घटने लगी। उन्हें बाल्यावस्था में माता-पिता, युवावस्था में पति और बुढ़ापे में पुत्रों के नियन्त्रण में रहना अच्छा माना जाने लगा। *रामायण* की सीता इसका ज्वलन्त उदाहरण है। पुरुष-प्रतिष्ठा को ध्यान में रखकर शंका के आधार पर गर्भवती सीता को घर से निष्कासित करने की घटना प्रमाणित करती है कि धनाढ्य स्त्रियों की दशा खराब होती गई। ब्रह्मर्षि की पत्नी एवं वेदवती की माता ने रावण द्वारा छेड़े जाने पर अपने को जला डाला। स्त्रियों को पुरुष-प्रतिष्ठा का आधार बना दिया गया। लक्ष्मण की पत्नी उर्मिला अपने पति द्वारा अपने साथ जंगल नहीं ले जाई गई। स्त्रियों की दशा अच्छी नहीं थी। इनके बीच स्वतन्त्रता से ज्यादा आर्थिक समस्याएँ थीं। सामान्य स्त्रियों को तत्कालीन समाज का मापदंड नहीं बनाया गया; सब कुछ विशिष्ट स्त्रियों को ही ध्यान में रखकर तय किया जाता था। अधिकांश ग्रामीण स्त्रियाँ कृषि एवं पशुपालन में पुरुषों का हाथ बँटाती थीं। कुम्हारों, लोहारों, बढ़इयों, सुनारों, ताम्रकारों आदि की स्त्रियाँ भी पुरुषों के कार्यों में हाथ बँटाती थीं। घास, दूध, दही, घी, मछली, तरकारी, बर्तन आदि वस्तुएँ घूम-घूमकर बेचनेवाली स्त्रियाँ भी थीं जो धनाढ्य स्त्रियों से ज्यादा स्वतन्त्र तो थीं किन्तु मजबूरीवश। उत्तरवैदिककालीन अर्थव्यवस्था से विकास नहीं रुकनेवाली एक ऐसी प्रक्रिया की जानकारी होती है जिसे आगे बढ़ाने में तत्कालीन सभी तत्त्वों ने सहयोग प्रदान किया।

असुरमायारूप नामक प्रथम वैदिक महिला चिकित्सक की चर्चा मगध में मिलती है जिसने कोढ़नाशक औषधि का आविष्कार किया। स्त्रियों को प्रशंसा का पात्र भी समझा गया। बताया गया कि जिस जगह स्त्रियों के मन में दुःख पहुँचता वहाँ कल्याण नहीं था। स्त्रियाँ मनुष्य का अर्धभाग, पति की श्रेष्ठ मित्र और धर्म, अर्थ, काम-इस त्रिवर्ग का मूल बताई गई। गर्भ के बालक का असली पिता माता ही जानती थी। सन्तान के लिए माता ही गुरु थी, पिता नहीं। स्त्री अपराध नहीं करती, अपराध पुरुष करता था। सत्यकाम द्वारा अपनी माता ज्वाला से गोत्र पूछने पर माता ने कहा कि कई पुरुषों से सम्बन्ध स्थापित करने के कारण गोत्र बताना सम्भव नहीं था। गोत्र पिता के नाम पर चलता था, माता के नहीं।

उद्दालक ऋषि के पुत्र श्वेतकेतु के सामने ही उनकी पत्नी को एक ब्राह्मण हाथ पकड़कर उठा ले गया। श्वेतकेतु के क्रुद्ध होने पर पिता ने समझाया कि इसमें क्रुद्ध होने की कोई बात नहीं है। पृथ्वी की सभी स्त्रियाँ सर्वजनभोग्या और स्वेच्छाविहारिणी हैं, यही सनातन धर्म है। अपनी पत्नी अहल्या को पराए पुरुष के साथ व्यभिचार में लिप्त देख गौतम ने पत्नी को मार डालने की आज्ञा अपने पुत्र को दी किन्तु पुत्र ने ऐसा नहीं किया। अहल्या को गौतम ऋषि ने माफ कर दिया; समाज के समक्ष उन्हें कोई कैफियत नहीं देनी पड़ी। *महाभारत* में न तो अहल्या के पत्थर होने का अभिशाप है न राम के चरणस्पर्श से पुनर्जीवन लाभ। ब्रह्मचारिणी शांडिल्य दुहिता को तप:सिद्धि प्राप्त करनेवाली स्त्री, सुलभा को सुनिव्रतधारिणी कन्या और ब्राह्मण कन्या सिद्धा को वेद की प्रसिद्ध ज्ञाता के रूप में देखते हैं।

जैनों के प्रसिद्ध तीर्थंकर ऋषभदेव ने अपनी बहन सुमंगला से विवाह किया था। उनके पुत्र भरत और बाहुबलि का विवाह ब्रासी और सुन्दरी नामक उनकी बहनों से हुआ था। पुष्पमाद्रिका नगरी के राजा ने अपने पुत्र पुष्पचूल का विवाह अपनी कन्या पुष्पचूला के साथ किया था। वैदिककाल में विवाह प्रथा को व्यवस्थित रूप लेना अभी शेष था। प्रजापति ने स्वयं अपनी पुत्री (उषा) को कामुक दृष्टि से देखा। एक पुरुष कई स्त्रियों को रख सकता था किन्तु एक स्त्री एक साथ कई पति नहीं प्राप्त कर सकती थी। एक पुरुष को चार पत्नियाँ भी होतीं। हरिश्चन्द्र को सौ पत्नियाँ और दार्शनिक याज्ञवल्क्य को दो पत्नियाँ-कात्यायनी तथा मैत्रेयी थीं।

ई. पू. छठी शताब्दी के दौरान स्त्रियों से सम्बद्ध नवीन तत्त्व दिखाई देते हैं। उत्तरवैदिक काल में ब्राह्मण-क्षत्रिय स्त्रियाँ मुख्यधारा का अंग रहीं किन्तु जैन-बौद्ध काल में निम्नवर्ग की स्त्रियाँ; विशेषकर गणिकाओं को मुख्यधारा में पाते हैं। इसके बावजूद स्त्रियों की दशा हीन पाते हैं। जैनग्रन्थों में तत्कालीन स्त्रियों को व्यंग्यात्मक दृष्टि से देखा गया। स्त्रियों के समान पुरुषों का कोई और नहीं होने से इन्हें *नारी*, अनेक प्रकार के कर्म और शिल्प द्वारा पुरुषों को मोहित करने के कारण महिला, पुरुषों को मत्त बना देने के कारण महिलगा, पुरुषों को हावभाव द्वारा मोहित करने के कारण *रामा*, शरीर में राग-भाव उत्पन्न करने के कारण *अंगना*, अनेक युद्ध, कलह, संग्राम, शीत-उष्ण, दु:ख-क्लेश आदि उत्पन्न होने पर पुरुषों को वश में करने के कारण *योषित* तथा पुरुषों का अनेक रूपों द्वारा वर्णन करने के कारण वनिता कहलाई।

महावीर के संघ में 36 हजार साध्वियाँ थीं। जन्म से लेकर मृत्यु तक स्त्रियों

को पुरुषों के नियन्त्रण में रहना पड़ता था। दहेज के रूप में दासियाँ भी प्रदान की जातीं; विशाखा को धनंजय ने 15 सौ दासियाँ दहेज में दी थीं। धनाढ्यों द्वारा पुत्र के लालन-पालन के लिए 18 देशों की दासियाँ नियुक्त की जाती थीं। ऐसी दासियों की आर्थिक दशा अति दयनीय होती थी। कामध्वजा नामक गणिका 72 कलाओं की ज्ञाता, 64 गुणों से परिपूर्ण, 29 प्रकार के विशेषणों से युक्त, 31 प्रकार के रति विषयक गुणों की जानकार, पुरुषों को आकर्षित करनेवाले 32 प्रकार के उपचारों में पारंगत तथा शृंगार की चरम अभिव्यक्ति थी। गणिकाओं के समूह का वह नेतृत्व करती थी। देवदत्ता गणिका 18 देशों की भाषा की विशारद् थी। उसका शुल्क हजार रुपए प्रति रात्रि था। अत्यन्त तामझामवाली यह गणिका हजार गणिकाओं की अधिपति थी। इनकी स्थिति सम्मानजनक थी। वेश्याएँ और गणिकाएँ समाज में फैलने वाले अनाचारों को रोकती थीं। इनके यहाँ अतिधनाढ्य पुरुषों का ही जाना सम्भव था।

आर्यवन्दना महावीर की प्रथम शिष्या थी। मल्लिकुमारी ने तीर्थंकर की पदवी प्राप्त की थी। ब्राह्मी, सुन्दरी, चन्दना और मृगावती की चर्चा है जिन्होंने संसार का त्याग कर सिद्धि प्राप्त की और उपदेशिका बनीं। कौशाम्बी नरेश शतानीक की भगिनी जयन्ती प्रसिद्ध जैन साध्वी थी। कोशा और उपकोशा पाटलिपुत्र की प्रसिद्ध वेश्याएँ थीं। इन्हें नगर की शोभा माना जाता था। उज्जैन में देवदत्ता प्रधान गणिका थी। राजगृह के राजा जरासंध की दो प्रधान वेश्याओं का नाम मगहसुन्दरी और मगहसिरि था।

गौतम बुद्ध ने 'मध्यम मार्ग' का पाठ उस गीत से सीखा जो उरवेला की ग्रामीण स्त्रियाँ गा रही थीं, जिसका सार था-''वीणा के तार को इतना न कसो कि तार टूट जाए और न इतनी ढीला कि कोई आवाज ही न निकले।'' जर्जर बुद्ध ने ग्वाला स्त्री सुजाता द्वारा लाई खीर को खाकर जान बचाई और जब स्त्रियों को बौद्ध संघ में शामिल होने का प्रश्न उठा तो मौसी प्रजापति गौतमी ने पुरुष-वेश धारण करके वैशाली में अपने साथ अनेक शाक्य स्त्रियों को लेकर रोती हुई बुद्ध से संघ-प्रवेश की प्रार्थना की और आनन्द ने जब बुद्ध से इसके लिए सिफारिश की तब स्त्रियों को संघ-प्रवेश की अनुमति मिली किन्तु साथ ही 8 ऐसे कठोर प्रतिबन्ध भी लगा दिए जिनसे स्त्रियों का संघ जीवन बहुत कष्टदायक और उनका स्थान भी निम्नतम हो गया। बुद्ध की पत्नी मुख्यधारा से हमेशा अलग रही। वैशाली की नगरवधू अम्बपाली अत्यधिक धनी, प्रखर बुद्धिवाली और प्रतिष्ठाप्रेमी थी। उसके द्वारा दिए गए निमन्त्रण को बुद्ध ने नगर पिताओं के निमन्त्रण से अधिक रुचिकर समझा। अम्बपाली सम्भवतः बौद्धभिक्षुणी हो गई थी। पालि में उसने

सुन्दरतम कविताओं की रचना की थी।

जैन-बौद्ध शहरी समाज में इन विशिष्ट स्त्रियों को छोड़ शेष स्त्रियों को शील, लज्जा और पुरुषों से थोड़ा आवरण रखने के बावजूद समानता का स्तर प्राप्त नहीं था। अपवादस्वरूप श्रावस्ती की एक कुम्हार स्त्री सौ चाकों से युक्त मृदभांड निर्माणस्थल की स्वामिनी थी। ग्रामीण महिलाएँ दूध दूहने का काम करती थीं। बहुत सी स्त्रियाँ धनाढ्यों के यहाँ दासी के रूप में काम करती थीं। बहुत सी दासियाँ विदेशों से आयात की जाती थीं। ब्राह्मण एवं क्षत्रिय तथा धनाढ्य घरों की स्त्रियों को घर से बाहर निकलने की मनाही थी।

वृहदारण्यक उपनिषद् में गार्गी वाचक नामक एक विदुषी का उल्लेख है जिसने याज्ञवल्क्य के शास्त्रार्थ में जिज्ञासु प्रश्नों को पूछकर सबको चकित कर दिया था। कन्याएँ गुरुओं के भाषण को यदाकदा सुनतीं तथा वेदों के कुछ अंगों पर अधिकार प्राप्त कर लेती थीं। सिकन्दर के भारत में आगमन के समय यूनानियों ने तक्षशिला में सती प्रथा की चर्चा की है। इन्हें सती होने को बाध्य किया जाता था।

2.2 अर्थशास्त्र में कामकाजी स्त्रियाँ

कौटिल्य ने स्त्रियों पर महत्त्वपूर्ण एवं वृहद् प्रकाश डाला है। प्रात:काल राजा (चन्द्रगुप्त मौर्य) के बिस्तर से उठते ही धनुष-बाण लिये स्त्रियाँ उसे सुरक्षा की दृष्टि से घेर लेती थीं।[1] राजा को स्नान कराना, उसके अंगों को दबाना, बिस्तर बिछाना, कपड़े धोना और माला बनाना आदि कार्यों को दासियाँ ही करती थीं। कभी-कभी दासियों की देखरेख में उन कार्यों को जानकार लोग करते थे।[2] अन्त:पुर में काम करनेवाली नौकरानियों (दासियों) को अपने-अपने स्थान पर रहकर काम करते रहने का नियम था।[3] ऊन, बल्क, कपास, सेमल, सन और जूट आदि को कतवाने के लिए विधवाओं, अंगहीन स्त्रियों, कन्याओं, संन्यासिनों, सजायाफ्ता स्त्रियों, वेश्याओं की खालाओं, बूढ़ी दासियों और मन्दिर की दासियों को नियुक्त किया जाता था।

सूत की एकसारता, मोटाई और मध्यमता की अच्छी तरह जाँच करने के बाद उक्त महिलाओं की मजदूरी नियत की जाती थी। कम-ज्यादा सूत कातने वाली स्त्रियों को उनके कार्य के अनुसार वेतन दिया जाता था। सूत का वजन अथवा लम्बाई को जानकर पुरस्कार रूप में उन्हें तेल, आँवला, और उबटन दिया जाता था, जिससे वे प्रसन्न होकर अधिक कार्य करती थीं। त्योहारों और छुट्टी के दिनों में उन्हें भोजन, दान या सामान देकर उनसे कार्य करवाया जाता था।

निर्धारित मात्रा से सूत कम जाता तो, सूत के मूल्य के अनुसार उनका वेतन काटा जाता था।[4] जो स्त्रियाँ पर्दानसीन होतीं जिनके पति परदेश गए होते, विधवा होतीं, जो लूली-लंगड़ी होतीं, जिनका विवाह न हुआ होता, जो आत्मनिर्भर रहना चाहतीं, ऐसी स्त्रियों को दासियों द्वारा सूत भेजकर उनसे कतवाया जाता और उनके साथ अच्छा व्यवहार किया जाता था।

घर पर काते हुए सूत को लेकर जो स्त्रियाँ स्वयं या दासियों को साथ लेकर प्रातः काल ही पुतलीघर (सूत्रशाला) में उपस्थित होतीं, उन्हें यथोचित मजदूरी दी जाती थी। सूत्रशाला में अधिक सबेरा होने के कारण यदि कुछ अँधेरा हो तो वहाँ उतना ही प्रकाश किया जाता जिससे सूत अच्छी तरह देखा जा सके। स्त्री का मुख देखने या कार्य के अलावा इधर-उधर की बात करने वाले परीक्षक को प्रथम साहस दंड दिया जाता था। उन्हें उचित समय पर वेतन या मजदूरी न दी जाती तो मध्यम साहस दंड और कार्य न करने पर भी यदि वेतन दिया जाता तब भी मध्यम साहस दंड देने का नियम मौर्यकाल में था। जो स्त्री वेतन लेकर भी कार्य न करती उसका अँगूठा कटवा दिया जाता था।[5]

2.3 वेश्या

वेश्यालयों की व्यवस्था करने वाली राजकीय अधिकारी द्वारा रूप, यौवन से सम्पन्न एवं गायन-वादन में निपुण स्त्री को, चाहे वह वेश्याकुल से सम्बद्ध हो या न हो, एक हजार पण देकर गणिका (वेश्या) के कार्य पर नियुक्त किया जाता था। इसी प्रकार दूसरी गणिकाओं को नियुक्त किया जाता, और एक हजार पण में से आधा उन्हें तथा आधा उनके परिवार को दे दिया जाता था। यदि कोई गणिका दूसरी जगह चली जाती या मर जाती तो उसकी जगह उसकी लड़की या बहन नियुक्त होकर परिवार का पोषण करती थी। अथवा उसकी माता उसकी जगह किसी दूसरी गणिका को नियुक्त करती थी। यदि ऐसा भी सम्भव न होता तो उसकी सम्पत्ति को राजा ले लेता था।

वेश्याओं की तीन श्रेणियाँ थीं : 1. कनिष्ठ, 2. मध्यम और 3. उत्तम। सौन्दर्य तथा सजावट में कमसल *कनिष्ठ* वैश्या का वेतन एक हजार पण, सौन्दर्य तथा सजावट में उससे *मध्यम* वेश्या का वेतन दो हजार पण, और हर एक बात में चतुर *उत्तम* वेश्या का वेतन तीन हजार पण होता था। कनिष्ठ वेश्या छत्र तथा इत्रदान लेकर राजा की सेवा करती थी, मध्यम वेश्या पालकी के साथ रहकर राजा को रंजन करतीं, और उत्तम वेश्या राजसिंहासन तथा रथ आदि के निकट रहकर राजा की परिचर्या करती थीं। जब गणिकाओं का सौन्दर्य जाता रहे और

उनकी जवानी ढल जाती थी, तब उन्हें खाला (मातृका) के स्थान पर नियुक्त कर दिया जाता था।[6]

जो गणिकाएँ राजवृत्ति से अपने को मुक्त करना चाहतीं वे राजा को 24 हजार पण देकर स्वतन्त्र हो सकती थीं। यदि वेश्यापुत्र राजसेवा से निवृत्त होना चाहता तो वह 12 पण अदा करता था। यदि वह मुक्त होने का मूल्य (निष्क्रय) अदा करने में असमर्थ हो तो 8 वर्ष तक राजा के यहाँ चारण का कार्य कर अपने आप को मुक्त कर सकता था। वेश्या की दासी जब बूढ़ी हो जाती तो उसे कोष्ठागार या रसोई के कार्य में नियुक्त कर दिया जाता था। यदि वह काम नहीं करना चाहती और किसी पुरुष की स्त्री बनकर रहना चाहती तो वह प्रतिमास उस गणिका को सवा पण देने का प्रावधान था।

गणिकाध्यक्ष द्वारा वेश्याओं के भोगधन (सम्भोग से प्राप्त हुई आमदनी), माता से मिला धन, (दायभाग), सम्भोग के अतिरिक्त आमदनी (आय) और भावी-प्रभाव (आयति) आदि को रजिस्टर में दर्ज करता और उन्हें अधिक खर्च करने से रोका जाता था। यदि गणिका अपने आभूषणों को अपनी माता के सिवा किसी दूसरे के हाथ सौंपे तो उसे सवा चार पण दंड दिए जाने का नियम था। यदि वह अपने गहने, कपड़े, बर्तन आदि को बेचे या गिरवी रखे तो उस पर सवा पचास पण का दंड लगाया जाता था।

यदि वह किसी के साथ कठोरता का बर्ताव करती तो उसे 24 पण का दंड दिया जाता था। यदि वह हाथ, पैर, लाठी आदि से प्रहार करती तो दुगुना (अड़तालीस पण) दंड दिया जाता था। यदि वह किसी का कान, हाथ काट ले तो उसे पौने बावन पण का दंड दिए जाने का प्रावधान था।[7]

यदि कोई पुरुष कामनारहित कुमारी पर बलात्कार करता तो उसे उत्तम साहस दंड दिया जाता था। जो इच्छा करने वाली कुमारी के साथ सम्भोग करता उसे भी प्रथम साहस दंड दिया जाता था। जो पुरुष किसी कामनारहित वेश्या को जबरदस्ती अपने घर में रोक कर रखता या कोई चोट तथा घाव कर उसके रूप में क्षति पहुँचाता उस पुरुष को एक हजार पण से दंडित किया जाता था। शरीर के भिन्न-भिन्न स्थानों को चोट पहुँचाने पर, उन-उन स्थानों की विशेषताओं के अनुसार अधिक दंड दिया जा सकता था, यह दंड-राशि 48 हजार पण तक ली जा सकती थी। राजा की सेवा में नियुक्त वेश्याओं को मारने वाले व्यक्ति पर 72 हजार पण दंड लगाया जाता था। पूर्वोक्त सारी दंड-व्यवस्था एक बार अपराध करने वालों के लिए निर्दिष्ट थी। यदि कोई अपराधी उसी अपराध को दुहराता तो दुगुना दंड, तिहराये तो तिगुना दंड, और चौथी बार भी उसी अपराध को करता,

तो चौगुना दंड अथवा सर्वस्वहरण, देश निकाला आदि जो भी उचित हो, उसे दंड दिया जाता था। राजा की आज्ञा होने पर यदि कोई वेश्या किसी विशिष्ट व्यक्ति के पास जाने से इनकार कर देती तो उसे एक हजार कोड़े लगवाए जाते अथवा उस पर पाँच हजार पण जुर्माना किया जाता था।[8]

यदि कोई वेश्या सम्भोग-शुल्क (भाग) लेकर धोखा कर दे तो उस पर सम्भोग-शुल्क से दुगुना जुर्माना करने का नियम था। यदि पूरी रात का शुल्क लेकर गणिका किस्सा-कहानियों या दूसरे बहानों में ही सारी रात टाल देती तो उस पर शुल्क का आठ गुना दंड किया जाता था। किसी संक्रामक रोग या किसी दोष के कारण गणिका यदि सम्भोग कराने को तैयार न होती तो उसे अपराधिनी नहीं समझने का नियम था। यदि कोई गणिका सम्भोग-शुल्क लेकर किसी पुरुष को मरवा डालती तो गणिका को उस पुरुष के साथ जीवित ही चिता में जला देने अथवा उसके गले में पत्थर बाँधकर उसको पानी में डुबो देने का नियम था।

यदि कोई पुरुष किसी गणिका के वस्त्र, आभरण या सम्भोग से प्राप्त धन को चुरा लेता तो उसे उस धन का आठ गुना दंड दिया जाता था। गणिका द्वारा अपने सम्भोग, अपनी आमदनी और अपने साथ रहनेवाले पुरुष की सूचना गणिकाध्यक्ष को बराबर देते रहने का नियम था। यही दंड-विधान और यही व्यवस्था उन लोगों के लिए थी जो स्त्रियों द्वारा जीविका-निर्वाह करते और वे स्त्रियाँ जो छिपकर व्यभिचार करती थीं। रूप से जीविका कमाने वाली वेश्या अपनी मासिक आमदनी के हिसाब से दो दिन की कमाई कर रूप में राजा को देती थी।[9]

2.4. विवाह

वस्त्र-आभूषण आदि से सजाकर विधिपूर्वक-कन्यादान करना **ब्राह्म** विवाह कहलाता था। कन्या और वर, दोनों सहधर्म पालन करने की प्रतिज्ञा कर जिस विवाह बन्धन को स्वीकार करते, उसे **प्रजापत्य** विवाह कहते थे। वर से गऊ का जोड़ा लेकर जो विवाह किया जाता उसे **आर्ष** विवाह कहते थे। विवाह वेदी में बैठकर ऋत्विक् को जो कन्यादान दिया जाता उसे **दैव** विवाह कहते थे। कन्या और वर का आपसी सलाह से किया गया विवाह **गान्धर्व** विवाह कहलाता था। कन्या के पिता को धन देकर जो विवाह किया जाता था उसे **आसुर** विवाह कहते थे। किसी कन्या से बलात्कार करके विवाह करना **राक्षस** विवाह कहलाता था।[10] सोई हुई कन्या का हरण करके विवाह करना **पैशाच** विवाह कहलाता था। उक्त आठ प्रकार

के विवाहों में प्रथम चार प्रकार के विवाह पिता की सलाह से होने के कारण धर्मानुकूल विवाह थे। शेष चार विवाह माता-पिता दोनों की सलाह से होते थे; क्योंकि वे दोनों लड़की को देकर उसके बदले में धन लेते थे। उस धन को यदि पिता न हो तो माता ले सकती थी और माता न हो तो पिता ले सकता था। इसके अतिरिक्त प्रीतिवश दिया हुआ दूसरे प्रकार का धन उस कन्या का था जिसके साथ विवाह किया गया हो। सभी प्रकार के विवाहों में स्त्री-पुरुष में परस्पर प्रीति का होना आवश्यक था।[11]

स्त्री का धन : स्त्री का धन दो प्रकार का होता था : 1. वृत्ति और 2. आवध्य। स्त्री का **वृत्ति** वह धन था जो स्त्री के नाम से जमा किया गया हो। उसकी रकम कम-से-कम दो हजार तक होती थी। गहना या जेवर आदि **आवध्य** धन कहलाते थे जिनकी तादाद का कोई नियम नहीं था। किसी स्त्री का पति परदेश चला जाता और उसकी (स्त्री की) जीविका निर्वाह के लिए कोई जरिया न हो तो वह स्त्री अपने पुत्र और अपनी पतोहू के जीवन-निर्वाह के लिए अपने निजी धन को खर्च कर सकती थी। किसी विपत्ति, बीमारी, दुर्भिक्ष या इसी तरह के आकस्मिक संकट से बचने के लिए और किसी धर्म-कार्य में पति भी यदि स्त्री के निजी धन को खर्च करता था तो उसमें कोई बुराई नहीं। इसी प्रकार दो सन्तान पैदा होने पर स्त्री-पुरुष दोनों मिलकर यदि उस धन को खर्च करते तब भी कोई दोष नहीं; और ऐसे पति-पत्नी जिनका विवाह धर्मानुकूल हुआ हो, कोई सन्तान पैदा न होने पर तीन वर्ष तक उस धन को खर्च कर सकते थे। जिन्होंने गान्धर्व या आसुर विवाह किया हो और आपसी सलाह से वे स्त्री-धन को खर्च कर डालें तो उनसे ब्याजसहित मूलधन जमा करा लिया जाता था।[12] जिन्होंने राक्षस तथा पैशाच विधि से विवाह किए थे ऐसे पति-पत्नी यदि स्त्री धन को खर्च कर डालें तो उन्हें चोरी का दंड दिया जाता था।[13]

2.5 पुनर्विवाह

पति के मर जाने पर स्त्री यदि अपने धर्म-कर्म पर रहना चाहती तो उससे अपने दोनों प्रकार के निजी धन तथा प्रीति धन ले लिया जाता था। उस धन को ले लेने के बाद यदि वह दूसरा पति कर लेती तो ब्याज सहित सारे मूलधन को उसे वापस करना पड़ता था। यदि वह परिवार की इच्छा से दूसरा विवाह करना चाहती तो अपने मृत पति और श्वसुर के दिए हुए धन को विवाह के समय में ही पा सकती थी उसके पहले नहीं। यदि विधवा स्त्री अपने ससुर की इच्छा के विरुद्ध पुनर्विवाह करना चाहती तो ससुर और मृत-पति का धन उसे नहीं मिलता था।

यदि बिरादरी वालों के हाथ से उसके पुनर्विवाह का प्रबन्ध होता था तो बिरादरी वाले ही उसके लिये हुए धन को वापस करते थे।

न्यायपूर्वक प्राप्त हुई स्त्री की रक्षा करनेवाला पुरुष ही उसके धन की भी रक्षा करता था। पुनर्विवाह की इच्छा करनेवाली स्त्री अपने मृत पति के उत्तराधिकार को नहीं पा सकती थी। यदि वह धर्मपूर्वक जीवन-निर्वाह करने की इच्छा करती तो वह अपने मृत पति के उत्तराधिकार को भोग सकती थी। यदि पुत्रवती स्त्री पुनर्विवाह करना चाहती तो वह निजी स्त्रीधन की अधिकारिणी नहीं हो सकती थी। उस स्त्री के निजी धन के उत्तराधिकारी उसके पुत्र ही होते थे। यदि कोई विधवा स्त्री अपने पुत्रों के भरण-पोषण के लिए पुनर्विवाह करना चाहे तो उसे अपनी निजी सम्पत्ति अपने लड़कों के नामजद कर देनी पड़ती थी।[14]

यदि किसी स्त्री के कई पुत्र कई पतियों के द्वारा पैदा हुए हों तो वह जिस पिता का जो पुत्र हो उसी के नाम उसके पिता की सम्पत्ति नामजद करती थी। अपनी इच्छा से खर्च करने के लिए प्राप्त हुए धन को भी वह पुनर्विवाह करने से पूर्व अपने पुत्रों के नाम लिख देती थी। पुत्रहीन विधवा अपने पतिव्रत धर्म का पालन करती हुई गुरु के संरक्षण में रहकर जीवनपर्यंत अपने स्त्रीधन का उपभोग कर सकती थी। स्त्रीधन आपत्तिकाल के लिए ही होता था। उसके मरने के बाद उसका बचा हुआ धन उसके उचित उत्तराधिकारियों को मिलता था। बन्धु-बान्धवों ने जो धन विवाह के समय दहेज के रूप में या दूसरे रूप में उस स्त्री को दिया था उसे वे वापस ले सकते थे।[15]

यदि किसी स्त्री की सन्तान न होती हो या उसके अन्दर सन्तान पैदा करने की शक्ति न हो, तो पति 8 वर्ष तक सन्तान होने की प्रतीक्षा करता था। यदि स्त्री मरे हुए बच्चे ही जने तो 10 वर्ष तक और यदि उसको कन्याएँ ही पैदा होती हों तो पति को 12 वर्ष तक इन्तजार करना पड़ता था। उसके बाद पुत्र की इच्छा करने वाला पुरुष पुनर्विवाह कर सकता था।[16]

जिस स्त्री के विवाह में न तो दहेज मिला और न उसके पास अपना निजी धन था, उसको दहेज तथा स्त्री धन के बराबर धन देकर और उसके जीवन-निर्वाह के लिए पर्याप्त सम्पत्ति देकर कोई भी पुरुष कितनी ही स्त्रियों के साथ विवाह कर सकता था। तत्कालीन समाज में ऐसी मान्यता थी कि स्त्रियाँ पुत्र पैदा करने के लिए ही होती थीं। यदि एक पुरुष की अनेक पत्नियाँ एक ही साथ रजस्वला हो जातीं तो पति सबसे पहले विवाहिता पत्नी के पास समागम के लिए जाता अथवा उस पत्नी के पास जाता जिसका कोई पुत्र जीवित होता था। किसी भी पुरुष के लिए पुत्रवती, पवित्र जीवन वाली, बन्ध्या, मृतपुत्रा और मासिकधर्मरहित

स्त्री के साथ तब तक सम्भोग करना उचित नहीं माना जाता जब तक सम्भोग के लिए वह स्वयं राजी न होती थी। सम्भोग की इच्छा होते हुए भी कोढ़िन या पागल स्त्री से सम्भोग नहीं किया जाता, किन्तु पुत्र की इच्छा रखने वाली स्त्री किसी भी कोढ़ी या उन्मत्त पुरुष के साथ संसर्ग कर सकती थी। किसी भी नीच, प्रवासी, राजद्रोही, घातक, जाति तथा धर्म से गिरे हुए और नपुंसक पति से स्त्री विवाह विच्छेद कर सकती थी।[17]

2.6 भरण-पोषण

12 वर्ष की लड़की और 16 वर्ष का लड़का कानूनन बालिग माने जाते थे। इस उम्र के बाद यदि वे राज-नियम का उल्लंघन (अशुश्रुषा) करते तो लड़की को 12 पण और लड़के को 24 पण का दंड दिया जाता था। यदि किसी स्त्री के भरण-पोषण (भर्म) की अवधि नियत नहीं होती तो पुरुष उस स्त्री के वस्त्र, भोजन और व्यय का यथोचित प्रबन्ध करता; अथवा अपनी आमदनी के अनुसार उसको अतिरिक्त सुख-सुविधा भी देता था। किन्तु जिस स्त्री के भरण-पोषण का समय नियत होता और जिस स्त्री ने दहेज, स्त्री धन तथा अतिरिक्त धन लेना स्वीकार न किया हो, पति अपनी आमदनी के अनुसार उसको बँधी हुई रकम देता था।[18]

यदि स्त्री अपने मायके में रहती या स्वतन्त्र रहकर गुजारा करती थी, तो उसके भरण पोषण के लिए पति को बाध्य नहीं किया जा सकता था। दाम्पत्य नियमों का उल्लंघन करने वाली स्त्री को भले ढंग से नम्रता तथा सभ्यता सिखाई जाती थी। यदि वह नहीं मानती तो उसकी पीठ पर बाँस की खपाची, रस्सी या डप्पण से तीन बार चोट करने का नियम था। फिर भी वह सीधी राह नहीं आती तो उसे वाक्पारुष्य तथा दंडपारुष्य का आधा दंड दिए जाने का नियम था। यही दंड उस स्त्री को दिया जाता था जो अकारण ही निर्दोष पति से बुरा व्यवहार करती। उस स्त्री को दंडित करने का प्रावधान था जो पति के दरवाजे पर या बाहर किसी प्रकार की इशारेबाजी या ऐयाशी करती थी। अपने पति के साथ द्वेष रखनेवाली स्त्री यदि 7 ऋतुकाल तक दूसरे पुरुष के साथ समागम करती रहे तो उसे अपने दोनों प्रकार के स्त्री-धन पति को सौंपकर पति को भी दूसरी स्त्री के साथ समागम करने की अनुमति देनी पड़ती थी। यदि पति, स्त्री से द्वेष करता तो वह अपनी स्त्री को संन्यासिनी तथा भाई-बन्धुओं के साथ अकेली रहने से नहीं रोक सकता था। पराई स्त्री के साथ सम्भोग करने के चिह्न स्पष्ट दिखाई देने पर भी यदि कोई पुरुष इनकार कर देता या किसी प्रेमिका के साथ सम्भोग

करके साफ मुकर जाता तो उसको 12 पण का दंड देना पड़ता था। पति से द्वेष-वैमनस्य रखनेवाली स्त्री, पति की इच्छा के विरुद्ध तलाक नहीं दे सकती थी। इसी प्रकार पति भी अपनी पत्नी को तलाक नहीं दे सकता था। दोनों में परस्पर समान दोष होने पर ही तलाक सम्भव था।[19] पत्नी में कुछ बुराइयाँ आ जाने के कारण यदि पति उसका परित्याग करना चाहता तो, जो धन उसको स्त्री की ओर से मिला था उसे भी उसे स्त्री को लौटा देना पड़ता था। यदि इसी कारण कोई स्त्री अपने पति से सम्बन्ध-विच्छेद करना चाहती तो पति से पाए हुए धन को वह पति को नहीं लौटाती थी।

मना किए जाने पर भी यदि कोई स्त्री दर्पवश मद्यपान और विहार करती तो उस पर 3 पण, पति के मना करने पर यदि दिन में तमाशा देखती तो 6 पण और यदि किसी पुरुष के साथ तमाशा देखती तो 12 पण जुर्माना किया जाता था। यदि यही अपराध वह रात में करती तो उसको दुगुना दंड देना पड़ता था। यदि कोई स्त्री सोते हुए या उन्मत्त हुए अपने पति को छोड़कर घर से बाहर चली जाती अथवा पति की इच्छा के विरुद्ध घर का दरवाजा बन्द कर देती तो उसको 12 पण दंड देना पड़ता था। यदि कोई स्त्री अपने पति को रात में घर से बाहर कर दे तो उस स्त्री पर 24 पण का दंड किया जाता था। परपुरुष या परस्त्री परस्पर मैथुन के लिए यदि इशारेबाजी करते या एकान्त में अश्लील बातचीत करते तो स्त्री पर 24 पण और पुरुष पर 48 पण का जुर्माना किया जाता था। यदि वे परस्पर केश तथा कमर पकड़े एक दूसरे को चूमें, दाँत काटें या नाखून गड़ावें तो इस अपराध में स्त्री को पूर्व साहस दंड और पुरुष को उससे दुगुना दंड दिया जाता था।[20]

2.7 दंड-व्यवस्था

पति के घर से भागी हुई स्त्री पर 6 पण का दंड लगता था, किन्तु यदि वह किसी भय के कारण भागती तो दंड नहीं दिया जा सकता था। पति के रोकने पर भी यदि कोई स्त्री घर से भाग जाती तो उस पर 12 पण का दंड लगाया जाता था। यदि वह पड़ोसी के घर में चली जाती तो उसे 6 पण का दंड दिए जाने का प्रावधान था। पति की आज्ञा के बिना पड़ोसी को अपने घर में पनाह देने, भिखारी को भीख देने और व्यापारी को किसी तरह का माल देनेवाली स्त्री को 12 पण दंड देना पड़ता था। यदि कोई स्त्री निषिद्ध व्यक्तियों के साथ यही व्यवहार करती तो उसे प्रथम साहस दंड देने का नियम था। यदि वह निर्दिष्ट सीमा के घरों से बाहर जाती तो उसे 24 पण दंड देना पड़ता था।

विपत्तिरहित किसी परपत्नी को अपने घर में पनाह देने वाले पर सौ पण का दंड लगाया जाता था। यदि कोई स्त्री गृहस्वामी के रोकने पर या छिपकर उसके घर में घुस जाए तो उस स्थिति में गृहस्वामी निरपराध समझा जाता था।[21] गर्भवती स्त्री को नौकाध्यक्ष की मुहर देखकर ही नाव से बिना भाड़े के नदी पार करा देने का नियम था[22]। किसी स्त्री या कन्या का धन चुरानेवाले को पकड़कर कठोर दंड देने का प्रावधान था। जो पुरुष दूसरे की स्त्री या दासी के साथ बलात्कार करता उसे कठोर रूप में दंडित किया जाता था। जो पुरुष कुलीन स्त्रियों के साथ ऐसा दुर्व्यवहार करता उसको मृत्युदंड दिया जाता था।[23] मृत्यु, बीमारी, विपत्ति और प्रसव काल में स्त्री अपने सम्बन्धियों के यहाँ जा सकती और इन स्थितियों में यदि कोई पुरुष अपनी स्त्री को अपने सम्बन्धियों के यहाँ जाने से रोकता तो वह 12 पण दंड का अपराधी था। यदि कोई स्त्री जाकर भी अपने जाने की बात को छिपाती तो उसका स्त्री-धन जब्त कर लिया जाता था।[24]

पति के घर से भागकर सुदूर गाँव में जानेवाली स्त्री को 12 पण का दंड दिया जाता, और उसके नाम से जमा पूँजी तथा उसके आभूषण जब्त कर लिए जाते थे। यदि वह मैथुन के लिए किसी पुरुष का सहवास करे तो उस पर 24 पण दंड किया जाता और यज्ञयागादि धार्मिक कार्यों में उसको सहधर्मिणी के अधिकार से वंचित कर दिया जाता; किन्तु यदि वह घर से भरण-पोषण या दूसरी जगह में रहनेवाले पति के समीप ऋतुगमन के लिए जाती तो उसे अपराधिनी नहीं माना जाता था। यदि उच्च वर्ण का व्यक्ति इस अपराध को करता तो उसे प्रथम साहस का दंड दिया जाता; और निम्न वर्ण के व्यक्ति को मध्यम साहस दंड। भाई यदि इस अपराध को करता तो दंडनीय नहीं होता था। यदि निषेध किए जाने के बाद वह इस अपराध को करता तो उसे आधा दंड दिया जाता था।[25]

यदि कोई स्त्री मार्ग, जंगल या किसी गुप्त स्थान में अथवा किसी संदिग्ध या वर्जित पुरुष के साथ मैथुन के लिए घर से भाग जाती तो गिरफ्तार या अपराध के अनुसार दंड दिए जाने का नियम था। गाने-बजाने वाले नट-नर्तक, भाट, मछियारे, शिकारी, कलवार तथा इसी प्रकार के वे पुरुष जो स्त्रियों को साथ रखते थे; उनके साथ जाने में स्त्री को कोई दोष नहीं था। मना करने पर भी यदि कोई पुरुष किसी स्त्री को साथ ले जाता या स्त्री ही स्वयं किसी पुरुष के साथ चली जाती तो उन्हें आधा दंड दिया जाता था।[26]

2.8 सुविधाएँ

जिन शूद्र, वैश्य, क्षत्रिय और ब्राह्मणों की पुत्रहीन स्त्रियों के पति कुछ समय के

लिए विदेश गए हों वे एक वर्ष तक और पुत्रवती स्त्रियाँ इससे अधिक समय तक अपने पतियों के आने की इन्तजारी करती थीं। यदि पति, उनके भरण-पोषण का पूरा इन्तजाम कर गए हों तो इससे दुगुने समय तक पत्नियाँ उनकी इन्तजारी करती थीं। जिनके भोजन-वस्त्र का प्रबन्ध न हो, उनके बन्धु-बान्धवों द्वारा 4 वर्ष या इससे अधिक 8 वर्ष तक, वे उनका प्रबन्ध करते थे। इसके बाद प्रथम विवाह में दिए गए धन को वापस लेकर वे उस स्त्री को दूसरी शादी करने की छूट दे देते थे।

अध्ययन के लिए विदेश गए ब्राह्मणों की पुत्रहीन स्त्रियाँ 10 वर्ष तक और पुत्रवती स्त्रियाँ 12 वर्ष तक, अपने पतियों के आने की प्रतीक्षा करती थीं। किसी राजकार्य से बाहर गए पतियों की प्रतीक्षा उनकी स्त्रियों को आयुपर्यन्त करनी पड़ती थी। पति के प्रवासकाल में यदि किसी समानवर्ण पुरुष से किसी स्त्री को बच्चा पैदा हो जाता तो निन्दनीय नहीं माना जाता था।[27]

कुटुम्बक्षय या समृद्ध बन्धु-बान्धवों के छोड़े जाने के कारण या विपत्ति की मारी हुई कोई भी स्त्री जीवन-निर्वाह के लिए अपनी इच्छा के अनुसार, दूसरा विवाह कर सकती थी। चार प्रकार के धर्म-विवाहों के अनुसार जिस कुमारी का विवाह हुआ हो, और यदि उसका पति उससे बिना कहे ही परदेश चला गया हो तो 7 मासिक धर्म तक वह अपने पति की प्रतीक्षा करती थी। यदि उसकी कोई सूचना मिल जाती तो एक वर्ष तक उसकी पत्नी प्रतीक्षा करती थी। यदि कहकर पति विदेश जाता और उसकी कोई खबर नहीं मिलती तो 5 मासिक धर्म तक और मिल जाती तो 10 मासिक धर्म तक उसकी इन्तजारी करनी पड़ती थी। विवाह के समय प्रतिज्ञात धन में से जिसने अपनी पत्नी को थोड़ा ही धन दिया हो और विदेश जाने पर उसकी कोई खबर न मिले तो 3 मसिक धर्म पर्यन्त; यदि खबर मिल जाए तो 7 मासिक धर्म तक पत्नी को उसकी प्रतीक्षा करनी पड़ती थी। जिस पति ने विवाह में प्रतिज्ञात सभी धन पत्नी को चुकता कर दिया हो, विदेश जाने पर उसकी कोई खबर न मिलती तो 5 मासिक धर्म तक और खबर मिल जाती तो 10 मासिक धर्म तक उसकी प्रतीक्षा करनी पड़ती थी। इन सभी अवस्थाओं के बीत जाने पर कोई भी स्त्री धर्माधिकारी से आज्ञा लेकर अपनी इच्छा से अपना दूसरा विवाह कर सकती थी।[28]

जिस स्त्री का पति संन्यासी हो जाता या मर जाता तो उसकी स्त्री 7 मासिकधर्म तक दूसरा विवाह नहीं कर सकती थी। यदि उसकी कोई सन्तान होती तो उसे एक वर्ष तक ठहर जाना पड़ता था। उसके बाद वह अपने पति के सगे भाई के साथ विवाह कर सकती थी। यदि ऐसे सगे भाई बहुत होते तो वह; पति के

पीठ पीछे पैदा हुए धार्मिक एवं भरण-पोषण में समर्थ भाई के साथ विवाह कर सकती थी अथवा भाई की पत्नी नहीं होती उसके साथ विवाह कर लेती थी। यदि पति का कोई सगा भाई नहीं होता तो समान गोत्र वाले उसके किसी पारिवारिक भाई के साथ विवाह कर लेती थी। अपने पति की सम्पत्ति के हकदार पुरुषों को छोड़कर यदि कोई स्त्री किसी दूसरे पुरुष के साथ विवाह करती तो विवाह करनेवाला पुरुष, वह स्त्री, उस स्त्री को देनेवाला, उस विवाह में शामिल होने वाले–ये सभी लोग, स्त्री को बहकाने या अनुचित ढंग से उसको अपने काबू में करने के जुर्मदार समझे जाते और उनको यथोचित दंड दिया जाता था।[29]

2.9 सम्पत्ति का अधिकार

बड़ा लड़का यदि नपुंसक होता तो उसे अपने हिस्से में से तीसरा हिस्सा, यदि वह चरित्रहीन होता तो चौथा हिस्सा और यदि धार्मिक कार्यों से दूर रहता तथा स्वेच्छाचारी हो तो पैतृक सम्पत्ति का उसे कुछ भी उत्तराधिकार नहीं मिलता था। ऐसी अवस्था में मँझले और छोटे लड़कों के सम्बन्ध में यही नियम था। इन दोनों में यदि एक नपुंसक न हो तो वह बड़े भाई के हिस्से में से आधी बाँट लेता था। अनेक स्त्रियों से उत्पन्न पुत्रों में उसी के पुत्र को बड़ा समझा जाता, जो अविवाहित स्त्री के मुकाबले में, विधिपूर्वक ब्याह करके लाई गई थी, भले ही उसका पुत्र पीछे पैदा हुआ हो; यदि एक स्त्री कन्या की अवस्था में ही पत्नी बनी और दूसरी स्त्री दूसरों द्वारा भोगी जाने पर पत्नी बनी, तो उनमें से पहली का लड़का ही बड़ा समझा जाता था। इसी प्रकार यदि किसी स्त्री के जुड़वाँ बच्चे पैदा हो जाते तो उनमें वही बड़ा माना जाता जो पहले पैदा हुआ था। *अर्थशास्त्र*[30] के अनुसार, ब्राह्मण की चार पत्नियाँ अलग-अलग वर्णों की होतीं तो ब्राह्मणी से उत्पन्न हुए पुत्र को चार भाग, क्षत्रिया स्त्री के पुत्र को तीन भाग, वैश्या पत्नी के लड़के को दो भाग और शूद्रा से उत्पन्न हुए पुत्र को एक भाग मिलता था।

यदि किसी के ब्राह्मणी और क्षत्रिया से दो ही पुत्र पैदा हुए हों तो वे दोनों सम्पत्ति को बराबर बाँट लेते थे। इसी प्रकार क्षत्रिय और वैश्य के घर में नीच जाति की स्त्री से उत्पन्न हुए लड़के, समान वर्ण की स्त्री से उत्पन्न हुए लड़के के हिस्से में से आधी बाँट लेते थे। जिसमें पौरुष होता वह बराबर का ही हिस्सा लेता था। समान या असमान, किसी भी वर्ण की स्त्री से यदि लड़का पैदा हुआ हो तो वही पिता की सारी सम्पत्ति को ले लेता और अपने बन्धु-बान्धवों का भरण-पोषण करता था। ब्राह्मण से शूद्रा में उत्पन्न हुआ पुत्र ब्राह्मण की सम्पत्ति

के तीसरे हिस्से को प्राप्त करता था। यदि किसी मातृकुल की या निकट के खानदान की स्त्री से लड़का उत्पन्न हुआ हो तो वह दो भाग ले लेता जिससे कि वह मृत पिता का पिंडदान कर सके। इन सबके न होने पर मृतक का आचार्य अथवा शिष्य उसकी सम्पत्ति का अधिकारी होता था। मृतक की स्त्री से नियोग द्वारा पैदा हुआ पुत्र या उसके मातृकुल के भाई अथवा समीप के रिश्तेदार, मृतक की सम्पत्ति के अधिकारी होते थे।[31]

2.10 उत्तराधिकार

विधिपूर्वक विवाहित स्त्री से उसके पति द्वारा पैदा किया हुआ पुत्र **औरस** कहलाता था। उसी के समान लड़की का लड़का भी समझा जाता था। समानगोत्र अथवा भिन्न गोत्र स्त्री से उसके पति द्वारा पैदा किया गया लड़का **क्षेत्रज** कहलाता था। यदि मृतक पिता का कोई लड़का न हो तो वही, (दो पिता या दो गोत्र वाला लड़का ही) उन दोनों के पिंडदान और सम्पत्ति का उत्तराधिकारी होता था। क्षेत्रज पुत्र की ही तरह जो बच्चा छिपे तौर पर स्त्री के किसी भाई-बन्धु के घर पैदा हो वह **गूढ़ज** कहलाता था। यदि बन्धु-बान्धव उस बच्चे को अपने यहाँ न रखना चाहते और मारकर कहीं डाल दें या फेंक दें, उस दशा में जो उस बच्चे का पालन-पोषण करता वह पुत्र उसी का माना जाता था। अविवाहित कन्या के गर्भ से जो बच्चा पैदा हो उसे **कानीन** कहते थे। गर्भवती स्त्री का विवाह होने पर जो बच्चा पैदा होता वह **सहोढ़** कहलाता था। दुबारा ब्याहता स्त्री से जो बच्चा पैदा हो उसे **पौनर्भव** कहते थे।[32]

पिता या बन्धुओं से स्वयं उत्पन्न किया हुआ बच्चा उनकी सम्पत्ति का उत्तराधिकारी होता था। जो पुत्र गूढ़ज पुत्र के समान दूसरे से पैदा होता, वह अपने पालन-पोषण करने वाले की सम्पत्ति का ही उत्तराधिकारी होता था; बन्धु-बान्धवों की सम्पत्ति का नहीं। उक्त बालक के समान जो बालक माता-पिता के द्वारा हाथ में जल लेकर, किसी दूसरे को दे दिया जाए वह **दत्त** कहलाता था और पालन करने वाले की सम्पत्ति का वह उत्तराधिकारी होता था। जो स्वयं या बन्धुओं द्वारा पुत्र भाव से प्राप्त होता वह **उपगत** कहलाता था। जो पुत्रभाव से स्वीकार किया जाता वह **कृतक** कहलाता था। जो खरीद कर पुत्र बनाया जाता था उसको **क्रीत** पुत्र कहते थे।

औरस पुत्र के उत्पत्ति होने पर अन्य सवर्ण स्त्रियों से उत्पन्न पुत्र, पिता की जायदाद के तीसरे हिस्से के अधिकारी होते थे। असवर्ण स्त्रियों से उत्पन्न पुत्र केवल भोजन-वस्त्र के ही अधिकारी होते थे। ब्राह्मण और क्षत्रिय के अनन्तर

(ब्राह्मण के लिए क्षत्रिय और क्षत्रिय के लिए वैश्य) जाति की स्त्री से उत्पन्न पुत्र **सवर्ण** और एक जाति के व्यवधान से, अर्थात् ब्राह्मण से वैश्या में या क्षत्रिय से शूद्रा में, उत्पन्न पुत्र **असवर्ण** समझे जाते थे।

ब्राह्मण से वैश्या में उत्पन्न पुत्र **अम्बष्ठ** कहलाता था। ब्राह्मण से शूद्रा में उत्पन्न पुत्र **निषाद** या **पारशव** कहलाता था। क्षत्रिय से शूद्रा में उत्पन्न पुत्र **उग्र** कहलाता था। वैश्य से शूद्रा में उत्पन्न पुत्र **शूद्र** ही माना जाता था।[33]

ब्राह्मण, क्षत्रिय और वैश्य द्वारा सवर्णा स्त्रियों में उत्पन्न पुत्रों का यदि यथासमय विधिपूर्वक उपनयन एवं ब्रह्मचर्य आदि संस्कार न किया जाता तो वे **व्रात्य** हो जाते थे। ये सब अनुलोम विवाहों से पैदा होते थे। शूद्र द्वारा वैश्या, क्षत्रिया तथा ब्राह्मणी स्त्रियों से उत्पन्न पुत्र क्रमशः **आयोगव**, **क्षत्ता** और **चांडाल** कहलाते थे। वैश्य द्वारा क्षत्रिया तथा ब्राह्मणी में उत्पन्न पुत्र क्रमशः **मागध** और **वैदेहक** कहलाते थे। क्षत्रिय द्वारा ब्राह्मणी में उत्पन्न पुत्र **सूत** कहलाता था। क्षत्रिय-शूद्रा से उत्पन्न **उग्र** पुरुष द्वारा निषाद जाति की स्त्री में उत्पन्न बालक **कुक्कुट** कहलाता था। निषाद पुरुष से उग्रा स्त्री में उत्पन्न पुत्र **पुल्कस** कहलाता था। अम्बष्ठ पुरुष से वैदेहिका स्त्री में उत्पन्न पुत्र **वैण** कहलाता था। वैदेहक पुरुष से अम्बष्ठा स्त्री में उत्पन्न पुत्र **कुशीलव** कहलाता था।[34]

पति के कर्ज लिए हुए ऋण को यदि उसकी स्त्री चुकाना मंजूर नहीं करती तो उस पर किसी प्रकार का जोर-दबाव नहीं डाला जा सकता; किन्तु ग्वाला आदि कार्यों की कमाई पर निर्भर रहने वाले लोगों की स्त्रियाँ अपने पति की अनुपस्थिति में अपने पति का कर्जा चुकता करने की जिम्मेदार थीं। यदि पत्नी कर्जा लेती तो उसको अदा करने के लिए उसके पति को विवश किया जा सकता था। स्त्री के ऋण को न चुकाने की नौबत से बच कर या बहाना करके यदि कोई पुरुष विदेश चला जाता और उसकी यह बात साबित हो जाती तो उसे उत्तम साहस दंड दिया जाता था। यदि कारण सिद्ध न हो सकता तो साक्षियों की गवाही के अनुसार निर्णय किया जाता था। दोनों पक्षों से अनुमत कम-से-कम तीन गवाह होते जो विश्वास योग्य और चरित्रवान होते अथवा दोनों पक्षों की राय से दो गवाह भी हो सकते थे। किन्तु कर्जे के मामले में एक गवाह कदापि नहीं होता था।[35]

अपनी दासी या गिरवी रखी हुई किसी स्त्री को उसकी इच्छा के विरुद्ध अपने वश में करने वाले व्यक्ति को प्रथम साहस दंड दिया जाता किन्तु उसको यदि दूसरे व्यक्ति के वश में करने की कोशिश की जाती तो उसे मध्यम साहस दंड दिया जाता था। गिरवी में आई कन्या को यदि कोई व्यक्ति स्वयं या किसी दूसरे के द्वारा दूषित करता तो उसका बदले में दिया धन जब्त कर लिया जाता,

जुर्माने के तौर पर कुछ धन वह कन्या को देता और उससे दुगुना दंड सरकार को अदा करता था।[36]

विष देकर किसी की हत्या करने वाले स्त्री-पुरुष को जल में डुबाकर खत्म कर दिया जाता, बशर्ते कि वह स्त्री गर्भिणी न होती। यदि गर्भिणी होती तो बच्चा पैदा होने के एक मास बाद उसका ऐसा ही प्राणांत किया जाता था। अपने पति, गुरु और बच्चे की हत्या करने वाली, आग लगाने वाली, विष देने वाली, सेंध लगाकर चोरी करने वाली स्त्री को गायों के पैरों के नीचे कुचलवा कर मारा जाता था।[37]

2.11 कुँवारी कन्या से सम्भोग करने का दंड

जो व्यक्ति अपनी जाति की रजोधर्म रहित (अरजस्का) कन्या को दूषित करता उसका हाथ कटवा दिया जाता अथवा उस पर चार-सौ पण दंड दिया जाता था। यदि वह बलात्कार के कारण मर जाती तो अपराधी को प्राणदंड की सजा देने का नियम था। यदि कोई व्यक्ति रजस्वला हो चुकी कन्या को दूषित करता तो अपराधी की तर्जनी और मध्यमा उँगलियाँ कटवा दी जातीं अथवा उस पर दो-सौ पण दंड लगाया जाता और लड़की के पिता को वह हर्जाना (अवहीन) देता था। सम्भोग के लिए इच्छा न करने वाली कन्या से गमन करने पर इच्छापूर्ति नहीं होती थी। सम्भोग की इच्छा करनेवाली स्त्री से गमन करने पर पुरुष को 54 पण और स्त्री को 27 पण दंड दिया जाता था। जिस लड़की की सगाई हो चुकी थी उसके साथ सम्भोग करने वाले का हाथ काट दिया जाता या उस पर चार सौ पण दंड और सगाई का सारा खर्च उससे वसूल किया जाता था। सगाई के बाद 7 मासिक धर्म होने तक भी यदि लड़की का विवाह न किया जाता तो उसका होने वाला पति लड़की को यथेच्छा भोग सकता था और लड़की के पिता को वह हर्जाना भी नहीं देता क्योंकि मासिकधर्म हो जाने के बाद लड़की पर पिता का कोई अधिकार नहीं रह जाता था।[38]

यदि मासिक धर्म होने पर भी कन्या का तीन वर्ष तक विवाह न किया जाता तो उसकी जाति का कोई भी पुरुष उसके साथ सम्भोग कर सकता था। यदि मासिक धर्म होते हुए तीन वर्ष से अधिक गुजर जाता तो किसी भी जाति का पुरुष उसको अपनी पत्नी बना सकता था इसमें कोई दोष नहीं, किन्तु वह पुरुष लड़की के पिता के बनवाए आभूषण आदि नहीं ले जा सकता था। यदि वह पुरुष लड़की के पिता के आभूषण आदि वापस नहीं करता तो उसको चोरी का दंड दिए जाने का नियम था। दूसरे के लिए कही हुई स्त्री को 'वह पुरुष

मैं ही हूँ' ऐसा कहकर जो अन्य पुरुष उपभोग करता उस पर दो-सौ पण दंड दिया जाता। स्त्री की इच्छा न होने पर कोई पुरुष उससे सम्भोग नहीं कर सकता था। विवाह से पूर्व जिस कन्या को दिखाया गया होता, विवाह में यदि उसी जाति की दूसरी कन्या दी जाती तो उस व्यक्ति पर सौ पण दंड लगाया जाता था। यदि उसकी जगह कोई नीच जाति की कन्या दी जाती तो दो-सौ पण दंड किया जाता था।

जो पुरुष क्षतयोनि स्त्री को अक्षतयोनि कहकर दुबारा उसका विवाह कराता उस पर 54 पण दंड दिया जाता और उससे शुल्क तथा अन्य खर्चा भी वसूल किया जाता था। यदि वह ऐसा ही कहकर तीसरी बार विवाह कराता तो उस पर दुगुना जुर्माना (108 पण) किया जाता था। जो स्त्री अपनी योनि-क्षीणता दिखाने के लिए दूसरे का खून अपने कपड़ों पर लगाती उस पर दो-सौ पण दंड किया जाता। इसी प्रकार जो पुरुष अक्षतयोनि स्त्री को क्षतयोनि बताता उस पर दो-सौ पण दंड दिया जाता तथा शुल्क एवं विवाह-व्यय भी उससे वसूल किया जाता था। स्त्री की इच्छा के विरुद्ध उससे कोई भी सम्भोग नहीं कर सकता था।[39]

सम्भोग की इच्छा से कोई स्त्री यदि अपने समान जाति वाले पुरुष से योनिक्षत कराती तो उस पर 12 पण दंड किया जाता। यदि वह स्वयं ही अपनी योनि को क्षत करती तो उस पर 24 पण दंड किया जाता था। पुरुष की इच्छा न रखती हुई भी जो स्त्री क्षणिक आनन्द के लिए किसी पुरुष से अपनी योनि क्षीण कराती उस पर सौ पण दंड लगाया जाता और उस पुरुष को वह सम्भोग शुल्क देती थी। जो स्त्री अपनी इच्छा से सम्भोग कराती उसको राजदासी बनाने का नियम था। गाँव के बाहर निर्जन स्थान में सम्भोग कराने वाली स्त्री पर 24 पण जुर्माना किया जाता और यदि पुरुष सम्भोग करके मुकर जाता तो उस पर 48 पण दंड किए जाने का नियम था। किसी कन्या का बलात् अपहरण करने वाले पुरुष पर 200 पण दंड किया जाता था। आभूषणों से युक्त कन्या का बलात् अपहरण करने वाले को उत्तम साहस का दंड दिया जाता था। अपहरण में यदि अनेक व्यक्तियों का हाथ होता तो प्रत्येक को यही दंड दिया जाता था।

वेश्या की लड़की के साथ बलात्कार करने वाले पर 54 पण दंड किया जाता और दंड से सोलह गुनी फीस (864 पण) वह लड़की की माता को अदा करता था। किसी भी दास या दासी की लड़की के साथ सम्भोग करने वाले पुरुष पर 24 पण दंड लगाया जाता और उससे शुल्क तथा आभूषण आदि भी वसूल किए जाते थे। दासता से छुड़ाने के बराबर धन देकर जो व्यक्ति किसी दासी से सम्भोग करता उस पर 12 पण जुर्माना किया जाता और उससे दासी स्त्री के

लिए वस्त्र तथा जेवरात भी वसूल करने का प्रावधान था। कन्या को दूषित करने में जो भी सहायता करता अथवा मौका या जगह देता उसे भी अपराधी के ही समान दंड दिया जाता था।[40]

जिस स्त्री का पति विदेश में होता यदि वह व्यभिचार कराती तो उसका देवर या नौकर उसको नियन्त्रण में रखते थे। उनके नियन्त्रण में रहकर वह स्त्री अपने पति के आने की प्रतीक्षा करती थी। यदि पति उसके अपराध को क्षमा कर देता तो, जार सहित उसको दंड से बरी किया जाता; यदि क्षमा न करता तो स्त्री के नाक कान काट दिए जाते और उसके जार को प्राणदंड की सजा दी जाती थी। व्यभिचार छिपाने के लिए यदि कोई रक्षक पुरुष जार को चोर बताता तो उस पर पाँच सौ पण जुर्माना किया जाता था। रक्षक पुरुष यदि हिरण्य की रिश्वत लेकर जार को छोड़ देता तो उस पर रिश्वत का आठगुना जुर्माना किया जाता था।

यदि कोई स्त्री किसी पुरुष के साथ फँसी होती तो उसका पता उसकी इन चेष्टाओं से किया जाता : यदि वह चलती हुई दूसरी स्त्री की चुटिया पकड़ती, यदि उसके शरीर पर सम्भोग चिह्न लक्षित होते, यदि कामोत्तेजना के लिए अपने शरीर पर उसने चन्दन आदि का लेप किया हो, यदि वह पुरुषों से इशारों से बात करती, यदि वह बातचीत से स्वयं ही प्रकट कर देती थी। जो पुरुष शत्रुओं से, जंगली लोगों से, नदी के प्रवाह से, जंगलों से, दुर्भिक्ष से, रोग या मूर्च्छा से त्यागी हुई पराई स्त्रियों का उद्धार करता वह उस स्त्री की रजामन्दी से उसके साथ तृप्त होकर सम्भोग कर सकता था। यदि वह स्त्री कुलीन होती, समान जाति की होने पर भी वह उद्धारकर्ता से सम्भोग की इच्छा न करती और बाल-बच्चों वाली हो तो उद्धार करने वाला उसको उसके पति के पास सौंपकर उससे यथोचित पुरस्कार प्राप्त करता था।[41]

शत्रुओं से, जंगली लोगों से, नदी के प्रवाह से, जंगलों से, दुर्भिक्ष से, परित्यक्ता रोग या मूर्च्छा से त्यागी हुई पराई स्त्रियों को उद्धार करने वाला व्यक्ति भोग सकता था; किन्तु राजाज्ञा या स्वजनों से त्यक्त, कुलीन, कामनारहित और बाल-बच्चों वाली स्त्रियों का, आपत्ति से बचाने पर भी; उपभोग नहीं किया जा सकता बल्कि उचित पुरस्कार प्राप्त कर ऐसी स्त्रियों को उनके घर पहुँचा दिया जाता था।[42]

पति को न चाहने वाली स्त्री पर उसका पति, कन्या को पत्नी बनाने की इच्छा रखने वाला पुरुष और अपने पति पर उसकी पत्नी, यदि वशीकरण आदि प्रयोग करते तो अपराध नहीं माना जाता था। इनके अतिरिक्त तान्त्रिक प्रयोग करने वालों को मध्यम साहस दंड दिया जाता था। जो पुरुष अपनी मौसी, बुआ, मामी,

गुरुपत्नी, पुत्रवधू, लड़की और बहन के साथ व्यभिचार करता उसका लिंग और अंडकोष काटकर उसको प्राणदंड की सजा दी जाती थी। यदि मासी, बुआ आदि स्वयं ऐसा कराती तो उनके दोनों स्तन काटकर और उनका भगछेदन कर उन्हें भी प्राणदंड की सजा देने का नियम था। दास और परिचारक यदि व्यभिचार करते तो उन्हें भी यही दंड दिया जाता था। लोक-लाज से रहनेवाली ब्राह्मणी के साथ यदि क्षत्रिय व्यभिचार करता तो उसे उत्तम साहस दंड दिया जाता था। यदि वैश्य करता तो उसकी सारी सम्पत्ति हड़प ली जाती, यदि शूद्र करता, तो उसको तिनकों की आग में जला दिया जाता था। राजा की स्त्री के साथ जो कोई भी व्यभिचार करता उसे तपे भाड़ में भून दिया जाता था।

चांडालिनी के साथ व्यभिचार करने वाले पुरुष के माथे पर योनि का निशान दागकर उसे देश-निर्वासन का दंड दिया जाता, यदि ऐसा शूद्र करता तो उसे **चांडाल** बना दिया जाता था। चांडाल यदि किसी आर्या स्त्री के साथ सम्भोग करता तो उसे प्राणदंड दिया जाता और उस पर स्त्री के नाक-कान काट दिए जाते थे। संन्यासिनी के साथ सम्भोग करने वाले पर 24 पण दंड किया जाता था।[43] यदि संन्यासिनी कामातुर होकर ऐसा कराती तो उस पर भी 24 पण दंड किया जाता था। वेश्या के साथ बलात् व्यभिचार करने पर 12 पण दंड दिया जाता था। यदि अनेक व्यक्ति एक स्त्री के साथ बारी-बारी से सम्भोग करते तो एक-एक को 24-24 पण दंड दिया जाता था। यदि कोई पुरुष किसी स्त्री के गुदा या मुख में सम्भोग करता तो उसे प्रथम साहस का दंड दिया जाता था। लौंडेबाजी करने पर भी यही दंड देने का नियम था। गो आदि पशुओं से समागम करने वाले पातकी पर 12 पण और देव-प्रतिमाओं के साथ गमन करने वाले पर 24 पण दंड किया जाता था।[44]

सन्दर्भ ग्रन्थ

1. *अर्थशास्त्र*, अधिकरण 1, प्रकरण 16, अध्याय 20, पृ. 69
2. *वही*, 1.16.20, पृ. 72
3. *वही*, 1.15.19, पृ. 68
4. *वही*, 2.39.23, पृ. 192
5. *वही*, पृ. 193
6. *वही*, 2.43.27, पृ. 207
7. *वही*, पृ. 208
8. *वही*, पृ. 209
9. *वही*, पृ. 210
10. *वही*, 3.58.2, पृ. 261

11. वही, पृ. 262
12. वही
13. वही, पृ. 263
14. वही
15. वही, पृ. 264
16. वही
17. वही, पृ. 265
18. वही, 3.59.3, पृ. 266
19. वही, पृ. 267
20. वही, पृ. 268
21. वही, 3.60.4, पृ. 270
22. वही, 2.44.28, पृ. 214
23. वही
24. वही, पृ. 271
25. वही
26. वही, पृ. 272
27. वही
28. वही, 3.60.4, पृ. 273
29. वही, पृ. 274
30. वही, 3.62.6, पृ. 280
31. वही, पृ. 281
32. वही, 3.63.7, पृ. 282
33. वही, पृ. 283
34. वही, पृ. 284
35. वही, 3.67.11, पृ. 301
36. वही, 3.69.13, पृ. 312
37. वही, 4.86.11, पृ. 391
38. वही, 4.87.12, पृ. 393
39. वही, पृ. 394
40. वही, पृ. 395
41. वही, पृ. 396
42. वही, पृ. 397
43. वही, 4.88.13, पृ. 401
44. वही, पृ. 402

अध्याय-3

शिल्पी वर्ग एवं कर्मकार

3.1 परिचय

शिल्पकार को कारीगर या शिल्पी भी कहते हैं। वह दस्तकारी के माध्यम से अपने हुनर को प्रस्तुत करता है। अपने काम में उसे दक्षता प्राप्त रहती है। कारीगरी का काम करके वह जीवनयापन करता है। वस्तु-निर्माण पद्धति का परिपक्व ज्ञान वर्षों परिश्रम करके प्राय: अपने पिता, गुरु या अभिभावक से सीखता है। शिल्प विद्या को शिल्प विज्ञान कहना अनुचित नहीं होगा। संस्कृति एवं सभ्यता के विकास की बुनियाद तत्कालीन कारीगरों की दक्षता पर आधारित रहती है।

3.2 पृष्ठभूमि

प्राक् इतिहास काल से लेकर आज तक पाए गए शिल्पकारों की हुनरमंदी, सामाजिक एवं आर्थिक दशा में अनेक प्रकार के उतार-चढ़ाव पाए गए। प्रत्यक्ष रूप से शिल्पकारों पर ऐतिहासिक दृष्टि किसी भी काल में संतोषप्रद ढंग से नहीं डाली गई। भारतीय इतिहास लेखन का यह एक प्रश्नवाचक पहलू रहा है कि प्रमुख लोगों एवं प्रमुख घटनाओं को इतिहास में स्थान देते समय शिल्पकारों की वैज्ञानिक दृष्टि एवं उनके अमूल्य योगदान पर कुछ विशेष कहने-लिखने की आवश्यकता नहीं महसूस की गई। प्राचीन धर्मग्रन्थों में भी इन्हें नजरअंदाज ही किया गया। ईसा पूर्व छठी शताब्दी के दौरान ये इतिहास की मुख्यधारा के अंग मुश्किल से बन पाए। वैदिककालीन समाज का ब्राह्मण, क्षत्रिय, वैश्य व शूद्र नामक चार वर्णों में जो विभाजन हुआ और इसकी प्रारम्भिक चर्चा *ऋग्वेद* के दसवें मंडल में दिखाई देती है, उसमें पूजा-पाठ एवं अन्य धार्मिक कार्यों का भार ब्राह्मणों के कंधे पर दिया गया। युद्ध एवं शासन करने का काम क्षत्रिय का रहा। कृषि और पशुपालन की जिम्मेदारी वैश्यों की रही और सेवा करने का भार जिनके कंधों पर सौंपा

गया वे शूद्र कहलाए। इस वैदिक सामाजिक वर्ण-विभाजन में शिल्पकारों को कहीं कोई स्थान नहीं मिला। वैदिककालीन इतिहास की कड़ी को आगे बढ़ाने व मजबूत करने में शिल्पकारों की महत्त्वपूर्ण भूमिका को स्वीकारने की आवश्यकता महसूस नहीं की गई।

प्राक् इतिहास काल को इतिहास में लाना शिल्पकारों की भूमिका के बगैर सम्भव नहीं था, यह प्रामाणिक सत्य है। पुरातत्त्वविदों ने अंधविश्वास और अप्रामाणिक बातों के बीच से इतिहास को बाहर निकालकर उसका जो अमर रूप तैयार किया उसको देखने से पता चलता है कि इतिहास का यह रूप शिल्पकारों के परिश्रम का परिणाम था।

वैज्ञानिक ज्ञान का व्यावहारिक उपयोग प्रौद्योगिकी है। जब मानव पाषाण युगों में अपनी प्रारम्भिक अशिक्षित अवस्था में था तब से ही वह अपने जीवन निर्वाह और भौतिक परिवेश को अपने हित में नियंत्रित करने हेतु पाषाण उपकरणों के रूप में प्रौद्योगिकी विकसित कर रहा था। उस समय लिपि एवं साक्षरता के अभाव में वह उस प्रौद्योगिकी के अनुभव के आधार पर कोई वैज्ञानिक सिद्धान्त अथवा विज्ञान विकसित नहीं कर सका। अगर किसी वैज्ञानिक ज्ञान की रचना हुई भी होगी तो मौखिक परम्परा में कुछ सैद्धांतिक मन्त्रोच्चारण के रूप में रही होगी किन्तु यह भी सत्य है कि प्राचीन सभ्यताओं में जब साक्षरता आ गई तो प्रौद्योगिकी ज्ञान-विज्ञान के रूप में ढाले जाने लगे और जो वैज्ञानिक सिद्धान्त विकसित हुए उससे प्रौद्योगिकी के क्षेत्र में भावी विकास-सिद्धान्तों पर आधारित नवीन प्रयोग से बहुमूल्य सहायता मिली।

शिल्पविद्या को रहस्यमय जाल से उपकरणों ने मुक्त कराया। एक नवीन सामाजिक श्रेणी (शिल्पकार एवं कर्मकार) को विकसित करने का श्रेय उपकरणों को था। सभ्यता का मार्ग उपकरणों ने प्रशस्त किया। उपकरणों के अभाव में कृषि योग्य भूमि का विस्तार असम्भव था। इसने यथार्थविज्ञान को जन्म दिया। लौह-उपकरणों ने ग्रामीण आबादी को स्वतन्त्रता के वास्तविक लाभों का भाग उपलब्ध कराया। उपकरणों ने व्यक्तियों को दैवीसम्राट और युद्धमुखिया के शिकंजों से बाहर कराया। आदर्श समाज उपकरणों का परिणाम था। विज्ञान को जादूगर के कब्जे से मुक्त कराने का श्रेय उपकरणों को है। उपकरणों ने ही वैज्ञानिक ज्योतिष और गणितीय भूगोल का मार्ग प्रशस्त किया। विज्ञान और प्रौद्योगिकी का विकास सामाजिक शून्य में नहीं हो सकता।

शिल्प एवं शिल्पकारों से सम्बद्ध तथ्यों का जब हम अध्ययन करते हैं तो कई चरणों की जानकारी होती है। प्राक् सिंधुकाल में जीविका चलाने के लिए

लोगों ने तरह-तरह के प्रयास किए। कुछ लोगों ने औजारों का निर्माण किया, जिनका उपयोग अन्य लोगों ने भी किया। बेहतर जिन्दगी के लिए ये उपकरण आवश्यक महसूस किए गए। विकास की गति को थोड़ा तेज बनाने में कारीगरों की कारीगरी सहायक सिद्ध हुई। स्थायी जिन्दगी बिताने का अनुकूल माहौल बना। आवश्यकता से अधिक उत्पादन में उपकरणों की भूमिका महत्त्वपूर्ण पाई गई। इस अतिरेक (आवश्यकता से अधिक उत्पादन) ने अन्य उत्पादक वर्ग को जन्म दिया, सिंधुकाल में प्रथम बार नगर दिखाई देने लगे और सभ्यता विकसित हुई।

दूसरे चरण में वैदिक संस्कृति का काल पाते हैं, जो करीब हजार वर्षों (लगभग 1500-600 ई. पू.) का रहा। इस काल में सिंधुकाल की विकसित आर्थिक दशा की अनुपस्थिति पाते हैं। इससे शिल्पकारों का प्रभावित होना स्वाभाविक था। मुख्यधारा से इन्हें वैदिककाल में हम अलग-थलग पाते हैं। गंगा घाटी में ई. पू. छठी शताब्दी के दौरान नगरीकरण के द्वितीय चरण की जानकारी होती है। इतिहास में यह एक महत्त्वपूर्ण घटना थी। उत्तरवैदिक काल से ही लोहे का पाया जाना और इससे तरह-तरह के उपकरणों का निर्माण, जंगलों की कटाई, कृषि योग्य भूमि में वृद्धि, पशुपालन से ज्यादा कृषि का महत्त्व, कृषि के कारण स्थायी जीवन के लिए बेहतर माहौल, अप्रत्यक्ष रूप से लोहार, बढ़ई, राजमिस्त्री, मकान बनानेवाले मजदूर, सोनार, कांस्यकार, ताम्रकार, संगतराश आदि का महत्त्व बढ़ना-इन सभी बातों ने एक ऐसी पृष्ठभूमि उत्तरवैदिककाल में तैयार की जिस पर कई प्रकार के भवन खड़े हुए। धर्मरूपी नवीन इमारत हो या गंगा घाटी के मैदान में आर्यों का प्रसार-सबकुछ के जन्मदाता अप्रत्यक्ष रूप से शिल्पकार रहे। विकास के इस दौर से मौर्यकाल, शुंगकाल और कुषाणकाल प्रभावित रहे। इन राजवंशों के काल में बहुत से कारीगरों की आर्थिक दशा काफी बेहतर हुई। फलस्वरूप कुछ कारीगर तैयार माल बेचने लगे और दुकानदार हो गए तथा कुछ कारीगर इतने बड़े दुकानदार हो गए कि वे सेठ कहलाने लगे। इनके अपने संगठन होते, जो एक-दूसरे को संकट काल में आर्थिक सुरक्षा प्रदान करते थे। *अर्थशास्त्र* में कई प्रकार के शिल्पकारों की चर्चा है।

3.3 बुनकर

मौर्यकाल में सूत, कवच, कपड़ा और रस्सी आदि के कातने, बुनने तथा बटने वाले निपुण कारीगरों से उनके कार्यों की जानकारी प्राप्त करने के लिए एक अधिकारी नियुक्त रहता था। ऊन, बल्क, कपास, सेमल, सन और जूट को कतवाने के लिए विधवाओं, अंगहीन स्त्रियों, कन्याओं, संन्यासिनों, सजायाफ्ता स्त्रियों,

वेश्याओं की खालाओं, बूढ़ी दासियों और मन्दिर की दासियों को नियुक्त किया जाता था। सूत की एकसारता, मोटाई और मध्यमता की अच्छी तरह जाँच करने के बाद उक्त–महिलाओं की मजदूरी नियत की जाती थी। कम–ज्यादा सूत कातने वाली स्त्रियों को उनके कार्य के अनुसार वेतन दिया जाता था। सूत का वजन अथवा लम्बाई को जानकर पुरस्कार रूप में उन्हें तेल, आँवला और उबटन दिया जाता था ताकि वे प्रसन्न होकर अधिक कार्य कर सकें। त्योहारों और छुट्टी के दिनों में उन्हें भोजन, दान या सामान देकर उनसे कार्य करवाया जाता था। निर्धारित मात्रा से कम सूत काते जाने पर सूत के मूल्य के अनुसार उनका वेतन काट लिया जाता था।[1]

नियत कार्य–काल और निश्चित वेतन के अनुसार ही कारीगरों को नियुक्त किया जाता था और उनसे सम्पर्क बनाए रखा जाता था ताकि कार्य में किसी प्रकार का कपट न हो सके। राजकीय अधिकारी मोटे–महीन, रेशमी कपड़े, चीनीरेशम, रंकु मृग की ऊन (रांकव) और कपास का सूत कातने–बुनने वाले कारीगरों को इत्र, फुलेल तथा अन्य पारितोषिक देकर सदा प्रसन्न रखता था। उनसे वह ओढ़ने, बिछाने एवं पहनने के डिजाइनदार वस्त्र बनवाता था। निपुण कारीगरों से मोटे महीन सूत के कवच वह बनवाता था। जो स्त्रियाँ पर्दानसीन होतीं, जिनके पति परदेश गए होते, विधवा, जो लूली लंगड़ी होतीं, जिनका विवाह न हुआ हो, जो आत्मनिर्भर रहना चाहती हों, ऐसी स्त्रियों के पास अधिकारी दासियों द्वारा सूत भेज कर उनसे कतवाता और उनके साथ अच्छा व्यवहार करता था।

घर पर काते हुए सूत को लेकर जो स्त्रियाँ स्वयं या दासियों को साथ लेकर प्रातः काल ही पुतलीघर (सूत्रशाला) में उपस्थित होतीं, उन्हें यथोचित मजदूरी दी जाती थी। सूत्रशाला में अधिक सबेरा होने के कारण यदि कुछ अँधेरा हो तो वहाँ उतना ही प्रकाश किया जाता जिससे सूत अच्छी तरह देखा जा सके।[2]

जो स्त्री वेतन लेकर भी कार्य नहीं करती उसका अँगूठा कटवा दिया जाता था। सरकारी कार्यशाला में जो अधिकारी अथवा कर्मचारी स्त्री को देखने अथवा उससे इधर–उधर की बात करते देखा या पकड़ा जाता उसे कठोर दंड देने का प्रावधान था। बुनकरों को उचित समय पर वेतन या मजदूरी नहीं देने पर सम्बद्ध अधिकारी को दंडित किया जाता था।[3] माल चुरानेवाले, खो देनेवाले अथवा लेकर भाग जानेवाले कारीगर शारीरिक और आर्थिक रूप से दंडित किए जाते थे।[4]

काले रंग के आठ टुकड़ों को जोड़कर **भिंगिसी** बनाई जाती जो कि वर्षा में भीगने से बचाती थी। इसी तरह एक ही साबुत कपड़े का बना **अपसारक** कहलाता था। ये कपड़े नेपाल देश में बनते थे। मृग के बालों से छह प्रकार का

कपड़ा बनाया जाता था : 1. संपुटिका, (जांघिया या सुथनी) 2. चतुरश्रिका, 3. लम्बरा, 4. कटवानक, 5. प्रावरक और 6. सत्तलिका।[5]

दुशाला तीन प्रकार का होता था : 1. बांगक, 2. पौंड्रक और 3. सौवर्णकुड्यंक। बांगक अर्थात् बंगाल में बना हुआ दुशाला सफेद एवं चिकना होता था। पौंड्रक अर्थात् पुंड्र देश में बना हुआ दुशाला काला एवं मणि के समान स्निग्ध होता था, और असम के सुवर्णकुड्य नामक स्थान में बना हुआ दुशाला सूर्य के समान चमकदार होता था। इन दुशालों की बुनावट तीन प्रकार की होती थी : 1. दुशाले बनाने के साधनभूत तन्तु पहले पानी में भिगो दिए जाते, फिर मणिबन्ध में रगड़कर उन्हें मजबूत बना दिया जाता 2. ताना और बाना दोनों का तागा एक-सा बारीक होता था। इस प्रकार की बनावट कपास, रेशम, ऊन आदि मिले हुए तन्तुओं से रंगीन बुनावट करना था। जिसके ताने और बाने में एक जैसे बारीक तन्तु होते, वह *उत्तम दुशाला* के नाम से प्रसिद्ध था। इनसे ड्योढ़े, दुगुने, तिगुने आदि मोटे तन्तुओं के होने पर उत्तरोत्तर वह दुशाला कम कीमत का समझा जाता था।

इसी प्रकार काशी तथा पुंड्र आदि में बनने वाले रेशमी वस्त्रों की खास विशेषता होती थी। रेशम के तन्तु जितने बारीक और एक सूत के होते, रेशम उतना ही उत्तम होता और तन्तुओं के मोटे होने पर उत्तरोत्तर वह निकृष्ट समझा जाता था।[6]

मगध, पुंड्रक और सुवर्णकुंड्यक, इन तीनों देशों में **पत्रोर्णा** नाम की ऊन होती थी। वह नागकेसर, बड़हर, मौलसरी और बरगद, इन चार पेड़ों से पैदा होती थी। नागकेसर के पेड़ से निकाली जानेवाली पत्रोर्णा पीली होती थी। बड़हर पर गेहुँए रंग की होती थी। मौलसरी की सफेद होती थी। बरगद तथा अन्य वृक्षों की पत्रोर्णा मक्खन के रंग की होती थी। उनमें सुवर्णकुडंयक (असम) की पत्रोर्णा उत्तम समझी जाती थी। मधुरा (मदुरा), अपरांतक (कोंकण), कलिंग, काशी, वंग, वत्स और महिषक (मैसूर), इन देशों में पैदा होने वाली कपास के कपड़े सर्वोत्तम समझे जाते थे।[7]

कंबल, केचलक, कलमितिका, सौमितिका, तुरगास्तरण, वर्णक, तच्छिलक, वाड्वाण, परिस्तोम और समन्तभद्रक नामक 10 प्रकार के ऊनी वस्त्र बनाए जाते थे। चिकना, चमकदार बारीक डोर का और मुलायम कंबल उत्तम समझा जाता था।[8] चर्खे में लगे तकुए के प्रयोग की चर्चा *अर्थशास्त्र*[9] में है।

मालती (चमेली), मूर्वा (मरोरफली), आर्क (आक), शण (सन), गवेयुका (नागबला) और अतसी (अलसी) आदि को वल्कवर्ग बताया गया है। मूँज और लवा घास (बल्वज) से रस्सी बनाई जाती थी। ताली (ताड़ का एक प्रकार),

ताल (ताड़), भूर्ज (भोजपत्र) आदि का पत्ता लिखने के काम आता था। किंशुक (पलाश के फूल), कुसुम्भ (कुसुम के फूल) और कंकुम (केसर) से वस्त्र आदि रंगने का काम किया जाता था।[10]

3.4 राजमिस्त्री

राजमिस्त्री से सहयोग प्राप्त कर मौर्यकाल में सन्निधाता (कोषाध्यक्ष), कोषगृह, पण्यगृह (राजकीय विक्रेय वस्तुओं का स्थान), कोष्ठागार (भंडारगृह), कृप्यगृह (अन्नागार), शस्त्रागार और कारागार का निर्माण करवाता था।

सीलरहित स्थान में बावड़ी के समान एक चौरस गड्ढा मजदूरों द्वारा खुदवाकर राजमिस्त्री चारों ओर से उसकी दीवारों और उसके फर्श को मोटी मजबूत शिलाओं से जोड़ता था। उसके बीच में मजबूत लकड़ियों से बने हुए पिंजरे के समान अनेक कोठरियाँ होती थीं। उनमें बढ़िया दरवाजे तथा सुन्दर फर्श थे। राजमिस्त्री की देखरेख में भूमिगृह (तहखाना, अंडरग्राउंड) बनाए जाते थे। उस भूमिगृह के ऊपर एक कोषगृह (खजाना) बनाया जाता था। उस पर भीतर और बाहर से बन्द की जाने वाली अर्गलाएँ और एक बरामदा पक्की ईंटों से बनाया जाता था। वह भूमिगृह चारों ओर अनेक पदार्थों से भरे हुए मकानों से घिरा होता था। जनपद के मध्यभाग में प्राणदंड पाए पुरुषों के द्वारा आपत्ति में काम आनेवाला एक ध्रुवनिधि (गुप्त खजाना) बनवाया जाता था।[11]

पक्की ईंटों से चुना हुआ, चार भवनों से परिवृत्त, एक दरवाजे वाला, अनेक कक्षों एवं एक मंजिल से युक्त और चारों ओर खुले हुए खम्भों वाले चबूतरे से घिरा हुआ पण्य (विक्रेय वस्तुओं को रखने का घर) तथा कोष्ठागार (कोठार) मजदूरों एवं मिस्त्रियों द्वारा निर्मित किए जाते थे। अनेक लम्बे दालानों से युक्त चारों ओर अनेक कोठरियों से घिरी हुई दीवालों वाला, भीतर की ओर कुप्यगृह निर्मित किया जाता था। उसी में से एक तहखाना बनवाकर शस्त्रागार मजदूर एवं कारीगरों द्वारा बनवाया जाता था।

धर्मस्थ (न्यायाधीश) और महायाम (सन्निधाता, समाहर्ता आदि) से सजा पाए हुए लोगों को रखने के लिए कारागृह निर्मित किया जाता था। कारागृह में स्त्री-पुरुषों के लिए अलग-अलग स्थान होते थे। सभी कोशगृह आदि स्थानों में शाला, परिखा और कुओं की तरह स्नानागार भी बनवाए जाते थे। वर्षाजल को मापने के लिए कोष्ठागार में ऐसा कुंड बनवाया जाता जिसके मुँह का घेरा एक अरत्नि (चौबीस अंगुल) होता था।[12] कोयला, चोकर और भूसी आदि सामग्री मकान पोतनेवाले को दी जाती थी।[13]

3.5 लौहकार

आयुधागार का अध्यक्ष लोहार द्वारा युद्धोपयोगी सामग्री तैयार करवाता था। ये लोहार कुशल कारीगर होते थे। ऐसे कारीगरों एवं कुशल शिल्पियों द्वारा युद्ध में काम देनेवाले, दुर्ग की रक्षा के योग्य शत्रु के नगर को विध्वंस कर देनेवाले सर्वतोभद्र (मशीनगन), जामदग्न्य आदि यन्त्र, शक्ति, धनुष आदि हथियार कवच और सवारी आदि का निर्माण करवाया जाता था। उन कारीगरों से कितने समय में कितनी मजदूरी देकर कितना काम कराया जाए इत्यादि बातों को अधिकारी पहले ही से निश्चित कर लेता था। तैयार हुए सामान को उसके उपयुक्त स्थान में रखवा दिया जाता अथवा अपने ही कब्जे में रखा जाता था।

10 प्रकार के स्थितयन्त्र लौहकारों द्वारा बनाए जाते थे[14] : 1. सर्वतोभद्र (मशीनगन), 2. जामदग्न्य (जिसमें बीच के छेद से बड़े-बड़े गोले निकलें), 3. बहुमुख (किले की दीवारों में ऊँचाई पर बनाए गए वे स्थान, जहाँ से सैनिक गोलीवर्षा कर सकें), 4. विश्वासघाती (नगर के बाहर तिरछी बनावट का एक ऐसा यन्त्र, जिसको छू लेने से ही प्राणान्त हो जाए), 5. संघाटि (लम्बे-ऊँचे बाँसों से बना हुआ वह यन्त्र, जो महलों के ऊपर रोशनी फेंके), 6. यानक (पहियों पर रखा जानेवाला लम्बा यन्त्र), 7. पर्जन्यक (वरुणास्त्र, फायर ब्रिगेड), 8. बाहुयन्त्र (पर्जन्यक की भाँति; किन्तु उसका आधा), 9. ऊर्ध्वबाहु (ऊपर स्तम्भ की आकृति का नजदीक की मार करने वाला यन्त्र) और 10. अर्धबाहु (ऊर्ध्वबाहु का आधा)।

लौह शिल्पियों द्वारा चलयन्त्र भी अनेक प्रकार के बनाए जाते थे : 1. पांचलिक (बढ़िया लकड़ी पर तेज धार का बना यन्त्र, जो परकोटे के बाहर जल के बीच में शत्रु को रोकने के काम में आता था), 2. देवदंड (कील रहित बड़ा भारी स्तम्भ, जो परकोटे के ऊपर खड़ा रहता था), 3. सूकरिका (सूत और चमड़े की या बाँस और चमड़े की बनी मशकरी, जो परकोटे तथा अट्टालक के ऊपर ढककर रखी जाती थी), 4. मुसलयष्टि (खैर की मूसल का बना हुआ डंडा, जिसके आगे शूल लगा होता), 5. हस्तिवारक (त्रिशूल या त्रिशूल डंडा), 6. तालवृन्त (चारों ओर घूमने वाला यन्त्र), 7. मुद्‌गर, 8. द्रुघण (मुद्‌गर के ही समान यन्त्र), 9. गदा, 10. स्पृक्तला (काँटेदार गदा), 11. कुदाल, 12. आस्फोटिम (चमड़े से बना हुआ चार कोनेवाला, मिट्टी के ढेले या पत्थर फेंकने वाला यन्त्र), 13. उद्‌घाटिम (मुद्‌गर की आकृति का यन्त्र), 14. उत्पाटिम (खम्भे आदि को उड़ा देने वाला यन्त्र), शतघ्नी (कीले की दीवार के ऊपर रखा जानेवाला बड़े स्तम्भ की आकृति का यन्त्र), 15. त्रिशूल और 16. चक्र, ये 16 प्रकार के **चलयन्त्र** थे।[15]

हलमुख (भाले की तरह) हथियारों के नाम इस प्रकार थे : 1. शक्ति (कनेर के पत्ते की आकृति का लोहे का बना हथियार), 2. प्रास (24 अंगुल लम्बा, दुधारा हथियार, जिसकी मूठ बीच में लकड़ी की बनी होती), 3. कुन्त (7 हाथ का उत्तम, 6 हाथ का मध्यम और 5 हाथ का निकृष्ट), 4. हाटक (कुन्त के समान 3 काँटों वाला हथियार), 5. भिंडिपाल (मोटे फल वाला, कुन्त के समान), 6. शूल (तेज मुख वाला हथियार), 7. तोमर (बाण के समान तेज मुख वाला, जो 4 हाथ का अधम, साढ़े चार हाथ का मध्यम और 5 हाथ का उत्तम समझा जाता था), 8. वराहकर्ण (एक प्रकार का प्रास, जिसका मुख सूअर के कान के समान होता था), 9. कणप (लोहे का बना हुआ, दोनों ओर तीन-तीन काँटों से युक्त, 24, 22 और 20 अंगुल का क्रमशः उत्तम, मध्यम एवं अधम), 10. कर्पण (तोमर के समान, हाथ से फेंका जाने वाला बाण), 11. त्रासिका (प्रास जितनी, सम्पूर्ण लोहे की बनी); ये सब हथियार **हलमुख** कहलाते क्योंकि इन सभी का अग्रभाग हल के अग्रभाग की तरह तेज होता था।

धनुष 4 प्रकार से बनाए जाते थे : 1. ताल (ताड़ का बना हुआ), 2. चाप (अच्छे बाँस का बना हुआ), 3. दारव (मजबूत लकड़ी का बना हुआ) और 4. शारंग (सींगों का बना हुआ); आकृति और क्रिया-भेद से इनके कामुक, कोदंड और द्रूण, आदि नाम थे। मूर्वा, आख सन, गबेधुकावेणु (रामबाँस) और ताँत; इनसे मजबूत धनुष की डोरी बनती थी। बाण के भी अनेक भेद थे : 1. वेणु (बाँस), 2. शर (नरसल), 3. शलाका (मजबूत लकड़ी), 4. दंडासन (आधा लोहा और आधा बाँस) और 5. नाराच (सम्पूर्ण लोहे का)। इन बाणों के अग्रभाग में लोहे, हड्डी तथा मजबूत लकड़ी की बनी नोक छेदने, काटने, आघात पहुँचाने वाला रक्त सहित एवं रक्तरहित घाव करने के लिए लगी रहती थी।

खड्ग (तलवार) 3 प्रकार के होते थे : 1. निस्त्रंश (जिसका अगला भाग काफी टेढ़ा हो), 2. मंडलाग्र (जिसका अगला हिस्सा कुछ गोलाकार होता) और 3. असियष्टि (जिसका आकार पतला एवं लम्बा होता)। खड्ग के लिए गैंडा, भैंस की सींग, हाथीदाँत, मजबूत लकड़ी और बाँस की जड़ की मूठ बनवाई जाती थी। फरसा, कुल्हाड़ा, द्विमुखी त्रिशूल, फावड़ा, कुदाल, आरा और गँड़ासा; ये सब छुरे की धार की भाँति तेज होने के कारण **क्षुरकल्प** या क्षुरवर्ग के हथियार कहलाते थे। इनका निर्माण लौह शिल्पी करते थे। यन्त्रपाषाण, गोष्फणपाषाण, मुष्टिपाषाण, रोचनी और दृषद्; ये सब **आयुध** कहलाते थे।

कवच 6 प्रकार से बनाए जाते थे जिनके तरीके इस प्रकार थे[16] : 1. लोहजाल (सिर से पैर तक ढकनेवाला), 2. लोहजालिका (सिर के अलावा सारे शरीर

को ढकनेवाला), 3. लोहपट्ट (बाँहों को छोड़ सारे शरीर को ढक देनेवाला), 4. लोहकवच (केवल पीठ तथा छाती को ढँक देनेवाला), 5. सूत्रकंकण (सूत का बना कवच) और 6. मछली, गैंडा, नीलगाय, हाथी तथा बैल, इन पाँचों के चमड़े, खुर एवं सींगों को मिलाकर बनाया हुआ कवच। इनके अतिरिक्त शिरस्त्राण (सिर को ढक देने वाला), कंठत्राण (गले को ढक देने वाला) कूर्पास (आधी बाँहों को ढक देने वाला), कंचुक (घुटनों तक शरीर को ढक देने वाला), वारवाण (सारी देह को ढक देने वाला), पट्ट (बिना बाँहों एवं बिना लोहे का कवच), नागोदरिका (केवल हाथ की उँगलियों की रक्षा करनेवाला); ये 7 प्रकार के आवरण (कवच) देह पर धारण किए जाने योग्य थे। चमड़े की पेटी, मुँह ढकने का आवरण, लकड़ी की पेटी, पूरे हाथों को ढकनेवाला आवरण और किनारों पर लोहे के पत्तों से बँधा आवरण; आदि अनेक प्रकार के होते थे।

हाथी, घोड़ा, रथ आदि की शिक्षा एवं सजावट के साधन; अंकुश, कोड़े, पताका, कवच और शरीर की रक्षा करनेवाले अन्य आवरण; ये सब **उपकरण** कहलाते थे। ऐन्द्रजालिका और औपनिषदिक आदि जादू एवं प्रयोग-क्रियाएँ भी उपकरण कहलाती थीं।[17]

लोहार बाट बटखरे बनाते थे। ऐसी वस्तुओं को बनानेवाले लोहार अपने काम में काफी निपुण होते थे। तोलने के बाटों (प्रतिमानों) का निर्माण इस क्रम से होता था : आधा माषक, माषक, 2 माषक, 4 माषक, 8 माषक, सुवर्ण, 2 सुवर्ण, 4 सुवर्ण, 8 सुवर्ण, 10 सुवर्ण, 20 सुवर्ण, 30 सुवर्ण, 40 सुवर्ण, 100 सुवर्ण, सोना तोलने के लिए ये 14 बाट होते थे। चाँदी तोलने के लिए धरण एवं रूप्यमाषक बाटों का भी निर्माण कराया जाता अर्थात् धरण, 2 धरण, 4 धरण, 8 धरण, 10 धरण, 20 धरण, 30 धरण, 40 धरण और 100 धरण; एवं अर्ध माषक, माषक, 2 माषक, 4 माषक, 8 माषक; आदि 14 बाटों का क्रम था।

तौलने के बाट लोहे के बनते या मगध या मेकल देश के पत्थर के होते थे; या ऐसी वस्तुओं के बनते जो पानी पड़ने तथा लेप लगने से वजनी न हो जाएँ और गर्मी के प्रभाव से हलके न पड़ जाएँ।

सोना-चाँदी तोलने के लिए छोटी-बड़ी 10 तुलाएँ बनवाई जाती थीं। इनका क्रम इस प्रकार था 1. 6 अंगुल की, 2. 14 अंगुल की, 3. 22 अंगुल की, 4. 30 अंगुल की, 5. 38 अंगुल की, 6. 46 अंगुल की, 7. 54 अंगुल की, 8. 62 अंगुल की, 9. 70 अंगुल की और 10. 78 अंगुल की; उनका वजन क्रमशः एक पल से 10 पल तक होता था; उनके दोनों ओर पलड़े (शिक्य) लगे होते थे।

सोना–चाँदी के अतिरिक्त दूसरे पदार्थों को तोलने के लिए जो तुलाएँ बनवाई जातीं, उनका आकार–प्रकार इस तरह होता था :– 35 पल लोहे से बनी हुई, 3 हाथ लम्बी समवृत्ता (गोलाकार) नामक तुला अन्य पदार्थों को तोलने के लिए बनाई जाती थी। उसके बीच में 5 पल का काँटा लगवाकर ठीक मध्य में एक चिह्न भी करवा दिया जाता था। उसके बाद काँटे की गोलाकार परिधि में उस चिह्न से क्रमश: 1 कर्ष, 2 कर्ष, 3 कर्ष, 4 कर्ष, 1 पल से 20 पल तक बनवाए जाते थे।[18]

अनाज मापने के लिए बढ़िया सूखी लकड़ी का ऐसा मान बनवाया जाता कि जितना अनाज उसमें समा सके, उसका चतुर्थांश उसकी गर्दन में आ जाए, अथवा गर्दन बनाकर ऊपर से नीचे तक उसकी एक जैसी बनावट रहे, उसका मुँह खुला रहता था। घी–तेल मापने के लिए भी ऐसा ही मान बनवाया जाता था।

शराब, फल, फूल, भूसी, कोयला, और चूना–कलई, इन 6 पदार्थों को मापने के लिए जो बर्तन बनवाया जाता उसके ऊपर का हिस्सा, नीचे के हिस्से से दुगुना चौड़ा होता और उस पर गर्दन भी बनी होती थी। घी–तेल आदि द्रव पदार्थों को मापने वाले बर्तनों की कीमत अनाज मापने वाले बर्तनों से दुगुनी होती थी। 14 प्रकार के सम्पूर्ण बाटों की कीमत 20 पण और सम्पूर्ण तुलाओं की कीमत उसके तिहाई अर्थात् 6 2/3 पण होती थी।[19]

कोयला, चोकर और भूसी आदि सामग्री लोहारों को दी जाती थी।[20] चावलों की कनकी क्रीतदासों, दूसरे कर्मकारों एवं रसोइयों को दी जाती थी।[21] तराजू, बाट, चक्की, सिल–लोढ़ा, मूसल, ओखली, धान कूटने का मूसल, आटा पीसने की चक्की, सूप, छलनी, कड़ी, पिटारी और झाड़ू बनानेवाले कर्मकारों की चर्चा कौटिल्य ने की है।[22] झाड़ू लगानेवाले, कोष्ठागार के रक्षक, तौलनेवाले, सामान देनेवाले, बोझ उठानेवाले, क्रीतदास और चाकर को *अर्थशास्त्र* में **विष्टि** कहा गया है।

3.6 चर्म एवं चर्मकार

फल्गु पदार्थों में पहला स्थान चमड़े का था। इसकी लगभग 15 जातियाँ होती थीं, 1. कान्तनावक और 2. प्रैयक–दोनों का चमड़ा हिमालय में पैदा होता था। उनमें कान्तवानक मयूरग्रीवा का कान्ति वाला और प्रैयक नीले–पीले तथा सफेद रेखाओं अथवा दागों से युक्त होता था। इन दोनों का विस्तार 8 अंगुल होता था। हिमालय में स्थित म्लेच्छों (चर्मकार) के 12 गाँवों में 1 बिसी और 2 महाबिसी

नामक चमड़ा पैदा होता था। बिसी बहुरंग, बालों वाला एवं चितकबरा, और महाबिसी कठोर तथा श्वेत होता था। इन दोनों का विस्तार 12 अंगुल होता था।

हिमालय के आरोह नामक स्थान में पैदा होने वाला चमड़ा 5 प्रकार का होता था : 1. श्यामिका 2. कालिका, 3. कदली, 4. चन्दोत्तरा और 5. शाकुला। कपिल और चितकबरे रंग का चमड़ा **श्यामिका** था। कपिल अथवा कबूतरी रंग का चमड़ा **कलिका** कहलाता था। इन दोनों का विस्तार आठ-आठ अंगुल होता था। कदली नामक चमड़ा कठोर तथा खुरदुरा होता था, जिसकी लम्बाई एक हाथ मानी जाती थी। कदली नामक चमड़े पर यदि चन्द्रबिन्दु अंकित हों तो वह **चन्द्रोत्तरा** कहलाता था।[23] रंग में ये दोनों कलिका के समान होते थे। कदली से तीन गुणा बड़ा (3 हाथ) या कदली का तीसरा हिस्सा (8 अंगुल) **शाकुला** नामक चमड़ा होता था। इसमें लाल धब्बे और कुछ गाँठें पड़ी होती थीं। हिमालय के बाह्लव नामक प्रदेश में 3 प्रकार का चमड़ा होता था। 1. सामूर, 2. चीनसी और 3. सामूली। सामूर नामक चमड़ा काले रंग और 36 अंगुल का होता था। चीनसी चमड़ा लाल-काला अथवा पीला-काला होता था। सामूली गेहूँए रंग का होता था। ये दोनों 26-26 अंगुल के होते थे।

उद्र नामक जलचर प्राणी की खाल 3 प्रकार की होती थी–1. सातिना नामक खाल काले रंग की होती थी, 2. नलतूला सफेद होती थी और 3. वृतपुच्छा लाल-पीले रंग की होती थी।[24] मुलायम, चिकना और अधिक बालोंवाला चमड़ा उत्तम समझा जाता था। भेड़ की ऊन के चमड़े प्रायः सफेद और सफेद-लाल अथवा दूसरे रंग के भी होते थे। *अर्थशास्त्र*[25] में इनके चमड़े 4 प्रकार के बताए गए हैं 1. खचित (बेल-बूटेदार), 2. वानचित्र (बुनाई के समय इनमें तरह-तरह के फूल चित्रित होते थे), 3. खंडसंघात्य (तरह-तरह की बुनावट के छोटे-छोटे टुकड़ों के जोड़) और 4. तंतु-विच्छिन्न (जालीदार कपड़ा)।[26] चर्मकारों से सरकारी सम्बद्ध अधिकारी सदा सम्पर्क बनाए रखते थे। उनसे वह गाय आदि बाँधने के लिए रस्सी तथा हर तरह का चमड़ा आदि की रस्सियाँ और कवच बनाने तथा घोड़ा बाँधने के उपयोगी बेंत तथा बाँस की रस्सियाँ बनवाता था।

3.7 धोबी

धोबी धुलाई के कपड़ों को बेच देता, किराये पर दे देता या गिरवी रख देता तो उस पर 12 पण दंड किए जाने का प्रावधान था। कपड़ा बदल जाने पर उसे कपड़े के मूल्य का दुगुना दंड और कपड़ा भी वापस देना पड़ता था। धोबी द्वारा अधखिली पुष्प के समान स्वच्छ-श्वेत कपड़े को धोकर एक दिन में ही वापस

करना पड़ता था। शिलापट्ट के समान स्वच्छ कपड़े को 2 दिन में, धुले हुए सूत की तरह श्वेत कपड़े को 3 दिन में और अत्यन्त श्वेत कपड़े को 4 दिन में धोकर वापस करना पड़ता था।

इसी प्रकार हलके रंग वाले कपड़े को 5 दिन में, नीले, गाढ़े रंग के, हरसिंगार, लाख तथा मजीठ आदि में रँगे कपड़े को 6 दिन में, रेशम, पशम, बेलबूटेदार जैसे कठिनाई से धुले जाने योग्य उत्तम कपड़ों को 7 दिन में धोकर उसे वापस करना पड़ता था। इसके बाद वापस करने पर उसकी धुलाई नहीं देने का नियम था।

यदि रंगीन कपड़ों की धुलाई देने में झगड़ा हो जाता तो उसका फैसला रंगों को ठीक-ठीक समझने वाले कुशल व्यक्ति द्वारा किया जाता था। बढ़िया रंगीन कपड़ों की धुलाई एक पण, मध्यम दर्जे के रंगीन कपड़ों की धुलाई आधा पण और मामूली रंगीन कपड़ों की धुलाई चौथाई पण दी जाती थी। इसी प्रकार मोटे कपड़ों की धुलाई एक या दो माष और रँगे हुए कपड़ों की धुलाई इससे दुगुनी होती थी। कपड़े की पहली धुलाई में उसकी चौथाई कीमत कम हो जाती थी। दूसरी धुलाई में शेष मूल्य का पाँचवाँ हिस्सा कम हो जाता; और तीसरी धुलाई में उस शेष मूल्य का छठा हिस्सा कम हो जाता था।[27] धोबियों के समान दर्जियों (तुन्नवाय) के नियम भी इसी प्रकार के थे।[28]

3.8 लकड़हारा

कुप्य का अध्यक्ष जंगल की रक्षा में नियुक्त पुरुषों द्वारा बढ़िया-बढ़िया लकड़ी मँगवाता था। लकड़ी से बनने योग्य दूसरे कार्यों को भी वही करवाता था। लकड़ी काटकर जीविकोपार्जन करनेवाले लोगों को वह वेतन पर नियुक्त करता और आज्ञा का उल्लंघन करने पर उनके लिए दंड भी निर्धारित करता; किन्तु किसी आपत्ति के कारण कार्य में विघ्न उपस्थित हो जाने पर उन्हें दंड न दिया जाता था।

कुप्यवर्ग में सर्वप्रथम सारदारु वर्ग (सर्वोत्तम लकड़ी) का निरूपण किया जाता था: शाक (सागून), तिनिश (तैहुँआ), धन्वस (पीपल), अर्जुन, मधुक (महुआ), तिलक (फरास), साल, शिंशपा (शीशम), अरिमेद (दुर्गन्धित खैर), राजादन (खिरनी), शिरीष (सिरसा), खदिर (खैर), सरल (देवदारु), ताल (ताड़), सर्ज (साल), अश्वकर्ण (बड़ा साल), सोमवल्क (सफेद खैर), कश (बबूल), आम, प्रियक (कदंब), धव (गूलर) आदि सर्वोत्तम लकड़ी **सारदारुवर्ग** के अन्तर्गत आते थे।[29]

उटज (खोखला), चिमिय (ठोस), चाप (कुछ पोला और ऊपर से खुरदरा),

वेणु (चिकना, पोला), वंश (लम्बी पोरियों वाला), सातीन, कंटक (दोनों काँटेदार) और भाल्लूक (मोटा, लम्बा, कंटकरहित), ये सब बाँसों के भेद थे।[30] वेत्र (बेंत), शीकबल्ली (हंसबल्ली), वाशी (सफेद फूलों की लता), श्यामलता (काली लता), नागलता (नागबल्ली) आदि सब लताओं के भेद थे।

पात्र दो प्रकार के होते थे : एक विदलमय (पिटारी, टोकरी आदि) और दूसरे मृतिकामय (घड़े, शकोरे आदि)। कोयला, राख, मृग, पशु–पक्षी तथा अन्य जंगली जानवर, लकड़ी और घास–फूस आदि ढेर भी कुप्य होने के कारण संग्रह–योग्य थे। कुप्य के अध्यक्ष और उसके सहायक बाहर जंगलों के पास जनपद और दुर्ग आदि में गाड़ा तथा लकड़ी आदि से बनी हुई चीजें या सवारियों; सब तरह के बर्तन आदि को और अपनी आजीविका तथा नगर, जनपद की रक्षा के लिए अन्य आवश्यक वस्तुओं का भी संग्रह करते थे।[31]

3.9 स्वर्णकार

सौवर्णिक (राज्य का प्रधान आभूषण व्यापारी) नगरवासियों और जनपदवासियों के सोने–चाँदी के आभूषणों का कार्य शिल्पशाला में बैठकर काम करनेवाले सुनारों द्वारा कराता था। समय और वेतन को नियत करके ही स्वर्णकार काम करते थे। यदि कार्य की अधिकता हो या वायदे की अवधि बीत रही हो, तो उन्हें नियत समय से भी अधिक कार्य करना पड़ता था। यदि कोई सुनार वायदे के अनुसार कार्य पूरा नहीं करता तो उसके वेतन का चौथाई भाग जब्त करके उसे वेतन का दुगुना दंड दिया जाता था। यदि कोई सुनार अभीष्ट जेवर को न बनाकर दूसरा ही जेवर बनाकर दे, तो उसकी मजदूरी जब्त कर उसे नियत वेतन का दुगुना दंड किया जाता था।

जिस प्रकार और जितने वजन का सोना आदि आभूषण बनाने के लिए सुनार लेता, उसी प्रकार और उतने वजन का आभूषण बनाकर उन्हें वापस करना पड़ता था। सुनार के परदेश चले जाने अथवा उसकी मृत्यु हो जाने के कारण यदि सुनार के घर सोना बहुत दिनों तक पड़ा रह जाता तो उसके उत्तराधिकारियों से वह सोना वापस ले लिया जाता था। यदि सोना नष्ट हो गया हो या छीज गया हो तो सुनार से उसका मुआवजा भी लिया जाता था।[32]

यदि खोटे सोने–चाँदी के आभूषण बनाने के लिए दिए जाते तो सुनार को एक काकणी छीजन देना पड़ता था। सोने का रंग बदलने के लिए एक काकणी लोहा और दो काकणी चाँदी उसमें मिलाई जाती थी। एक काकणी लोहा और दो काकणी चाँदी का छठा भाग छीजन के लिए निकाल लिया जाता था।

यदि अपनी अज्ञानता के कारण सुनार एक माष सुवर्ण को कान्तिहीन कर दे तो उसे प्रथम साहस दंड देने का प्रावधान था। तौल में कम करने पर मध्यम साहस दंड; और तराजू-बाट में कपट करने पर उत्तम साहस दंड दिया जाता था। इसी प्रकार सोने-चाँदी के बने हुए पात्र में यदि कोई व्यक्ति हेर-फेर करे तो उसे भी उत्तम साहस दंड देने का प्रावधान था।

सौवर्णिक की अनुमति प्राप्त कर या न प्राप्त कर यदि कोई व्यक्ति शिल्पशाला (विशिखा) से बाहर किसी सुनार से आभूषण बनवाता तो उसे बारह पण दंड देना पड़ता, और जेवर बनानेवाले सुनार को चौबीस पण। उनके लिए यह दंड व्यवस्था उसी दशा में थी यदि उन पर चोरी की आशंका न हो तो और यदि उन पर चोरी किए जाने की आशंका हो तो उन्हें कंटकशोधक (प्रदेष्टा) के पास न्याय के लिए ले जाया जाता था। यदि अपराध सिद्ध हो जाता तो सुनार पर दो-सौ पण दंड निर्धारित किया जाता और इतना धन देने से यदि वह इनकार करता तो उसकी उँगलियाँ कटवा देने का प्रावधान था। सोना-चाँदी तौलने के बाट-तराजू सुनारों को कहीं से न खरीद कर पौतवाध्यक्ष के यहाँ से ही खरीदना पड़ता था। यदि वे ऐसा नहीं करते तो उन पर बारह पण का दंड देना पड़ता था।[33] सुनारों के 1. घन (ठोस गहना), 2. घनसुषिर (ऊपर से ठोस तथा भीतर से पोले कड़ा आदि गहने), 3. संयूह्य (ऊपर से मोटा पत्ता चढ़ाए आभूषण), 4. अवलेप्य (ऊपर से पतला पत्ता चढ़ाए आभूषण) 5. संघात्य (जुड़े आभूषण तगड़ी, जंजीर आदि) और 6. वासितक (रस आदि से वासित आभूषण), ये छह प्रकार के कार्य होते थे।

1. तुलाविषक, 2. अपसारण, 3. विस्रावण, 4. पेटक और 5. पिंग; ये पाँच तरीके सुनारों के चोरी करने के थे। काँटे या तराजू का बढ़ा-घटा होना, जिससे ठीक तरह न तौला जा सके, **तुलाविषम** कहलाता था। ऐसे काँटे 8 प्रकार के होते थे : 1. सन्नामिनी (हलके लोहे से बने, जिसको उँगली लगाने में सहज ही इधर-उधर झुकाया जा सकता था), 2. उत्कीर्णिका (जिसके भीतर छेदों में लोहे का चूर्ण भरा होता), 3. भिन्नमस्तिका (जिसके आगे के हिस्से में छेद होता जिससे हवा का रुख पाते ही वह झुक जाता था), 4. उपकंठी (जिसमें बहुत-सी गाँठें पड़ी होती थीं), कुशिक्या (जिसका पलड़ा दूषित होता), 6. सकटुकक्ष्या (जिसकी डोरी अच्छी नहीं होती), 7. पारिवेल्य (जो हिलती रहती) और 8. आयस्कांता (जिसकी डंडी में आयस्कांत मणि लगी होती)।

नकली द्रव्य को मिलाकर असली द्रव्य को चुरा लेना **अपसारण** कहलाता था। वह 4 प्रकार का होता था : 1. दो हिस्सा चाँदी और एक हिस्सा ताँबा मिलाकर

जो घोल तैयार किया जाता उसको **त्रिपुटक** कहते थे। शुद्ध सोने में यह त्रिपुटक मिलाकर उतना सोना निकाल दिया जाता और किसी के खोटा बताने पर कहा जाता कि वह तो खान से ही निकला था, इस चोरी का नाम **त्रिपुअकापसारित** था। 2. जिस सोने में ताँबा मिलाकर चोरी की जाती उसको **शुल्बापसारित** कहते थे। 3. लोहा-चाँदी के मिश्रित घोल को **वेल्लक** कहते थे; उस वेल्लक को मिलाकर सोने की जो चोरी की जाती उसे **हेमापसारित** कहते थे।[34]

अपसारण के ढंग इस प्रकार थे : मूकमूषा (बन्द घरिया), पूतिकिट्ट (लोहे का मैल), करकटमुख (सोना कतरने की कैंची), नाली (नाल), सन्देश (सन्सी), जोंगनी (लोहे की छड़) सुवर्चिका (शोरा) और नमक। उनसे जब कहा जाता कि उन्होंने सोना खोटा कर दिया था, तो झट से यह कह देते कि यह आपका दिया हुआ सोना था, यह खान से ही ऐसा निकला था। ये अपसारण के तरीके थे। पहले ही से आग में बारीक बालुका-सी डाल दी जाती और फिर मूषा को अग्नि में रखकर मूषा को टूट जाने का बहाना करता था और तब मालिक के सामने उस बालुका को सोने में मिला दिया जाता था और उतना ही सोना वह होशियारी से मार लेता था। किसी बनी हुई वस्तु को पीछे से जोड़ते समय या पात्रों की परीक्षा करते समय खरे सोने की जगह खोटा सोना जोड़ देना **विस्रावण** कहलाता था। सोने की खान में उत्पन्न बालुका को लोहे की खान में उत्पन्न बालुका से बदल देना भी विस्रावण कहलाता था।

पेटक दो प्रकार का होता था : 1. गाठ और 2. अभ्युद्धार्थ; इसका प्रयोग संयूह्य, अवलेप्य तथा संघात्य कर्मों में किया जाता था। सीसे के पत्ते को सोने के पत्ते से मढ़कर बीच में लाख से जोड़ देना ही **गाठपेटक** कहलाता था। वही बन्धन यदि सरलता से खुलने योग्य हो तो उसे **अभ्युद्धार्यपेटक** कहते थे। अवलेप्य क्रियाओं में एक ओर या दोनों ओर सोने का पतला सा पत्रा जोड़कर सोने को चुराया जा सकता था। अथवा बाहर पत्ता लगाने की बजाय सुवर्ण पत्रों के बीच में ताँबे या चाँदी का पत्ता लगाकर भी सोना चुराया जाता था। संघात्य क्रियाओं में ताँबे की वस्तु को एक ओर से सोने के पत्ते से मढ़कर उस हिस्से को खूब चमकदार एवं सुन्दर बना दिया जाता था। उसी ताँबे की वस्तु को दोनों ओर से इसी प्रकार चमकदार एवं सुन्दर सोने के पत्तों से मढ़कर उतना ही असली सोना हड़प लिया जाता था।[35]

इन दोनों प्रकार के पेटकों की शुद्धता जाँचने के लिए उन्हें अग्नि में तपाकर, कसौटी पर घिसकर या हल्की चोट देकर या रेखा खींचकर या किसी तीक्ष्ण वस्तु से निशान देकर उनकी परीक्षा की जाती थी। अभ्युद्धार्य पेटक बेरी के कसैले

रस में अथवा नमक के पानी में डालकर जाना जाता था। ऐसा करने से उसका रंग कुछ लाल-सा हो जाता था।

ठोस या पोले गहनों में सुवर्णभृत्, सुवर्णमालुका (दोनों विशेष धातुएँ) और शिंगरफ का चूर्ण अग्नि में तपाकर लगा दिया जाता और उतना ही शुद्ध सोना निकाल दिया जाता था। जिस आभूषण का आधार मजबूत होता उसमें साधारण धातुओं की बालुका की लाख और सिन्दूर का घोल आग में तपाकर लगा दिया जाता और उसके बराबर का सोना निकाल दिया जाता था। इस प्रकार के ठोस तथा पोले गहनों को आग में तपाकर उन पर चोट देने से उनकी परीक्षा की जाती थी। बुंदेदार मणिबन्ध जैसे गहनों को, नमक की छोटी डलियों के साथ, कपट देने वाली आग में तपाने से उनकी शुद्धि हो जाती थी। बेरी के अम्ल रस में उबालकर भी उनकी शुद्धता को जाँचा जाता था। अभ्रक को उसके दुगुने सुवर्ण में लाख आदि से जोड़कर भी असली सोना रख लिया जाता था। उसकी परीक्षा के लिए अभ्रक लगे गहनों को बेरी के अम्ल जल में छोड़ दिया जाता था; अभ्रक लगा हिस्सा पानी में तैरता रहता था। यदि अभ्रक की जगह ताँबा मिलाया गया हो तो सुई से छेद कर उसकी परीक्षा कर ली जाती थी। ठोस या पोले गहनों में काँचमणि, चाँदी और खोटा सोना मिलाकर पिंग नामक उपाय द्वारा शुद्ध सोना चुराया जा सकता था। उसको आग में तपाना तथा उस पर हथौड़े से चोट करना ही उसकी शुद्धता का उपाय था।[36]

पात्र और आभरण आदि के तैयार हो जाने पर, उनकी परीक्षा करते समय भी सोने आदि का 4 प्रकार से अपहरण किया जा सकता था : 1. परिकुट्टन, 2. अवच्छेदन से, 3. उल्लेखन से और 4. परिमर्दन से। पूर्वोक्त पेटक ढंग से परीक्षा करने के बहाने जो छोटे टुकड़े या छोटी गोली सुनार काट लिया करते उसे ही **परिकुट्टन** कहते थे। पत्रों से जुड़े आभूषणों में सोने मढ़े हुए कुछ सीसे के पत्ते मिलाकर और भीतर से काटकर सोना निकाल लेना **अवच्छेदन** कहलाता था। ठोस गहनों को तेज औजार से खोद देना ही **उल्लेखन** था। हरताल, सिंगरफ, मैनसिल और कुरुविंद पत्थर के चूर्ण को कपड़े के साथ सानकर, उससे आभूषणों को रगड़ा जाना **परिमर्दन** कहलाता था। ऐसा करने से आभरण घिस जाते थे; किन्तु उन पर किसी प्रकार की खरोंच या चोट नहीं दिखाई देती थी।

परिकुट्टन, अवच्छेदन आदि कपट उपायों से जितने सुवर्ण का अपहरण किया जाता, उसका ब्यौरा, उसके समानजातीय शेष अवयवों से प्राप्त किया जाता था। जिन आभूषणों पर अवलेप्य का प्रयोग किया जाता, उस पर से कटे सोने के टुकड़े को देखकर उसकी क्षति का अनुमान किया जा सकता था। जिन आभूषणों

में अधिक खोटा माल मिला दिया जाता उनकी हानि का परिमाण, उनके सदृश दूसरे आभूषणों को तौलकर जाना जाता था। उनको आग में तपाकर पानी में छोड़ दिया जाता और तब हथौड़े से चोट करके उनकी शुद्धता की जाँच की जाती थी।[37]

अपहरण के और भी तरीके थे : 1. अवक्षेप (हाथ की सफाई से खरे माल को लेकर खोटा माल भिड़ा दिया जाता था), 2. प्रतिमान (बदली करके चुरा लेना), 3. अग्नि के बीच से चुरा लेना, 4. गाण्डिका (पीटने के बहाने), 5. भण्डिका (घरिया में रखने के बहाने), 6. अधिकरणी (लोहे के पात्र में रखने के बहाने), 7. पिच्छ (मोर-पेंच से चुराना), 8. सूत्र (कांटे की डोरी के बहाने), 9. चेल्ल (वस्त्र में छिपा लेना), 10. बोल्लन (कोई किस्सा छेड़कर) 11. उत्संग (गोद या गुप्त अंग में छिपाकर), 12. मक्षिका (मक्खी उड़ाने के बहाने पिघली हुई धातु को अपने अंग में लगा देना) तथा 13. पसीना, 14. धौंकनी, 15. जल का शकोरा और 16. आग में डाले हुए खोटे माल आदि के बहाने से सोना-चाँदी चुराया जा सकता था। मिलावटी चाँदी के आभूषणों में पाँच प्रकार के दोष होते थे : 1. विस्र होना (दुर्गंध), 2. मलिन हो जाना, 3. कठोर हो जाना, 4. खुरदुरा हो जाना और 5. रंग बदल जाना।[38]

यदि सुनार (स्वर्णकार) नौकर-चाकरों के हाथ से, सोने-चाँदी के बने हुए जेवर (सरूप); सुवर्णाध्यक्ष को सूचित किए बिना ही खरीद लेता तो उसे 12 पण दंड देना पड़ता था; यदि बिना गहने की सोना-चाँदी खरीदे तो 24 पण; चोर के हाथ से खरीदे तो 48 पण और दूसरों से छिपाकर गहने आदि को तोड़-मरोड़कर थोड़ी कीमत में खरीदे तो उसको चोरी का दंड दिया जाता था। बनाए हुए माल को बदल देने वाले सुनार को भी चोरी का दंड देने का प्रावधान था। यदि सुनार सोने में से एक माष सोना चुरा ले तो उस पर दो-सौ पण दंड किया जाता था। यदि एक धरण चाँदी में से एक माष चाँदी चुरा ले तो उस पर 12 पण दंड किया जाता था। इसी प्रकार अधिकाधिक चोरी के अनुसार अधिकाधिक दंड की व्यवस्था थी। यदि कोई सुनार खोटे सोने-चाँदी पर नकली रंग चढ़ा देता या शुद्ध सोना-चाँदी में नकली धातु मिला देता तो उस पर 500 पण दंड किया जाता था। सोने-चाँदी में खरे-खोटे की जाँच आग में तपाकर की जाती थी।

एक धरण मान चाँदी के गहने आदि की बनवाई एक माषक दी जाती थी। जितने तौल की सोने की चीज बनवाई जाती उसका आठवाँ हिस्सा बनवाई दी जाती थी। विशेष कारीगरी के लिए दुगुनी बनवाई दी जाती थी। इसी के अनुसार

अधिक कार्य करवाने की मजदूरी दी जाती थी। ताँबा, सीसा, काँसा, लोहा, राँगा और पीतल इनकी बनवाई पाँच प्रति सैकड़ा दी जाती थी। ताँबे का दसवाँ हिस्सा, बनाते समय छीजन के लिए छोड़ दिया जाता था। इससे एक पल भी कम हो जाने पर नुकसान का दंड देना पड़ता था।[39]

सीसे और राँगे की चीजों में बीसवाँ हिस्सा छीजन में निकल जाता था। इनके एक पल की बनवाई का एक काँकड़ी वेतन दिया जाता था। कलायस (काला लोहा) की चीजों में पाँचवाँ हिस्सा छीजन में निकल जाता था। उसकी बनवाई दो काँकड़ी वेतन दिया जाता था। यदि सिक्कों का पारखी (रूपदर्शक) चलते हुए खरे पण को खोटा और खोटे पण को खरा बताता तो उस पर 12 पण जुर्माना किया जाता था।

पाँच प्रति सैकड़ा टैक्स (ब्याजी) सरकार को देकर पण चलाया जा सकता था। एक पण के चलाने के लिए माषक रिश्वत लेनेवाले लक्षणाध्यक्ष को 12 पण दंड करने का प्रावधान था। यदि छिपकर कोई जाली सिक्के बनवाता या जाली सिक्कों को स्वीकार करता अथवा उनका निर्यात करता, उस पर एक हजार पण दंड किया जाता था। खजाने में अच्छे सिक्कों की जगह जाली सिक्के रखनेवाले को मृत्यु दंड दिया जाता था।

खान से निकले हुए रत्नों को साफ करनेवाले कर्मचारी, टूटे-फूटे सारभूत माल का तीसरा हिस्सा दिया जाता था। बाकी दो हिस्से तथा रत्नों को राजकोष के लिए रखा जाता था। रत्न चुरानेवाले कर्मचारी को उत्तम साहस दंड दिया जाता था।[40]

3.10 कलाल (कलवार)

आबकारी विभाग का अध्यक्ष (सुराध्यक्ष) दुर्ग, जनपद, अथवा छावनी आदि में सुरा के व्यापार का प्रबन्ध, शराब के बनानेवाले तथा बेचनेवाले निपुण व्यक्तियों के द्वारा करवाता था, शराब का ठेका एक बड़े व्यापारी को दिया जाता या अनेक छोटे-छोटे व्यापारियों को, अथवा क्रय-विक्रय की जैसी व्यवस्था उचित होती, उसी के अनुसार उसकी बिक्री का प्रबन्ध किया जाता था। ठेकों के अलावा अन्यत्र शराब बनाने, बेचने और खरीदने वालों पर 600 पण जुर्माना किया जाता था। शराब तथा शराबी को गाँव से बाहर, एक घर से दूसरे घर, अथवा भीड़ में नहीं जाने दिया जाता, क्योंकि ऐसा करने से एक तो राजकीय कर्मचारी कार्यों की हानि करने लगते और आर्य लोग अपनी मर्यादा को भंग कर सकते थे। तेज मिजाज सैनिक हथियारों का भी प्रयोग कर सकते थे। सुविदित आचार-व्यवहार वाले

लोग चौथाई कुडव, आधा कुडव, एक कुडव, आधा प्रस्थ या एक प्रस्थ मुहरबन्द शराब साथ भी ले जा सकते थे। जिन लोगों को शराब साथ ले जाने की आज्ञा नहीं होती वे मदिरालय में ही बैठकर शराब पीते थे।[41]

यदि कोई व्यक्ति धरोहर, गिरवी, चोरी-डाका आदि का धन और सोना-चाँदी आदि वस्तुओं को शराबखाने में गिरवी रखकर शराब पीता तो उसको वहाँ से बाहर कर किसी दूसरे बहाने से नगराध्यक्ष के हवाले कर दिया जाता था। इसी प्रकार जो व्यक्ति आमदनी से अधिक या बिना आमदनी के ही फिजूलखर्च करता उसे भी गिरफ्तार करने का नियम था।

थोड़ी कीमत पर, उधार या ब्याज सहित अदा होने के मूल्य पर बढ़िया शराब नहीं बेची जाती, बल्कि ऐसे खरीददारों को घटिया शराब दी जाती थी। घटिया शराब को बढ़िया शराब की दुकान से नहीं बेचा जाता था। घटिया शराब या तो दास जैसे छोटे कर्मचारियों को वेतन के रूप में दी जाती अथवा बैल-ऊँट की सवारी हाँकने वालों तथा सूअर का पालन-पोषण करने वालों को दी जाती थी।

शराबखानों में अनेक ड्योढ़ियाँ होती थीं। लेटने तथा बैठने के लिए अलग-अलग कमरे होते थे। शराब पीने के लिए अलग स्थान होते जिनमें सुगन्धित द्रव्यों एवं पानी आदि का पूरा प्रबन्ध होता था। ये सभी स्थान ऐसे बने होते जो प्रत्येक मौसम में सुखद होते थे। सरकारी गुप्तचर प्रतिदिन शराब की खपत तथा खर्च का हिसाब और यह भी निगरानी रखता कि बाहर से कौन-कौन व्यक्ति वहाँ आते थे।[42]

शराब कई प्रकार की होती थी : 1. मेदक, 2. प्रसन्ना, 3. आसव, 4. अरिष्ट 5. मैरेय और 6. मधु। एक द्रोण जल, आधा आढक चावल और तीन प्रस्थ सुराबीज (किण्व), इनके मेल से जो शराब बनाई जाती उसका नाम **मेदक** था। 12 आढक की चावल की पिट्ठी, 5 प्रस्थ सुराबीज (किण्व) अथवा उसकी जगह पुत्रक (वृक्ष) की छाल तथा फलों सहित जाति-सम्भार मिलाकर **प्रसन्ना** शराब तैयार की जाती थी। सौ पल कैथपल का सार, 500 पल राब और एक प्रस्थ शहद को एक साथ मिलाकर **आसव** शराब बनाई जाती थी। उक्त वस्तुओं के योग को यदि सवापण कर दिया जाता तो उत्तम आसव और पौना कर दिया जाता तो घटिया आसव कहा जाता था।

प्रत्येक रोग का **अरिष्ट** उसी प्रकार तैयार किया जाता जैसा कि रोग के अनुसार वैद्य बताते थे। मेढ़ासिंगी की छाल का क्वाथ बनाकर उसमें गुड़, पीपल और मिर्च का चूर्ण या पीपल, मिर्च की जगह त्रिफला का चूर्ण मिलाया जाता तो **मैरेय** शराब तैयार हो जाती थी। गुड़ वाली सभी शराबों में त्रिफला का चूर्ण मिलाना

आवश्यक था। दाख या अंगूर के रस से जो शराब बनाई जाती उसी का नाम **मधु** था। अपने देश में उसके दो नाम थे : कापिशायन और हारहूरक। एक द्रोण उड़द का कल्क, उसका तीसरा भाग चावल और एक-एक कर्ष मोरटा आदि वस्तुएँ एक साथ मिलाकर **किण्व** सुरा बनती थी, उसी को मद्यबीज या सुराबीज भी कहते थे।[43]

पाठा, लोध, गजपीपल, इलाइची, इत्र, मुलहटी, दूब, केशर, दारुहल्दी, मिर्च और पीपल, इन सब चीजों का पाँच-पाँच कर्ष मिला देने से **सम्भारयोग** तैयार होता, जो मेदक और प्रसन्ना सुरा में मिलाया जाता था। मुलहटी के काढ़े में रवादार शक्कर मिलाकर यदि मेदक तथा प्रसन्ना में छोड़ दिया जाता तो उनका रंग निखर आता था। दालचीनी, चीता, बायविडंग और गजपीपल का एक-एक कर्ष, सुपारी, मुलहटी मोथा तथा लोध का दो-दो कर्ष लेकर इन सब को आपस में मिला देने से आसव सुरा का मसाला बन जाता था। दालचीनी आदि उक्त वस्तुओं का दसवाँ भाग **बीजबन्ध** कहलाता था। प्रसन्ना नामक सुरा का जो योग बताया गया वही श्वेतसुरा का भी होता था। सुरा के चार भेद थे : 1. सहकारसुरा (साधारण शराब में आम का रस या तेल डालकर बनती थी), 2. रसोत्तरा (गुड़ की चाशनी छोड़कर बनाई जाती थी), 3. बीजोत्तरा (बीजबन्ध द्रव्यों को छोड़कर बनाई जाती थी), इसी को महासुरा भी कहते थे और 4. संभारिकी (अधिक मसाले छोड़कर बनाई जाती थी)।[44]

इन सभी शराबों की सफाई एवं निखार का तरीका इस प्रकार था : मरोरफली, पलाश, लोहमारक (पत्तूर औषध), मेढ़ासिंगी, करंजवा तथा क्षीर-वृक्ष (बरगद, गूलर आदि) के काढ़े में भावना दिया गया गर्म रवादार शक्कर का चूरा, उसका आधा लोध, चीता, बायविडंग, पाठा, मोथा कलिंगज जौ, दारु-हल्दी, कमल, सौंफ, चिरचिड़ा, सप्तवर्ण, नीबू और आखे का फूल, इन सबका पिसा हुआ चूर्ण एकत्र करके यदि उसकी एक मुट्ठी, एक खारी परिमाण शराब में डाल दी जाती तो शराब का रंग निखर उठता कि वह राजाओं तक को मोहित कर लेती थी। स्वाद बढ़ाने के लिए उसमें 5 पल राब अधिक मिलाई जाती थी। नगर तथा जनपद के निवासी विवाह आदि उत्सवों में श्वेतसुरा और दवाई के लिए आसव अथवा मेदक आदि सुरा अपने घर में बना सकते थे। उत्सवों में, मित्र-बन्धुओं के समाज में और तीर्थयात्रा के अवसर पर, सुरा के अध्यक्ष चार दिन तक सुरा पीने की इजाजत दे देते थे। यदि इन उत्सवों में कोई भी व्यक्ति बिना आज्ञा प्राप्त किए शराब पिये पकड़ा जाता तो उत्सव समाप्त होने पर उसको यथोचित दंड दिया जाता था।

सुरा को बनाने एवं उसका मसाला तैयार करने के लिए स्त्रियों और बालकों को नियुक्त किया जाता था। बिना राजाज्ञा के जो व्यक्ति उत्सवों के अवसर पर शराब बेचता उसे साधारण शराब, मेदक, अरिष्ट, मधु, ताड़ी और रसोत्तरा आदि सुराओं का 5 प्रतिशत शुल्क अदा करना पड़ता था। इस शुल्क अदायगी के अतिरिक्त सुराध्यक्ष दैनिक बिक्री और तौल-माप की उचित जानकारी प्राप्त कर नाप-तौलकर सोलहवाँ हिस्सा और नकद आमदनी पर बीसवाँ हिस्सा टैक्स वसूल करता, किन्तु उनके साथ सदा ही उचित व्यवहार बर्ताव बनाए रखता था।[45]

3.11 ग्वाला एवं चरवाहा

गायों को पालनेवाले (गोपालक), भैंसों को पालनेवाले (पिंडारक), गाय, भैंस को दुहनेवाले (दोहक), दही को मथनेवाले (मंथक) और हिंसक पशुओं से गाय, भैंस की रक्षा करनेवाले (लुब्धक), ये 5-5 व्यक्ति मिलकर सौ-सौ गाय, भैंसों का पालन करते थे। वेतन के रूप में इनको या तो नगद रुपया दिया जाता अथवा अन्न-वस्त्र दिए जाते थे। दूध, दही आदि में इनका कोई हिस्सा नहीं होता था क्योंकि दूध दही में इनका हिस्सा होने के कारण ये लोग बछड़ों को मार देते थे। गाय, भैंस आदि की रक्षा के इस उपाय का नाम कौटिल्य ने **वेतनोपग्राहिक** बताया है।

बूढ़ी, दूध देनेवाली, गाभिन, पठोरी, बछिया, इन 5 प्रकार की गायों को बीस-बीस के क्रम से सौ बनाकर उन्हें किसी चरवाहे को ठेके पर दिया जाता था। इसके बदले में चरवाहा गौओं के मालिक को 8 वारक घी, एक-एक पशु के पीछे एक-एक पण, और सरकारी मुहर से युक्त मरे हुए पशु का एक अदद चमड़ा प्रतिवर्ष दिया करता था। रक्षा के इस उपाय को **करप्रतिकर** कहते थे।[46]

बीमार, कानी, लंगड़ी, एकहथी (अनन्यदोही), मुश्किल से दुही जाने योग्य और बच्चों को खानेवाली (पुत्रघ्नी), इन 5 प्रकार की गायों को भी पूर्ववत्, सौ बनाकर किसी व्यक्ति को ठेके पर पालने के लिए दिया जाता था। गोपालक स्थिति के अनुसार घी आदि का आधा या तिहाई हिस्सा मालिक को दे दिया करता था। इस उपाय का नाम **भग्नोत्सृष्टक** था। शत्रुओं अथवा चोरों के डर से जो गोपालक अपनी गायों को सरकारी चरागाह में ही बन्द करके रखता वह गायों की आमदनी का दसवाँ भाग राजा को अदा करता था। गाय आदि की रक्षा के इस तौर-तरीके को **भागानुप्रविष्टक** कहते थे।[47]

दूध पीनेवाला बछड़ा, बड़ा बछड़ा, कृषियोग्य बछड़ा (दम्य), बोझा ढोने योग्य साँड़ (बहिनो), बिना बधिया किया हुआ साँड़ और हल जोतने योग्य बैल,

ये छह प्रकार के बैल होते थे। जुवा, हल, गाड़ी आदि में जोते जाने योग्य भैंसा, साँड़ (वृषभा), मांस के उपयोग में आनेवाले (सूनामहिषा) और बोझा ढोने योग्य, ये 4 प्रकार के भैंसे होते थे।

दूध पीनेवाली बछिया, पठोरी (प्रष्ठौही), गाभिन, दूध देनेवाली, अधेड़ और बाँझ, ये 7 प्रकार की गाय-भैंसें होती थीं। उनके दो महीने या एक महीने के पैदा हुए बछड़ों को उपजा (लयेरू) कहते थे। उन लयेरू बछड़ों को लोहे के गर्म छल्लों से दाग दिया जाता था। दो मास तक सरकारी चरागाह में रहनेवाली गाय-भैंसों को भी दाग दिया जाता था। राजकीय मुहर अथवा छल्ले आदि से गाय-भैंसों तथा लयेरू बछड़ों के रंग, सींग आदि विशेष चिह्नों का उल्लेख रजिस्टर में किया जाता था। गायों की रक्षा के इस उपाय को **व्रजपर्यग्र** कहते थे। नष्ट गोधन 3 प्रकार का होता था : 1. चोरों द्वारा अपहृत 2. दूसरे गोष्ठों में विलयित और 3. अपने गोष्ठ से भ्रष्ट; इसी अवस्था को **नष्ट** कहते थे।[48]

दल-दल में फँसी, गढ़े में गिरी, बीमार, बूढ़ी, पानी तथा आहार के अभाव में नष्ट, वृक्ष तले दबी, चट्टान या शिलाओं से जख्मी, बिजली गिर जाने से नष्ट, हिंसक जानवरों से आक्रान्त, साँप, नाग या जंगली आग से नष्ट, गायों को **विनष्ठ** कहते थे। यदि इस प्रकार गाय आदि का विनाश गायों की असावधानी के कारण होते तो उस हानि को वे स्वयं पूरा करते थे। अध्यक्ष इन सभी बातों की पूरी जानकारी रखता था।

यदि कोई ग्वाला गाय को मारता, या किसी से मरवाता; उसकी चोरी करता या करवाता तो उसे प्राणदंड दिया जाता था। जो गाय-भैंस सरकारी नहीं थे उन पर राजकीय चिह्न कर उनके रूप को बदल देनेवाले व्यक्ति को प्रथम साहस दंड दिए जाने का प्रावधान था।[49]

गोपालकों द्वारा शिकारियों, बहेलियों, चोरों, हिंसकों और शत्रु की बाधाओं आदि से सावधान रहकर ऋतु के अनुसार जंगलों में गायों को चराया जाता था। सर्प एवं हिंसक पशुओं को डराने के लिए, चरागाह में गाय की पहचान के लिए और घबड़ाने वाले पशुओं की गर्दन में लोहे की घंटी बाँधी जाती थी।[50]

पशुओं को पानी पिलाने एवं नहलाने के लिए ऐसे स्थान में उतारा जाता जहाँ चौरस घाट बने होते और दलदल एवं हिंसक जलचर जन्तु दोनों नहीं होते थे। गोपालक पूरी सावधानी से उनकी रक्षा करता था। गोपालकों द्वारा चोर, व्याघ्र, साँप एवं नाक्व आदि से आक्रान्त और बीमारी तथा बुढ़ापे से मरे हुए पशुओं की सूचना अध्यक्ष को देनी पड़ती थी अन्यथा मृतपशु के नुकसान का दायित्व उन पर समझा जाता था। यदि भैंस मर जाती तो उसका दागा हुआ चमड़ा; बकरी

तथा भेड़ के चिह्नित कान; और घोड़ा, गधा एवं ऊँट की पूँछ लाकर ग्वाला, अध्यक्ष के सामने पेश करता था। मरे हुए पशु के बाल, चमड़ा, मूत्राशय, पित्त, आँत, दाँत, खुर, सींग और हड्डी, इन सब चीजों का संग्रह करके रखना पड़ता था।

गीले या सूखे मांस को बेच दिया जाता था। फटे हुए दूध को गाय भैंसों की सानी में डाल दिया जाता था। पशुओं का व्यापारी प्रत्येक पशु के पीछे, उसकी लागत का चतुर्थांश अध्यक्ष को देता था। ग्वालों द्वारा सावन, भादों, आश्विन, कार्तिक, मार्गशीर्ष और पौष महीनों में गाय-भैंसों को दो समय दूहा जाता था। माघ, फाल्गुन, चैत्र, वैशाख, ज्येष्ठ और आषाढ़ में केवल सायंकाल ही दुहे जाते थे। इन छह महीनों में गाय-भैंसों को दोनों समय दुहने वाले व्यक्ति का अँगूठा काट देने का प्रावधान था। जो ग्वाला ठीक समय पर न दुहे, उसे उस दिन का वेतन नहीं देने का नियम था।[51]

इसी प्रकार जो व्यक्ति ठीक समय पर बैलों को नहीं नाथता, नौसिखिये तथा पूरे बैल को एक साथ जोतता और बैलों को ठीक समय पर नहीं सिखाता, उसे भी उस दिन का वेतन नहीं दिया जाता था। एक द्रोण गाय के दूध में एक प्रस्थ घी निकलता था। यदि एक द्रोण भैंस का दूध हो तो उसमें 5 प्रस्थ घी निकलता था। बकरी और भेंड़ के एक द्रोण दूध में 2/5 घी निकलता था। किसी भी पशु के दही को मथकर ही उसमें निकलने वाले घी का ठीक परिमाण निर्धारित किया जा सकता था। भूमि, घास, पानी आदि की अधिक सुविधा के ऊपर ही दूध-घी की वृद्धि निर्भर थी।

यदि कोई व्यक्ति गोष्ठ के साँड़ को किसी दूसरे साँड़ से लड़ाता तो उसको प्रथम साहस दंड दिया जाता था, उसको मारता तब भी उसको प्रथम साहस दंड दिया जाता था। नथे हुए बैलों और घोड़ों के रथ पर जुते जानेवाले श्रेष्ठ बैलों को आधा भार (दस तुला) हरी घास, उससे दुगुनी भूसी, दस आढक सानी, 5 पल नमक, एक कुडव तेल नाक में, एक प्रस्थ तेल पीने के लिए दिया जाता था।[52]

उस भूमि में चारों वर्णों के लोगों की स्थिति के सम्बन्ध में यह विचार कर लिया जाता था कि सब तरह के दुख-सुख सहन करनेवाले शूद्र, ग्वाले आदि नीची जाति के मनुष्यों वाली भूमि ही श्रेष्ठ होती थी क्योंकि खेती की अधिकता और निश्चित फलवती होने के कारण ऐसी भूमि श्रेयस्कर होती थी। कृषि सम्बन्धी व्यापार तथा अन्य अनेक कार्य गाय एवं गोपालकों पर ही निर्भर था। इसलिए गाय और ग्वालों से युक्त भूमि ही श्रेष्ठ थी। व्यापार के लिए धान्य आदि का

संचय तथा ब्याज पर ऋण आदि देकर उपकार करने के कारण व्यापारी और धनवान व्यक्तियों से युक्त भूमि श्रेष्ठ होती थी।[53]

3.12 दास और श्रमिक

उदरदास को छोड़कर आर्यों के प्राणभूत नाबालिग, शूद्र, वैश्य, क्षत्रिय और ब्राह्मण को यदि उनके ही परिवार का कोई व्यक्ति बेचता या गिरवी रखता तो उन पर क्रमशः 12 पण, 24 पण, 36 पण और 48 पण का दंड किया जाता था। इन्हीं नाबालिग शूद्र आदि को यदि कोई दूसरा व्यक्ति बेचता या गिरवी रखता तो उक्त क्रम से उनको प्रथम, मध्यम, उत्तम साहस और प्राणवध का दंड दिया जाता था। यही दंड खरीददारों और इस मामले में गवाही देनेवालों को भी दिए जाने का प्रावधान था। म्लेच्छ लोग अपनी सन्तान को बेच और गिरवी रख सकते थे, इसमें कोई दोष नहीं था; परन्तु आर्यजाति किसी हालत में भी गुलाम नहीं बनाई जा सकती थी। यदि सारा परिवार गिरफ्तार हो जाता या बहुत सारे आर्यों पर विपत्ति आ जाती तो उस दशा में आर्य को गिरवी रखा जा सकता था और जब छुड़ाने योग्य धन प्राप्त हो जाता तो पहले बालक को या सहायक को मुक्त कराया जाता था।[54] जो व्यक्ति अपने आपको गिरवी रख चुका हो, यदि एक बार भी वह वहाँ से भाग निकले तो उसे आजीवन गुलाम बनाकर रखा जाता था। जो व्यक्ति दूसरों के द्वारा गिरवी रखा जाता और यदि वह दो बार भाग जाता तो उसे सदा के लिए दास बनाकर रखा जाता था। ये दोनों दास यदि किसी दूसरे देश में चले जाने का इरादा करें तब भी उन्हें जीवनपर्यंत के लिए दास बनाया जाता था।

धन का अपहरण करनेवाले तथा किसी आर्य को दास बनानेवाले व्यक्ति को आधा दंड देने का प्रावधान था। गिरवी रखा हुआ व्यक्ति यदि भाग जाता, मर जाता या बीमार हो जाता तो गिरवी रखनेवाला ही उनका मूल्य देता था।

जो स्वामी अपने पुरुष गुलामों से मुर्दा, मल-मूत्र या जूठन उठवाता और महिला गुलामों को अनुचित दंड देता, उनके सतीत्व को नष्ट करता, नग्नावस्था में उसके पास जाता या नंगा कराके उनको अपने पास बुलाता तो उसका धन जब्त कर लिया जाता था। यदि यही व्यवहार दाई, परिचारिका, अर्द्धसीतिका (जिस जाति में पुरुषों का जीवन-निर्वाह स्त्रियों पर निर्भर रहता था) और भीतरी दासी (उपचारिका) आदि के साथ किया जाता तो उन्हें दासकार्य से मुक्त कराया जाता था। यदि उच्चकुलोत्पन्न दास से उक्त कार्य कराए जाते तो वह दासकर्म को छोड़कर जा सकता था।[55]

अपनी दासी या गिरवी रखी हुई किसी स्त्री को उनकी इच्छा के विरुद्ध अपने

वश में करनेवाले व्यक्ति को प्रथम साहस दंड दिया जाता किन्तु उनको यदि दूसरे व्यक्ति के वश में करने की कोशिश करता तो उसे मध्यम साहस दंड दिया जाता था। गिरवी में आई कन्या को यदि कोई व्यक्ति स्वयं या किसी दूसरे के द्वारा दूषित करता तो उसका बदले में दिया धन जब्त कर लिया जाता, जुर्माने के तौर पर कुछ धन वह कन्या को देता और उससे दुगुना दंड सरकार को अदा करता था।

अपने आपको बेच देनेवाले आर्य पुरुष की सन्तान भी आर्य ही समझी जाती थी। वह अपने मालिक की आज्ञानुसार कमाये हुए धन को अपने पास रख सकता था और पिता की सम्पत्ति का भी उत्तराधिकारी हो सकता था। बाद में अपनी कीमत को चुकता कर वह आर्यश्रेणी में आ सकता था। गिरवी रखने के अनुसार ही उनके छुड़ाने का मूल्य भी होता था। जिस व्यक्ति को दंड का धन भुगतान न करने के कारण दास बनना पड़ता वह किसी तरह का कार्य कर उस धन का भुगतान करके स्वतन्त्र हो सकता था। आर्य जाति का कोई व्यक्ति यदि युद्ध में पराजित होने पर दास बनाया जाता तो वह अपने कार्य के बल पर या समय के अनुसार या अपने पकड़े जाने का आधा मूल्य देकर छुटकारा पा सकता था।

अपने (स्वामी के) घर में पैदा हुए, दाय-भाग के समय अपने हिस्से में आए या स्वयं खरीदे हुए, बन्धु-बान्धवों से रहित, 8 वर्ष से कम उम्र के दास को उसकी इच्छा के विरुद्ध, यदि कोई व्यक्ति नीच कार्य के लिए किसी विदेशी के हाथ बेचता या गिरवी रखता तो उस पर प्रथम साहस दंड लगाया जाता था। इसी प्रकार यदि कोई स्वामी गर्भिणी दासी को उसके गर्भ की रक्षा का कोई प्रबन्ध न करके दूसरे के हाथ बेचता या गिरवी रखता तो उस पर भी प्रथम साहस दंड लगाया जाता था। इनके अतिरिक्त उनके खरीदने वालों और गवाहों को भी यही दंड दिया जाता था।

जो व्यक्ति उचित मूल्य पाने पर भी किसी को दासता से मुक्त नहीं करता, उस पर 12 पण दंड लगाया जाता था। यदि मुक्त न करने का कोई कारण न हो तो उसको कारावास का दंड दिया जाता था। दास की सम्पत्ति के उत्तराधिकारी उसके बन्धु-बान्धव एवं कुटुम्बी लोग होते थे। उनके न होने पर दास का स्वामी ही उसकी सम्पत्ति का अधिकारी था।[56] यदि स्वामी द्वारा अपनी दासी से सन्तान पैदा हो जाती तो वह सन्तान और उसकी माता, दोनों को दासता से मुक्त कर दिया जाता था। यदि वह स्त्री सद्‌गृहिणी बनकर स्वामी के घर में ही उसकी पत्नी बनकर रहना चाहती तो उसकी माँ, बहन और भाइयों को दासता से मुक्त कर दिया जाता था। एक बार मुक्त हुए दास-दासी को यदि फिर कोई व्यक्ति

बेचता या गिरवी रखता तो उस पर 12 पण दंड किया जाता था। किन्तु दास-दासी ही यदि स्वयं बिकने और गिरवी रखे जाने को कहें तो किसी को दोष न दिया जाता था।[57]

पास-पड़ोस के रहनेवालों की जानकारी में ही नौकर की नियुक्ति की जाती थी। जिसका वेतन तय हो गया हो वह उसी पर कार्य करता था। जिसका वेतन पहले तय न हुआ हो वह अपने कार्य और समय के अनुसार अपना वेतन लेता था। किसान का नौकर अनाज का, ग्वाले का नौकर घी का और बनिये का नौकर अपने द्वारा व्यवहार की गई वस्तुओं का दसवाँ हिस्सा लेता था; बशर्ते कि उसका वेतन तय न हुआ हो। यदि वेतन पहले से तय था तो उसी पर नौकरी करता था। कारीगर, नट, नर्तक, चिकित्सक, वकील (वाग्जीवन) और नौकर-चाकर यदि मेहनताने की आशा से कार्य करनेवाले (आशाकारिक) व्यक्तियों को वैसा ही वेतन दिया जाता, जैसा अन्यत्र दिया जाता था, अथवा जो भी वेतन कुशल पुरुष नियत कर देता तद्नुसार दिया जाता था। इस विषय पर विवाद होने पर साक्षियों के अनुसार ही निर्णय दिया जाता था। यदि साक्षी न हों तो जैसा कार्य किया हो, उसी के अनुसार फैसला किया जाता था। उनका वेतन न देने पर वेतन का दसवाँ हिस्सा या 6 पण दंड किया जाता था। अपव्यय करने पर उसका पाँचवाँ हिस्सा या 12 पण दंड किया जाता था।[58]

3.13 मजदूरी के नियम

वेतन लेकर जो नौकर कार्य न करता उस पर 12 पण दंड किया जाता था। यदि अकारण ही वह कार्य न करता तो उसे कारावास में बन्द कर दिया जाता था। किसी अशक्त, कुत्सित कार्य के आ जाने पर, बीमारी में या किसी आपत्ति में फँस जाने के कारण नौकर आकस्मिक छुट्टी (अनुशय) ले सकता था; अथवा अपनी एवज में किसी दूसरे व्यक्ति को रखकर छुट्टी ले सकता था। स्थानापन्न नौकर की मजदूरी उसके कार्य से ही पूरी की जाती अथवा मालिक ही किसी दूसरे से कार्य लेता था।

'न तो आप किसी से कार्य करवाएँगे और न मैं ही किसी का कार्य करूँगा' इस प्रकार के आपसी समझौते को यदि मालिक भंग करता तो बारह पण दंड और यदि नौकर भंग करता तो भी 12 पण दंड दिया जाता था। यदि किसी मजदूर ने दूसरी जगहों से अग्रिम वेतन ले लिया हो, तो पहले मालिक का कार्य पूरा करने पर ही वह दूसरी जगह जा सकता था।[59] वेतन, कार्य करने का दिया जाता था, खाली बैठने का नहीं। यदि मालिक थोड़ा ही काम कराके फिर न कराए

तो नौकर का पूरा काम किया हुआ समझा जाता था। मालिक के आज्ञानुसार ठीक स्थान और समय पर काम न करने से या कार्यों को उल्टा कर देने से नौकर काम किया हुआ न समझा जाता था। मालिक जितना काम बताता नौकर यदि उससे अधिक कार्य कर डालता तो वह अतिरिक्त मेहनत व्यर्थ समझी जाती थी। कार्य न करनेवाले मजदूरों की 7 दिन की मजदूरी दबाए रखी जाती थी। इतने पर भी यदि वे ठीक तरह से कार्य न करते तो वह कार्य दूसरे को दे दिया जाता और उस कार्य को ठीक कराकर दूसरे को उचित मजदूरी दे दी जाती थी। मालिक को बिना सूचित किए मजदूर न तो किसी वस्तु को नष्ट करते और न ले जा सकते थे। इस नियम का उल्लंघन करने पर 24 पण दंड दिया जाता; यदि सभी मजदूर मिलकर ऐसा करते तो उनको आधा दंड दिया जाता था।[60]

संघ से एक मुष्ट मजदूरी पानेवाले या मिलकर ठेके आदि पर काम करनेवाले मजदूर पहले से तय की हुई मजदूरी आपस में बराबर-बराबर बाँट लेते थे। किसान फसल के प्रारम्भ से अन्त तक और खरीद-फरोख्त करनेवाले व्यापारी माल खरीदने से लेकर बेचने तक वे अपने साझीदार को उसके कार्य के अनुसार हिस्सा देते थे। यदि कोई साझीदार अपने एवज में किसी दूसरे व्यक्ति को नियत कर दे तब भी उसका पूरा हिस्सा दिया जाता, माल बिक जाने पर दुकान उठने से पहले ही साझीदार को उसका हिस्सा भी दिया जाता था।[61]

3.14 जुर्माना

ब्राह्मण, क्षत्रिय, वैश्य, शूद्र और अन्त्यज जातियों (प्रकृतियों) में यदि वे एक दूसरे की निन्दा करते तो अन्त्यज को 3 पण, 6 पण, 9 पण और 12 पण दंड दिया जाता था। इसी प्रकार ब्राह्मण निन्दा करता तो 2 पण, 4 पण, 6 पण और 8 पण उसको दंड दिए जाने का प्रावधान था। इसी प्रकार कुब्राह्मण, महाब्राह्मण आदि निन्दित वाक्य कहनेवाले को भी यही दंड देने का प्रावधान था। शिल्पी, कुशीलव (नट, नर्तक, गायक) आदि यदि एक दूसरे की आजीविका की निन्दा करते तो उन्हें भी यही दंड दिए जाने का प्रावधान था।[62]

3.15 मछुआरा

नौका-परिवहन का अधिकारी (नौकाध्यक्ष) समुद्रतट की समीपवर्ती नदी को, समुद्र के नौका-मार्गों को, झीलों, तालाबों और गाँव के छोटे-छोटे जलीय मार्गों को भली-भाँति देखता रहता था। मछुआरे अपनी आमदनी का छठा हिस्सा कर रूप में राजा को देते थे। समुद्रतट के व्यापारी, बन्दरगाहों के नियमानुसार माल के

मूल्य का पाँचवाँ या छठा भाग टैक्स देते थे। सरकारी नौकाओं द्वारा माल लाने-ले जाने का भाड़ा वे अलग से देते थे। इसी प्रकार शंख और मोती ले जानेवाले व्यापारी नाव का भाड़ा अलग से देते अथवा सरकारी नौकाओं का उपयोग न कर वे निजी नौकाओं से पार उतरते थे।[63]

मछली, मोती और शंख आदि सामुद्रिक वस्तुओं के सम्बन्ध में खानों के अध्यक्ष की ही भाँति, नाव का अध्यक्ष भी प्रबन्ध करता या उसी व्यवस्था को लागू करता था। नगराध्यक्ष द्वारा नियत किए गए बन्दरगाह-सम्बन्धी नियमों को नावध्यक्ष भली-भाँति पालन करता था। दिशाओं का अन्दाज न रह जाने के कारण या तूफान में फँस जाने के कारण डूबती हुई नौका को अध्यक्ष, पिता के समान अनुग्रह करके बचाता था। पानी लग जाने के कारण नुकसान हुए माल का टैक्स माफ कर दिया जाता या नुकसान को देखते हुए आधा ही टैक्स लिया जाता था। निःशुल्क या आधे शुल्क वाली नौकाओं को बन्दरगाहों की ओर यात्रा करने के समय में भेज दिया या छोड़ दिया जाता था। चलती हुई नौकाएँ जब चुंगी पर पहुँच जातीं तब उनकी चुंगी वसूल की जाती थी। चोर-डाकुओं की नौकाओं को नष्ट कर दिया जाता था। जो नौकाएँ शत्रुदेश की ओर जाती हों या जो व्यापार-नियमों का उल्लंघन करती हों, उन्हें भी तहस-नहस कर दिया जाता था।

नाव का कप्तान (शासक), नावचालक (नियामक), लंगड़ डालने वाला (दात्रग्राहक), रस्सी या पतवार पकड़ने वाला (रश्मिग्राहक), और नौका में भरे हुए पानी को उलीचने वाला (उत्सेचक), इन पाँच कर्मचारियों के रहने पर ही बड़ी-बड़ी नौकाओं को गर्मी तथा सर्दी में समान रूप से बहने वाली बड़ी-बड़ी नदियों में चलाने की आज्ञा दी जाती थी। बरसाती नदियों में चलाने के लिए अलग नौकाएँ होती थीं। इन बड़ी नौकाओं को ठहरने के लिए नियत बन्दरगाह होते और उन पर पूरी निगरानी रखी जाती थी ताकि किसी शत्रु राजा के गुप्तचर उनमें प्रवेश न कर सकें। कोई भी नाव वाला यदि अनिश्चित समय में ही अनियमित मार्ग से घाट के आर-पार जाता तो उसे प्रथम साहस दंड दिया जाता था। इसके अतिरिक्त ठीक समय पर और नियत घाट से बिना आज्ञा नाव पार करने वाले व्यक्ति पर पौने सत्ताईस पण दंड निर्धारित किया जाता था।[64]

धीवर, लकड़हारे, घसियारे, माली, कुंजड़े, खेतों के रखवाले, चोर के डर से पीछे जानेवाले, राजदूत के पीछे शेष कार्य को पूरा करने के लिए जानेवाली सेना, सैनिक सामग्री और गुप्तपुरुषों को बिना समय एवं बिना आज्ञा ही नदी पार करने पर कोई दंड नहीं दिया जाता था। अपनी नाव से नदी पार करने वाले व्यक्तियों पर कोई प्रतिबन्ध नहीं होता था। बीज, कर्मचारियों की भोजन-सामग्री,

फल-फूल, शाक और मसाला (उपस्कर) आदि सामान को पार ले जानेवाले व्यक्ति भी दंड से मुक्त समझे जाते थे। ब्राह्मण, संन्यासी, बालक, बीमार, राजदूत या हलकारा और गर्भवती स्त्री को नौकाध्यक्ष की मुहर देखकर ही, बिना भाड़ा के पार कर दिया जाता था।

जिन परदेशियों को पासपोर्ट मिल जाता अथवा पासपोर्ट प्राप्त व्यापारियों के साथ जिन-जिन व्यक्तियों को आने की अनुमति मिली होती, वे ही देश में प्रवेश कर सकते थे। किसी की स्त्री, कन्या या किसी का धन चुराकर भागने वाले व्यक्ति को फौरन गिरफ्तार करवा दिया जाता था। वे लक्षण इस प्रकार थे : यदि वह चौकन्ना-सा नजर आता, ताकत से अधिक बोझा उठाए हो, सिर पर इस प्रकार घास-फूस फैलाए हो कि शक्ल न दिखाई दे, नकली संन्यासी का वेश बनाए हो, संन्यासी वेश बदल कर सादा वेश धारण कर ले, रोग का कोई चिह्न न होने पर भी अपने को बीमार जैसा लगे, डर से मुख की रौनक उतरी हुई हो, बहुमूल्य वस्तुओं को छिपाए हो, गुप्त कागजातों को रखे हो, हथियार छिपाकर रखे हो, जहर आदि को रखे हो, अग्नियोग को छिपाए हो, दूर का सफर करता हो और पासपोर्ट प्राप्त किए बिना ही यात्रा करता हो।

भेड़, बकरी आदि छोटे जानवरों का और जिस मनुष्य के पास हाथ में उठाने भर का बोझा हो, वह एक माषक भाड़ा देता था। जिस पुरुष के पास सिर अथवा पीठ से उठाने योग्य बोझा हो और गाय, घोड़ा आदि पशुओं का, दो माषक भाड़ा दिया जाता था। ऊँट और भैंस का 4 माषक भाड़ा दिया जाता था।[65] इसी प्रकार छोटी गाड़ी का 5 माषक, मझौली गाड़ी 6 माषक, और बड़ी बैलगाड़ी का 7 माषक भाड़ा लगता था। बीस तुला बोझ का 1/4 पण भाड़ा निर्धारित था। बड़ी-बड़ी नदियों की उतराई इससे दुगुनी होती थी। नदियों के किनारे बसे हुए लोग सरकारी टैक्स के अतिरिक्त कुछ निर्धारित भत्ता या वेतन भी मल्लाहों को देते थे। पार उतारने वाले राजकीय मल्लाह सीमाप्रदेशों में व्यापारियों से मार्ग का टैक्स और अन्तपाल को दिया जानेवाला शुल्क भी अदा करते थे। मल्लाहों की असावधानी, अन्य आवश्यक साधनों से हीन और बिना मरम्मत की सरकारी नौका यदि डूब जाती तो यात्रियों का सारा हर्जाना नौकाध्यक्ष पूरा करता था। आषाढ़ी पूर्णिमा से लेकर कार्तिकी पूर्णिमा के एक सप्ताह बाद तक की अवधि के बीच बरसाती नदियों में नौका-कर लिया जाता था। किन्तु सदा बहने वाली नदियों में तो हमेशा ही टैक्स लिया जाता था। प्रत्येक मल्लाह प्रतिदिन के कार्य का विवरण और दैनिक भाग नौकाध्यक्ष के सुपुर्द कर देता था।[66]

3.16 चोर

जो व्यक्ति बढ़इयों, छोटे कारीगरों, कत्थकों और तपस्वियों की छोटी-छोटी चीजों की चोरी करता उस पर सौ पण दंड किया जाता और बड़ी-बड़ी चीजों की चोरी करे तो दो सौ पण दंड किया जाता था। खेती के साधन हल आदि चुराने वाले पर भी दो-सौ पण दंड किया जाता था। यदि अनाधिकारी व्यक्ति किले में प्रवेश करता अथवा परकोटे की दीवार तोड़ कर माल उड़ा ले जाता तो उसके पैर के पीछे की दो मुख्य नसें कटवा दी जातीं या उस पर दो-सौ पण दंड किया जाता था।

चक्रयुक्त (धन, शस्त्र या यन्त्र युक्त) नाव को अथवा छोटे-छोटे पशुओं की चोरी करने वाले का एक पैर कटवा दिया जाता या उस पर तीन-सौ पण दंड दिया जाता था। जो व्यक्ति जाली कौड़ी, पाँसे, अरला और शलाका आदि जुआ सम्बन्धी सामान बनाता तथा जो व्यक्ति इसी प्रकार की अन्य कूट-कपट की चीजें बनाता उसका एक हाथ काट दिया जाता या उस पर चार सौ पण जुर्माना किया जाता था। चोरों और व्यभिचारियों की दूतियों के नाक, कान काट लिए जाते या उन पर पाँच सौ पण दंड किया जाता था। यदि पुरुष ऐसा दुष्कर्म करता तो उस पर दुगुना (एक हजार पण) दंड दिया जाता था। गाय, भैंस आदि पशुओं, एक दास, एक दासी को चुराने वाले अथवा मुर्दे के कपड़े बेचने वाले पुरुष के दोनों पैर काट लिये जाते या उस पर छह-सौ पण दंड दिया जाता था।[67]

3.17 वैद्य

राजा को बिना सूचित किए यदि कोई वैद्य किसी ऐसे रोगी का इलाज करता, जिसके मरने की सम्भावना थी और दवा देने के दौरान में ही उसकी मृत्यु हो जाती तो उस वैद्य को प्रथम साहस दंड दिया जाता था। यदि इलाज में भूल हो जाने के कारण मृत्यु हुई हो तो मध्यम साहस दंड दिया जाता था। शरीर के किसी विशेष अंग का गलत ऑपरेशन होने के कारण यदि रोगी का वह अंग जाता रहे, या दूसरी तरह की हानि हो जाए तो वैद्य को दंड-प्रारुष्य प्रकरण के अनुसार यथोचित दंड दिया जाता था।[68]

3.18 नट

वर्षा ऋतु में नट, नर्तक आदि एक ही स्थान पर निवास करते थे। उनकी कला से प्रसन्न होकर यदि कोई व्यक्ति उन्हें उचित मात्रा से अधिक पुरस्कार दे तो वे उसे स्वीकार नहीं करते थे। अपनी अधिक तारीफ को भी वे पसन्द न करते

थे। इस नियम का उल्लंघन करने पर बारह पण दंड दिया जाता था। किसी खास देश, जाति, गोत्र या चरण के मजाक या निन्दा को छोड़कर तथा मैथुन सम्बन्धी कर्तव्यों को छोड़कर नट लोग जो चाहें अपने इच्छानुसार खेल दिखाकर दर्शकों को खुश कर सकते थे।[69]

नटों के ही अनुसार नाचने-गाने वालों और भिक्षुकों के सम्बन्ध में नियम थे। दूसरों के मर्म को पीड़ा पहुँचाने पर इन लोगों को अपराध के अनुसार जितना पण दंड दिया जाए, यदि वे उसको अदा न कर सकें तो उनपर उतने ही कोड़े लगवाये जाने का प्रावधान था। बनावटी साधु, बनिये, कारीगर, नट, भिखारी और ऐंद्रजालिक आदि चोरों को तथा इसी प्रकार के अन्य पुरुषों को देश में पीड़ा पहुँचाने से रोकने का प्रावधान था।[70]

3.19 बनिया

जो बनिया अधिक वजन के तराजू-बाट से माल खरीद कर हल्के तौल से उसे बेचता उसको 24 पण दंड किया जाता था। गिनकर बेची जानेवाली चीजों में बनिया यदि आठवाँ हिस्सा चुरा लेता तो उस पर 96 पण जुर्माना किया जाता था। जो बनिया लकड़ी, लोहा, मणि, रस्सी, चमड़ा, मिट्टी, छाल और ऊन से बने हुए घटिया माल को बढ़िया कहकर रखता या बेचता हो उस पर वस्तु की कीमत का आठ गुना जुर्माना किया जाता था।

बनावटी कस्तूर, कपूर आदि वस्तुओं को असली कहकर; दूसरे देश में पैदा हुई कमसल वस्तु को असली देश की बताकर; चमकदार बनावटी मोती को; मिलावटी वस्तु को; अच्छे माल की पेटी को दिखाकर रद्दी माल की पेटी को देने पर; व्यापारी को 54 पण दंड देना पड़ता था। यदि वह माल एक पण मूल्य का हो तो पहले से दुगुना दंड और दो पण कीमत का हो तो 200 पण दंड दिया जाता था। इसी प्रकार अधिक मूल्य के माल पर अधिक दंड लगाया जाता था।

जो लुहार, बढ़ई आदि कारीगर आर्डर के अनुसार कार्य नहीं करते, एक पण की जगह दो पण मजदूरी लेते, किसी वस्तु को बेचते समय अधिक दाम और खरीदते समय कम दाम कहकर खरीद-फरोख्त में विघ्न डालते, उनमें से प्रत्येक को एक-एक हजार पण दड देने का प्रावधान था। जो व्यापारी आपस में मिलकर किसी वस्तु को बेचने से रोक देते और फिर उसी वस्तु को अनुचित मूल्य पर बेचें या खरीदें तो उनमें प्रत्येक को एक-एक हजार पण जुर्माना किया जाता था।[71]

3.20 शिल्पियों से सम्बद्ध नियम

अच्छे स्वभाववाले शिल्पियों के मुखिया; सबके सामने लेन-देन का कार्य करने वाले; अपने ही धन से गहने आदि बनानेवाले और साझीदारों में विश्वसनीय, शिल्पी लोग ही किसी के धन को गिरवी (निक्षेप) रख सकते थे। गिरवी रखने वाला यदि मर जाता या विदेश चला जाता तो उसके साझीदार मिल-जुलकर उस गिरवी रखे हुए धन को अदा करते थे। कारीगर लोग स्थान, समय और कार्य आदि का निश्चय करके ही किसी कार्य को आरम्भ करते थे। कोई बहाना बनाकर समय और कार्य आदि का निश्चय न करके किसी कार्य को आरम्भ नहीं किया जाता था।[72]

जो शिल्पी ठीक समय पर काम पर हाजिर नहीं होते थे उनका चौथाई वेतन काट लिया जाता था और उन पर उससे दुगुना जुर्माना किया जाता था। किन्तु किसी हिंसक प्राणी द्वारा बाधा उत्पन्न हो जाने या किसी आकस्मिक आपत्ति के आ जाने के कारण यदि वह ठीक समय से काम पर हाजिर न हो सका तो उसे अपराधी नहीं सम्झने का नियम था। यदि कारीगर से कोई कार्य बिगड़ जाता तो वह उसके नुकसान को भरता; किन्तु किसी विपत्ति के कारण यदि ऐसा हुआ हो तो उसको अपराधी नहीं समझा जाता था। यदि कारीगर काम बिगाड़ देता था तो उसको मजदूरी नहीं दी जाती और उन पर वेतन का दुगुना जुर्माना किया जाता था।[73]

शिल्पी लोग। प्राय: ईमानदार नहीं होते थे। उनके यहाँ जो निक्षेप रखा जाता, उसका वे लोग कोई लिखित प्रमाण (कारणपूर्व) नहीं देते थे। यदि वे लोग ऐसे अलिखित निक्षेप का अपव्यय करते तो निक्षेपता छिपे तौर प. दीवारों की ओर से साक्षियों को उनके (शिल्पियों के) गुप्त भेद बता देता अथवा जंगल में, नाव में या एकान्त में विश्वास से साक्षियों को बता देता था। कोई बीमार या वैदेहक किसी चिह्नित वस्तु को शिल्पी के हाथ में देकर चला जाता। बाद में निक्षेपता के कहने पर उसका लड़का या भाई शिल्पी के पास आकर उस चिह्नित निक्षेप को माँगता। यदि वह दे दे तो उसको ईमानदार समझा जाता और न दे तो उससे निक्षेप वसूल कर उसे चोरी की सजा देने का प्रावधान था।

कोई विश्वासी व्यक्ति संन्यासी का वेश बनाकर किसी चिह्नित वस्तु को शिल्पी के हाथ में सौंपकर चला जाता। फिर कुछ समय बाद वह उस वस्तु को माँगता। उस वस्तु को वापस कर देने पर शिल्पी को ईमानदार समझा जाता और न दे तो निक्षेप वसूल कर उसे चोरी की सजा दी जाती थी। चिह्नित वस्तु के द्वारा ही उसको गिरफ्तार किया जाता था। कोई व्यक्ति रात में पुलिस से डरा-सा, मूर्ख

की शक्ल बनाकर शिल्पी के हाथ में द्रव्य को सौंप कर चलता बनता। वह फिर जेल में जाकर शिल्पी से अपना धन माँगता। दे दे तो ईमानदार, अन्यथा धन वसूल कर उसको चोरी का दंड दिया जाता था।[74] शिल्पी के घर में माल की शिनाख्त करने के बाद घर के दो आदमियों से अलग-अलग उस माल को माँगा जाता था। यदि दोनों ही देने से इनकार करते तो पूर्वोक्त नियम का उपयोग किया जाता था। अदालत में शिल्पी से पूछा जाता कि 'यह जो तुम धन के कारण मौज उड़ा रहे हो, यह तुम्हें कहाँ से मिला है?' इसके अतिरिक्त उस धन के व्यवहार एवं चिह्नों के सम्बन्ध में उससे तथा अभियोक्ता की आर्थिक दशा के सम्बन्ध में भी जाँच-पड़ताल की जाती थी।[75] कौटिल्य ने कुटाई, पिसाई करनेवाले, सत्तू पीसनेवाले, गन्ना पेरनेवाले, आटा पीसनेवाले, तिलों का तेल निकालनेवाले, भेड़ों का बाल काटनेवाले आदि कर्मकारों की चर्चा की है।[76] गन्ने से राब, गुड़, गुड़खांड, खांड और शक्कर बनाने वाले कर्मकार होते थे।[77]

शिल्पकारों एवं कर्मकारों की दशा, इनसे सम्बद्ध मौर्यकालीन सरकारी नियम एवं सरकारी संरक्षण पर विस्तृत प्रकाश डालनेवाला प्राचीनतम ग्रन्थ *अर्थशास्त्र* है। इस ग्रन्थ का सम्बन्ध मौर्यकाल से होने के बावजूद इसका व्यापक प्रयोग मौर्यकाल, सातवाहनकाल और कुषाणकाल के लिए किया जाता है। प्राचीन भारतीय शिल्पकारों की सबसे अच्छी दशा मौर्य एवं मौर्योत्तर काल में रही। वैदिककाल की तुलना में शिल्पकारों एवं कर्मकारों की संख्या में बौद्धकाल के दौरान काफी वृद्धि हुई किन्तु इनके बारे में गहरी जानकारी मौर्यकाल में मिलती है। इन शिल्पकारों एवं कर्मकारों का सरकारीकरण होने की बात मौर्यकाल में पाते हैं।

गुप्तकाल में सामन्तवाद का नया दौर प्रारम्भ हुआ जो भूमि से सम्बद्ध एक ऐसी प्रक्रिया थी जिसमें राजा अपने अधीनस्थ अधिकारियों को नगद वेतन देने के बदले कुछ शर्तों पर गाँव की भूमि देने लगा। इसके परिणामस्वरूप राजनीतिक बिखराव के साथ-साथ भारतवर्ष के अधिकांश भागों में कई प्रकार की समस्याएँ पाई जाने लगीं। पुरानी व्यवस्था के कब्र पर कई प्रकार की नवीन चीजें दिखाई देने लगीं। वर्ण-व्यवस्था का लोप हो गया। समाज भिन्न-भिन्न जातियों में विभाजित होने लगा। राजकीय सुरक्षा के अभाव में आर्थिक दृष्टि से स्थानीयकरण का माहौल बना। राजनीतिक तनाव में वृद्धि हुई। व्यापक रूप में मन्दिरों के निर्माण ने एक नवीन अर्थव्यवस्था को विकसित किया। मन्दिरों को प्राप्त भूमि-अनुदान एवं व्यापारिक नगरों के पतन का बुरा असर शिल्पकारों पर पड़ा। पारिश्रमिक प्राप्त किए बगैर इन्हें मन्दिरों की सेवा करनी पड़ती थी। 12वीं-13वीं शताब्दी तक शिल्पकार कई प्रकार की समस्याओं से जूझते रहे।

13वीं शताब्दी से नवीन मुस्लिम व्यवस्था के दौरान कागज, कलम, दवात बनानेवाले नवीन शिल्पकार पाए जाने लगे। बुनकरों, राजमिस्त्रियों, सोनारों का पेशा काफी विकसित हुआ। शहरों की संख्या पुनः बढ़ने लगी और गाँव की तुलना में शहरी शिल्पकार बेहतर दशा में पाए जाने लगे। किसी-न-किसी रूप में यह सिलसिला मुगल काल तक चलता रहा। मुगलकाल तक बहुत से शिल्पकारों को राजकीय संरक्षण प्राप्त थे।

आधुनिक काल में भारत ने जब प्रवेश किया तो नवीन शिक्षा प्रणाली प्रारम्भ हुई। बैंक, रेलवे और बड़े-बड़े कल-कारखाने भारतवर्ष में स्थापित हुए। जमींदारों और धनाढ्यों का नवीन वर्ग तैयार हुआ जिन्हें पश्चिमी शक्तियों का संरक्षण प्राप्त रहा। औद्योगिकीकरण ने कुशल कारीगरों को खास से आम, धनी से गरीब और गरीब से भिखमंगा बना दिया। स्वतन्त्र भारत में ये अपने अस्तित्व को किसी प्रकार बनाए रखने के लिए प्रयत्नशील हैं।

सन्दर्भ ग्रन्थ सूची

1. *कौटिल्यम् अर्थशास्त्रम्*, व्याख्याकार वाचस्पति गैरोला, चौखंबा, वाराणसी, 1984, अधिकरण 2, प्रकरण 39, अध्याय 23, पृ. 192
2. *वही*, 2.39.23, पृ. 193
3. *वही*
4. *वही*, पृ. 194
5. *वही*, 2.27.11, पृ. 134
6. *वही*
7. *वही*, 2.27.11, पृ. 135
8. *वही*, पृ. 133
9. *वही*, पृ. 129
10. *वही*, 2.33.17, पृ. 168
11. *वही*, 2.21.5., पृ. 95
12. *वही*, पृ. 96
13. *वही*, 2.31.15, पृ. 163
14. *वही*, 2.34.18, पृ. 170
15. *वही*, पृ. 171
16. *वही*, पृ. 172
17. *वही*, पृ. 173
18. *वही*, 2.35.19, पृ. 175-76
19. *वही*, पृ. 178
20. *वही*, 2.31.15, पृ. 163

21. वही
22. वही
23. वही, 2.27.11, पृ. 132
24. वही, पृ. 133
25. वही
26. वही
27. वही, 4.76.1, पृ. 347
28. वही
29. वही, 2.33.17, पृ. 167
30. वही
31. वही, पृ. 169
32. वही, 2.30.14, पृ. 150
33. वही, पृ. 151
34. वही, पृ. 152
35. वही, पृ. 153
36. वही, पृ. 154
37. वही, पृ. 155
38. वही, पृ. 156
39. वही, 4.76.1, पृ. 348
40. वही, पृ. 349
41. वही, 2.41.25, पृ. 200
42. वही, पृ. 201
43. वही, पृ. 202
44. वही, पृ. 203
45. वही, पृ. 204
46. वही, 2.45.29, पृ. 216
47. वही, पृ. 217
48. वही
49. वही, पृ. 218
50. वही
51. वही, पृ. 219
52. वही, पृ. 220
53. वही, 7.116.11, पृ. 507
54. वही, 3.69.13, पृ. 311
55. वही, पृ. 312
56. वही, पृ. 313
57. वही, पृ. 314
58. वही

59. वही, 3.70.14, पृ. 316
60. वही, पृ. 317
61. वही
62. वही, 3.75.18, पृ. 332
63. वही, 2.44.28, पृ. 212
64. वही, पृ. 213
65. वही, पृ. 214
66. वही, पृ. 215
67. वही, 4.85.10, पृ. 387
68. वही, 4.76.1, पृ. 350
69. वही
70. वही, पृ. 351
71. वही, 4.77.2, पृ. 353
72. वही, 4.76.1, पृ. 345
73. वही
74. वही, 3.68.12, पृ. 309
75. वही, पृ. 310
76. वही, 2.31.15, पृ. 158
77. वही

अध्याय-4

विज्ञान एवं तकनीक

सभ्यता के विकास का प्रथम आधार विज्ञान होता है। इस तथ्य का परिपक्व प्रमाण सिंधु सभ्यता के समय से मिलने लगता है। विज्ञान ज्ञान की वह शाखा है जिसे प्राकृतिक तथ्यों एवं घटनाओं को वस्तुनिष्ठ ढंग से नियमानुसार अवलोकन तथा प्रयोगों द्वारा[1] प्राप्त किया जाता है। वैज्ञानिक अवधारणाएँ सामूहिक प्रयत्नों का प्रतिफल होती हैं। वैज्ञानिक उन्नति तत्कालीन समाज के मानसिक स्तर को प्रतिबिंबित करती है। तत्कालीन समाज की अर्थव्यवस्था एवं सुख-समृद्धि का यह मापदंड होता है। मौर्यकाल से नवीन लौह उपकरणों की संख्या में काफी वृद्धि हुई। राजा को फलित ज्योतिष और अंधविश्वास से दूर रहने की प्रथम सलाह कौटिल्य ने *अर्थशास्त्र* के माध्यम से दी है। नगर-योजना, धातु-विज्ञान, सैनिक छावनी (स्कंधावार) और कृषिकार्य में वैज्ञानिक विधि का प्रयोग करने की विस्तृत चर्चा इसमें है।

4.1 भवन निर्माण तकनीक

वास्तुविद्या के विशेषज्ञ (इंजीनियर) जिस स्थान को उपयुक्त बताता, उस स्थान पर अन्तःपुर का निर्माण किया जाता था। अन्तःपुर के चारों ओर परकोटा एवं खाई और अनेक ड्यौढ़ियाँ होती थीं। कोशागार-निर्माण के विधानानुसार अन्तःपुर के बीच में राजा अपना महल बनवाता, या ऐसा मकान बनवाता, जिसकी दीवालों तथा गलियों (रास्तों) का पता न लगे। ऐसे मकान को **मोहनगृह** (भूलभुलैया) कहते थे। उसके बीच में राजा अपने रहने का मकान बनवाता, या भूमि को खुदवा कर उसमें घर बनवाता था। उस भूमिगृह के दरवाजे पर, समीप ही किसी देवता की मूर्ति स्थापित करवाता। उसमें आने-जाने के लिए गुप्त सुरंगें होतीं या तो फिर ऐसा महल बनवाता, जिसकी दीवारों के भीतर गुप्त मार्ग होता अथवा पोले

खम्भों के भीतर आने-जाने तथा चढ़ने-उतरने का रास्ता होता था। आपत्तिकाल के निवारण के लिए यन्त्रों के आधार पर ऐसा वासगृह बनवाया जाता जिसको इच्छानुसार नीचे-ऊपर तथा इधर-उधर हटाया जा सकता था।[2]

कौटिल्य का मानना था कि बिजली के गिरने से जले हुए पेड़ की राख लेकर उसमें उतनी ही मिट्टी मिला दी जाती और दोनों को धतूरे के पानी के साथ गूँथकर यदि उसका दीवारों पर लेपन किया जाता तब वहाँ अग्नि असर नहीं कर सकती थी। गिलोय, शंखपुष्पी, कालीपांढरी और करौंदे के पेड़ पर लगे हुए बंदे की माला आदि के रख देने; अथवा सहिजन (सैजन) के पेड़ के ऊपर पैदा हुए पीपल के पत्तों के बंदनवार बाँध देने से अन्त:पुर में सर्प, बिच्छू आदि विषैले जंतुओं तथा दूसरे विषों का कोई प्रभाव नहीं होता था। बिल्ली, मोर, नेवला और मृग आदि साँपों को खा जाते थे। अन्न आदि में सर्प-विष की आशंका होने पर तोता, मैना और बड़ा भौंरा चिल्लाने लगते थे।[3] राजमहल के पीछे कक्ष्याभाग में रनिवास, उसके समीप ही प्रसूता, बीमार तथा असाध्य रोगिणी स्त्रियों के लिए अलग-अलग तीन आवास बनाए जाते थे। उन्हीं के साथ छोटे-छोटे उद्यान तथा सरोवरों का निर्माण किया जाता था। बाहर की ओर राजकुमारियों और युवक राजकुमारों के लिए स्थान बनवाए जाते थे। राजमहल के आगे हरी-हरी घास और फूलों से सजे हुए उपवन होते थे।[4]

4.2 विषमिश्रित पदार्थों की जाँच

जिस अन्न में विष मिला होता उसे अग्नि में डालने से अग्नि और लपट, दोनों नीले रंग के हो जाते तथा उसमें चट-चट का शब्द होता था। विषमिश्रित अन्न के खाने पर पक्षियों की भी मृत्यु हो जाती थी। विषयुक्त अन्न की भाप मयूर-ग्रीवा जैसे रंग की होती थी; वह भोजन शीघ्र ही ठंडा हो जाता था; हाथ के स्पर्श या तोड़ने-मोड़ने से उसका रंग बदल जाता, उसमें गाँठ-सी पड़ जाती और वह अन्न अधपका ही रह जाता था। विष मिली दाल जल्दी ही सूख जाती और फिर से आँच पर रखा जाता तो मट्ठे की तरह वह फट जाती थी। उसकी झाग काली तथा वह अलग-अलग हो जाती और उसका स्वाद, स्पर्श, उसकी सुगन्ध आदि सब समाप्त हो जाते थे। विषयुक्त रसेदार तरकारी विरंगी-विकृत हो जाती, उसका पानी अलग तैरता रहता और उसके ऊपर रेखा-सी खिंच जाती थी। यदि घी, तेल आदि रसिक पदार्थों में विष मिला होता तो उनमें नीले रंग की रेखाएँ तैरने लगती थीं। विषमिश्रित दूध में ताम्रवर्ण की, शराब तथा पानी में काले रंग की, दही में श्यामवर्ण की और शहद में सफेद रंग की रेखाएँ दिखाई देती थीं। आम,

अनार आदि द्रव्यों में विष मिला होता तो वे सिकुड़ जाते, उनमें सड़ांध आने लगती और पकाने पर उनका वर्ण कुछ कालापन एवं भूरापन लिए होता था। यदि सूखे हुए पदार्थों में विष मिला होता तो वे छूते ही चूर-चूर होकर विवर्ण हो जाते थे। विषमय वस्तु के समीप रेंगने वाले छोटे-मोटे कीड़े-मकोड़े मर जाते थे। ओढ़ने-बिछाने के कपड़ों पर यदि विष का प्रयोग किया जाता तो उनमें स्थान-स्थान पर धब्बे पड़ जाते थे।[5]

वैद्य औषधालय में स्वयं खाकर परीक्षा की हुई औषधि को राजा के सामने लाकर उसमें से कुछ को पकाने-पीसने वाले लोगों को और कुछ स्वयं भी खाकर पुन: राजा को देता था। इसी प्रकार जल तथा मद्य को भी, परीक्षा करने के उपरान्त, राजा को दिया जाता था।[6]

4.3 जनपदों की स्थापना

राजा दूसरे देश के मनुष्य को बुलाकर अथवा अपने देश की आबादी को बढ़ाकर पुराने या नए जनपद को बसाता था। प्रत्येक जनपद में कम से कम सौ घर और अधिक से अधिक पाँच सौ घर वाले, ऐसे गाँव बसाए जाते थे जहाँ प्राय: शूद्र तथा किसान अधिक होते थे। एक गाँव दूसरे गाँव से कोस भर या दो कोस की दूरी से अधिक नहीं होता ताकि अवसर आने पर वे एक दूसरे की मदद कर सकें। नदी, पहाड़, जंगल, बेर के वृक्ष, खाई, तालाब, सेमल के वृक्ष, शमी के वृक्ष और बरगद आदि के वृक्ष लगाकर उन बसाए हुए गाँवों की सीमा निर्धारित की जाती थी। आठ सौ गाँवों के बीच में एक **स्थानीय**; चार सौ गाँवों के समूह में एक **द्रोणमुख**; दो सौ गाँवों के बीच में एक **कार्वटिक** और दस गाँवों के समूह में **संग्रहण** नामक स्थानों की विशेष रूप से स्थापना[7] की जाती थी।

भूमि की सिंचाई के लिए राजा नदियों पर बड़े-बड़े बाँध बँधवाता था। वर्षा ऋतु के जल को भी बड़े-बड़े जलाशयों में भरवा दिया जाता था। यदि प्रजाजन ऐसा कार्य करना चाहते तो राजा उन्हें जलाशय के लिए भूमि, नहर के लिए रास्ता और आवश्यकतानुसार लकड़ी आदि सामान देकर उनकी मदद करता था। देवालय और बाग-बगीचे आदि के लिए भी राजा, प्रजा को भूमिदान आदि से सहायता करता था।[8]

4.4 दुर्गों का निर्माण

जनपद-सीमाओं की चारों दिशाओं में राजा युद्धोचित प्राकृतिक दुर्ग का निर्माण कराता था। दुर्ग चार प्रकार के थे–1. औदक, 2. पार्वत, 3. धान्वन और 4. वनदुर्ग।

चारों ओर पानी से घिरा हुआ टापू के समान गहरे तालाबों से आवृत स्थल प्रदेश **औदकदुर्ग** कहलाता था। बड़ी-बड़ी चट्टानों अथवा पर्वत की कन्दराओं के रूप में निर्मित दुर्ग **पार्वतदुर्ग** कहलाता था। जल तथा घास आदि से रहित अथवा सर्वथा ऊसर भूमि में निर्मित दुर्ग **धान्वनदुर्ग** था। इसी प्रकार चारों ओर दलदल से घिरा हुआ अथवा काँटेदार सघन झाड़ियों से परिवृत्त दुर्ग **वनदुर्ग**[9] कहलाता था।

वास्तुविद्या के विद्वान जिस प्रदेश को श्रेष्ठ बताते, वहीं पर **नगर** बसाया जाता अथवा किसी नदी के संगम पर, बड़े-बड़े तालाबों के किनारे, या कमलयुक्त जलाशयों के तट पर भी नगर बसाए जा सकते थे। नगर का निर्माण सम्बन्धित भूमि के अनुसार गोल, लम्बा अथवा चौकोर होता था। उसके चारों ओर छोटी-छोटी नहरों द्वारा पानी का प्रबन्ध अवश्य रहता था।[10] नगर में आने-जाने के लिए जलमार्ग और स्थलमार्ग दोनों की सुविधा होती थी। नगर के चारों ओर एक-एक दंड (चार हाथ) की दूरी पर तीन खाइयाँ खुदवाई जाती थीं। वे खाइयाँ क्रमशः 14, 12 और 10 दंड चौड़ी होती थीं। जितनी वे चौड़ी होतीं उससे चौथाई अथवा आधी गहरी होती थीं। अथवा चौड़ाई का तीसरा हिस्सा गहरी भी हो सकती थीं। उन खाइयों की तलहटी बराबर चौरस एवं मजबूत पत्थरों से बँधी होती थी। उनकी दीवारें पत्थर अथवा ईटों से मजबूत बनी हुई होतीं। उनमें जल के निकलने का मार्ग अवश्य रहता था। कमल के फूल तथा घड़ियाल आदि जलचर भी उनमें रहते थे।

खाई से चार दंड की दूरी पर 6 दंड ऊँचा, सब ओर से मजबूत और ऊपर की चौड़ाई से दुगुनी नींव वाला एक बड़ा वप्र (प्राकार या फसील) बनवाया जाता था। इसके बनवाने में वही मिट्टी काम में लाई जाती, जो खाई से खोदकर बाहर फेंकी गई थी। प्राकार (वप्र) 3 प्रकार का होता था 1. उर्ध्वचय, 2. मञ्चपृष्ठ और 3. कुम्भकुक्षिक, अर्थात् क्रमशः ऊपर पतला, नीचे चपटा और बीच में कुम्भाकार। इन प्राकारों को बनवाते समय, इनकी मिट्टी को हाथी और बैलों से अच्छी तरह रौंदवाया जाता, जिससे कि मिट्टी बैठकर मजबूत हो जाए। इनके चारों ओर काँटेदार विषैली झाड़ियाँ लगी होती थीं। प्राकार बन जाने पर यदि मिट्टी बची रह जाती तो उसे उन्हीं गड्ढों में भर दिया जाता, जहाँ से उसको खोदा गया था, अथवा उस अवशिष्ट मिट्टी से, प्राकार के जो छिद्र रह जाते, उन्हें भरवा[11] दिया जाता था।

वप्र बन जाने पर उसके ऊपर दीवार बनवाई जाती थी। वह दीवार चौड़ाई से दुगुनी ऊँची होती, कम-से-कम 12 हाथ से लेकर 14, 16, 18 सम संख्याओं में, अथवा 15, 17 आदि विषम संख्याओं में, अधिक-से-अधिक 24 हाथ तक

ऊँची होती थी। प्राकार का ऊपरी भाग इतना चौड़ा होता जिस पर एक रथ आसानी से चलाया जा सके। ताड़ वृक्ष की जड़ के समान, मृदंग बाजे के समान, बंदर की खोपड़ी के समान आकार वाले ईंट–पत्थरों की कंकरीटों से अथवा बड़े–बड़े शिलाखंडों से प्राकार का निर्माण किया जाता था। लकड़ी का प्राकार कभी भी न बनवाया जाता, क्योंकि उसमें सदा आग लगने का भय बना रहता था।

प्राकार के आगे एक ऐसी अट्टालिका निर्मित कराई जाती जिसकी लम्बाई, चौड़ाई और ऊँचाई प्राकार के बराबर होती थी। ऊँचाई के अनुपात से उस पर सीढ़ियाँ भी बनवाई जाती थीं। ये अट्टालिकाएँ एक–दूसरी से 30 दंड की दूरी पर होती थीं।

दो अट्टालिकाओं के बीच, चौड़ाई से डेढ़गुना लम्बा **प्रतोली** नाम का एक घर बनवाया जाता, जिसकी दूसरी मंजिल में जनानखाना रहता था। अट्टालिका और प्रतोली के बीच में **इन्द्रकोष** नामक एक विशिष्ट स्थान बनवाया जाता था। वह इतना ही बड़ा होता जिसमें तीन धनुर्धारी संतरी आसानी से बैठ सकें। उसके आगे छिद्रयुक्त एक ऐसा तख्ता लगा रहता, जिससे धनुर्धारी बाहर की वस्तु देख सकता था और भीतर से ही निशाना बाँध सकता था किन्तु बाहर के लोग उन्हें न देख पाते थे।[12] प्राकार के साथ ही एक ऐसा **देवपथ** (गुप्तमार्ग या सुरंग) बनवाया जाता जो अट्टालक, प्रतोली तथा इन्द्रकोष के बीच में 2 हाथ चौड़ा और प्राकार के पास 8 हाथ चौड़ा होता था।

इसी प्रकार एक दंड या 2 दंड की दूरी पर **चार्या** अर्थात् प्राकार आदि पर चढ़ने–उतरने का स्थान बनवाया जाता था। प्राकार के ऊपर ही जिस स्थान को कोई न देख सके, **प्रधावितिका** तथा उसके पास ही **निष्कुहद्वार** भी बनवाए जाते थे। बाहर से छोड़े गए बाण आदि से सुरक्षित रहने के लिए छिपने योग्य आड़ को **प्रधावितिका** कहते थे। उसमें निशाना मारने के लिए जो छिद्र बनाया जाता था, उसको **निष्कुहद्वार** कहा जाता था।

प्राकार की बाहरी भूमि में शत्रुओं के घुटनों को तोड़ देने वाले खूँटे, त्रिशूल, अँधेरे गड्ढे, लौह–कंदक के ढेर, साँप के काँटे, ताड़पत्रों के समान बने हुए लोहे के जाल, तीन नोकवाले नुकीले काँटे, कुत्ते की दाढ़ के समान लोहे की तीक्ष्ण कीलें, बड़े–बड़े लट्ठे, कीचड़ से भरे हुए गढ़े, आग और जहरीले पानी के गढ़े आदि बनाकर दुर्ग के मार्ग को पाटा जाता था।

जिस स्थान पर किले का दरवाजा बनवाया जाता, वहाँ प्रथम प्राकार के दोनों भागों में डेढ़ दंड लम्बा–चौड़ा मंडप (चबूतरा) बनाया जाता था। तदनन्तर उसके ऊपर प्रतोली के समान 6 खम्भे खड़े करके द्वार का निर्माण करवाया जाता था।

द्वार का निर्माण 5 दंड परिधि से कराया जाता और उसके बाद एक-एक दंड बढ़ाते हुए अधिक से अधिक 8 दंड तक उसकी परिधि होती थी। दरवाजे के खम्भों की ऊँचाई 15 हाथ से लेकर 18 हाथ तक होती थी।[13] खम्भों की मोटाई उसकी ऊँचाई से छठा हिस्सा होती थी। मोटाई से दुगुना भाग भूमि में गाड़ दिया जाता और चौथाई भाग खम्भे के ऊपर चूल के लिए छोड़ दिया जाता था।

प्रतोलिका के तीन तल्लों में से प्रथम तल्ले के 5 हिस्से किए जाते थे। उनमें से बीच के हिस्से में बावड़ी निर्मित कराई जाती थी। उसके दाएँ-बाएँ शाला और शाखा के छोरों पर सीमागृह बनवाए जाते थे। शाला के किनारों पर भी आमने-सामने छोटे-छोटे दो चबूतरे बनवाए जाते जिन पर बुर्जें भी होतीं। शाला और सीमागृह के बीच में आणि (एक छोटा दरवाजा) होती थी। मकान की दूसरी मंजिल की ऊँचाई से आधी होती थी। उसकी छत के नीचे सहारे के लिए छोटे-छोटे खम्भे भी होते थे। मकान की तीसरी मंजिल को **उत्तमागार** कहते थे। उसकी ऊँचाई डेढ़ दंड होती थी। उत्तमागार परिमाण द्वार का तृतीयांश होता था। उसके पार्श्व भाग पक्की ईटों से मजबूत होते थे। उसकी बाईं ओर घुमावदार सीढ़ियाँ और दाहिनी ओर गुप्त सीढ़ियाँ होती थीं।

किले के दरवाजे का ऊपरी बुर्ज दो हाथ लम्बा होता था। दोनों फाटक तीन या पाँच तख्तों की पर्त के बने होते। किवाड़ों के पीछे दो-दो अर्गलाएँ होती थीं। किवाड़ों को बन्द करने के लिए एक अरत्नी परिमाण (एक हाथ) की इन्द्रकील (चटखनी) होती थी। फाटक के बीच में 5 हाथ का एक छोटा-सा दरवाजा जुड़ा होता था। पूरा दरवाजा इतना बड़ा होता कि जिसमें 4 हाथी एक साथ प्रवेश कर सकें। द्वार की ऊँचाई का आधा, हाथी के नाखून के आकार-प्रकार का, मजबूत लकड़ी का बना हुआ ऐसा मार्ग होता, जिससे यथा अवसर किले में टहला जा सके। जहाँ जल का अभाव होता वहाँ मिट्टी का मार्ग बनवाया जाता था।[14]

प्राकार की ऊँचाई जितना किन्तु उसके तृतीयांश जितना, गोह के मुँह के आकार का एक **नगरद्वार** बनवाया जाता था। प्राकार के बीच में एक बावड़ी बनाकर उससे सम्बद्ध एक द्वार बनवाया जाता था। उस द्वार को **पुष्करिणी** कहते थे। जिस दरवाजे के आसपास 4 शालाएँ बनाई जातीं और उस दरवाजे में पुष्करिणी द्वार से ड्योढ़ा दरवाजा लगा होता उसका नाम **कुमारीपुरद्वार** होता था। जो दरवाजा दुमंजिला होता एवं जिस पर कंगूरे आदि नहीं होते थे उसे **मुण्डकद्वार** कहते थे। किले के अन्दर की नहरें सामान्य नहरों से तिगुनी चौड़ी बनवाई जातीं, जिनके द्वारा हर प्रकार का सामान अन्दर और बाहर ले जाया-लाया जा सके। पत्थर, कुदाली, कुल्हाड़ी, बाण, हाथियों का सामान, गदा, मुद्गर, लाठी, चक्र, मशीनें,

तोपें, लोहारों के औजार, लोहे का बना सामान, नुकीले भाले, बाँस, ऊँट की गर्दन के आकार वाले हथियार, अग्निबाण आदि सामान नहर के द्वारा लाया और ले जाया जाता था।[15]

4.5 नगर-निर्माण

वास्तुविद्या विशेषज्ञों के निर्देशानुसार जिस भूमि को नगर-निर्माण के लिए चुना जाता उसमें पूरब से पश्चिम की ओर और उत्तर से दक्षिण की ओर जाने वाले तीन-तीन राजमार्ग होने की योजना रहती थी। राजमार्गों में नगर-निर्माण या गृह-निर्माण की भूमि का विभाग किया जाता था। चारों दिशाओं में कुल मिलाकर 12 द्वार होते जिसमें जल, थल तथा गुप्त मार्ग बने होते थे।

नगर में 4 दंड (24 फीट) चौड़ी रथ्याएँ (छोटी गलियाँ) होतीं। राजमार्ग, द्रोणमुख (4 सौ गाँवों का मुख्य केन्द्र), स्थानीय (8 सौ गाँवों का मुख्य केन्द्र), राष्ट्र, चरागाह, संयानीय (व्यापारी मंडियाँ), सैनिक छावनियाँ, श्मशान और गाँवों की ओर जानेवाली सभी सड़कों की चौड़ाई 8 दंड (16 गज) होती थी। जलाशयों तथा जंगलों की ओर जानेवाली सड़कों की चौड़ाई 4 दंड होती थी। हाथियों के आने-जाने का मार्ग और खेतों को जानेवाला रास्ता 2 दंड चौड़ा होता था। रथों के लिए 5 अरत्नि (ढाई गज) और पशुओं के चलने का रास्ता 2 गज चौड़ा होता था। मनुष्य तथा भेड़-बकरी आदि छोटे पशुओं के लिए एक गज चौड़ा रास्ता होता था।[16]

नगर के सुदृढ़ भूमिभाग में **राजभवनों** का निर्माण किया जाता था। यह भूमि चारों वर्णों की आजीविका के लिए उपयोगी होती थी। गृह-भूमि के बीच से उत्तर की ओर नवें हिस्से में अन्तःपुर का निर्माण किया जाता था। इसका द्वार पूरब या पश्चिम की ओर होता था। अन्तःपुर के पूर्वोत्तर भाग में आचार्य, पुरोहित के भवन, यज्ञशाला, जलाशय और मन्त्रियों के भवन बनवाए जाते थे। अन्तःपुर के पूर्व-दक्षिण भाग में महानस (रसोईघर), हस्तिशाला और कोष्ठागार (भंडार) होते थे। उसके आगे पूरब दिशा में इत्र, तेल, पुष्पहार, अन्न, घी, तेल की दुकानें और प्रधान कारीगरों और क्षत्रियों के निवासस्थान होते थे। दक्षिण-पूरब में भांडागार, राजकीय पदार्थों के आय-व्यय का स्थान और सोने-चाँदी की दुकानें होती थीं। इसी प्रकार दक्षिण-पश्चिम दिशा में शस्त्रागार तथा सोने-चाँदी के अतिरिक्त अन्य वस्तुओं को रखने का स्थान होता था। उससे आगे, दक्षिण दिशा में नगराध्यक्ष, धान्याध्यक्ष, व्यापाराध्यक्ष, खदानों तथा कारखानों के निरीक्षक, सेनाध्यक्ष, भोजनालय, शराब एवं मांस की दुकानें, वेश्या, नट और वैश्य आदि के निवासस्थान होते

थे। पश्चिम-दक्षिण भाग में ऊँटों एवं गधों के गुप्तिस्थान (तबेले) तथा उनके व्यापार के लिए एक अस्थायी घर बनवाया जाता था। पश्चिम-उत्तर की ओर रथ तथा पालकी आदि सवारियों को रखने के स्थान होते थे। उसके आगे, पश्चिम दिशा में ही ऊन, सूत, बाँस और चमड़े का कार्य करने वाले, हथियार और उनके म्यान बनवाने वाले और शूद्र लोगों को बसाया जाता था। उत्तर-पश्चिम में राजकीय पदार्थों को बेचने-खरीदने का बाजार और औषधालय होते थे। उत्तर-पूरब में कोषगृह और गाय, बैल तथा घोड़ों के स्थान होते थे। उसके आगे, उत्तर दिशा की ओर नगरदेवता, कुलदेवता, लोहार, मनिहार और ब्राह्मणों के स्थान बनवाए जाते थे।[17] प्रत्येक दिशा के मुख्य द्वार पर उसके अधिष्ठाता देवता की स्थापना की जाती थी। उत्तर का देवता ब्रह्मा, पूर्व का इन्द्र, दक्षिण का यम और पश्चिम का सेनापति (कुमार) होता था। नगर की परिखा से बाहर दो-सौ गज की दूरी पर कैत्य, पुण्यस्थान, उपवन और सेतुबंध आदि स्थानों की रचना और यथास्थान दिग्देवताओं की भी स्थापना की जाती थी।

नगर के उत्तर या पूरब में **श्मशान** होता था। दक्षिण दिंशा में छोटी जाति वाले लोगों का श्मशान होता था। कापालिकों और चांडालों का निवासस्थान श्मशानों के ही समीप बनवाया जाता था।[18] नगर में बसने वाले परिवारों को उनके अध्यवसाय तथा उनके योग्य भूमि की सुविधा देखकर ही बसाया जाता था। उन खेतों में फूल, फल, साग-सब्जी, कमल आदि की क्यारियाँ बनाई जाती थीं। राजा और राजपुरुषों की आज्ञा प्राप्त कर उसमें अनाज तथा विक्रय योग्य वस्तुएँ पैदा की जाती थीं। **दशकुलीबाट** (बीस हलों से जोती जाने योग्य भूमि) के बीच सिंचाई के लिए एक कुआँ होता[19] था। वर्षाजल को मापने के लिए कोष्ठागार में एक ऐसा कुंड बनवाया जाता था जिसके मुँह का घेरा एक अरत्नि (चौबीस अंगुल) होता था।[20]

4.6 सोना-चाँदी को शुद्ध करने की तकनीक

खान से निकाले हुए सोने को सीसा मिलाकर शुद्ध किया जाता था। यदि सीसा मिलाने से वह फटने लगे तो उसके साथ पके हुए पत्ते मिला लिए जाते और तब उसको लकड़ी के तख्ते पर रखकर खूब कूटा जाता अथवा कन्दलीलता, श्रीवेर और कमलजड़ का क्वाथ बनाकर तब तक उस सुवर्ण को उसमें भिगोया जाता, जब तक कि उसका फटना दूर नहीं होता था।

चाँदी चार प्रकार की होती थी : 1. तुत्थोद्गत (तुत्थ नामक पर्वत से उत्पन्न, चमेली के पुष्प के समान), 2. गौडिक (असम में उत्पन्न, तगरपुष्प की आकृति

की), 3. कांबुक (कांबु पर्वत से उत्पन्न) और 4. चाक्रवालिक (चक्रवाल खान से उत्पन्न, कन्दपुष्प के समान)। श्वेत, स्निग्ध और मुलायम चाँदी सर्वोत्तम समझी जाती थी। इनके विपरीत काली, रूक्ष, खरखरी और फटी हुई चाँदी खराब होती थी। खराब चाँदी में चौथाई सीसा डालकर उसको शुद्ध किया जाता था। जिसमें बुदबुदे उठे हों, जो स्वच्छ, चमकदार और दही के समान श्वेत हो, वह शुद्ध चाँदी होती थी।[21] जिस घरिया में गलाकर चाँदी शुद्ध किया जाता वह हड्डी के चूर्ण के साथ मिली हुई मिट्टी से बनती थी। मिट्टी में सीसा मिलाकर दूसरे प्रकार का घरिया बनाया जाता था। तीसरे प्रकार का घरिया शुद्ध मिट्टी से बनता था।[22]

अर्थशास्त्र में सत्तू पीसने और गन्ना पेरने की चर्चा है।[23] तराजू, बाट, चक्की, सिल-लोढ़ा, मूसल, ओखली, धान कूटने का मूसल, आटा पीसने की चक्की, सूप, छलनी और झाड़ू *(तुलामानभांडं रोचनी दृषन्मुसलोलूखलकुट्ट करोचकयन्त्रपत्त्र कशूर्पचालनिकाकंडोली पिटक सम्मार्जन्यश्चोपकरणानि।)* आदि की चर्चा है।[24] घी और तेल रखने के लिए आग में पकाई हुई मिट्टी के बर्तन (पात्र) प्रयोग किए जाते थे।[25] लकड़ी की बंद संदूकची में व्यापारी द्वारा रुपया रखा जाता था।[26] मुहर लगे पालतू कबूतरों द्वारा दुश्मनों की जानकारी राजा तक पहुँचाने की तकनीक विकसित थी।[27]

4.7 रासायन

लवण छह प्रकार का होता था : 1. सेंधा, 2. समुद्री, 3. बिड, 4. जवाक्षार, 5. सज्जीखार और 6. लोना मिट्टी से बना। शहद दो प्रकार का होता था : क्षौद्र (मक्खियों द्वारा एकत्र) और मार्द्वीक (मुनक्का तथा दाख के रस से बनाया हुआ)। सिरका शुक्तिवर्ग का पदार्थ था। ईख का रस, गुड़, शहद, राब, जामुन का रस, कटहल का रस, इनमें से किसी एक को मेढ़ासिंगी और पीपल के क्वाथ के साथ मिलाकर एक मास, छह मास तथा वर्ष भर बन्द करके रखा जाता, और उसके बाद मीठी लकड़ी, कड़ी ककड़ी, ईख, आम का फल एवं आँवला, ये पाँचों चीजें उसमें डाल दी जातीं या न भी डाली जातीं; इस विधि से जो रस तैयार होता उसे **सिरका** कहते थे। एक मास का सिरका **निकृष्ट**, छह मास का **मध्यम** और साल भर का **उत्तम** कहा जाता था।[28]

इमली, करौंदा आम, अनार, आँवला; खट्टा नीबू, झरबेर बेर, प्योंदी बेर, उन्नाव और फालसा आदि खट्टे रस के फल अम्लवर्गीय थे। दही, काँजी, मट्ठा आदि पनीली खट्टी चीजें द्रववर्गीय थीं। पीपल, मिर्च, अदरख, जीरा, चिरायता, सफेद सरसों, धनियाँ, चोरक, दमनक, मैनफल और सैंजन आदि कड़ुवे

पदार्थ **कटुवर्गीय** थे। सूखी मछली, सूखा मांस, कन्द, मूल, फल आदि **शाकवर्गीय** पदार्थ थे।[29]

मुंज (मूँज) और बल्वज (लवा घास), रज्जु, अर्थात् रस्सी बनाने की घासें थीं। ताली (ताड़ का एक भेद), ताल (ताड़), भूर्ज (भोजपत्र), इनका पत्ता लिखने के काम में आता था। किंशुक (पलाश के फूल), कुसुम्भ (कुसुम के फूल) और कंकुम (केसर), ये सब वस्त्र आदि रँगने के साधन थे। कंद (बिदारी, सूरण आदि), मूल (अनंतमूल, कामराज, खस आदि), और फल (आँवला, हर्रा, बहेड़ा आदि), ये सब औषधिवर्ग थे।[30]

4.8 तौलने के बाट

तौलने के बाटों (प्रतिमानों) का निर्माण इस क्रम से होता था : आधा माषक, माषक, 2 माषक, 4 माषक, 8 माषक, सुवर्ण, 2 सुवर्ण, 4 सुवर्ण, 8 सुवर्ण, 10 सुवर्ण, 20 सुवर्ण, 30 सुवर्ण, 40 सुवर्ण और 100 सुवर्ण। सोना तौलने के लिए 14 बाट होते थे। इसी क्रम से चाँदी तौलने के लिए धरण एवं रूप्यमाषक बाटों का निर्माण करवाया जाता; अर्थात् धरण, 2 धरण, 4 धरण, 8 धरण, 10 धरण, 20 धरण, 30 धरण, 40 धरण और 100 धरण; एवं अर्ध माषक, माषक, 2 माषक, 4 माषक, 8 माषक; आदि 14 बाटों का क्रम था।

तौलने के बाट लोहे के या मगध तथा मेकल देश के पत्थर के होते थे; या ऐसी वस्तुओं के बनते थे जो पानी पड़ने तथा लेप लगने से वजनी न हो जाएँ और गर्मी के प्रभाव से हल्के न पड़ जाएँ।

सोना-चाँदी तौलने के लिए छोटी-बड़ी दस तुलाएँ बनवाई जाती थीं, जिनका क्रम इस प्रकार था 1. 6 अंगुल की, 2. 14 अंगुल की, 3. 22 अंगुल की, 4. 30 अंगुल की, 5. 38 अंगुल की, 6. 46 अंगुल की, 7. 54 अंगुल की, 8. 62 अंगुल की, 9. 70 अंगुल की और 10. 78 अंगुल की। उनका वजन क्रमशः एक पल से 10 पल तक होता था। उनमें दोनों पलड़े (शिक्य) लगे होते थे।[31]

4.9 कृषि विज्ञान

कृषि-विज्ञान के अध्यक्ष (सीताध्यक्ष) के लिए यह आवश्यक था कि वह कृषिशास्त्र, शुल्बशास्त्र (पैमाइस) और वृक्ष-विज्ञान की पूरी जानकारी रखता हो। वह इन सभी विधाओं के विशेषज्ञों को अपना सहायक बनाकर यथासमय अन्न, फूल, फल, शाक, कंद, मूल, सन, जूट और कपास आदि के बीजों का संग्रह करता था।

वर्षा-जल को मापने के लिए बनाए हुए एक हाथ मुँह वाले कुंड में यदि 16 द्रोण पानी भर जाता तो समझा जाता था कि रेतीली जमीन फसल बोने के योग्य हो गई थी। इसी प्रकार जल बरसने वाले प्रदेशों के लिए 24 द्रोण पानी, दक्षिणी प्रदेशों के लिए साढ़े तेरह द्रोण पानी, मालव प्रदेश के लिए 23 द्रोण पानी, पश्चिमी प्रदेशों के लिए अधिक-से-अधिक और हिमालय प्रदेशों तथा नहरी प्रांतरों के लिए समय-समय का पानी, फसल बोने के लिए उचित था।[32] वर्षा के अनुपात से यदि एक हिस्सा श्रावण-कार्तिक में और दो हिस्सा भाद्रपद-आश्विन में पानी बरसता तो वह वर्ष फसल के लिए लाभदायी समझा जाता था।

अच्छे वर्ष के आसार इन बातों पर निर्भर थे : जब बृहस्पति मेष राशि से वृष राशि पर संक्रमण करे, जब गर्भाधान अर्थात् मार्गशीर्ष आदि छह महीनों में कोहरा, वर्षा, बादल आदि देखे जाते, जब शुक्र ग्रह की उदयास्त गति आषाढ़ की पंचमी आदि नौ तिथियों में संचारित हो, और जब सूर्य के चारों ओर मंगल दिखाई दे, ये सभी अच्छी वर्षा के लक्षण माने जाते थे। लगातार 7 दिन में 3 बार वर्षा उत्तम मानी जाती थी, सारी वर्षाॠतु में 80 बार बूँदों की वर्षा भी उत्तम थी, यदि 60 बार धूप खिल कर फिर बार-बार वर्षा होती रहे तो वह वर्षा अति उत्तम मानी जाती थी। बीच-बीच में हवा के चलने और धूप के खिलने का अन्तर छोड़कर यदि वर्षा हो और तीन-तीन दिन हल चलाने का अवसर देकर यदि वर्षा हो तो उत्तम फसल होने का अनुमान किया जाता था। वर्षा के अनुपात से ही बीज बोया जाता था। साठी या धान (शालि), गेहूँ-जौ-ज्वार (ब्रीहि), कोदो, तिल, काँगनी (प्रियंगु) और लोबिया आदि को वर्षा शुरू होने के पहले ही बो दिया जाता था। मूँग, उड़द और छीमी आदि को वर्षा के मध्य में, बोया जाता था। कुसुंबी, मसूर, कुल्थी, जौ, गेहूँ, मटर, अलसी और सरसों आदि अन्नों को वर्षा के अन्त में बोया जाता था। धान, गेहूँ आदि की फसल उत्तम मानी जाती थी। कँदली आदि की फसल मध्यम कोटि की थी। ईख की फसल ओछी मानी जाती थी क्योंकि इसके बोने में बड़ा श्रम करना पड़ता था और अनेक बाधाओं से उसकी रक्षा करनी पड़ती थी।[33]

नदी के कछारों एवं किनारों की जमीन का पेठा, कद्दू, ककड़ी तथा तरबूज आदि बोने के लिए उपयुक्त था। पीपल और ईख आदि बोने के लिए वह जमीन उपयुक्त थी, जहाँ पर नदी का जल एक बार घूम गया हो। साग-भाजी बोने के लिए कुएँ के आस-पास की जमीन उपयुक्त थी। जई आदि बोने के लिए झील तथा तालाबों के किनारे की गीली जमीन उपयुक्त थी। धनिया, जीरा, खस, नेत्रबाला तथा कचालू आदि बोने के लिए ऐसे खेत उपयुक्त थे जिनके बीच में तालाब

बने होते थे। सूखी और गीली जमीन में जिन-जिन अनाजों की अधिक उपज हो सके उनको समझकर बोया जाता था।[34]

धान के बीजों को 7 दिन तक रात की ओस और दिन की धूप में रखा जाता था। मूँग, उड़द आदि के बीजों को इस प्रकार 3 दिन-रात या 5 दिन-रात ओस और धूप में रखा जाता था। बोए जाने वाले ईख के पोरों की कटी हुई जगहों में शहद, घी या सुअर की चर्बी के साथ गोबर मिलाकर लगा दिया जाता था। सूरन, शकरकन्द आदि कन्दफलों के कटे हुए स्थानों पर गोबर-शहद का लेप अथवा घी का लेप लगा दिया जाता था। कपास आदि के बीजों को गोबर आदि से लपेट कर बोया जाता था। आम, कटहल आदि वृक्षों के बीजों को किसी गड्ढे में डालकर कुछ गर्मी दी जाने के बाद उन्हें गाय की हड्डी और गोबर के साथ मिलाकर रखा जाता था। बीज बोने के बाद जब उनमें अंकुर निकल जाते तब उनमें छोटी मछलियों की खाद छुड़वा दी जाती थी और उन्हें सेहुड़ के दूध से सींचा जाता था।[35]

4.10 शराब

एक द्रोण जल, आधा आढक चावल और 3 प्रस्थ सुराबीज (किण्व)–इनके मेल से जो शराब बनाई जाती थी उसका नाम **मेदक** था। 12 आढक चावल की पिट्ठी, 5 प्रस्थ सुराबीज (किण्व) अथवा उसकी जगह पुत्रक (वृक्ष) की छाल तथा फलों सहित जाति-सम्भार मिलाकर **प्रसन्ना** नामक शराब तैयार की जाती थी। सौ पल कैथफल का सार, 5 सौ पल राब और एक प्रस्थ शहद को एक साथ मिलाकर **आसव** शराब बनाई जाती थी। उक्त वस्तुओं के योग को यदि सवापण कर दिया जाता तो **उत्तम आसव** और पौना कर दिया जाता तो **घटिया आसव** बनता था। मेढासिंगी की छाल का क्वाथ बनाकर उसमें गुड़, पीपल और मिर्च का चूर्ण या पीपल तथा मिर्च की जगह त्रिफला का चूर्ण मिलाया जाता तो **मैरेय** शराब तैयार होती थी। गुड़ वाली सभी शराबों में त्रिफला का चूर्ण मिलाना आवश्यक था। दाख या अंगूर के रस से जो शराब बनाई जाती उसी का नाम **मधु** था। एक द्रोण उड़द का कल्क, उसका तीसरा भाग चावल और एक-एक कर्ष मोरटा आदि वस्तुएँ एक साथ मिलाकर **किण्व** सुरा बनती थी, उसी को **मद्यबीज** या **सुराबीज** भी कहते थे।[36]

पाठा, लोध, गजपीपल, इलाइची, इत्र, मुलहटी, दूध, केशर, दारूहल्दी, मिर्च और पीपल, इन सब चीजों का पाँच-पाँच कर्ष मिला देने से सम्भारयोग तैयार होता, जो मेदक और प्रसन्ना सुरा में मिलाया जाता था। मुलहटी के काढ़े में रवादार

शक्कर मिलाकर यदि मेदक तथा प्रसन्ना में छोड़ दिया जाता तो उनका रंग निखर जाता था। दालचीनी, चीता, बायविडंग और गजपीपल का एक-एक कर्ष, सुपारी, मुलहटी मोथा तथा लोध का दो-दो कर्ष लेकर इन सब को आपस में मिला दिया जाता तो आसव सुरा का मसाला बन जाता था। दालचीनी आदि उक्त वस्तुओं का दसवाँ भाग **बीजबन्ध** कहलाता था।[37]

सुरा के 4 भेद थे : 1. **सहकारसुरा** (साधारण शराब में आम का रस या तेल डालकर बनती थी), 2. **रसोत्तरा** (गुड़ की चाशनी छोड़कर बनाई जाती थी), 3. **बीजोत्तरा** (बीजबन्ध द्रव्यों को छोड़कर बनाई जाती थी), इसी को महासुरा भी कहते थे और 4. **सम्भारिकी** (अधिक मसाले छोड़कर बनाई जाती थी)। इन सभी शराबों की सफाई एवं निखार का तरीका इस प्रकार था : मरोरफली, पलाश, लोहमारक (पत्तूर औषध), मेढ़ासिंगी, करंजवा तथा क्षीरवृक्ष (बरगद, गूलर आदि) के काढ़े में भावना दिया गर्म रवादार शक्कर का चूरा, उसका आधा लोध, चीता, बायविडंग, पाठा, मोथा कलिंगज जौ, दारु-हल्दी, कमल, सौंफ, चिरचिड़ा, सप्तवर्ण, नीबू और आखे का फूल–इन सबका पिसा हुआ चूर्ण एकत्र करके यदि उसकी एक मुट्ठी, एक खारी परिमाण शराब में डाल दी जाती तो शराब का रंग इतना निखर उठता था कि वह राजाओं तक को मोहित कर लेती थी। स्वाद बढ़ाने के लिए उसमें 5 पल राब अधिक मिला दी जाती थी। नगर तथा जनपद के निवासी विवाह आदि उत्सवों में **श्वेतसुरा** और दवाई के लिए **आसव** तथा **मेदक** आदि सुरा अपने घर में बना सकते थे।[38]

4.11 घी

एक द्रोण गाय के दूध में एक प्रस्थ घी निकलता था। यदि एक द्रोण भैंस का दूध हो तो उसमें 5 प्रस्थ घी निकलता था। बकरी और भेड़ के एक द्रोण दूध में 2/4 घी निकलता था। किसी भी पशु के दही को मथकर ही उसमें से निकलने वाले घी का ठीक परिमाण निर्धारित किया जा सकता था। भूमि, घास, पानी आदि की अधिक सुविधा के ऊपर ही दूध-घी की वृद्धि निर्भर थी।[39]

4.12 गृह-विज्ञान

घर, खेत, बाग-बगीचे, सीमाबंध, तालाब और बाँध आदि सब **वास्तु** कहलाते थे। प्रत्येक घर के चारों ओर चारों कोनों पर लोहे के छोटे खम्भे गाड़कर उनमें जो तार खींच दिया जाता था उसी का नाम **सेतु** (सीमा) था। सीमा (सेतु) के अनुसार ही मकान बनाया जाता था। दूसरे की दीवार के सहारे मकान नहीं बनवाया

जाता था। मकान की नींव में सवा फुट या 3 पद (दो अरत्नी) कंकरीट भरवाई जाती थी। 10 दिन के लिए बनाए जाने वाले सूतिकागृह को छोड़कर बाकी सब मकानों में शौचालय, पाइप, कुआँ, पाकशाला और भोजनालय अवश्य बनवाए जाते थे।[40]

प्रत्येक मकान पर सवा फुट (3 पद) का गहरा, प्लेन तथा साफ-सुथरा पतनाला पानी के बहने के लिए दीवार के साथ-साथ अथवा दीवार से अलग बनवाया जाता था। घर के बाहर एक तरफ 4 खम्भों से सज्जित एक यज्ञशाला बनवाई जाती, जिसमें एक पद गहरा पानी बाहर निकलने की नाली होती; यज्ञशाला की दूसरी ओर आटा पीसने की चक्की और अनाज कूटने के लिए ओखली बनवाई जाती थी। साधारणतया दो मकानों के बीच में एक हाथ (3 पद) का फासला होता था। छज्जे वाले या उसारे वाले मकानों में भी इतना फासला अवश्य रहता था। प्रत्येक दो मकानों की छतों में 4 अंगुल का अन्तर होता या वे आपस में मिले भी रहते तो गली की ओर एक हाथ (एक किष्कु) नाप की खिड़की बनाई जाती, जो मजबूत होती और जिसको यथाअवसर खोला जा सकता था।[41]

4.13 मृतक की परीक्षा

आशुमृतक (बिना किसी बीमारी या घाव के अचानक ही जिसकी मृत्यु हो जाए) को तेल में डालकर उसकी परीक्षा की जाती थी। यदि उसकी बाँहें और टाँगें सिकुड़ी हुई होतीं तो समझा जाता कि उसको फाँसी पर लटका कर मारा गया था। यदि उसके हाथ, पैर, पेट फूल गए होते, आँखें धँस गई होतीं और नाभि ऊपर उठ आई होती तो समझा जाता था कि उसको सूली पर चढ़ाकर मारा गया था। यदि उसकी आँखें तथा जीभ कट गई हो, पेट फूल गया हो तो समझा जाता था कि उसको पानी में डुबा कर मारा गया था। जो खून से लथपथ हो, जिसका शरीर जगह-जगह टूट गया हो तो समझा जाता कि उसको लाठियों या कोड़ों से मारा गया था। जिसका शरीर जगह-जगह फट गया हो उसको समझा जाता था कि मकान से गिराकर मारा गया था। जिसके हाथ, पैर, नाखून काले, मांस, रोयें तथा खाल ढीले पड़े गए हों और मुख से झाग निकलता हो तो समझा जाता कि उसको जहर देकर मारा गया था।[42]

पानी के अभाव में अत्यधिक उष्ण प्रदेशों में हाथी कोढ़ी हो जाया करते थे, स्नान के अभाव से और पीने के लिए पर्याप्त पानी न मिलने के कारण अन्दर का दाह बढ़ जाने से हाथी अंधे हो जाते थे।[43]

4.14 सैनिक छावनी का निर्माण

भवन-निर्माण-कला के विशेषज्ञों द्वारा प्रशंसित क्षेत्र में सेनापति (नायक), कारीगर (वर्धकि) और ज्योतिषी (मौहूर्तिक) ये तीनों पारस्परिक परामर्श से गोलाकार, लम्बा, चौकोर या जैसी भूमि हो उसी के अनुसार चारों दिशाओं में 4 दरवाजों, 6 मार्गों और 9 संस्थानों (डिविजन्स-वर्गों) से युक्त सैनिक छावनी (स्कंधावार) का निर्माण कराते थे। खाई, सफील, परकोटा, एक प्रधान द्वार और अट्टालिकाओं से युक्त स्कंधावार उसी अवस्था में बनवाया जाता, जबकि आक्रमण का भय तथा अधिक समय तक वहाँ टिके रहने की सम्भावना होती थी।

स्कंधावार के बीच में उत्तर की ओर नौवें हिस्से में सौ धनुष लम्बा तथा पचास धनुष चौड़ा और राजा का निवासस्थान बनवाया जाता था। उसके आधे हिस्से में पश्चिम की ओर अन्तःपुर का निर्माण कराया जाता और अन्तःपुर के समीप ही अन्तःपुररक्षकों के लिए भी स्थान बनवाए जाते थे। राजमहल के सामने राजा का विश्रामस्थान (उपस्थान) होता था। राजमहल के दाहिनी ओर खजाना, सचिवालय (शासनकरण) और कार्य-निरीक्षकों (कार्यकरण) के स्थान बनवाए जाते थे। राजमहल के बाईं ओर हाथी, घोड़ा, रथ आदि वाहनों के लिए स्थान होता था। राजमहल के कुछ दूर चारों ओर यथार्थ 4 बाड़ बनवाए जाते, जिनमें पहली बाड़ गाड़ियों की, दूसरी बाड़ काँटेदार लताओं की, तीसरी बाड़ मजबूत लकड़ी के खम्भों की और चौथी बाड़ मजबूत चहारदीवारी के ढंग की होती थी। प्रत्येक बाड़ का फासला सौ-सौ धनुष का होता था। पहली बाड़ के बीच में सामने की ओर मन्त्रियों और पुरोहितों के स्थान बनवाए जाते थे। दाहिनी ओर भोजन-भंडार और रसोईघर होते थे। बाईं ओर लोहा, ताँबा, लकड़ी आदि रखने की जगह और आयुधागार होते थे। दूसरी बाड़ के बीच में मौलभृत आदि सेनाओं के स्थान और घोड़ों तथा सेनापति के स्थान होते थे। इसी प्रकार बाड़ के तीसरे घेरे में हाथियों, श्रेणीबल तथा प्रशास्ता (कंटकशोधन का अध्यक्ष) के स्थान होते थे। बाड़ के चौथे घेरे में कर्मचारीवर्ग (विष्टि), नायक (दस सेनापतियों का प्रधान) और अपने विश्वस्त अधिकारी से संरक्षित मित्रसेना, शत्रुसेना तथा आटविकसेना के स्थान बनवाए जाते थे। व्यापारी और वेश्याओं के स्थान बड़े बाजार (महापथ) में बनवाए जाते थे। बहेलिये, शिकारी, बाजे तथा अग्नि आदि के इशारे से शत्रु के आगमन की सूचना देनेवाले और ग्वाले आदि के वेश में रहनेवाले रक्षकों को सबसे बाहर की ओर बसाया जाता था।[44]

4.15 औषधि

कायफल (कैडर्य), काँटेदार कंजरूआ (पूति) और तिल इन तीनों के तेल को नासिका में डालने से **उन्माद** शान्त हो जाता था। मेहँदी या काँगनी (प्रियंगु) और करंज (नक्तमाल), इन दोनों का योग **कुष्ट-रोग** को दूर कर देता था। कूट और लोध से बनाया गया योग **पाकरोग** (बाल आदि का पकना) और **क्षयरोग** को दूर कर देता था। कायफल (कट्फल), मूषकपर्णी (द्रवंती) और बायविडंग (विलंग), इन तीनों के चूर्ण को नासिका में डालने से सिर के समस्त रोग दूर हो जाते थे। प्रियंगु, मजीठ, तगर; लाख, महुआ, हल्दी और शहद इन सब चीजों का चूर्णयोग रस्सी, दूषित जल, विष, चोट तथा गिर जाने से हुई **बेहोशी** को दूर करने में लाभदायक था।[45]

4.16 मुहूर्त

कार्य को आरम्भ करने में जो राजा नक्षत्र, तिथि, लग्न, मुहूर्त आदि की अनुकूलता को अधिक पूछता वह प्रमादी राजा कभी भी अपने अभीष्ट को प्राप्त नहीं कर सकता था। प्रत्येक कार्य की सिद्धि के लिए पर्याप्त धन और आवश्यक साधनों को ही **नक्षत्र** समझा जाता था। नक्षत्र-गणना से कुछ भी बनता-बिगड़ता नहीं था। धन और आवश्यक उपायों से रहित व्यक्ति सैकड़ों यत्न करने पर भी अपने अभीष्ट फल को प्राप्त नहीं कर पाते थे। अर्थों का ही अर्थों के साथ सम्बन्ध होता है, जैसे एक हाथी के द्वारा दूसरे हाथी को वश में किया जाता है।[46]

4.17 रत्न विज्ञान

विशेषज्ञों की सहमति से कोषाध्यक्ष रत्न, सार, फल्गु और कुप्य आदि मूल्यवान द्रव्यों को राजकोष के लिए लेना स्वीकार करता था।

मोतियों के 10 उत्पत्ति स्थान थे : 1. ताम्रपर्णिक (पाण्ड्यदेश की ताम्रपर्णी नदी के संगम पर उत्पन्न), 2. पाण्ड्यकवाटक (मलयकोटि नामक पर्वत पर उत्पन्न), 3. पाशिक्य (पाटलिपुत्र के समीप पाशिका नामक नदी में उत्पन्न), 4. कौलेय (सिंहलद्वीप की कुला नामक नदी में उत्पन्न), 5. चौर्णेय (केरल की चूर्णी नामक नदी में उत्पन्न), 6. माहेन्द्र (महेंद्रगिरि के निकटवर्ती समुद्रतल में उत्पन्न); 7. कार्दमिक (फारस की कर्दमा नामक नदी में उत्पन्न), 8. स्रौतसीय (बर्बर के समीप स्रौतसी नामक नदी में उत्पन्न); 9. ह्रादीय (बर्बर के समीप समुद्र-तटवर्ती श्रीघंड नामक झील में उत्पन्न) और 10. हैमवत (हिमालय पर्वत पर उत्पन्न)। मोतियों की उत्पत्ति के तीन कारण थे : शुक्ति, शंख और प्रकीर्णक

(गजमुक्ता तथा सर्पमणि)।

दूषित मोतियों के 13 प्रकार होते थे। 1. मसूरक (मसूर की तरह का), 2. त्रिपुटक (तीन खूँट वाला), 3. कूर्मक (कछुए के समान), 4. अर्धचन्द्रक (अर्धचन्द्र की भाँति), 5. कंचुकित (मोटे छिलके वाला), 6. यमक (जुड़ा हुआ), 7. कर्तक (कटा हुआ), 8. खरक (खुरदुरा), 9. सिक्थक (दागवाला), 10. कामंडलुक (कमंडलु के समान), 11. श्याम (भूरे रंग का), 12. नील (नीले रंग का) और 13. दुर्बिद्ध (अस्थान विंधा मोती)।[47]

मोटा, गोल, तलरहित, दीप्तिमान, श्वेत, वजनी, चिकना और स्थान पर विधा मोती उत्तम कोटि का होता था। यष्टि अर्थात् मोतियों की माला के कई नाम थे, **शीर्षक** (जिसमें दो छोटे मोतियों के बीच में एक बड़ा मोती पिरोया गया हो), **उपशीर्षक** (जिसमें दो छोटे मोतियों के बाद एक बड़ा मोती हो), **प्रकांडक** (जिसमें चार छोटे मोतियों के बाद एक बड़ा मोती हो), **अवघाटक** (जिस माला के बीच में एक बड़ा मोती और उसके दोनों ओर उत्तरोत्तर छोटे-छोटे मोती हों) और **तरलप्रतिबन्ध** (जिसमें सभी मोती एक समान हों)।

एक हजार आठ लड़ों की माला को **इन्द्रच्छन्द,** उससे आधी पाँच सौ चार लड़ों की माला को **विजयच्छन्द**, सौ लड़ों की माला को **देवच्छन्द**, 64 लड़ों की माला को **अर्धहार**, 54 लड़ों की माला को **रश्मिकलाप**, 32 लड़ों की माला को **गुच्छ**, 27 लड़ों की माला को **नक्षत्रमाला**, 24 लड़ों की माला को **अर्धगुच्छ**, 20 लड़ों की माला को **माणवक**, और उससे आधा 10 लड़ों की माला को **अर्धमाणवक** कहा जाता था। इन्हीं मालाओं के बीच में यदि मणि पिरो दी जाती तो उनके नाम के आगे माणवक शब्द जुड़ जाता था। यदि इन्द्रच्छन्द आदि मालाओं में सभी मोती शीर्षक के समान पिरोये जाते तो उनका नाम **इन्द्रच्छन्दशीर्षक शुद्धहार**, **विजयच्छन्दशीर्षक शुद्धहार** कहा जाता था। इसी प्रकार यदि इन्द्रच्छन्द आदि में सभी मोती उपशीर्षक के समान पिरोये गए हों तो उसे **इन्द्रच्छन्दोपशीर्षकशुद्धहार** कहा जाता था। यदि इन शुद्धहारों के बीच में मणि पिरो दी जाती तो, बजाय शुद्धहार के वे **अर्धमाणवक** कहलाते और तब उनका पूरा नामकरण होता था **इन्द्रच्छन्दशीर्षकार्धमाणवक**। 10 लड़ियों की माला में यदि सोने के 3 या 5 दाने पिरो दिए गए हों तो उसे **फलकहार** कहा जाता था। एक ही लड़ी की मोती की माला का नाम **सूत्र** था।[48] यदि उसके बीच में मणि पिरो दी जाती तो उसे ही **यष्टि** कहा जाता था। सोने के दाने और मणियों से पिरोई गई मोती की माला **रत्नावली** कहलाती थी। यदि किसी माला में सोने के दाने, मणि और मोती क्रमशः पिरो दिए गए तो उस माला को **अपवर्तक** कहते थे। यदि अपवर्तक माला में

मणि न लगी हो तो उसका नाम **सोपानक** था। यदि बीच में मणि लगा दी जाती तो उसे **मणिसोपानक** कहते थे।

मणियों के तीन उत्पत्ति-स्थान थे : 1. कौट (मलयसागर के समीप कोटि नामक स्थान में उत्पन्न) 2. मालेयक (मलय देश के कर्णीवन नामक पर्वत में उत्पन्न) और 3. पारसमुद्रक (समुद्र पार सिंहल आदि स्थानों में उत्पन्न)।

मणियों में 5 प्रकार के मणिक्य होते थे : 1. सौगन्धिक (सायंकाल खिलने वाले सौगन्धिक नामक नीलवर्णयुक्त कमल के समान), 2. पद्मराग (पद्म नामक कमल के समान), 3. अनवद्यराग (केशर के समान); 4. पारिजात पुष्पक (हरसिंगार पुष्प के समान) और 5. बालसूर्यक (उदय होते सूर्य के समान)।

वैदूर्य मणि 8 प्रकार की होती थी : 1. उत्पलवर्ण (लाल कमल के समान), 2. शिरीषपुष्पक (शिरीष पुष्प की भाँति), 3. उदकवर्ण (जल के समान), 4. वंशराग (बाँस के पत्ते के समान), 7. गोमूत्रक (गोमूत्र के समान) और 8. गोमेदक (गोरोचन के समान)। इन्द्र नीलमणि भी 8 प्रकार की होती थी : 1. नीलाबलीय (नीली धारियों वाली), 2. इन्द्रनील (मोरपंख के समान), 3. कलायपुष्पक (मटर पुष्प के समान), 4. महानील (गहरे काले रंग की), 5. जाम्बवाभ (जामुन के समान), 6. जीमूतप्रभ (मेघ के समान), 7. नन्दक (भीतर से श्वेत तथा बाहर से नीली) और 8. स्रवन्मध्य (जलप्रवाह के समान तरलित किरणों वाली)[49]।

स्फटिक मणि 4 प्रकार की होती थी : 1. शुद्धस्फटिक (स्वच्छ, श्वेत) 2. मूलाटवर्ण (मक्खन निकाले हुए मट्ठे की भाँति), 3. शीतवृष्टि (चन्द्रमा के किरणों से पिघलने वाली) और 4. सूर्यकान्त (सूर्य किरणों का स्पर्श पाकर आग उगलने वाली)।

मणियों में 11 प्रकार के गुण होते थे : 1. षड्ज (छह कोनों वाली) 2. चतुरस्र (चार कोनों वाली), 3. वृत्त (गोलाकार); 4. गहरे रंगवाली चमकदार, 5. आभूषण में लगाने योग्य, 6. निर्मल, 7. चिकनी, 8. भारी, 9. दीप्तियुक्त, 10. चञ्चलकान्तियुक्त और 11. अपनी कान्ति से पास की वस्तु को प्रकाशित कर देने वाली (प्रभानुलेपी)। मणियों में 7 प्रकार के दोष पाए जाते थे : 1. हल्के रंग वाली, 2. हल्की प्रभावशाली, 3. खुरदरी, 4. छोटे छिद्र वाली, 5. कटी हुई, 6. उपयुक्त स्थान पर न बेधी हुई और 7. विभिन्न रेखाओं वाली। मणियों की 18 प्रकार की उपजातियाँ थीं–1. विमलक (श्वेतहरित वर्णों से मिश्रित), 2. सस्यक (नीली), 3. अंजनमूलक (नील-श्याम वर्ण-मिश्रित), 4. पित्तक (गाय के पित्त के समान), 5. सुलभक (श्वेत), 6. लोहिताक्ष (किनारों पर लाल और केन्द्र

में श्याम), 7. मृगाश्मक (श्वेत-अरूण-मिश्रित), 8. ज्योतीरसक (श्वेत-अरूण-मिश्रित), 9. मैलेयक (शिंगरफ की भाँति) 10. आहिच्छत्रक (फीके रंग वाली), 11. कूर्प (खुरदरी), 12. प्रतिकूर्प (दागी) 13. सुगन्धिकूर्प (मूँग-वर्णी), 14. क्षीरपक (दुग्ध धवल), 15. शुक्ति चूर्णक (अनेक रंगों वाली), 16. शिलाप्रवालक (मूँगे के समान), 17. पुलक (केन्द्र में काली) और 18. शुक्रपुलक (केन्द्र में श्वेत)।[50]

हीरा के 6 उत्पत्ति स्थान थे : 1. सभाराष्ट्रक (बरार, बम्बई प्रदेश में उत्पन्न), 2. मध्यमराष्ट्रक (कोशल देश में उत्पन्न), 3. कास्तीरराष्ट्रक (कास्तीर देश में उत्पन्न), 4. श्रीकटनक (श्रीकटनक पर्वत पर उत्पन्न); 5. मणिमंतक (उत्तरस्थ मणिमंत पर्वत में उत्पन्न) और 6. इन्द्रवानक (कलिंग देश में उत्पन्न)। इनके अतिरिक्त खदान, विशेष जलप्रवाह और हाथी दाँत की जड़ आदि भी हीरा के उत्पत्तिस्थान थे। खान और जलप्रवाह आदि के अन्य स्थानों में उत्पन्न हीरा को **प्रकीर्णक** कहते थे। हीरा के अनेक आकार-प्रकार थे : बिलाव की आँख के समान, शिरीष पुष्प की आकृति का, गोमूत्र के समान, गोरोचन की भाँति, सर्वथा स्वच्छ, श्वेत, मुलहटी के फूल जैसा, और मणियों की आकृति का। मोटा; वजनी, घन की चोट सहने वाला, समकोण पानी से भरे पीतल के बर्तन में उसको हिलाने से लकीरें डाल देने वाला, चर्खे में लगे तकुवे की तरह घूमने वाला और चमकदार हीरा उत्तम कोटि का होता था। नष्टकोण, नुकीले कोनों से रहित और छोटे-बड़े कोनों वाला हीरा दूषित समझा जाता था।

प्रवाल (मूँगा) के दो उत्पत्ति स्थान थे–1. आलकन्दक (अलकन्द नामक स्थान से उत्पन्न) और 2. वैवर्णिक (यूनान के समीपवर्ती विवर्ण नामक समुद्रतल में उत्पन्न)। प्रवाह के दो रंग होते थे : 1. रक्त और 2. कमल। वह कीड़े का खाया हुआ तथा बीच में मोटा या उठा हुआ नहीं होता था।[51]

4.18 चन्दन

चन्दन के 16 उत्पत्ति स्थान, 9 रंग, 6 गन्ध और 11 गुण होते थे। सातन देश में उत्पन्न चन्दन लाल रंग का होता था और उसमें धरती की सोंध होती थी। गोशीर्ष देश में उत्पन्न चन्दन कालिमा एवं लाली लिए होता था और उसमें मछली की जैसी गन्ध होती थी। हरि नामक देश में उत्पन्न चन्दन तोते के पंख के समान हरे रंग का और उसमें आम की जैसी महक होती थी। तृणसा नामक नदी के किनारे उत्पन्न होने वाला चन्दन हरिचन्दन के ही समान होता था। ग्रामेरू प्रदेश में उत्पन्न चन्दन या तो लाल रंग का अथवा लाल-काले मिले हुए रंग का होता

और उसमें बकरे की पेशाब जैसी गन्ध होती थी। देवसभा नामक स्थान में उत्पन्न चन्दन लाल रंग का पद्म के समान सुगन्धि वाला होता था। जाबक देश का चन्दन भी देवसभा चन्दन की भाँति होता था। जोंग देश में उत्पन्न चन्दन या तो लाल रंग का अथवा लाल-काला रंग का चिकना होता था और वह पद्म के समान सुगन्धित होता था। तुरूप देश का चन्दन जोंगरू की भाँति होता था। माल देश में उत्पन्न चन्दन का रंग लाल-पीला होता और उसमें पद्म के समान सुगन्ध होती थी। कुचन्दन काले रंग का तथा गोमूत्र के समान गन्ध वाला होता था। काल पर्वत पर उत्पन्न चन्दन खुरदुरा, अगर के समान काला या लाल या लाल-काला होता और उसमें भी गोमूत्र जैसी गन्ध होती थी। कोशकार पर्वत पर उत्पन्न चन्दन काला अथवा चितकबरा होता था। शीतोदक देश में उत्पन्न चन्दन रूखा और सेवार के रंग जैसा होता था। शाकल देश में उत्पन्न चन्दन पीला-लाल (कपिल) वर्ण का होता था।

चन्दन में 11 गुण होते थे–1. लघु 2. स्निग्ध 3. बहुत दिनों में सूखने वाला 4. शरीर में घी के समान लगनेवाला, 5. सुगन्धित, 6. त्वचा के भीतर ठंडक पहुँचानेवाला, 7. बिना फटा, 8. स्थायी वर्ण एवं गन्ध वाला, 9. गर्मी शान्त करनेवाला, 10. सन्ताप को दूर करने वाला और 11. सुखकर स्पर्श वाला।[52]

4.19 अगर

अगर का निरूपण इस प्रकार है–जोंगल नामक अगर 3 तरह का होता था : काला, चितकबरा और काले-सफेद दागों वाला। दोंगक नामक अगर काला होता था, जोंगक और दोंगक दोनों आसाम में पैदा होते थे। समुद्र पार पैदा होने वाला अगर, चित्र रूप का होता, जिसकी गन्ध खश और चमेली जैसी होती थी। भारी, स्निग्ध, दूर तक सुगन्ध फेंकने वाला, अग्नि को सहन करने वाला, जिसका धुआँ व्याकुल न कर दे, जलते समय एक जैसी गन्ध देने वाला और वस्त्र आदि पर पोंछ देने से गन्ध बनी रहना; ये अगर के गुण थे।

असम में पैदा होने वाला तैलपर्णिक चन्दन मांस के रंग का और पद्म के समान गन्धवाला होता था। असम में ही पैदा होनेवाला दूसरा तैलपर्णिक चन्दन लाल-पीले रंग का और कमल अथवा गोमूत्र की गन्ध का होता था। ग्रामेरू प्रदेश में पैदा होनेवाला चन्दन चिकना और गोमूत्र की गन्ध का होता था। असम के सर्वकुडय नामक स्थान में पैदा होनेवाला चन्दन लाल-पीला और नीबू की गन्ध का होता था। पूर्णक द्वीप में उत्पन्न चन्दन पद्म अथवा मक्खन की गन्ध का होता था।

भद्रश्रीय नामक चन्दन 2 प्रकार का होता था : 1. पारलौहित्य और

2. आन्तरवत्य। पारलौहित्य असम में ही पैदा होता जिसका रंग चमेलीपुष्प जैसा होता था। आन्तरवत्य चन्दन असम में ही पैदा होता जिसका रंग खस की भाँति होता था। इन दोनों की गन्ध कूट औषधि की तरह होती थी।

कालेयक नामक चन्दन स्वर्णभूमि में पैदा होता और वह स्निग्ध एवं पीले रंग का होता था। हिमालय पर पैदा होने वाला कालेयक लाल-पीले रंग का होता था।[53]

4.20 चमड़ा विज्ञान

फल्गु पदार्थों में प्रथम स्थान चमड़े का था, जिसकी लगभग 15 जातियाँ होती थीं : 1. कान्तनावक और 2. प्रैयक–दोनों का चमड़ा हिमालय में पैदा होता था। उनमें कान्तवानक मयूरग्रीवा का कान्ति वाला और प्रैयक नीले-पीले तथा सफेद रेखाओं अथवा दागों से युक्त होता था। इन दोनों का विस्तार 8 अंगुल होता था। हिमालय में स्थित म्लेच्छों के 12 गाँवों में 3. बिसी और 4. महाबिसी नामक चमड़ा पैदा होता था। बिसी बहुरंग, बालों वाला एवं चितकबरा, और महाबिसी कठोर तथा श्वेत होता था। इन दोनों का विस्तार 12-12 अंगुल होता था। हिमालय के आरोह नामक स्थान में पैदा होनेवाला चमड़ा 5 प्रकार का होता था : 5. श्यामिका, 6. कालिका, 7. कदली, 8. चन्दोत्तरा और 9. शाकुला। कपिल और चितकबरे रंग का चमड़ा श्यामिका होता था। कपिल अथवा कबूतरी रंग का चमड़ा कालिका कहलाता था। इन दोनों का विस्तार 8-8 अंगुल होता था। कदली नामक चमड़ा कठोर तथा खुरदुरा होता जिसकी लम्बाई एक हाथ मानी जाती थी। कदली नामक चमड़े पर यदि चन्द्रबिन्दु अंकित होता था तो वह चन्द्रोत्तरा कहलाता था। रंग में ये दोनों कालिका[54] के समान होते थे। कदली से तीन गुणा बढ़ा (3 हाथ का) या कदली का तीसरा हिस्सा (8 अंगुल का) शाकुला नामक चमड़ा होता जिसमें लाल धब्बे और कुछ गाँठें बड़ी होती थीं। हिमालय के बाह्लव नामक प्रदेश में 3 प्रकार का चमड़ा होता था : 10. सामूर, 11. चीनसी और 12. सामूली। सामूर चमड़ा अंजन के समान काले रंग का और 36 अंगुल का होता था। चीनसी चमड़ा लाल-काला अथवा पीला-काला रंग का होता था। सामूली गेहूँए रंग का होता था। ये दोनों 26-26 अंगुल के होते थे। उद्र नामक जलचर प्राण की खाल 3 प्रकार की होती थी। 13. सातिना, 14. नलतूला और 15. वृत्तपुच्छा। सातिना काले रंग की होती थी। नलतूला, नरसल के समान सफेद होती थी। वृत्तपुच्छा लाल-पीले रंग की होती थी। चमड़े की ये 15 प्रकार की भिन्न-भिन्न जातियाँ थीं।

मुलायम, चिकना और अधिक बालों वाला चमड़ा उत्तम समझा जाता था। भेड़ की ऊन के चमड़े प्राय: सफेद और सफेद-लाल अथवा दूसरे रंग के भी

होते थे। इनके चार भेद बताए गए हैं : 1. खचित (बेल-बूटेदार), 2. वानचित्र (बुनाई के समय जिनमें तरह-तरह के फूल चित्रित हों) 3. खंडसंघात्य (तरह-तरह की बुनावट के टुकड़ों के जोड़) और 4. तन्तु-विच्छिन्न (जालीदार कपड़ा)। इनके अतिरिक्त 1. कम्बल, 2. केचलक, 3. कलमितिका, 4. सौमितिका 5. तुरगास्तरण, 6. वर्णक, 7. तच्छिलक, 8. वारवाण, 9. परिस्तोम और 10. समन्तभद्रक, ये दस भेद बने हुए ऊनी वस्त्रों के और होते थे। चिकना, चमकदार, बारीक डोरे का और मुलायम कम्बल उत्तम समझा जाता था।[55]

काले रंग के 8 टुकड़ों को जोड़कर भिंगिसी बनाई जाती जो कि वर्षा में भीगने से बचाती थी। इसी तरह एक ही साबुत कपड़े का बना **अपसारक** कहलाता था। ये कपड़े नेपाल देश में बनते थे। मृग के बालों से छह प्रकार का कपड़ा बनाया जाता था : 1. संपुटिका (जांघिया या सुथनी), 2. चतुरश्रिका, 3. लम्बरा, 4. कटवानक, 5. प्रावरक और 6. सत्तलिका। दुशाला देश भेद से 3 प्रकार का होता था : 1. बांगक, 2. पौंड्रक और 3. सौवर्णकुडयक। बांगक अर्थात् बंगाल में बना हुआ दुशाला सफेद एवं चिकना होता था, पौंड्रक अर्थात् पुंड्र देश में बना हुआ दुशाला काला एवं मणि के समान स्निग्ध होता और असम के सुवर्णकुड्य नामक स्थान में बना हुआ दुशाला सूर्य के समान चमकदार होता था। इन दुशालों की बुनावट 3 प्रकार की होती थी : 1. दुशाले बनाने के साधनभूत तन्तु पहले पानी में भिगो दिए जाते और फिर मणिबन्ध में रगड़कर उन्हें मजबूत बना दिया जाता था 2. ताना और बाना दोनों का धागा एक-सा बारीक होता और 3. कपास, रेशम, ऊन आदि मिले हुए तन्तुओं से रंगीन बुनावट की[56] जाती थी।

जिसके ताने और बाने में एक जैसे बारीक तन्तु होते वह उत्तम दुशाला कहा जाता था। इनसे ड्योढ़े, दुगुने, तिगुने आदि मोटे तन्तुओं के होने पर उत्तरोत्तर वह दुशाला कम कीमत का समझा जाता था। मगध, पुंड्रक और सुवर्णकुड्यक - इन तीन देशों में **पत्रोर्णा** नाम की ऊन होती थी। वह नागकेसर, बड़हर, मौलसरी और बरगद–इन चार पेड़ों से पैदा होती थी। नागकेसर के पेड़ से निकाली जाने वाली पत्रोर्णा पीली होती थी। बड़हर पर गेहुँए रंग की होती थी। मौलसरी की सफेद होती थी। बरगद तथा अन्य वृक्षों की पत्रोर्णा मक्खन के रंग की होती थी। उनमें सुवर्णकुड्यक (असम) की पत्रोर्णा उत्तम समझी जाती थी।

4.21 खनिज विज्ञान

आकर (खान) का अध्यक्ष रसायन, पाकविधि और मणिराग आदि के विषयों में निपुण अथवा उन विषयों के विशेषज्ञ पुरुषों तथा उन वस्तुओं के व्यापारियों

के साथ रहकर, कुल्हाड़े, धौंकनी, सन्सी आदि आवश्यक सामग्री को साथ लेकर, कीटी, मूषा, राख आदि लक्षणों को देखकर पुरानी खान की परीक्षा करता था। यदि मिट्टी, पत्थर, पानी आदि में धातु मिली हुई जान पड़ती या उनका रंग चमकदार मालूम होता या वे वजनदार लगते अथवा उनमें तेज गन्ध आती तो इन लक्षणों से पता चलता कि उस स्थान पर खान थी।

पहाड़ों के गड्ढों, गुफाओं, तराइयों, पथरीले स्थानों एवं शिलाओं से ढके हुए छेदों द्वारा बहने वाले जल से, जिसका रंग जामुन, आम, ताड़ का फल, पक्की हल्दी, हरताल, मैनसिल, शहद, शिंगरफ, कमल, तोता, मोरपंख आदि के रंग का होता और अपने समान रंग के पानी तथा औषधि तक बहने वाले चिकने भारी जल को देखकर सोने[57] की खान का अनुमान किया जाता था। इस प्रकार के जल को यदि दूसरे जल में मिलाया जाता और वह तेल की तरह फैलने लगता या निरबिसी फल के समान पानी को साफ करता हुआ नीचे बैठ जाता अथवा सौ पल ताँबा या चाँदी उसके ऊपर डालकर यदि वह उसको एक पल जल सुनहरा बना देता तो समझा जाता कि इस जल-स्रोत के नीचे अवश्य ही सोने की खान थी। यदि किसी स्थान पर उसी के समान केवल तेज गन्ध या उग्र रस की सम्भावना होती तो समझा जाता कि वहाँ पर शिलाजीत का उत्पत्तिस्थान था।

पीले या ताँबे अथवा दोनों रंगों की मिट्टी और पत्थर जिनके तोड़ने पर बीच में नीली रेखाएँ या मूँग, उड़द, तिल आदि के समान या दही के छोटे-छोटे कणों के समान छोटी-छोटी बूँदों वाला, हल्दी, हरीतकी, कमलपत्र, सेवार, यकृत, प्लीहा तथा केसर के समान या तोड़ने पर बारीक रेत की रेखाओं, बूँदों, स्वास्तिक-चिह्नों, मोटे रेत के कणों के समान, कान्ति युक्त और तपाए जाने पर न फटनेवाली तथा बहुत झाग एवं धुआँ देने वाली सुवर्ण धातु होती थी। इस प्रकार की मिट्टी और पत्थर से ताँबा तथा चाँदी को सोना बनाया जा सकता था।

शंख, कपूर, स्फटिक मणि, मक्खन, जंगली कबूतर, पालतू कबूतर, सफेद तथा लाल रंग की मणि, मयूर ग्रीवा, नील मणि, गोरोचन, गुड़, शक्कर, कचनार, कमल, पाटली, मटर, अलसी आदि के समान रंग वाले, सीसा, अंजन, दुर्गन्ध से युक्त, तोड़ने पर बाहर से सफेद मालूम होने वाले किन्तु भीतर तथा बाहर से काले और भीतर से सफेद प्रतीत होने वाले अथवा हर प्रकार की रेखाओं तथा बूँदों से युक्त, मृदु, तपाए जाने पर जो फटे नहीं किन्तु बहुत झाग और धुआँ उगले, इस प्रकार की धातु **रूप्यधातु** कही जाती थी।[58]

इन सभी धातुओं के सम्बन्ध में जितना ही भारीपन होता वे उतनी ही उत्तम कोटि की सिद्ध होती थीं। इनमें जो धातु अशुद्ध होता अथवा मैल जम जाने के

कारण जिसके गुण-दोषों का यथार्थ ज्ञान नहीं हो पाता उसका शोध कर लिया जाता था। शोधन के प्रकार ये थे : तीक्ष्णमूत्र (मनुष्य, हाथी-घोड़ा, गाय, गधा, बकरा आदि में से किसी का मूत्र), तीक्ष्णधार, अमलतास, बरगद, पीलु, गोरोचन, भैंसे का मूत्र, बालक का मूत्र तथा उनके पुरीष, (मल) आदि वस्तुओं में कई बार धातुओं की भावनाएँ देने से वे विशुद्ध हो जाती थीं, अमलतास आदि के चूर्ण से अथवा उनके लेप से भी धातु का मल नष्ट होकर वे अपने असली रूप में आ जाती थीं। उड़द, तिल, ढाक, पीलु, वृक्ष का क्षार और गाय तथा बकरी के दूध में केला एवं सूरण को एक साथ मिलाकर यदि उनमें सोने-चाँदी की भावना दी जाती तो वे नर्म हो जाते थे।

शहद, मुलहटी, बकरी का दूध, तेल, घी, गुड़ की शराब और खादर में पैदा होने वाले झाड़ आदि सबको मिलाकर, उनमें तीन बार सोने-चाँदी की भावना दी जाती तो वे चाहे जितने भी कटे-फटे खुरदरे क्यों न हों, मुलायम हो जाते थे। यदि पिघले हुए सोने-चाँदी के ऊपर गाय के दाँत तथा सींग का चूर्ण बुरक दिया जाता तो सोना-चाँदी ठोस हो जाते थे। जहाँ पाषाणधातु, भूमिधातु, और ताम्रधातु–इन तीन प्रकार के पत्थर तथा मिट्टी के चिकने एवं मृदु भूभाग होते वहाँ ताँबे की खान होती थी। ताँबा चार प्रकार का होता था : 1. पिंगल, 2. हरित, 3. पाटल और 4. लोहित।[59]

जो भूमि-भाग कौऐ के समान काला, कबूतर तथा गोरोचन की आकृति वाला, सफेद रेखाओं से युक्त और दुर्गन्धपूर्ण होता, वहाँ सीसे की खान समझा जाता था। जो भूमि-भाग ऊसर जमीन की भाँति कुछ सफेदी लिये होती, अथवा पके हुए ढेले के रंग की होती, वहाँ सफेद सीसे की खान होती थी। जो भूमि भाग चिकने पत्थरों वाला, कुछ सफेदी एवं लाली लिए हो, अथवा उसकी आकृति निर्गुंडी के पुष्प से मिलती हो, वहाँ लोहे की खान पाई जाती थी। जो भूमि-भाग कौवे के अंडे या भोजपत्र की आकृति का होता, वहाँ इस्पाती लोहे की खान होती थी। जो भूमि-भाग इतना स्वच्छ हो कि जिसमें परछाई दिखाई दे, जो चिकना दीप्त, शब्द देने वाला, अत्यन्त शीतल और फीके रंग वाला हो, वहाँ मणियों की खान होती थी।[60]

4.22 धातु विज्ञान

सुवर्णाध्यक्ष सोने-चाँदी के प्रत्येक कार्य को करने के लिए एक अक्षशाला का निर्माण करवाता था। उसमें एक ही प्रधान द्वार होता था। उसके चारों ओर, एक दूसरे से अलग, 4 बड़े भवन होते थे। विशिखा (सर्राफा बाजार) में चतुर, कुलीन,

विश्वस्त और पारखी सर्राफों को बसाया जाता था। सोना पाँच प्रकार का और उसके रंग भी पाँच होते थे : 1. जाम्बूनद (मेरु पर्वत से निकलने वाली जम्बू नदी से उत्पन्न जामुनी रंग का), 2. शातकुम्भ (शतकुम्भ पर्वत से उत्पन्न, कमलरज के समान), 3. हाटक (सोने की खान से उत्पन्न, सेवतीपुष्प की भाँति), 4. वैणव (वेणु पर्वत पर उत्पन्न कर्णिकारपुष्प की आकृति का) और 5.शृंगिशुक्तिज (स्वर्णभूमि में उत्पन्न, मैनसिल के रंग का)। सुवर्ण के 3 प्रकार : 1. जातरूप (स्वयं शुद्ध), 2. रसविद्ध (रसायन क्रियाओं द्वारा निर्मित) और 3. आकारोद्गत (अशुद्ध, खानों से निकाला हुआ) होते थे।

कमलरज की आकृति का, मृदु, स्निग्ध, शब्दरहित और चमकदार सोना सर्वोत्तम; लाल-पीत वर्ण मिश्रित सोना मध्यम; और केवल लाल वर्ण का निकृष्ट होता था।[61] उत्तम कोटि के सुवर्ण में से जिसमें कुछ पीलाई एवं सफेदी होती वह **अप्राप्तक** कहलाता था। उस सोने में जितना मैल मिला होता उससे चौगुना सीसा डालकर उसे शुद्ध किया जाता था। सीसा मिला देने से यदि वह फटने लगता तो उसे जंगली कंडों की आग में तपाया जाता था। यदि शुद्ध करते समय रूखापन आ जाता और वह फटने लगे तो तेल और गोबर को मिलाकर बार-बार उसमें भावना दी जाती थी। खान से निकाले हुए सोने को सीसा मिलाकर शुद्ध किया जाता था। यदि सीसा मिलाने से वह फटने लगता तो उसके साथ पके हुए पत्ते मिला दिए जाते और तब उसको लकड़ी के तख्ते पर रखकर खूब कूटा जाता था अथवा कन्दलीलता, श्रीवेर और कमलजड़ का क्वाथ बनाकर तब तक उस सुवर्ण को उसमें भिगोया जाता जब तक कि उसका फटना दूर नहीं होता था।

चाँदी 4 प्रकार की होती थी : 1. तुत्थोद्गत (तुत्थ नाभक पर्वत से उत्पन्न, चमेली पुष्प के समान), 2. गौडिक (असम में उत्पन्न, तगरपुष्प की आकृति की), 3. कांबुक (कांबु पर्वत से उत्पन्न) और 4. चाक्रवालिक (चक्रवाल खान से उत्पन्न, कन्दपुष्प के समान)। श्वेत, स्निग्ध और मुलायम चाँदी सर्वोत्तम समझी जाती थी। इनके विपरीत काली, रुक्ष, खरखरी और फटी हुई चाँदी खराब होती थी। खराब चाँदी में चौथाई सीसा डालकर उसको शुद्ध किया जाता था। जिसमें बुदबुदे उठे, जो स्वच्छ, चमकदार और दही के समान श्वेत हो, वह शुद्ध चाँदी होती थी।

हल्दी के समान स्वच्छ, शुद्ध सुवर्ण का 16 माष का वर्णक शुद्ध वर्णक कहलाता था। उसमें चतुर्थांश ताँबा मिला दिया जाता और उतना ही हिस्सा सुवर्ण कम कर दिया जाता था; इसी तरह सोने का हिस्सा कम करके और ताँबे का हिस्सा मिलाकर 16 वर्णक बन जाते थे। वे सोलहों मिश्र वर्णक कहलाते और

उनमें शुद्ध वर्णक को जोड़ दिया जाता तो 17 वर्णक हो जाते थे।[62]

वर्णक की परीक्षा करने से पूर्व सुवर्ण की परीक्षा कर ली जाती थी। सोने को पहले कसौटी पर घिसा जाता और तत्पश्चात् वर्णक को घिसने के बाद उसमें समान वर्ण तथा समान रेखाएँ दिखाई देतीं और घिसने से ऊँचा-नीचा नहीं होता तो वर्णक को ठीक समझा जाता था।

4.23 आभूषण तकनीक

यदि खोटे सोने-चाँदी के आभूषण बनाने के लिए दिए जाते तो सुनार को एक काकणी (1/4 माष) छीजन दिया जाता था। सोने का रंग बदलने के लिए एक काकणी लोहा और दो काकणी चाँदी उसमें मिलाया जाता था। एक काकणी लोहा और दो काकणी चाँदी का छठा भाग छीजन के लिए निकाल दिया जाता था। सुनारों के 1. घन (ठोस गहना), 2. घनमुषिर (ऊपर से ठोस तथा भीतर से पोले कड़ा आदि गहने), 3. संयूह्य (ऊपर से मोटा पत्ता चढ़ाए आभूषण),[63] 4. अवलेप्य (ऊपर से पतला पत्ता चढ़ाए आभूषण), 5. संघात्य (जुड़े आभूषण तगड़ी, जंजीर आदि) और 6. वासितक (रस आदि से वासित आभूषण), ये छह प्रकार के कार्य होते थे। काँटे या तराजू का बढ़ा-घटा होना, जिससे ठीक तरह न तौला जा सके, **तुलाविषम** कहलाता था। ऐसे काँटे आठ प्रकार के होते थे : 1. सन्नामिनी (हलके लोहे से बने, जिसको अंगुली लगाने में सहज ही इधर-उधर झुकाया जा सकता था), 2. उत्कीर्णिका (जिसके भीतर छेदों में लोहे का चूर्ण भरा था), 3. भिन्नमस्तिका (जिसके आगे के हिस्से में छेद होता, जिससे हवा का रुख पाते वह झुक जाता था), 4. उपकंठी (जिसमें बहुत-सी गाँठें पड़ी होतीं), 5. कुशिक्या (जिसका पलड़ा दूषित होता), 6. सकटुकक्ष्या (जिसकी डोरी अच्छी नहीं होती), 7. पारिवेल्य (जो हिलती रहती) और 8. आयस्कांता (जिसकी डंडी में आयस्कांत मणि लगी होती)।

नकली द्रव्य को मिलाकर असली द्रव्य को चुरा लेना **अपसारण** कहलाता था। वह 4 प्रकार का होता था : 1. दो हिस्सा चाँदी और एक हिस्सा ताँबा मिलाकर जो घोल तैयार किया जाता उसको **त्रिपुटक** कहते थे। शुद्ध सोने में वह त्रिपुटक मिलाकर उतना सोना निकाल दिया जाता और किसी के खोटा बताने पर कहा जाता कि वह तो खान से ही ऐसा निकला था, इस चोरी का नाम **त्रिपुटकापसारित** था। 2. जिस सोने में ताँबा मिलाकर चोरी की जाती उसको **शुल्बापसारित** कहते थे। 3. लोहा-चाँदी के मिश्रित घोल को **वेल्लक** कहते थे; उस वेल्लक को मिलाकर सोने की जो चोरी की जाती उसको **वेल्लकापसारित** कहते थे। 4.

ताँबे के साथ आधा सोना मिलाकर उसके बदले में जो चोरी की जाती उसे **हेमापसारित** कहते थे।[64]

अपसारण के ढंग इस प्रकार थे : मूकमूषा (बन्द घरिया), पूतिकिट्ट (लोहे का मैल), करटकमुख (सोना कतरने की कैंची), नाली (नाल), संदंश (सन्सी), जोंगनी (लोहे की छड़) सुवर्चिका (शोरा) और नमक। उनसे जब कहा जाता कि उन्होंने सोना खोटा कर दिया था, तो सोनार कह देते कि यह 'आप' का दिया हुआ सोना था, यह खान से ही ऐसा निकला था। ये अपसारण के तरीके थे। किसी बनी हुई वस्तु को पीछे से जोड़ते समय या पात्रों की परीक्षा करते समय खरे सोने की जगह खोटा सोना जोड़ देना विस्रावण कहलाता था। सोने की खान में उत्पन्न बालुका को लोहे की खान में उत्पन्न बालुका से बदल देना भी **विस्रावण** कहलाता था।

पेटक दो प्रकार का होता था : 1. गाठ और 2. अभ्युद्धार्य; इसका प्रयोग संयूह्य, अवलेप्य तथा संघात्य कर्मों में किया जाता था। सीसे के पत्ते को सोने के पत्ते से मढ़कर बीच में लाख से जोड़ देना ही **गाठपेटक** कहलाता था। वही बन्धन यदि सरलता से खुलने योग्य होता तो उसे **अभ्युद्धार्यपेटक** कहते थे। अवलेप्य क्रियाओं में एक ओर या दोनों ओर सोने का पतला-सा पत्रा जोड़ कर सोने को चुराया जा सकता था। अथवा बाहर पत्ता लगाने की बजाय सुवर्ण पत्रों के बीच में ताँबे या चाँदी का पत्ता लगाकर भी सोना चुराया जाता था। संघात्य क्रियाओं में ताँबे की वस्तु को एक ओर से सोने के पत्ते से मढ़कर उस हिस्से को खूब चमकदार एवं सुन्दर बना दिया जाता था। उसी ताँबे की वस्तु को दोनों ओर से इसी प्रकार चमकदार एवं सुन्दर सोने के पत्तों से मढ़कर उतना ही असली सोना हड़प लिया जाता था।[65]

इन दोनों प्रकार के पेठकों की शुद्धता जाँचने के लिए उन्हें अग्नि में तपाए, कसौटी पर घिसवाया जाता या हल्की चोट देकर या रेखा खींचकर या किसी तीक्ष्ण वस्तु से निशान देकर उनकी परीक्षा की जाती थी। अभ्युद्धार्य पेटक बेरी के कसैले रस में अथवा नमक के पानी में डालकर जाना जाता था। ऐसा करने से उसका रंग कुछ लाल-सा हो जाता था।

ठोस या पोले गहनों में सुवर्णभृत्, सुवर्णमालुका (दोनों विशेष धातुएँ) और शिंगरफ का चूर्ण अग्नि में तपाकर लगा दिया जाता और उतना ही शुद्ध सोना निकाल दिया जाता था। जिस आभूषण का आधार मजबूत होता उसमें साधारण धातुओं की बालुका की लाख और सिन्दूर का घोल आग में तपाकर लगा दिया जाता और उसके बराबर का सोना निकाल दिया जाता था। इस प्रकार के ठोस

तथा पोले गहनों को आग में तपाकर उन पर चोट देने से उनकी परीक्षा की जाती थी। बुँदेदार मणिबन्ध जैसे गहनों को, नमक की छोटी डलियों के साथ, लपट देने वाली आग में तपाने से उनकी शुद्धि हो जाती थी। बेरी के अम्ल रस में उबालकर भी उनकी शुद्धता को जाँचा जा सकता था। अभ्रक को उसके दुगुने सुवर्ण में लाख आदि से जोड़कर भी असली सोना रख लिया जाता था। उसकी परीक्षा के लिए अभ्रक लगे गहनों को बेरी के अम्ल जल में छोड़ दिए जाने से अभ्रक लगा हिस्सा पानी में तैरता रहता था। यदि अभ्रक की जगह ताँबा मिलाया जाता तो सुई से छेदकर उसकी परीक्षा कर ली जाती थी। ठोस या पोले गहनों में काँचमणि, चाँदी और खोटा सोना मिलाकर पिंग नामक उपाय द्वारा शुद्ध सोना चुराया जा सकता था। उसको आग में तपाना तथा उस पर हथौड़े की चोट करना ही उसकी शुद्धता का उपाय था।[66] इसलिए सौवर्णिक वज्र, मणि, मुक्ता और प्रवाल की जाति, उनके रूप, गुण, प्रमाण, पुद्‌गल और लक्षण आदि को भली-भाँति जानता, जिससे कोई व्यक्ति उनका अपहरण नहीं कर पाता था।

पात्र और आभरण आदि के तैयार हो जाने पर उनकी परीक्षा करते समय भी सोने आदि का चार प्रकार से अपहरण किया जा सकता था : 1. परिकुट्‌टन से, 2. अवच्छेदन से, 3. उल्लेखन से और 4. परिमर्दन से। पूर्वोक्त पेटक ढंग से परीक्षा करने के बहाने जो छोटे टुकड़े या छोटी गोली सुनार काट लिया करते उसे **परिकुट्‌टन** कहते थे। पत्रों से जुड़े आभूषणों में सोने मढ़े हुए कुछ सीसे के पत्ते मिलाकर और भीतर से काटकर सोना निकाल लेना **अवच्छेदन** कहलाता था। ठोस गहनों को तेज औजार से खोद देना **उल्लेखन** था। हरताल, सिंगरफ, मैनसिल और कुरुविंद पत्थर के चूर्ण को कपड़े के साथ सानकर उससे आभूषणों को रगड़ा जाना **परिमर्दन** कहलाता था। ऐसा करने से आभरण घिस जाते; किन्तु उन पर किसी प्रकार की खरोंच या चोट नहीं दिखाई देती थी। जिन आभूषणों पर अवलेप्य का प्रयोग किया जाता उस पर से कटे सोने के टुकड़े को देखकर उसकी क्षति का अनुमान किया जा सकता था। जिन आभूषणों में अधिक खोटा माल मिला दिया गया होता उनकी हानि का परिमाण, उनके सदृश दूसरे आभूषणों को तौलकर किया जाता था। उनको आग में तपाकर पानी में छोड़ दिया जाता और तब हथौड़े से चोट करके उनकी शुद्धता को जाँचा जा सकता था।[67]

अपहरण के और भी तरीके थे : 1. अवक्षेप (हाथ की सफाई से खरे माल को लेकर खोटा माल भिड़ा देना), 2. प्रतिमान (बदली करके चुरा लेना), 3. अग्नि के बीच से चुरा लेना, 4. गाण्डिका (पीटने के बहाने), 5. भंडिका (घरिया में रखने के बहाने), 6. अधिकरणी (लोहे के पात्र में रखने के बहाने),

7. पिच्छ (मोर-पेंच से चुराना), 8. सूत्र (काँटे की डोरी के बहाने), 9. चेल्ल (वस्त्र में छिपा लेना), 10. बोल्लन (कोई किस्सा छेड़कर), 11. उत्संग (गोद या गुप्त अंग में छिपाकर), 12. मक्षिका (मक्खी उड़ाने के बहाने पिघली हुई धातु को अपने अंग में लगा देना) तथा 13. पसीना, 14. धौंकनी, 15. जल का शकोरा और 16. आग में डाले हुए खोटे माल आदि के बहाने से सोना-चाँदी चुराया जा सकता था। मिलावटी चाँदी के आभूषणों में पाँच प्रकार के दोष होते थे : 1. विस्र होना (दुर्गन्ध), 2. मलिन हो जाना, 3. कठोर हो जाना, 4. खुरदुरा हो जाना और 5. रंग बदल जाना। इस प्रकार नए और पुराने विरूप हुए पात्रों या आभूषणों की भली-भाँति परीक्षा कर ली जाती थी।[68]

उनमें समान वर्ण तथा समान रेखाएँ दिखाई देती थीं। घिसने से ऊँचा-नीचा न हो तो वर्णक को ठीक समझा जाता था। यदि विक्रेता वर्णक को उत्कृष्ट बताने के उद्देश्य से कसौटी को उस पर जोर से रगड़ देता या विक्रेता उसकी हीनता बताने के लिए कसौटी को धीरे-से रगड़ता अथवा नाखून में गेरु आदि कोई लाल-पीली वस्तु छिपाकर सोने के साथ कसौटी पर रेखा बना देता तो इस प्रकार से यह तीनों प्रकार का कपटपूर्ण व्यवहार कहा जाता था। कपटी सर्राफ सोने को घटिया सिद्ध करने के लिए गो-मूत्र में भावना दिए गए एक विशेष प्रकार के सिंगरफ के साथ कुछ पीले रंग के हरताल के साथ लिपटे हुए लेप को हाथ के अग्रभाग के स्पर्श से सोने का रंग फीका कर देते थे।

केसर के समान रंग वाली, स्निग्ध, मृदु और चमकदार रेखा जिस कसौटी पर खिंचे, उसे सर्वोत्तम समझा जाता था। कलिंग (उड़ीसा) देश के महेन्द्र पर्वत से अथवा तापी नदी से उत्पन्न, मूँग के समान आकृति वाली कसौटी सर्वोत्तम समझी जाती थी। सोने के रंग को ठीक तरह से ग्रहण करनेवाली कसौटी क्रेता-विक्रेता, दोनों के लिए उचित था। हस्तिचर्म के समान खरखरी, हरे रंग की और विपरीत रंग को बताने वाली कसौटी सोना बेचने वालों के हक में अच्छी थी। इसी प्रकार ठोस, कठोर, खरखरी, तरह-तरह के रंगों वाली और असली रंग को न बतानेवाली कसौटी सोना खरीदने वालों के लिए अच्छी नहीं थी।

चिकना, बाहर-भीतर एक रंग वाला, स्निग्ध, मृदु और चमकदार, सोने का टुकड़ा श्रेष्ठ समझा जाता था।[69] यदि सोने का टुकड़ा, तपाए जाने पर, बाहर भीतर एक ही रंग दे या वह कमलरज के समान दिखाई दे या वह कुरंड के फूल की भाँति हो जाता तो उसे श्रेष्ठ समझा जाता था।

रसप्रयोग से सोना बनाने वाले, छोटी-छोटी गोली बनाने वाले, बड़े-बड़े पात्र बनाने वाले, तरह-तरह के आभूषण बनाने वाले, झाड़ू देने वाले तथा अन्य परिचारक

अपनी-अपनी वर्दी पहने तलाशी देकर अक्षशाला में प्रवेश करते और बाहर निकलते थे। इन कारीगरों के औजार एवं आधे बनाए हुए आभूषण आदि अक्षशाला में ही रहते थे। आभूषण सम्बन्धी कार्य तीन प्रकार के होते थे : 1. क्षेपण, 2. गुण और 3. क्षुद्रक। आभूषणों पर मणियों के जोड़ने को **क्षेपण** कहते थे। सोने के बारीक सूतों को जोड़ने को **गुण** कहा जाता था। ठोस तथा पीले, छोटी-छोटी बूंदों या गोलियों से बने आभूषण सम्बन्धी कार्य को **क्षुद्रक** कहते थे।[70]

मणियों की जुड़ाई सम्बन्धी कार्य को **काचकर्म** कहते थे। मणि के पाँचवें हिस्से को सोने से पिरो दिया जाता और मणि इधर-उधर न होने पाए, उसके लिए चारों ओर से सोने की पट्टी लगी रहती थी। उसको **कटुमान** कहा जाता था। मणि का जितना हिस्सा सोने में पिरो दिया जाता उसका आधा हिस्सा (दसवाँ भाग) कटुवान का होता था। स्वर्णकार शुद्ध किए हुए सोने में मिलावट कर सकते थे। चाँदी की जगह ताँबा और सोने की जगह चाँदी भरकर वे उतने अंश को हड़प कर सकते थे। वह मिलावटी सोना-चाँदी शुद्ध ही जैसा प्रतीत होता था। मिश्रित काचकर्म के सम्बन्ध में ध्यान रखा जाता था कि पहले गुटिका आदि से मिश्रित काचकर्म के लिए जितना सुवर्ण निर्धारित हो उसके 5 भाग किए जाते थे। उनमें तीन भाग, पद्म, स्वस्तिक आदि बनाने के लिए और दो भाग उसका आधारपीठ बनाने के लिए होता था। यदि मणि बड़ी होती तो सुवर्ण के 7 हिस्से किए जाते, जिनमें 4 हिस्से आधार के लिए और शेष 3 हिस्से स्वस्तिक आदि के लिए काम में लाए जाते थे।

ताँबे तथा चाँदी के धनपात्र की विधि इस प्रकार थी : जितना ताँबे का पात्र होता उतना ही सोने का पत्र उसके ऊपर चढ़वा दिया जाता था। चाँदी का पात्र चाहे ठोस हो या पोला हो, उस पर उसके भार से आधे, सोने का पानी चढ़वा दिया जाता अथवा चौथा हिस्सा सोना लेकर उसे बालू और शिंगरफ के चूर्ण एवं रस के साथ मिलाकर भूसी अग्नि में पिघलाकर पानी की तरह चढ़वा दिया जाता था।

आभूषण आदि के लिए प्रस्तुत, कमलरज के समान, स्वच्छ, स्निग्ध और चमकदार सोना उत्तम किस्म का था। वह शुद्ध सोना, नील, पीत, श्वेत, हरित और शुकपोत (तोते का बच्चा) आदि रंग के आभूषणों के योग्य होता था। अशुद्ध सुवर्ण में उसके परिमाण का सीसा डालकर उसे शुद्ध[71] किया जाता अथवा उसके पतले-पतले पत्र बनाकर फिर अरणे के कण्डों की तपन से उसको शुद्ध किया जाता या सिंधदेश की मिट्टी के साथ घिसकर उसे शुद्ध किया जाता था। इस सुवर्ण के साथ इस्पाती लोहा भी नील, पीत आदि आभूषणों के योग्य होता

था। इस्पाती लोहा मोर की गर्दन के समान आकृति का और काटने पर श्वेत, चमकता हुआ होता था। यदि गरम करके उसका चूर्ण बनाया जाता और उसको एक काकिणी सोने में मिला दिया जाता तो सोने का रंग खिल उठता था। बत्तीस भागों में विभक्त साधारण सोने में तीन भाग निकालकर उनकी जगह तीन भाग शुद्ध सोना और शेष चाँदी को एक साथ मिलाकर घरिया में उलटने-पुलटने से उसका रंग श्वेत-लाल मिश्रित रंग का हो जाता था। यदि पूर्वोक्त रीति से चाँदी के साथ या ताँबे को सोने में मिला दिया जाता तो वह उसके रंग को पीला बना देता था। साधारण सोने को खारी मिट्‌टी से चमकाकर उसमें शुद्ध सोने का तीसरा भाग मिला दिया जाता तो उसका रंग लाल-पीला हो जाता था। दो भाग शुद्ध चाँदी में एक भाग सोने को मिलाकर भावना देने से उसका रंग मूँग के समान हो जाता था।[72]

सोने का छठा हिस्सा लोहा मिला देने से उसका रंग काला हो जाता था। पिघले हुए लोहे तथा शुद्ध चाँदी से मिला हुआ दुगुना सोना सुवापंखी रंग का हो जाता था। इसी प्रकार पूर्वोक्त नील, आदि रंगों के भेद को जानने के लिए प्रत्येक वर्णक को ग्रहण किया जाता था। सोने का रंग बदलने के लिए उपयोग में आने वाले लोहे, ताँबे को शुद्ध करना आवश्यक था; इसलिए उनके शुद्ध करने की विधि भली भाँति जान लिया जाता था। वज्रमणि, मुक्ता, प्रवाल आदि उत्तम रत्नों में मिलावट न हो सके और सोने-चाँदी के आभूषण में कोई न्यूनाधिक्य मेल करके गड़बड़ी न कर सके, इसके लिए उत्तम रत्नों और सोना-चाँदी के आभूषणों के सम्बन्ध में अच्छी तरह जानकारी प्राप्त कर ली जाती थी।

एक-सा रंग होना, वजन तथा रूप में समान होना, बीच में गाँठ आदि का न होना, टिकाऊ होना, अच्छी तरह चमकाया हुआ होना, ठीक तरह बना हुआ होना, अलग-अलग हिस्सों वाला, पहनने में सुखकर साफ-सुथरा, कान्तिमान, अच्छा दिखाई देने वाला, एक जैसी बनावट का, अयुक्त छिद्रों से रहित और मन तथा आँखों को अच्छा लगने वाला–ये 14 गुण सोने के आभूषणों में होते थे।[73]

4.24 अन्न विज्ञान

कोदों और धान में आधी भूसी निकल जाती थी। बढ़िया धान का आधा भाग भूसी में निकल जाता था। लोबिया आदि अनाजों में तीसरा हिस्सा चोकर का निकल जाता था। काकुन में प्रायः आधा हिस्सा भूसी निकल जाती किन्तु कभी-कभी उसका नवाँ हिस्सा भी बढ़ जाता था। मोटे चावल में आधा ही भाग बन पाता

था। जौ और गेहूँ में कूटने पर छीजन नहीं होती थी। तिल, जौ, मूँग और उड़द दलने पर बराबर बने रहते थे। गेहूँ और भुने हुए जौ पीसने पर पंचमांश बढ़ जाते थे। मटर पीसने पर चौथाई हिस्सा कम हो जाता था। पीसने पर मूँग और उड़द का आठवाँ हिस्सा कम हो जाता था। ज्वार की फलियों में आधा चोकर निकल जाता था। दलने पर मसूर का तीसरा हिस्सा कम हो जाता था। पिसे हुए कच्चे गेहूँ तथा मूँग और उड़द आदि पकाए जाने पर डेढ़ गुना हो जाते थे। पकाए जाने पर चावल और सूजी भी दुगुने हो जाते थे। कोदों, लोबिया, उदारक और काँगनी पकाए जाने पर तिगुने हो जाते थे।[74] पकाए जाने पर बिरंजफूल चावल और बासमती पंचगुने हो जाते थे। खेत से अधकच्ची हालत में काटा गया अन्न और ब्रीहि धान पकाने पर दुगुने ही बढ़ पाते थे। उन्हें कुछ अच्छी अवस्था में खेत से काटा जाता तो वे ढाई गुना भी बढ़ सकते थे।

यदि वे भूने जाते तो उनका पंचमांश बढ़ जाता था। भुने हुए मटर, धान और जौ दुगुने हो जाते थे। पाँच द्रोण (20 आढक) धान में से कूट-छाँटकर जब 12 आढक चावल शेष रह जाता तब वह हाथी के बच्चों के खाने योग्य होता था। वही बीस आढक धान अधिक साफ कर देने पर जब 11 आढक बचा रह जाता तो उन्मत्त हाथियों के खाने योग्य; जब दसवाँ हिस्सा रह जाता तो राज-सवारी के हाथियों के खाने योग्य; जब नवाँ हिस्सा रह जाता तो युद्धोपयोगी हाथियों के खाने योग्य; आठवाँ हिस्सा रह जाता तो पैदल सेना के भोजन योग्य; जब सातवाँ हिस्सा रह जाता तो प्रधान सेनापति के योग्य; जब छठा हिस्सा रह जाता तो रानियों एवं राजकुमारों के भोजन के योग्य और जब साफ करते-करते बीस आढक में से 5 आढक ही बचा रह जाता तो वह राजाओं के भोजन योग्य हो जाता था। अथवा उस 20 आढक में से साफ और साबुत एक प्रस्थ दाना निकालकर राजा के उपयोग के लिए लिया जाता था।[75]

प्रस्थ का चौथा हिस्सा दाल, दाल का सोलहवाँ हिस्सा नमक, दाल का चौथा हिस्सा घी या तेल; इतना एक आर्य की भोजन-सामग्री होती थी। छोटी स्थिति के नौकरों के लिए प्रस्थ का षष्ठमांश दाल, प्रस्थ का अष्टमांश घी या तेल और बाकी सामग्री पहले जैसी होती थी। उसमें चौथाई भाग कम स्त्रियों के लिए औरउसका आधा हिस्सा समान बालकों के लिए होता था। मांस पकाने के लिए बीस पल मांस में आधी कुडुव घी या तेल, एक पल नमक या नमक की जगह एक पल सज्जीखार या जवाखार, दो धरण मसाला, और आधा प्रस्थ (दो कुडुव) दही डाला जाता था। इससे कम ज्यादा मांस पकाना होता तो उक्त अनुपात से ही उसमें सामान डाला जाता था। हरे शाक में, मांस के लिए ऊपर जो अनुपात

बताया गया है, उसकी डेढ़ गुना मात्रा उपयोग में लाई जाती थी। सूखे शाक अथवा सूखे मांस में वही सामग्री दुगुनी करके डाली जाती थी। बैलों के लिए एक द्रोण उड़द तथा उतने ही अध उबले जौ दिए जाते थे। घोड़ों की अपेक्षा बैलों को सूखे तिलों के कल्क के सौ पल और दस आढक चावलों की बनी भूसी अधिक दी जाती थी।

भैंसों और ऊँटों के लिए बैलों से दुगुनी खुराक होती थी। गधों और हिरणों को वही सामग्री आधा द्रोण (दो आढक) दी जाती थी। एण और कुरंग जाति के हिरणों को वही भोजन एक आढक दिया जाता था। वही खुराक बकरी, भेड़ और सूअरों को आधा आढक; अथवा चावल की कनकी और भूसी मिलाकर एक आढक खुराक दी जाती थी। कुत्तों को एक प्रस्थ भात दिया जाता था। हंस, क्रोंच और मोरों की आधा प्रस्थ खुराक थी।[76] इनके अतिरिक्त जंगली या पालतू जितने भी पशु-पक्षी थे, उनको एक दिन खिलाकर, उसी अनुपात में उनकी खुराक निर्धारित कर ली जाती थी।

भोजनालय में नियमित रूप से उपयोग में आनेवाली सामग्री तराजू, काट, चक्की, सिल-लोढ़ा, मूसल, ओखली, धान कूटने का मूसल, आटा पीसने की चक्की, सूप, छलनी, कड़ी, पिटारी और झाड़ू थी। झाड़ू लगानेवाला, कोष्ठागार का रक्षक, तौलने वाला, तुलवाने वाला अधिकारी, सामान देने वाला अधिकारी, बोझ उठाने वाला, क्रीतदास और चाकर, ये सब **विष्टि** कहलाते थे। अनाज को जमीन के स्पर्श से ऊपर रखा जाता था। गुड़ और राख आदि चीजें ऐसी जगह रखी जातीं जहाँ सील न पहुँच सके; घी और तेल के रखने के लिए मर्तबान या लकड़ी के पात्र होते और नमक को जमीन पर किसी बर्तन पर रखा जाता था।[77]

4.25 पेड़-पौधा विज्ञान

कुप्य का अध्यक्ष जंगल की रक्षा में नियुक्त पुरुषों द्वारा बढ़िया-बढ़िया लकड़ी मँगवाता था। लकड़ी से बनने योग्य दूसरे कार्यों को भी वही करवाता था। **कुप्यवर्ग** में सर्वप्रथम सारदारु वर्ग (सर्वोत्तम लकड़ी) का निरूपण किया जाता है : शाक (सागून), तिनिश (तैहुँआ), धन्वस (पीपल), अर्जुन, मधुक (महुआ), तिलक (फरास), साल, शिंशपा (शीशम), अरिमेद (दुर्गन्धित खैर), राजादन (खिरनी), शिरीष (सिरसा), खदिर (खैर), सरल (देवदारु) ताल (ताड़), सर्ज (साल), अश्वकर्ण (बड़ा साल), सोमवल्क (सफेद खैर), कश (बबूल), आम, प्रियक (कदंब), धव (गूलर) आदि सर्वोत्तम लकड़ी सारदारु वर्ग के अन्तर्गत थे। उटज

(खोखला), चिमिय (ठोस), चाप (कुछ पोला और ऊपर से खुरदरा), वेणु (चिकना, पोला), वंश (लम्बी पोरियों वाला), सातीन कंटक (दोनों काँटेदार) और भाल्लूक (मोटा, लम्बा, कंटकरहित), ये सब बाँसों के भेद थे। वेत्र (बेंत), शीकबल्ली (हंसबल्ली), वाशी (सफेद फूलों की लता), श्यामलता (काली लता), नागलता (नागबल्ली) आदि सब लताओं के भेद[78] थे।

मालती (चमेली), मूर्वा (मरोरफली), अर्क (आक), शण (सन), गवेथुका (नागबला) और अतसी (अलसी) आदि **वल्कवर्ग** के थे। मुंज (मूँज), बल्वज (लवा घास), ये रज्जु, अर्थात् रस्सी बनाने की घासें थीं। ताली (ताड़ का एक भेद), ताल (ताड़), भुर्ज (भोजपत्र), इनका पत्ता लिखने के काम में आता था। किंशुक (पलाश के फूल), कुसुम्भ (कुसुम के फूल) और कंकुम (केसर), ये सब वस्त्र आदि रँगने के साधन थे।

कंद (बिदारी, सूरण आदि), मूल (अनंतमूल, कामराज, खस आदि), और फल (आँवला, हर्रा, बहेड़ा आदि), ये सब औषधिवर्ग के थे। कालकूट, वत्सनाभ, हलाहल, मेषशृंग, मुस्ता, कुष्ठ, महाविष, वेल्लितक, गोरार्द्र, बालक, मार्कट, हैमवत, कलिंगक, दारदक, अंकोलसारक और कुष्ट्रक इत्यादि सब **विष** थे।

गोधा (गोह), सेरक (सफेद गोह) द्वीपी (वघेरा), शिंशुमार (बड़ी जाति की मछली), सिंह, व्याघ्र, हाथी, भैंसा, चमरगाय, सांभर, गैंडा, गाय, हरिण और नीलगाय इनकी खाल, हड्डी, दाँत, पित्ता, नसें, सींग, खुर और पूँछ आदि सभी उपयोग में आनेवाली चीजें संग्रह योग्य थीं। इनके अतिरिक्त अन्य मृग, पशु-पक्षी, साँप आदि जानवरों के चर्म का भी संग्रह किया जाता था। काला लोहा, ताँबा, काँसा, सीसा, राँगा, इस्पात और पीतल, ये सब लोहे के भेद[79] थे।

पात्र दो प्रकार के होते थे एक विदलमय (पिटारी, टोकरी आदि) और दूसरा मृतिकामय (घड़े, शकोरे आदि)। कोयला, राख, मृग, पशु-पक्षी तथा अन्य जंगली जानवर, लकड़ी और घास-फूस आदि का ढेर भी कुप्य होने के कारण संग्रह योग्य होते थे।

कुप्य का अध्यक्ष बाहर जंगलों के पास जनपद और दुर्ग आदि में गाड़ा तथा लकड़ी आदि से बनी हुई चीजें या सवारियों; सब तरह के बर्तन आदि को और अपनी आजीविका तथा नगर, जनपद की रक्षा के लिए अन्य आवश्यक वस्तुओं का भी संग्रह करता था।[80]

4.26 अस्त्र-शस्त्र विज्ञान

आयुधागार का अध्यक्ष युद्धोपयोगी सामग्री तैयार करनेवाले कारीगरों एवं कुशल

शिल्पियों के द्वारा युद्ध में काम आनेवाले, दुर्ग की रक्षा के योग्य, शत्रु के नगर को विध्वंस कर देने वाले सर्वतोभद्र (मशीनगन), जामदग्न्य आदि यन्त्र, शक्ति, धनुष आदि हथियार, कवच और सवारी आदि जितने भी साधन थे, उनका निर्माण करवाता था। सामान पर जंक आदि न लगे, इसके लिए उसको धूप-हवा दिखाया जाता, गर्मी, सील और घुन आदि के कारण जो हथियार खराब हो रहे होते उन्हें वहाँ से उठवाकर किसी ऐसे स्थान में रखवा दिया जाता ताकि वे अधिक खराब न हो सकें। उन हथियारों के जाति स्वरूप, लक्षण, लम्बाई, चौड़ाई, मोटाई, प्राप्तिस्थान, मूल्य और उपयुक्त स्थान आदि के सम्बन्ध में प्रत्येक बात को अच्छी तरह से समझ-बूझ लेने की जिम्मेदारी अध्यक्ष की होती थी।

10 प्रकार के स्थितयन्त्र[81] होते थे जिनका विवरण इस प्रकार था : 1. सर्वतोभद्र (मशीनगन), 2. जामदग्न्य (जिसमें बीच के छेद से बड़े-बड़े गोले निकलें), 3. बहुमुख (किले की दीवारों में ऊँचाई पर बनाए गए वे स्थान, जहाँ से सैनिक गोलीवर्षा कर सकें), 4. विश्वासघाती (नगर के बाहर तिरछी बनावट का एक ऐसा यन्त्र, जिसको छू लेने से ही प्राणान्त हो जाए), 5. संघाटि (लम्बे-ऊँचे बाँसों से बना हुआ वह यन्त्र, जो महलों के ऊपर रोशनी फेंके), 6. यानक (पहियों पर रखा जाने वाला लम्बा यन्त्र), 7. पर्जन्यक (वरुणास्त्र, फायर ब्रिगेड), 8. बाहुयन्त्र (पर्जन्यक की भाँति; किन्तु उसका आधा), 9. ऊर्ध्वबाहु (ऊपर स्तम्भ की आकृति का नजदीक की मार करनेवाला यन्त्र) और 10. अर्धबाहु (ऊर्ध्वबाहु का आधा)।

चलयन्त्र भी अनेक थे, जिनका ब्योरा इस प्रकार है : 1. पांचलिक (बढ़िया लकड़ी पर तेज धार का बना यन्त्र, जो परकोटे के बाहर जल के बीच में शत्रु को रोकने के काम में आता था), 2. देवदंड (कील रहित बड़ा भारी स्तम्भ, जो परकोटे के ऊपर रखा रहता था), 3. सूकरिका (सूत और चमड़े की या बाँस और चमड़े की बनी मशकरी, जो परकोटे तथा अट्टालक के ऊपर ढककर रखी जाती थी), 4. मुसलयष्टि (खैर की मूसल का बना हुआ डंडा, जिसके आगे शूल लगा हो), 5. हस्तिवारक (त्रिशूल या त्रिशूल डंडा), 6. तालवृन्त (चारों ओर घूमने वाला यन्त्र), 7. मुद्गर, 8. द्रुघण (मुद्गर के ही समान यन्त्र), 9. गदा, 10. स्पृक्तला (काँटेदार गदा), 11. कुदाल, 12. आस्फोटिम (चमड़े से बना हुआ चार कोना वाला, मिट्टी के ढेले या पत्थर फेंकने वाला यन्त्र), 13. उद्घाटिम (मुद्गर की आकृति का यन्त्र), 14. उत्पाटिम (खम्भे आदि को उड़ा देने वाला यन्त्र), शतघ्नी (कीले की दीवार के ऊपर रखा जानेवाला बड़े स्तम्भ की आकृति का यन्त्र), 15. त्रिशूल और 16. चक्र, ये 16 प्रकार के चलयन्त्र थे।

हलमुख (भाले की तरह) हथियारों के नाम इस प्रकार थे : 1. शक्ति (कनेर के पत्ते की आकृति का लोहे का बना हथियार), 2. प्रास (24 अंगुल लम्बा, दुधारा हथियार, जिसकी मूठ बीच में लकड़ी की बनी होती), 3. कुन्त (सात हाथ का उत्तम, छह हाथ का मध्यम और पाँच हाथ का निकृष्ट) 4. हाटक (कुन्त के समान तीन काँटों वाला हथियार), 5. भिंडिपाल (मोटे फल वाला, कुन्त के समान), 6. शूल (तेज मुख वाला हथियार), 7. तोमर (बाण के समान तेज मुख वाला, जो 4 हाथ का अधम साढ़े चार हाथ का मध्यम और पाँच हाथ का उत्तम समझा जाता था), 8. वराहकर्ण (एक प्रकार का प्रास, जिसका मुख सूअर के कान के समान होता था), 9. कणप (लोहे का बना हुआ, दोनों ओर तीन-तीन काँटों से युक्त, 24, 22 और 20 अंगुल का क्रमशः उत्तम, मध्यम एवं अधम), 10. कर्पण[82] (तोमर के समान, हाथ से फेंका जाने वाला बाण), 11. त्रासिका (प्रास जितनी, सम्पूर्ण लोहे की बनी); ये सब हथियार हलमुख कहलाते क्योंकि इन सभी का अग्रभाग हल के अग्रभाग की तरह तेज होता था।

धनुष 4 प्रकार से बनाए जाते थे : 1. ताल (ताड़ का बना हुआ), 2. चाप (अच्छे बाँस का बना हुआ), 3. दारव (मजबूत लकड़ी का बना हुआ) और 4. शारंग (सींगों का बना हुआ); आकृति और क्रिया-भेद से इनके कार्मुक, कोदंड और द्रूण, आदि नाम थे। मूर्वा, आखसन, गबेधुकावेणु (रामबाँस) और ताँत; इनसे मजबूत धनुष की डोरी बनती थी। बाण के भी अनेक भेद थे, जिनके प्रकार थे : 1. वेणु (बाँस), 2. शर (नरसल), 3. शलाका (मजबूत लकड़ी), 4. दंडासन (आधा लोहा और आधा बाँस) और 5. नाराच (सम्पूर्ण लोहे का)। इन बाणों के अग्रभाग में लोहे, हड्डी तथा मजबूत लकड़ी की बनी नोक छेदने, काटने, आघात पहुँचाने वाला रक्तसहित एवं रक्तरहित घाव करने के लिए लगी रहती थी।

खड्ग (तलवार) 3 प्रकार के होते थे : 1. निस्त्रिंश (जिसका अगला भाग काफी टेढ़ा होता), 2. मंडलाग्र (जिसका अगला हिस्सा कुछ गोलाकार होता) और 3. असियष्टि (जिसका आकार पतला एवं लम्बा होता)। खड्ग के लिए गैंडा, भैंस की सींग, हाथीदाँत, मजबूत लकड़ी और बाँस की जड़ की मूठ बनवाई जाती थी। फरसा, कुल्हाड़ा, द्विमुखी त्रिशूल, फावड़ा,कुदाल, आरा और गँड़ासा; ये सब छुरे की धार की भाँति तेज होने के कारण **क्षुरकल्प** या **क्षुरवर्ग** के हथियार कहलाते थे। यन्त्रपाषाण, गोष्फणपाषाण, मुष्टिपाषाण, रोचनी और दृषद्; ये सब **आयुध** कहलाते थे।[83]

कवच 6 प्रकार से बनाए जाते जिनके तरीके इस प्रकार थे : 1. लोहजाल

(सिर से पैर तक ढकनेवाला), 2. लोहजालिका (सिर के अलावा सारे शरीर को ढकनेवाला), 3. लोहपट्ट (बाँहों को छोड़ सारे शरीर को ढक देनेवाला), 4. लोहकवच (केवल पीठ तथा छाती को ढक देनेवाला), 5. सूत्रकंकण (सूत का बना कवच) और 6. मछली, गैंडा, नीलगाय, हाथी तथा बैल, इन पाँचों के चमड़े, खुर एवं सींगों को मिलाकर बनाया हुआ कवच। इनके अतिरिक्त शिरस्त्राण (सिर को ढक देनेवाला), कंचुक (घुटनों तक शरीर को ढक देनेवाला), वारवाण (सारी देह को ढक देनेवाला), पट्ट (बिना बाँहों एवं बिना लोहे का कवच), नागोदरिका (केवल हाथ की अँगुलियों की रक्षा करनेवाला), ये 7 प्रकार के आवरण (कवच) देह पर धारण किए जाने योग्य थे। चमड़े की पेटी, मुँह ढकने का आवरण, लकड़ी की पेटी, सूत की पेटी, लकड़ी का पट्टा, चमड़ा एवं बाँस को कूट कर बनाई गई पेटी, पूरे हाथों को ढकने वाला आवरण और किनारों पर लोहे के पत्तों से बँधा आवरण; आदि अनेक प्रकार के होते थे।

हाथी, घोड़ा, रथ आदि की शिला एवं सजावट के साधन; अंकुश, घोड़े, पताका, कवच और शरीर की रक्षा करनेवाले अन्य आवरण; ये सब **उपकरण** कहलाते थे। ऐन्द्रजालिक और औपनिषदिक आदि जादू एवं प्रयोग-क्रियाएँ भी उपकरण कहलाती थीं।[84]

4.27 तौल-माप विज्ञान

10 उड़द के दाने अथवा 5 रत्ती परिमाण का एक सुवर्णमाषक होता था। 16 माष का एक सुवर्ण या एक कर्ष होता था। 4 कर्ष का एक पल होता था; अर्थात;

सोने का तौल

10 उर्द के दाने }
3 रत्ती } = 1 सुवर्णमाषक

16 माष = 1 सुवर्ण या 1 कर्ष

4 कर्ष = 1 पल

88 सफेद सरसों परिमाण का एक **रूप्यमापक** होता था। 16 रूप्यमापक या 20 मूली के बीज परिमाण का एक **धरण** होता था; जैसे :

चाँदी का तौल

88 सफेद सरसों = 1 रूप्यमाषक

16 रूप्यमाषक }
20 मूली के बीज } = 1 धरण

20 चावल परिमाण का एक वज्रधारण होता था :

हीरे का तौल

20 चावल = 1 वज्रधरण[85]

तौलने के बाटों (प्रतिमानों) का निर्माण इस क्रम से होता था : आधा माषक, माषक, 2 माषक, 4 माषक, 8 माषक, सुवर्ण, 2 सुवर्ण, 4 सुवर्ण, 8 सुवर्ण, 10 सुवर्ण, 20 सुवर्ण, 30 सुवर्ण, 40 सुवर्ण, सौ सुवर्ण, सोना तोलने के लिए ये 14 बाट होते थे।

इसी क्रम से चाँदी तोलने के लिए धरण एवं रूप्यमाषक बाटों का भी निर्माण करवाया जाता था अर्थात् धरण, 2 धरण, 4 धरण, 8 धरण, 10 धरण, 20 धरण, 30 धरण, 40 धरण, और सौ धरण; एवं अर्ध माषक, माषक, 2 माषक, 4 माषक, 8 माषक; आदि 14 बाटों का क्रम था।

तौलने के बाट लोहे के या मगध तथा मेकल देश के पत्थर होते; या ऐसी वस्तुओं के बनते थे जो पानी पड़ने तथा लेप लगने से वजनी न हो जाएँ और गर्मी के प्रभाव से हलके न पड़ जाएँ।

सोना-चाँदी तौलने के लिए छोटी-बड़ी 10 तुलायें बनवाई जाती थीं जिनका क्रम इस प्रकार था–1. 6 अंगुल की, 2. 14 अंगुल की, 3. 22 अंगुल की, 4. 30 अंगुल की, 5. 38 अंगुल की, 6. 46 अंगुल की, 7. 54 अंगुल की, 8. 62 अंगुल की, 9. 70 अंगुल की और 10. 78 अंगुल की। उनका वजन क्रमशः एक पल से 10 पल तक होता था। उनके दोनों ओर पलड़े शिक्य लगे होते थे।[86]

सोना-चाँदी के अतिरिक्त दूसरे पदार्थों को तौलने के लिए जो तुलाएँ बनवाई जातीं, उनका आकार-प्रकार इस तरह होता था: 35 पल लोहे से बनी हुई, 3 हाथ लम्बी **समवृत्ता** (गोलाकार) नामक तुला अन्य पदार्थों को तौलने के लिए बनवाई जाती थी। उसके बीच में 5 पल का काँटा लगवाकर ठीक मध्य में एक चिह्न भी करवा दिया जाता था। उसके बाद काँटे की गोलाकार परिधि में उस चिह्न से क्रमशः 1 कर्ष, 2 कर्ष, 3 कर्ष, 4 कर्ष, 1 पल, 2 पल, इस प्रकार 10 पल तक; 10 पल के बाद 12 पल, 15 पल और 20 पल के चिह्न लगवाए जाते थे। फिर 20 पल के आगे दस-दस पल का अन्तर देकर सौ पल तक के चिह्न होते थे। प्रत्येक 5 पल के बाद, मोटी जानकारी के लिए, लम्बी रेखा बनवा दी जाती थी।

1. उक्त समवृत्ता तुला से दुगुने लोहे (70 पल परिमाण) से बनी 96 अंगुल लम्बी तुला का नाम **परिमाणी** था। उस पर भी समवृत्ता नामक तुला के ही अनुसार सौ पल तक चिह्न लगाने के बाद 120, 150 और 200 पल तक के चिह्न लगते थे।

2. सौ पल परिमाण की एक तुला और 20 तुला परिमाण का एक भार होता था, यथा :

100 पल = 1 तुला

20 तुला = 1 भार

3. 10 धरणि का एक पल और सौ पल परिमाण की **आयमानी** नामक तुला होती थी, आयमानी अर्थात् आमदनी की वस्तुओं को तौलनेवाली तुला। जैसे :

10 धरणि = 1 पल

100 पल = 1 आयमानी

4. आयमानी से 5 पल कम (9 पल) परिमाण की तुला का नाम **व्यावहारिकी** (क्रय-विक्रय में व्यवहार योग) था, उससे 5 पल कम (90 पल) की तुला का नाम **भाजनी** (भृत्यों को द्रव्य देने योग्य), और उससे भी 5 पल कम (85 पल) परिमाण की तुला का नाम **अन्तःपुरभाजनी** (रानी एवं राजकुमारों को द्रव्य देने योग्य) था, अर्थात्

95 पल = 1 व्यावहारिकी

90 पल = 1 भाजनी

85 पल = 1 अन्तःपुरभाजनी

व्यावहारिकी, भाजनी और अन्तःपुरभाजनी, इन तीनों तुलाओं[87] में उत्तरोत्तर आधा-आधा धरण कम हो जाता था। अर्थात्, आयमानी तुला में 10 धरण का एक पल होता तो व्यावहारिकी का ढाई धरण का एक पल, भाजनी का 9 धरण का एक पल और अन्तः पुरभाजनी का साढ़े 8 धरण का एक पल होता था। इसी प्रकार इन तुलाओं के बनाने में लोहा भी उत्तरोत्तर दो-दो पल कम लगाया जाता, अर्थात् आयमानी तुला यदि 35 पल लोहे की बनाई जाती तो व्यावहारिकी तुला 33 पल की, भाजनी 31 पल की और अन्तःपुरभाजनी 19 पल की बनाई जाती थी। इनकी लम्बाई भी पूर्वापेक्षया उत्तरोत्तर 6-6 अंगुल कम होती थी। यदि आयमानी तुला 72 अंगुल लम्बी बनाई जाती तो व्यावहारिकी 66 अंगुल की, भाजनी 60 अंगुल की और अन्तःपुरभाजनी 54 अंगुल की ही होती थी।

(1) परिमाणी और आयमानी तुलाओं में गांरा, लोहा, नामक और मणियों को छोड़कर अन्य वस्तुओं को तौलने पर 5 पल अधिक तौला जाता था। इसी को **प्रयाम** कहते थे। (2) लकड़ी की तुला 8 हाथ की होती थी जिसमें 1, 2, 3 आदि गिनती के चिह्न बने होते थे। इसके बाट पत्थर के और इसका आकार मोर के पैरों जैसा होता था। (3) एक प्रस्थ चावलों को पकाने के लिए 25 पल लकड़ी पर्याप्त थी। इसी हिसाब से कम ज्यादा लकड़ी का उपयोग किया जाता था।

200 पल धान्यमाष–परिमाण का एक **आयमान द्रोण** (राजकीय आय को मापने योग्य) होता था। 187 पल का एक **व्यवहारिक** (सर्वमान्य के उपयोगी) द्रोण होता था। 175 पल का एक **भाजनीय द्रोण** (भृत्योपयोगी) होता और एक सौ साढ़े बासठ पल का अन्तःपुरभाजनीय द्रोण (अन्तःपुर के उपयोगी) कहा जाता था।[88]

द्रोण का चौथाई **आढक**, आढक का चौथाई **प्रस्थ** और प्रस्थ का चौथाई **कुडव** होता था। 16 द्रोण की एक **खारी**, 20 द्रोण का एक **कुम्भ** और 10 कुम्भ परिमाण का एक **वह** होता था, यथा :

16 द्रोण = 1 खारी

20 द्रोण
सवा खारी } = 1 कुम्भ

10 कुम्भ = 1 वह

अनाज मापने के लिए बढ़िया सूखी लकड़ी का ऐसा मान बनवाया जाता था कि जितना अनाज उसमें समा सके, उसका चतुर्थांश उसकी गर्दन में आ जाए, अथवा गर्दन बनाकर ऊपर से नीचे तक उसकी एक जैसी बनावट रहती, उसका मुँह खुला रहता था। घी-तेल मापने के लिए भी ऐसा ही मान बनवाया जाता था। शराब, फल, फूल, भूसी, कोयला और चूना-कलई, इन छह पदार्थों को मापने के लिए जो बर्तन बनवाया जाता उसके ऊपर का हिस्सा, नीचे के हिस्से से दुगुना चौड़ा होता और उस पर गर्दन भी बनी होती थी। लकड़ी के बने एक द्रोण परिमाण बर्तन का मूल्य सवा पण होता था। इसी प्रकार एक आढक परिमाण के बर्तन की कीमत पौन पण, एक प्रस्थ के बर्तन की 6 माषक और एक कुडव परिमाण वाले बर्तन की कीमत एक माषक होती थी। घी-तेल आदि द्रव पदार्थों को मापने वाले बर्तनों की कीमत अनाज मापने वाले बर्तनों से दुगुनी होती थी। चौदह प्रकार के सम्पूर्ण बाटों की कीमत 20 पण और सम्पूर्ण तुलाओं की कीमत उसके तिहाई अर्थात् 6.2/3 होती थी।[89]

यदि गरम घी खरीदा जाता तो उसका बत्तीसवाँ हिस्सा और तेल खरीदा जाता तो उसका चौसठवाँ हिस्सा छीजन के रूप में अधिक (ब्याजी) लिया जाता था। द्रव पदार्थों में पाँचवाँ हिस्सा छीजन होती थी। छोटी तौल के लिए एक कुडव, आधा कुडव, चौथाई कुडव तथा आठवाँ हिस्सा कुडव, ये चार प्रकार के बाट और माप बनवाए जाते थे।

घी तौलने के लिए 84 कुडव परिमाण का एक वारक और तेल तौलने के लिए 64 कुडव का एक वारक माना जाता था। 21 कुडव की एक **घृतघटिका** और सोलह कुडव की एक **तैलघटिका** होती थी।[90]

पौतवाध्यक्ष देश और काल का मान भी अच्छी तरह से जानता था। उसकी जानकारी के सूत्र इस प्रकार थे :

8 परमाणु	=	1 धूलकण
8 धूलकण	=	1 लिक्षा
8 लिक्षा	=	1 यूकामध्य
8 यूकामध्य	=	1 यवमध्य
8 यवमध्य	=	1 अंगुल

अथवा मध्यम कोटि के पुरुष की मध्यमा की मोटाई की माप एक अंगुल बराबर होती थी :

4 अंगुल	=	1 धनुर्ग्रह
8 अंगुल	=	1 धनुर्मुष्टि
12 अंगुल	=	1 वितस्ति या 1 छायापुरुष
14 अंगुल	=	1 शम, शल परिरय या पद (पैर)
2 वितस्ति	=	1 अरत्नि, प्राजापत्य हाथ
28 अंगुल	=	1 हाथ (विवीत और पौतव नापने के लिए)
32 अंगुल	=	1 किष्कु या कंस[91]
42 अंगुल	=	1 हाथ (छावनी आदि में बढ़ई के उपयोगार्थ)
52 अंगुल	=	1 किष्कु या कंस (छावनी आदि में लकड़ी चीरने के लिए)
54 अंगुल	=	1 हाथ (जंगली लकड़ी और पदार्थ नापने के लिए)
84 अंगुल	=	1 हाथ (रस्सी, खाई और कुआँ नापने के लिए)
4 अरत्नि	=	1 दंड, धनु, नालिका, पौरुष
108 अंगुल	=	1 गार्हपत्यधनु (विश्वकर्मा द्वारा निश्चित, सड़क, किला एवं परकोटा नापने के लिए)
108 अंगुल	=	1 पौरुष (यज्ञसम्बन्धी कार्यों के लिए)
6 कंस	=	1 दंड (ब्राह्मण आदि को भूमिदान देने के लिए)
10 दंड	=	1 रज्जु
2 रज्जु	=	1 परिदेश
3 रज्जु	=	1 निवर्तन
30+32 दंड	=	1 बाहु (पूरा हाथ)
66.5 निवर्त्तन	=	1 गोरुत (1 कोश)
4 गोरुत	=	1 योजन[92]

तुट, लव, निमेष, काष्ठा, कला, नालिका, मुहूर्त, पूर्वाह्न, अपराह्न, दिन, रात, पक्ष, मास, ऋतु, अयन, संवत्सर और युग, काल के ये सत्रह विभाग थे।

निमेष–पलक मारने तक का समय, त्रुटि–निमेष वा चौथा हिस्सा

2 त्रुटि–2 लव

2 लव–1 निमेष

5 निमेष–1 काष्ठा

30 काष्ठा–1 कला

40 कला–1 नालिका

अथवा एक घड़े में 4 सुवर्णमाषक के बराबर चौड़ा और 4 अंगुल लम्बा छेद बनाकर इतने ही परिमाण की एक नली घड़े में लगा दी जाती, उस घड़े में एक आढक जल भर दिया जाता था। वह जल उस नली के द्वारा जितने समय में बाहर निकलता, उतने समय को **नलिका** कहते थे।

5 नालिका–1 मुहूर्त

15 मुहूर्त–1 दिन या 1 रात

इस मान के दिन और रात केवल चैत तथा आश्विन मास में होते थे। इसके बाद छह-मास तक दिन बढ़ता और रात्रि घटती, दूसरे छह महीने तक रात्रि बढ़ती और दिन घटता रहता था।[93]

जब धूपघड़ी की छाया 96 अंगुल लम्बी हो तो दिन का अठारहवाँ भाग समाप्त हुआ समझा जाता था, 72 अंगुल छाया रहने पर दिन का चौदहवाँ भाग, 48 अंगुल लम्बी रहने पर आठवाँ हिस्सा, 24 अंगुल लम्बी रहने पर छठा हिस्सा, 12 अंगुल लम्बी रहने पर चौथा हिस्सा, 8 अंगुल रहने पर दिन के दस भागों में तीसरा हिस्सा, 4 अंगुल लम्बी रह जाने पर 8 भागों में तीसरा हिस्सा और जब छाया बिलकुल न रहे तो मध्याह्न समझा जाता था।

मध्याह्न अर्थात् 12 बजे के बाद उक्त छाया-मान के अनुसार दिन का शेष भाग समझा जाता था। आषाढ़ के महीने की दोपहरी (मध्याह्न) छायारहित होती थी। श्रावण से पौष तक मध्याह्न में दो अंगुल छाया अधिक रहती और फिर माघ से ज्येष्ठ तक 2 अंगुल कम हो जाती थी। पन्द्रह दिन-रात का एक पक्ष होता था। जिस पक्ष में चन्द्रमा बढ़ता रहता उसे शुक्लपक्ष और जिस पक्ष में चन्द्रमा घटता उसे कृष्णपक्ष कहते थे।

दो पक्ष का एक महीना होता था। वेतन देने के लिए 30 दिन-रात का एक महीना माना जाता था। साढ़े तीस दिन-रात का एक सौर मास होता था। साढ़े उनतीस दिन-रात का एक चान्द्रमास होता था। 27 दिन-रात का एक नक्षत्रमास

होता था। 32 दिन-रात का एक मलीमास होता था। 35 दिन रात का महीना घोड़ों के सईसों को वेतन देने के उपयोग में लाया जाता था। हाथियों की सेवा में नियुक्त कर्मचारियों का एक महीना 40 दिन-रात का होता था।[94]

दो मास की एक ऋतु होती थी। श्रावण-भादो में वर्षा ऋतु होती थी। आश्विन-कार्तिक में शरद् ऋतु होती थी। मार्गशीर्ष-पौष में हेमन्त ऋतु होती थी। माघ-फाल्गुन में शिशिर ऋतु होती थी। चैत्र-वैशाख में वसन्त ऋतु होती थी। ज्येष्ठ-आषाढ़ में ग्रीष्म ऋतु होती थी। शिशिर, वसन्त तथा ग्रीष्म उत्तरायण और वर्षा, शरद् तथा हेमन्त दक्षिणायन कहलाते थे। उत्तरायण और दक्षिणायन दोनों का एक संवत्सर होता था। पाँच संवत्सरों का एक युग होता था। प्रतिदिन सूर्य एक घटिका छेद करता था, इस क्रम से वह एक वर्ष में 6 दिन, 2 वर्ष में 12 दिन और ढाई वर्ष में 15 दिन अधिक बना लेता था। इसी प्रकार चन्द्र भी प्रत्येक ऋतु में एक-एक दिन कम करता जाता था, जिससे ढाई वर्ष में 15 दिन कम हो जाते थे। इस दृष्टि से सूर्य और चन्द्रमा की गति के अनुसार एक महीने की कमी-बेशी हो जाती थी। इस गणना के अनुपात से प्रति ढाई वर्ष बाद ग्रीष्म ऋतु में प्रथम मलिमास और प्रति 5 वर्ष के बाद हेमन्त ऋतु में दूसरा मलिमास, सूर्य तथा चन्द्रमा बनाते थे। यही मलिमास अधिकमास कहलाता, जो ढाई वर्ष में एक महीने के अन्तर को पूरा कर देता था।[95]

4.28 पशुविज्ञान

अश्वशाला में भेंटस्वरूप प्राप्त, खरीदे हुए, युद्ध में मिले हुए, अपने यहाँ पैदा हुए, बदले में प्राप्त, रेहन रखे हुए और कुछ समय के लिए सहायतार्थ प्राप्त, इन सभी प्रकार के घोड़ों को उनकी नस्ल, उम्र, रंग, चिह्न, समूह, कर्म और कहाँ से वे मिले थे, इन सभी बातों का विवरण सम्बद्ध अधिकारी अपने रजिस्टर में दर्ज करता था। बुरी नस्ल वाले, लँगड़े-लूले और बीमार घोड़ों को बदल दिया जाता या उनका उचित इलाज किया जाता था। कोष और कोष्ठागार से एक महीने का पूरा खर्च लेकर साईस सावधानीपूर्वक घोड़ों की टहल सेवा करता था।

घोड़ों को रखने के लिए ऐसी घुड़साल बनवाई जाती जो घोड़ों की संख्या के अनुसार लम्बी और घोड़ों की लम्बाई से दुगुनी चौड़ी होती थी; उसमें 4 दरवाजे, काफी फैलाव, बड़ा बरामदा, दरवाजों के दोनों ओर चबूतरे होते और जो बन्दर, मोर, नेवला, चकोर, तोता तथा मैना आदि से घिरी हुई होती थीं।[96]

घोड़े की लम्बाई-चौड़ाई के अनुसार एक समतल चौकोर तख्ता बिछा होता था। इसके अतिरिक्त घास-भूसा खाने के लिए लकड़ी की नाँद, पेशाब तथा लीद

रखने का उचित प्रबन्ध होता था। घुड़सालों के दरवाजे पूरब तथा उत्तर की ओर होते थे। घोड़ों को बाँधने के लिए अलग-अलग खूँटे होते थे। घुड़साल या तो राजमहल के उत्तर-पूरब में होती; यदि ऐसा सम्भव न हो तो सुविधानुसार उचित दिशाओं की ओर उनके दरवाजे बना दिए जाते थे। प्रसवा घोड़ियों, साँड़, घोड़ों और छह मास से तीन वर्ष तक के बछेड़ों को बाँधने के लिए अलग-अलग स्थान होते थे।

जब घोड़ी बच्चा देती तो उसे तीन दिन तक एक प्रस्थ घी पीने के लिए दिया जाता था। तदनन्तर 10 दिन तक उसे एक प्रस्थ सत्तू और चिकनाई में मिली दवा पीने के लिए दी जाती थी। उसके बाद उसे अधपके जौ का साँदा, घास और ऋतु के अनुसार आहार दिया जाता था। नए पैदा हुए घोड़ों के बछड़े को दस दिन बाद एक कुडव सत्तू में चौथाई घी मिलाकर दिया जाता था। छह महीने तक उसे एक प्रस्थ दूध प्रतिदिन दिया जाता था। तदनन्तर उसको जौ का एक प्रस्थ और उसमें उत्तरोत्तर प्रतिमास आधा प्रस्थ बढ़ाकर तीन वर्ष तक यही आहार दिया जाता था। उसके बाद पूरे एक वर्ष तक प्रतिदिन उसे एक द्रोण आहार दिया जाता था। तब जाकर 4 या 5 वर्ष में वह पूरी तरह काम लेने लायक होता था।

जिस घोड़े की खाब 32 अंगुल, लम्बाई 160 अंगुल, जंघा 20 अंगुल और ऊँचाई 80 अंगुल हो तो वह उत्तम होता था। उससे 3 अंगुल कम परिमाण का घोड़ा मध्यम और उससे भी 3 अंगुल कम परिमाण का घोड़ा अधम कोटि का समझा जाता था। उत्तम घोड़े की मोटाई 64 अंगुल होती थी।[97]

उत्तम घोड़ों को साठी, चावल, गेहूँ, जौ, काकुन आदि में से कोई भी दो द्रोण धान्य अधपका या अधसूखा, खुराक में दिया जाता अथवा इतना ही मूँग या उड़द का साँदा बनाकर दिया जाता था। इनके अतिरिक्त एक प्रस्थ घी या तेल; 5 पल नमक, 50 पल मांस, एक आढक शोरबा या दो आढक दही में भीगी हुई सानी, 5 पल गुड़ के साथ एक प्रस्थ शराब अथवा दो प्रस्थ दूध, प्रतिदिन तीसरे पहर पीने के लिए दिया जाता था। लम्बा सफर और अधिक बोझा उठाने के कारण थके हुए घोड़ों को एक प्रस्थ घी या तेल और साथ ही उतने ही परिमाण की थकावट को दूर करने वाली दवाइयों का मिश्रण (अनुवासन) पिलाया जाता था। एक कुडव घी या तेल उसके नाक में छोड़ा जाता था, खाने के लिए उसको दस तुला भूसा, बीस तुला हरी घास या जई आदि दिया जाता था।

उत्तम घोड़े की उक्त खुराक का चौथाई हिस्सा कम मध्यम घोड़े की और उसमें से भी चौथाई हिस्सा कम अधम घोड़े की खुराक थी। जो मध्यम घोड़ा

रथ में जोता जाता तथा जो साँड़ घोड़ी पर छोड़ा जाता उनको भी उत्तम घोड़े का आहार दिया जाता था। इसी प्रकार जो अधम घोड़े रथ में जोते जाते या साँड़ छोड़े जाते उनको मध्यम घोड़े का आहार दिया जाता था। इस आहार से चौथा हिस्सा कम घोड़ी और खच्चरों का आहार था। उसका आधा आहार बछड़ों को दिया जाता था। यही घोड़ों के आहार का विधान था। घोड़ों की परिचर्या करने वाले साईसों और उनकी चिकित्सा करने वाले वैद्यों को भी घोड़े के आहार में से कुछ हिस्सा दिया जाता था। जो घोड़े युद्ध के कारण, बीमारी, बुढ़ापे और भार ढोने के कारण, अशक्त तथा बेकार हो चुके थे, उन्हें उतना ही आहार दिया जाता कि वे भूखे न मर सकें। जो घोड़े हृष्ट-पुष्ट होकर भी युद्धोपयोगी न होते उन्हें नगद तथा जनपद के निवासियों की घोड़ियों में नस्ल पैदा करने के लिए साँड़ बना दिया जाता था।[98]

चाल एवं कवायद में प्रवीण युद्धयोग्य घोड़ों में काबुल, सिंध, आरट्ट और अरब देशों के घोड़े उत्तम श्रेणी के थे। व्यास, सतलज के मध्यवर्ती प्रदेश (बाह्लीक), पश्चिमोत्तर सीमा प्रान्त (पापेयक), राजस्थान और तितल देशों में उत्पन्न घोड़े मध्यम कोटि के होते थे। इनके अतिरिक्त सभी घोड़े अधम कोटि में आते थे। तेज, मध्यम और मन्द गति के अनुसार ही घोड़ों के युद्धकार्यों और साधारण सवारी आदि कार्यों में प्रयुक्त किया जाता था। विशेषज्ञों द्वारा युद्ध-सम्बन्धी हर प्रकार की चालों की शिक्षा दिलाना ही घोड़े का **सन्नाह्य** कर्म कहलाता था। सवारी या खेलों में प्रयुक्त किए जाने वाले घोड़ों की चाल के पाँच भेद थे : 1. वल्गन, 2. नीचैर्गत, 3. लंघन, 4. धोरण और 5. नारोष्ट्र। मंडलाकार चक्कर लगाने को **बल्गन** कहते थे। वह छह प्रकार का होता था : 1. औपवेणुक (एक हाथ के गोल घेरे में घूमना), 2. वर्धमानक (उतने ही घेरे में कई बार घूमना), 3. यमक (बराबर के दो घेरों में एक साथ घूमना), 4. आलीढप्लुत (एक पैर को समेट कर और दूसरे पैर को फैलाकर छलांग मारना और तत्काल ही घूम जाना), 5. पूर्वग (शरीर के अगले हिस्से के सहारे घूमना) और 6. त्रिकचाली (पुट्ठी और पिछली दो टाँगों के सहारे घूमना)।[99]

सिर और कान में किसी प्रकार की कम्पन पैदा किए बिना ही गोल घेरे में चक्कर लगाना ही **नीच्चैगर्त** कहलाता था; उसके 16 प्रकार थे : 1. प्रकीर्णक (सभी चालें एक साथ मिली हुई होना), 2. प्रकीर्णोत्तर (सभी चालें एक साथ मिली हुई होने पर भी एक चाल का मुख्य होना), 3. निषण्ण (पीठ पर कम्पन किए बिना ही किसी विशेष चाल को निकालना), 4. पार्श्वानुवृत्त (एक ही ओर तिरछी चाल चलना), 5. उर्मिमार्ग (लहरों जैसी ऊँची-नीची चाल चलना),

6. शरभक्रीडित (तरुण हाथी की तरह क्रीड़ा करते हुए चलना), 7. शरभप्लुत (तरुण हाथी की तरह कूद कर चलना), 8. त्रिताल (तीन पैरों से चलना), 9. वाह्यानुवृत्त (दाएँ-बाएँ घेरा बनाकर चलना), 10. पंचपाणि (पहले तीन पैरों को एक साथ रखकर फिर एक पैर को दो बार रखकर चलना), 11. सिंहायत (शेर के समान लम्बी चाल भरना), 12. स्वाधृत (लम्बी कूद भरना), 13. क्लिष्ट (बिना सवार के ही चलना), 14. श्लिंगित (शरीर के अगले हिस्से को झुकाकर चलना), 15. बृंहित (शरीर के अगले हिस्से को ऊँचा करके चलना) और 16. पुष्पाभिकीर्ण (टेढ़ी-मेढ़ी चाल चलना)।

कूद कर चलने वाली चाल का नाम **लंघन** था; उसके सात प्रकार थे : 1. कपिप्लुत (बन्दर की तरह कूद कर चलना), 2. भेकप्लुत (मेढक की तरह उछल कर चलना), 3. एणप्लुत (हरिण की तरह छलांग मारकर चलना), 4. एकपादप्लुत (तीन पैरों को समेट कर एक पैर से ही छलांग मारकर चलना), 5. कोकिलसंचारी (कोयल की तरह फुदक कर चलना), 6. उरस्य (पैरों को समेट कर छाती के बल कूदकर चलना) और 7. बकचारी (बगुले की तरह बीच में धीरे-धीरे चलकर सहसा एक साथ कूदकर चलना)।

धीरे-धीरे चलकर सहसा सरपट चाल से चलना **धोरण** गति कहलाती थी। उसके 8 प्रकार थे : 1. कांक (बगुले की चाल चलना), 2. वारिकांक्ष (बत्तख की चाल चलना), 3. मायूर (मोर की चाल चलना), 4. अर्धमायूर (आधी चाल मोर की चलना), 5. नाकुल (नेवले की चाल चलना), 6. अर्धनाकुल (आधी चाल नेवले की चलना), 7. वराह (सूअर की चाल चलना) और 8. अर्धवराह (आधी चाल सूअर की चलना)। सिखाए हुए इशारों पर चलना **नारोष्ट्र** चाल कहलाती थी। रथ में जोतं जाने योग्य अधम घोड़ों को 6 योजन, मध्यम घोड़ों को 9 योजन और उत्तम घोड़ों को 12 योजन चलाए जाने के बाद विश्राम दिया जाता था। अधम, मध्यम और उत्तम किस्म के भार ढोने वाले घोड़ों को इसी क्रम से पाँच, साढ़े सात और दस योजन चलाने के बाद विश्राम दिया जाता था।[100]

उक्त तीनों कोटि के घोड़ों की गति तीन प्रकार की होती थी, यथा; 1. मंदगति, 2. मध्यगति और 3. तीव्रगति। मन्दगति से चलना, मध्यम गति से चलना, तीव्र गति से चलना, चौकन्ना होकर चलना, कूद-फाँदकर चलना, दाएँ-बाएँ होकर चलना, तेज-तेज चलना, इन सब तरह की चालों का नाम **धारा** था (धारा अर्थात् ढंग या क्रम)। घोड़ों के विभिन्न अवयवों को किस प्रकार के आभूषणों से सजाना चाहिए, इसकी विधि, योग्य आचार्य बताते थे। युद्धोपयोगी घोड़ों और रथों को सजाने की सारी क्रिया का निर्देश सारथी करता था। ऋतु के अनुसार घोड़ों का

क्या-क्या आहार होता एवं उनके मोटा होने या तंग होने का तरीका क्या था, इसका निर्देश **अश्व-चिकित्सक** करते थे। लगाम पहनाकर घोड़ों को टहलाने वाला नौकर, लगाम तथा जीन आदि चढ़ाने वाला कर्मचारी, घास खिलानेवाला नौकर, उनके लिए उड़द भूसा एवं चावल पकाने वाला रसोइया, घुड़साल की सफाई करने वाला व्यक्ति, घोड़ों के बाल तथा खुर्रे ठीक करने वाला नौकर और अश्वचिकित्सक; ये सभी नौकर-चाकर अपने-अपने कार्यों को नियत समय पर पूरा करते हुए घोड़ों की यथोचित परिचर्या करते थे।

इनमें से जो भी कर्मचारी अपने कार्य को उचित रीति से नहीं करता उसका उस दिन का वेतन काट लिया जाता था। कुशलक्षेम एवं बलवृद्धि के लिए और चिकित्सा के लिए रोके गए घोड़ों को काम पर लगाने वाले व्यक्ति से बारह पण दंडरूप में वसूल किए जाते थे।[101] घोड़ों की यथासमय चिकित्सा न करने के कारण यदि उनकी बीमारी बढ़ जाती तो इलाज में जितना व्यय होता उसका दुगुना दंड अश्वशाला के अध्यक्ष पर किया जाता था। यदि चिकित्सा और दवाई के दोष के कारण घोड़ा मर जाता तो जितनी कीमत का घोड़ा होता उतना दंड अश्वशाला के अध्यक्ष पर किया जाता था। गाय, बैल, गधा, ऊँट, भैंस और भेंड़-बकरियों को परिचर्या चिकित्सा के सम्बन्ध में भी वही नियम पालन किए जाते थे। शरद और ग्रीष्म, दोनों ऋतुओं में घोड़ों को दो-दो बार नहलाया जाता था। गन्ध और मालाएँ उन्हें प्रतिदिन दी जाती थीं। इन पशुओं के बीच कभी-कभी संक्रामक रोग फैलता जिसका कोई वैज्ञानिक उपाय विकसित नहीं हो पाया था।[102]

गजशाला का अध्यक्ष हाथियों के जंगल की रक्षा करता; सिखाए जाने योग्य हाथी-हथिनी और उनके बच्चों के लिए वह गजशाला, बाँधने और उठने-बैठने के यथोचित स्थान बनवाता था। वही युद्ध-सम्बन्धी कार्य, पका हुआ भोजन और हरी घास-भूसा आदि के तौल का निर्णय करता; हाथियों को हर तरह की चाल चलना; हाथियों के अम्बारी, अंकुश आदि साजों और हाथियों के चिकित्सक और उनकी सेवा टहल करने वाले कर्मचारियों पर भी नजर रखता था। हाथी के लिए उसकी लम्बाई से दुगुनी ऊँची, दुगुनी चौड़ी और दुगुनी लम्बी गजशाला बनवाई जाती थी। हथिनी के रहने की गजशाला उससे 6 हाथ अधिक लम्बी होती थी। गजशाला के आगे बरामदा, उसमें बाँधने के लिए तराजू के आकार के खूँटे (कुमारी) और उसके दरवाजे पूर्व या उत्तर की ओर होते थे। हाथी की लम्बाई जितना, चौकोर, चिकना एक खूँटा वहाँ गाड़ा जाता था। खूँटा एक तख्ते के बीच में लगाकर गाड़ा जाता, जिससे ऊपर की जमीन ढकी रहती ताकि खूँटे

को उखाड़ा न जा सके। पाखाना और पेशाब के लिए पीछे की ओर ढलवाँ स्थान बनवाया जाता था। हाथी के सोने-बैठने के लिए एक चबूतरा-सा बनवाया जाता जिसकी ऊँचाई साढ़े चार हाथ होती थी। युद्ध तथा सवारी के उपयोगी हाथियों की शय्या किले के भीतर ही बनवाई जाती थी। जो हाथी अभी सिखवा या बनैले होते उन्हें किले के बाहर ही रखा जाता था।[103]

एक दिन के बराबर 8 भागों में पहला तथा सातवाँ भाग हाथी के स्नान करने के लिए होता था। स्नान के बाद (अर्थात् दूसरे और आठवें भाग में) उन्हें पका खाना खिलाया जाता था। दोपहर से पहले उन्हें कवायद सिखाई जाती थी। दोपहर के बाद पीने के लिए दिया जाता था। रात के बराबर तीन भागों में से दो भाग सोने के लिए और एक भाग उठने-बैठने के लिए होता धा।

गर्मी के मौसम में ही हाथियों को पकड़ा जाता था। 20 वर्ष या उससे अधिक आयु का हाथी पकड़ने योग्य होता था। दूध पीने वाला हाथी (विक्क), हथिनी के समान दातोंवाला (मूढ), जिसके दाँत न निकले हों (मत्कुण) बीमार हाथी और गर्भिणी तथा दूध चुराने वाली हथिनी को नहीं पकड़ा जाता था। 7 हाथ ऊँचा, 9 हाथ लम्बा और 10 हाथ मोटा, 40 वर्ष उम्र वाला हाथी सर्वोत्तम समझा जाता था। 30 वर्ष का मध्यम और 25 वर्ष का अधम माना जाता था। उत्तम हाथी को जितना आहार दिया जाता उससे चौथाई हिस्सा कम मध्यम को और उससे भी चौथाई हिस्सा कम अधम को दिया जाता था।[104]

7 हाथ ऊँचे उत्तम हाथी को एक द्रोण चावल, आधा आढक तेल, 3 प्रस्थ घी, 10 पल नमक, 50 पल मांस, एक आढक शोरबा या दो आढक दही में सना हुआ दाना, 10 पल गुड़, दोपहर के बाद पीने के लिए एक आढक शराब या उससे दुगुना दूध, शरीर को मलने के लिए एक प्रस्थ तेल, सिर में लगाने के लिए आधा कुडव तेल, इतना ही तेल रात को लगाने के लिए, 40 तुला तृण, 50 तुला हरी घास, 60 तुला रूखी घास और भूसा तथा पत्तियाँ जितना खा सके, खिलाया जाता था। 8 हाथ ऊँचे अत्यराल नामक हाथी को 7 हाथ ऊँचे उत्तम हाथी के ही बराबर खाना दिया जाता था। छह हाथ ऊँचे हाथी मध्यम कोटि के थे; उनका आहार उत्तम हाथी के आहार से चौथाई हिस्सा कम होता; इसी प्रकार 5 हाथ ऊँचे अधम श्रेणी के हाथियों के आहार मध्यम हाथियों के आहार से चौथाई हिस्सा कम होता था। दूध पीने वाले बच्चों को केवल क्रीड़ाकौतुक के लिए पकड़ा जाता और दूध, हरी घास या जई आदि के छोटे-छोटे ग्रास देकर उनका पालन-पोषण किया जाता था।

अवस्थानुसार हाथियों की 7 प्रकार की शोभा मानी जाती थी; 1. जब हाथियों

के शरीर में केवल हड्डी, चमड़ा ही रह जाता; फिर धीरे-धीरे खूब संचरने लगता, इस शोभा को **संजातलोहिता** कहते थे; 2. जब मांस बढ़ने लगता, उस अवस्था की शोभा को **प्रतिच्छन्ना** कहते थे; 3. जब दोनों ओर मांस भरने लगे, उस समय की शोभा को **समकक्ष्या** कहते थे; 5. जब शरीर पर कहीं ऊँचा कहीं नीचा मांस दिखाई दे, उस शोभा को **व्यतिकीर्णमांसा** कहते थे; 6. जब रीढ़ की हड्डी के बराबर मांस चढ़ जाए, उस अवस्था की शोभा को **समतल्पतला** कहते थे; और 7. जब मांस रीढ़ की हड्डी से ऊपर चढ़ जाए, उस शोभा का नाम **जातिद्रोणिका** था।

इस प्रकार अवस्थाओं को ध्यान में रखकर हाथियों को कवायद सिखाई जाती थी। जिन हाथियों में उत्तम, मध्यम आदि सांकर्ण लक्षण प्रकट होते, उनको युद्ध-सम्बन्धी कार्यों में लगाया जाता; अथवा ऋतुओं के अनुसार ही उन्हें युद्ध आदि कार्यों में लगाया जाता था।[105]

कार्य-भेद से हाथियों की चार श्रेणियाँ होती थीं : 1. दम्य (शिक्षा देने योग्य), 2. सान्नाह्य (युद्ध के योग्य), 3. औपबाह्य (सवारी के योग्य) और 4. व्याल (घातक वृत्तिवाला)। उनमें दम्य हाथी पाँच प्रकार का होता था : 1. स्कंधगत (जो सूँड़ का सहारा देकर सवार को अपने ऊपर बैठा ले), 2. स्तम्भगत (जो हाथी खूँटे पर बँधा रह सके), 3. वारिगत (हाथियों को फँसाने वाली भूमि पर आ जाने वाला), 4. अवपातगत (हाथियों को फँसाने के लिए जंगलों में बनाए गए घास-फूस के गढों में आए हुए) और 5. यूथगत (जो हथिनियों के साथ विहार करने के व्यसनी हों)। दम्य हाथी की परिचर्या हाथी के बच्चे के समान की जाती थी।

सान्नाह्य हाथी कार्य-भेद से 7 प्रकार के होते थे : 1. उपस्थान (आगे-पीछे के अंगों को ऊँचा-नीचा, छोटा-बड़ा करने वाला तथा रस्सी, बाँस, ध्वजा आदि को लाँघने वाला), 2. संवर्त्तन (सो जाने, बैठ जाने तथा कूदने-फाँदने वाला), 3. संयान (सीधी-तिरछी, गोलाकार चालों को समझने वाला), 4. वधावध (सूँड़, दाँत आदि से प्रहार करने या पकड़ देने वाला), 5. हस्तियुद्ध (हर प्रकार के हाथियों से लड़ने वाला), 6. नगरायण (नगर आदि को नष्ट करने वाला) और 7. सांग्रामिक (खुलेआम युद्ध करनेवाला)। सान्नाह्य हाथी को ऐसी शिक्षा दी जाती कि वह रस्सी बाँधने, गले में फन्दा डालने और झुंड के अनुकूल कार्य करने में चतुर हो जाए।[106]

औपवाह्य हाथी 8 प्रकार के होते थे : 1. आचरण (उठने-बैठने, झुकने, मुड़ने आदि अनेक प्रकार की गतियों को जाननेवाला), 2. कुंजरौपवाह्य (दूसरे

हाथियों के साथ चाल चलने वाला), 3. धोरण (एक ही ओर से अनेक प्रकार की चाल दिखानेवाला), 4. आधानगतिक (अनेक प्रकार की चाल चलने वाला), 5. यष्ट्युपवाह्य (ताड़ने पर भी कार्य न करने वाला), 6. तोत्रोपवाह्य (बरछी मारने पर भी कार्य न करनेवाला), 7. शुद्धोपवाह्य (बिना तोड़े, पैर के इशारे से ही कार्य करने वाला) और 8. मार्गायुक (शिकार सम्बन्धी कार्यों में निपुण)। उनको शिक्षा देते समय यह ध्यान रखा जाता था कि जो हाथी अधिक मोटे होते उन्हें दुबला बनाया जा सके, जो स्वस्थ होते उनकी रक्षा की जाती थी। जो मेहनत न करता उससे मेहनत न करवाई जाती थी। इसी प्रकार प्रत्येक हाथी को हर प्रकार के इशारों की शिक्षा दी जाती थी।

घातक (व्याल) हाथी से कार्य लेने का एक ही मार्ग था कि उसको बाँध कर रखा जाता या डंडे के जोर पर उसे काबू में रखा जाता। उसके उपद्रवों से सावधान रहा जाता था। उसके उपद्रव थे : कवायद के समय बिगड़ जाना, कार्य की लापरवाही कर देना, मनमानी करना, उन्मत्त हो जाना, मद तथा आहार के लिए बेचैन हो जाना और जिसके बिगड़ने का कारण पता ही न लगे।

कार्य बिगाड़ देने वाले दुष्ट हाथी को **व्याल** कहते थे। उसके चार भेद थे : 1. शुद्ध (जो केवल मारने वाला हो), 2. सुव्रत (जो ठीक से न चलता हो), 3. विषम (जो मारता भी हो और ठीक तरह से चलता भी न हो) और 4. सर्वदोषप्रदुष्ट (जिसमें सभी बुराइयाँ हों)।[107]

हाथियों पर कसी जानेवाली सारी सामग्री की व्यवस्था, चतुर हस्ति शिक्षकों की राय से की जाती थी–हाथियों पर कसने के लिए खूँटा (आलान), गले की जंजीर (ग्रैवेयक), काँख में बाँधने को रस्सी (कक्ष्या), चढ़ते समय सहारा देनेवाली रस्सी (परायण), हाथी के पैर में बाँधने की जंजीर (परिक्षेप) और उसके गले में बाँधने की रस्सी (उत्तर)। अंकुश, बाँस का डंडा और अम्बारी (यन्त्र) आदि उसके लिए अन्य उपकरण थे। इसके अतिरिक्त वैजयन्ती (हाथी के ऊपर लगाए जाने वाली पताका), क्षुरप्रमाला (उसको पहनाने की माला), आस्तरण (अंबारी के नीचे का गद्दा) और कुथ (झूला)–यह सामग्री हाथियों को सजाने के लिए थी। हाथियों के संग्राम-सम्बन्धी अलंकरण थे : कवच, तोमर, तूणीर और भिन्न-भिन्न प्रकार के हथियार। गजवैद्य, गजशिक्षक, गजारोही, गजसम्बन्धी शास्त्रोक्त विधियों का ज्ञाता, गजरक्षक, नहलाने-धुलाने वाला, खाना बनाने वाला, चारा देने वाला, बाँधने वाला, गजशाला का रक्षक और हाथी के सोने की जगह का प्रबन्ध करने वाला; ये सब हाथी की परिचर्या करने वाले कर्मचारी होते थे। रास्ता चलने से, बीमारी के कारण, अधिक कार्य करने से, मद के कारण तथा बुढ़ापे की

वजह से हाथियों को कोई भी कष्ट हो जाता तो गजवैद्य सावधानी से उनकी चिकित्सा करते थे।[108]

हाथी का दाँत जड़ में जितना मोटा होता, उससे दुगुना हिस्सा छोड़कर आगे का बाकी हिस्सा काट दिया जाता था। जो हाथी नदीचर होते, उनके दाँत ढाई वर्ष के बाद और जो हाथी पर्वतों के रैवासी होते उनके दाँत पाँच वर्ष के बाद कटवाए जाते थे।[109]

4.29 रथ तकनीक

नए-नए रथ बनवाए जाते और जीर्ण हो जाने पर उनकी मरम्मत करवाई जाती थी। 120 अंगुल ऊँचा और उतना ही लम्बा रथ उत्तम कोटि का माना जाता था। सबसे बड़ा रथ 12 बित्ता लम्बा होता था, उसमें एक-एक बित्ता कम करके अन्त में सबसे छोटा रथ 6 बित्ते का होता था। रथ 7 प्रकार के होते थे।

विभिन्न कार्यों के उपयोगी देवरथ (यात्रा, उत्सव आदि के लिए), पुष्परथ (विवाह आदि कार्यों के लिए), सांग्रामिक (युद्ध आदि कार्यों के लिए), पारियाणिक (सामान्य यात्रा के लिए), परपुराभियानिक (शत्रु के दुर्ग को ढहाने के लिए) और वैनयिक (घोड़े आदि को सिखाने के लिए) आदि अलग-अलग रथों का निर्माण करवाया जाता था।[110]

4.30 सिक्का

टकसाल के अध्यक्ष (लक्षणाध्यक्ष) द्वारा पण, अर्धपण, पादपण तथा अष्टभागपण नामक 4 चाँदी के सिक्कों को विधिपूर्वक ढलवाया जाता था। 16 माष का एक पण होता था। उसमें 4 माष ताँबा, लोहा, राँगा, सीसा तथा अंजन-इनमें से कोई भी एक माष, बाकी 11 माष चाँदी होती थी। इसी हिसाब से अध्यक्ष अठन्नी (अर्धपण), चवन्नी (पादपण) और दुअन्नी (अष्टभागपण) आदि को ढलवाता था। पण के चौथे हिस्से को व्यवहार में लाने के लिए ताँबे का एक अलग सिक्का होता था। इसमें चौथाई हिस्सा चाँदी, एक हिस्सा लोहा, सीसा आदि में से कोई एक और 11 माष ताँबा होता था। इस सिक्के को **मापक** कहते थे। इसका वजन 16 माष होता था। 8 माष का भी सिक्का तैयार कराया जाता था।

4.31 समय

राजकार्य को चलाने के लिए दिन और रात को 8-8 घड़ियों में बाँटा गया था। सूर्योदय से लेकर जब तक पुरुष की छाया तिगुनी लम्बी रहती, वह दिन का

पहला आठवाँ हिस्सा होता। इस छाया को 'त्रिपौरुषी' छाया कहते थे। इसी प्रकार वह छाया जब एक पुरुष के बराबर लम्बी रह जाती तो, वह दिन का दूसरा भाग होता। उसको 'एकपौरुषी' छाया कहते थे। तदनन्तर वही 'एकपौरुषी' छाया घटकर जब चार अंगुल मात्र रह जाती तो वह दिन का तीसरा भाग होता था। उसको 'चतुरंगुली' छाया कहते थे। उसके बाद का समय मध्याह्न कहलाता था। दिन का यह चौथा भाग था। मध्याह्न के उपरान्त इसी क्रम के त्रिपौरुषी, पौरुषी, चतुरंगुला और दिनांत, ये चार भाग थे। इस प्रकार दिन के ये आठ भाग होते थे।[111]

सन्दर्भ-ग्रन्थ सूची

1. प्रतीक गौरव, *प्राचीन भारत में विज्ञान*, पटना, 2006, पृ. 1
2. *अर्थशास्त्रम् (कौटिल्यम्)*, व्याख्याकार, वाचस्पति गैरोला, वाराणसी, 1984, अधिकरण 1, प्रकरण 15, अध्याय 19, श्लोक 1-3, पृ. 65
3. *वही*, पृ. 66
4. *वही*
5. *वही*, 1.16.20, पृ. 70
6. *वही*, पृ. 71
7. *वही*, 1.17.1, पृ. 77
8. *वही*, पृ. 79
9. *वही*, 2.19.3, पृ. 85
10. *वही*
11. *वही*, पृ. 86
12. *वही*, पृ. 87
13. *वही*, पृ. 87-88
14. *वही*, पृ. 88-89
15. *वही*, पृ. 89-90
16. *वही*, 2.20.4, पृ. 91
17. *वही*, पृ. 92-93
18. *वही*, पृ. 93
19. *वही*
20. *वही*, 2.21.5, पृ. 96
21. *वही*, 2.29.13, पृ. 144
22. *वही*, पृ. 148
23. *वही*, 2.31.15, पृ. 158-59
24. *वही*, पृ. 163
25. *वही*,
26. *वही*, 2.32.17, पृ. 165

27. वही, 2.51–52.34, पृ. 240
28. वही, 2.31.15, पृ. 159
29. वही
30. वही, 2.13.17, पृ. 168
31. वही, 2.35.19, पृ. 175
32. वही, 2.40.24, पृ. 195
33. वही, पृ. 196–197
34. वही
35. वही, पृ. 198
36. वही, 2.41.25, पृ. 202
37. वही, पृ. 203
38. वही, 2.41.25, पृ. 204
39. वही, 2.45.29, पृ. 220
40. वही, 2.3.64.8, पृ. 286
41. वही, पृ. 287
42. वही, 2.4.82.7, पृ. 372–373
43. वही, 9.135–36.1, पृ. 593
44. वही, 10.147.1, पृ. 637–38
45. वही, 14.179.4, पृ. 761
46. वही, 9.142.4, पृ. 612
47. वही, 2.27.11, पृ. 125
48. वही, पृ. 126
49. वही, पृ. 127
50. वही, 2.27.11, पृ. 128
51. वही, पृ. 129
52. वही, 2.27.11, पृ. 130
53. वही, पृ. 131
54. वही, पृ. 132
55. वही, पृ. 133
56. वही, पृ. 134
57. वही, 2.28.12, पृ. 135–36
58. वही, पृ. 137
59. वही, पृ. 138
60. वही, पृ. 139
61. वही, 2.29.13, पृ. 143
62. वही, पृ. 144
63. वही, 2.30.14, पृ. 150–51
64. वही, पृ. 152–53

65. वही, पृ. 152
66. वही, पृ. 153
67. वही, पृ. 154
78. वही, पृ. 155
69. वही, 2.29.13, पृ. 144-45
70. वही, पृ. 146
71. वही, पृ. 147
72. वही, पृ. 147-48
73. वही, पृ. 149
74. वही, पृ. 160
75. वही, पृ. 160-61
76. वही, पृ. 161-62
77. वही, पृ. 162-63
78. वही, 2.33.17, पृ. 167
79. वही,
80. वही, पृ. 169
81. वही, 2.34.18, पृ. 170
82. वही, पृ. 171
83. वही, 2.34.18, पृ. 173
84. वही
85. वही, 2.35.19, पृ. 174
86. वही, पृ. 175
87. वही, पृ. 176
88. वही, पृ. 177
89. वही, पृ. 178
90. वही, पृ. 178-179
91. वही, पृ. 179-80
92. वही, 2.36.20, पृ. 180
93. वही, पृ. 181-82
94. वही, पृ. 183
95. वही, पृ. 184
96. वही, 2.46.30, पृ. 222
97. वही, पृ. 223
98. वही, पृ. 223-24
99. वही, पृ. 224
100. वही, पृ. 225
101. वही, पृ. 226
102. वही, पृ. 227

103. *वही*, पृ. 228
104. *वही*, 2.47.31, पृ. 229
105. *वही*, पृ. 230
106. *वही*, पृ. 231
107. *वही*, 2.48.32, पृ. 232
108. *वही*, पृ. 233
109. *वही*, पृ. 234
110. *वही*, पृ. 235
111. *वही*, 2.49–50.33, पृ. 236; 2.28.12, पृ. 140; 1.14.18, पृ. 61

अध्याय-5

कृषि व्यवस्था

5.1 पृष्ठभूमि

हजारों वर्ष पूर्व स्त्रियों ने कृषि तकनीक का आविष्कार किया। भारत में सिंधु सभ्यता के निवासी कृषि कार्य करते थे। कृषक वर्ग की प्रथम चर्चा *ऋग्वेद* के दसवें मंडल में है। इस वर्ग को वैश्य कहा गया है। कृषि योग्य भूमि के लिए *महाभारत* का युद्ध ई.पू. 10वीं शताब्दी के दौरान अर्थात् उत्तरवैदिक काल में हुआ। ई.पू. छठी शताब्दी के दौरान कृषि-उपज में वृद्धि और अतिरेक के फलस्वरूप गाँवों की संख्या में वृद्धि हुई। गाँवों ने अतिरेक के सहारे नगरीकरण का माहौल बनाया। फलतः ई.पू. छठी शताब्दी में गंगा नदी के किनारे और आसपास कई महत्त्वपूर्ण नगरों का उदय और विकास हुआ। मगध एक प्रसिद्ध जनपद हो गया। इसकी राजधानी राजगृह और बाद में चलकर पाटलिपुत्र हो गई। इसके बाद आया मौर्यों का जमाना। इस समय मौर्य साम्राज्य की राजधानी पाटलिपुत्र सूसा और एकबताना के समान महत्त्वपूर्ण नगर हो गया। इस समय से भूमि पर पूर्णरूप से राजकीय अधिकार स्थापित हुए। कृषि और खनिज पदार्थों को राजकीय संरक्षण और प्रोत्साहन प्रदान किए गए। *अर्थशास्त्र* में कृषि पर महत्त्वपूर्ण प्रकाश डाला गया है। इस ग्रन्थ में वैश्यों का काम पढ़ना, यज्ञ करना, दान देना, कृषि एवं पशुपालन और व्यापार करना बताया गया है।[1] शूद्रों का काम भी खेती, पशुपालन और व्यापार करना था।[2] कृषि और पशुपालन को विद्या का अंग माना जाता था।[3] कृषि एवं पशुपालन के लिए राज्य की ओर से भूमि नियुक्त की जाती थी।[4] गरीब कृषकों की चर्चा है जो कृषिकार्य के लिए नियुक्त भूमि में जाकर काम करते थे।[5]

खेती के उपयोगी जो भूमि लगान पर जिस भी किसान के नाम दर्ज की जाती उसके मर जाने के बाद राजा को अधिकार था कि वह उस भूमि के मृतक

किसान के पुत्र आदि को दे या न दे। किन्तु ऐसी ऊसर या बंजर जमीन जिसको किसान ने अपने श्रम से खेती योग्य बनाया था, राजा उसे कभी भी वापस नहीं लेता था। ऐसी जमीन पर किसानों को पूर्ण अधिकार प्राप्त होता था। यदि कोई किसान किसी खेती योग्य भूमि को बिना जोते-बोये परती ही डाले रहता था तो राजा ऐसे किसान से उस भूमि को छीनकर किसी जरूरतमंद दूसरे किसान को दे देता था। ऐसे जरूरतमंद किसान के न मिलने पर गाँव का मुखिया या व्यापारी उस जमीन पर खेती करते थे। खेती करने की शर्त पर यदि कोई जमीन को लेता और उसमें खेती नहीं करता तो उससे उसका हर्जाना वसूल किया जाता था। राजा अन्न, बीज, बैल और धन आदि देकर किसानों की सहायता करता और किसानों द्वारा फसल कट जाने पर सुविधानुसार धीरे-धीरे उधार ली हुई वस्तुओं को राजा को वापस कर दिया जाता था।[6]

किसानों की स्वास्थ्य-वृद्धि और रुग्णता-निवारण के लिए राजा उन्हें परिमित धन देता ताकि वे धन-धान्य की वृद्धि करके राजकोष को समृद्ध बनाएँ। किन्तु इस प्रकार की सहायता से यदि राजकोष को कोई हानि पहुँचाता तो राजा उसको बन्द कर देता क्योंकि कोष के कम हो जाने पर नगर और जनपद-निवासियों को राजा सताने लगता था।[7]

5.2 सिंचाई

भूमि की सिंचाई के लिए राजा नदियों पर बड़े-बड़े बाँध बँधवाता अथवा वर्षा ऋतु के जल को भी बड़े-बड़े जलाशयों में भरवा देता था। यदि प्रजाजन ऐसा कार्य करना चाहते थे तो राजा उन्हें जलाशय के लिए भूमि, नहर के लिए रास्ता और आवश्यकतानुसार लकड़ी आदि सामान देकर उनका उपकार करता था। देवालय और बाग-बगीचे आदि के लिए भी राजा, प्रजा की भूमिदान आदि से सहायता करता था। गाँव के जो मनुष्य अन्य आवश्यक कार्यों के आ जाने पर उस सहकारी उद्योग में सम्मिलित न हो पाते तो वे अपने स्थान पर नौकर तथा बैल भेजकर सहयोग देते थे। यदि वे ऐसा भी न कर पाते तो अनुपात के अनुसार उनसे उनके हिस्से का सारा खर्च लिया जाता और कार्य समाप्त होने पर न तो उन्हें उसका साझीदार समझा जाता और न ही उसका लाभ उठाने दिया जाता था। बड़े-बड़े जलाशयों में उत्पन्न होने वाली मछली, प्लव पक्षी (बतख की भाँति एक जलचर पक्षी) और कमलदंड आदि व्यापार-योग्य वस्तुओं पर राजा का ही अधिकार रहता था। यदि नौकर-चाकर, भाई, पुत्र, आदि अपने मालिक की आज्ञा का उल्लंघन करते तो राजा उन्हें उचित[8] शिक्षा देता था।

5.3 गाँव

गाँवों में कोई भी नाट्यगृह, विहार तथा क्रीड़ा-शालाएँ नहीं होती थी। राजा इसका ध्यान रखता था कि नट, नर्तक, गायक, भाड़ और कुशीलव आदि गाँवों में अपना खेल दिखाकर कृषि आदि कार्यों में विघ्न उत्पन्न न करें। गाँवों में नाट्यशालाएँ आदि न होने से ग्रामवासी अपने-अपने कृषिकर्म में संलग्न रहते थे। राजा शत्रुओं, जंगली लोगों, व्याधियों एवं दुर्भिक्षों से अपने देश को बचाता था। वह उन क्रीड़ाओं का भी बहिष्कार कराता जो धन का अप-व्यय और विलासप्रियता को बढ़ाने वाली होती थीं।

दंड, विष्टि (बेगार), कर (टैक्स) आदि की बाधा से राजा कृषि की रक्षा करता था। इसी प्रकार चोर, हिंसक जंतु, विष-प्रयोग तथा अन्य कष्टों से भी किसानों के पशुओं की वह रक्षा करता था।

वल्लभ (राजप्रिय), कार्मिक (राज-कर वसूल करने वाले), चोर, अन्तपाल (सीमारक्षक) और व्याघ्र आदि, राजपुरुषों, लुटरों एवं हिंसक जंतुओं से ग्रस्त व्यापार-मार्गों का भी राजा परिशोधन करता। अर्थात् अपने देश से इन सब आपत्तियों को दूर करता था। इस प्रकार राजा प्रथम तो लकड़ी के जंगल, हाथियों के जंगल, सेतुबन्ध तथा खानों की रक्षा और तदुपरान्त आवश्यकतानुसार नए जंगल, सेतुबन्ध आदि का निर्माण करवाता था।[9]

5.4 ऊसर भूमि को उपयोगी बनाने का विधान

ऊसर भूमि में पशुओं के लिए चरागाहें बनवाई जाती थीं। जिस भूमि को वृक्ष-लता एवं मृग आदि के लिए छोड़ दिया जाता, ऐसे दो कोस तक फैले हुए जंगल को वेदाध्यायी ब्राह्मणों को वेदाध्ययन एवं सोमयाग के लिए दे दिया जाता था। इसी प्रकार के तपोवनों को तपस्वियों के लिए दे दिया जाता था। ऐसे ही दो कोस परिमाण के मृगवन को राजा अपने विहार के लिए तैयार कराता था। उस विहारवन के दो दरवाजे होते, उसके चारों ओर खुदी हुई खाई होती, उसमें स्वादिष्ट फल, लता, गुल्म एवं वृक्ष होते, वह काँटेदार पेड़ों से रहित होते, उसमें कम गहरे सरोवर होते, मनुष्यों से परिचित मृग होते, मृगया के लिए वहाँ ऐसे व्याघ्र, हाथी, हथिनी तथा उनके बच्चे रखे जाते, जिनके नख एवं दाँत नहीं होते थे। उसके ही समीप एक दूसरा मृगवन ऐसा तैयार कराया जाता, जिसमें देश-देशान्तरों के जानवर लाकर रखे जाते थे। चन्दन, पलाश, अशोक आदि लकड़ी के लिए अलग-अलग वन बसाए जाते थे। लकड़ी के जंगलों की सम्पूर्ण व्यवस्था, जंगलों के अध्यक्ष तथा जंगलों पर जीवन बिताने वाले पुरुष करते थे।[10]

जनपद की सीमा पर जंगल के अध्यक्षों के संरक्षण में एक हस्तिवन स्थापित किया जाता था। हस्तिवन के अध्यक्षों द्वारा स्वयं तथा अपने सहयोगी वनपालों के सहयोग से पर्वत, नदी, जलाशय तथा किसी जलमय स्थान से होकर हस्तिवनों के अन्दर जानेवाले मार्गों की भली-भाँति देख-रेख किया जाता था। हाथियों को मारने वाले प्रत्येक व्यक्ति को प्राणदंड की सजा मिलती थी। मृतक हाथी के दाँतों को उखाड़कर जो स्वयं ही राजपुरुषों के सुपुर्द कर देता उसे सवा चार पण पुरस्कार स्वरूप दिया जाता था।

हस्तिवन के रक्षकों द्वारा *हस्तिपक* (महावत), *पादपाशिक* (हाथियों को जाल में फँसाने वाला), *सैमिक* (सीमारक्षक) *वनचरक* (जंगली मनुष्य) और *पारिकर्मिक* (हाथियों की परिचर्या में निपुण) आदि पुरुषों को साथ लेकर जंगल में हाथियों के समूह का पता लगाया जाता था। अपने साथ वे हाथी के मल-मूत्र के गन्ध के समान किसी वस्तु को, हाथियों को वश में करने वाली पाँच-सात हथिनियों को भी साथ में लेकर और स्वयं को भल्लात (भिलावे) की शाखा में छिपाए हुए, हाथियों के पड़ाव, उनके पैरों के निशान, उनके मल-मूत्र त्यागने की जगह और उनके द्वारा गिराए गए नदी-कगारों आदि का सुराग लेकर हस्तिसमूहों का पता लगाते थे।[11]

5.5 ग्राम-राजस्व

सीता (खेती), भाग (धान्य का षष्ठांश), बलि (उपहार), कर (फल, वृक्ष आदि का टैक्स), वणिक् (व्यापारकर), नदीपालस्तर (नदी पार होने का टैक्स), नाव का कर, पट्टन (कस्बों की आय), विवीत (चरागाहों की आय), वर्तनी (मार्गकर), रज्जू (भूमि निरीक्षकों द्वारा प्राप्तव्य धन) और चोर रज्जू (चोरों को पकड़ने के लिये ग्रामवासियों से मिला धन) आदि आय के साधन **राष्ट्र** नाम से कहे जाते थे।[12] फूल, फल, केला, सुपारी, अन्न के खेत, अदरख और हल्दी के खेत को **सेतु** कहा जाता था। हरिण आदि पशु, लकड़ी आदि द्रव्य और हाथियों के जंगल को **वन** कहा जाता था। गाय, भैंस, बकरी, भेड़, गधा, ऊँट, घोड़ा, खच्चर आदि जानवर **व्रज** नाम से कहे जाते, क्योंकि वे अपने गोष्ठ (व्रज) में रहते थे। स्थलमार्ग और जलमार्ग, व्यापार के इन दो मार्गों को **वणिक्पथ** कहा जाता था। ये सभी आमदनी के साधन थे। इनके अतिरिक्त मूल (अनाज, साग, सब्जी आदि को बेचकर एकत्र किया गया धन), भाग (पैदावार का षष्ठांश), बयाजी (कपटी व्यापारियों से दंड रूप में वसूल किया गया धन), परिघ (लावारिस का धन), रूपिक (नमककर), अत्यय (जुर्माने का धन), आदि भी आमदनी के साधन[13] थे।

गाँवों से वसूल किया जानेवाला नियत राजकीय कर को **पिंडकर** कहते थे। राजा को दिया जानेवाला अन्न का छठा भाग **षड्भाग** के नाम से जाना जाता था। जलाशयों और जंगलों से कर वसूले जाते थे। राजधन से बने इन तालाबों तथा बगीचों से वसूल किए जाने वाले कर को **कौष्टेयक** कहते थे। धान्य को बेचकर जो धन प्राप्त होता उसे **धान्यमूलक** कहते थे। धन देकर खरीदे हुए अन्न को **कोशनिर्हार** कहते थे। एक अनाज देकर उसके बदले दूसरा अनाज लेना **परिवर्त्तक** कहलाता था।[14]

किसी मित्र आदि से सहायता रूप में ऐसा अन्न लेना, जो फिर लौटाया न जाए, **प्रामित्यक** कहलाता था। ब्याज सहित पुन: लौटा देने के वायदे पर लिया हुआ अन्न आदि कर्ज **आपमित्यक** कहलाता था। कूट-पीसकर, छान-बीनकर, सत्तू पीसकर, गन्ना आदि को पेरकर, आटा पीसकर, तिलों का तेल निकाल कर, भेड़ों के बाल काट कर और गुड़, राब, शक्कर आदि पर आजीविका निर्भर करने वाले लोगों से जो कर लिया जाता उसे **सिंहनिका** कहते थे। नष्ट हुए तथा भूले हुए धन का नाम **अन्यजात** था। गन्ने से राभ, गुड़, खांड और शक्कर बनाए जाते थे।[15] लवण छह प्रकार का होता था। 1. सेंधा, 2. समुद्री, 3. बिड, 4. जवाक्षार, 5. सज्जीखार और 6. लोना मिट्टी से बना। शहद 2 प्रकार का होता था : **क्षौद्र** (मक्खियों द्वारा एकत्र) और **मार्द्वीक** (मुनक्का तथा दाख के रस से बनाया हुआ)।

ईख का रस, गुड़, शहद, राब, जामुन का रस, कटहल का रस, इनमें से किसी एक को मेढ़ासिंगी और पीपल के क्वाथ के साथ मिलाकर एक मास, छह मास तथा वर्ष भर बन्द करके रखा जाता, और उसके बाद मीठी ककड़ी, कड़ी ककड़ी, ईख, आम का फल एवं आँवला, ये पाँचों चीजें उसमें डाल दी जातीं या न भी डाली जातीं–इस विधि से जो रस तैयार होता उसे **सिरका** कहते थे। एक मास का सिरका निकृष्ट, छह मास का मध्यम और साल भर का उत्तम कहा जाता था।[16]

5.6 अन्न का घटना-बढ़ना

कोष्ठगार का अध्यक्ष कूटा हुआ, साफ किया हुआ, पीसा हुआ, भूना हुआ, भीगा हुआ, सुखाया हुआ और पकाया हुआ; जितना भी धान्य था; अपने सामने तुलवाकर उसकी घट-बढ़ की जाँच करता था। उनकी घट-बढ़ का नियम इस प्रकार था: कोदों और धान में आधी भूसी निकल जाती थी; बढ़िया धान का भी आधा भाग भूसी में निकल जाता था, लोबिया आदि अनाजों में तीसरा हिस्सा चोकर का निकल जाता था। काकुन में प्राय: आधा हिस्सा भूसी निकल जाती, किन्तु

कभी-कभी उसका नवाँ हिस्सा भी बढ़ जाता था। मोटे चावल में आधा ही भाग बन पाता, जौ और गेहूँ में कूटने पर छीजन नहीं होती थी। तिल, जौ, मूँग और उड़द दलने पर बराबर बने रहते थे। गेहूँ और भुने हुए जौ पीसने पर पञ्चमांश बढ़ जाते थे। मटर पीसने पर चौथाई हिस्सा कम हो जाती थी। पीसने पर मूँग और उड़द का आठवाँ हिस्सा कम हो जाता था। ज्वार की फलियों में आधा चोकर निकल जाता था। दलने पर मसूर का तीसरा हिस्सा कम हो जाता था। पिसे हुए कच्चे गेहूँ तथा मूँग और उड़द आदि पकाए जाने पर ड्योढ़े हो जाते थे। पकाए जाने पर चावल और सूजी भी दुगुने हो जाते थे। कोदों, लोबिया, उदारक और काँगनी पकाए जाने पर तिगुने हो जाते[17] थे। पकाए जाने पर विरञ्जफूल चावल और बासमती पंचगुने हो जाते थे। खेत से अधकच्ची हालत में काटा गया अन्न और ब्रीहि धान पकाने पर दुगुने ही बढ़ पाते थे। उन्हें कुछ अच्छी अवस्था में खेत से काटा गया तो वे ढाई गुना भी बढ़ पाते थे। यदि वे भूने जाते तो उनका पंचमांश बढ़ जाता था। भुने हुए मटर, धान और जौ दुगुने हो जाते थे। पाँच द्रोण (20 आढक) धान में से कूट-छाटकर जब 12 आढक चावल शेष रह जाता तब वह हाथी के बच्चों के खाने योग्य होता था। वहीं बीस आढक धान अधिक साफ कर देने पर जब 11 आढक बचा रह जाता तो उन्मत हाथियों के खाने योग्य; जब नवाँ हिस्सा रह जाता तो युद्धोपयोगी हाथियों के खाने योग्य; आठवाँ हिस्सा रह जाता तो पैदल सेना के भोजन योग्य; जब सातवाँ हिस्सा रह जाता तो प्रधान सेनापति के योग्य; जब छठा हिस्सा रह जाता तो रानियों एवं राजकुमारों के भोजन योग्य और जब साफ करते-करते 20 आढक में से पाँच आढक ही बचा रह जाता तो वह राजाओं के भोजन योग्य होता अथवा उस 20 आढक में से साफ और साबुत एक प्रस्थ दाना निकालकर राजा के उपयोग के लिए लिया जाता था।[18]

कोयला, चोकर और भूसी आदि सामग्री लुहारों तथा मकान पोतने वालों को दे दी जाती थी। चावलों की कनकी क्रीतदासों, दूसरे कर्मकारों तथा रसोइयों को दे दी जाती थी। इसके अतिरिक्त जो कुछ बचता वह साधारण अन्न पकानेवालों तथा पकवान बनानेवाले नौकरों में वितरित कर दिया जाता था।

भोजनालय में नियमित रूप से उपयोग में आनेवाली सामग्री की तालिका इस प्रकार थी; तराजू, बाट, चक्की, सिल-लोढ़ा, मूसल, ओखली, धान कूटने का मूसल, आटा पीसने की चक्की, सूप, छलनी, कडी, पिटारी और झाड़ू। झाड़ू लगाने वाला, कोष्ठागार का रक्षक, तौलने वाला, तुलवाने वाला अधिकारी, सामान देने वाला आधिकारी, बोझ उठाने वाला, क्रीतदास और चाकर, ये सब **विष्टि**

कहलाते थे। अनाज को जमीन के स्पर्श से ऊपर रखा जाता; गुड़ और राख आदि चीजें ऐसी जगह रखी जातीं, जहाँ सील न पहुँच सके; घी और तेल को रखने के लिए मर्तबान या लकड़ी के पात्र होते थे। नमक को जमीन पर किसी बर्तन पर रखा जाता था।[19]

5.7 कृषि विभाग का अध्यक्ष

कृषि-विभाग का अध्यक्ष (सीताध्यक्ष) कृषिशास्त्र, शुल्बशास्त्र (पैमाइश) और वृक्ष-विज्ञान की पूरी जानकारी हासिल रखता, अथवा इन सभी विद्याओं के विशेषज्ञों को अपना सहायक बनाकर यथासमय अन्न, फूल, फल, शाक, कंद, मूल, सन, जूट और कपास आदि के बीजों का संग्रह करता था। उन संग्रह किए हुए बीजों को वह क्रीतदासों, नौकरों और सपरिश्रम सजायाफ्ता कैदियों के द्वारा ऐसी भूमि में बुवाता, जो कई बार जोती गई होती थी। खेत जोतने-बोने के साधन हल-बैल आदि से उनका कोई स्थायी सम्बन्ध नहीं रखा जाता। यदि इन कारीगरों तथा बढ़ई आदि कर्मचारियों से खेती आदि में कोई नुकसान हो तो उसकी हानि उन्हीं से पूरी करने का प्रावधान था। वर्षा-जल को मापने के लिए बनाए हुए एक हाथ मुँह वाले कुंड में यदि 16 द्रोण पानी भर जाता तो समझा जाता था कि रेतीली जमीन फसल बोने के योग्य हो गई थी। इसी प्रकार जल बरसने वाले प्रदेशों के लिए 24 द्रोण पानी, दक्षिणी प्रदेशों के लिए साढ़े तेरह द्रोण पानी, मालव प्रदेश के लिए 23 द्रोण पानी, पश्चिमी प्रदेशों के लिए अधिक-से-अधिक और हिमालय प्रदेशों तथा नहरी प्रांतरों के लिए समय-समय का पानी, फसल बोने के लिए उचित था।[20]

वर्षा के अनुपात से यदि एक हिस्सा श्रावण-कार्तिक में और दो हिस्सा भाद्रपद-आश्विन में पानी बरसता तो वह वर्ष फसल के लिए लाभदायी समझा जाता था। अच्छे वर्ष के आसार इन बातों पर निर्भर थे: जब बृहस्पति मेष राशि से वृष राशि पर संक्रमण करे, जब गर्भाधान अर्थात् मार्गशीर्ष आदि छह महीनों में कोहरा, वर्षा, बादल आदि देखे जाएँ, जब शुक्र ग्रह की उदयास्त गति आषाढ की पंचमी आदि नौ तिथियों में संचारित हो, और जब सूर्य के चारों ओर मंगल दिखाई दे, ये सभी अच्छी वर्षा के लक्षण माने जाते थे। यदि सूर्य के चारों ओर मंगल पड़ा हो तो अनाज के अच्छे दाने का अनुमान किया जाता था। यदि बृहस्पति वृष राशि का हो तो अच्छी फसल का अनुमान किया जाता था।

लगातार सात दिन में तीन बार वर्षा उत्तम, सारी वर्षाऋतु में अस्सी बार बूँदों की वर्षा भी उत्तम और यदि साठ बार धूप खिल कर फिर बार-बार वर्षा होती

रहे तो वह वर्षा अति उत्तम मानी जाती थी। बीच-बीच में हवा के चलने और धूप के खिलने का अन्तर छोड़कर यदि वर्षा हो और तीन-तीन दिन हल चलाने का अवसर देकर यदि वर्षा हो तो उत्तम फसल होने का अनुमान किया जाता था। वर्षा के अनुपात से ही बीज बोया जाता था।[21] साठी या धान (शालि), गेहूँ-जौ-ज्वार (ब्रीहि), कोदो, तिल, काँगनी (प्रियंगु) और लोबिया आदि को वर्षा शुरू होने के पहले ही बो दिया जाता था। मूँग, उड़द और छीमी आदि को वर्षा के मध्य में बोया जाता था। कुसुंबी, मसूर, कुल्थी, जौ, गेहूँ, मटर, अलसी और सरसों आदि अन्नों को वर्षा के अन्त में बोना उचित माना जाता था। अथवा इन सभी अन्नों को ऋतु के अनुसार, जैसा उचित होता वैसे ही बोया जाता था। जो खेत बोए न गए हों, उन्हें **सीताध्यक्ष** आधी कटाई पर दूसरे किसानों को बोने के लिए दे देता अथवा जो लोग शारीरिक श्रम पर ही जीवित थे, उनको यह जमीन दे दी जाती और उस जमीन की पैदावार का चौथा या पाँचवाँ भाग उन्हें दिया जाता या स्वामी की इच्छानुसार ही उनको दिया जाता, किन्तु इस बात का ध्यान रखा जाता कि उन्हें उस प्रदत्त भाग को स्वीकार करने में कोई कष्ट न हो।

अपने धन और बाहुबल से बनाए गए तालाबों से यदि सिंचाई की जाती तो उस उपज का पाँचवाँ हिस्सा राजा को देना पड़ता था। अपने कन्धों पर जल लाकर यदि वह खेतों की सिंचाई करता तो उसे चौथाई हिस्सा राजा को देना पड़ता था। यदि वह नहर या नालियाँ बना कर खेतों को सींचता तो उसे पैदावार का तीसरा ही हिस्सा देना पड़ता था। अपने धन और श्रम से यदि नदी, झील और कुओं पर रहट लगाकर खेत की सिंचाई की जाती तो पैदावार का चौथा भाग राजा को देने का प्रावधान था। ऋतु के अनुसार तथा पानी की सुविधा देखकर ही खेतों में बीज बोया जाता था।

5.8 कृषि योग्य भूमि

धान, गेहूँ आदि की फसल उत्तम मानी जाती थी। कंदली आदि की फसल मध्यम कोटि की और ईख की फसल ओछी मानी जाती क्योंकि इसके बोने में बड़ा श्रम करना पड़ता और अनेक बाधाओं से उसकी रक्षा करनी पड़ती थी। नदी के कछारों एवं किनारों की जमीन का पेठा, कद्दू, ककड़ी तथा तरबूज आदि बोने के लिए उपयुक्त होता था। पीपल और ईख आदि बोने के लिए वह जमीन उपयुक्त मानी जाती जहाँ पर नदी का जल एक बार घूम गया हो[22], साग-भाजी बोने के लिए कुएँ के आस-पास की जमीन उपुयक्त थी। जई आदि बोने के लिए झील तथा तालाबों के किनारे की गीली जमीन उपयुक्त थी। धनिया, जीरा,

खस, नेत्रबाला तथा कचालू आदि बोने के लिए ऐसे खेत उपयुक्त थे जिनके बीच में तालाब बने होते थे। सूखी और गीली जमीन में जिन-जिन अनाजों की अधिक उपज होती उनको समझ कर बोया जाता था।

5.9 खाद

धान के बीजों को 7 दिन तक रात की ओस और दिन की धूप में रखा जाता था। मूँग, उड़द आदि के बीजों को इसी प्रकार 3 दिन-रात या 5 दिन-रात ओस और धूप में रखा जाता था। बोए जानेवाले ईख के पोरों की कटी हुई जगहों में शहद, घी या सुअर की चर्बी के साथ गोबर मिलाकर लगा दिया जाता था। सूरन, शकरकन्द आदि कन्दफलों के कटे हुए स्थानों पर गोबर-शहद का लेप अथवा घी का लेप लगा दिया जाता था। कपास आदि के बीजों को गोबर आदि से लपेट कर बोया जाता था, आम, कटहल आदि वृक्षों के बीजों को किसी गढ्ढे में डालकर कुछ गर्मी दी जाने के बाद उन्हें गाय की हड्डी और गोबर के साथ मिलाकर रखा जाता था। निष्कर्ष यह कि इन सब प्रकार के बीजों का यथाविधि संस्कार करके फिर इनको खेत में बोया जाता था।

बीज बोने के बाद जब उनमें अंकुर निकल जाते तब उनमें छोटी मछलियों की खाद छुड़वा दी जाती और उन्हें सेहुड़ के दूध से सींचा जाता था। साँप की केंचुली और बिनौलों को एक साथ मिलाकर जला दिए जाने पर जहाँ तक उसका धुआँ फैलेगा वहाँ तक कोई भी साँप नहीं ठहर सकता।[23]

बोने से पूर्व हरेक बीज को सुवर्ण से स्पर्श हुए जल में भिगोया जाता और तब बोते समय बीज की पहिली मुट्ठी भरकर यह मन्त्र पढ़ा जाता :

'प्रजापति, सूर्यपुत्र और मेघ, तुम्हारी सदैव हम वन्दना करते हैं, हे धरती माता, हमारे बीजों और अनाजों में सदा वृद्धि होती रहे।'

5.10 रखवाला

खेतों की रखवाली करने वाले *ग्वाले, दास* और *नौकर आदि* प्रत्येक को उनकी मेहनत के अनुसार भोजन-वस्त्र आदि दिया जाता था। इसके अतिरिक्त उन्हें प्रतिमास सवा पण नियत वेतन मिलता था। इसी प्रकार दूसरे कारीगरों को भी उनके परिश्रम के अनुसार भोजन, वस्त्र और वेतन दिंया जाता था।

5.11 अन्नागार

पेड़ों से अपने आप गिरे हुए फल-फूलों को देवकार्य के लिए तथा गेहूँ, जौ आदि

अन्नों को इष्ट देवता को भोग लगाने के लिए श्रोत्रिय और तपस्वी लोग उठा लेते थे। खलिहान उठ जाने पर जो अन्न के दाने पड़े रह जाते उन्हें सीता बीनकर गुजर करने वाले लोग उठा लेते थे। ठीक समय पर तैयार हुई फसल को सुरक्षित स्थान में रखवा दिया जाता था। पुआल और भूसा आदि असार वस्तुओं को भी उठाकर लिया जाता था। अनाज रखने का स्थान (प्रकर) कुछ ऊँची जगह में बनवाया जाता; उसी प्रकार के मजबूत तथा घिरे हुए अन्नागारों को बनवाया जाता, उनके ऊपरी हिस्से न तो आपस में मिले हुए होते और न वे खाली होते थे। कटे हुए अनाज को रखने की जगह (खलिहान) और दाँई लेने की जगह (मंडल) दोनों आस-पास होते थे। खलिहान में काम करने वाले व्यक्ति अपने पास आग नहीं रखते किन्तु उनके पास जल का प्रबन्ध अवश्य होता था।[24]

5.12 पशुविभाग

गो, भैंस आदि पालतू पशुओं की देख-रेख में नियुक्त अधिकारी (*गोऽध्यक्ष*) 1. वेतनीपग्राहिक, 2. करप्रतिकर, 3. भग्नोत्सृष्टक 4. भागानुप्रविष्टक, 5. व्रजपर्यग्र, 6. नष्ट, 7. विनष्ट और 8. क्षीरघृतसंजात, इन आठों के सम्बन्ध में पूरी जानकारी रखता था। गायों को पालने वाले (*गोपालक*), भैंसों को पालने वाले (*पिंडारक*), गाय, भैंस को दुहने वाले (*दोहक*), दही को मथने वाले (*मंथक*) और हिंसक पशुओं से गाय, भैंस की रक्षा करने वाले (*लुब्धक*), ये पाँच-पाँच व्यक्ति मिलकर सौ-सौ गाय, भैंसों का पालन करते थे। वेतन के रूप में इनको या तो नगद रुपया दिया जाता अथवा अन्न-वस्त्र दिए जाते थे। दूध, दही आदि में इनका कोई हिस्सा नहीं होता, क्योंकि दूध, दही में इनका हिस्सा होने के कारण ये लोग बछड़ों को मार देते थे। गाय, भैंस आदि की रक्षा के इस उपाय का नाम **वेतनोपग्राहिक** था। बूढ़ी, दूध देने वाली, गाभिन, पठोरी और बछिया, इन पाँच प्रकार की गायों को बीस-बीस के क्रम से सौ बनाकर उन्हें किसी चरवाहे को ठेके पर दिया जाता था। इसके बदले में चरवाहा गौओं के मालिक को आठ वारक घी, एक-एक पशु के पीछे एक-एक पण, और सरकारी मुहर से युक्त मरे हुए पशु का एक अदद चमड़ा प्रतिवर्ष दिया करता था। रक्षा के इस उपाय को **करप्रतिकर** कहते थे।[25]

बीमार, कानी, लंगड़ी, एकहथी (अनन्यदोही), मुश्किल से दुही जाने योग्य और बच्चों को खाने वाली (पुत्रघ्नी), इन पाँच प्रकार की गायों को भी पूर्ववत्, सौ बनाकर, किसी व्यक्ति को ठेके पर पालने के लिए दिया जाता था। गोपालक स्थिति के अनुसार घी आदि का आधा या तिहाई हिस्सा मालिक को दे दिया करता था। इस उपाय का नाम **भग्नोत्सृष्टक** था। शत्रुओं अथवा चोरों के डर

से जो गोपालक अपनी गायों को सरकारी चरागाह में ही बंद करके रखता वह, गायों की आमदनी का दसवाँ भाग राजा को अदा करता था। गाय आदि की रक्षा के इस तौर-तरीके को **भागानुप्रविष्टक** कहते थे। दूध पीने वाले बछड़े, बड़ा बछड़ा, कृषियोग्य बछड़ा (दम्य), बोझा ढोने योग्य साँड़ (बहिनो), बिना बधिया किया हुआ साँड़ और हल जोतने योग्य बैल, ये छह प्रकार के बैल होते थे। जुवा, हल, गाड़ी आदि में जोते जाने योग्य भैंसा, साँड़ (वृषभा), मांस के उपयोग में आने वाले (सूनामहिषा) और बोझा ढोने योग्य, ये **चार प्रकार के भैंसें** होते थे। दूध पीने वाली बछिया, पठोरी (प्रष्ठौही), गाभिन, दूध देने वाली, अधेड़ और बाँझ, ये **सात प्रकार की गाय-भैंसें** थीं। उनके दो महीने या एक महीने के पैदा हुए बछड़ों को उपजा (लयेरू) कहते थे। उन लयेरू बछड़ों को लोहे के गर्म छल्लों से दाग देने की प्रथा थी। दो मास तक सरकारी चरागाह में रहने वाली गाय-भैंसों को भी दाग दिया जाता; उनके स्वामियों का पता लगे या न लगे। राजकीय मुहर अथवा छल्ले आदि से अंकित गाय-भैंसों तथा लयेरू बछड़ों के रंग, सींग आदि विशेष चिह्नों का उल्लेख रजिस्टर में किया जाता था। गायों की रक्षा के इस उपाय को **व्रजपर्यग्र** कहते थे।[26] नष्ट गोधन तीन प्रकार का होता : 1. चोरों द्वारा अपहृत 2. दूसरे गोष्ठों में विलयित और 3. अपने गोष्ठ से भ्रष्ट; इसी अवस्था को नष्ट कहते थे।

दल-दल में फँसी, गड्ढे में गिरी, बीमार, बूढ़ी, पानी तथा आहार के अभाव में नष्ट, वृक्ष तले दबी, चट्टान या शिलाओं से जख्मी, बिजली गिर जाने से नष्ट, हिंसक जानवरों से आक्रांत, साँप, नाक या जंगली आग से नष्ट, गायों को **विनष्ठ** कहते थे। यदि इस प्रकार गाय आदि का विनाश गायों की असावधानी के कारण होता तो उस हानि को वे स्वयं पूरा करते थे। अध्यक्ष इन सभी बातों की पूरी जानकारी रखता था। यदि कोई ग्वाला गाय को मारे, या किसी से मरवाए; उसकी चोरी करे, या करवाए; तो उसे प्राणदंड दिया जाता। जो गाय-भैंस सरकारी नहीं थे उन पर राजकीय चिह्न कर उनके रूप को बदल देने वाले व्यक्ति को प्रथम साहस दंड दिए जाने का नियम था। चोरों से चुराए गए अपने देश के पशुओं को जो व्यक्ति उनके वास्तविक स्वामियों को वापस कर दे, मालिक से वह प्रति पशु के पीछे एक पण वसूल कर लेता था। चोरों से छुड़ाए गए परदेश के पशुओं का आधा हिस्सा मालिक का और आधा हिस्सा छुड़ाने वाले का होता था। गोपालकों द्वारा बछड़ों, बीमार और बूढ़े पशुओं की उचित देखभाल करने का नियम था। गोपालकों द्वारा शिकारियों, बहेलियों, चोरों, हिंसकों और शत्रु की बाधाओं आदि से सावधान रहकर ऋतु के अनुसार सुरक्षित जंगलों में गायों को चराए जाने का

प्रावधान था। सर्प एवं हिंसक पशुओं को डराने के लिए, चरागाह में गाय की पहचान के लिए और घबड़ाने वाले पशुओं की गर्दन में लोहे की घंटी बाँधी जाती थी।[27]

पशुओं को पानी पिलाने एवं नहलाने के लिए ऐसे स्थान में उतारा जाता जहाँ चौरस घाट बने होते और दलदल एवं हिंसक जलचर जंतु दोनों न हों; गोपालक पूरी सावधानी से उनकी रक्षा करता था। गोपालकों का कर्तव्य था कि वे चोर, व्याघ्र, साँप एवं नाक्व आदि से आक्रांत और बीमारी तथा बुढ़ापे से मरे हुए पशुओं की सूचना अध्यक्ष को दें, अन्यथा मृत पशु के नुकसान का दायित्व उन पर समझा जाता था। यदि भैंस मर जाती तो उसका दगा हुआ चमड़ा; बकरी तथा भेड़ के चिह्नित कान; और घोड़ा, गधा एवं ऊँट की पूँछ लाकर ग्वाला, अध्यक्ष के सामने पेश करता था। वह मरे हुए पशु के बाल, चमड़ा, मूत्राशय, पित्त, आँत, दाँत, खुर, सींग और हड्डी, इन सब चीजों का संग्रह करके रख लेता था।

गीले या सूखे मांस को बेच दिया जाता था। मठा को कुत्तों और सूअरों में वितरित कर दिया जाता था। फटे हुए दूध को गाय भैंसों की सानी में डाल दिया जाता था। पशुओं का व्यापारी प्रत्येक पशु के पीछे, उसकी लागत का चौथा भाग अध्यक्ष को देता था। ग्वालों द्वारा सावन, भादों, आश्विन, कार्तिक, मार्गशीर्ष और पौष महीनों में गाय-भैसों को दो समय दुहा जाता था। माघ, फाल्गुन, चैत्र, वैशाख, ज्येष्ठ, और आषाढ़ में केवल सायंकाल ही दुहा जाता था। इन छह महीनों में गाय-भैंसों को दोनों समय दुहने वाले व्यक्ति का अँगूठा काट देने का नियम था। जो ग्वाला ठीक समय पर न दुहे, उसे उस दिन का वेतन नहीं दिया जाता था।[28]

इसी प्रकार जो व्यक्ति ठीक समय पर बैलों को नहीं नाथता, ठीक समय पर नए बैलों को बाण पर नहीं लगाता, नौसिखिये तथा पूरे बैल को एक साथ जोतता, और बैलों को ठीक समय पर नहीं सिखाता, उन्हें भी उस दिन का वेतन नहीं देने का नियम था। एक द्रोण गाय के दूध में एक प्रस्थ घी निकलता था। यदि एक द्रोण भैंस का दूध हो तो उसमें पाँच प्रस्थ घी निकलता था। बकरी और भेड़ के एक द्रोण दूध में ढाई प्रतिशत घी निकलता था। किसी भी पशु के दही को मथकर ही उसमें से निकलने वाले घी का ठीक परिमाण निर्धारित किया जा सकता था। भूमि, घास, पानी आदि की अधिक सुविधा के ऊपर ही दूध-घी की वृद्धि निर्भर थी।

यदि कोई व्यक्ति गोष्ठ के साँड़ को किसी दूसरे साँड़ से लड़ाता तो उसको प्रथम साहस दंड और उसको मारता तब भी उसे प्रथम साहस दंड देने का नियम था। एक रंग की 10 गाएँ, इस प्रकार की 10 वर्णों की सौ गाएँ करके किसी

ग्वाले को रक्षा के लिए दे दिया जाता था। गायों के रहने और चरने की नियमित व्यवस्था, उनकी तादाद को एवं उनकी सुरक्षा को देखकर ही करने का नियम था। बकरी और भेड़ की ऊन छह मास बाद उतार ली जाती थी। गाय, भैंसों के अनुसार ही घ़ोड़े, गधे, ऊँट और सूअरों की भी यथोचित व्यवस्था की जाती थी। नथे हुए बैलों और घोड़ों के रथ पर जुते जाने वाले श्रेष्ठ बैलों को आधा भार (दस तुला) हरी घास, उससे दुगुनी भूसी, दस आढक सानी, पाँच पल नमक, एक कुडव तेल नाक में और एक प्रस्थ तेल पीने[29] के लिए दिया जाता था।

इन पुशओं को सौ पल मांस, एक आढक दही, एक द्रोण जौ या उड़द, इन सब चीजों का साँदा बनाकर भी दिया जाता था। एक द्रोण दूध या आधा आढक सुरा, एक प्रस्थ तेल या घी, दस पल गुड़ और एक पल सोंठ, इन सबको एकत्र करके बैलों को दिया जाता था।

बैलों की इस खुराक का चौथाई अंश कम खुराक खच्चरों तथा गधों को, बैलों की दुगुनी खुराक भैसों, ऊँटों एवं खेतों में काम करने वाले बैलों को, दूध देने वाली गायों को दिया जाता था। काम करने वाले बैलों और दूध देने वाली गायों की खुराक उनके कार्य एवं दूध के औसत के अनुसार ही दी जाती थी। सभी पशुओं को उनकी इच्छानुसार भरपेट[30] घास-पानी दिया जाता था।

5.13 समाहर्त्ता

समाहर्त्ता (रेव्न्यू कलक्टर) सारे जनपद को चार हिस्सों में बाँटकर उन्हें श्रेष्ठ, मध्यम और कनिष्ठ के क्रम से उनकी गणना, उपज, भौगोलिक परिस्थिति उनका नक्शा, खसरा एवं रकबा आदि को अपने रजिस्टर में दर्ज करता था। जो गाँव नियमित रूप से सैनिक जवानों को दिया जाता तथा जो गाँव अन्न, पशु, सोना, चाँदी, नौकर-चाकर आदि को नियमित रूप से दिया जाता उनका ब्योरा भी रजिस्टर में दर्ज कर लेते थे। समाहर्त्ता के आदेशानुसार पाँच-पाँच या दस-दस गाँवों का एक-एक केन्द्र बनाकर उसका प्रबन्ध **गोप** नामक अधिकारी करता था।

नदी, पहाड़, जंगल, दीवाल आदि के द्वारा गाँवों की सरहदबन्दी करके उसको रजिस्टर में चढ़ाया जाता था। खेतों का ब्योरा चढ़ाने वाले रजिस्टर में इतनी बातें दर्ज रहतीं: खेती योग्य जमीन, खेती के अयोग्य या पथरीली जमीन, ऊँची-नीची जमीन, साठी-गेहूँ योग्य जमीन, बाग-बगीचे योग्य जमीन, केले के योग्य जमीन, ईख के योग्य जमीन, जंगल के योग्य जमीन, आबादी के योग्य जमीन, चैत्य, देवालय, तालाब, श्मशान, अन्नक्षेत्र, प्याऊ, तीर्थस्थान, चरागाह, और रथ-गाड़ी तथा पैदल मार्ग के योग्य जमीन। इसी प्रकार नदी, पर्वत आदि सरहद और खेतों

की लम्बाई-चौड़ाई[31] का भी उल्लेख होता था। इन बातों के अलावा ऐसे जंगल, जो ग्रामवासियों के काम न आते हों, खेतों में जाने-आने के रास्ते, उनकी नाप, किस व्यक्ति ने किस व्यक्ति को कौन खेत जोतने के लिए दिया है, बिक्री का ब्योरा, तकाबी, मुल्तबी और छूट आदि का उल्लेख होता था। रजिस्टर में यह दर्ज होता कि वहाँ कितने घर, जमीन की किस्त तथा मकानों का किराया देने वाले और कितने नहीं देने वाले थे।

रजिस्टर में इस बात का उल्लेख किया जाता कि उन घरों में इतने ब्राह्मण, इतने क्षत्रिय, इतने वैश्य और इतने शूद्र रहते थे, इसी प्रकार वहाँ के किसान, ग्वाले, व्यापारी, कारीगर, मजदूर, और दासों की संख्या रजिस्टर में दर्ज होती थी। फिर सारे मनुष्यों और सारे पशुओं का जोड़ अलग-अलग लिया जाता था। अन्त में इनसे इतना सोना, इतने नौकर, इतना टैक्स और इतना दंड राजा को प्राप्त हुआ, यह भी जोड़ दिया जाता था। **गोप** नामक अधिकारी प्रत्येक परिवार के स्त्री, पुरुष, बालक तथा वृद्ध की गणना और उनके कार्य, चरित्र, आजीविका एवं व्यय आदि के सम्बन्ध में पूरी जानकारी रखते थे।[32]

5.14 गृह-निर्माण

गाँव के मुखियाओं (सामन्तों) द्वारा वास्तु-विषयक झगड़ों का फैसला किया जाता था। घर, खेत, बाग-बगीचे, सीमाबंध, तालाब और बाँध आदि सब **वास्तु** कहलाते थे। प्रत्येक घर के चारों ओर चारों कोनों पर लोहे के छोटे खम्भे गाड़कर उनमें जो तार खींच दिया जाता उसी का नाम **सेतु** (सीमा) था। सीमा (सेतु) के अनुसार ही मकान बनवाया जाता था। दूसरे की दीवार के सहारे मकान बनवाना गैरकानूनी था। मकान की नींव में सवा फुट या तीन पद (दो अरत्नी) कंकरीट भरवाई जाती थी।

दस दिन के लिए बनाए जाने वाले सूतिकागृह को छोड़कर, बाकी सब मकानों में शौचालय, पाइप, कुआँ, पाकशाला और भोजनशाला अवश्य बनवाने का नियम था। इस नियम का उल्लंघन करने वाले को पूर्व साहस दंड दिया जाता था। उत्सवों के समय कुल्ले का पानी बाहर निकालने के लिए नालियों और भट्टियों का प्रबन्ध हर मकान में होने का नियम था।[33]

5.15 मकान बेचना

यदि मकान बेचना होता तो मकान मालिक क्रमशः अपने कुटुम्बी, गाँव का मुखिया और धनाढ्य से पूछता था। यदि वे खरीदने से इनकार कर देते तब बाहर के

लोगों से बातचीत चलाई जाती थी। दूसरे गाँवों के मुखिया तथा उनके चालीस कुल तक के पुरुषों को, मकान के सामने ही मकान की कीमत सुनाई जाती। गाँव के मुखिया तथा अन्य वृद्ध पुरुषों के सामने खेत, बाग, सीमबन्ध, तालाब और हौज आदि की मर्यादा के अनुसार कीमत निर्धारित करता था। 'इस मकान की इतनी कीमत है; इसको कौन खरीदना चाहता है?' इस प्रकार तीन बार आवाज लगाने पर जो भी खरीददार बोली लगाता, उसको बेरोक-टोक मकान बेच देने का नियम था। खरीददारों की होड़ के कारण बोली बढ़ जाती तो वह बढ़ा हुआ मूल्य शुल्क सहित सरकारी खजाने में जमा किया जाता था। बेचने वाले से वह शुल्क वसूल किया जाता था। मकान मालिक की अनुपस्थिति में उसके मकान को नीलाम करने वाले पर 24 पण दंड किया जाता था। सूचना देने[34] पर भी 7 दिन के भीतर यदि मकान मालिक उपस्थित न हो तो उसकी अनुपस्थिति में ही नीलाम करने वाला मकान बेच देता था। बोली बोल देने के बाद यदि कोई व्यक्ति मकान लेने से मुकर जाता तो उस पर दो-सौ पण दंड किया जाता था।

5.16 सीमा विवाद

दो गाँवों के झगड़ों को उन गाँवों के मुखिया या आस-पास के पाँच-पाँच, दस-दस गाँवों के मुखिया आपस में मिलकर निबटाते थे। दो गाँवों के बीच वे स्थायी या अस्थायी हदबन्दी कायम कर देते थे। गाँव के किसान, ग्वाले, वृद्ध तथा बाहर के अन्य अनुभवी, एक या अनेक पुरुष, जो सरहद की ठयेबन्दी से परिचित नहीं होते, अपना वेश बदल कर सीमा के चिह्नों का पता लगाते और तब सीमाएँ निर्धारित की जाती थी। निर्णय किए हुए या बताए गए सीमा-चिह्नों के न देखे जाने पर अपराधी पर एक हजार पण दंड किया जाता था। जो सीमा की भूमि का अपहरण करता या उसके चिह्नों को काटता उसे भी यही दंड देना पड़ता था।

जहाँ पर कि सीमा के चित्र सर्वथा मिट गए होते और निर्णय के लिए कोई आधार नजर नहीं आता, वहाँ पर राजा स्वयं इस प्रकार का सीमा-विभाग करता जिससे कि किसी भी ग्रामवासी को कोई हानि न उठानी पड़े। खेतों के झगड़े का निबटारा गाँव के मुखिया तथा वृद्ध पुरुष करते थे। यदि उनका आपस में मतभेद हो जाता तो वे धार्मिक पुरुष उसका निर्णय करते, जिनको प्रजा स्वीकार करती या किसी दूसरे को मध्यस्थ बनाकर निर्णय किया जाता था। यदि इन दोनों अवस्थाओं में कुछ निर्णय न हो सके तो उन विवादग्रस्त खेतों को राजा अपने कब्जे में ले लेता और उस सम्पत्ति को भी राजा ले लेता[35] जिसका कोई वारिस नहीं होता या जनता की लाभ की दृष्टि से उनका उचित वितरण कर देता था।

सब तरह के विवादों का निर्णय मुखिया (*सामन्त*) करते थे। चरागाह, खेती योग्य जमीन, खलिहान, मकान और घुड़साल, इनके सम्बन्ध में विवाद उपस्थित होने पर क्रमशः प्रथम को प्रधानता देते हुए निर्णय किया जाता था। ब्रह्मारण्य, सोमारण्य, देवस्थान, यज्ञस्थान और अन्य पुण्यस्थानों को छोड़कर आवश्यकता होने पर सभी जगह खेती कराई जा सकती थी। जलाशय, क्यारी तथा नाली बनाते समय यदि किसी के बीज बोए खेत का नुकसान हो जाता तो हानि के अनुसार उसका मूल्य चुका देना पड़ता था। यदि कोई व्यक्ति खेत, बाग–बगीचा और सीमाबन्ध आदि को एक–दूसरे के बदले में नुकसान पहुँचाता तो उन्हें नुकसान का दुगुना दंड देना पड़ता था।[36]

5.17 तालाब

बाद में बने हुए नीचे के तालाब से सींचे जाने वाले खेत को ऊपर के तालाब के पानी से नहीं सींचा जा सकता था। नीचे के तालाब में आते हुए ऊपर के तालाब का पानी तब तक न रोका जाता जब तक नीचे का तालाब तीन वर्ष तक बेकार न पड़ा होता था। इस नियम का उल्लंघन करने वाले को प्रथम साहस दंड देने और उसके तालाब का पानी निकलवा देने का प्रावधान था। पाँच वर्ष तक यदि जल आदि का कोई सीमाबन्ध बेकार रहता उस दशा में उस पर उसके स्वामी का हक नहीं रहता था; किन्तु विपत्तियों के कारण यदि उसको उपयोग में न लाया गया हो तो कोई बात नहीं।

नए सिरे से तालाब और सीमाबन्ध बनवाने वाले व्यक्ति पर पाँच वर्ष तक सरकारी टैक्स नहीं लगाया जाता था। यदि वह जीर्णोद्धार कराता तो चार वर्ष तक; यदि उनको बढ़ाता तो 3 वर्ष तक सरकारी टैक्स नहीं लिया जाता था। इसी प्रकार भूमि को गिरवी रखने और बेचने पर दो वर्ष तक सरकारी टैक्स नहीं लिया जाता था। जिन तालाबों में नदी का पानी नहीं आता और किसान रहट आदि लगाकर अपने खेतों, बगीचों तथा फुलवाड़ियों में से पानी देते, उनकी उपज पर सरकार उतना ही कर लगाती जितने से उन लोगों को कोई कष्ट नहीं होता था। जिन किसानों के तालाब नहीं थे वे भी कीमत देकर, कुछ बंधी हुई रकम देकर, अपनी उपज का कुछ हिस्सा देकर अथवा मालिक की आज्ञा से दूसरे तालाबों से पानी ले सकते थे; किन्तु उनके लिए यह आवश्यक था कि वे तालाब, रहट आदि की बराबर मरम्मत करते रहें। मरम्मत न करने पर जो नुकसान होता उसका दुगुना जुर्म उन्हें भुगतना पड़ता था।[37]

5.18 ग्रामीण कानून

जो लोग खेती की सिंचाई के लिए पानी के उचित रास्तों को रोकते और अनुचित रास्तों से जल को ले जाते उन्हें दंडित किया जाता था। जो लोग दूसरे की जमीन में सीमा, पुण्यस्थान, चैत्य और देवालय बनवाते अथवा पहले से धर्मार्थ बने हुए स्थानों को गिरवी रखते, बेचते या बिकवाते उन्हें भी दंडित करने का नियम था। जो लोग इन कार्यों में सहायक या साक्षी बनते उन्हें दंडित करने का प्रावधान था। यदि मकान टूट-फूट गया होता और उसको मालिक ने छोड़ दिया हो तो उसको बेचने या गिरवी रखने में कोई हानि नहीं थी।

मकान मालिक के न होने पर ग्रामवासी तथा अन्य धार्मिक लोग उस टूटे-फूटे धर्मार्थ मकान की मरम्मत कर सकते थे। जो भी व्यक्ति छोटे-छोटे जानवरों और मनुष्यों के रास्ते को रोकता उस पर 12 पण दंड किया जाता था। बड़े-बड़े पशुओं का मार्ग रोकने पर 24 पण; हाथी का तथा खेतों का रास्ता रोकने पर 54 पण; सेतु एवं जंगल का रास्ता रोकने पर छह-सौ पण; श्मशान तथा गाँव का रास्ता रोकने पर दो-सौ पण; द्रोणमुख का रास्ता रोकने पर पाँच-सौ पण और स्थानीय, राष्ट्र तथा चरागाह का रास्ता रोकने पर एक हजार का दंड लगाया जाता था। यदि कोई व्यक्ति इन रास्तों को खोदने या जोतने के अलावा कोई हानि पहुँचाता तो उस पर ऊपर बताए गए दंडों का चौथाई दंड लगाने का प्रावधान था। खोदने या जोतने पर पूर्वोक्त सभी दंड दिए जाते थे।

गाँव में रहने वाला किसान यदि बीज बोने के समय बीज नहीं बोता या खेत को ही छोड़ देता तो उसे 12 पण दंड दिया जाता; किन्तु खेत के किसी दोष के कारण या किसी आकस्मिक आपत्ति के कारण अथवा असमर्थ होने के कारण यदि वह ऐसा करता तो वह दंड का भागी नहीं होता था।[38]

5.19 गाँवों का बन्दोबस्त

लगान देने वाले किसान, लगान देने वालों के यहाँ ही अपनी जमीन बन्धक रख सकते अथवा बेच सकते थे। जिनको बिना लगान की धर्मार्थ भूमि दी गई थी, वे अपने समान लोगों के ही हाथ अपनी जमीन गिरवी रख सकते या बेच सकते थे। इन नियमों का उल्लंघन करने वालों को दंडित करने का नियम था। यही दंड उस व्यक्ति को देना पड़ता जो लगान देने वाले गाँव के निवास को छोड़कर अथवा लगान न देने वाले गाँव के निवास को छोड़कर लगान न देने वाले गाँव में बस जाने की इच्छा से प्रवेश करते थे। यदि वह पुनः लगान देने वाले गाँव में ही बसने लगे, तो उसे मकान के अलावा सभी बातों की छूट दी जाती थी

अथवा उचित होता तो मकान भी उसको दे दिया जाता था। जो किसान अपनी जमीन को नहीं जोते उसको दूसरा किसान बिना लगान दिए ही जोत सकता और वह 5 वर्ष तक उसका उपयोग कर उस जमीन को उसके मालिक को सौंप देता, किन्तु उस जमीन को ठीक करने में उसका जो खर्चा और मेहनत लगी होती, उसका मूल्य वह मालिक से वसूल कर लेता था। जिनके पास बिना लगान की धर्मार्थ जमीन थी, दूसरी जगह रहते हुए भी, वे अपनी उस जमीन के पूरे अधिकारी थे।

जब गाँव का मुखिया गाँव के किसी कार्य से बाहर जाता तो अपनी पारी के अनुसार गाँव वाले उसके साथ रहते। जो अपनी पारी पर नहीं जाता उन पर योजन के हिसाब से डेढ़ पण जुर्माना किया जाता था। यदि गाँव का मुखिया, चोर या व्यभिचारी के अतिरिक्त किसी दूसरे को गाँव से निकाल देता तो उस मुखिया पर 24 पण दंड किया जाता था। यदि सारा गाँव मिल कर ऐसे निरपराधी व्यक्ति को गाँव से निकालते तो सारे गाँव को दंडित करने का नियम था। इसी प्रकार यदि गाँव से बाहर गया हुआ कोई व्यक्ति पुनः गाँव में बसना चाहता और मुखिया तथा गाँव वाले उसको न बसने देते तो मुखिया पर 24 पण दंड और गाँव वालों को भी दंडित किया जाता था। गाँव से चार-सौ हाथ की दूरी पर पशुओं के आरामदेह के लिए चारों ओर खम्भों से घिरा हुआ एक बाड़ा बना होता था।[39]

5.20 चरागाह

पशुओं के घूमने और चरने-फिरने के लिए जंगल में चरागाह बनवाए जाते थे। ऊँट और भैंस आदि पड़े पशुओं को यदि उनके मालिक चरागाह में चराकर अपने घर बाँधने के लिए ले जाते, तो उससे चराई का 1/4 पण कर लिया जाता। गाय, घोड़े और गधे आदि मध्यम श्रेणी के पशुओं की चराई 1/8 पण; इसी प्रकार भेड़, बकरी आदि छोटे पशुओं की चराई 1/16 पण कर के रूप में उनके मालिकों से वसूल कर लिया जाता था। जो जानवर चरकर चरागाह में ही रहता उनके मालिकों से पूर्वोक्त राशि से दुगुना कर लिया जाता था। जो बराबर चरागाह में ही रहते उनके मालिकों से चौगुना कर लिया जाता। ग्रामदेवता के नाम से छोड़े गए साँड़ों, दस दिन की ब्याई हुई गायों और गायों के साथ रहने वाले बछड़ों पर कोई कर न लिया जाता था।

यदि किसी का जानवर किसी की खड़ी खेती को चर जाता तो अन्न के नुकसान का दुगुना दाम खेत के मालिक को दिलाया जाता था। लुका-छिपा कर

यदि कोई अपने पशु से दूसरे का खेत चरवाता उस पर 12 पण दंड लगाया जाता था। जो अपने पशु को किसी के खेत में चरने के लिए छोड़ देता उसे 24 पण दंड दिया जाता था। इस प्रकार खेतों का नुकसान होने पर खेतों के रखवालों को पूर्वोक्त दंडों का आधा दंड दिया जाता था। यदि खेत को कोई साँड़ चर जाता तब भी रखवाले पर इतना ही जुर्माना किया जाता था। खेत की बाड़ टूट जाने पर रखवाले पर दुगुना दंड किया जाता था। घर, खलिहान और बाड़ी हुई जगहों का अन्न यदि पशु खा जाते तो हानि के बराबर मूल्य देना पड़ता था। यदि आश्रमों के मृग खेतों को चरते हुए पकड़े जाते तो रखवाला इसकी खबर अपने मालिक को कर देता और उन मृगों को इस प्रकार खेतों से बाहर करता जिससे उन पर कोई चोट न लगे या वे मरने न पाएँ। पशुओं को रस्सी या कोड़े से हटाया जाता। यदि उनको कोई अनुचित ढंग से मारता या हटाता तो उसे यथोचित दंड दिया जाता था। किन्तु जो हटाने वालों का मुकाबला करता या पहले कभी किसी को मारते हुए देखा गया हो उसको अनुचित ढंग से भी मारा या हटाया जा सकता था।[40]

5.21 सामूहिक कार्य

कोई किसान गाँव में आकर पंचायती या खेती आदि का कार्य नहीं करता तो गाँव उससे यथोचित जुर्माना वसूल करता। यदि कोई व्यक्ति कार्य नहीं करता तो कार्य के वेतन से दुगुना; पंचायती कार्यों में चन्दा न दे तो चन्दे का दुगुना और सामूहिक खान-पान के अवसर पर शरीक नहीं होता तो उसका दुगुना; दंड उससे वसूल किया जाता था।

यदि कोई ग्रामवासी गाँव के सार्वजनिक मनोरंजन के कार्यों में अपने हिस्से का चन्दा नहीं देता तो सपरिवार उसको उत्सव में प्रवेश नहीं करने दिया जाता था। यदि वे छिपकर तमाशा देखते या सुनते और जो गाँव के सार्वजनिक हितकारी कार्यों में भाग न लेते उनसे दुगुना हिस्सा वसूल किया जाता था। जो व्यक्ति सार्वजनिक कल्याण का सुझाव देता उसकी बात को सभी ग्रामवासी मानते थे। उसका तिरस्कार करने वाले प्रत्येक व्यक्ति पर 12 पण दंड किया जाता था। यदि गाँव के लोग मिलकर उस व्यक्ति को मारते-पीटते तो प्रत्येक ग्रामीण पर अपराध से दुगना दंड वसूल किया जाता था। जो लोग घातक प्रहार करते उन पर विशेष दंड लगाने का प्रावधान था। उन मारने वालों में यदि ब्राह्मण या उससे भी प्रतिष्ठित कोई व्यक्ति होता तो उसे सबसे अधिक दंडित किया जाता था। यदि किसी सार्वजनिक कार्य में ब्राह्मण शामिल न हो सके तो गाँव के लोग ही उसके अभाव

को पूरा कर देते किन्तु अनुपस्थित रहने का जो मुआवजा ब्राह्मण की ओर निकलता उसे गाँव वाले अवश्य वसूल कर लेते थे।[41]

5.22 ब्याज एवं साझेदारी

यदि अन्न सम्बन्धी ब्याज फसल के समय पर चुकता करना हो तो वह मूलधन की आधा रकम से अधिक नहीं होता था। गोदाम के इकट्ठे बेचे हुए माल पर उसके लाभ का आधा ब्याज होता था। इस प्रकार के लेन-देन का हिसाब-किताब वर्ष में एक बार अवश्य किया जाता था।[42] संघ से एक मुष्ट मजदूरी पाने वाले या मिलकर ठेके आदि पर काम करने वाले मजदूर पहले से तय की हुई मजदूरी आपस में बराबर-बराबर बाँट लेते थे।

किसान फसल के आरम्भ से अन्त तक और खरीद-फरोख्त करनेवाले व्यापारी माल खरीदने से लेकर बेचने तक अपने साझीदार को उसके कार्य के अनुसार हिस्सा देते थे। यदि कोई साझीदार अपनी एवज में किसी दूसरे व्यक्ति को नियत कर देता तब भी उसका पूरा हिस्सा दिया जाता था। माल बिक जाने पर दुकान उठने से ही साझीदार को उसका हिस्सा भी दिया जाता, क्योंकि आगे कार्य करने में सफलता और असफलता समान थी।[43]

5.23 आपत्तियों से सुरक्षा

अग्नि, जल, बीमारी, दुर्भिक्ष, चूहा, व्याघ्र, साँप और राक्षस को दैवयोग से होनेवाली विपत्तियाँ मानी जाती थीं। गर्मी के दिनों में आग के कारण होनेवाले नाश से बचने के लिए ग्रामवासियों द्वारा भोजन आदि की व्यवस्था घर से बाहर की जाती थी। **गोप** नामक अधिकारी भी गाँव में भोजनादि की व्यवस्था के लिए स्थान उपलब्ध कराता था। वर्षा ऋतु में ग्रामवासी रात में घरों को छोड़ दूर जाकर बसते थे। वे लकड़ी, बाँस के बेड़े और नाव आदि साधन हर समय संग्रह करके रखते थे। यदि पशुओं में बीमारी या महामारी फैल जाती तो गाँवों में रोगशान्ति के लिए शान्तिकर्म कराए जाते थे।[44]

जो व्यक्ति **राजकीय खेतों** *से* एक माष से चार माष कीमत का जीरा, अजवायन आदि वस्तुओं को चुराता, उस पर 12 पण दंड किया जाता और जो 8 माष कीमत तक की वस्तुओं को चुराता उस पर 24 पण दंड किया जाता था। इसी प्रकार 12 माष तक की वस्तुएँ चुराने पर 36 पण और 16 माष तक की चुराने पर 48 पण दंड किया जाता। यदि 2 पण मूल्य तक की वस्तु चुराता तो प्रथम साहस; चार पण मूल्य तक की चुराता तो मध्यम साहस, 8 पण मूल्य तक की चुराता

तो उत्तम साहस और दस पण मूल्य तक की चुराता तो उसे प्राणदंड[45] दिया जाता था। नए बसने वाले किसानों को अन्न, बैल, पशु और धन सरकार की ओर से सहायतार्थ दिया जाता था। इस तरह के किसानों से राजा उनकी उपज का चौथा हिस्सा खरीद लेता और फिर बीज तथा उनके गुजारे लायक छोड़कर बाकी भी खरीद लेता[46] था।

यदि श्रोत्रिय खेती नहीं करता तो समाहर्ता आदि अधिकारियों द्वारा उस जमीन को जुताई-बुआई के लिए दूसरे किसानों को दे दिया जाता था। यदि किसान की लापरवाही से बीज नष्ट हो जाता तो समाहर्ता उस पर दुगुना जुर्माना करता और दूसरी फसल पर उस सारी कार्यवाही को रजिस्टर में दर्ज कर देता था। फसल की तैयारी होने पर किसानों को कच्चा-पक्का अन्न लाने के लिए रोक दिया जाता, किन्तु वे देवपूजा, पितृपूजा या गाय के लिए मुट्ठी भर अनाज या मुट्ठी भर पुआल ला सकते थे। किसानों द्वारा भिखारी तथा गाँव के नाई, धोबी, कुम्हार आदि के लिए खलिहान में अन्न-राशि के नीचे का हिस्सा छोड़ दिया जाता था।

सरकार को पैदावार की कमी दिखाने के लिए यदि किसान अपने ही खेत में चोरी करता तो उससे, चोरी किए हुए अन्न का, आठगुना दंड वसूल किया जाता था। यदि कोई व्यक्ति अपने ही गाँव में खड़ी फसल की चोरी करता तो उसे चोरी के माल का पचास गुना दंड दिया जाता था। यदि वह दूसरे गाँव का होता तो उसे प्राण दंड की सजा दी जाती थी। धान्यों का चौथा हिस्सा और वन में होनेवाले अन्न का तथा रूई, लाख, जूट, छाल, कपास, ऊन, रेशम, औषधि, गन्ध, पुष्प, फल, शाक, लकड़ी, बाँस, सूखा, मांस, आदि का छठा हिस्सा राजकर के रूप में लिया जाता था। हाथी दाँत और गाय आदि के चमड़े का आधा हिस्सा राजकर में लिया जाता था। जो व्यक्ति इन वस्तुओं को छिपाकर बेचता, उसे प्रथम साहस दंड दिया जाता था।[47] शत्रु से सन्धि करने के सिलसिले में कभी-कभी राजा द्वारा भूमि की पैदावार को देकर भूमि को छुड़ा लिया जाता था।[48]

5.24 गुणसम्पन्न भूमि

सर्वगुणसम्पन्न स्थलभूमि और जलभूमि, दोनों में जलभूमि को बसाना ही श्रेष्ठ था। अधिक स्थलभूमि की अपेक्षा थोड़ी ही जलभूमि अच्छी थी; क्योंकि सदा ही वह फल-फूल आदि से गुलजार बनी रहती थी। दो स्थल भूमियों में भी वही स्थलभूमि अच्छी होती, जहाँ वसन्त और शरद की फसलें एक समान अच्छी होतीं तथा जहाँ थोड़ी ही वृष्टि से फसलें पक कर तैयार हो जातीं और जिनको सरलता से जोता-बोया जा सकता था।

दो जलमय भूमियों में वही भूमि उत्तम मानी जाती, जहाँ सभी धान्य बोए जा सकें और जहाँ धान्य न हों वह भूमि अच्छी नहीं मानी जाती। उनमें भी कम-ज्यादा को दृष्टि में रखकर उपजाऊ अधिक भूमि ही श्रेष्ठ होती; क्योंकि अधिक विस्तार होने से उसके जल स्थल युक्त विभिन्न क्षेत्रों में अनेक प्रकार के अन्न उपजाए जा सकते थे। क्योंकि भूमि को अधिक उपजाऊ बनाना अपने हाथ में होता था। अत: अधिक भूमि को लेना ही श्रेष्ठ था। सब तरह के दु:ख-सुख सहन करने वाले शूद्र, ग्वाले आदि नीची जाति के मनुष्यों वाली भूमि ही श्रेष्ठ होती, क्योंकि खेती की अधिकता और निश्चित फलवती होने के कारण ऐसी भूमि श्रेयस्कर होती थी। कृषि सम्बन्धी व्यापार तथा अन्य अनेक कार्य गाय एवं गोपालकों पर ही निर्भर थे, इसलिए गाय और ग्वालों से युक्त भूमि ही श्रेष्ठ होती थी। व्यापार के लिए धान्य आदि का संचय तथा ब्याज पर ऋण आदि देकर उपकार करने के कारण व्यापारी और धनवान व्यक्तियों से युक्त भूमि भी श्रेष्ठ होती थी।[49]

सेतुबंधों में वर्षाजल से भरनेवाले की अपेक्षा स्वाभाविक अर्थात् नहर आदि के जल से भरनेवाला सेतुबन्ध उत्तम माना जाता था। उनमें भी वह सेतुबन्ध श्रेष्ठ था जो खेती योग्य पर्याप्त भूमि के निकट होता था। जो राजा अनेक पदार्थों को पैदा करने वाले जंगलों में नदियों से सींचे जाने योग्य फल-फूलों को पैदा करने वाले अपने सीमाप्रान्त के जंगलों को ठीक करता वही विशेष लाभ में रहता था; क्योंकि नदियों से सींचे जानेवाले स्थान आजीविका के साधन होने के साथ-साथ विपत्ति काल में आश्रय देने वाले भी होते थे।[50]

अन्न आदि की उत्पत्ति के प्रमुख कारण बाँध थे, क्योंकि जो अन्न हमें केवल वृष्टि के द्वारा ही प्राप्त हो सकते थे, बाँधों और जलाशयों के द्वारा उन अन्नों को सदा ही प्राप्त किया जा सकता था।[51] क्षत्रिय, वैश्य आदि वर्गों के संघ कंबोज और सौराष्ट्र में कृषि, व्यापार और शास्त्र के द्वारा जीविकोपार्जन करते थे।[52]

सन्दर्भ-ग्रन्थ सूची

1. *अर्थशास्त्र*, अधिकरण 1, प्रकरण 1 अध्याय 2, श्लोक 3, पृ. 10
2. *वही*
3. *वही*, 1.1.3.1, पृ. 12
4. *वही*, 1.6.10.3, पृ.29
5. *वही*, पृ. 30
6. *वही*, 2.17.1. 1-3, पृ. 78-79
7. *वही*

8. वही
9. वही, 2.17.1.5, पृ. 80-81
10. वही, 2.18.2.1-3, पृ. 82
11. वही, पृ. 83
12. वही, 2.22.6.3, पृ. 99
13. वही, पृ. 100
14. वही, 2.31.15.1-5, पृ. 157
15. वही, पृ. 158
16. वही, पृ. 159
17. वही, पृ. 160
18. वही, पृ. 161
19. वही, पृ. 163
20. वही, 2.40.24. 1-5, पृ. 195
21. वही, पृ. 196
22. वही, पृ. 197
23. वही, पृ. 198
24. वही, पृ. 199
25. वही, 2.45.29. 1-4, पृ. 216
26. वही, पृ. 217
27. वही, पृ. 218
28. वही, पृ. 219
29. वही, पृ. 220
30. वही, पृ. 221
31. वही, 2.53-54.35. 1-3, पृ. 241
32. वही, पृ. 242
33. वही, 3.64.8. 1-5, पृ. 286
34. वही, 3.65.9.1.5, पृ. 289-90
35. वही, पृ. 290
36. वही, पृ. 291
37. वही, पृ. 292
38. वही, पृ. 294-95
39. वही, पृ. 295-96
40. वही, पृ. 296-97
41. वही, पृ. 297-98
42. वही, 3.67.11.4, पृ. 299
43. वही, 3.70.14.3, पृ. 317
44. वही, 4.78.3.2-4, पृ. 356-57
45. वही, 4.84.9.4, पृ. 380

46. *वही*, 5.90.2.4, पृ. 412
47. *वही*, पृ. 413
48. *वही*, 7.101-102. 3.2, पृ. 465
49. *वही*, 7.116.11. 1-5, पृ. 505-7
50. *वही*, 7.116.12. 4-5, पृ. 511
51. *वही*, 7.118.14.2, पृ. 525
52. *वही*, 11.160-61. 1.2, पृ. 667

अध्याय-6

अर्थव्यवस्था

6.1 आधार

कौटिल्य की साम्राज्य-व्यवस्था का आर्थिक ढाँचा औद्योगिक आधारभूमि पर खड़ा था। उसकी अर्थ-नीति के प्रमुख सिद्धान्त तीन थे। प्रथम सिद्धान्त के अन्तर्गत ऐसे उद्योगों को रखा गया जिन पर राज्य का स्वामित्व होता और जो राज्य के द्वारा संचालित एवं संघटित होते थे। इन उद्योगों की पूँजी, श्रम और प्रबन्ध का दायित्व राज्य पर निर्भर रहता था। इस प्रकार की औद्योगिक अर्थनीति का परोक्ष उद्देश्य एक सशक्त, आत्मनिर्भर और सर्वसाधनसम्पन्न राज्य की प्रतिष्ठा करना था। इस प्रकार के महत्त्वपूर्ण उद्योगों में सोना, चाँदी, ताँबा, शीशा, टीन, लोहा, मणि, लवण आदि आकर उद्योगों का प्रमुख स्थान था।

दूसरे प्रकार के उद्योगों का सम्बन्ध जनता से था। इस श्रेणी के उद्योग राज्य के नागरिकों की निजी सम्पत्ति के रूप में माने गए। उनके संघटन, संचालन और पूँजी, श्रम एवं प्रबन्ध का दायित्व नागरिकों पर ही निर्भर था। उन पर जनता का ही पूर्ण स्वामित्व था। ऐसे उद्योगों में खेती, सूत, शिल्प, गो-पालन, अश्व-पालन, हस्ति-पालन, सुरा, मांस, वेश्यालय और नट-नर्तक गायक-वादक आदि की गणना की जाती थी। कौटिल्य की अर्थनीति का तीसरा सिद्धान्त समाज में ऐसी सुव्यवस्था बनाए रखने से सम्बद्ध था, जिसके अनुसार राज्य के समस्त उत्पादन, वितरण और उपभोग पर शासन सत्ता का नियन्त्रण बना रहता था। उद्योगों तथा व्यवसायों पर राज्य का स्वामित्व इसलिए माना गया कि राज्य का अर्थबल सशक्त बना रहे और समाज के सभी वर्ग क्रियाशील बने रहें।

धर्म, अर्थ, और काम, इन तीनों का पारस्परिक सम्बन्ध बताते हुए कौटिल्य ने यह स्वीकार किया है कि उनमें प्रमुखता अर्थ की थी और शेष दोनों धर्म

तथा काम, अर्थ पर ही निर्भर थे। इसीलिए त्रिवर्ग की समुचित उपलब्धि के लिए अर्थ की अनिवार्यता को स्वीकार किया गया है। यही अर्थ जब राज्यकर के रूप में या रक्षा के पुरस्कार हेतु अथवा सेवा के प्रतिदान के निमित्त शासन को प्राप्त होकर एक संरक्षित स्थान पर एकत्र कर रखा जाता तब उसी को **राजकोष** के नाम से जाना जाता था। राष्ट्र की समुन्नति और सुरक्षा के निमित्त जितने भी उपाय तथा साधन बताए गए हैं, उनमें कोष का प्रमुख स्थान था। इसी हेतु कोष-विभाग के कर्मचारियों से लेकर कोष की सुरक्षा, उसकी वृद्धि के उपाय, उसकी आय के साधन और उसके क्षय के कारणों पर कौटिल्य ने बड़ी सूक्ष्मता से विचार किया है।

अर्थ-विभाग के सबसे बड़े अधिकारी को **समाहर्ता** कहा गया है। वह समाज के विभिन्न वर्गों पर, राष्ट्र की विभिन्न वस्तुओं पर, गाँवों, नगरों तथा घरों पर, व्यावसायियों तथा शिल्पियों पर और भूमि पर जो राज्यांश निर्धारित थे, उनका संचय करता तथा उनका पूरा ब्यौरा अपनी निबन्ध पुस्तक में अंकित रखता था। अर्थ-विभाग के अन्य अधिकारियों तथा कर्मचारियों में **सन्निधाता** (भंडारों का अधिकारी), **स्थानिक** (जनपद के चतुर्थांश का अधिकारी), **गोप** (गाँवों का अधिकारी), **प्रदेष्टा** (स्थानिक तथा गोप का सहायक अधिकारी) **अक्षपटलाध्यक्ष** (अकाउंट जनरल), **कोषाध्यक्ष**, अर्थकारणिक (मुख्य अकाउंटेंट) **कार्मिक** (अर्थकारणिक का अधीनस्थ कर्मचारी), **गाणनिक्य** (जिलों का हिसाब-किताब रखने वाले कर्मचारी), **सांख्यानक** (गणना करनेवाले), **लेखक** (क्लर्क), **नीवीग्राहक**, **गोपालक**, **अपयुक्त**, **निधानक**, **निबन्धक**, **प्रतिग्राहक**, **दायक** और **मन्त्रिवैयावृत्यक** आदि का नाम उल्लेखनीय था। राजकोष के संचय के साधनों में, जिन्हें कि कौटिल्य ने **आयशरीर** कहा है, दुर्ग, राष्ट्र, खान, सेतु, वन, वज्र और वणिक्पथ प्रमुख थे।

राज्य की आर्थिक व्यवस्था पर ही उसकी उन्नति के सभी जरिये निर्भर थे। इसलिए राजकोष के उक्त आय-स्रोतों के अलावा अर्थदंड सम्बन्धी पौतव कर (नाप-तौल का कर), नागरिकों द्वारा प्राप्त राज्यांश, कृषिकर, उपज का अंश, बलि कर, धार्मिक कर, वणिक कर और व्यावसायिक वस्तुओं के आयात-निर्यात से जो आमदनी होती थी उसको भी राजकोष में जमा कर दिया जाता था। देश की राज्य व्यवस्था के इतिहास में राजकर का मौलिक महत्त्व माना गया है। क्योंकि राजकर का सम्बन्ध प्रजा से होता था, इस दृष्टि से राजकर को निर्धारित करने के सारे नीति-नियम यद्यपि धर्मग्रन्थों द्वारा निर्धारित किए जाते थे, तथापि उसको लागू करने से पूर्व उस पर समाज की स्वीकृति प्राप्त करना अनिवार्य होता था।

इस प्रकार धर्मशास्त्र द्वारा निर्धारित और समाज द्वारा स्वीकृत जो राजकर होता था, शासन-व्यवस्था चाहे जैसी भी रहे, किन्तु राजकर के नियमों में किसी भी प्रकार का अवरोध नहीं आने पाता था। यही कारण था कि राजकर के सम्बन्ध में राजा-प्रजा के बीच कोई विवाद खड़ा नहीं हुआ। कई ग्रन्थों में इस प्रकार के अनेकों उदाहरण मिलते हैं कि राजकर के सम्बन्ध में जो धर्म द्वारा प्रतिपादित नियम थे, उनका अतिक्रमण करने का साहस बड़े-से-बड़े शासक भी नहीं कर सके थे।

अर्थशास्त्र के एक प्रसंग में कहा गया है कि सेल्यूकस के आक्रमण के समय जब प्राप्त राजकर से कार्य न सध पाया था तो चन्द्रगुप्त के महामात्य कौटिल्य ने प्रजा से धन संग्रह करने में अपना सारा बुद्धिबल लगा दिया था। इसके लिए उन्हें बड़े विलक्षण उपायों का आश्रय लेना पड़ा था। अन्त में चन्द्रगुप्त ने अपनी प्रजा से अनुग्रह की भिक्षा माँगते हुए कहा था 'आप लोग मुझ पर अपना प्रेम सूचित करने के लिए धन दें।' उसने इस विपत्ति से रक्षा के लिए देव-मन्दिरों तक से धन वसूल किया था।

राज्य की सारे आय-व्यय पर मन्त्रि-परिषद् का अधिकार होता था। राजा और राजकर के सम्बन्ध में *महाभारत* (शान्ति. 71.10) एक सुन्दर प्रसंग उपस्थित करता है। उसमें लिखा है कि 'षष्ठांश बलिकर (आयात-निर्यात), अपराधियों से मिलने वाला जुर्माना और उनके द्वारा अपहृत धन, जो कुछ भी न्यायत: प्राप्त हो, वह सब तुम्हारे वेतन के रूप में होगा; और वही तुम्हारी आय के द्वार या राजकर होगा।' *नारदस्मृति* (18.48) में लिखा हुआ है कि 'राजाओं को पूर्व निश्चित नियमों के अनुसार जो धन प्राप्त हो और भूमि की उपज का जो षष्ठांश प्राप्त हो, वह सब राजकर होगा, और प्रजा की रक्षा करने के पुरस्कार स्वरूप वह राजा को मिलेगा।

6.2 कर-संग्रह

समाहर्ता (कलक्टर जनरल) 1. दुर्ग, 2. राष्ट्र, 3. खनि. 4. सेतु, 5. वन, 6. ब्रज और 7. व्यापार सम्बन्धी कार्यों का निरीक्षण करता था। शुल्क (चुंगी), दंड (जुर्माना), पौतव (तराजू-बाट), नगराध्यक्ष, लक्षणाध्यक्ष (पटवारी, कानूनगो, अमीन), मुद्राध्यक्ष, सुराध्यक्ष (आबकारी अधिकारी), सूनाध्यक्ष (फाँसी देने वाला), सूत्राध्यक्ष, तेल-घी आदि का विक्रेता, सुवर्णाध्यक्ष, दुकान, वेश्या, द्यूत, वास्तूक (शिल्पी), बढ़ई, लुहार, सुनार, मन्दिरों के निरीक्षक, द्वारपाल और नट-नर्तक आदि से लिया जाने वाला धन **दुर्ग** कहलाता था। सीता (खेती), भाग (धान्य का षष्ठांश),

बलि (उपहार), कर (फल, वृक्ष आदि का टैक्स), वणिक् (व्यापारकर), नदीपालस्तर (नदी पार होने का टैक्स), नाव का कर, पट्टन (कस्बों की आय), विवीत (चरागाहों की आय), वर्तनी (मार्गकर), रज्जू (भूमि निरीक्षकों द्वारा प्राप्तव्य धन) और चोर रज्जू (चोरों को पकड़ने के लिए ग्रामवासियों से मिला धन) आदि आय के साधन **राष्ट्र** नाम से कहे जाते थे। सोना, चाँदी, हीरा, मणि, मोती, मूँगा, शंख, लोहा, लवण, भूमि, पत्थर और खनिज पदार्थ **खनि** कहे जाते थे।[1]

फूल, फल, केला, सुपारी, अन्न के खेत, अदरख और हल्दी के खेत इन सबको **सेतु** कहा जाता था। हरिण आदि पशु, लकड़ी आदि द्रव्य और हाथियों के जंगल को **वन** कहा जाता था। गाय, भैंस, बकरी, भेड़, गधा, ऊँट, घोड़ा, खच्चर आदि जानवर **वज्र** नाम से कहे जाते, क्योंकि वे अपने गोष्ठ (वज्र) में रहते थे। स्थलमार्ग और जलमार्ग, व्यापार के इन दो मार्गों को **वाणिक्यपथ** कहा जाता था। ये सभी आमदनी के साधन थे। इनके अतिरिक्त **मूल** (अनाज, साग, सब्जी आदि को बेचकर एकत्र किया गया धन), **भाग** (पैदावार का षष्ठांश), **ब्याजी** (कपटी व्यापारियों से दंड रूप में वसूल किया गया धन), **परिघ** (लावारिस का धन), **क्लृप्त** (नियत कर), **रूपिक** (नमक कर), **अत्यय** (जुर्माने का धन), आदि भी आमदनी के साधन थे।

देवपूजा, पितृपूजा, दान, स्वस्तिवाचन आदि धार्मिक कृत्य, अन्तःपुर, रसोईघर, दूत प्रेषण, कोष्ठागार, शस्त्रागार, पण्यगृह, कुप्यगृह का व्यय कर्मान्त (कृषि व्यापार), विष्टि (बेगारी का व्यय), पैदल, हाथी, घोड़ा तथा रथ आदि चारों प्रकार के सेना-संग्रह का व्यय, गाय, भैंस, बकरी आदि उपयोगी पशुओं का व्यय, हरिण, पक्षी तथा अन्य हिंसक जंगली जानवरों की रक्षा के लिए किया गया व्यय और स्थान, लकड़ी, घास आदि के जंगलों की सुरक्षा के लिए किया गया व्यय, ये सभी व्यय के स्थान कहलाते थे।[2]

राजा के राज्याभिषेक के बाद, उसके प्रत्येक कार्य में 'व्युष्ट' नाम से कहे जाने वर्ष, मास, पक्ष और दिन इन चारों बातों का उल्लेख होता था। राजवर्ष के तीन विभाग थे : 1. वर्षा, 2. हेमन्त और 3. ग्रीष्म, इन तीनों विभागों में प्रत्येक 8 8 पक्ष होते थे, प्रत्येक पक्ष 15 दिन का होता था, प्रत्येक ऋतु के तीसरे तथा सातवें पक्ष में एक-एक दिन कम माना जाता, शेष छहों पक्ष पन्द्रह-पन्द्रह दिन के माने जाते थे। इसके अतिरिक्त एक अधिमास (मलमास) भी माना जाता था।

समाहर्ता करणीय, सिद्ध, शेष, आय, व्यय तथा नीवी आदि कार्यों को उचित रीति से सम्पन्न करता था। करणीय 6 प्रकार का होता था। 1. संस्थान 2. प्रचार, 3. शरीरावस्थान, 4. आदान, 5. सर्वसमुदयपिंड और 6. संजात। सिद्ध भी 6 प्रकार

का होता था 1. कोशार्पित, 2. राजहार, 3. पुरव्यय 4. परसंवत्सरानुवृत 5. शासनमुक्त और 6. मुखाज्ञप्त। शेष के 6 भेद थे 1. सिद्धकर्मयोग 2. दंडशेष, 3. बलात्कृत प्रतिस्तब्ध 4. अवसृष्ट 5. असार और 6. अल्पसार।

प्रतिदिन की आमदनी को 'वर्तमान' आय कहा जाता था, पिछले वर्ष का बकाया अथवा शत्रुदेश से प्राप्त धन 'पर्युषित' आय था, भूले हुए धन की स्मृति, अपराधस्वरूप प्राप्त धन, कर के अतिरिक्त अन्य उपायों या प्रभुत्व से प्राप्त धन, कांजी हाउस से प्राप्त धन, भेंटस्वरूप प्राप्त धन, शत्रुसेना से अपहृत धन और लावारिस का धन 'अन्यजात'[3] **आय** कहलाती थी। इसके अतिरिक्त सैनिक खर्च से बचा हुआ धन, स्वास्थ्य-विभाग के व्यय से बचा हुआ धन और इमारतों के बनवाने से बचा हुआ धन 'व्ययप्रत्याय' कहलाता था। यह भी एक प्रकार की आय थी। बिक्री के समय वस्तुओं की कीमत बढ़ जाने से, निषिद्ध वस्तुओं के बेचने से, बाट-तराजू आदि की बेईमानी से तथा खरीदारों की प्रतिस्पर्धा से प्राप्त धन भी आमदनी का धन था।

प्रतिदिन के नियमित व्यय को 'नित्य' व्यय कहते थे। पाक्षिक, मासिक तथा वार्षिक आय के लिए व्यय किया गया धन 'लाभ' कहलाता था। नियमित व्यय से अधिक खर्च हो जानेवाले धन को 'नित्योत्पादिक' तथा 'लाभोत्पादिक' कहा जाता था। सब तरह के आय-व्यय का भली-भाँति हिसाब करके भी बचत रूप में निकलने वाला धन 'नीवी' कहलाता था, जो दो प्रकार का होता था। 1. प्राप्त और 2. अनुवृत। प्राप्त वह, जो खजाने में जमा हो और अनुवृत वह, जो खजाने में जमा किया जानेवाला होता था।

समाहर्ता ऊपर निर्दिष्ट विधियों, साधनों एवं मार्गों से राजकीय धन का संग्रह करता और आय-व्यय में बचत-हानि का लेखा-जोखा ठीक रखता था।[4]

6.3 कोष्ठागार

कोष्ठागार (कोठार) का अध्यक्ष (कोठारी) 1. सीता, 2. राष्ट्र, 3. क्रयिम, 4. परिवर्तक, 5. प्रामित्यक, 6. आपमित्यक, 7. सिंहनिका, 8. अन्वजात, 9. व्ययप्रत्याय और 10. उपस्थान, इन दस बातों के सम्बन्ध में अच्छी जानकारी रखता था। राजकीय कर के रूप में एकत्र धान्य को **सीता** और उसको एकत्र करने वाले अधिकारी को **सीताध्यक्ष** कहते थे। कोष्ठागार का अध्यक्ष शुद्ध एवं पूरा सीता लेकर उसको व्यवस्था से रखता था।

राष्ट्र के दस भेद होते थे : 1. पिंडकर (गाँवों से वसूल किया जाने वाला नियत राजकीय कर) 2. षड्भाग (राजा को दिया जाने वाला अन्न का छठा भाग),

3. सेनाभक्त (युद्धकाल में विशेष रूप से निर्धारित कर), 4. बलि (छठे भाग के अतिरिक्त कर), 5. कर (जलाशयों और जंगलों का कर), 6. उत्संग (राजकुमार के जन्मोत्सव पर दी जाने वाली भेंट), 7. पार्श्व (नियत कर के अतिरिक्त कर) 8. पारिहीणिक (गाय बच्छियों के नुकसान पर दंड रूप में प्राप्त धन), 9. औपायनिक (भेंट स्वरूप प्राप्त धन) और 10. कौष्ठेयक (राजधन से बने हुए तालाबों तथा बगीचों का कर)। क्रयिक तीन प्रकार का होता था : 1. धान्यमूलक (धान्य को बेचकर प्राप्त हुआ धन), 2. कोशनिर्हार (धन देकर खरीदा हुआ अन्न) और 3. प्रयोग-प्रत्यादान (ब्याज आदि से प्राप्त धन)। एक अनाज देकर उसके बदले दूसरा अनाज लेना **परिवर्तक** कहलाता था।[5]

6.4 राजकीय कर

सिक्कों के विशेषज्ञ द्वारा यह व्यवस्था की जाती थी कौन-सा सिक्का खजाने में जमा किया जाए और कौन-सा सिक्का चलाया जाए। सौ पण पर 8 पण राज्यभाग के रूप में जनता से लिया जाता जिसे *अर्थशास्त्र* में रूपिक कहा गया है। पण्य का अध्यक्ष स्थल-जल में उत्पक्ष तथा स्थल जलमार्ग से बिक्री के लिए आई हुई अनेक प्रकार की बहुमूल्य एवं अल्पमूल्य वस्तुओं के तारतम्य और उनकी लोकप्रियता (माँग) तथा अप्रियता (अरुचि) आदि के सम्बन्ध में अच्छी तरह जानकारी प्राप्त करता और इस बात का भी पता लगाता कि कम चीज को बढ़ाने, बढ़ी हुई वस्तु को घटाने, बेची जाने योग्य वस्तु को खरीदने एवं खरीदी हुई वस्तु को बेच देने का उपयुक्त समय कौन था। जो विक्रेय वस्तु अधिक तादाद में उपलब्ध होता, पण्याध्यक्ष उसे एकत्र कर व्यापार-कौशल से पहले तो उसका दाम बढ़ा देता और जब समझ लेता कि उसमें उचित लाभ हो गया था तो फिर उसका भाव कम करके उसको बेचता था।

अपने राज्य में उत्पन्न सरकारी वस्तुओं की बिक्री का प्रबन्ध एक ही जगह किसी नियत स्थान पर किया जाता था। दूसरे देश में उत्पन्न वस्तुओं का विक्रय अनेक स्थानों में किया जाता था। स्वदेश और परदेश की वस्तुओं की बिक्री का ऐसा प्रबन्ध किया जाता था जिससे प्रजा को किसी प्रकार का कष्ट न हो। यदि किसी वस्तु में अधिक लाभ की सम्भावना होती किन्तु उससे प्रजा को कष्ट पहुँचता हो, तो राजा वह कार्य तत्काल रुकवा देता। जल्दी ही बिक जाने योग्य वस्तुओं को रोके रखना अथवा उनको बेचने का ठेका किसी एक व्यक्ति को देकर पुनः लोभवश वह ठेका दूसरे को देना, सर्वथा अनुचित माना जाता था।[7]

अनेक स्थानों पर बिकने वाली राजकीय वस्तुओं को सभी व्यापारी एक ही

भाव से बेचते। यदि बेचते-बेचते मूल्य में कुछ कमी हो जाती तो उस कमी को व्यापारी ही पूरा करते थे। गोदाम में सुरक्षित माल का सोलहवाँ भाग कर रूप में राजा को देना पड़ता था। उसे ब्याजी या **मानव्याजी** कहा जाता था। तौले जानेवाले माल का बीसवाँ भाग और गिने जाने वाले माल का ग्याहरवाँ भाग राजा के लिए कर में दिया जाता था। विदेशी माल को मँगाने में कर आदि की कुछ रियायत होती थी। नाव तथा जहाज आदि से माल मँगाने वाले व्यापारियों पर राजकर की छूट होती थी। विदेश से आए व्यापारियों को राजा बिना ही अभियोग (प्रतिषेध) के ऋण देने की व्यवस्था करता; किन्तु विदेशी व्यापारियों के सहयोगियों पर अभियोग होता था। राजकीय वस्तुओं को बेचने वाले व्यापारी, सायंकाल आठवें पहर में पण्याध्यक्ष के पास बिक्री का सब रुपया, लकड़ी की एक बंद संदूकची में रखकर उपस्थित होते और बताते कि इतना माल बिक गया यथा इतना बाकी था। माप तौल के बाटों को पण्याध्यक्ष के सुपुर्द कर दिया जाता था।

परदेश में किस रीति से व्यापार[8] किया जाता उसका विधान इस प्रकार था : निर्यात-व्यापार के सम्बन्ध में पण्याध्यक्ष को यह समझना पड़ता था कि स्वदेश तथा विदेश में बेची जानेवाली किन चीजों के मूल्य में परस्पर न्यूनाधिक्य था। इसके अतिरिक्त बिक्रीकर, सीमांत अधिकारी का टैक्स, सुरक्षा के लिए पुलिस को मार्गकर, जंगल के रक्षक का कर, नदी पार करने का कर, अपने भोजनादि का व्यय और भाड़ा आदि निकाल कर कितना बच सकेगा; इस पर भी विचार करता। इस प्रकार हिसाब लगाने पर कुछ बचत न दीख पड़े तो अपने माल को विदेश में ले जाकर, भविष्य में लाभ की प्रतीक्षा करते हुए, उसके विक्रय की व्यवस्था करता, अथवा अपने माल से वहाँ के लोकप्रिय माल को बदल कर उस रूप में अपने लाभ की बात सोचता था। यदि विचारित योजना सफल होती दिखाई देती तो लाभ का चौथा भाग व्यय करके सुरक्षित स्थल मार्ग के द्वारा व्यापार करना आरम्भ कर देता था। जंगल तथा सीमा के रक्षकों से, नगर-प्रधान और राष्ट्र के प्रतिष्ठित पुरुषों से घनिष्ठता बढ़ाई जाती जिससे कि व्यापार में कोई बाधा न आ सके।

विदेश में व्यापार करते हुए यदि आपत्ति आ पड़ती तो सर्वप्रथम रत्नों की और अपनी रक्षा की जाती थी। यदि दोनों की रक्षा सम्भव न हो तो रत्नों का लोभ छोड़कर वह अपने को बचाता। जब तक वह अपने देश में न लौट आता तब तक वहाँ के जो सरकारी टैक्स हो उनको नियमपूर्वक अदा करते हुए अपने व्यापार को सँभाले रखता था। जल-मार्ग से व्यापार करने वाले व्यापारी को यानभाटक (नाव तथा जहाज का किराया); पथ्यदन (मार्ग में खाने-पीने का खर्च),

पण्य तथा प्रतिपण्य के मूल का प्रमाण (अपनी तथा पराई विक्रेय वस्तु के मूल्य का तारतम्य), यात्रा-काल (किस ऋतु में यात्रा करनी चाहिए, उसकी अवधि), भयप्रतीकार (चोर आदि से सुरक्षा के उपाय), और गंतव्य देश के आचार-व्यवहारों की जानकारी आदि के सम्बन्ध में बारीकी से विचार करने के अनन्तर ही यात्रा की जाती थी।

इसी प्रकार नदी मार्ग के सम्बन्ध में भी उक्त बातों को ध्यान में रखकर, गंतव्य देश के आचार-विचार, चरित्र आदि का ज्ञान प्राप्त कर, जिस मार्ग से अधिक लाभ की सम्भावना हो उसी का अनुसरण किया जाता था। जहाँ लाभ की आशा न हो, और कष्ट भी अधिक मिले, उस मार्ग को छोड़ दिया जाता था।[9]

6.5 जंगल से आय

कुप्य का अध्यक्ष जंगल की रक्षा में नियुक्त पुरुषों द्वारा बढ़िया-बढ़िया लकड़ी मँगवाता था। लकड़ी से बनने योग्य दूसरे कार्यों को भी वही करवाता था। लकड़ी काटकर जीविकोपार्जन करनेवाले लोगों को वह वेतन पर नियुक्त करता था।

कुप्यवर्ग में सर्वप्रथम सारदारु वर्ग (सर्वोत्तम लकड़ी) में शाक (सागून), तिनिश (तैहुँआ), धन्वस (पीपल), अर्जुन, मधुक (महुआ), तिलक (फरास), साल, शिंशपा (शीशम), अरिमेद (दुर्गन्धित खैर), राजादन (खिरनी), शिरीष (सिरसा), खदिर (खैर), सरल (देवदारु) ताल (ताड़), सर्ज (साल), अश्वकर्ण (बड़ा साल), सोमवल्क (सफेद खैर), कश (बबूल), आम, प्रियक (कदंब), धव (गूलर) आदि सर्वोत्तम लकड़ी थे। उटज (खोखला), चिमिय (ठोस), चाप (कुछ पोला और ऊपर से खुरदरा), वेणु (चिकना, पोला), वंश (लम्बी पोरियों वाला), सातीन, कंटक (दोनों काँटेदार) और भाल्लूक (मोटा, लम्बा, कंटकरहित), ये सब बाँसों के भेद थे। वेत्र (बेंत), शीकबल्ली (हंसबल्ली), वाशी (सफेद फूलों की लता), श्यामलता (काली लता), नागलता, (नागबल्ली) आदि सब लताओं के भेद थे।[10]

आयुधागार का अधिकारी युद्धोपयोगी सामग्री तैयार करने वाले कारीगरों एवं कुशल शिल्पियों के द्वारा युद्ध में काम देने वाले, दुर्ग की रक्षा के योग्य शत्रु के नगर को विध्वंस कर देने वाले सर्वतोभद्र (मशीनगन), जामदग्न्य आदि यन्त्र, शक्ति, धनुष आदि हथियार, कवच और सवारी आदि जितने भी साधन थे, उनका निर्माण करवाता था। उन कारीगरों से कितने समय में कितनी मजदूरी देकर कितना काम कराया जाए इत्यादि बातों को वह पहले ही से निश्चित कर लेता था। तैयार हुए सामान को उसके उपयुक्त[11] स्थान में रखवा दिया जाता था।

6.6 चुंगीघर

शुल्क का अध्यक्ष शुल्कशाला (चुंगीघर) का निर्माण करवाता था। उसके पूर्व तथा उत्तर की ओर, प्रधान द्वार के पास, शुल्कशाला की पहचान के लिए वह एक पताका लगवा देता था। शुल्कशाला में चार-पाँच कर्मचारियों की नियुक्ति की जाती थी जो माल को लाने ले जानेवाले व्यापारियों का नाम, उनकी जाति, उनका निवास स्थान, माल का विवरण और उस पर कहाँ-कहाँ की मुहर लगी थी उसका विवरण वह लिखता था। जिन व्यापारियों के माल पर मुहर न लगी होती थी उनको जितनी चुंगी (शुल्क) देनी चाहिए, उन पर उसका दुगुना जुर्माना किया जाता था।

जिन व्यापारियों ने अपने माल पर नकली मुहर लगाई थी उन पर चुंगी का आठ गुना जुर्माना लगाया जाता था। जो व्यापारी मुहर लगाकर उसको मिटा देते उन्हें तीन घड़ी तक (ढाई घड़ी का एक घंटा) ऐसे स्थान पर बैठाया जाता ताकि आने-जाने वाले सभी व्यापारी उनके अपराध को जान सकें। माल का नाम बदलने वाले व्यापारी पर सवा पण दंड किया जाता था।[12] शुल्कशाला की ध्वजा के नीचे एकत्र होकर व्यापारी लोग अपने माल का नाम, उसकी कीमत और उसका वजन आदि की बोली बोलते थे। तीन बार आवाज लगाने पर जो भी खरीद लेता, उसे माल दे दिया जाता था। यदि खरीदने वालों में होड़ लग जाती तो माल का मूल्य बढ़ा कर बोली लगाई जाती और निर्धारित आमदनी से अधिक मूल्य एवं उसकी चुंगी राजकीय कोष में जमा कर दी जाती थी।

अधिक चुंगी देने के डर से जो व्यापारी अपने माल और उसके मूल्य को कम करके बताता, उस अतिरिक्त माल को राजा ले लेता अथवा व्यापारी से आठ गुना शुल्क वसूल किया जाता था। यही दंड उस व्यापारी को भी दिया जाता था जो कि बढ़िया माल की जगह उसी प्रकार की दूसरी पेटी आदि में घटिया माल रखकर उसका मूल्य कम कर देता अथवा जो व्यापारी नीचे के हिस्से में अच्छा माल भरकर ऊपर से सस्ता माल भर देता और उसी के अनुसार चुंगी देता था।

प्रतिद्वन्द्विता के कारण जो ग्राहक किसी चीज का मूल्य बढ़ा देता, उस बढ़े हुए मूल्य को राजा ले लेता अथवा उस मूल्य बढ़ाने वाले खरीददार से दुगुनी चुंगी वसूल की जाती थी। मित्रता या रिश्वत के कारण यदि अध्यक्ष किसी अपराधी व्यापारी को माफ कर दे तो अपराध के अनुपात से आठ गुना दंड अध्यक्ष पर लगाया जाता था।

इसलिए माल की बिक्री तौल कर अथवा गिनकर भलीभाँति की जाती थी

ताकि छल-कपट न हो सके। कोयला, नमक आदि कम चुंगी वाली वस्तुओं पर अन्दाज से ही कर लिया जाता था। उन्हें तौलने की आवश्यकता नहीं थी। जो व्यापारी छिपकर या किसी छल से चुंगी दिए बिना ही चुंगीघर को लाँघ कर चला जाता तो उन्हें नियत शुल्क से आठ गुना अधिक देना पड़ता था।[13]

विवाहसम्बन्धी, विवाह में प्राप्त, सदावर्त्त या क्षेत्रों के लिए दिया गया दान, यज्ञकर्म एवं जन्मोत्सव के लिए भेजा हुआ देवपूजा, मुंडन, जनेऊ, गोदान और व्रत आदि धार्मिक कार्यों से सम्बद्ध माल पर चुंगी नहीं ली जाती थी। किन्तु चुंगी के भय से जो व्यक्ति अपने माल का सम्बन्ध उक्त कार्यों से बताता तो उसे चोरी का दंड दिया जाता था।

यदि कोई व्यापारी चुंगी दिए माल के साथ बिना चुंगी दिए माल को निकाल ले जाता या इसी प्रकार बिना मुहर लगे माल को निकाल ले जाता, अथवा चुंगी दिए माल में बिना चुंगी का माल मिला देता, उस व्यापारी का वह बिना चुंगी का माल जब्त कर लिया जाता और उस पर उतना ही दंड निर्धारित किया जाता था।

जो व्यापारी चुंगी देने के भय से अपने अच्छे माल को घटिया बताकर धोखे से निकाल ले जाने की चेष्टा करता उसे उत्तम साहस दंड दिया जाता था। शस्त्र, कवच, लौह, रथ, रत्न, अन्न और पशु आदि किसी भी प्रतिबंध लगी वस्तु को लाने-ले जानेवाले व्यापारी को दंडित करने और उसकी उस वस्तु को जब्त कर लेने का नियम था। इनमें से कोई वस्तु यदि बाहर लाई जाती तो वह बिना दिए भी नगर-सीमाओं के बाहर भेजी जा सकती थी।

सीमा रक्षक अन्तपाल माल ढोनेवाली प्रति गाड़ी से मार्ग रक्षाकर (बर्त्तनी) के रूप में सवा पण कर वसूल करता था। घोड़े, खच्चर, गधे आदि एक खुरवाले पशुओं की गाड़ी पर पण, बैल आदि पशुओं पर आधा पण, बकरी, भेड़ आदि छोटे पशुओं पर चौथाई पण और कंधे पर भार ढोने वाले व्यक्तियों पर एक माष[14] (ताँबे का सिक्का) कर लिया जाता था। यदि किसी व्यापारी की कोई वस्तु गुम या चोरी गई हो तो अन्तपाल उसका पता लगाता था। अन्तपाल विदेशी व्यापारियों के माल की भली-भाँति जाँच कर उस पर मुहर लगाता और रमन्ना काटकर उन्हें चुंगी के अध्यक्ष (शुल्काध्यक्ष) के पास भेज देता था। उन विदेशी व्यापारियों के साथ गुप्त व्यापारी का भेष धारण किए राजा का खुफिया व्यापारियों के सम्बन्ध की सारी सूचनाएँ राजा तक पहुँचा देता था। इस सूचना को तथा व्यापारियों के सम्बन्ध में पूरी जानकारी राजा, शुल्काध्यक्ष के पास भेज देता ताकि राजा की जानकारी पर विश्वास किया जा सके और राजा की बात को विश्वासपूर्वक कहा जा सके। तदनुसार शुल्काध्यक्ष व्यापारियों से कहता, 'आप लोगों में से अमुक-अमुक

व्यापारी के पास इतना घटिया और इतना बढ़िया माल है, आप लोगों को कुछ भी छिपाना नहीं चाहिए। देखिए, राजा का इतना प्रभाव है कि उससे कोई बात छिपी नहीं रह सकती है।'

जो व्यापारी घटिया माल को छिपाने का यत्न करता, उस पर चुंगी से 8 गुना जुर्माना और जो बढ़िया माल को छिपाता उसका सारा माल जब्त कर लिया जाता था। राष्ट्र को हानि पहुँचाने वाले विष या फल आदि माल को राजा नष्ट कर देता और यदि प्रजा का उपकार करने वाला तथा कठिनाई से प्राप्त होने वाला धान्य आदि माल होता तो उस पर चुंगी नहीं लगाई जाती ताकि उस माल का अपने देश में अधिक आयात हो सके।[15]

6.7 करवसूली के नियम

शुल्क व्यवहार (उपयुक्त करवसूली) के तीन प्रकार थे : 1. बाह्य (अपने राज्य में उत्पन्न वस्तुओं की चुंगी), 2. आभ्यन्तर (राजमहल तथा राजधानी के भीतर उत्पन्न होनेवाली वस्तुओं की चुंगी) और 3. आतिथ्य (विदेश से आनेवाले माल की चुंगी)। इनके दो भाग थे : 1. निष्क्राम्य और 2. प्रवेश्य। बाहर जानेवाले माल पर लगाई गई चुंगी को **निष्क्राम्य** और बाहर से आनेवाले माल पर लगाई गई चुंगी को **प्रवेश्य** कहते थे। आयात माल पर सामान्यत: उसकी लागत का पाँचवाँ हिस्सा चुंगी ली जाती थी। फूल, फल, साग, गाजर, मूल, शकरकन्द, धान्य, सूखी मछली और मांस, इन वस्तुओं पर उनकी लागत का छठा हिस्सा चुंगी ली जाती थी।

शंख, हीरा, मणि, मुक्ता, प्रवाल और हार, इन मूल्यवान वस्तुओं की चुंगी उनके विशेषज्ञों, पारखियों अथवा विशिष्ट रूप से नियत समय के लिए नियत वेतन पर नियुक्त व्यक्तियों द्वारा निर्धारित की जाती थी।[16]

मोटे तथा महीन रेशमी कपड़ों, कीमखाब, सूती कवच, हरताल, मैनसिल, हिंगुल, लोहा, गेरू, चन्दन, अगर, पीपल, (कुटुक), मादक बीजों से निकाला गया द्रव्य, शराब, हाथीदाँत, मृगचर्म, रेशमी तागे, बिछौना, ओढ़ना, अन्य रेशमी वस्त्र और बकरी तथा भेड़ की ऊन के बने कपड़ों आदि पर उनके मूल्य का पंद्रहवाँ हिस्सा चुंगी ली जाती थी। मामूली सूती कपड़ों, चौपायों, दुपायों, सूत, कपास, दवाई, लकड़ी, बाँस, छाल, बैल का चमड़ा, मिट्टी के बर्तन, अनाज, घी, तेल, खारा नमक, शराब और पके हुए अनाजों पर उनकी कीमत का बीसवाँ या पच्चीसवाँ भाग चुंगी ली जाती थी। द्वारपाल नगर के प्रधान द्वार से प्रविष्ट होनेवाली वस्तुओं पर, उनके नियत कर का पाँचवाँ हिस्सा टैक्स वसूल करता

था। हर प्रकार का कर इस ढंग से नियत किया जाता ताकि देश का उपकार हो सके।

जिन प्रदेशों में जो चीजें पैदा होतीं वहीं उनको नहीं बेचा जाता था। खानों से तैयार किया हुआ कच्चा माल खरीदने-बेचने वालों को 600 पण दंड देना पड़ता था। फूल-फल के बगीचों में ही फूल-फल खरीदने-बेचने वालों को 54 पण दंड दिया जाता था। साक-भाजी के खेतों में ही साक, भाजी तथा कन्दमूल खरीदने-बेचने वालों को 52½ पण दंड देना पड़ता था। इसी प्रकार अनाज के खेतों में ही अनाज खरीदने वालों को 53 पण दंड देना पड़ता और अनाज को खेत से ही खरीदने-बेचने वालों को क्रमशः एक पण तथा डेढ़ पण दंड देना पड़ता था।[17]

6.8 सूत का कारोबार

सूत व्यवसाय का अध्यक्ष (सूताध्यक्ष) सूत, कवच, कपड़ा और रस्सी आदि के कातने, बुनने तथा बटने वाले निपुण कारीगरों से उनके इन कार्यों की जानकारी प्राप्त करता था। ऊन, बल्क, कपास, सेमल, सन और जूट आदि को कतवाने के लिए विधवाओं, अंगहीन स्त्रियों, कन्याओं, स्त्रियों, संन्यासिनों, सजायाफ्ता स्त्रियों, वेश्याओं की खालाओं, बूढ़ी दासियों और मन्दिरों की दासियों को नियुक्त किया जाता था।

सूत की एकसारता, मोटाई और मध्यमता की अच्छी तरह जाँच करने के बाद उक्त महिलाओं की मजदूरी नियत की जाती थी। कम-ज्यादा सूत कातने वाली स्त्रियों को उनके कार्य के अनुसार वेतन दिया जाता था। सूत का वजन अथवा लम्बाई को जानकर पुरस्कार रूप में उन्हें तेल, आँवला और उबटन दिया जाता ताकि वे प्रसन्न होकर अधिक कार्य करें। त्यौहारों और छुट्टी के दिनों में उन्हें, भोजन, दान या समान देकर उनसे कार्य करवाया जाता था। निर्धारित मात्रा से कम सूत काता जाता तो सूत के मूल्य के अनुसार उनका वेतन काट लिया जाता था।[18]

नियत कार्यकाल और निश्चित वेतन के अनुसार ही कारीगरों को नियुक्त किया जाता और उनसे सम्पर्क बनाए रखा जाता जिससे कि कार्य में किसी प्रकार का कपट न हो सके। मोटे-महीन रेशमी कपड़े, चीनी रेशम, रंकु मृग की ऊन (रांकव) और कपास का सूत कातने-बुनने वाले कारीगरों को इत्र, फुलेल तथा अन्य पारितोषिक देकर सदा प्रसन्न चित्त रखा जाता था। उनसे ओढ़ने, बिछाने एवं पहनने के डिजाइनदार वस्त्र बनवाए जाते थे। निपुण कारीगरों से मोटे महीन

सूत के कवच बनवाए जाते थे। जो स्त्रियाँ पर्दानसीन होतीं, जिनके पति परदेश गए होते, विधवा, लूली-लंगड़ी, जिनका विवाह न हुआ हो, जो आत्मनिर्भर रहना चाहतीं, ऐसी स्त्रियों को सूत भेजकर उनसे सूत कतवाया जाता और उनके साथ अच्छा व्यवहार किया जाता था। घर पर काते हुए सूत को लेकर जो स्त्रियाँ स्वयं या दासियों को साथ लेकर प्रातः काल ही पुतलीघर (सूत्रशाला) में उपस्थित होतीं, उन्हें यथोचित मजदूरी दी जाती थी। सूत्रशाला में अधिक सबेरा होने के कारण यदि कुछ अँधेरा हो तो वहाँ उतना ही प्रकाश किया जाता, जिससे सूत अच्छी तरह देखा जा सके। स्त्री का मुख देखने या कार्य के अलावा इधर-उधर की बात करनेवाले परीक्षक को प्रथम साहस दंड दिया जाता था। उन्हें उचित समय पर वेतन या मजदूरी न दी जाती तो सम्बद्ध अधिकारी को मध्यम साहस दंड और कार्य न करने पर भी यदि वेतन दिया जाता तब भी मध्यम साहस दंड दिया जाता था। जो स्त्री वेतन लेकर भी कार्य नहीं करती तो उसका अँगूठा कटवा दिया जाता था।[19] यही दंड उसको भी दिया जाता जो माल को चुराता, खो देता अथवा लेकर भाग जाता था। प्रत्येक कर्मचारी को उसके अपराध के अनुसार शारीरिक या आर्थिक दंड दिया जाता था। सूत्राध्यक्ष रस्सी बटकर जीविकोपार्जन करनेवाले तथा चमड़े का कार्य करनेवाले कारीगरों से सम्पर्क बनाए रखता था। उनसे वह गाय आदि बाँधने के लिए रस्सी तथा हर तरह का चमड़े आदि का सामान बनवाता रहता था। सूत्राध्यक्ष सूत, सन आदि की रस्सियाँ और कवच बनाने तथा घोड़ा बाँधने के उपयोगी बेंत एवं बाँस की रस्सियाँ बनवाता था।[20]

6.9 नौका परिवहन

नौका-परिवहन के अधिकारी (नौकाध्यक्ष) का काम था समुद्रतट की समीपवर्ती नदी को, समुद्र के नौका-मार्गों को, झीलों, तालाबों और गाँव के छोटे-छोटे जलीय मार्गों की भली-भाँति निगरानी रखना। समुद्र, झील तथा नदियों के किनारों पर बसे हुए ग्रामीणों द्वारा राजा को नियत कर दिया जाता था।

मछुओं द्वारा अपनी आमदनी का छठा हिस्सा कररूप में राजा को देना पड़ता था। समुद्रतट के व्यापारी, बन्दरगाहों के नियमानुसार माल के मूल्य का पाँचवाँ या छठा भाग टैक्स देते थे। सरकारी नौकाओं द्वारा माल लाने-ले जाने का भाड़ा वे अलग देते थे। इसी प्रकार शंख और मोती ले जानेवाले व्यापारी नाव का भाड़ा अलग से देते अथवा सरकारी नौकाओं का उपयोग न कर वे निजी नौकाओं से उतरा करते थे। मछली, मोती और शंख आदि सामुद्रिक वस्तुओं के सम्बन्ध में खानों के अध्यक्ष की ही भाँति, नाव का अध्यक्ष प्रबन्ध करता या उसी व्यवस्था

को लागू करता था। नगराध्यक्ष द्वारा नियत किए गए बन्दरगाह-सम्बन्धी नियमों को नावध्यक्ष भली-भाँति पालन करता था। दिशाओं का अन्दाज न रह जाने के कारण या तूफान में फँस जाने के कारण डूबती हुई नौका को अध्यक्ष, पिता के समान अनुग्रह करके बचाने का प्रयास करता था।[21] पानी लग जाने के कारण नुकसान हुए माल का टैक्स माफ कर दिया जाता या नुकसान को देखते हुए आधा ही टैक्स लिया जाता था।

निःशुल्क या आधे शुल्क वाली नौकाओं को बन्दरगाहों की ओर यात्रा करने के समय में भेज दिया जाता या छोड़ दिया जाता था। चलती हुई नौकाएँ जब चुंगी पर पहुँच जातीं तब उनकी चुंगी वसूल की जाती थी। चोर-डाकुओं की नौकाओं को नष्ट कर दिया जाता था। जो नौकाएँ शत्रुदेश की ओर जातीं या जो व्यापार नियमों का उल्लंघन करतीं उन्हें भी तहस-नहस कर दिया जाता था।

नाव का कप्तान (शासक), नावचालक (नियामक), लंगड़ डालने वाला (दात्रदाहक), रस्सी या पतवार पकड़ने वाला (रश्मिग्राहक), और नौका में भरे हुए पानी को उलीचने वाला (उत्सेचक), इन पाँच कर्मचारियों के रहने पर ही बड़ी-बड़ी नौकाओं को गर्मी तथा सर्दी में समान रूप से बहनेवाली बड़ी-बड़ी नदियों में चलाने की आज्ञा दी जाती थी। बरसाती नदियों में चलाने के लिए अलग नौकाएँ होती थीं। इन बड़ी नौकाओं को ठहरने के लिए नियत बन्दरगाह होते और उन पर पूरी निगरानी रखी जाती थी ताकि किसी शत्रु राजा के गुप्तचर उनमें प्रवेश न कर सकें।

कोई भी नाव वाला यदि अनिश्चित समय में ही अनियमित मार्ग से घाट के आर-पार जाता तो उसे प्रथम साहस दंड दिया जाता था। इसके अतिरिक्त ठीक समय पर और नियत घाट से बिना आज्ञा नाव पार करनेवाले व्यक्ति पर पौने सत्ताईस पण दंड निर्धारित किया जाता था।[22]

धीरव, लकड़हारे, घसियारे, माली, कुंजड़े, खेतों के रखवाले, चोर के डर से पीछे जानेवाले, राजदूत के पीछे शेष कार्य को पूरा करने के लिए जानेवाली सेना, सैनिक सामग्री और गुप्तपुरुषों को बिना समय एवं बिना आज्ञा ही नदी पार करने पर कोई दंड नहीं लिया जाता था। अपनी नाव से नदी पार करनेवाले व्यक्तियों पर कोई प्रतिबन्ध नहीं होता था। बीज, कर्मचारियों की भोजन सामग्री, फल, फूल, शाक और मसाला (उपस्कर) आदि सामान को पार ले जानेवाले व्यक्ति दंड से मुक्त थे। ब्राह्मण, संन्यासी, बालक, बीमार, राजदूत या हलकारा और गर्भवती स्त्री को नौकाध्यक्ष की मुहर देखकर ही, बिना भाड़ा के पार कर दिया जाता था। जिन परदेशियों को पासपोर्ट मिल गया होता अथवा पासपोर्ट प्राप्त

व्यापारियों के साथ जिन-जिन व्यक्तियों को आने की अनुमति मिल गई होती वे ही देश में प्रवेश कर सकते थे।

किसी की स्त्री, कन्या या किसी का धन चुराकर भागनेवाले व्यक्ति को आगे बताए हुए लक्षणों से पहचान कर फौरन गिरफ्तार करवा दिया जाता था। वे लक्षण इस प्रकार थे : यदि वह चौकन्ना-सा नजर आता, ताकत से अधिक बोझा उठाए हो, सिर पर इस प्रकार घास-फूस फैलाए हो कि शक्ल न दिखाई दे, नकली संन्यासी का भेष बनाए हो, संन्यासी वेश बदल कर सादा वेश धारण कर ले, बीमारी का कोई चिह्न न होने पर भी अपने को बीमार जैसा लगाए, डर से मुख की रौनक छिपाकर रखे हो, जहर आदि को रखे हो, अग्नियोग को छिपाए हो, दूर का सफर करता हो और पासपोर्ट प्राप्त किए बिना ही यात्रा करता हो।[23]

भेड़, बकरी आदि छोटे जानवरों का और जिस मनुष्य के पास हाथ में उठाने भर का बोझा हो, एक माषक भाड़ा देता था। जिस पुरुष के पास सिर अथवा पीठ से उठाने योग्य बोझा होता और गाय, घोड़ा आदि पशुओं का, दो माषक भाड़ा दिया जाता था। ऊँट और भैंस का चार माषक भाड़ा दिया जाता था। इसी प्रकार छोटी गाड़ी का 5 माषक, मझौली गाड़ी का 6 माषक और बड़ी बैलगाड़ी का 7 माषक भाड़ा देना पड़ता था। बीस तुला बोझ का 1/4 पण भाड़ा निर्धारित था। इसी हिसाब से भैंस या ऊँट आदि पर ढोये जानेवाले बोझा का भाड़ा लगता था। बड़ी-बड़ी नदियों की उतराई इससे दुगुनी होती थी।

नदियों के किनारे बसे हुए लोग सरकारी टैक्स के अतिरिक्त कुछ निर्धारित भत्ता या वेतन भी मल्लाहों को देते थे। पार उतारने वाले राजकीय मल्लाह सीमाप्रदेशों में व्यापारियों से मार्ग का टैक्स और अन्तपाल को दिया जानेवाला शुल्क भी अदा करते थे। जो व्यापारी बिना मुहर के माल को निकालते पकड़ा जाता उसका सारा माल जब्त कर लिया जाता था। जो व्यक्ति अनियमित बोझा असमय और बिना घाट के ही पार उतारने की कोशिश करता उसका भी सारा माल जब्त कर लिया जाता था। मल्लाहों की असावधानी, अन्य आवश्यक साधनों से हीन और बिना मरम्मत की सरकारी नौका यदि डूब जाती तो यात्रियों का सारा हर्जाना नौकाध्यक्ष पूरा करता था। आषाढ़ी पूर्णिमा से लेकर कार्तिकी पूर्णिमा[24] के एक सप्ताह बाद तक की अवधि के बीच बरसाती नदियों में नौका-कर लिया जाता किन्तु सदा बहनेवाली नदियों में तो हमेशा ही टैक्स लिया जाता था।

6.10 ब्याज

लम्बी अवधि तक यज्ञकार्य में लगे हुए, व्याधिग्रस्त, गुरुकुल में अध्ययन करनेवाले,

बालक और अशक्त आदि व्यक्तियों के ऋण पर ब्याज नहीं छोड़ा जाता था। यदि कर्जदार अपने कर्जे की अन्तिम रकम को अदा करता और धनिक उसको न ले तो, धनिक पर 12 पण का दंड लगाया जाता था। यदि न लेने का कोई विशेष कारण न हो तो वह रकम बिना सूद के कहीं और जमा कर दी जाती थी।

यदि कोई उत्तमर्ण दस वर्ष के अन्दर अपना कर्जा वसूल नहीं कर पाता तो उस धन पर उसका फिर कोई अधिकार नहीं रहता था। यदि वह कर्जे का धन बाल, बूढ़े, बीमार, आपदग्रस्त, प्रवासी, देशत्यागी या राजकाज से बाहर गए किसी व्यक्ति का हो तो वह दस वर्ष बाद भी उस धन का अधिकारी माना जाता था। यदि ऋण लेनेवाला (अधमर्ण) मर जाता तो उसका पुत्र ऋण को चुकता करता अथवा उसके वारिस या उसके साथ काम करनेवाले जामिन हिस्सेदार उसके ऋण को अदा करते थे। इनके अतिरिक्त ऐसे मृतक अधमर्ण के ऋण का जामिन दूसरा नहीं माना जाता। बालक जामिन होने का अधिकारी नहीं था। जिस ऋण का स्थान तथा समय निश्चित नहीं था, उसको कर्जेदार के पुत्र, पौत्र या दूसरे दायभागी अदा करते थे।[25]

जो कर्ज आजीविका, विवाह और जमीन के लिए लिया जाता उसको तथा जामिन के द्वारा चुकता किए जाने योग्य ऋण को केवल उनके पुत्र, पौत्र ही अदा करते थे। यदि एक व्यक्ति पर अनेक व्यक्तियों का कर्जा हो तो उस पर एक साथ अनेक कर्जा देनेवाले मुकदमा नहीं चला सकते थे, किन्तु यह कर्जदार कहीं विदेश जा रहा हो तो उस पर एक साथ अनेक मुकदमा चलाए जा सकते थे। मुकदमों का फैसला हो जाने के बाद ऋण का भुगतान उसी क्रम से होता जिस क्रम से उसको लिया गया था। यदि उसमें राजा या ब्राह्मण का कर्जा निकले तो उसका भुगतान सबसे पहले करना पड़ता था।

भार्या, पति, पिता, पुत्र और एक साथ रहनेवाले भाई परस्पर कर्जा लेते या देते तो उनके कर्जे का मुकदमा अदालत में नहीं चलाया जा सकता था। कर्जा लेनेवाले किसान और राजकर्मचारी यदि काम पर लगे रहते तो ऋण के सम्बन्ध में उन्हें गिरफ्तार नहीं किया जा सकता था। पति द्वारा कर्ज लिए हुए ऋण को यदि उसकी स्त्री चुकाना मंजूर नहीं करती तो उस पर किसी प्रकार का जोर-दबाव नहीं डाला जा सकता था; किन्तु ग्वाला आदि कार्यों की कमाई पर निर्भर रहनेवाले लोगों की स्त्रियाँ अपने पति की अनुपस्थिति में अपने पति का कर्ज चुकता करने की जिम्मेदार होती थीं।

यदि पत्नी कर्जा लेती तो उसको अदा करने के लिए उसके पति को विवश किया जा सकता था। स्त्री के ऋण को न चुकाने की नौबत से बचकर या बहाना

करके यदि कोई पुरुष विदेश चला जाता और उसकी यह बात साबित हो जाती तो उसे उत्तम साहस दंड दिया जाता था। यदि कारण सिद्ध न हो सके तो साक्षियों की गवाही के अनुसार उसका निर्णय किया जाता था। दोनों पक्षों से अनुमत कम-से-कम तीन ऐसे गवाह आवश्यक होते जो विश्वास योग्य और चरित्रवान हों। दोनों पक्षों की राय से दो गवाह भी हो सकते थे। किन्तु कर्जे के मामले में एक गवाह कदापि न होता था[26]।

6.11 धरोहर

शत्रु के षड्यन्त्र और जंगलवासियों के आक्रमण से दुर्ग तथा राष्ट्र का नाश हो जाने पर; या डाकू-चोरों के द्वारा गाँव, व्यापारिक कम्पनियाँ तथा पशुओं का नाश हो जाने पर; या भीतरी षड्यन्त्रों के कारण नाश हो जाने पर; गाँव में आग लग जाने या बाढ़ के कारण नष्ट हो जाने पर, अग्नि या बाढ़ से नष्ट होने वाले ताँबा, लोहा आदि कुप्य वस्तुओं के शेष रह जाने पर; अग्नि से घिर जाने पर, नाव के डूब जाने पर, या नाव के माल की चोरी हो जाने पर, अपना बचाव हो जाने पर भी उपनिधि (धरोहर) पाने के लिए कोई व्यक्ति किसी पर मुकदमा नहीं चला सकता था।

जो व्यक्ति उपनिधि को अपने उपयोग में लाता, देशकाल के अनुसार वह उपयोग का बदला (भोगवेतन) चुका देता और दंडरूप में 12 पण अदा करता था। उपभोग के कारण उपनिधि को नष्ट कर देनेवाले व्यक्ति पर मुकदमा चलाया जाता और 24 पण दंड दिया जाता था। किसी भी प्रकार से उपनिधि के नष्ट हो जाने पर यही नियम लागू किया जाता था। यदि कोई व्यक्ति उपनिधि को लेकर भाग जाता या विपत्ति में फँस जाता तो उस पर न तो अभियोग चलाया जा सकता और न ही दंड दिया जा सकता था।[27]

यदि कोई व्यक्ति उपनिधि को कहीं गिरवी रख देता, बेच देता या अन्य किसी तरह से उसका अपव्यय कर देता उस पर उपनिधि का चौगुना पंचबन्ध दंड किया जाता था। यदि कोई व्यक्ति उपनिधि को बदल देता या किसी भी प्रकार से नष्ट कर देता उससे उपनिधि की कीमत वसूल कर ली जाती थी। यदि गिरवी रखी हुई वस्तु सोने-चाँदी के आभूषण (सोपकार) होते तो वे नष्ट नहीं होते और उन पर ब्याज नहीं लिया जाता था। इनके अतिरिक्त आधि गिरवी रखी वस्तु के नष्ट हो जाने का भी व्यय रहता था और उस पर ब्याज भी लगता था।

यदि गिरवी रखनेवाला व्यक्ति अपनी वस्तु को लेना चाहता और ब्याज आदि के लोभ से अधमर्ण को उत्तमर्ण उसके स्थान पर न मिले, तो वह आधि के

बदले में लिए धन को उस गाँव के वृद्ध पुरुषों के पास रखकर अपनी गिरवी रखी हुई वस्तु को वापस ले सकता था। यदि अधमर्ण अपनी आधि को बेचकर अपना कर्जा चुकाना चाहता तो उसी समय उसकी लागत तय करके उस वस्तु को उत्तमर्ण के पास रहने दिया जाता, उसके बाद उत्तमर्ण उस आधि पर ब्याज नहीं ले सकता था। आधि के रखने में उत्तमर्ण का लाभ हो रहा या हानि हो रही थी किन्तु निकट भविष्य में यदि उसके नष्ट हो जाने की आशंका होती, अथवा उसकी लागत से कर्जे की संख्या अधिक हो रही होती, ऐसी अवस्था में, अधमर्ण की अनुपस्थिति में भी, न्यायाधीश (धर्मस्थ) की आज्ञा लेकर उत्तमर्ण उस आधि को बेच सकता था। न्यायाधीश की अनुपस्थिति में आधिपाल (न्यायविभाग का अधिकारी) से आज्ञा ली जा सकती थी।[28]

जो स्थायी सम्पत्ति परिश्रम या बिना परिश्रम के फल देती हो अथवा उपभोग करने योग्य हो, उसे बेचा नहीं जा सकता था। जिस आधि को उत्तमर्ण व्यापार में लगाता उसका लाभ अधमर्ण को दिया जाता था। जो व्यक्ति बिना आज्ञा या शर्त के आधि का उपभोग करता, उससे आधि के अच्छी हालत का मूल्य वसूल किया जाता और अलग से उस पर जुर्माना किया जाता था। आधि के सम्बन्ध में शेष नियम उपनिधि के समान थे।

आदेश (आज्ञा) और अन्वाधि (गिरवी रखी हुई वस्तु को वापस मँगाना) के सम्बन्ध में उपर्युक्त नियम प्रचलित थे। व्यापारी यदि किसी की गिरवी रखी वस्तु को किसी व्यक्ति के द्वारा कहीं दूसरी जगह भेजता और बीच में ही उस वस्तु की चोरी हो जाती तो उसे ले जानेवाले पर आधि विषयक मुकदमा नहीं चलाया जा सकता था। यदि किसी कारण वह बीच रास्ते में ही मर जाता तो उसके उत्तराधिकारियों पर भी मुकदमा नहीं चलाया जा सकता था। बाकी सब नियम उपनिधि के समान थे।

उधार या किराये पर ली गई वस्तु जिस दशा में लाई जाती ठीक उसी दशा में वापस करना पड़ता था। यदि देश, काल, दोष या आकस्मिक आपत्ति के कारण उस वस्तु में कोई खराबी आ जाती या सर्वथा वह नष्ट हो जाता, तो उस वस्तु के सम्बन्ध में मुकदमा नहीं चलाया जा सकता था। शेष नियम उपनिधि के समान प्रचलित था।[29]

फुटकर वस्तुओं को बेचने वाले व्यापारियों द्वारा देश, काल के अनुसार अपनी वस्तुओं को बेचते हुए थोक व्यापारियों को यथोचित मूल्य और ब्याज दिया जाता था। शेष नियम उपनिधि के समान थे। यदि देश, काल के अनुसार पहले से खरीद कर रखी हुई वस्तुओं का मूल्य गिर जाता तो वर्तमान में दिए जानेवाले मूल्य

के अनुसार ही उनका मूल्य और ब्याज थोक व्यापारियों को दिया जाता था। यदि थोक व्यापारियों का बड़े व्यापारियों के साथ यह तय हो चुका होता कि वे किसी नियत मूल्य पर ही माल बेचेंगे तो उसी मूल्य पर बेचते हुए छोटे व्यापारी, बड़े व्यापारियों को केवल मूल्य देता, ब्याज नहीं। यदि भाव गिर जाता तो उसी के अनुसार मूल्य दिया जाता था।

बिना कानूनी कार्यवाही के व्यावहारिक विश्वास पर होनेवाले सौदे में यदि किसी प्रकार के दोष या आपत्ति के कारण खराबी आ जाती, माल सर्वथा ही नष्ट हो जाता तो थोक व्यापारी उसका मूल्य नहीं देते थे। किन्तु दूसरे स्थान और दूसरे समय में बेचे जानेवाले माल का छीजन (क्षय) और खर्च (व्यय) के हिसाब से उचित मूल्य और ब्याज दिया जाता था। स्टेशनरी (पण्यसमवाय) में कुछ अंश छीजन का निकाल लिया जाता था।

निक्षेप, अर्थात् दिखाकर या गिनकर रखी जानेवाली धरोहर वस्तु के नियम उपनिधि के समान थे। किसी के निक्षेप को यदि कोई व्यक्ति किसी दूसरे को दे देता, तो देनेवाले को यथोचित दंड दिया जाता था। निक्षेप रखनेवाला व्यक्ति यदि उसे दबा देता या नष्ट कर देता तो पूर्वस्थिति की जाँच करके, इस सम्बन्ध में धरोहर रखनेवाला (निक्षेप्ता) जैसी गवाही देता तदनुसार ही मामले का फैसला किया जाता था।[30]

6.12 क्रय विक्रय का बयाना

सौदा बेचने के बाद जो सौदागर देने से मुकर जाता उस पर 12 पण दंड किया जाता था। सौदागर यदि किसी दोष, उपनिपात अथवा अविषह्य के कारण बेची हुई वस्तु को नहीं देता तो वह निर्दोष माना जाता था। बेची हुई वस्तु में किसी प्रकार की खराबी आ जाना **दोष** कहलाता था। बेची हुई वस्तु में राजा, चोर, अग्नि तथा जल आदि के द्वारा हुई बाधा **उपनिपात** था। बेची हुई वस्तु का अत्यधिक गुणहीन या दु:खदाई होना **अविषह्य** कहलाता था।

क्रय विक्रय करनेवाले व्यापारियों द्वारा खरीदे गए माल का बयाना एक दिन तक लौटाया जा सकता था। इसी प्रकार किसानों का विक्रय 3 दिन तक; ग्वालों का विक्रय 5 दिन तक और संकर जाति तथा उत्तम वर्णों के जीवन-निर्वाह के आधारभूत भूमि आदि का विक्रय 7 दिन तक वापस किया जा सकता था। अल्पायु (आतिपातिक) वस्तुओं का बयाना (अनुशय) इस शर्त पर दिया जाता था कि वह उसको किसी दूसरे के हाथ न बेचेगा। इस नियम का उल्लंघन करने वाले को 24 पण या बिकी हुई वस्तु का दसवाँ हिस्सा दंड दिया जाता था।[31] किसी

वस्तु को खरीदकर उसको लेने से यदि खरीददार मुकर जाता तो उस पर 12 पण दंड किया जाता था। यदि दोष, उपनिपात और अविषह्य आदि कारणों से ऐसा किया गया होता तो खरीददार निर्दोष था। खरीदने वाले के लिए भी बयाना देने का वही नियम था, जो बेचनेवाले के लिए था।

कन्या के किसी गुप्त दोष को छिपाकर उसका विवाह करनेवाले व्यक्ति पर 96 पण दंड किया जाता और उसे जो शुल्क तथा स्त्री धन दिया गया था वह वापस लिया जाता था। इसी प्रकार जो वर के दोषों को छिपाकर विवाह करता था, उस पर दुगुना अर्थात् 192 पण दंड किया जाता और उसको दिया हुआ शुल्क तथा स्त्री धन भी जब्त कर लिया जाता था।

कोढ़ी, बीमार तथा व्याधिग्रस्त मनुष्यों और पशुओं को स्वस्थ्य-सुंदर बताने वाले व्यक्ति पर 12 पण जुर्माना किया जाता था। चौपाए पशु डेढ़ मास तक और मनुष्य साल भर तक लौटाये जा सकते थे क्योंकि इस अवधि में इनकी अच्छाई-बुराई का भली-भाँति अन्दाजा लगाया जा सकता था।[32] धर्मस्थ (सभासद) लोगों द्वारा लेन-देन और क्रय विक्रय के अनुशय में ऐसी व्यवस्था की जाती कि किसी को कोई नुकसान न उठाना पड़ता।[33]

6.13 ठगी

बाजार के अध्यक्ष (संस्थाध्यक्ष) द्वारा पुराने अन्न आदि के तथा दुकानदारों के स्वाधिकृत (स्वकरण विशुद्ध) माल के आयात निर्यात का यथोचित प्रबन्ध करना पड़ता था। उसका यह कर्तव्य था कि तराजू, बाट और माप के बर्तनों का वह अच्छी तरह निरीक्षण करे, जिससे माप-तौल में कोई गड़बड़ी न हो सके। परिमाणी और द्रोण में यदि आधा पल कम-ज्यादा हो जाता तो कोई बात नहीं; किन्तु एक पल कम-ज्यादा होने पर 12 पण दंड देने का नियम था। पल की कमी-ज्यादा के अनुसार ही दंड की व्यवस्था की जाती थी।

तराजू में यदि एक कर्ष कम-ज्यादा हो तो कोई हर्ज नहीं; यदि दो कर्ष कम-ज्यादा निकले तो 6 पण दंड देना पड़ता था। इसी प्रकार कर्ष के अनुपात से दंड वृद्धि का प्रावधान था। आढक में यदि आधे कर्ष की कमीबेशी हो तो कोई बात नहीं; यदि कमीबेशी एक कर्ष की होती तो 3 पण दंड दिया जाता था। इसी अनुपात से दंड घटाया बढ़ाया जाता था।[34] जो बनिया अधिक वजन के तराजू-बाट से माल खरीद कर हल्के तौल से उसे बेचता उसको दुगुना 24 पण दंड दिया जाता था। गिनकर बेची जानेवाली चीजों में बनिया यदि आठवाँ हिस्सा चुरा लेता तो उस पर 96 पण जुर्माना किया जाता था। जो बनिया लकड़ी,

लोहा, मणि, रस्सी, चमड़ा, मिट्टी, सूत, छाल और ऊन से बने हुए घटिया माल को बढ़िया कहकर रखता या बेचता हो उस पर वस्तु की कीमत का 8 गुना जुर्माना किया जाता था।

बनावटी कस्तूर, कपूर आदि वस्तुओं को असली कहकर; दूसरे देश में पैदा हुई कमसल वस्तु को असली देश की बताकर; चमकदार बनावटी मोती को; मिलावटी वस्तु को; अच्छे माल की पेटी को दिखाकर रद्दी माल की पेटी को देने पर; व्यापारी को 54 पण दंड दिया जाता था। यदि वह माल एक पण मूल्य का होता तो पहले से दुगुना दंड और दो पण कीमत का होता तो दो सौ पण दंड दिया जाता था। इसी प्रकार अधिक मूल्य के माल पर अधिक दंड दिए जाने का नियम था।

जो लुहार, बढ़ई आदि कारीगर आर्डर के अनुसार कार्य नहीं करते, एक पण की जगह दो पण मजदूरी लेते, किसी वस्तु को बेचते समय अधिक दाम और खरीदते समय कम दाम कहकर खरीद-फरोख्त में विघ्न डालते, उनमें से प्रत्येक को एक-एक हजार पण दंड दिया जाता था। जो व्यापारी आपस में मिलकर किसी वस्तु को बेचने से रोक देते और फिर उसी वस्तु को अनुचित मूल्य पर बेचते, खरीदते उनमें प्रत्येक को एक-एक हजार पण जुर्माना किया जाता था।[35]

तुला, बाट और मूल्य में अन्तर हो जाने के कारण जो लाभ होता उसे बहीखाते में दर्ज कर लिया जाता था। तोलनेवाला या मापनेवाला अपने हाथ की सफाई से यदि एक पण मूल्य की वस्तु में आठवाँ हिस्सा कम कर देता तो उस पर दो सौ पण दंड किया जाता था। इसी प्रकार अधिक हिस्सा कम कर देने पर अधिक दंड की व्यवस्था की जाती थी। अनाज, तेल, खार, नमक, गन्ध और दवाइयों में कम कीमत की वस्तुओं को मिलाकर बेचने वाले पर बारह पण दंड किया जाता था।

दुकानदारों को प्रतिदिन जितना लाभ हो उसे बाजार का चौधरी (संस्थाध्यक्ष) अपनी बही में गिनकर दर्ज कर लेता। जिस वस्तु की खरीद-फरोख्त की व्यवस्था संस्थाध्यक्ष स्वयं करता था उसका लाभ राजकोष में जमा किया जाता था। इस दृष्टि से व्यापारियों को उचित था कि वे संस्थाध्यक्ष की आज्ञा से ही धान्य आदि विक्रेय वस्तुओं का संचय करते थे। अनुमति न लेने पर संस्थाध्यक्ष को अधिकार था कि वह अनाधिकृत वस्तुओं को अपने कब्जे में कर लेता। संस्थाध्यक्ष द्वारा संगृहीत वस्तुओं के बिकने की ऐसी सुव्यवस्था की जाती कि प्रजा का उपकार होता रहे।

संस्थाध्यक्ष जिन वस्तुओं को बेचने की अनुमति देता यदि वे वस्तुएँ स्वदेशी

होतीं, तो उन पर व्यापारी नियत मूल्य से प्रति सैकड़ा पाँच पण लाभ ले सकता था। यदि वे विदेशी होतीं तो प्रति सैकड़ा 10 पण लाभ लेता। इससे अधिक मूल्य बढ़ाने तथा अधिक लाभ लेने पर दो सौ पण दंड किया जाता था। इसी प्रकार अधिकाधिक लाभ पर अधिकाधिक दंड दिए जाने का नियम था।[36]

यदि संस्थाध्यक्ष से थोकभाव पर खरीदा हुआ माल न बिकता तो दूसरे व्यापारियों को थोकभाव पर नहीं दिया जाता था। यदि आकस्मिक आपात के कारण किसी व्यापारी का माल नष्ट हो जाता तो संस्थाध्यक्ष दूसरा माल देकर उसकी सहायता करता था। संस्थाध्यक्ष द्वारा सारी विक्रेय वस्तुओं को किसी एक व्यापारी द्वारा बिकवाया जाता था। यदि एक व्यापारी के द्वारा वह न बिक सके तो अन्य व्यापारी उस तरह का माल नहीं बेच सकते थे। उन वस्तुओं को दैनिक मजदूरी देकर इस ढंग से बिकवाया जाता जिससे प्रजा का हित हो सके। संस्थाध्यक्ष द्वारा दूसरे देश तथा दूसरे समय में उत्पन्न होनेवाली वस्तुओं का मूल्य, बनवाई का समय, वेतन, ब्याज, भाड़ा, और इसी प्रकार के ऊपरी खर्चों को जोड़कर ऐसा भाव तय किया जाता जिससे वे बिक जाएँ।[37]

6.14 कोष संचय

खजाने के कम हो जाने या अकस्मात् ही अर्थसंकट उपस्थित हो जाने पर राजा को कोष-संचय करना पड़ता था। बड़े या छोटे ऐसे जनपदों से अन्न का तीसरा या चौथा हिस्सा राज्यकर प्रजा की अनुमति से वहाँ वसूल किया जाता जहाँ का जीवन वृष्टि पर निर्भर होता और जहाँ काफी अनाज पैदा होता था। इसी प्रकार मध्यम श्रेणी के या छोटे जनपदों से भी अन्न संग्रह किया जाता था। किन्तु जो जनपद (जिलों), मकानों, व्यापारिक मार्गों, खाली मैदानों, खानों और लकड़ी-हाथी के जंगलों द्वारा राजा तथा प्रजा का उपकार करते हों, जो प्रदेश राज्य की सीमा पर हों और जिनके पास अन्न आदि बहुत थोड़ा हो, उनसे यह राज्यकर न लिया जाता था। नए बसने वाले किसानों को अन्न, बैल, पशु और धन सरकार की ओर से सहायतार्थ दिया जाता था। इस तरह के किसानों से राजा उनकी उपज का चौथा हिस्सा खरीद लेता था और फिर बीज तथा उनके गुजारे लायक छोड़कर बाकी भी खरीद लेता था। जंगल में पैदा हुए तथा श्रोत्रिय द्वारा पैदा किए अन्न में राजा हिस्सा नहीं लेता था। बीज और खाने योग्य अन्न को छोड़कर उसमें से भी राजा खरीद सकता था।[38]

यदि श्रोत्रिय खेती नहीं करता तो समाहर्ता आदि अधिकारियों द्वारा उस जमीन को गरमी की जुताई-बुआई के लिए दूसरे किसानों को दे दी जाती थी। यदि

किसान की लापरवाही से बीज नष्ट हो जाता तो समाहर्ता उस पर दुगुना जुर्माना करता और दूसरी फसल पर उस सारी कार्यवाही को रजिस्टर में दर्ज कर देता। फसल की तैयारी होने पर किसानों को कच्चा-पक्का अन्न लाने के लिए रोक दिया जाता। वे देवपूजा, पितृपूजा या गाय के लिए मुट्ठी भर अनाज या मुट्ठी भर पुआल ला सकते थे। किसानों द्वारा भिखारी तथा गाँव के नाई, धोबी, कुम्हार आदि के लिए खलिहान में अन्न-राशि के नीचे का हिस्सा छोड़ दिया जाता था। सरकार को पैदावार की कमी दिखाने के लिए यदि किसान अपने ही खेत में चोरी करता तो उससे चोरी किए हुए अन्न का आठ गुना दंड वसूल किया जाता था। यदि कोई व्यक्ति अपने ही गाँव में खड़ी फसल की चोरी करता तो उसे चोरी के माल का 50 गुना दंड दिया जाता था। यदि वह दूसरे गाँव का होता तो उसे प्राणदंड की सजा दी जाती थी। धान्यों का चौथा हिस्सा और वन में होने वाले अन्न का तथा रूई, लाख, जूट, छाल, कपास, ऊन, रेशम, औषधि, गन्ध, पुष्प, फल, शाक, लकड़ी, बाँस, सूखा, मांस, आदि का छठा हिस्सा राजकर के रूप में लिया जाता था। हाथीदाँत और गाय आदि के चमड़े का आधा हिस्सा राजकर में लिया जाता था। जो व्यक्ति इन वस्तुओं को छिपाकर बेचता, उन्हें प्रथम साहस दंड दिया जाता था।[39] सोना, चाँदी, हीरा, मणि, मोती, मूँगा, घोड़े और हाथी आदि व्यापारिक वस्तुओं पर उनकी लागत का पचासवाँ हिस्सा टैक्स लिया जाता था। सूत, कपड़ा, ताँबा, पीतल, काँसा, गन्ध, जड़ी-बूटी और शराब पर चालीसवाँ हिस्सा, गेहूँ, धान आदि अन्न, तेल, घी, लोहा और बैलगाड़ियों पर तीसवाँ हिस्सा, काँच के व्यापारी तथा बड़े-बड़े कारीगरों पर बीसवाँ हिस्सा, छोटे-छोटे कारीगरों तथा कुलटा स्त्रियों को घर में रखने वालों से दसवाँ हिस्सा, और लकड़ी, बाँस, पत्थर, मिट्टी के बर्तन, पकवान तथा हरे शाक आदि पर पचासवाँ सरकारी टैक्स लिया जाता था। नट, नर्तक, गायक तथा वेश्याएँ अपनी कमाई का आधा हिस्सा राजकर देती थीं। व्यापारियों से प्रति पुरुष के हिसाब से कुछ नकदी कर रूप में ली जाती और इस भय से व्यापार छोड़ देने पर भी उसका कर वसूला जाता था। क्योंकि ऐसे लोगों से यह भी सम्भव हो सकता था कि वे अपनी वस्तु को दूसरे की कहकर बेच सकते थे जिससे कि टैक्स बच जाए।

मुर्गे और सूअर पालनेवाले, उनकी आमद का आधा हिस्सा टैक्स देते थे। भेड़-बकरी पालने वाले छठा हिस्सा, गाय, भैंसें, खच्चर, गधा तथा ऊँट पालने वाले दसवाँ हिस्सा राजकर के रूप में देते थे। वेश्याओं के जमादारों द्वारा राजअनुमत रूपवती वेश्याओं द्वारा राजकोष के लिए धन जमा किया जाता था।[40]

राज्यकर एक बार ही लिया जाता था, दुबारा नहीं। यदि एक बार कर लेने में खजाने को न बढ़ाया जा सके तो समाहर्ता द्वारा किसी कार्य का बहाना बनाकर नगरवासियों और प्रदेशवासियों से धन की याचना की जाती थी। इस योजना में मिले हुए लोग जनता को दिखाने के लिए ज्यादा-से-ज्यादा धन देते। इसी बहाने से राजा अपनी प्रजा से धन की याचना करता था। यदि कोई थोड़ा धन देता तो राजा के गुप्तचर उसकी निंदा समाज में फैलाते थे। धनी व्यक्तियों से उनकी हैसियत के अनुसार धन लिया जाता था। राज्य की ओर से उपकृत लोगों पर उपकार के अनुपात से या जितना धन मिले हुए लोग देते उतनी ही रकम देने को धनवानों से आग्रह किया जाता था। इस प्रकार उन सहायता देनेवाले धनी पुरुषों को अधिकार, उच्चासन, छत्र, वेष्टन (पगड़ी) तथा आभूषण आदि देकर सम्मानित किया जाता था। किसी पाखंडी या पाखंडी समूह की सम्पत्ति को तथा उस मन्दिर की सम्पत्ति को जिसका कोई भी अंश श्रोत्रिय के पास नहीं जाता तथा मरे हुए एवं घर जले हुए की सम्पत्ति को, उनका कर्म कराने के बहाने, राजकोष में जमा कर लिया जाता था।

देवताध्यक्ष (देव मन्दिरों का अधिकारी) द्वारा दुर्ग तथा राष्ट्र के देवमन्दिरों की आमदनी को एक स्थान पर जमा करके रखा जाता था। उसको फिर राजा को दे दिया जाता था। किसी प्रसिद्ध पवित्र स्थान में 'भूमि को फाड़ कर देवता प्रकट हुआ है' ऐसी अफवाह फैलाकर रात में वहाँ देवता की एक वेदी बनवा दी जाती और मेला लगवाकर यात्रियों तथा दर्शकों से वहाँ खूब भेंट चढ़वाई जाती और उस भेंट को राजा ले लेता था। बिना मौसम किसी मन्दिर या उपवन में किसी पेड़ पर फल या फूल पैदा कराके[41] यह प्रसिद्धि करवा दी जाती कि वह तो देव-महिमा है। अथवा सिद्धों के वेश में घूमने वाले गुप्तचर रात में किसी पेड़ पर बैठकर 'मुझे प्रतिदिन एक-एक मनुष्य चाहिए नहीं तो सबको एक ही साथ खा जाऊँगी' ऐसा राक्षस का बानिक बनाया जाता, उसके प्रतिकार के लिए जनता से धन-संग्रह किया जाता और वह धन राजकोष में रखा जाता था। अथवा किसी सुरंग वाले कुएँ में तीन या पाँच सिर वाले बनावटी नाग को दिखाया जाता और उसको दिखाने के बदले में दर्शकों से धन लिया जाता, फिर उस धन को राजकोष में जमा कर दिया जाता था। किसी मन्दिर तथा वल्मीक में साँप को अचानक दिखाकर उसे मन्त्र या औषधि से वश में कर लिया जाता और तब यह कहते हुए श्रद्धालु भक्तों को उसके दर्शन कराए जाते कि 'देखो, देवता की कैसी महिमा है?' जो व्यक्ति इस पर विश्वास नहीं करता उसे चरणामृत के साथ इतना विष दिया जाता, जिससे वह बेहोश हो जाता, और फिर यह प्रचार किया

जाता कि 'यह नाग देवता का शाप है।' जो व्यक्ति देवता की निन्दा करता उसे साँप से कटवा दिया जाता और उसको भी देवता का ही शाप कहा जाता। फिर बाद में चिकित्सा कर उसके विष को दूर कर दिया जाता था। इस प्रकार धन संचय करके राजा अपने खजाने को बढ़ाता था।

व्यापारी के वेश में वैदेहक नामक गुप्तचर प्रचुर वस्तुओं और अनेक सहायकों को लेकर व्यापार करना आरम्भ कर देता था। लोगों के बीच जब उसकी साख बन जाती और अमानत के रूप में तथा ब्याज आदि के लिए लोग उसके पास जब काफी पूँजी जमा कर देते, तब अचानक ही वह चोरी हो जाने का ढिंढोरा कर सारा माल राजा के लिए हड़प लेता था।

इसी प्रकार सरकार द्वारा नियुक्त सिक्कों का पारखी[42] और सुनार भी छल–कपट से राजकोष के लिए धन एकत्र करता था। व्यापारी के वेश में राजा के गुप्तचर जब लेन–देन में खूब प्रसिद्ध हो जाते तो एक दिन वे सहभोज के बहाने पास पड़ोस के लोगों से माँगकर या भाड़े पर सोने–चाँदी आदि के बर्तन ले आते या अपना माल रखकर उसके बदले में अनेक व्यक्तियों की उपस्थिति में किसी से रुपया या सोना ऋण ले आते और दूसरे दिन जिनसे अपनी वस्तुएँ बेचनी होती उनसे प्रतिवस्तु का दाम ले आते। इन दोनों प्रकार के लाए हुए मालों की वह रात्रि में चोरी करवा देते और इस प्रकार राजकोष को भरने का यत्न करते थे।

कुलीन वेश में रहने वाली गुप्तचर स्त्रियों के द्वारा दूष्य पुरुषों को उत्साही बनाकर उन स्त्रियों के घरों में ही उनको गिरफ्तार किया जाता और उनका सर्वस्व छीन लिया जाता था। दूष्य पुरुषों के आपसी झगड़े के समय गुप्तचरों द्वारा उनके पास रहते हुए किसी को विष देकर मार दिया जाता और दूसरे दूष्य का धन अपराध में अपहरण कर लिया जाता था।

कोई पदच्युत या जातिच्युत व्यक्ति माल, सोने की अमानत, ऋण अथवा दायभाग आदि को दूष्य से इस प्रकार माँगता जिससे कि लोगों को विश्वास हो जाता कि इनका आपस में घनिष्ठ सम्बन्ध था। कभी–कभी वह दूष्य को दास कहकर तथा उसकी स्त्री, पुत्री आदि को दासी या पत्नी आदि कहकर गाली देता। उस रात वह उसके ही द्वार पर या अन्यत्र कहीं सो जाता; फिर तीक्ष्ण पुरुष जाकर उसको मार देता और यह अफवाह फैला देता कि 'यह कामी पुरुष दूष्य के साथ इस प्रकार झगड़ा करते हुए मारा गया। इसी अपराध में राजा, दूष्य का सर्वस्व हर लेता था।'[43]

सिद्ध के वेश में गुप्तचर दूष्य को ऐसा कहकर प्रलोभन देता कि 'मैं अपार हिरण्य के खजाने को देखना, राजा को वश में करना, स्त्री को वश में करना,

दुश्मन को बीमार करना, आयु को बढ़ाना और सन्तान को पैदा करना आदि चमत्कार जानता हूँ।' जब दूष्य राजी हो जाता तो रात में किसी देवस्थान के पास ले जाकर गुप्तचर उसको खूब मदिरा, मांस, गन्ध आदि देवता को चढ़ाने के लिए कहता; तदनन्तर जहाँ मुर्दे का कोई अंग या मरा हुआ बच्चा गड़ा रहता वहाँ से, पहले गाड़ा हुआ, पुराना सिक्का निकाल कर उससे कहे कि 'यह बहुत कम है, क्योंकि तुमने कम भेंट चढ़ाई थी। यदि तुम अधिक भेंट चढ़ाना चाहते हो तो यह सोना लो और कल अधिक सामग्री लाकर देवता को अधिक से अधिक भेंट चढ़ाना। जब दूसरे दिन दूष्य उस सुवर्ण का सामान खरीदने लगे तभी उसको गिरफ्तार करके उसका सर्वस्व जब्त कर लिया जाता था।

अथवा माता-पिता के भेष में कोई गुप्तचर स्त्री दूष्य पर यह दोषारोपण करती कि 'तूने मेरा लड़का मारा है'। जब दूष्य पुरुष रात्रिहवन, वनयज्ञ और वनक्रीड़ा को प्रस्थान करता तो तीक्ष्ण लोग किसी नियुक्त किए पुरुष को मारकर दूष्य के रात्रिहवन आदि के पास उसको गाड़ देते और इसी अपराध में दूष्य को गिरफ्तार कर उसका सर्वस्व अपहरण कर लिया जाता था। दूष्य के पास नौकर के रूप में रहनेवाला कोई खुफिया वेतन में जाली सिक्का मिलाकर उसकी सूचना राजा को कर देता था। चारक के वेश में दूष्य के घर कार्य करता हुआ कोई खुफिया छिपे तौर पर जाली सिक्का बनाने के सब साधन वहाँ रख देता अथवा कोई खुफिया वैद्य दूष्य को औषधि की जगह विष दे देता था।[44]

दूष्य के पास रहता हुआ सत्री नामक गुप्तचर दूष्य के घर में रखे राज्याभिषेक तथा शत्रु के लेख की सूचना कापटिक गुप्तचर के द्वारा राजा तक पहुँचा देता। उसका कारण यह सिद्ध किया जाता कि वह दूष्य राजा को मारकर उसकी जगह अपना अभिषेक कराना चाहता था। इसी अपराध में उसका सब कुछ ले लिया जाता था।

अपने कोष की वृद्धि के लिए राजा इस प्रकार के उपायों का प्रयोग दूष्यों और अधार्मिक व्यक्ति पर ही करता, दूसरों पर नहीं। राजा द्वारा दुष्ट पुरुषों का धन उसी प्रकार ले लिया जाता जिस प्रकार वाटिका से पके हुए फल को लिया जाता था। किन्तु धर्मात्मा पुरुषों का धन वह उसी प्रकार छोड़ देते जैसे कच्चे फल को छोड़ दिया जाता है। कच्चे फल समान धर्मात्मा पुरुषों से वसूला गया धन प्रजा के कोप का कारण बन जाता था।[45]

6.15 वेतन

दुर्ग और जनपद की शक्ति के अनुसार नौकरों को रखा जाता और राज्य की आय

का चौथा भाग उनके भरण-पोषण पर व्यय किया जाता था। कार्य कुशल भृत्य जितने भी वेतन पर मिलते, उन्हें नियुक्त किया जाता किन्तु आमदनी के स्तर पर अवश्य ध्यान रखा जाता था। कहीं ऐसा न हो कि आमदनी कम और खर्चा अधिक हो जाए। ऐसा कोई भी कार्य नहीं किया जाता जिससे धर्म और अर्थ की व्यर्थ क्षति होती। ऋत्विक, आचार्य, मन्त्री, पुरोहित, सेनापति, युवराज, राजमाता और पटरानी–इन्हें प्रतिवर्ष 48 हजार पण वेतन (भृत्ति) दिया जाता था। इनके भरण-पोषण के लिए इतना यथेष्ट था और ऐसी स्थिति में राजा के लिए भारस्वरूप बनकर उसके कोप का कारण भी नहीं हो सकते थे।

द्वारपाल (दौवारिक), अन्तःपुर रक्षक (अन्तर्वंशिक), आयुधाध्यक्ष (प्रशास्ता), कर वसूल करनेवाला अधिकारी (समाहर्ता) और भांडागाराध्यक्ष (सन्निधाता)–इनको प्रतिवर्ष 24 हजार पण वेतन दिया जाता था। इतना वेतन देने में ये अपने कार्यों को भलीभाँति करते थे।[46] युवराज के भाई (कुमार), उन भाइयों की माताएँ या धाय (कुमार माता), सूबेदार मेजर (नायक), शहर कोतवाल (पौर), व्यापार का अध्यक्ष (व्यावहारिक) कृषि आदि का अध्यक्ष (कर्मांतिक), मन्त्रिपरिषद् के सभी 12 सदस्य, पुलिस सुपरिंटेंडेंट (राष्ट्रपाल) और सीमा-निरीक्षक (अन्तपाल)–इनको 12 हजार पण वेतन प्रतिवर्ष दिया जाता था। इतना वेतन देने से ये लोग सदा राजा के अनुकूल बने रहते और उसकी सहायता के लिए हर समय तैयार रहते थे।

इंजीनियर (श्रेणीमुख्य), हाथी-घोड़े रथों के अध्यक्ष और कंटकशोधन अधिकारी (प्रदेष्टा)–इनको 800 पण वार्षिक वेतन दिया जाता था। इतना वेतन दिए जाने पर ये अपने वर्ग (डिपार्टमेंट) के कर्मचारियों के सदा अनुकूल बने रहते थे। पैदल सेना का अध्यक्ष, अश्वसेना, रथसेना तथा गजसेना के अध्यक्ष और लकड़ी-हाथियों के जंगल के अध्यक्षों को 4000 पण प्रतिवर्ष वेतन दिया जाता था। रथ-शिक्षक, गज-शिक्षक, चिकित्सक, अश्व-शिक्षक और मुर्गा, सूअर आदि के पालने वालों का अध्यक्ष–इन सबको 2000 पण वार्षिक दिया जाता था। सामुद्रिक (कार्तान्तिक), सकुन बताने वाले (नैमित्तिक) ज्योतिषी, कथावाचक, स्तुति-वाचक (मागध), पुरोहित के नौकर और सुरा आदि के अध्यक्ष–इनको एक हजार वेतन प्रतिवर्ष दिया जाता था। चित्रकार, पादाता (खिलाड़ी), गणक (संख्यायक) और लेखक वर्ग के कर्मचारियों को 500 पण वेतन प्रतिवर्ष दिया जाता था।

कुशीलव (नट, नर्तक, गायक) आदि को ढाई सौ पण और उनमें जो अच्छा बाजा बजाता उन्हें 500 पण वेतन प्रतिवर्ष दिया जाता था। दूसरे साधारण कारीगरों

को 120 पण वेतन दिया जाता था। वेटनरी डॉक्टर, डॉक्टर या सिविल सर्जनों, परिचारक, गोरक्षक (ग्वालों) और बेगारियों (विष्टिवंधक) आदि को 60 पण वार्षिक वेतन दिया जाता था।[47] आर्य (सत्पुरुष), युक्तरोहक (बिगड़ैल घोड़े का सवार), माणवक (वेदाध्यायी विद्यार्थी) शैलखनक (पत्थर आदि पर नक्काशी करने वाला), सर्वोपास्थायिन आचार्य (निपुण गायनाचार्य) और विद्वान, इन लोगों को योग्यतानुसार 500 से हजार पण तक वेतन प्रति वर्ष दिया जाता था। मध्यगति से एक योजन तक आने-जानेवाले दूत को 10 पण वेतन दिया जाता। 10 योजन से 100 योजन तक चलनेवाले को 20 पण वेतन दिया जाता था। राजा द्वारा राजसूय आदि यज्ञों पर मन्त्री, पुरोहित आदि को उनके निर्धारित वेतन से तिगुना वेतन दिया जाता था। इसी प्रकार राजा को यज्ञ स्थान में लानेवाले सारथि को एक हजार पण वेतन दिया जाता था। कापटिक, उदास्थित, गृहपतिक, वैदेहक, और तापस आदि के वेश में कार्य करनेवाले गुप्तचरों को प्रतिवर्ष हजार पण वेतन दिया जाता था।

धोबी, नाई आदि गाँव के नौकर, गाँव के मुखिया, खत्री, तीक्ष्ण तथा भिक्षुकी आदि के वेश में काम करने वाले गुप्तचरों को 500 पण वेतन दिया जाता था। गुप्तचरों को इधर-उधर भेजनेवाले कर्मचारियों को ढाई सौ पण वेतन दिया जाता। मेहनत के अनुसार सबको अधिक वेतन दिया जाता था।

शतवर्ग के या सहस्त्रवर्ग के अध्यक्षों द्वारा नौकरों को यथोचित वेतन दिलाया जाता था। उनसे राजाज्ञा का पालन कराया जाता और आवश्यकतानुसार[48] उनकी नियुक्ति तथा उनका स्थानान्तरण (विक्षेप) कराया जाता था। विभागीय अध्यक्षों द्वारा, जिस विभाग में ठीक तरह से कार्य न होता, वहाँ के लिए अधिक कर्मचारियों की नियुक्ति की जाती और प्रत्येक विभाग के कर्मचारियों द्वारा अपने अध्यक्ष के अनुशासन में रहकर ठीक तरह से कार्यों को करना पड़ता था। अध्यक्ष अनेक होते थे।

यदि कार्य करते हुए किसी कर्मचारी की मृत्यु हो जाती तो उसका वेतन उसके पुत्र-पत्नी लेते थे। अपने मृत कर्मचारियों के बालकों, वृद्धों और बीमार परिजनों पर राजा कृपा-दृष्टि बनाए रखता था। उनके घरों पर मृत्यु; बीमारी या बच्चा हो जाने पर राजा उसकी आर्थिक तथा मौखिक सहायता करता था। यदि खजाने में कमी होती तो आर्थिक सहायता की जगह राजा कुप्य, पशु तथा जमीन आदि से अपने कृपार्थियों की सहायता करता था। ऐसी अवस्था में वह सुवर्ण आदि बहुत थोड़ी मात्रा में देता, किन्तु राजा यदि निर्जन मैदानों को आबाद करना चाहता तो सुवर्ण ही अधिक देता, जमीन आदि नहीं देता ताकि बसे हुए गाँव

के मूल्य आदि का निर्णय, व्यवहार की स्थापना के लिए ठीक तौर पर किया जा सके। स्थायी या अस्थायी कर्मचारियों की योग्यता और कार्यक्षमता के अनुसार कम या ज्यादा वेतन भत्ता दिया जाता था। सामान्यतया 60 पण वेतन पाने वालों को एक आढक भर अन्न दिया जाता था। इसी क्रम से भक्त-भत्ता न्यून या अधिक दिया जाता था।[49] विदेश से आनेवाले व्यापारियों के हथियार सीमा-निरीक्षक अन्तपाल ले लेता था। जिनके पास लाइसेंस होते उन्हें हथियार साथ रखकर प्रविष्ट होने दिया जाता था। चढ़ाई करने वाले राजा द्वारा अपनी सेना को संगठित कर लिया जाता था। युद्ध के समय व्यापारियों के वेश में फौजियों को दुगुने दाम पर भोजन-सामग्री दी जाती थी। इस प्रकार सरकारी वस्तुएँ भी बिक जातीं और सिपाहियों को दिए गए वेतन में से कुछ धन खजाने में वापस मिल जाता था।[50] इस तरह आय-व्यय पर ध्यान रखने वाले राजा पर कभी भी आर्थिक या सैनिक आपत्तियाँ नहीं आ पाती थीं।

सन्दर्भ-ग्रन्थ

1. *अर्थशास्त्र*, अधिकरण 2, प्रकरण 22, अध्याय 6, पृ. 71
2. *वही*, 2.22.6, पृ. 100
3. *वही*, पृ. 101
4. *वही*, पृ. 102
5. *वही*, 2.31.15, पृ. 157
6. *वही*, 2.28.12, पृ. 140
7. *वही*, 2.32.16, पृ. 164
8. *वही*, पृ. 165
9. *वही*, पृ. 166
10. *वही*, 2.33.17, पृ. 167
11. *वही*, 2.34.18, पृ. 170
12. *वही*, 2.37.21, पृ. 185
13. *वही*, पृ. 186
14. *वही*, पृ. 187
15. *वही*, पृ. 188
16. *वही*, 2.38.22, पृ. 189
17. *वही*, पृ. 190
18. *वही*, 2.39.23, पृ. 192
19. *वही*, पृ. 193
20. *वही*, पृ. 194
21. *वही*, 2.44.28, पृ. 212

22. वही, पृ. 213
23. वही, पृ. 214
24. वही, पृ. 215
25. वही, 3.67.11, पृ. 300
26. वही, पृ. 301
27. वही, 3.68.12, पृ. 305
28. वही, पृ. 306
29. वही, पृ. 307
30. वही, पृ. 308
31. वही, 3.71.15, पृ. 320
32. वही, पृ. 321
33. वही, पृ. 322
34. वही, 4.77.2, पृ. 352
35. वही, पृ. 353
36. वही, पृ. 354
37. वही, पृ. 355
38. वही, 5.90.2, पृ. 412
39. वही, पृ. 413
40. वही, पृ. 414
41. वही, पृ. 415
42. वही, पृ. 416
43. वही, पृ. 417
44. वही, पृ. 418
45. वही, पृ. 419
46. वही, 5.91.3, पृ. 420
47. वही, पृ. 421
48. वही, पृ. 422
49. वही, पृ. 423
50. वही, पृ. 424

अध्याय-7

प्रशासन

7.1 मन्त्रिपरिषद् का महत्त्व

प्राचीन भारत में राष्ट्र-संघटन की दृष्टि से मन्त्रिपरिषद् का महत्त्वपूर्ण स्थान था। धर्म, अर्थ, शासन, न्याय आदि विषयों पर लिखे गए ग्रन्थों में मन्त्रिपरिषद् पर इसीलिए गम्भीरता से विचार किया गया कि एक चिरस्थायी एवं सर्वांगीण साम्राज्य की सुरक्षा-व्यवस्था के लिए उसकी आवश्यकता है। कौटिल्य ने मन्त्रियों की सभा को 'मन्त्रिपरिषद्' ही कहा है। *जातक* (खंड 6, पृ. 405, 431), *महावस्तु* (खंड 2 पृ. 413-442) और अशोक के शिलालेखों (तीसरा, छठा) में उसको **परिसा** कहा गया है। ग्रन्थों में कहा गया है कि मन्त्रिपरिषद् की स्वीकृति तथा उसके सहयोग के बिना राजा को कोई भी कार्य नहीं करना चाहिए। मनु ने कहा है कि छोटे-बड़े सभी कार्य राजा को मन्त्रिपरिषद् के साथ विचार करके करने चाहिए। (*मनुस्मृति,* 7.30-31, 55, 56)। याज्ञवल्क्य (*याज्ञवल्क्यस्मृति* 1.311) तथा अन्य ग्रन्थकारों ने भी यही बात कही है।

कौटिल्य यद्यपि एक राज्य-शासन-प्रणाली का समर्थक रहा है, जिसमें राजा ही एकमात्र कर्ता-धर्ता होता है, किन्तु मन्त्रिपरिषद् की अनिवार्यता को उसने भी माना है। उसका कहना है कि राजा को अपने प्रत्येक महत्त्वपूर्ण कार्य मन्त्रिपरिषद् के परामर्श से करना चाहिए और संदिग्ध या विवादग्रस्त विषयों में जो बहुमत द्वारा समर्थित हों उसी के अनुसार कार्य करना चाहिए।

सम्पूर्ण प्रजा, सारा राज्य और यहाँ तक कि राजा भी मन्त्रिपरिषद् पर निर्भर था। *अर्थशास्त्र* की दृष्टि से मन्त्री के बिना राजा का कोई अस्तित्व नहीं था। राजा और मन्त्री के पारस्परिक सम्बन्ध और राज्य के लिए उनकी क्या आवश्यकता थी, इसकी चर्चा करते हुए कौटिल्य ने लिखा है कि राजा और मन्त्री साम्राज्यरूपी शकट के दो पहिये थे, जिनके बिना वह राज्य-शकट आगे नहीं बढ़ सकता था।

मन्त्री ही राजा का ऐसा सहायक था, जो विपत्ति के समय उसकी रक्षा और प्रमाद के समय उसको सावधान करता था।

मन्त्रिपरिषद् की योजना का मुख्य उद्देश्य था प्रत्येक राजकीय समस्या पर विचार करना और राज्य की उन्नति के लिए योजनाएँ बनाना। सभी राजकार्यों को मन्त्रणा के बाद ही क्रियान्वित करने का कौटिल्य ने विधान किया था। इस मन्त्रणा को राजा एकाकी नहीं कर सकता। अकेले में विचारित कार्यक्रमों की सफलता संदिग्ध होती है। इसलिए समुचित परामर्श के लिए मन्त्रिपरिषद् की अनिवार्यता स्वयं सिद्ध है।

कौटिल्य का कहना है कि अज्ञात विषय को जान लेना, ज्ञात विषय का निश्चय करना, निश्चित विषय को स्थायी रूप देना, मतभेद हो जाने पर संशय का निराकरण करना, किसी विषय का आंशिक ज्ञान होने पर ही उस सारे विषय को हृदयंगम करना ये सभी कार्य मन्त्रिपरिषद् के अधीन होते थे। इसलिए मन्त्रियों का अत्यन्त बुद्धिमान होना आवश्यक था।

किसी भी सुविचारित गुप्त विषय के रहस्य को सुरक्षित रखने के लिए कौटिल्य ने बड़ा जोर दिया है। कौटिल्य का कहना है कि कार्यान्वित होने से पहले ही किसी गुप्त योजना का फूट जाना, राजा और मन्त्रिपरिषद् दोनों के लिए अनिष्ट का कारण हो सकती थी। इसलिए मन्त्र की सुरक्षा के लिए पहली आवश्यकता यह थी कि मन्त्रणा–गृह अत्यन्त सुरक्षित हो। दूसरे में राजा तथा उसके परिषद् इतने संयमी एवं विचारवान होने चाहिए कि उनकी किसी चेष्टा से उनके गुप्त रहस्यों का भेद प्रकट न हो सके। मन्त्र की सुरक्षा के लिए तीसरी आवश्यकता इस बात की थी कि मन्त्रणा में भाग लेने वाला कोई भी व्यक्ति मादक वस्तुओं का सेवन न करता हो। कौटिल्य ने मन्त्र के पाँच अंग बताए हैं : कार्य आरम्भ करने का तरीका, योग्य पुरुषों का सहयोग तथा द्रव्य–संचय, देश तथा काल का विचार, अनर्थों से आत्मरक्षा और अपनी अभीष्ट सिद्धि का विचार।

कौटिल्य ने मन्त्रिपरिषद् के प्रमुख चार सदस्य बताए हैं, श्रेष्ठता के अनुसार जिनका क्रम है : मन्त्री, पुरोहित, सेनापति और युवराज। इनके अतिरिक्त पौर, जनपद आदि भी परिषद् के सदस्य होते थे। मन्त्रिपरिषद् वस्तुतः राष्ट्रपरिषद् थी। उसके कार्यों की सीमा मन्त्रियों तथा राजा तक ही सीमित नहीं थी, अपितु वह सारे राष्ट्र के कार्यों, विभिन्न विभागीय अध्यक्षों की रीति–नीति को निर्धारित करने वाली परिषद् थी। उसका अधिकार क्षेत्र बहुत व्यापक था।

मन्त्री और अमात्य : कौटिल्य के अनुसार **मन्त्री** और **अमात्य** दो अलग–अलग पद थे। कौटिल्य ने लिखा है कि 'इस प्रकार राजा को चाहिए कि यथोचित गुण,

देश, काल और कार्य की व्यवस्था को देखकर वह सर्वगुणसम्पन्न व्यक्तियों को अमात्य बना सकता है; किन्तु सहसा ही उनको मन्त्रिपद पर नियुक्त न करे। इससे स्पष्ट है कि मन्त्री और अमात्य, दो भिन्न-भिन्न पद थे और अमात्य की अपेक्षा मन्त्री का पद बड़ा था। कदाचित् बात यह रही होगी कि मन्त्री, मन्त्रिपरिषद् का सदस्य भी होता था और राजा को भी सुझाव दे सकता था; जब कि अमात्य मन्त्रिपरिषद् का सदस्य तो होता था किन्तु उसको मन्त्रिपद प्राप्त करने का अधिकार नहीं था। कौटिल्य की विवेचन-प्रणाली से हमें यह भी विदित होता है कि मन्त्रिपरिषद् के निर्णय बहुमत पर आधारित थे। बहुमत द्वारा स्वीकृत-समर्थित कार्यों को ही कौटिल्य ने क्रियान्वित करने का विधान किया है।

राजा : कौटिल्य का उद्देश्य एक ऐसे विराट् साम्राज्य की स्थापना करना था, जिसकी शासन-सत्ता निरंकुश हो और जिसके अतुल बल-वैभव के समक्ष किसी को भी सिर उठाने का साहस न हो, फिर भी उसकी नीति के अन्तराल में लोक-कल्याण की एक व्यापक भावना विद्यमान थी, जिसका उल्लंघन उसने कभी भी नहीं किया और सम्भवत: यही एक प्रमुख कारण रहा कि कौटिल्य की निरंकुश नीति में प्रजातन्त्री विचारों का आश्चर्यमय समन्वय था।

कौटिल्य का निर्देश है कि राजा का पहला कर्तव्य प्रजा को प्रसन्न रखना है। वस्तुत: राजा नाम की कोई हस्ती ही कौटिल्य के सामने नहीं दिखाई देती है; प्रजा ही सब कुछ है। राजा का अपना कोई हित या सुख अथवा अभीष्ट नहीं होना चाहिए। वह तो प्रजा की सुख-सुविधाओं एवं प्रजा के अभीष्टों की व्यवस्था करने वाला एक व्यवस्थापक मात्र है। उस विराट् प्रजा के कुशलक्षेम के लिए किन-किन बातों और किन-किन साधनों की आवश्यकता है, इसकी सारी जिम्मेदारी और सारा भार राजा के ऊपर निर्भर है। कदाचित् इसीलिए विशाखादत्त के *मुद्राराक्षस* नाटक में एक बार चन्द्रगुप्त अपने परतन्त्र जीवन के लिए इतना झुँझला पड़ता है कि सारा राजपाट छोड़ देने के लिए वह उत्तेजित हो उठता है।

राजा के चारित्रिक गुणों के सम्बन्ध में कौटिल्य ने जो सीमाएँ निर्धारित कीं, उन तक पहुँचना प्रत्येक व्यक्ति के वश की बात नहीं थी। सत्कुलोत्पन्न, दैवबुद्धि, बलवान्, धार्मिक, सत्यवादी, तत्त्ववक्ता, कृतज्ञ, उच्चादर्शयुक्त, उत्साही, शीघ्र कार्य करनेवाला, समर्थ सामन्तों से युक्त, दृढ़निश्चयी और विद्या-व्यसनी; राजा के चरित्र के ये प्रधान गुण थे। इनके अतिरिक्त उसकी बुद्धि में शास्त्रों को सुनने की उत्कंठा, शास्त्रोपदेश को ग्रहण करने की क्षमता, तद्नुसार आचरण करने का संयम और तर्क-वितर्क के द्वारा तत्त्व की बात को जान लेने की निपुणता होनी चाहिए। शौर्य,

अमर्ष, शीघ्रता और दक्षता, ये चार बातें उसके उत्साह में होनी चाहिए, इन बातों के साथ-साथ उसमें वे सभी बातें भी होनी चाहिए, जिनके कारण वह विराट् प्रजा के उच्चादर्शों को जान सके और अपने उन्नत गुणों को प्रजा में क्रियान्वित कर सके। राजा के चरित्र की यह सम्पदा (पूँजी) थी।

राजा के सदाचरण पर कौटिल्य ने बड़ा जोर दिया है। अपने आचरण को विशुद्ध बनाए रखने के लिए राजा को जितेन्द्रिय होना चाहिए; उसको वृद्धजनों का सहवास करना चाहिए; उसको परस्त्री, परधन और हिंसा आदि कार्यों से सदा दूर रहना चाहिए; अधिक शयन करना तथा लोभ, मिथ्या व्यवहार, उद्धतवेष एवं अनर्थकारी कार्यों को त्याग देना चाहिए; अधर्मकारी तथा अनर्थकारी कार्यों से उसको दूर रहना चाहिए; धर्म और अर्थ को क्षति न पहुँचाने वाले काम का सेवन करना चाहिए; यदि वह धर्म, अर्थ और काम इन तीनों में से किसी एक का अधिक सेवन करता है तो अपने लिए वह नाशकारी अनर्थ को पैदा करता है।

कौटिल्य का सुझाव है कि राजा के आचरण पर ही उसके कर्मचारियों का आचरण निर्भर है। यदि वह प्रमादी होगा तो उसके कर्मचारी भी प्रमाद करने लगेंगे और यह भी असम्भव नहीं कि प्रमादी राजा के कर्मचारी उसके शत्रु से सन्धि करके एक दिन उसका सर्वस्व ही समाप्त कर डालेंगे। इसके विपरीत यदि राजा उदार, परिश्रमी और विवेकशील होगा तो उसका सारा भृत्यवर्ग उसके इन गुणों को अपनाएगा। इसलिए, कौटिल्य का कहना है कि, उक्त बातों पर ध्यान रखकर राजा को चाहिए कि यत्नपूर्वक सावधानी से वह अपनी उन्नति की ओर सचेष्ट रहे।

ऐसा तभी सम्भव है यदि उसकी कार्य-व्यवस्था का ढंग निश्चित रूप से विचारपूर्वक सम्पन्न होता रहे। राजा की कार्य व्यवस्था नियमित ढंग से संचालित होती रहे, इसके लिए कौटिल्य ने रात और दिन को दो भागों में विभक्त कर प्रत्येक भाग को आठ-आठ उपभागों में बाँट दिया है। ब्रह्ममुहूर्त में उठने के बाद रात्रि में शयनपर्यंत राजा को किस समय क्या कार्य करना चाहिए, इसका कौटिल्य ने ब्यौरेवार विवरण दिया है।

राजा के प्रमुख कर्तव्य थे, यज्ञ, प्रजापालन, न्याय, दान, शत्रु-मित्र से उचित व्यवहार और विभिन्न विषयों के प्रकांड विद्वानों को उनके उपयुक्त स्थानों पर नियुक्त करना। इसी को अच्छी नीति (सुशासन) कहा गया है और ऐसी नीति के अनुसार आचरण करने वाले राजा की सभी विघ्न-बाधाएँ दूर होकर उसकी उन्नति एवं कल्याण होता है।

राजा और राजपरिवार का वेतन (वृत्ति) निर्धारित था, जो कि देश की आय

तथा देश की स्थिति पर निर्भर था। राजमाता, पटरानी, दूसरी रानियाँ, राजकुमार और दूसरे राजपरिवार के व्यक्तियों के लिए वेतन नियत था। राजा को यद्यपि स्वामी कहा जाता था किन्तु उसके अधिकार की सीमाएँ अपराधियों के दमन तक ही सीमित थीं। सार्वजनिक बहुमत से वह बँधा रहता था। उसकी स्थिति राष्ट्र के एक सेवक या भृत्य से बढ़कर नहीं थी। उसका कोई स्वतन्त्र व्यक्तित्व और उसकी कोई व्यक्तिगत रुचि-अरुचि नहीं हुआ करती थी। राजा की यह दास या भृत्य जैसी स्थिति ही वस्तुत: नैतिक दृष्टि से उसे स्वामित्व के उच्चासन पर अडिग बनाए रखी रही। राज्यरूपी वृक्ष का मूल बताते हुए *शुक्रनीतिसार* (5.12) में उसकी स्थिति को बड़े अच्छे ढंग से दर्शाया गया है। कहा गया है कि "**राजा, राज्यरूपी वृक्ष का मूल है, मन्त्रि-परिषद् उसका धड़ या स्कंध हैं, सेनापति उसकी शाखाएँ हैं, सैनिक उसके पल्लव हैं, प्रजा उसके पुष्प हैं, देश की सम्पन्नता उसके फल हैं और समस्त देश उसका बीज है।**" इसलिए यदि राजा न हो तो प्रजा और राष्ट्र की क्या स्थिति हो सकती है, यह स्पष्ट हो जाता है।

राज्य एक ऐसी पुनीत थाती है जो राजा को इसलिए सौंपी जाती है कि वह प्रजा की सुख-समृद्धि और कल्याण-कामना के लिए सतत यत्नशील बना रहे। प्रत्येक राज्याभिषेक के समय अभिषिक्त राजा को यह कहकर इस पुनीत थाती को सौंपा जाता था कि "यह राष्ट्र तुम्हें सौंपा जाता है। तुम इसके संचालक, नियामक और उत्तरदायित्व के दृढ़ वाहनकर्ता हो। यह राज्य तुम्हें कृषि के कल्याण, सम्पन्नता और प्रजा के पोषण के लिए दिया जाता है। (*शुक्लयजुर्वेद* 9.22)। इसलिए राजा के लिए पहली प्रतिज्ञा राष्ट्रहित और प्रजा की हित-कामना की हुआ करती थी। सार्वभौम शासन-प्रणाली का विकास आगे चलकर चक्रवर्ती शासन-प्रणाली के रूप में प्रकट हुआ। कौटिल्य ने इसके सम्बन्ध में कहा है कि 'सारी भूमि या भारत; देश है। उसमें हिमालय से लेकर समुद्र तक सीधे उत्तर-दक्षिण एक हजार योजन में **चक्रवर्ती क्षेत्र** है।' ये शासन प्रणालियाँ भी आगे-आगे बदलती रहीं, किन्तु उन सभी में प्रजा-कल्याण की भावना सदा ही बनी रही।

7.2 शासन व्यवस्था

वैदिक साहित्य में हमें दो प्रकार की राजतन्त्रात्मक शासन पद्धतियों के दर्शन होते हैं : नियंत्रित और अनियंत्रित। इन पद्धतियों के स्वामी (राजा) का यह दावा रहा है कि उसकी उत्पत्ति दैवी है, जो या तो बिना किसी प्रकार के विरोध के देश पर अधिकार कर लेता था अथवा विरोध को दबाकर बलात् सारे शासन को स्वायत्त

कर लेता था। नियन्त्रण की दशा में तो वह जनता की रजामंदी से ही जनता पर अधिकार करता था और दूसरी अनियंत्रित दशा में अपने बल द्वारा उस पर काबू करता था। ये दोनों प्रकार की पद्धतियाँ वंशगत थीं। अनियंत्रित राज्य बलपूर्वक भी प्राप्त किया जा सकता है ऐसा विधान हमें *अथर्ववेद* (4.22) में देखने को मिलता है। साथ ही वैदिक ग्रन्थों में हमें यह भी देखने को मिलता है कि नियंत्रित राज्यतन्त्र में राजा या तो चुना जाता या स्वीकार किया जाता था।

तत्कालीन गण आधुनिक प्रजातन्त्र के स्वरूप थे। उन गणों (सभा या समूह) का अध्यक्ष जनता द्वारा निर्वाचित होता था। इस प्रकार के प्राचीन गणों में शाक्य, मल्ल, विज्जी, लिच्छवी, मालव, क्षुद्रक, समवस्ताई, योधेय, कुनिन्द, शिवि, अर्जुनायन आदि प्रमुख थे। इन सभी गणों का मुखिया (राजा) वंशगत होता था और उनके सार्वजनिक कार्यों का संचालन निर्वाचित सभासदों की एक कमेटी द्वारा सम्पन्न होता था। इसकी शासनपद्धति राजतन्त्रात्मक थी; किन्तु उनकी संघ-व्यवस्था प्रजातन्त्रात्मक थी। गौतमबुद्ध के समय तक अस्तित्व में आए गणों का उल्लेख रायस डेविड्स की *बुद्धिस्ट इंडिया* में किया गया है, जिनके नाम हैं : कपिलवस्तु के शाक्य, सुमसुमार की पहाड़ियों के भाग, अलकप्पा के बुली, केशपट्ट के कलाम, रामगाँव के कालया, कुशीनगर के मल्ल, पावा के मल्ल, पिप्पलिवन के मौर्य और वैशाली के लिच्छवी या विज्जी। इन प्रजातन्त्रात्मक गणराज्यों का संचालन प्रौढ़ों की एक राजसभा, एक सार्वजनिक सभा (संघ) और ग्रामीणों की पंचायत द्वारा हुआ करती थी। सारे शासन का आधार ग्राम्यसंघटन था। ग्राम का मुखिया (ग्रामीण) ही कर के भुगतान तथा ग्राम सम्बन्धी दूसरे शासन-प्रबन्धों के लिए उत्तरदायी समझा जाता था। एक प्रबन्धक के नियन्त्रण में पाँच से दस गाँव तक होते थे। इसे **गोप** (जिला) कहा गया है। इसी प्रकार के चार ग्राम-समूहों (गोपों) का **समूहपति** होता था, जिसके शासक को **स्थानिक** और उसके ऊपर का शासक **नागरिक** नाम से कहा जाता था। नागरिक अर्थात् राजधानी का प्रमुख। इन सबके ऊपर देख-रेख के लिए जिस अधिकारी की नियुक्ति की जाती थी उसको **समाहर्ता** कहा जाता था।

नगर की व्यवस्थापिका सभा (नगरपालिका) के छह विभाग बताए गए हैं। प्रत्येक विभाग का संचालन पाँच सदस्यों के हाथ में हुआ करता था। एक विभाग का कार्य कारीगरों (कलाकारों) की निगरानी करना था; दूसरे विभाग के हाथ में **विदेशियों की देखरेख** तथा उनके आवास आदि की व्यवस्था थी; तीसरा विभाग जनगणना, स्वास्थ्य तथा आय-व्यय से सम्बन्धित था; चौथा विभाग मुद्रा तथा विनिमय, तौल, चुंगी, पासपोर्ट आदि का कार्य करता था; पाँचवाँ विभाग निर्मित

वस्तुओं की निगरानी के लिए नियुक्त था; और छठा विभाग केवल कर-वसूली का था।

विभागीय अध्यक्ष : धर्म और शासन के क्षेत्र के कार्य करने वाले जिन प्रमुख विभागीय अध्यक्षों का कौटिल्य ने उल्लेख किया है, उनकी सूची डॉ. जायसवाल ने (*हिन्दू राज्यतन्त्र*, भाग 2; पृ. 261-262) इस प्रकार दी है :

1. मन्त्री
2. पुरोहित
3. सेनापति–सेना-विभाग का मन्त्री
4. युवराज
5. दौवारिक–राजप्रासाद का प्रधान अधिकारी
6. अन्तर्वंशिक–राजवंश के गृहकार्यों का प्रधान अधिकारी
7. प्रशास्तृ या प्रशास्तां–कारागारों का प्रधान अधिकारी
8. समाहर्ता–माल-विभाग का मन्त्री
9. सन्निधाता–राजकोष का मन्त्री
10. प्रदेष्टा–राजाज्ञाओं का प्रचार करने वाला
11. नायक–सैनिकों का प्रधान अधिकारी
12. पौर–राजधानी का प्रधान शासक
13. व्यावहारिक–न्यायकर्ता, न्यायाधीश
14. कार्मातिक–खानों और कारखानों आदि का प्रधान अधिकारी
15. सभ्य–मन्त्रिपरिषद् का अध्यक्ष
16. दंडपाल–सेना के निर्वाह का कार्य करनेवाला प्रमुख अधिकारी
17. अन्तपाल या राष्ट्रांतपाल–सीमाप्रांतों का प्रधान अधिकारी
18. दुर्गपाल–शत्रुओं से देश की रक्षा करनेवाला अधिकारी

उक्त अठारह प्रकार के राज्याधिकारियों को कौटिल्य ने तीन भागों में विभक्त किया और उसी क्रम से उनका वेतन निर्धारित किया है। प्रथम श्रेणी में मन्त्री, पुरोहित, सेनापति और युवराज; दूसरी श्रेणी में दौवारिक, अन्तर्वंशिक, प्रशास्तृ, समाहर्ता, सन्निधाता; और तीसरी श्रेणी में प्रदेष्टा, नायक, पौर, व्यावहारिक, कार्मांतिक, सभ्य, दंडपाल, दुर्गपाल तथा अन्तपाल को रखा गया है। इन तीनों श्रेणियों के अधिकारियों का वेतन प्रतिवर्ष क्रमशः 48000 पण (रौप्य), 24000 पण और 12000 पण निर्धारित किया है। विजिगीषु, मित्र और मित्रमित्र-ये 3 प्रकृति हैं। इन तीनों की अलग-अलग अभाल, जनपद, दुर्ग, कोष और दंड, ये 5 प्रकृतियाँ, एक साथ मिलकर 18 प्रकृतियों का एक मंडल होता था।

7.3 राजदूत

मनुस्मृति (7.63-64) में राजदूतों की योग्यता के सम्बन्ध में कहा गया है कि उन्हें बहुश्रुत आकार तथा चेष्टाओं के विकार से हृदयस्थ भावों को पकड़ने वाला, स्मृतिमान, दर्शनीय, दक्ष, सत्कुलीन, राजभक्त, देशकाल का ज्ञाता, पवित्र आचरण करने वाला, वाग्मी और समस्त शास्त्रों का ज्ञाता होना चाहिए। *महाभारत* (शान्ति. 85.28) में भी दूत के यही विशेषण गिनाए गए हैं। राजदूतों को किस ढंग से प्रस्थान करना चाहिए और उनके आचार-व्यवहार के क्या तरीके होने चाहिए, इस सम्बन्ध में कौटिल्य ने बड़ी बारीकी से विचार किया है। इस सम्बन्ध में उसका कहना है कि प्राणबाधा उपस्थित हो जाने पर भी राजदूत को चाहिए कि वह अपने राजा के सन्देश को अविकल रूप में दूसरे राजा के सामने पेश करे।

राजदूत पर जहाँ एक साथ इतनी जिम्मेदारियाँ और प्राणमय तक की भारी विपत्तियाँ निर्भर थीं, वहाँ उसकी सुरक्षा तथा उसके महत्त्वपूर्ण कार्यों को दृष्टि में रखकर उसको कुछ विशेषाधिकार भी दिए गए थे। सबसे पहला विशेषाधिकार उसको आत्मरक्षा का दिया गया है। सभी धर्म-शास्त्रकारों और राजनीति के आचार्यों ने एकमत होकर इस बात की व्यवस्था दी है कि राजदूत अवध्य था। कौटिल्य ने तो यहाँ तक कहा है कि राजदूत भले ही चांडाल हो, वह अवध्य था, क्योंकि दूत का धर्म अपने मालिक का सन्देश पहुँचाना भर था।

कौटिल्य ने दूतों की तीन श्रेणियाँ बताई हैं : 1. **निसृष्टार्थ**, 2. **परिमितार्थ** और 3. **शासनहर**। प्रथम श्रेणी के दूतों का प्रमुख कार्य अपने राजा का सन्देश ले जाना और अपने राजा के लिए सन्देश लाना था। उन्हें समयानुसार यह भी अधिकार प्राप्त था कि अपने राजा की कार्यसिद्धि के लिए वे स्वयं भी अपनी ओर से बातचीत कर सकते थे। इस श्रेणी के दूतों में अमात्य की सारी योग्यतायें बताई गई हैं। दूसरी श्रेणी के परिमितार्थ दूतों के लिए अमात्य की तीन-चौथाई योग्यताएँ निर्धारित की गई हैं। परिमितार्थ दूत की पहुँच कुछ निर्धारित सीमाओं तक ही रखी गई हैं, जिससे कि उसका ऐसा नामकरण हुआ। तीसरे शासनहर दूतों का एकमात्र कार्य सन्देशों का आदान-प्रदान करना था।

7.4 मन्त्री की योग्यता

स्वदेशोत्पन्न, कुलीन, अवगुणशून्य, निपुणसवार एवं ललितकलाओं का ज्ञाता, अर्थशास्त्र का विद्वान, बुद्धिमान, स्मरणशक्तिसम्पन्न, चतुर, वाक्पटु, प्रगल्भ (दबंग), प्रतिवाद तथा प्रतिकार करने में समर्थ, उत्साही, प्रभावशाली, सहिष्णु, पवित्र, मित्रता के योग्य, दृढ़, स्वामिभक्त, सुशील, समर्थ, स्वस्थ, धैर्यवान, निरभिमानी, स्थिरप्रकृति,

प्रियदर्शी और द्वेषरहित पुरुष प्रधानमन्त्री पद के योग्य थे। जिनमें इसकी एक-चौथाई या आधी योग्यताएँ होतीं उन्हें मध्यम या निकृष्ट मन्त्री समझा जाता था। मन्त्री नियुक्त करने से पूर्व राजा प्रामाणिक, सत्यवादी एवं आप्त पुरुषों के द्वारा उनके निवासस्थान तथा उनकी आर्थिक स्थिति का; सहपाठियों के माध्यम से उनकी योग्यता तथा शास्त्रप्रवेश का; नए-नए कार्यों में नियुक्त कर उनकी बुद्धि, स्मृति तथा चतुराई का; व्याख्यानों एवं सभाओं के माध्यम से उनकी वाक्पटुता का; व्यवहार से उनकी पवित्रता, मित्रता एवं दृढ़ स्वामिभक्त का; सहवासियों एवं पड़ोसियों के माध्यम से उनके शील, बल, स्वास्थ्य, गौरव, अप्रमाद तथा स्थिरवृत्ति का पता लगाता और उनके मधुरभाषी स्वभाव तथा द्वेषरहित प्रकृति की परीक्षा स्वयं करता था।[1]

प्रत्यक्ष, **परोक्ष** और **अनुमेय**–राजा के व्यवहार की ये तीन विधियाँ थीं। स्वयं देखा हुआ प्रत्यक्ष, दूसरों के माध्यम से जाना हुआ परोक्ष और सम्पादित कार्यों से किए जानेवाले कार्यों का अनुमान करना ही अनुमेय कहलाता था। कार्यों की विधियाँ और उनके विधान एक जैसे नहीं थे। राजा उन कार्यों को अकेला नहीं कर सकता था जिससे कार्यों के सम्पादन में देशकाल का अतिक्रमण न हो, एतदर्थ, अमात्यों के द्वारा परोक्षरूप से राजा उन कार्यों को कराता था।

7.5 पुरोहित की योग्यता

उच्चकुलोत्पन्न; शील-गुणसम्पन्न; वेद-वेदांगों का ज्ञाता; ज्योतिषशास्त्र, शकुनशास्त्र, दंडनीति में पारंगत; *अथर्ववेद* में निर्दिष्ट उपायों द्वारा दैवी तथा मानुषी विपत्तियों का प्रतिकार करने वाला; इन योग्यताओं से सम्पन्न पुरोहित को नियुक्त किया जाता था। जैसे आचार्य के पीछे शिष्य, पिता के पीछे पुत्र और स्वामी के पीछे भृत्य चलता, वैसे ही राजा पुरोहित का अनुगामी होता था।

इस प्रकार ब्राह्मण पुरोहित से संवर्धित, सर्वगुणसम्पन्न योग्य मन्त्रियों के परामर्श से अभिरक्षित और शास्त्रोक्त अनुष्ठानों का आचरण करने वाला राजकुल, युद्ध के बिना भी अजेय एवं अलभ्य वस्तुओं को सहज ही में स्वायत्त कर लेता था।[2]

7.6 गुप्तचरों की नियुक्ति

धर्मोपधा आदि उपायों के द्वारा अमात्यवर्ग की परीक्षा कर लेने के अनन्तर राजा गुप्तचरों की नियुक्ति करता था। कापटिक, उदास्थित, गृहपतिक, वैदेहक, तापस, सत्री, तीक्ष्ण, रसद और भिक्षुकी आदि अनेक प्रकार के गुप्तचर थे। दूसरों के रहस्य को जाननेवाला, बड़ा प्रगल्भ (दबंग) और विद्यार्थी की वेष-भूषा में रहनेवाला

गुप्तचर 'कापटिक' कहलाता था। इस गुप्तचर को धन, मान और सत्कार से सन्तुष्ट कर मन्त्री उनसे कहता 'जिस-किसी की भी तुम हानि होते देखो, राजा को और मुझे प्रमाण मानकर तत्काल ही मुझे सूचित कर दो।'

बुद्धिमान, सदाचारी, संन्यासी के वेश में रहने वाले गुप्तचर का नाम 'उदास्थित' था। वह अपने साथ बहुत-से विद्यार्थी और बहुत-सा धन लेकर, वहाँ जाकर विद्यार्थियों द्वारा कार्य करवाता, जहाँ कृषि, पशुपालन एवं व्यापार के लिए भूमि नियुक्त थी। उस कार्य को करने से जो लाभ होता, उससे वह सब संन्यासियों के भोजन, वस्त्र एवं निवास का प्रबन्ध करता था। जो भी इस प्रकार की आजीविका की इच्छा करता, उन्हें सब तरह से अपने वश में करके उनसे कहता, 'तुम्हें इसी वेश में राजा का कार्य करना है।[3] जब तुम्हारे वेतन तथा भत्ते का समय आए, यहाँ उपस्थित हो जाना।' दूसरे संन्यासी भी अपने-अपने सम्प्रदाय के संन्यासियों को इसी प्रकार समझा-बुझा देते थे। बुद्धिमान, पवित्र हृदय और गरीब किसान के वेश में रहने वाले गुप्तचर को 'गृहपतिक' कहते थे। वह कृषिकार्य के लिए नियुक्त भूमि में जाकर 'उदास्थित' गुप्तचर के ही समान कार्य करता था। बुद्धिमान, पवित्र हृदय और गरीब व्यापारी के वेश में रहनेवाला गुप्तचर 'वैदेहक' था। वह व्यापारकार्य के लिए नियुक्त भूमि में जाकर 'उदास्थित' गुप्तचर की भाँति कार्य करता था। जीविका के लिए सिर मुँडाए या जटा धारण किए हुए, राजा का कार्य करनेवाला गुप्तचर ही 'तापस' था। वह कहीं नगर के समीप ही बहुत से मुँड या जटिल विद्यार्थियों को लेकर रहता और महीने दो महीने तक लोगों के सामने हरा शाक या मुट्ठी भर अनाज खाता; वैसे छिपे तौर पर अपनी इच्छानुसार सुस्वादु भोजन करता था। वैदेहक तथा उसके अनुचर 'तापस' गुप्तचर की पूजा-अर्चना करते थे। शिष्यमंडली घूम-घूमकर यह प्रचार करती कि यह तपस्वी पूर्ण सिद्ध, भविष्य-वक्ता और लौकिक शक्तियों से सम्पन्न था। अपना भविष्य-फल जानने की इच्छा से आए हुए लोगों की पारिवारिक पहचान, उनके शारीरिक चिह्नों के माध्यम से तथा अपने शिष्यों के संकेतों के अनुसार बताता। ऐसा भी बताता कि इन-इन कार्यों में थोड़ा लाभ का योग था। इसके अतिरिक्त वह, आग लगने, चोरी हो जाने; दुष्ट लोगों के वधस्वरूप इनाम देने; देश-विदेश के फल; यह कार्य आज होगा या कल; या इस कार्य को राजा करेगा; आदि बातें भी उसको बताता था।[4]

इस प्रश्नोत्तर प्रसंग में 'तापस' गुप्तचर की दूसरे सत्री आदि गुप्तचर सहायता करता था। प्रश्नकर्ताओं में यदि धीर, बुद्धिमान, चतुर होते तो उनसे वह, राजा की ओर से, धन प्राप्त होने की बात कहता और मन्त्री के साथ भी उनकी मुलाकात

का संयोग बताता। जब मन्त्री से इन लोगों की मुलाकात होती तो ऐसे लोगों को मन्त्री धन तथा आजीविका आदि देकर, गुप्तचर की भविष्यवाणी को सच्ची सिद्ध कर देता था। जो लोग किसी कारणवश क्रुद्ध हो जाते उन्हें धन एवं सम्मान देकर सन्तुष्ट किया जाता था। जो बिना कारण ही क्रुद्ध हों तथा राजा से द्वेष रखते हों, तापस उनका चुपचाप वध करवा डालता था। इस प्रकार धन और मान से राजा द्वारा सम्मानित गुप्तचर तथा अमात्य आदि राजोपजीवी पुरुषों के सद्व्यवहारों को भली-भाँति जान लेता था। 5 प्रकार के गुप्तचर पुरुषों की नियुक्ति और उनके कार्यों के विवरण का यही विधान था।[5]

जो राजा के सम्बन्धी नहीं थे किन्तु जिनका पालन-पोषण करना राजा के लिए आवश्यक था; जो सामुद्रिक विद्या, ज्योतिष, व्याकरण आदि अंगों का शुभाशुभ फल बताने वाली विद्या; वशीकरण; इन्द्रजाल; धर्मशास्त्र; शकुनशास्त्र; पक्षिशास्त्र; कामशास्त्र तथा तत्सम्बन्धी नाचने-गाने की कला में निपुण थे वे 'सत्री' कहलाते थे। अपने देश में रहने वाले ऐसे व्यक्ति, जो द्रव्य के लिए अपने प्राणों की भी परवाह न करके हाथी, बाघ और साँप से भी भिड़ जाते उन्हें 'तीक्ष्ण' कहते थे। अपने भाई-बन्धुओं से भी स्नेह न रखने वाले, क्रूरप्रकृति और आलसी स्वभाव वाले व्यक्ति 'रसद' (जहर देने वाला) कहलाता था। आजीविका की इच्छुक, दरिद्र, प्रौढ़, विधवा, दबंग, ब्राह्मणी, रनिवास में सम्मानित, प्रधान अमात्यों के घर में प्रवेश पानेवाली 'परिव्राजिका' (संन्यासिनी के वेश में खुफिया का काम करने वाली) नाम की गुप्तचरी कहलाती थी। इसी प्रकार मुंडा (मुंडित बौद्ध-भिक्षुणी) और वृषली (शूद्रा) आदि नारी गुप्तचरियाँ होती थीं। ये सभी 'संचार' नामक गुप्तचर थे।[6]

राजा इन सत्री आदि गुप्तचरों को मन्त्री, पुरोहित, सेनापति, युवराज, ड्योढ़ीदार, अन्तःपुररक्षक, छावनी-रक्षक, कलक्टर, कोषाध्यक्ष, कमिश्नर, हवलदार, नगरमुखिया, खदान-निरीक्षक, मन्त्रि-परिषद् का अध्यक्ष, सेनारक्षक, दुर्गरक्षक, सीमारक्षक और अटवीपाल आदि अधिकारियों के समीप, वेष, बोली, कौशल, भाषा तथा कुलीनता के आधार पर उनकी भक्ति और उनके सामर्थ्य की परीक्षा करके रवाना करता था। उनमें से तीक्ष्ण नामक गुप्तचर का कर्तव्य था कि वह छत्र, चामर, व्यंजन, पादुका, आसन, शिविका (पालकी) और घोड़े आदि बाहरी उपकरणों की देख-रेख करता हुआ अमात्य आदि की सेवा करे और उनके व्यवहारों को जाने। तीक्ष्ण गुप्तचर द्वारा जानी हुई बातों को सत्री नामक गुप्तचर स्थानिक कापटिक आदि गुप्तचरों को बता देता था। सूद (रसोइया), आरालिक (मांस पकाने वाला), स्नापक (नहलाने वाला), संवाहक (हाथ-पैर दबाने वाला), आस्तरक

(बिस्तर बिछाने वाला), कल्पक (नाई), प्रसाधक (शृंगार करने वाला) और उदक-परिचारक (जल भरने वाला) आदि विभिन्न रूप-नामों में रहकर रसद नामक गुप्तचर, मन्त्री आदि उच्च अधिकारियों के भेदों का पता लगाता था। इसी प्रकार कुबड़े, बौने, किरात (जंगली आदमी), गूंगे, बहरे, मूर्ख, अन्धे आदि के वेश में गुप्तचर और नट, नाचने-गाने-बजाने वाले, कहानी कहने वाले, कूद-फाँद कर खेल दिखाने वाले, आदि के वेश में स्त्री गुप्तचर सब रहस्यों का पता लगाते थे। भिक्षुकी वेश धारण करने वाली गुप्तचर महिला रसद आदि पुरुष गुप्तचरों से प्राप्त समाचारों को कापटिक आदि गुप्तचरों तक पहुँचाता था।[7]

संस्थाओं (कापटिक आदि गुप्तचरों) के विद्यार्थी अपनी विशिष्ट संकेतलिपि द्वारा उस सूचना को राजा तक पहुँचाते थे। ऐसा करते समय इस बात का ध्यान रखा जाता था कि संस्था-गुप्तचरों को संचार-गुप्तचर और संचार-गुप्तचरों को संस्था-गुप्तचर बिलकुल नहीं पहचान पाएँ। यदि अमात्य आदि के घरों में भिक्षुकी का अन्तः प्रवेश निषिद्ध हो तो वह समाचार द्वारपालों के माध्यम से बाहर भिक्षुकी तक पहुँचता था। यदि इसमें भी कुछ आशंका या असम्भव जान पड़ता तो अन्तःपुर के नौकरों के माता-पिता बनने का बहाना करके वृद्धा स्त्री-पुरुष भीतर प्रवेश करके रहस्य का पता लगाती थी। या तो रानियों के बाल सँवारने वाली या नाचने-गाने, श्लोकों, प्रार्थनाओं, या तो बाजों, बर्तनों, टोकरियों में गुप्त लेख रखकर, अथवा अन्य विधियों से, जैसा भी समय के अनुसार अपेक्ष्य हो, अन्तःपुर के समाचारों को बाहर लाया जाता था। यदि इन युक्तियों से भी सफलता न मिलती तो किसी भयंकर बीमारी अथवा पागलपन के बहाने से आग लगाकर या किसी को जहर देकर (जिससे अन्तःपुर में कोलाहल मच जाए) चुपचाप बाहर निकल आता था। परस्पर अपरिचित तीन गुप्तचरों द्वारा लाए गए समाचार यदि एक ही तरह से मिले तो उन्हें ठीक समझा जाता था। यदि वे परस्पर विरोधी समाचारों को लाते तो नौकरी से अलग कर दिया जाता अथवा चुपचाप पिटवाया जाता था।[8]

विजिगीषु राजा शत्रु, मित्र, मध्यम तथा उदासीन राजाओं और उनके मन्त्री, पुरोहित, सेनापति आदि 18 प्रकार के अधीनस्थ कर्मचारियों के निकट, सभी स्थानों पर, अपने गुप्तचरों को नियुक्त करता था। इसके अतिरिक्त उन शत्रु, मित्र, मध्यम आदि राजाओं के घरों तथा उनके मन्त्री, पुरोहित आदि के घरों में भी काम करने वाले कुबड़े, बौने, नपुंसक, कारीगर स्त्रियाँ, गूँगे तथा दूसरे-दूसरे प्रकार के बहानों को लेकर म्लेच्छ जाति के पुरुषों को नियुक्त किया जाता था। किले में व्यापार करने वाले लोगों को, किले की सीमा पर सिद्ध तपस्वियों को, राज्य के अन्तर्गत

अन्य स्थानों पर कृषक तथा उदास्थित पुरुषों को और राज्य की सीमा पर चरवाहों को, गुप्तचर वेश में नियुक्त किया जाता था।

जंगल में शत्रु की प्रत्येक गतिविधि का पता लगाने के लिए चतुर, वानप्रस्थी और जंगली लोगों को गुप्तचर नियुक्त किया जाता था।[9] शत्रु के किसी प्रलोभन या बहकावे में न फँसने वाले अपने विश्वस्त पुरुषों को, शत्रु के गुप्तपुरुषों का पता लगाने के लिए, राज्य की सीमा पर नियुक्त किया जाता और उन्हें शत्रुपक्ष के लोगों को स्ववश करने के उपाय भी बता दिए जाते थे।[10]

7.7 मन्त्राधिकार

अपने देश और शत्रुदेश के कृत्य-अकृत्य पक्ष को वश में करने के उपरान्त विजय की इच्छा रखने वाला राजा अपने देश में दुर्ग आदि तथा शत्रुदेश के सम्बन्ध में सन्धि-विग्रह आदि कार्यों पर विचार करता था। इस प्रकार के सभी कार्यों को गम्भीर विचार-विनिमय के अनन्तर ही आरम्भ किया जाता था! जिस स्थान पर बैठकर मन्त्रणा की जाती वह चारों ओर से इस प्रकार बन्द होता कि वहाँ पक्षी तक न झाँक सके और कोई शब्द बाहर न सुनाई दे, क्योंकि अनुश्रुति है कि पुराकाल में किसी राजा की गुप्त मन्त्रणा को तोता और मैना ने सुनकर बाहर प्रकट कर दिया था। इसी प्रकार कुत्ते तथा अन्य पशु-पक्षियों के सम्बन्ध में भी सुना जाता है। इसलिए राजा की आज्ञा के बिना कोई भी व्यक्ति किसी भी स्थिति में मन्त्रणास्थल पर नहीं जाते थे। यदि गुप्त मन्त्रणा के भेद को कोई फोड़ देता तो तत्काल ही उसको मरवा दिया जाता था।

कभी-कभी बिना कहे ही दूत, अमात्य तथा राजा के हाव-भाव एवं मुद्रा द्वारा गुप्त भेद प्रकट हो जाते थे। स्वाभाविक क्रियाओं के विपरीत भिन्न चेष्टाएँ 'इंगित' कहलाती थीं। चेष्टाओं को प्रकट करनेवाले अंग 'आकार'[11] या 'आकृति' कहलाते थे। इसलिए विजिगीषु राजा जब तक विचारित कार्यों के आरम्भ करने का समय नहीं आता तब तक अपने गुप्त भावों को दबाकर रखता था। मन्त्रियों की असावधानी के कारण या मद्यपान की बेहोशी में अथवा सोते समय आकस्मिक प्रलाप द्वारा या विषय-भोग की लालसा से अथवा अभिमान के भाव से गुप्त मन्त्रणाएँ समय से पूर्व ही प्रकट हो जाती थीं। आड़ में छिपकर सुननेवाले अथवा मन्त्रणाकाल में मूर्ख कहकर अपमानित हुआ व्यक्ति भी मन्त्र के भेद को फोड़ देता और इसलिए इन सभी बातों को दृष्टि में रखकर राजा अपने गुप्त रहस्यों की सावधानी से रक्षा करता था।[12]

तीन या चार मन्त्रियों को साथ बैठाकर राजा मन्त्रणा करता क्योंकि एक ही

मन्त्री से सलाह करता हुआ राजा किसी कठिनतम कार्य के अड़ जाने पर उचित समाधान नहीं कर पाता और मन्त्री प्रतिद्वन्द्वी के रूप में मनमाना करने लगता था। दो मन्त्रियों के साथ बैठकर भी वह सलाह करता था तो कोई असम्भव नहीं कि वे दोनों मिलकर राजा को अपने वश में कर लें अथवा दोनों लड़ने लग जाएँ तो सारी मन्त्रणा ही धूल में मिल जाती। यदि तीन या चार मन्त्री सलाहकार होंगे तो उस अवस्था से इस प्रकार के अनर्थकारी महान दोष के उत्पन्न हो जाने की सम्भावना नहीं थी। कोई भी दोष उसमें सहसा ही नहीं आ सकता था। यदि चार से अधिक मन्त्री हो जाते तो कार्य का निश्चय करना कठिन हो जाता था और उस दशा में मन्त्री की सुरक्षा में भी सन्देह हो जाता था। इसलिए देश, काल और कार्य के अनुसार एक या दो मन्त्रियों के साथ भी राजा मन्त्रणा करता था। अपनी विचार-शक्ति के अनुसार वह अकेला बैठकर कुछ कार्यों का स्वयं ही निर्णय करता था।

मन्त्र के 5 अंग होते थे : 1. कार्यारम्भ करने का उपाय, 2. पुरुष तथा द्रव्य-सम्पत्ति, 3. देश-काल का विभाग, 4. विघ्न-प्रतीकार और 5. कार्यसिद्धि। मन्त्र के विषय में राजा एक-एक मन्त्री से अथवा एक साथ सभी मन्त्रियों से परामर्श[13] कर सकता था। मन्त्रियों के भिन्न-भिन्न अभिप्रायों को वह युक्तियों द्वारा समझता था।

7.8 राजा के कार्य-व्यापार

राजा के उन्नतिशील होने पर ही उसका सारा भृत्यवर्ग उन्नतिशील होता था। इसके विपरीत राजा के प्रमादी होने पर सारा भृत्यवर्ग प्रमाद करने लगता था। उस दशा में वह प्रमादित भृत्यवर्ग राज्यकार्यों को चुपचाप पी जाता था। ऐसा राजा शत्रुओं के धोखे में आ जाता था। इसलिए राजा को उचित था कि वह अपने आपको सदा ही उन्नतिशील बनाए रखता। राजकार्य को व्यवस्थित ढंग से संचालित करने के लिए वह दिन और रात को 8-8 घड़ियों में बाँट देता अथवा पुरुष की छाया से भी वह समय का विभाजन कर सकता था। पूर्वार्द्ध के प्रथम भाग में राजा रक्षा-सम्बन्धी कार्यों का निरीक्षण और बीते हुए दिन के आय-व्यय की जाँच करता था। दूसरे भाग[14] में वह पुरवासियों तथा जनपदवासियों के कार्यों का निरीक्षण, तीसरे भाग में स्नान, भोजन तथा स्वाध्याय करे और चौथे भाग में बीते दिन की अवशिष्ट आमदनी को सँभालता तथा उसी भाग में विभिन्न कार्यों पर अध्यक्ष आदि की नियुक्ति भी करता था। उत्तरार्द्ध के पाँचवें भाग में वह मन्त्रि-परिषद् के परामर्श से पत्र भेजता तथा आवश्यक कार्यों के सम्बन्ध में विचार-विनिमय

करता था। इसी समय गुप्तचरों के कार्यों एवं गुप्त बातों के सम्बन्ध में जानकारी, छठे भाग में, स्वतन्त्र होकर स्वेच्छया विहार तथा विचार; सातवें भाग में हाथी, घोड़े, रथ तथा अस्त्र-शस्त्रों का निरीक्षण और अन्तिम आठवें भाग में वह सेनापति के साथ युद्ध आदि के सम्बन्ध में विचार-विमर्श करता था।

इसी प्रकार रात्रि के प्रथम भाग में गुप्तचरों को; दूसरे भाग में स्नान, भोजन, स्वाध्याय, तीसरे भाग में संगीत सुनता हुआ शयन और चौथे-पाँचवें भाग तक सोता था। रात्रि के छठे भाग में संगीत द्वारा जागा हुआ वह अर्थशास्त्र सम्बन्धी तथा दिन में सम्पादित किए जाने योग्य कार्यों पर विचार; सातवें भाग में गुप्त मन्त्रणा और गुप्तचरों को यथास्थान भेजता था। रात्रि के अन्तिम आठवें भाग में ऋत्विक्, आचार्य तथा पुरोहित के साथ स्वस्तिवाचन-सहित आशीर्वाद ग्रहण करता था। इसी समय वह वैद्य, प्रधान रसोइया और ज्योतिषी आदि से भी तत्सम्बन्धी बातों पर परामर्श करता और इन सब कार्यों से निवृत्त हो वह बछड़े वाली गाय और बैल की प्रदक्षिणा करके राज-दरबार में प्रवेश करता था।[15]

राजा जब दरबार में होता तो प्रत्येक कार्यार्थी को वह बिना रोक-टोक प्रवेश करने की अनुमति दे देता, क्योंकि जो राजा कठिनाई से प्रजा को दर्शन देता उसके समीप रहने वाले कर्मचारी उसके कार्यों को उलट-पुलट कर देते थे। इसका परिणाम यह होता कि राजा के अमात्य आदि उससे कुपित हो जाते, राजकार्य शिथिल पड़ जाते और राजा अपने शत्रुओं के अधीन हो जाता था। इसलिए राजा देवालय, ऋषि-आश्रम, धूर्त-पाखंडियों के केन्द्र, वेदपाठी ब्राह्मणों के संस्थान, पशुशाला आदि स्थानों का और बाल, वृद्ध, रुग्ण, दुखित, अनाथ तथा स्त्रियों से सम्बद्ध कार्यों का स्वयमेव विधिपूर्वक निरीक्षण करता था। इनमें से यदि कोई कार्य अत्यावश्यक अथवा उसकी अवधि बीत रही थी तो उसी का निरीक्षण राजा सबसे पहले करता था।

राजा उस कार्य को सबसे पहले देखता, जिसकी मियाद बहुत बीत चुकी थी। उसको देखने में वह अधिक विलंब नहीं करता क्योंकि इस प्रकार अवधि बीत जाने पर कार्य या तो कष्टसाध्य हो जाता अथवा सर्वथा असाध्य हो जाता था। राजा पुरोहित एवं आचार्य के साथ यज्ञशाला में उपस्थित होकर उन विद्वानों और तपस्वियों के कार्यों को खड़े ही खड़े अभिवादनपूर्वक देखता था। तपस्वियों तथा मायावी लोगों के कार्यों का निर्णय[16] राजा, अकेला न करके वेदविद् विद्वानों के साथ बैठकर करता था।

उद्योग करना, यज्ञ करना, अनुशासन करना, दान देना, शत्रु और मित्रों में उनके गुण-दोषों के अनुसार समान व्यवहार करना, दीक्षा समाप्त कर अभिषेक

करना, ये सब राजा के नैमित्तिक व्रत थे। **प्रजा के सुख में राजा का सुख और प्रजा के हित में राजा का हित था।** अपने आप को अच्छे लगने वाले कार्यों को करने में राजा का हित नहीं, बल्कि उसका हित तो प्रजाजनों को अच्छे लगनेवाले कार्यों के संपादन करने में था। इसलिए राजा उद्योगशील होकर व्यवहार-सम्बन्धी तथा राज्य-सम्बन्धी कार्यों को उचित रीति से पूरा करता था। उद्योग ही अर्थ का मूल था, और इसके विपरीत, उद्योगहीनता ही अनर्थों को देने वाली थी। राजा यदि उद्योगी न हुआ तो उसके प्राप्त अर्थों और प्राप्तव्य अर्थों, दोनों का ही नाश हो जाता था; किन्तु जो राजा उद्योगी होता तो वह शीघ्र उद्योग का मधुर फल पाता था और इच्छित सुख-सम्पदा का उपभोग करता था।[17]

7.9 जनपदों की स्थापना

राजा दूसरे देश के मनुष्य को बुलाकर अथवा अपने देश की आबादी को बढ़ाकर पुराने या नए जनपद को बसाता था। प्रत्येक जनपद में कम से कम सौ घर और अधिक से अधिक 500 घर वाला, ऐसा गाँव बसाया जाता जिसमें प्राय: शूद्र तथा किसान अधिक संख्या में होते थे। एक गाँव दूसरे गाँव से कोस भर या 2 कोस की दूरी से अधिक नहीं होता ताकि अवसर आने पर वे एक दूसरे की मदद कर सकें। नदी, पहाड़, जंगल, बेर के वृक्ष, खाई, तालाब, सेंमल के वृक्ष, शमी के वृक्ष और बरगद आदि के वृक्ष लगाकर उन बसाए हुए गाँवों की सीमा निर्धारित की जाती थी। 800 गाँवों के बीच में एक **स्थानीय**; 400 गाँवों के समूह में एक **द्रोणमुख**; 200 गाँवों के बीच में एक **कार्वटिक** और 10 गाँवों के समूह में **संग्रहण** नामक स्थानों को स्थापित किया जाता था। राज्य की सीमा पर अन्तपाल नामक दुर्गरक्षक के संरक्षण में एक **दुर्ग** की भी स्थापना की जाती थी। जनपद की सीमा पर अन्तपाल की अध्यक्षता में ही द्वारभूत स्थानों का निर्माण किया जाता। उनके भीतरी भागों की रक्षा व्याघ्र, शबर, पुलिन्द, चांडाल आदि बनचर जातियाँ करती थीं।[18]

राजा ऋत्विक, आचार्य, पुरोहित तथा श्रोत्रिय आदि ब्राह्मणों के लिए भूमिदान करता, किन्तु उनसे कर आदि नहीं लेता और उस भूमि को वापस नहीं लेता था। इसी विभागीय अध्यक्षों, संख्यायकों (क्लर्कों), गोपों (दस-दस गाँवों के अधिकारियों), स्थानिकों (नगर के अधिकारियों), अनीकस्थों (हस्तिशिक्षकों) वैद्यों, अश्वशिक्षकों और जंघाकरिकों (दूर देश में जीविकोपार्जन करने वाले लोगों) आदि अपने अधिकारियों, कर्मचारियों और प्रजाजनों के लिए भी राजा भूमि-दान करता था। खेती के उपयोगी जो भूमि लगान पर जिस भी किसान के नाम दर्ज

की जाती, उसके मर जाने के बाद राजा को अधिकार था कि वह उस भूमि को मृतक किसान के पुत्र आदि को दे या न दे।

ऐसी ऊसर या बंजर जमीन जिसको किसान अपने श्रम से खेती योग्य बनाता था, राजा उसे कभी भी वापस न लेता; ऐसी जमीन पर किसानों को पूर्ण अधिकार प्राप्त होता था। यदि कोई किसान किसी खेती योग्य भूमि को बिना जोते-बोये परती ही डाले रहता तो राजा ऐसे किसान से उस भूमि को छीनकर किसी जरूरतमंद दूसरे किसान को दे देता। ऐसे जरूरतमंद किसान के न मिलने पर गाँव का मुखिया या व्यापारी उस जमीन पर खेती करते। खेती करने की शर्त पर यदि कोई जमीन को ले और उसमें खेती न करे तो उससे उसका हर्जाना वसूल किया जाता था। राजा अन्न, बीज, बैल और धन आदि देकर किसानों की सहायता करता और किसान फसल कट जाने पर सुविधानुसार धीरे-धीरे उधार ली हुई वस्तुओं को राजा को वापस कर देते थे।[19] किसानों की स्वास्थ्य-वृद्धि और रुग्णता-निवारण के लिए राजा उन्हें परिमित धन देता, जिससे कि वे धन-धान्य की वृद्धि करके राजकोष को समृद्ध बनाते थे। किन्तु इस प्रकार की सहायता से यदि राजकोष को कोई हानि पहुँचती, तो राजा उसको बन्द कर देता क्योंकि कोष के कम हो जाने पर राजा, नगर और जनपद निवासियों को सताने लगता था। किसी नए कुल को बसाए जाने के लिए प्रतिज्ञात धन राजा अवश्य देता अथवा राजकोष की आय के अनुसार स्वास्थ्य सुधार के लिए वह धन खर्च करता था। यदि नगर और जनपद-निवासी राजा के द्वारा स्वास्थ्य-सुधार के लिए खर्च किए गए धन को चुका देते तो पिता के समान राजा उन पर अनुग्रह करता था।

राजा आकर (खान) से उत्पन्न सोना-चाँदी आदि के विक्रय-स्थान, चन्दन आदि उत्तम काष्ठ के बाजार, हाथियों के जंगल, पशुओं की वृद्धि के स्थान, आयात-निर्यात के स्थान, जल-थल के मार्ग और बड़े-बड़े बाजारों या बड़ी-बड़ी मंडियों की भी व्यवस्था करता था।

भूमि की सिंचाई के लिए राजा नदियों पर बड़े-बड़े बाँध बँधवाता अथवा वर्षा ऋतु के जल को बड़े-बड़े जलाशयों में भरवाता था। यदि प्रजाजन ऐसा कार्य करना चाहते तो राजा उन्हें जलाशय के लिए भूमि, नहर के लिए रास्ता और आवश्यकतानुसार लकड़ी आदि सामान से सहयोग करता था। देवालय और बाग-बगीचे आदि के लिए भी राजा, प्रजा की भूमिदान आदि से सहायता करता। गाँव के जो मनुष्य अन्य आवश्यक कार्यों के आ जाने पर उस सहकारी उद्योग में सम्मिलित न हो पाते तो वे अपने स्थान पर नौकर तथा बैल भेज कर सहयोग देते। यदि वे ऐसा भी न कर सकें तो अनुपात के अनुसार उनसे उनके हिस्से

का सारा खर्च लिया जाता और कार्य समाप्त होने पर न तो उन्हें उसका साझीदार समझा जाता और न ही उसका लाभ उठाने दिया जाता था।

बड़े-बड़े जलाशयों में उत्पन्न होने वाली मछली, प्लव पक्षी (बतख की भाँति एक जलचर पक्षी) और कमलदंड आदि व्यापार-योग्य वस्तुओं पर राजा का ही अधिकार था। यदि नौकर-चाकर, भाई, पुत्र, आदि अपने मालिक[20] की आज्ञा का उल्लंघन करते तो राजा उन्हें उचित शिक्षा देता। बालक, वृद्ध, व्याधिग्रस्त, विपत्तिपीड़ित और अनाथ व्यक्तियों का भरण-पोषण राजा करता था। सन्तानहीन (बन्ध्या) और पुत्रवती अनाथ स्त्रियों तथा उनके बच्चों की भी रक्षा वही करता था। नाबालिग बच्चे की सम्पत्ति पर गाँव के वृद्ध पुरुषों का अधिकार था। उसको वे बढ़ाते और बालिग हो जाने पर उसकी सम्पत्ति उसे वापस कर देते। इसी प्रकार देव-सम्पत्ति पर भी ग्राम-वृद्धों का ही अधिकार होता जो उसकी वृद्धि में तत्पर रहते थे।[21] गाँवों में कोई भी नाट्यगृह, विहार तथा क्रीड़ा-शालाएँ नहीं होतीं। नट, नर्तक, गायक, वादक, भाड़ और कुशीलव आदि गाँवों में अपना खेल दिखाकर कृषि आदि कार्यों में विघ्न उत्पन्न नहीं कर सकते थे। क्योंकि गाँवों में नाट्यशालाएँ आदि न होने से ग्रामवासी अपने-अपने कृषिकर्म में संलग्न रहते जिससे कि राजकोष की अभिवृद्धि होती और सारा देश धन-धान्य से समृद्ध होता था।

राजा शत्रुओं, जंगली लोगों, व्याधियों एवं दुर्भिक्षों से अपने देश को बचाता। वह उन क्रीड़ाओं का भी बहिष्कार कराता जो धन का अपव्यय और विलासप्रियता को बढ़ाने वाली होतीं। राजा दंड, विष्टि (बेगार), कर (टैक्स) आदि की बाधा से कृषि की रक्षा करता। इसी प्रकार चोर, हिंसक, जंतु, विष-प्रयोग तथा अन्य कष्टों से भी किसानों के पशुओं की वह रक्षा करता था। वल्लभ (राजप्रिय), कार्मिक (राज-कर वसूल करने वाले), चोर, अन्तपाल (सीमारक्षक) और व्याघ्र आदि राजपुरुषों, लुटेरों एवं हिंसक जंतुओं से ग्रस्त व्यापार-मार्गों पर राजा ध्यान रखता था। लकड़ी के जंगल, हाथियों के जंगल, सेतुबन्ध तथा खानों की वह रक्षा करता और तदुपरान्त आवश्यकतानुसार नए जंगल, सेतुबंध आदि का निर्माण करवाता था।[22]

7.10 समाहर्ता का कर-संग्रह कार्य

समाहर्ता (कलक्टर जनरल) 1. दुर्ग, 2. राष्ट्र, 3. खनि, 4. सेतु, 5. वन, 6. ब्रज और 7. व्यापार सम्बन्धी कार्यों का निरीक्षण करता था। शुल्क (चुंगी), दंड (जुर्माना), पौतव (तराजू-बाट), नगराध्यक्ष, लक्षणाध्यक्ष (पटवारी, कानूनगो, अमीन), मुद्राध्यक्ष, सुराध्यक्ष (आबकारी अधिकारी), सूनाध्यक्ष (फाँसी देने वाला),

सूत्राध्यक्ष, तेल–घी आदि का विक्रेता, सुवर्णाध्यक्ष, दुकान, वेश्या, द्यूत, वास्तूक (शिल्पी), बढ़ई, लुहार, सुनार, मन्दिरों के निरीक्षक, द्वारपाल और नट–नर्तक आदि से लिया जानेवाला धन **दुर्ग** कहलाता था। सीता (खेती), भाग (धान्य का षष्ठांश), बलि (उपहार), कर (फल, वृक्ष आदि का टैक्स), वणिक् (व्यापारकर), नदीपालस्तर (नदी पार होने का टैक्स), नाव कर, पट्टन (कस्बों की आय), विवीत (चरागाहों की आय), वर्तनी (मार्गकर), रज्जू (भूमि निरीक्षकों द्वारा प्राप्तव्य धन) और चोर रज्जू (चोरों को पकड़ने के लिए ग्रामवासियों से मिला धन) आदि आयं के साधन **राष्ट्र** नाम से कहे जाते थे। सोना, चाँदी, हीरा, मणि, मोती, मूँगा, शंख, लोहा, लवण, भूमि, पत्थर और खनिज पदार्थ **खनि** कहे जाते थे।[23] फूल, फल, केला, सुपारी, अन्न के खेत, अदरख और हल्दी के खेत इन सबको **सेतु** कहा जाता था। हरिण आदि पशु, लकड़ी आदि द्रव्य और हाथियों के जंगल को **वन** कहा जाता था। गाय, भैंस, बकरी, भेड़, गधा, ऊँट, घोड़ा, खच्चर आदि जानवर **वज्र** नाम से कहे जाते थे, क्योंकि वे गोष्ठ (व्रज) में रहते थे। स्थलमार्ग और जलमार्ग, व्यापार के इन दो मार्गों को **वणिक्पथ** कहा जाता था।

ये सभी आमदनी के साधन थे। इनके अतिरिक्त मूल (अनाज, साग, सब्जी आदि को बेचकर एकत्र किया गया धन), भाग (पैदावार का षष्ठांश), ब्याजी (कपटी व्यापारियों से दंड रूप में वसूल किया गया धन), परिघ (लावारिस का धन), क्लृप्त (नियत कर), रूपिक (नमककर), अत्यय (जुर्माने का धन), आदि भी आमदनी के साधन थे। देवपूजा, पितृपूजा, दान, स्वस्तिवाचन आदि धार्मिक कृत्य, अन्तःपुर, रसोईघर, दूत प्रेषण, कोष्ठागार, शस्त्रागार, पण्यगृह, कुप्यगृह का व्यय कर्मान्त (कृषि, व्यापार), विष्टि (बेगारी का व्यय), पैदल, हाथी, घोड़ा तथा रथ आदि चारों प्रकार के सेना–संग्रह का व्यय, गाय, भैंस, बकरी आदि उपयोगी पशुओं का व्यय, हरिण, पक्षी तथा अन्य हिंसक जंगली जानवरों की रक्षा के लिए किया गया व्यय और स्थान, लकड़ी, घास आदि के जंगलों की सुरक्षा के लिए किया गया व्यय, ये सभी व्यय के स्थान कहलाते थे।[24]

राजा के राज्याभिषेक के बाद, उसके प्रत्येक कार्य में 'व्युष्ट' नाम से कहे जानेवाले वर्ष, मास, पक्ष और दिन इन चारों बातों का उल्लेख होता, राजवर्ष के तीन विभाग थे : 1. वर्षा, 2. हेमन्त और 3. ग्रीष्म। इन तीनों विभागों में प्रत्येक के 8–8 पक्ष होते, प्रत्येक पक्ष 15 दिन का होता, प्रत्येक ऋतु के तीसरे तथा सातवें पक्ष में एक–एक दिन कम माना जाता, शेष छहों पक्ष 15–15 दिन का होता, प्रत्येक ऋतु के तीसरे तथा सातवें पक्ष में एक–एक दिन कम माना जाता, शेष छहों पक्ष 15–15 दिन के माने जाते, इसके अतिरिक्त एक अधिमास (मलमास) भी माना

जाता, यही काल-विभाजन राजकीय कार्यों में प्रयुक्त किया जाता था।

समाहर्ता करणीय सिद्ध, शेष, आय, व्यय तथा नीवी आदि कार्यों को उचित रीति से सम्पन्न करता था। करणीय 6 प्रकार का होता था 1. संस्थान, 2. प्रचार, 3. शरीरावस्थान, 4. आदान, 5. सर्वसमुदयपिंड और 6. संजात। सिद्ध भी 6 प्रकार का होता था 1. कोशार्पित 2. राजहार 3. पुरव्यय 4. परसंवत्सरानुवृत्त 5. शासनमुक्त और 6. मुखाज्ञप्त। शेष के भी 6 भेद थे 1. सिद्धप्रकर्मयोग 2. दंडशेष 3. बलात्कृत प्रतिस्तब्ध 4. अवसृष्ट, 5. असार और 6. अल्पसार।

आय 3 प्रकार की 1. वर्तमान, 2. पर्युषित और 3. अन्यजात। प्रतिदिन की आमदनी को 'वर्तमान' आय कहा जाता, पिछले वर्ष का बकाया अथवा शत्रुदेश से प्राप्त धन 'पर्युषित' आय था, भूले हुए धन की स्मृति, अपराधस्वरूप प्राप्त धन, कर के अतिरिक्त अन्य उपायों या प्रभुत्व से प्राप्त धन, कांजीहाउस से प्राप्त धन, भेंटस्वरूप प्राप्त धन, शत्रुसेना से अपहृत धन और लावारिस का धन 'अन्यजात' आय कहलाती थी। इसके अतिरिक्त सैनिक खर्च से बचा हुआ[25] धन, स्वास्थ्य-विभाग के व्यय से बचा हुआ धन और इमारतों के बनवाने से बचा हुआ धन 'व्ययप्रत्याय' कहलाता था। बिक्री के समय वस्तुओं की कीमत बढ़ जाने से, निषिद्ध वस्तुओं के बेचने से, बाट-तराजू आदि की बेईमानी से तथा खरीदारों की प्रतिस्पर्धा से प्राप्त धन भी आमदनी का धन था।

व्यय चार प्रकार का होता था : 1. नित्य, 2. नित्योत्पादिक 3. लाभ और 4. लाभोत्पादिक। प्रतिदिन के नियमित व्यय को 'व्यय' कहते थे। पाक्षिक, मासिक तथा वार्षिक आय के लिए व्यय किया गया धन 'लाभ' कहलाता था। नियमित व्यय से अधिक खर्च हो जानेवाले धन को 'नित्योत्पादिक' तथा 'लाभोत्पादिक' कहा जाता था। सब तरह के आय-व्यय का भली-भाँति हिसाब करके भी बचत रूप में निकलने वाला धन 'नीवी' कहलाता, जो दो प्रकार का होता : 1. प्राप्त और 2. अनुवृत्त। प्राप्त वह, जो खजाने में जमा हो और अनुवृत्त वह, जो खजाने में जमा किया जानेवाला हो।

समाहर्ता ऊपर निर्दिष्ट विधियों, साधनों एवं मार्गों से राजकीय धन का संग्रह करता और आय-व्यय में बचत-हानि का लेखा-जोखा ठीक रखता। यदि किसी अवस्था में भविष्य की विशेष आय की आशा में पहले अधिक व्यय भी करना पड़े तो वैसा करके आय को बढ़ाता था।[26]

7.11 अक्षपटल

आय-व्यय का निरीक्षक (एकाउंट्स सुपरिंटेंडेंट), अक्षपटल (एकाउंटेंट्स ऑफिस)

का निर्माण कराता, उसका दरवाजा पूरब या उत्तर दिशा की ओर होता, उसमें लेखकों (क्लर्कों) के बैठने के लिए कक्ष और आय-व्यय की निबन्ध-पुस्तकों (एकाउंट बुक्स) को रखने के लिए नियमित व्यवस्था होती थी। उसमें विभिन्न विभागों की नामावली, जनपद की पैदावार एवं उसकी आमदनी का विवरण, खान तथा कारखानों के आय-व्यय का हिसाब, कर्मचारियों की नियुक्ति, अन्न एवं सुवर्ण आदि का उपयोग, प्रयास (अनाज के गोदाम), ब्याजी (कम तौलने के कारण व्यापारियों से दंडरूप में हुई आमदनी), योग (अच्छे-बुरे द्रव्य की मिलावट), स्थान (गाँव), वेतन, विष्टि (बेगार), आदि का ब्यौरा, रत्नसार एवं कुप्य आदि पदार्थों के मूल्य, उनका गुण, तौल, उनकी लम्बाई-चौड़ाई, ऊँचाई, एवं असली मूलधन का उल्लेख, देश, ग्राम, जाति, कुल सभा-सोसाइटियों के धर्म, व्यवहार, चरित्र तथा परिस्थितियों का उल्लेख, राजकीय सहायता से जीवित रहनेवाले प्रग्रह (देवालय, मन्त्री, पुरोहित का सम्मान), निवासस्थान, भेंट, परिहार (कर आदि का न लेना), एवं वेतन आदि का उल्लेख, महारानी तथा राजपुत्रों द्वारा रत्न एवं भूमि आदि की प्राप्ति का विवरण, राजा, महारानी तथा राजपुत्रों को नियमित रूप से दिए जानेवाले धन के अतिरिक्त दिया हुआ धन[27], उत्सवों तथा स्वास्थ्य सम्बन्धी सुधारों से प्राप्त धन का उल्लेख और मित्र राजाओं तथा शत्रु राजाओं के साथ सन्धि-विग्रह आदि के निमित्त प्राप्त हुआ अथवा खर्च हुए धन का विवरण आदि सभी ऐसे विषय थे जिनका उल्लेख निबन्धपुस्तक (एकाउंट बुक्स) में किया जाता था।

इसके बाद सभी उत्पत्ति-केन्द्रों एवं विभागों के लिए किए जानेवाले, किए गए तथा बचे हुए आय, व्यय, नीवी, कार्यकर्ताओं की उपस्थिति, प्रचार, चरित्र और संस्थान आदि सब बातों को रजिस्टर में दर्ज करके राजा को दे दिया जाता था। उत्तम, मध्यम और निकृष्ट जैसे भी कार्य हों उनके अनुसार ही उनके अध्यक्ष नियुक्त किए जाते। एक ही कार्य को करनेवाले अनेक व्यक्तियों में उसी व्यक्ति को अध्यक्ष नियुक्त किया जाता जो निपुण, गुणी, यशस्वी हो और जिसे दंड देने के पश्चात राजा को पश्चाताप न करना पड़े। यदि कोई अध्यक्ष राजकीय धन का गबन करके उसको अदा करने में असमर्थ हो तो वह धन क्रमशः उसके हिस्सेदार, उसके जामिन, उसके अधीनस्थ कर्मचारी, उसके पुत्र एवं भाई, उसकी स्त्री एवं लड़की अथवा उसके नौकर अदा करते थे। 354 दिन-रात का एक **कर्मसंवत्सर** होता था। उसकी समाप्ति आषाढ़ी पूर्णिमा को होती थी। इसी वर्ष-गणना के हिसाब से प्रत्येक अध्यक्ष को वेतन दिया जाता। यदि अध्यक्ष की नियुक्ति वर्ष के मध्य में हुई तो उसको कम वेतन और यदि उसने पूरे वर्ष कार्य किया

तो उसे पूरा वेतन दिया जाता था। प्रत्येक कर्मचारी के कार्य का ब्यौरा उपस्थित रजिस्टर से देखना पड़ता था। जनपद के समस्त कार्यालयों की कार्य-व्यवस्था का ज्ञान गुप्तचरों से प्राप्त करता। यदि वह ऐसा नहीं करता[28] तो अपनी अज्ञानता के कारण वह धनोत्पादन में हानिकर सिद्ध होता था। 1. अज्ञान, 2. आलस्य 3. प्रमाद 4. काम, 5. क्रोध, 6. दर्प 7. लोभ, ये धनोत्पादन में विघ्न डालने वाले दोष थे। अधिक परिश्रम से कतराने के कारण आलस्य के द्वारा, गाना-बजाना तथा स्त्रियों में आसक्त रहने के कारण प्रमाद के द्वारा, निन्दा, अधर्म तथा अनर्थ के कारण भय द्वारा, किसी कार्यार्थी पर अनुग्रह करने के कारण काम द्वारा, किसी क्रूरता के कारण क्रोध द्वारा, विद्या, धन एवं राजप्रिय होने के कारण दर्प द्वारा, और नाप-तौल तर्कना तथा हिसाब में गड़बड़ कर देने के कारण लोभ के द्वारा, कर्मचारी लोग आमदनी में बाधा डाल देते थे। सभी कार्यालयों के अध्यक्ष (विभिन्न जिलों के एकाउंटेंट्स) आषाढ़ के महीने में वर्ष की समाप्ति पर प्रधान कार्यालय में आकर हिसाब का मिलान करते। उन आए हुए लोगों को तब तक एक-दूसरे से बातचीत न करने दी जाती तथा मिलने न दिया जाता, जब तक कि उनके पास राजकीय[29] मोहर लगे रजिस्टर तथा व्यय से बचा हुआ धन मौजूद थे। सर्वप्रथम आय-व्यय को सुनकर उसके पास जो बचत शेष हो उसे ले लिया जाता था। अध्यक्ष की बताई हुई आय-राशि से यदि रजिस्टर का हिसाब अधिक निकले और उसी प्रकार बताए हुए व्यय की अपेक्षा रजिस्टर में उससे कम निकले तो अध्यक्ष पर, उसके द्वारा बताई कम-अधिक रकम का आठगुना जुर्माना किया जाता। यदि आमदनी से अधिक अथवा व्यय से कम रकम रजिस्टर में चढ़ी हो तो ऐसी दशा में अध्यक्ष को दंड नहीं दिया जाता वरन् आय-व्यय की जो कमी-बेशी हुई वह उसी को दे दी जाती थी।

जो अध्यक्ष निश्चित समय में अपने रजिस्टर तथा शेष धन आदि को लेकर प्रधान कार्यालय में उपस्थित नहीं होता उसके हिसाब में जितना बाकी निकलता उसका दसगुना जुर्माना उस पर किया जाता था। यदि प्रधान अध्यक्ष (एकाउंट्स सुपरिंटेंडेंट्स) निर्धारित समय पर क्षेत्रीय कार्यालयों में पहुँचता और वहाँ के विभागीय अध्यक्ष कार्यालय का हिसाब किताब दिखाने में असमर्थ हों तो उन्हें प्रथम साहस दंड दिया जाता। इसके विपरीत यदि प्रधान अध्यक्ष निर्धारित समय पर न पहुँच पाता तो उसे दुगुना प्रथम साहस दंड दिया जाता था।

राजा के महामात्र आदि प्रधान कर्मचारी आय-व्यय तथा नीवी सम्बन्धी सारी राजकीय व्यवस्थाएँ प्रजाजनों को समझाते। यदि उनमें से कोई झूठा प्रचार करता तो उसे उत्तम साहस दंड दिया जाता। द्रव्य की वसूली करनेवाला राजकर्मचारी

यदि निर्धारित समय पर द्रव्य-वसूली न कर सके तो उसे एक मास का और समय दिया जाता। यदि फिर भी वह द्रव्य संग्रह करके राजकोष में न पहुँचा सके तो उस पर प्रति मास के हिसाब से दो-सौ रुपया जुर्माना कर दिया जाता। जिस अध्यक्ष के पास थोड़ा राजदेय धन बाकी हो, निर्धारित समय के केवल 5 दिन तक उसकी प्रतीक्षा की जाती। तदनन्तर उसे भी दंडनीय समझा जाता था।[30] कोषधन और कोष रजिस्टर लानेवाले अध्यक्ष की परीक्षा सबसे पहले धर्म के द्वारा अर्थात् उसे देखा जाता कि वह धर्मात्मा था या दम्भी, फिर उसके व्यवहार को देखा जाता, तदनन्तर उसके आचार-विचार, उसकी पूर्वस्थिति, उसके कार्य एवं हिसाब-किताब, और अन्त में उसके कार्यों का पारस्परिक मिलान करके उसकी परीक्षा ली जाती, गुप्तचरों द्वारा भी उसके भेद का पता लगाया जाता था।

अध्यक्ष प्रतिदिन, प्रति 5 दिन, प्रतिपक्ष, प्रतिमास, प्रति 4 मास और प्रतिवर्ष के क्रम से राजकीय आय-व्यय एवं नीवी का लेखा-जोखा साफ-सुथरे ढंग में रखता था। वर्षारंभ से पूर्व एक दिन का हिसाब, फिर एक साथ 5 दिन का हिसाब, फिर एक साथ 15 दिन का हिसाब, फिर एक साथ 1 मास का हिसाब, और अन्त में एक साथ पूरे एक वर्ष का हिसाब करके रखता था। आय का लेखा निर्दोष और साफ रहे, एतदर्थ रजिस्टर में राजवर्ष (मास, पक्ष, दिन), देश, काल, मुख (आयमुख, आयशरीर), उत्पत्ति (आयवृद्धि), अनुवृत्ति (स्थानान्तर) प्रमाण, कर देनेवाले का नाम, दिलानेवाले अधिकारी का नाम, लेखक का नाम और लेनेवाले का नाम, इस प्रकार के स्तम्भ (खाने) बने होते थे। व्यय का लेखा तैयार करने के लिए रजिस्टर में इस प्रकार के खाने होते : व्युष्ट, देश, काल, मुख, लाभ (पक्ष, मास, वर्ष के क्रम से) व्यय का कारण, देय वस्तु का नाम, मिलावटी द्रव्य में अच्छाई-बुराई का उल्लेख, तौल, किसकी आज्ञा से व्यय किया गया, किसको दिया गया, भांडागारिक और लेनेवाले का पूरा विवरण। इसी प्रकार नीवी (शेष धन) का लेखा; व्युष्ट, देश, काल, मुख, द्रव्य का स्वरूप, द्रव्य की विशेषता, तौल, जिस पात्र में द्रव्य रखा जाता और द्रव्य का संरक्षक, आदि विवरणों के आधार पर तैयार किया जाता था।[31]

7.12 गबन किए धन की पुनः प्राप्ति

सारे कार्य कोष पर निर्भर थे। इसलिए राजा सबसे पहले कोष पर ध्यान देता था। राष्ट्र की सम्पत्ति को बढ़ाना, राष्ट्र के चरित्र पर ध्यान रखना, चोरों पर निगरानी रखना, राजकीय अधिकारियों को रिश्वत लेने से रोकना, सभी प्रकार के अन्नोत्पादन को प्रोत्साहित करना, जल-स्थल में उत्पन्न होने वाली प्रत्येक व्यापार-योग्य वस्तुओं

को बढ़ाना, अग्नि आदि के भय से राज्य की रक्षा करना, ठीक समय पर यथोचित कर वसूल करना और हिरण्य आदि की भेंट लेना, ये सब कोषवृद्धि के उपाय थे। कोषक्षय के 8 कारण थे : 1. प्रतिबन्ध, 2. प्रयोग, 3. व्यवहार, 4. अवस्तार, 5. परिहायण, 6. उपभोग, 7. परिवर्तन और 8. अपहार।

राजकर को वसूल करना, वसूल करके उसे अपने अधिकार में न रखना, और अधिकार में करके भी उसे खजाने में जमा न करना, यह तीन प्रकार का **प्रतिबंध** था। जो अध्यक्ष इन माध्यमों से कोष का क्षय करता, उस पर क्षत राशि से दस गुना जुर्माना किया जाता था। कोषधन का स्वयं ही लेन-देन करके वृद्धि का यत्न करना **प्रयोग** कहलाता था[32]। कोष के द्रव्य से स्वयं ही व्यापार करना **व्यवहार** कहलाता था। राजकर वसूल करनेवाला अधिकारी, नियत समय से कर-वसूली न करके रिश्वत लेने की इच्छा से, मियाद बीत जाने का भय देकर प्रजा को तंग करके जो धन एकत्र करता उसे **अवस्तार** कहते थे। जो अध्यक्ष अपने कुप्रबन्ध के कारण कर की आय को कम कर देता और व्यय की राशि को बढ़ा देता, उस क्षय को **परिहापण** कहते थे। राजकोष के द्रव्य को स्वयं भोग करना तथा दूसरों को भोग कराना **उपभोग** क्षय था। राजकोष के द्रव्यों को दूसरे द्रव्यों से बदल लेना **परिवर्तन** कहलाता था।[33]

प्राप्त आय को रजिस्टर में न चढ़ाना, नियमित व्यय को रजिस्टर में चढ़ाकर भी खर्च न करना और प्राप्त नीवी के सम्बन्ध में मुकर जाना, यह 3 प्रकार का **अपहार** था। अध्यक्ष 40 प्रकार के उपायों से राजद्रव्य का अपहरण कर सकते थे। प्रथम फसल में प्राप्त हुए द्रव्य को दूसरी फसल आने पर रजिस्टर में चढ़ाना, दूसरी फसल की आमदनी का कुछ हिस्सा पहली फसल के रजिस्टर में चढ़ा देना, राजकर को रिश्वत लेकर छोड़ देना, राजकर से मुक्त देवालय, ब्राह्मण आदि से कर वसूल करना, कर देने पर भी उसको रजिस्टर में न चढ़ाना, कर न देने पर भी उसको रजिस्टर में भर देना, कम प्राप्त हुए धन को रिश्वत लेकर पूरा दर्ज कर देना, पूरे प्राप्त हुए धन को अधूरा कहकर लिख देना, जो द्रव्य प्राप्त हुआ, उसकी जगह दूसरा ही द्रव्य भर देना, एक पुरुष से प्राप्त हुए धन को रिश्वत लेकर, दूसरे के नाम दर्ज कर देना, देने योग्य वस्तु को न देना, जो वस्तु देने योग्य नहीं था, उसको दे देना, समय पर किसी वस्तु को न देना, रिश्वत लेकर असमय में ही उस वस्तु को दे देना, थोड़ा देकर भी बहुत लिख देना, बहुत देकर भी थोड़ा लिख देना, अभीष्ट वस्तु की जगह दूसरी ही वस्तु दे देना, जिस व्यक्ति को देने के लिए कहा गया है, उसके बदले में किसी दूसरे को ही दे देना, राजधन को वसूल करके उसे खजाने में जमा न करना, राजकर को वसूल न करके,

रिश्वत लेकर, उसे जमा-रजिस्टर में चढ़ा देना, राजाज्ञा से वस्त्रादि क्रय करके तत्काल ही उनका मूल्य चुकता न करके एकान्त में कुछ रकम देना, अधिक मूल्य[34] में क्रीत वस्तुओं की रकम कम करके रजिस्टर में लिखना, सामूहिक करवसूली को अलग-अलग व्यक्ति से लेना, अलग-अलग व्यक्ति से लिये जानेवाले कर को सामूहिक रूप से वसूल करना, बहुमूल्य वस्तु को अल्पमूल्य की वस्तु से बदल देना, अल्पमूल्य की वस्तु को बहुमूल्य वस्तु से बदल लेना, रिश्वत लेकर बाजार में वस्तुओं की कीमत बढ़ा देना, वस्तुओं का भाव घटा देना, दो दिन का वेतन दिया हो तो चार दिन बढ़ाकर लिख देना, 4 दिन का वेतन दिया हो तो दो दिन घटाकर लिख देना, मलमासरहित संवत्सर को मलिमास युक्त बता देना, महीने के दिन घटा-बढ़ाकर लिख देना, नौकरों की संख्या बढ़ाकर लिख देना, एक जरिये से हुई आमदनी को दूसरे जरिये से दर्ज कर देना, ब्राह्मणादि को स्वीकृत धन में से कुछ स्वयं ले लेना, कुटिल उपाय से अतिरिक्त धन वसूल करना, सामूहिक वसूली में से न्यूनाधिक्य रूप में धन लेना, वर्णविषमता दिखाकर धन का अपहरण कर लेना, जहाँ मूल्य निर्धारित न हो, वहाँ दाम बढ़ाकर लाभ उठाना, तौल में कमी-बेशी करके उपार्जन करना, नाप में विषमता पैदा करके धन कमाना, और घृत से भरे हुए सौ घड़ों की जगह सौ छोटे घड़े दे देना, राजकीय धन को अपहरण करने के ये 40 तरीके थे।[35]

यदि किसी अध्यक्ष के सम्बन्ध में राजा को यह सन्देह हो जाता कि उसने अनुचित उपायों से राजकीय धन का अपहरण किया तो राजा उस विभाग के प्रधान निरीक्षक, कोषाध्यक्ष, लेखक (क्लर्क), कर लेनेवाले और कर दिलानेवाले सलाहकारों को अलग-अलग बुलाकर यह पूछता कि उनके अध्यक्ष ने गबन किया या नहीं। यदि उनमें से कोई झूठ बोलता तो उसे गबन करनेवाले अपराधों के समान ही दंड दिया जाता था। अपने सारे राज्य में राजा यह घोषणा करा देता कि अपराधी अध्यक्ष ने जिसका गबन किया है उसकी सूचना राजदरबार को भेज दी जाए। इस प्रकार सूचना मिलने पर राजा, प्रजा की उस हानि को पूरा करता था। यदि अध्यक्ष के विरुद्ध एक साथ ही अनेक शिकायतें हों और उनमें से वह किसी को भी स्वीकार न करे तो उसका एक भी अपराध साबित हो जाने पर, सभी शिकायतों का अभियोग उस पर लगाया जाता था। यदि अभियुक्त कुछ अपराधों को स्वीकार करता और कुछ से मुकर जाता तो उससे पूरे सबूत माँगे जाते। गबन किए गए बहुत से धन के सम्बन्ध में पूरे सबूत नहीं मिलते, कुछ ही धन के सम्बन्ध में सबूत मिल पाते तो उस पर पूरे गबन का अभियोग लगाया जाता था।[36]

7.13 राजकीय उच्चाधिकारियों के चाल-चलन की परीक्षा

राजकीय उच्चपदस्थ कर्मचारियों को अमात्य के गुणों से युक्त होना आवश्यक था। योग्यता एवं कार्यक्षमता के आधार पर ही उन्हें भिन्न-भिन्न पदों पर नियुक्त किया जाता था। पदों पर नियुक्त किए जाने के अनन्तर समय-समय पर राजा उनके चाल-चलन की निगरानी कराता था। घोड़ा जैसे अपने स्थान पर बँधा हुआ शान्त दिखाई देता है, किन्तु रथ आदि में जोड़ते ही वह बिगड़ पड़ता है, वैसे ही स्वभाव से शान्त दिखाई देने वाला मनुष्य भी कार्य पर नियुक्त हो जाने के बाद उद्दण्ड हो सकता था। इसलिए अध्यक्षों के सम्बन्ध में वह कारण (अधीनस्थ कर्मचारी), देश, काल, कार्य, वेतन और लाभ, इन बातों की जानकारी रखता था। उच्चपदस्थ कर्मचारियों को राजा के आदेशानुसार एक-दूसरे से द्वेष न करते हुए जुदा-जुदा रहकर ही अपने कार्यों में तत्पर रहना पड़ता था। यदि वे आपस में मिल जाते तो राजधन का अपहरण और परस्पर द्वेष करते और राजकार्यों को नष्ट कर देते थे। कर्मचारियों द्वारा राजा की आज्ञा प्राप्त किए बिना किसी भी नए कार्य का आरम्भ नहीं किया जाता था। किन्तु आपत्तियों का प्रतीकार करने के लिए किए जाने योग्य कार्यों को वे राजा की अनुमति प्राप्त किए बिना भी आरम्भ कर सकते थे।[37]

जो पदाधिकारी आष्टि कार्य को पूरा करके, स्वेच्छया किसी दूसरे हितकर कार्य को भी करता, उसे तरक्की और सम्मान दिया जाता था। जो अधिकारी नियमित आय से दुगुनी आय दिखाता वह निश्चय ही प्रजा को पीड़ित कर इतना धन वसूल करता था। यदि वह उस अधिक धन को राजकोष के लिए न भेज कर स्वयं ही खा लेता तो उसे अपराध के अनुसार कठोर दंड दिया जाता था। जो अधिकारी व्ययनिमित्त निर्धारित राशि को खर्च न करके बचा लेता वह मजदूरों का पेट काटता था। उस अपराधी अधिकारी को, कार्यहानि के मूल्य का तथा मजदूरी के अपहरण का, यथोचित दंड दिया जाता था।[38]

इसलिए प्रत्येक राजकीय अधिकारी का कर्तव्य था कि अपने कार्य की यथार्थता और तत्सम्बन्धी आय-व्यय का विवरण वह संक्षेप में तथा विस्तार से राजा के सम्मुख प्रस्तुत करता था। वह मूलहर, तादात्विक तथा कदर्य पुरुषों पर भी अंकुश रखता। अपनी वंशानुगत सम्पत्ति का उपभोग जो अन्याय से करता वह **मूलहर** था। जो पुरुष जितना उत्पन्न करता उतना ही व्यय भी कर लेता वह **तादात्विक** कहलाता था। जो अपने को और अपने नौकरों को कष्ट देकर धनोपार्जन करता वह **कदर्य** कहा जाता था। जो कदर्य (कंजूस) पदाधिकारी गहरी आमदनी करता, धन को भूमि में गाड़ता, उसको किसी के पास छिपाकर रखता, शत्रुदेश में भेजकर

किसी के पास जमा करता, उस अधिकारी के परामर्शदाता, मित्र, नौकर, बन्धु-बान्धव और आय-व्यय आदि का पता गुप्तचर करते थे। गुप्तचर कदर्य अधिकारी के धन को शत्रुदेश में ले जानेवाले पुरुष से मिलकर अथवा उसका सेवक बनकर, उसके रहस्य का पता लगाता। गुप्तचर द्वारा राजा को जब इस भेद की सही जानकारी प्राप्त हो जाती तो वह शत्रु के आदेश का बहाना बनाकर उस कदर्य अधिकारी को मरवा डालता था।[39]

इसलिए प्रत्येक विभाग के सभी अध्यक्षों द्वारा संख्यानक (गणक), लेखक (क्लर्क), रूपदर्शक (मुद्राओं तथा मणि-मुक्ताओं का पारखी), नीवीग्राहक (बचत रकम को सँभालनेवाला) और उत्तराध्यक्ष (प्रधान अधिकारी), इन सबके सहयोग से ही कार्य करना पड़ता था। उत्तराध्यक्ष (प्रधान अधिकारी) उनको नियुक्त किया जाता, जो हाथी, घोड़ और रथों की सवारी में निपुण होते थे। उनके अधीनस्थ ऐसे आज्ञाकारी, कुशल, पवित्र एवं सदाचरणशील कार्यकर्ता होते जो संख्यानक आदि राजकीय कर्मचारियों की प्रवृत्तियों का पता लगाने में गुप्तचरों का कार्य करते थे। प्रत्येक विभाग में अनेक उच्च पदाधिकारियों की नियुक्ति की जाती, किन्तु उन्हें एक ही विभाग में रहने दिया जाता था।

जैसे जीभ में रखे हुए मधु अथवा विष का स्वाद लिए बिना नहीं रहा जा सकता, उसी प्रकार अर्थाधिकार कार्यों पर नियुक्त पुरुष, अर्थ का थोड़ा भी स्वाद न लें, यह असम्भव था। जिस प्रकार पानी में रहनेवाली मछलियाँ पानी पीती नहीं दिखाई देतीं, उसी प्रकार अर्थकार्यों पर नियुक्त कर्मचारी भी धन का अपहरण करते हुए नहीं जाने जा सकते थे। आकाश में उड़नेवाले पक्षियों की गतिविधि का पता लगाया जा सकता किन्तु धन का अपहरण करने वाले कर्मचारियों की गतिविधि से पार पाना कठिन था।[40] जो अध्यक्ष राजधन का अपहरण नहीं करते, वरन्, न्यायपरायण होकर राजा की समृद्धि में यत्नशील रहते और प्रिय समझकर राजा का हित करते रहते, ऐसे सच्चरित्र अध्यक्षों को सदा सम्मानपूर्वक उच्चपद पर बनाए रखा जाता था।[41]

7.14 शासनाधिकार

राजा की ओर से पत्र आदि पर लिखित आज्ञा या प्रतिज्ञा का नाम 'शासन' था। राजा लोग शासन (लिखित बात) पर ही विश्वास करते, मौखिक बात पर नहीं। सन्धि, विग्रह आदि षाड्यगुण्य सम्बन्धी राजकीय कार्य शासनमूलक (लिखित) होने पर ही ठीक समझे जाते थे। इसलिए राजकीय शासन को लिखनेवाला लेखक अमात्य योग्यताओं वाला, आचार-विचार का ज्ञाता, शीघ्र ही सुन्दर वाक्य-योजना

में निपुण, सुलेखक और विभिन्न लिपियों को पढ़ने-लिखनेवाला होता था। वह लेखक प्रकृतिस्थ होकर राजा के सन्देश को सुनता और पूर्वापर प्रसंगों को दृष्टि में रखकर स्पष्ट अभिप्राय प्रकट करनेवाले लेखक को लिखता था। लेख यदि किसी राजा से सम्बद्ध होता तो, उसमें देश, ऐश्वर्य, वंश और नाम का स्पष्ट उल्लेख होता था। यदि उसका सम्बन्ध किसी अमात्य से होता तो उसमें केवल उसके देश और नाम का ही उल्लेख किया जाता था। लेख यदि राजकार्य-सम्बन्धी होता तो उसमें जाति, कुल, स्थान, आयु, योग्यता, कार्य, धन-सम्पत्ति, सदाचार, देश, काल, वैवाहिक सम्बन्ध आदि बातों का भली-भाँति विचार करके, प्राप्तकर्ता पुरुषों की श्रेष्ठता, निकृष्टता आदि का भी अवश्य उल्लेख किया जाता था। उस लेखक में 1. अर्थक्रम, 2. सम्बन्ध, 3. परिपूर्णता, 4. माधुर्य, 5. औदार्य और 6. स्पष्टता आदि छह प्रकार की योग्यताएँ होती थीं।[42] खेतों की रखवाली करने वाले ग्वाले, दास और नौकर आदि प्रत्येक को उनकी मेहनत के अनुसार भोजन-वस्त्र आदि दिया जाता। इसके अतिरिक्त उन्हें प्रतिमास सवा पण नियत वेतन मिलता था। इसी प्रकार दूसरे कारीगरों को भी उनके परिश्रम के अनुसार भोजन, वस्त्र और वेतन आदि दिया जाता था।

पेड़ों से अपने आप गिरे हुए फल-फूलों को देवकार्य के लिए तथा गेहूँ, जौ आदि अन्नों को इष्ट देवता को भोग लगाने के लिए श्रोत्रिय और तपस्वी लोग उठा लेते। खलिहान उठ जाने पर जो अन्न के दाने पड़े रह जाते उन्हें सीता बीनकर गुजर करने वाले लोग उठा ले जाते थे। ठीक समय पर तैयार हुई फसल को सुरक्षित स्थान में रखवा दिया जाता था। पुआल और भूसा आदि असार वस्तुओं को भी उठाकर ले जाया जाता था। अनाज रखने का स्थान (प्रकर) कुछ ऊँची जगह (खलिहान) और दाँई लेने की जगह (मंडल) दोनों आस-पास होते थे। खलिहान में काम करने वाले व्यक्ति अपने पास आग नहीं रखते किन्तु उनके पास जल का प्रबन्ध अवश्य होता था।[43]

7.15 आबकारी विभाग

आबकारी विभाग का अध्यक्ष (सुराध्यक्ष) दुर्ग, जनपद, अथवा छावनी आदि में सुरा के व्यापार का प्रबन्ध, शराब के बनाने वाले तथा बेचने वाले निपुण व्यक्तियों के द्वारा करवाता, शराब का ठेका एक बड़े व्यापारी को दिया जाता या अनेक छोटे-छोटे व्यापारियों को, अथवा क्रय-विक्रय की जैसी व्यवस्था उचित जँचे, तदनुसार ही उसकी बिक्री का प्रबन्ध किया जाता था। ठेकों के अलावा अन्यत्र शराब बनाने, बेचने और खरीदने वालों पर 600 पण जुर्माना किया जाता। शराब

तथा शराबी को गाँव से बाहर, एक घर से दूसरे घर, अथवा भीड़ में नहीं जाने दिया जाता, क्योंकि ऐसा करने से एक तो राजकीय कर्मचारी कार्यों की हानि करने लगते, दूसरे आर्य लोग अपनी मर्यादा को भंग कर सकते और तीसरे में तेज मिजाज सैनिक हथियारों का भी प्रयोग कर सकते थे। सुविदित आचार-व्यवहार वाले लोग चौथाई कुडव, आधा कुडव, एक कुडव, आधा प्रस्थ या एक प्रस्थ मुहरबन्द शराब साथ भी ले जा सकते थे।

जिन लोगों को शराब साथ ले जाने की आज्ञा न होती वे मदिरालय में ही बैठकर पीते थे। यदि कोई व्यक्ति धरोहर, गिरवी, चोरी-डाका आदि का धन और सोना-चाँदी आदि वस्तुओं को शराबखाने में गिरवी रखकर शराब पीता[44] तो उसको वहाँ से बाहर कर किसी दूसरे बहाने से नगराध्यक्ष के हवाले करा दिया जाता था। इसी प्रकार जो व्यक्ति आमदनी से अधिक या बिना आमदनी के ही फजूल खर्च करता उसे भी गिरफ्तार करा दिया जाता था। थोड़ी कीमत पर, उधार या ब्याज सहित अदा होने के मूल्य पर बढ़िया शराब नहीं बेची जाती, बल्कि ऐसे खरीददारों को घटिया शराब दी जाती थी। घटिया शराब को बढ़िया शराब की दुकान में नहीं बेचा जाता था। घटिया शराब या तो दास जैसे छोटे कर्मचारियों को वेतन के रूप में दी जाती अथवा बैल-ऊँट की सवारी हाँकने वाले तथा सूअर का पालन-पोषण करने वालों को दी जाती थी।

शराबखानों में अनेक ड्योढ़ियाँ होतीं, लेटने तथा बैठने के लिए अलग-अलग कमरे होते, शराब पीने के लिए अलग स्थान होते, उनमें सुगन्धित द्रव्यों एवं पानी आदि का पूरा प्रबन्ध होता, ये सभी स्थान ऐसे बने होते जो मौसम में सुखद होते थे। सरकारी गुप्तचर प्रतिदिन शराब की खपत तथा खर्च का हिसाब और यह भी निगरानी रखता कि बाहर से कौन-कौन व्यक्ति वहाँ आते थे। शराब के नशे में बेहोश हो जाने वाले लोगों के जेवर, वस्त्र और नकदी का भी गुप्तचर ध्यान रखते थे। यदि बेहोश हालत में शराबियों की कोई चीज चोरी होती तो उसको ठेकेदार ही अदा करता, वरन् वह उतनी ही लागत का जुर्माना राजा को भी अदा करता था। ठेकेदार चतुर एवं सुन्दरी दासियों के द्वारा, अलग-अलग कमरों में बेहोश उन बाहर से आए या नगर के रहने वाले, ऊपर से आर्य लगने वाले, शराबियों के भीतरी भावों का पता लगाता था।[45]

7.16 वधस्थान का अध्यक्ष

सरकारी जंगलों या ऋषियों के आश्रमों में रहनेवाले मृग, गेंडा, भैंसा, मोर तथा मछलियाँ मारने-पकड़ने पर प्रतिबंध था। कोई भी व्यक्ति उनको मारे, पकड़े या

क्षति पहुँचाए तो सून (वधस्थान) का अध्यक्ष उसे उत्तम साहस दंड दिलवाता था। कोई राजपरिवार के व्यक्ति इस आज्ञा का उल्लंघन करते तो उन्हें मध्यम साहस दंड दिया जाता था। पक्षी और मछली जैसे अहिंसक प्राणियों को पकड़ने, प्रहार करने या मारनेवाले व्यक्ति को पौने सत्ताईस पण का दंड दिया जाता। जो व्यक्ति मृग और पशुओं का वध करता, उसको दुगुना (साढ़े तिरपन पण) दंड दिया जाता था।

जो हिंसक जानवर होते, जिनका कोई मालिक नहीं होता, जो सरकारी जंगलों या ऋषि-आश्रमों के नहीं होते, उनका जो शिकार करता उससे सूनाध्यक्ष छठा हिस्सा सरकारी टैक्स के रूप में ले लेता। इसी प्रकार मछली तथा पक्षियों का दसवाँ हिस्सा या उससे कुछ अधिक और मृग आदि, पशुओं का भी दसवाँ हिस्सा या उससे कुछ अधिक राजभाग ले लिया जाता था।

अरक्षित जंगलों से पकड़े हुए पक्षी और मृग आदि का छठा भाग लेकर उन्हें सरकारी जंगलों में छोड़ दिया जाता था।[46] समुद्र में पैदा होने वाले; हाथी, घोड़े, पुरुष, बैल, गधा आदि की आकृति वाले मत्स्य, सारस आदि जलचर प्राणी; तालाबों, झीलों, नदियों एवं नहरों में पैदा होने वाली मछलियाँ, क्रोंच, टिटहरी, जलकौवा, हंस, चक्रवाक, जीवंजीवक, भृंगराज, चकोर, मत्तकोकिल, मोर, तोता, मदन, मैना और बुलबुल, तीतर, बटेर, तथा मुर्गा आदि क्रीड़ायोग्य पक्षियों की रक्षा करने का नियम था। मृग और पशुओं का हड्डी-रहित तथा मांस बाजार में बेचा जाता था। मांस यदि हड्डी सहित हो तो हड्डी के वजन का अधिक मांस दिया जाता था। यदि मांस तौलने में कपट किया जाता तो तौलने वाले से 8 गुना मांस दंडस्वरूप लिया जाता था जिसमें आठवाँ हिस्सा खरीददार का और बाकी 7 हिस्से सूनाध्यक्ष के होते थे। पशुओं में मृग, बछड़ा, साँड़ और गाय, इन्हें कभी नहीं मारा जाता था। कसाईखाने से बाहर मारे हुए जानवरों का मांस, सिर, पैर तथा हड्डी रहित मांस, बदबू वाला मांस, रोग आदि के कारण स्वयं मरे हुए जानवर का मांस बाजारों में नहीं बेचा जाता था। राज-रक्षित जंगलों के हमलावर जानवर, नीलगाय, पशु, मृग और मछली आदि वनचर-जलचर यदि सुरक्षित जंगलों से बाहर चले जाते तो उनको मारा या पकड़ा जा सकता था।[47]

7.17 वेश्यालयों का अध्यक्ष

वेश्यालयों की व्यवस्था करने वाले राजकीय अधिकारी रूप, यौवन से सम्पन्न एवं गायन-वादन में निपुण स्त्री को, चाहे वह वेश्याकुल से सम्बद्ध हो या न हो, एक हजार पण देकर गणिका (वेश्या) के कार्य पर नियुक्त करता था। इसी

प्रकार दूसरी गणिकाओं को नियुक्त किया जाता और एक सहस्त्र पण में से आधा उन्हें तथा आधा उनके परिवार को दे दिया जाता था। यदि कोई गणिका दूसरी जगह चली जाती या मर जाती तो उसकी जगह उसकी लड़की या बहन नियुक्त होकर परिवार का पोषण करती थी। अथवा उसकी माता उसकी जगह किसी दूसरी गणिका को नियुक्त करती थी। यदि ऐसा भी सम्भव न हो सके तो उसकी सम्पत्ति को राजा ले लेता था। वेश्याओं की 3 श्रेणियाँ थीं : 1. कनिष्ठ, 2. मध्यम, 3. उत्तम। सौन्दर्य तथा सजावट में कमसल कनिष्ठ वेश्या का वेतन एक हजार पण, सौन्दर्य तथा सजावट में उससे अच्छी मध्यम वेश्या का वेतन 2 हजार पण, और हर एक बात में चतुर उत्तम वेश्या का वेतन 3 हजार पण होता था। कनिष्ठ वेश्या छत्र तथा इत्रदान लेकर राजा की सेवा करती, मध्यम पालकी के साथ रहकर राजा को व्यंजन और उत्तम वेश्या राजसिंहासन तथा रथ आदि के निकट रहकर राजा की परिचर्या करती थी। जब गणिकाओं का सौन्दर्य जाता रहे और उनकी जवानी ढल जाती, तब उन्हें खाला (मातृका) के स्थान पर नियुक्त कर दिया जाता था।[48]

जो गणिकाएँ राजवृत्ति से अपने को मुक्त कराना चाहतीं, वे राजा को 24 हजार पण देकर स्वतन्त्र हो सकती थीं। जो वेश्यापुत्र राजसेवा से निवृत्त होना चाहे तो वह 12 पण अदा करता। यदि वह मुक्त होने का मूल्य (निष्क्रय) अदा करने में असमर्थ हो तो 8 वर्ष तक राजा के यहाँ चारण का कार्य कर अपने आप को मुक्त कर सकता था। वेश्या की दासी जब बूढ़ी हो जाती तो उसे कोष्ठागार या रसोई के कार्य में नियुक्त कर दिया जाता था। यदि वह काम न करना चाहे और किसी पुरुष की स्त्री बन कर रहना चाहे, वह प्रतिमास उस गणिका को सवा पण वेतन देती थी। गणिकाध्यक्ष वेश्याओं के भोगधन (सम्भोग से प्राप्त हुई आमदनी), माता से मिला धन (दायभाग), सम्भोग के अतिरिक्त आमदनी (आय) और भावी-प्रभावी (आयति) आदि को रजिस्टर में दर्ज करता और उन्हें अधिक खर्च करने से रोकता था।[49]

अपने सम्भोग, अपनी आमदनी और अपने साथ रहनेवाले पुरुष की सूचना गणिकाध्यक्ष को बराबर देती रहती थी। बाहर से आई हुई नट-मंडली प्रत्येक खेल पर पाँच पण राजकर के रूप में अदा करता था। रूप से जीविका कमाने वाली वेश्या अपनी मासिक आमदनी के हिसाब से दो दिन की कमाई कर रूप में राजा को देती थी। गाना, बजाना, नाचना, नाटक करना, लिखना, चित्रकारी करना, वीणावेणु-मृदंग, दूसरे के मन को पहचानना, सुगन्धित द्रव्यों को बनाना, माला गूँथना, पैर दबाना, शरीर सजाना आदि कार्यों में निपुण लोगों की और गणिका,

दासी तथा नर्तकियों को कलाओं का ज्ञान देने वाले आचार्यों की, आजीविका का प्रबन्ध नगरों तथा गाँवों से आने वाली आय द्वारा किया जाता था।[50]

वेश्यापुत्रों, नाचने-गाने वालों और इसी प्रकार के अन्य लोगों को वेश्याओं का शिक्षक नियुक्त किया जाता था। नट-नर्तक आदि पुरुषों को धन का लालच देकर राजा अपने वश में कर ले और तब, अनेक भाषाएँ बोलने वाली तथा अनेक प्रकार के वेश बनाने वाली उनकी स्त्रियों को शत्रु के गुप्तचरों का वध करने अथवा उनको विषयवासनाओं में फँसाने के लिए नियुक्त कर देता था।[51]

7.18 पशुविभाग

गाय, भैंस आदि पालतू पशुओं की देखरेख में नियुक्त अधिकारी (गो-अध्यक्ष) 1. वेतनीपग्राहिक, 2. करप्रतिकर, 3. भग्नोत्सृष्टक 4. भागानुप्रविष्टक 5. व्रजपर्यग्र, 6. नष्ट, 7. विनष्ट और 8. क्षीरघृतसंजात, इन आठों के सम्बन्ध में पूरी जानकारी प्राप्त करता था। गायों को पालने वाले (गोपालक), भैंसों को पालने वाले (पिंडारक), गाय-भैंस को दुहने वाले (दोहक), दही को मथने वाले (मंथक) और हिंसक पशुओं से गाय, भैंस की रक्षा करने वाले (लुब्धक), ये पाँच-पाँच व्यक्ति मिलकर सौ-सौ गाय, भैंसों का पालन करते थे। वेतन के रूप में इनको या तो नगद रुपया दिया जाता अथवा अन्न-वस्त्र दिए जाते; दूध, दही आदि में इनका कोई हिस्सा नहीं होता, क्योंकि दूध, दही में इनका हिस्सा होने के कारण ये लोग बछड़ों को मार देते थे। गाय, भैंस आदि की रक्षा के इस उपाय का नाम **वेतनोपग्राहिक** था।

बूढ़ी, दूध देने वाली, गाभिन, पठोरी और बछिया, इन 5 प्रकार की गायों को 20-20 के क्रम से सौ बनाकर उन्हें किसी चरवाहे को ठेके पर दिया जाता था। इसके बदले में चरवाहा गौओं के मालिक को 8 वारक घी, एक-एक पशु के पीछे एक-एक पण, और सरकारी मुहर से युक्त मरे हुए पशु का एक अदद चमड़ा प्रतिवर्ष दिया करता; रक्षा के इस उपाय को करप्रतिकर कहते थे।[52] बीमार, योग्य और बच्चों को खाने वाली (पुत्रघ्नी), इन 5 प्रकार की गायों को भी पूर्ववत्, सौ बनाकर, किसी व्यक्ति को ठेके पर पालने के लिए दिया जाता था। गोपालक स्थिति के अनुसार घी आदि का आधा या तिहाई हिस्सा मालिक को दे दिया करे; इस उपाय का नाम **भग्नोत्सृष्टक** था। शत्रुओं अथवा चोरों के डर से जो गोपालक अपनी गायों को सरकारी चरागाह में ही बन्द करके रखता और गायों की आमदनी का दसवाँ भाग राजा को अदा करता; गाय आदि की रक्षा के इस तौर-तरीके को **भागानुप्रतिष्टक** कहते थे। दूध पीने वाला बछड़ा, बड़ा बछड़ा,

कृषियोग्य बछड़ा (दम्य), बोझा ढोने योग्य साँड़ (बहिनो), बिना बधिया किया हुआ साँड़ और हल जोतने योग्य बैल, ये 6 प्रकार के बैल होते थे। जुवा, हल, गाड़ी आदि में जोते जाने योग्य भैंसा, साँड़ (वृषभा), मांस के उपयोग में आने वाले (सूनामहिषा) और बोझा ढोने योग्य, ये 4 प्रकार के भैंसे होते थे। दूध पीने वाली बछिया, पठोरी (प्रष्ठौही), गाभिन, दूध देने वाली, अधेड़ और बाँझ, ये 7 प्रकार की गाय-भैंसें थीं। उनके 2 महीने या एक महीने के पैदा हुए बछड़ों को उपजा (लयेरू) कहते थे। उन लयेरू बछड़ों को लोहे के गर्म छल्लों से दाग देना चाहिए। दो मास तक सरकारी चरागाह में रहने वाली गाय-भैंसों को भी दाग दिया जाता, उनके स्वामियों का पता लगे या न लगे। राजकीय मुहर अथवा छल्ले आदि से अंकित गाय-भैंसों तथा लयेरू बछड़ों के रंग, सींग आदि विशेष चिह्नों का उल्लेख रजिस्टर में किया जाता था। गायों की रक्षा के इस उपाय को व्रजपर्यग्र कहते थे। नष्ट गोधन 3 प्रकार का होता : 1. चोरों द्वारा अपहृत 2. दूसरे गोष्ठों में विलयित और 3. अपने गोष्ठ से भ्रष्ट; इसी अवस्था को नष्ट कहते थे।[53]

7.19 रथाध्यक्ष

रथाध्यक्ष बाण, तूणीर, धनुष, अस्त्र, तोमर, गदा, रथ के झूलों और लगाम तथा अन्य सामग्री के सम्बन्ध में एवं सारथी, रथ बनानेवाला, रथ के घोड़े आदि के कार्यों की पूरी जानकारी रखता था। रथाध्यक्ष नियमित रूप से कार्य करने वाले तथा अस्थायी रूप से कार्य करने वाले कारीगरों एवं कर्मचारियों के उचित वेतन-भत्ता तथा निर्वाहयोग्य धन की व्यवस्था एवं उनका आदर-सत्कार करता था।

रथाध्यक्ष के समान पत्यध्यक्ष की आरम्भिक कार्य-व्यवस्था होती थी। इसके अतिरिक्त वह राजधानी की रक्षा करनेवाली सेना (मौलबल), वेतनभोगी सेना (भृतबल), विभिन्न प्रदेशों में रखी गई सेना (श्रोणिबल), मित्रराजा की सेना (मित्रबल), शत्रुराजा की सेना (अमित्रबल) और जंगल की सुरक्षा के लिए नियुक्त सेना (अटवीबल) के सामर्थ्य-असामर्थ्य की पूरी जानकारी रखता। वह जंगल, तराई, मोर्चाबंदी, छल-कपट, खाई, हवाई, दिन और रात आदि सभी प्रकार के युद्धों की जानकारी प्राप्त करता था। देशकाल की दृष्टि से सेनाओं की उपयोगिता और अनुपयोगिता का भी वह ज्ञान रखता था।

सेनापति अश्वाध्यक्ष से लेकर पत्यध्यक्ष तक के सम्पूर्ण कार्य-व्यापार को भली-भाँति जानता, सेनापति को हर प्रकार के युद्ध करने, हथियार चलाने और आन्वीक्षिकी आदि शास्त्रों में पारंगत होता, हाथी, घोड़े और रथ चलाने की पूरी

योग्यता उसमें होती, चतुरंगिणी सेना के कार्य और स्थान की उसे पूरी जानकारी होती थी। उसमें अपनी भूमि, युद्धकाल, शत्रुसेना, शत्रुव्यूह का तोड़ना, बिखरी हुई सेना को समेटना, बिखरी हुई शत्रुसेना का मर्दन करना, दुर्ग तोड़ना और उचित समय पर युद्ध के लिए प्रस्थान करना, इन सभी बातों को समझने-करने की पूरी क्षमता होती थी।[54]

7.20 मुद्रा विभाग और चरागाह विभाग

मुद्रा विभाग का जनपद में आनेवाले और नगर से जानेवाले प्रत्येक व्यक्ति को राजकीय मुहर लगा हुआ पासपोर्ट देता तथा बदले में एक माषक टैक्स वसूल करता था। जिस व्यक्ति के पास पासपोर्ट होता वही जनपद में प्रवेश कर सकता और वही जनपद के बाहर जा सकता था। अपने जनपद में रहनेवाला कोई पुरुष बिना पासपोर्ट के यदि प्रवेश करता या बाहर जाता तो उस पर 12 पण दंड किया जाता था। अपने ही राज्य का कोई व्यक्ति यदि जाली पासपोर्ट लेकर आना-जाना चाहता तो उसे प्रथम साहस दंड दिया जाता, यदि दूसरे देश का व्यक्ति ऐसा करता तो उसे उत्तम साहस दंड दिया जाता था।

चरागाह विभाग का अध्यक्ष अर्थात् विवीताध्यक्ष का कार्य था कि जो व्यक्ति बिना पासपोर्ट या जाली पासपोर्ट लेकर छिपे तौर से जंगलों के रास्ते होकर सफर करते हुए पकड़ा जाता तो उसको गिरफ्तार कर लिया जाता था। जिन स्थानों से चोर, शत्रु या शत्रु के गुप्तचर आदि के आने-जाने की सम्भावना हो, ऐसे स्थानों पर चरागाह (विवीत) स्थापित किए जाते। चोर और हिंसक जानवरों के सम्भावित घने जंगलों में भी खाइयाँ और गुफाएँ बनाकर निगरानी रखी जाती थी।[55] जिस जगह पानी का अभाव होता वहाँ पक्के कुएँ, पक्के तालाब, फूल तथा फलों के बगीचे और प्याऊ आदि की व्यवस्था की जाती थी। शिकारी और बहेलिये निरन्तर जंगलों में घूमते रहते; उन्हें चोर या शत्रुओं के आने की सूचना पहाड़ पर या वृक्ष पर चढ़कर अथवा शंख-दुन्दुभी बजाकर अन्तपाल को पहुँचाना अथवा शीघ्रगामी घोड़ों पर चढ़कर वे इस सूचना को अन्तपाल तक पहुँचाते थे। यदि जंगल में शत्रु आ जाते तो मुहर लगे पालतू कबूतरों के द्वारा उसका समाचार राजा तक पहुँचाया जाता, यदि रात को शत्रु जंगल में प्रवेश करता तो आग जलाकर और दिन में धुआँ करके सूचित करता था। विवीताध्यक्ष द्रव्यवनों और हस्तिवनों के घास, लकड़ी तथा कोयले आदि का भी प्रबन्ध करता, दुर्ग के रास्ते जाने का टैक्स, चोरों से की हुई रक्षा का टैक्स, गोरक्षा का टैक्स तथा इन सभी वस्तुओं के खरीद-फरोख्त का प्रबन्ध करता था।[56]

7.21 समाहर्ता और गुप्तचरों के कार्यों का निरूपण

समाहर्ता (रेवन्यू कलक्टर) सारे जनपद को 4 हिस्सों में बाँटकर उन्हें श्रेष्ठ, मध्यम, और कनिष्ठ के क्रम से उनकी गणना, उपज, भौगोलिक परिस्थिति उनका नक्शा, खसरा एवं रकबा आदि को अपने रजिस्टर में दर्ज कर लेता; जो गाँव नियमित रूप से सैनिक जवानों को दिए जाते तथा जो गाँव अन्न, पशु, सोना, चाँदी, नौकर-चाकर आदि को नियमित रूप से दिए जाते, उनका ब्योरा भी रजिस्टर में दर्ज करता था। समाहर्ता के आदेशानुसार 5-5 या 10-10 गाँवों का एक-एक केन्द्र बनाकर उसका प्रबन्ध **गोप** नामक अधिकारी करता था।

नदी, पहाड़, जंगल, दीवाल आदि के द्वारा गाँवों की सरहदबन्दी करके उसको रजिस्टर में चढ़ाया जाता, खेतों का ब्योरा चढ़ाने वाले रजिस्टर में इतनी बातें दर्ज रहतीं : खेती योग्य जमीन, खेती के अयोग्य या पथरीली जमीन, ऊँची-नीची जमीन, साठी-गेहूँ योग्य जमीन, आबादी के योग्य जमीन, चैत्य, देवालय, तालाब, श्मशान, अन्नक्षेत्र, प्याऊ, तीर्थस्थान, चरागाह और रथ-गाड़ी तथा पैदल मार्ग के योग्य जमीन। इसी प्रकार नदी, पर्वत आदि सरहद और खेतों की लम्बाई-चौड़ाई का भी उल्लेख होता।[57] जो ग्रामवासियों के काम न आते, खेतों में जाने-आने के रास्ते, उनकी नाप, किस व्यक्ति ने किस व्यक्ति को कौन खेत जोतने के लिए दिया, बिक्री का ब्योरा, तकाबी, मुल्तबी और छूट आदि का भी उल्लेख होता था। रजिस्टर में यह भी दर्ज होता कि वहाँ कितने घर, जमीन की किस्त तथा मकानों का किराया देने वाले और कितने नहीं थे। रजिस्टर में इस बात का उल्लेख किया जाता कि उन घरों में इतने ब्राह्मण, इतने क्षत्रिय, इतने वैश्य और इतने शूद्र रहते थे, इसी प्रकार वहाँ के किसान, ग्वाले, व्यापारी, कारीगर, मजदूर और दासों की संख्या भी रजिस्टर में दर्ज होती, फिर सारे मनुष्यों और सारे पशुओं का जोड़ अलग-अलग लिया जाता, अन्त में इनसे इतना सोना, इतने नौकर, इतना टैक्स और इतना दंड राजा को प्राप्त हुआ, यह भी जोड़ दिया जाता था।

गोप नामक अधिकारी प्रत्येक परिवार के स्त्री, पुरुष, बालक तथा वृद्ध की गणना और उनके कार्य, चरित्र, आजीविका एवं व्यय आदि के सम्बन्ध में पूरी जानकारी रखता था। जनपद के चौथे हिस्से का प्रबन्ध स्थानिक नामक अधिकारी करता था। गोप और स्थानिक के कार्यक्षेत्र में प्रदेष्टा (कंटक शोधनाधिकारी) नामक अधिकारी राज्य के शत्रुओं का दमन करता। गोप और स्थानिक टैक्स न देनेवालों से टैक्स वसूल करता था। राज्य के बलवान व्यक्ति यदि शासन में विघ्न-बाधा उपस्थित करते तो उनका भी वे दमन करते थे। गृहस्थ (गृहपति) के वेश में रहनेवाले गुप्तचर, समाहर्ता की आज्ञानुसार अपने क्षेत्र के गाँवों का

रकबा, घर और परिवारों की तादाद का अच्छी तरह से पता लगाते थे। वे गुप्तचर यह नोट रखते कि कौन खेत कितने बड़े और उनकी उपज क्या थी, किस घर से कितना वसूल किया जाता[58] और कौन घर छोड़ा जाता, यह परिवार ब्राह्मणों का था या क्षत्रियों का और वे क्या-क्या कार्य करते थे। वे गुप्तचर यह भी जानते कि उन परिवारों के प्राणियों (मनुष्यों तथा पशुओं) की संख्या कितनी और उनकी आमदनी, खर्च के जरिये क्या थे। एक स्थान से दूसरे स्थान में जाने-आनेवाले लोगों और अपने स्थान को छोड़कर दूसरी जगह बस जानेवाले लोगों के सम्बन्ध में, राजा से सम्बन्ध न रखने वाली नर्तकियों, जुआरियों, भाँडों आदि के आवास-प्रवास पर भी वे गुप्तचर निगरानी रखते थे और यह भी पता लगाते थे कि शत्रुओं के गुप्तचर कहाँ-कहाँ पर रहकर क्या-क्या कार्य कर रहे थे।

व्यापारी के भेष में रहने वाले गुप्तचर (वैदेहक) समाहर्ता के आदेशानुसार अपने अधिकार-क्षेत्र में उत्पन्न और बेची जानेवाली सरकारी वस्तुओं, खनिज पदार्थों, तालाबों, जंगलों तथा कारखानों से उत्पन्न होनेवाली वस्तुओं की तौल एवं कीमत को अच्छी तरह से समझते थे। विदेशी व्यापारियों ने चुंगी, सीमाकर, मार्गरक्षा का कर, नाव कर, अन्तपाल का टैक्स, साझेदारी का हिस्सा, भत्ता, भोजन-व्यय और बाजार आदि का टैक्स कितना दिया था यह भी वे जानते थे। तपस्वी के भेष में रहनेवाले गुप्तचर (तापस), समाहर्ता की आज्ञानुसार, अपने क्षेत्र में रहनेवाले किसान, ग्वाले, व्यापारी और अध्यक्षों की ईमानदारी तथा बेईमानी के रहस्यों को जानते थे। पुराने चोरों के वेश में रहनेवाले उन तापस गुप्तचरों के शिष्य (पुराणचोर) देवालय, चौराहा, निर्जन स्थान, तालाब, नदी, कुओं के समीपस्थ जलाशय, तीर्थस्थान, आश्रम, जंगल, पहाड़ और घना जंगल आदि स्थानों में ठहर कर चोरों, शत्रुओं के भेजे हुए तीक्ष्ण तथा रसद आदि गुप्तचरों का ठीक-ठीक पता लगाते थे।[59]

7.22 नागरिक के कार्य

समाहर्ता की तरह नागरिक अधिकारी नगर के प्रबन्ध की चिन्ता करते थे। उत्तम 10 कुलों, मध्यम 20 कुलों और अधम 40 कुलों का प्रबन्ध गोप नामक अधिकारी करता था। उन कुलों के स्त्री-पुरुषों के वर्ण, गोत्र, नाम, कार्य, उनकी संख्या और उनके आय-व्यय के सम्बन्ध में वह भली-भाँति जानकारी रखता था। दुर्ग के चौथे हिस्से का प्रबन्ध, अर्थात् दुर्ग में रहनेवाले स्त्री-पुरुषों के सम्बन्ध में उक्त जानकारी **स्थानिक** नामक अधिकारी प्राप्त करता था। धर्मशाला का प्रबन्धक धूर्त-पाखंडी मुसाफिरों को गोप की अनुमति से ही टिकाए, किन्तु

जिन तपस्वियों या श्रोत्रियों को वह स्वयं जानता था उन्हें अपनी जिम्मेदारी पर भी टिका सकता था।

मोटे तथा महीन कार्य को करने वाले सुपरिचित एवं विश्वस्त कारीगर को अपने कार्य करने के स्थानों में ठहराया जा सकता था। व्यापारी लोग अपने जान-पहचान वाले व्यापारियों को अपनी-अपनी दुकानों में ठहरा सकते, किन्तु देश-काल के विपरीत व्यापार करने वाले या दूसरे के सामान को अपने व्यवहार में लानेवाले व्यक्ति की सूचना नागरिक को कर देनी पड़ती थी।[60] मद्य-मांस बेचने वाले, होटल वाले और वेश्याएँ अपने-अपने परिचितों को अपने घर ठहरा सकते थे। जो व्यक्ति अधिक खर्चीला दिखता या अधिक शराब पीता था, उसकी सूचना गोप अथवा स्थानिक के पास भेज दी जाती थी।

जो व्यक्ति हथियार लगे अपने घावों का इलाज छिपा कर कराता और रोग या महामारी आदि फैलाने वाले द्रव्यों का छिपे तौर से उपयोग करता, उसका इलाज करने वाला वैद्य यदि उसके इन कार्यों की सूचना गोप या स्थानिक को दे देता तो वह अदंड्य था, किन्तु यदि वह सूचना न दे तो अपराधी के समान ही उसको भी दंड दिया जाता था। जिस घर में ऐसे कार्य किए जाते उस घर का मालिक यदि गोप या स्थानिक को सूचित कर देता तो वह क्षम्य था, अन्यथा उसको भी अपराधी के समान दंड दिया जाता।

घर का मालिक घर से जाने वाले या घर में आनेवाले प्रत्येक व्यक्ति की सूचना गोप को देता, अन्यथा वे लोग रात्रि में यदि किसी की चोरी आदि करते तो गृहस्वामी उसके लिए उत्तरदायी समझा जाता था। वे लोग भले ही कुछ भी अपराध न करें, किन्तु सूचना न देने के अपराध में गृहस्वामी प्रतिरात्रि तीन पण दंड का भागी था। व्यापारियों के वेश में बड़े-बड़े मार्गों पर घूमनेवाले, ग्वाले तथा लकड़हारे के वेश में रास्ता छोड़कर जंगलों में घूमने वाले, नगर के भीतर या बाहर बने हुए मन्दिरों, तीर्थों, जंगलों या श्मशानों, कहीं भी, हथियार से घायल, हथियार तथा विष को लिए हुए, सामर्थ्य से अधिक भार उठाए हुए, डरे हुए, घबराए हुए, घोर निद्रा में सोए हुए, थके हुए या इसी प्रकार का कोई अजनबीपन किए हुए संदिग्ध व्यक्ति को पकड़कर नागरिक के सुपुर्द कर दिया जाता था। इसी प्रकार नगर के खंडहरों में, कल-कारखानों में, शराब की दुकानों में, होटलों में, मांस बेचने वाली दुकानों में, जुआघरों में, पाखंडियों के अड्डों में कोई संदिग्ध व्यक्ति दिखाई देता तो, गुप्तचर उसको पकड़कर नागरिक को सौंप देते थे।[61]

गर्मी की ऋतु में मध्याह्न के 4 भागों में आग जलाने की मनाही कर दी जाती और जो भी इस आज्ञा का उल्लंघन करता उसे एक पण का आठवाँ हिस्सा

दंड दिया जाता। यदि आवश्यक ही हो तो घास-फूस के मकानों के बाहर खुली जगह में आग जलाई जाती थी। यदि कोई व्यक्ति निषिद्ध समय में 5 घड़ी तक आग जलाता तो उसे चौथाई पण दंड दिया जाता और उस व्यक्ति को भी यही दंड दिया जाता, जो गर्मी के मौसम में अपने घर के सामने पानी से भरे घड़े, पानी से भरी नाँद, सीढ़ी, कुल्हाड़ा, सूप, छाज, कौंचा, फूस आदि को निकालने के लिए लम्बा लट्ठ, और चमड़े की मशक आदि वस्तुओं का इन्तजाम करके न रखता था।

गर्मी के मौसम में फूस और चटाई के बने मकानों को एकदम उठा देना पड़ता था। बढ़ई और लुहार आदि को किसी एक जगह में ही बसाया जाता था। घरों के स्वामियों को रात में अपने ही दरवाजों पर सोना पड़ता था। गलियों तथा बाजारों में पानी से भरे हुए एक हजार घड़ों का हर समय प्रबन्ध रहता था। चौराहों, नगर के प्रधान द्वारों, खजानों, कोष्ठागारों, गजशालाओं और अश्वशालाओं में भी पानी के भरे हजार-हजार घड़ों का हर समय इन्तजाम रहता था। मकान में आग लगाने वाला व्यक्ति यदि पकड़ लिया जाता तो उसे प्राणदंड की सजा देने का नियम था। सड़क पर मिट्टी या कूड़ा-करकट डालने वाले व्यक्ति को पण का आठवाँ हिस्सा दंड दिया जाता था। जो व्यक्ति गाड़ी, कीचड़ या पानी से सड़क को रोकता उसे पण का चौथा भाग दंड दिया जाता था। जो व्यक्ति राजमार्ग को इस प्रकार गन्दा करता या रोकता उसे दुगुना दंड दिया जाता था।[62]

राजमार्ग पर मलत्याग करने वालों को एक पण, पवित्र तीर्थस्थानों पर मलत्याग करने वालों को 2 पण, जलाशयों पर मलत्याग करने वालों पर 3 पण, देवालय में मलत्याग करने वालों पर 4 पण और खजाना, कोष्ठागार आदि स्थानों पर मलत्याग करने वाले व्यक्तियों पर 5 पण दंड किया जाता था। इन्हीं स्थानों में यदि कोई व्यक्ति पेशाब करता तो उस पर इसका आधा दंड किया जाता था। यदि जुलाब लेने के कारण या अतिसार, प्रमेह आदि बीमारियों के कारण अथवा किसी डर से, उक्त स्थानों में कोई व्यक्ति मल-मूत्र त्याग करता तो उसे दंड नहीं दिया जाता था।

मरे हुए बिल्ली, कुत्ता, नेवला और साँप को यदि कोई व्यक्ति नगर के पास या नगर के बीच में डालता तो उस पर 3 पण दंड लगाया जाता था। यदि गधा, ऊँट, खच्चर तथा घोड़ा आदि को इस प्रकार छोड़ दिया जाता तो छोड़ने वाले को 6 पण दंड लगाया जाता। मनुष्य की लाश इस प्रकार छोड़ जाने पर 50 पण दंड किया जाता। मुर्दों को ले जाने के लिए जो रास्ता नियत था उसको छोड़कर और जो द्वार नियत था, उसको छोड़कर दूसरी ही ओर से मुर्दा ले जाने वालों

को प्रथम साहस दंड किया जाता था। श्मशान भूमि के अन्यत्र मुर्दा जलाने और गाड़ने वालों को दंडित करने का प्रावधान था।

रात की प्रथम 6 घड़ी बीत जाने पर और रात के अन्तिम 6 घड़ी बाकी रह जाने पर, दोनों समय भोंपू दिया जाता था। उस रात्रि-घोष के बीच यदि कोई व्यक्ति राजमहल के पास गुजरता हुआ दिखाई दे जाता तो उसे दंडित किया जाता था।[63] रोक लगे समय में यदि कोई व्यक्ति बगीचों में छिपे हुए पाए जाते, या जिनके पास ऐसा सामान पाया जाता कि उन पर चोर-डाकू होने का शक किया जा सके, अथवा जो पहले से ही बदनाम हो और इस प्रकार घूमते हुए मिल जाता तो उनसे पूछा जाता था, 'तुम कौन हो? कहाँ से आए हो? कहाँ जाओगे ? क्या कार्य करते हो? यहाँ तुम क्यों आए हो? यदि वे संतोषजनक उत्तर दें तो उनके साथ उचित व्यवहार किया जाता था। यदि इस प्रकार का कोई शंकित व्यक्ति सरकारी इमारतों या नगर-रक्षा के लिए बने सफीलों अथवा दुर्गों के ऊपर चढ़ता हुआ पकड़ा जाता तो उसे दंडित करने का विधान था। रोक लगे समय में प्रसूता स्त्री, वैद्य, हकीम, मुर्दाफरोश, उजाला लिए, सूचनार्थ आवाज करते हुए, नाटक-सिनेमा देखने, आग बुझाने आदि के लिए और जिनके पास राजकीय अनुमतिपत्र हो, आते-जाते पकड़ लिए जाते तो उन्हें गिरफ्तार नहीं किया जाता था।

विशेष उत्सवों के समय रात्रि में रोक हटा दी जाने पर जो व्यक्ति मुँह ढककर अथवा वेश बदलकर तथा संन्यासी के वेश में दंड या हथियार लिए पकड़े जाते उन्हें दंडित किया जाता था।[64] नगर-अधिकारी (नागरिक) जल-स्थल मार्ग, सुरंग मार्ग, सफील, परकोटा, खाई तथा बुर्ज आदि की अच्छी तरह देखभाल करते और उन सभी खोए हुए, भूले हुए, छूटे हुए, आभूषण, सामान या प्राणियों को तब तक अपने संरक्षण में रखते थे जब तक कि उनके असली मालिक का पता न लग जाता।

जेल में बन्द हुए बूढ़े, बच्चे, बीमार और अनाथ कैदियों को राजा की वर्षगाँठ आदि अच्छे उत्सवों या पूर्णिमा आदि पर्वों पर छोड़ दिया जाता था। धोखे में यदि कोई धर्मात्मा पुरुष अपराधी बनाकर कैद में डाला गया हो तथा ऐसे व्यक्ति जो भविष्य में अपराध न करने की प्रतिज्ञा करते हों, उन्हें अपराध के बदले में धन लेकर छोड़ दिया जाता था, उन्हें फिर जेल में नहीं रखा जाता था। प्रतिदिन या प्रति पाँचवें दिन ऐसा नियम था कि उस दिन धन लेकर, शारीरिक दंड देकर या कार्य कराकर (निष्क्रय) कुछ कैदी छोड़ दिए जाते थे। धनदंड, शारीरिक दंड या कार्यदंड, इन तीनों में से जो कैदी आसानी से जिस दंड को भुगत सके वही दंड उनको दिया जाता था। किसी नए देश को जीतने

पर, युवराज का राज्याभिषेक होने पर और राजपुत्र के जन्मोत्सव पर कैदियों को छोड़ दिया जाता था।[65]

राजाज्ञा, चारों वर्ण, चारों आश्रम, सम्पूर्ण लोकाचार और नष्ट होते हुए सभी धर्मों का रक्षक राजा था; इसीलिए उसे धर्म का प्रवर्त्तक माना जाता था। धर्म, व्यवहार, चरित्र और राजाज्ञा, ये विवाद के निर्णायक साधन होने के कारण **राष्ट्र के चार पैर** माने जाते थे; इन्हीं पर सारा राज्य टिका था। इनमें भी धर्म से व्यवहार, व्यवहार से चरित्र और चरित्र की अपेक्षा राजाज्ञा श्रेष्ठ था। उनमें धर्म सच्चाई में, व्यवहार साक्षियों में, चरित्र समाज के जीवन में और राजाज्ञा राजकीय शासन में स्थित रहती थी। धर्मपूर्वक प्रजा पर शासन करना ही राजा का निजी धर्म था; वही उसको स्वर्ग तक ले जाता था। इसके विपरीत प्रजा की रक्षा न कर उसको पीड़ा पहुँचाने वाला राजा कभी भी सुखी नहीं रहता था। पुत्र और शत्रु को उनके अपराध के अनुसार समान रूप से राजा द्वारा दिया हुआ दंड ही लोक और परलोक की रक्षा करता था। धर्म, व्यवहार, चरित्र और न्यायपूर्वक शासन करता हुआ राजा सारी पृथ्वी का स्वामित्व प्राप्त करता था। जहाँ भी चरित्र तथा लोकाचार का धर्मशास्त्र के साथ विरोध की बात उपस्थित हो, वहाँ धर्मशास्त्र को ही प्रमाण माना जाता था।[66]

किन्तु, किसी बात पर यदि राजा के धर्मानुकूल शासन का धर्मशास्त्र के साथ विरोध पैदा हो जाता, तो वहाँ राज-शासन को ही प्रमाण माना जाता, क्योंकि ऐसा करने से धर्मशास्त्र का पाठ नष्ट होता था। मुकदमे का फैसला देने से पूर्व कुछ बातें आवश्यक थीं; जैसे 1. जिसका अपराध देख लिया गया हो, 2. जिसने अपने अपराध को स्वीकार कर लिया हो; 3. सरलता से जिरह, 4. सरलता से कारणों का पता लग जाना और 5. कसम दिलाना; ये पाँचों बातें सच्चाई को सिद्ध करने में सहायक होती थीं। यदि उक्त 5 हेतुओं के माध्यम से भी वादी-प्रतिवादी की पारस्परिक विरुद्ध दलीलों का उचित समाधान न हो सके तो साक्षियों और गुप्तचरों के द्वारा मामले की छानबीन कराकर अपराध का फैसला दिया जाता था।[67]

7.23 दान और विक्रय

जिस सम्पत्ति को कोई व्यक्ति लगातार भोगता रहा हो, उसके सम्बन्ध में कोई साक्षी न मिलने पर भी, उस सम्पत्ति पर भोग करने वाले का ही अधिकार माना जाता था। जो व्यक्ति, दस वर्ष तक दूसरों के उपभोग में लाई गई, अपनी सम्पत्ति की खोज खबर नहीं करता उस सम्पत्ति पर उस व्यक्ति का कोई अधिकार नहीं

रह जाता था। किन्तु वह सम्पत्ति यदि ऐसे व्यक्तियों की हो जो बाल, बूढ़े, बीमार, आपद्ग्रस्त, परदेश गए, देश त्यागी और राजकीय कार्य के लिए बाहर गए हों, तो 10 वर्ष बाद भी अपनी सम्पत्ति पर उनका अधिकार बना रहता था। यदि कोई किरायेदार मालिक मकान की रजामंदी से 20 वर्ष तक उसके मकान पर रहे तो उस मकान पर किरायेदार का अधिकार हो जाता था।

बन्धु-बान्धव, श्रोत्रिय और पाखंडी आदि व्यक्ति राजा से दूर दूसरों के मकानों में रहते हुए भी उनके मालिक नहीं हो सकते थे। इसी प्रकार उपनिधि, आधि, निधि, निक्षेप, स्त्री, सीमा, राजा और श्रोत्रिय की वस्तुओं पर कोई भी व्यक्ति अधिकार नहीं कर सकता था। आश्रमवासी और पाखंड (अवैदिक एवं व्रत-उपवास करने वाले) एक-दूसरे को किसी प्रकार की हानि न पहुँचाते हुए निवास करते थे। यदि एक-दूसरे को वे थोड़ी-सी हानि पहुँचाते तो सहन कर लेते थे। पहले से रहने वाला व्यक्ति, बाद में आए व्यक्ति को स्थान दे देता; यदि स्थान न दे उसे बाहर कर दिया जाता था। वानप्रस्थी, संन्यासी और ब्रह्मचारियों की सम्पत्ति के उत्तराधिकारी क्रमश: उनके आचार्य, शिष्य और धर्म भाई या सहपाठी होते थे।[68]

लोगों में परस्पर झगड़ा हो जाने के कारण अपराधी को जितना पण दंड दिया जाता, उतनी ही रात्रि वह राजा के कल्याण के लिए उपवास, स्नान, अग्निहोत्र और कठिन चाँद्रायण व्रतों का अनुष्ठान करता था। हिरण्य-सुवर्ण आदि रखने वाले धर्मशील पाखंडी भी दंडित होने पर राजा की कल्याण-कामना के लिए यथोचित व्रत-आदि करते थे। यदि वे मारपीट, चोरी, डाका और व्यभिचार करते तो उन्हें सहज ही में न छोड़ा जाता बल्कि अपराध के अनुसार उनको पूर्वोक्त सभी प्रकार के दंड दिए जाने का प्रावधान था। संन्यासियों के बीच होनेवाले मिथ्या आचार-विचारों को राजा दंड के द्वारा ही दूर करता क्योंकि अधर्म से दबाया और उपेक्षा किया हुआ धर्म शासन करनेवाले राजा को नष्ट कर देता था।[69]

7.24 राजकर्मचारियों का राजा के प्रति व्यवहार

जो व्यक्ति सांसारिक व्यवहारों में कुशल होता वह राजा के प्रिय एवं हितैषी व्यक्तियों के द्वारा, सत्कुलीन, बुद्धिमान, एवं योग्य अमात्यों से सम्पन्न राजा का आश्रय प्राप्त करता था। यदि ऐसा राजा न मिले तो योग्य व्यक्तियों की तलाश करने वाले आत्मसम्पन्न राजा का आश्रय ग्रहण करते थे। भले ही आत्मसम्पन्न राजा के सुयोग्य अमात्य न हों, तब भी उसी का आश्रय लेना चाहिए, किन्तु सुयोग्य अमात्य आदि से सम्पन्न आत्मसम्पत्तिरहित राजा का आश्रय कदापि न लेना चाहिए। क्योंकि आत्म-सम्पत्ति शून्य राजा नीतिशास्त्र को न जानने के कारण अथवा

अनर्थकारी मृगयाद्यूत आदि का व्यसनी होने के कारण, या इस प्रकार के लोगों की संगति करने के कारण पितृ–पितामह के उपलब्ध महान ऐश्वर्य को भी नष्ट–भ्रष्ट कर देता था। यदि राजा आत्मसम्पन्न हो तो अवसर आने पर उसको शास्त्रानुकूल सम्मति दी जाती। शास्त्र के साथ विचार का मिलान जानकर उसको यह विश्वास हो जाता कि अमुक व्यक्ति नीतिज्ञ और तब उसकी नियुक्ति किसी अधिकार पद पर कर दी जाती थी। अतिआवश्यक विषयों के सम्बन्ध में राजा जब उससे कुछ प्रश्न पूछे तो उस समय या किसी भी समय वह धर्मार्थविद् अति निपुण लोगों की भाँति निर्भीकतापूर्वक भरी सभा में उत्तर दे। यदि राजा उसको अमात्य पद पर नियुक्त करना चाहे तो राजा के सामने वह इस प्रकार की शर्तें रखे : जो लोग साधारण बुद्धि के हों और धर्म तथा अर्थ के तत्त्वों को न समझते हों,[70] जिज्ञासा के तौर पर भी उनसे कभी भी इस विषय में न पूछा जाए, बलवान या बनवान् सहायकों वाले शत्रु पर आक्रमण न किया जाए, मेरे सम्बन्ध में भी सहसा दंड–प्रयोग न किया जाए, मेरे पक्ष को, मेरे व्यवहार या मेरे जीविका के रहस्यों को कदापि भी न खोला जाए, न तो नष्ट ही किया जाए, काम–क्रोध के वशीभूत अनुचित दंड देने को प्रस्तुत आपको जब मैं इशारों से वारित करूँगा, तो बुरा न मानते हुए इसका ध्यान रखा जाए। मेरी इन शर्तों को पूरा करना होता था। जिस अधिकार पद पर राजा उसे नियुक्त करे उसी पर वह कार्य करे और राजा के समीप अगल–बगल में, न तो अधिक दूर और न अधिक नजदीक ही यथोचित आसन पर बैठकर वह कार्य करे। आक्षेप लगाकर, असभ्य, परोक्ष विषयक, अविश्वसनीय और झूठी बात वह कदापि न बोले। बेमौके ऊँची आवाज से न बोले। बोलते हुए खकार या डकार कभी न करे। इसके अतिरिक्त राजा की उपस्थिति में किसी दूसरे से बातचीत करना, किसी अफवाह को निश्चित रूप से हाँ या ना कहना, राजा का या पाखंडियों का वेश धारण करना, राजा के धारण करने योग्य रत्नों के लिए खुले तौर पर प्रार्थना करना, एक आँख या एक ओठ टेढ़ा करके बोलना, भौंह चढ़ाना, राजा की बात को बीच में ही काट देना, बलवान के सम्बन्धी से झगड़ा करना, स्त्रियों के साथ, स्त्रियों को चाहने वालों के साथ, विदेशी दूतों के साथ एवं राजा के दुश्मनों या अनर्थकारी व्यक्तियों के साथ सम्पर्क रखना, एक ही बात को करते रहना, और गुटबाजी बनाकर रहना, इत्यादि सभी कार्यों का परित्याग कर देता था। राजा के मतलब की बात तत्काल ही राजा से कह देनी चाहिए, अपने मतलब की बात राजा के प्रिय तथा हितकारी व्यक्तियों से कहनी चाहिए, दूसरे के मतलब की बात उचित समय एवं स्थान देखकर करनी चाहिए, और जो कुछ भी कहे वह धर्म–अर्थ से समन्वित होता था।[71]

राजा के पूछने पर उसकी अनुमति से प्रिय एवं हितकारी बात को कह देनी चाहिए, प्रिय होती हुई भी अहितकारी बात को न कहनी चाहिए, किन्तु हितकारी बात अप्रिय भी हो तब भी कह देनी चाहिए। उत्तर देते समय यदि अप्रिय बात सुनाने में डर मालूम हो तो चुप हो जाना चाहिए, राजा के द्वेष्य पुरुषों से सम्बन्ध भी नहीं रखना चाहिए, क्योंकि राजा की इच्छा पर न चलने वाले निपुण लोग भी राजा के अप्रिय बन जाते हैं। इसके विपरीत राजा के इच्छानुसार चलने वाले अनर्थकारी लोग भी राजा के प्रिय होते देखे गए हैं। राजा के हँसने पर काठ की तरह खड़ा न रहकर, हँसना चाहिए, किन्तु अट्टहास पर सदा नियन्त्रण रखना चाहिए। किसी भयावह सन्देश को स्वयं न कहकर किसी के द्वारा राजा को कहलवाया जाता था। यदि अपने ही ऊपर ऐसी किसी बात का दायित्व आ जाता तो पृथ्वी के समान क्षमाशील बनकर उसके परिणाम को सहन करता था। इसलिए समझदार राजकर्मचारी को चाहिए कि सर्वप्रथम वह अपनी रक्षा की सोचे, क्योंकि राज्याश्रित व्यक्तियों की स्थिति आग में खेल करने से बढ़कर खतरनाक कही गई है। क्योंकि अग्नि तो शरीर के एक अंग या पूरे शरीर को ही जलाती है, किन्तु राजा समस्त परिवार को भस्म कर सकता था, और यदि अनुकूल हो गया तो सर्वसम्पन्न भी कर देता था।[72]

7.25 साप्तांग सिद्धान्त

कौटिल्य और मनु दोनों का मत है कि राज्य एक सजीव एकात्मक शासन-संस्था है। यह मनमानी चाल चलनेवाले, अपना भला देखनेवाले विभिन्न तत्त्वों का ढीला-ढाला जोड़ नहीं है। दोनों का मत है कि स्वामी, अमात्य, भू-प्रदेश या जनपद, कर या साधन-सामग्री, दुर्ग, सेना या दंड और मित्र (राजनीतिक मित्रराष्ट्र) राज्य के सात अंग हैं, जिन्हें सप्त प्रकृतियाँ कहते हैं। कामन्दक, शुक्र और परवर्ती लेखक साप्तांग परिभाषा को स्वयंसिद्ध मानते हैं। शिलाभिलेख आदि में वर्णित राज्य भी इन सप्त-प्रकृतियों से युक्त पाए जाते हैं।

राज्य के साप्तांग सिद्धान्त पर *अर्थशास्त्र, मनुस्मृति, महाभारत, नवचन्द्रिका, प्रतिपदपंचिका, याज्ञवल्क्यस्मृति, वीरमित्रोदय, मिताक्षरा* आदि ग्रन्थों में प्रकाश डाला गया है। *शुक्रनीति* (1.122-24) के अनुसार, राजा राज्य का मस्तक है, अमात्य आँखें हैं मित्र कान हैं, कोष मुख हैं, दुर्ग भुजाएँ हैं, सेना मस्तिष्क है और राष्ट्र चरण हैं। गुप्तकालीन *कामंदकसार* का कहना है कि ये सातों मिलकर राज्य और शासन का कल्याण करते हैं और इनमें से एक का भी अभाव या हानि समस्त तन्त्र को नष्ट कर देती है।

राज्य के सात अंगों में स्वामी (राजा) को प्रथम माना गया। स्वामी का अर्थ 'प्रधान' या 'अधिपति' था। कौटिल्य ने राजा पर आनेवाली विपत्तियों पर विचार करते समय वैराज्य (अर्थात् राजारहित राज्य) की कमजोरियों की चर्चा की है। उसके अनुसार, स्वामी को अभिजात, प्रज्ञा, उत्साह तथा व्यक्तिगत गुणों से सम्पन्न होना चाहिए। इन गुणों के कारण सामान्य कुल में जन्मा व्यक्ति भी राजपद ठीक से सँभाल सकता है। स्वामी शब्द राजा के लिए प्रयोग किया गया है।

अर्थशास्त्र के अनुसार, अमात्य एक स्थायी सेवा-संवर्ग (सर्विसकॉडर) के सदस्य होते थे। यह पद मन्त्री से भिन्न था। प्रधान पुरोहित, मन्त्री, समाहर्ता, कोषपाल, दीवानी और फौजदारी मामलों की देखरेख करनेवाले जिम्मेवार अधिकारी, अन्तःपुर का प्रबन्ध करनेवाले अधिकारी दूत, विभिन्न विभागों के अधीक्षक आदि उच्च पदाधिकारी अमात्य की श्रेणी में थे। मन्त्रियों से भिन्न अमात्यों की नियुक्ति राज्य की क्षमता पर निर्भर करती थी। अमात्य परिषद् पर विचार करते समय कौटिल्य ने मन्त्रियों और अमात्यों के अन्तर को ध्यान में रखा। अमात्यों को कानूनी विवादों को निपटाने और आरोपों की सुनवाई करने के लिए न्यायाधीशों और दंडाधिकारियों के रूप में नियुक्त किया जाता था। कौटिल्य के इस विचार का *जातक* ने भी समर्थन किया है। कौटिल्य ने अमात्यों को खेती-बाड़ी की निगरानी, दुर्ग-निर्माण की देख-रेख, विपत्तियों के निवारण, अपराधियों को सजा देने और राजकीय बकाए को वसूलने जैसे कार्य सौंपे हैं। इस तरह अमात्य शब्द का प्रयोग शासन चलानेवाले विभिन्न प्रकार के अधिकारियों के लिए किया गया है।

राजधानी में रहते हुए राजा कोष और सेना से सुसज्जित होकर, अपने मन्त्रियों और अमात्यों के साथ मिलकर अपने राज्य के कल्याण का विचार करता था।

जनपद का शाब्दिक अर्थ जनजातीय बस्ती है। भू-भाग में अच्छी जलवायु, पशुओं के लिए चरागाह और कम मेहनत से उपज देनेवाली भूमि होती थी। यहाँ ऐसे परिश्रमी कृषक निवास करते थे, जो कर और दंड का बोझ सह सकें। कौटिल्य का कहना है कि ग्राम में 1 सौ से 5 सौ तक परिवार होते थे और स्थानीय में जो जनपद की सबरो बड़ी इकाई थी, 8 सौ ग्राम होते थे।

चौथा अंग दुर्ग था। दुर्ग से किले का बोध होता है। दुर्गविधान और दुर्गनिवेश भी इसका अर्थ बताया गया है। दुर्गनिवेश में राजधानी की योजना और विन्यास बताया गया है। राजधानी केन्द्रीय स्थान पर बनाई जाती थी।

कोष या खजाना कौटिल्य के ग्रन्थ एवं अन्य स्रोतों में पाँचवें अंग के रूप में आया है। राजा को नेक और वैध उपायों से संचित कोष रखना पड़ता या

उसे इन्हीं उपायों से समृद्ध करना पड़ता था। कोष को ऐसा समृद्ध रखना पड़ता था कि अकाल आदि विपत्तियों के समय वह खर्च का भार वहन कर सके। कोष के अभाव में ऐसा कर पाना और उसकी निष्ठा का पात्र बने रहना सम्भव नहीं था। इस तरह समस्त प्रवृत्तियाँ वित्त पर ही आधारित थीं।

दंड का अर्थ मुख्यत: सेना के रूप में सुलभ बल के प्रयोग की शक्ति की चर्चा छठे अंग के रूप में *अर्थशास्त्र* में की गई है। इस अंग में कौटिल्य के अनुसार, पुश्तैनी भाड़े पर रखे गए वन और निगम के सैनिक आते थे, जो पैदल, रथारोही, हाथी-सैनिक और घुड़सवार-चार भागों में विभाजित थे। सेना में हाथी, घोड़ा, रथ, पदाति, नाव, देशी और भाड़े के सैनिक रखने के कारण इसे अष्टांग बल भी कहा गया है। वैश्यों और शूद्रों को सेना में भर्ती करने का समर्थन कौटिल्य ने किया है।

सातवाँ अंग मित्र है। मित्र वंशानुगत होना चाहिए ताकि विभेद का संकट खड़ा न हो और अवसर आने पर उससे मदद ली जा सके। यह साप्तांग सिद्धान्त विशुद्ध रूप से ब्राह्मण विचारधारा की उपज है, क्योंकि बौद्ध विचारधारा में साप्तांग-सिद्धान्त का उल्लेख नहीं मिलता।

प्लेटो और अरस्तू से भी बढ़-चढ़कर कौटिल्य ने राज्य की जैसी परिभाषा प्रस्तुत की, उससे ज्यादा तत्कालीन अवस्था में सम्भव नहीं था। राज्य के घटकों पर यूनानी विचारकों ने ज्यादा ध्यान दिया है। उसके दार्शनिक विचार की तुलना स्वामी-योद्धा के दंड तथा कारीगर और कृषक के जनपद से की जा सकती है। गृहपति और नागरिक राज्य के घटक हैं। कीथ के अनुसार, "भारत के पास प्लेटो की *रिपब्लिक* या अरस्तू की पुस्तक *पॉलिटिक्स* से निश्चित ही श्रेष्ठ कौटिल्य का *अर्थशास्त्र* है। आधुनिककाल में राज्य के जो चार घटक-प्रभुसत्ता, सरकार, क्षेत्र और जनसंख्या-माने जाते हैं, वे राज्य के साप्तांग सिद्धान्त के क्रमश: चारों अंगों-स्वामी, अमात्य, दुर्ग और जनपद-के अन्तर्गत आ जाते हैं। इस तरह कौटिल्य का साप्तांग-सिद्धान्त विभिन्न घटकों को प्रभावित करनेवाली विपत्तियों का विवेचन है।" उसके अनुसार, "राजा सभी अंगों में सर्वाधिक महत्त्वपूर्ण है। अगर राजा यथेष्ट गुणों से सम्पन्न है, तो वह अन्य अंगों को भी उन गुणों से सम्पन्न बना सकता है। लेकिन वह वांछित योग्यताओं से रहित हुआ, तो अन्य अंगों से किसी भी अर्थ की सिद्धि नहीं होगी।"

इस तरह प्राचीन भारत में शरीर के रूप में राज्य की परिकल्पना करने का उद्देश्य राजा से सम्बन्धित विभिन्न अंगों पर जोर देना था। वंशानुगत अमात्यों और दंडनायकों की बढ़ती हुई स्वतन्त्रता के कारण ही अन्य अंगों के महत्त्व पर जोर

दिया गया। इसका गहरा सम्बन्ध मौर्योत्तर काल से रहा। राज्य की आधुनिक परिभाषा में भी साप्तांग को स्थान मिला है, लेकिन पूर्णतः और प्रत्यक्ष रूप में नहीं।

सन्दर्भ-ग्रन्थ

1. *कौटिल्यम् अर्थशास्त्रम्*, व्याख्याकार, वाचस्पति गैरोला, चौखम्बा, वाराणसी, 1984, अधिकरण 1, प्रकरण 4, अध्याय 8, पृ. 23
2. *वही*, पृ. 24
3. *वही*, 1.6.10, पृ. 29
4. *वही*, पृ. 30
5. *वही*, पृ. 31
6. *वही*, 1.7.11, पृ. 32
7. *वही*, पृ. 33
8. *वही*, पृ. 34
9. *वही*, पृ. 35
10. *वही*, पृ. 36
11. *वही*, 1.10.14, पृ. 43
12. *वही*, पृ. 44
13. *वही*, पृ. 46
14. *वही*, 1.14.18, पृ. 61
15. *वही*, पृ. 62
16. *वही*, पृ. 63
17. *वही*, पृ. 64
18. *वही*, 2.17.1, पृ. 77
19. *वही*, पृ. 78
20. *वही*, पृ. 79
21. *वही*, पृ. 80
22. *वही*, पृ. 81
23. *वही*, 2.22.6, पृ. 99
24. *वही*, पृ. 100
25. *वही*, पृ. 101
26. *वही*, पृ. 102
27. *वही*, 2.23.7, पृ. 103
28. *वही*, पृ. 104
29. *वही*, पृ. 105
30. *वही*, पृ. 106
31. *वही*, पृ. 107
32. *वही*, 2.24.8, पृ. 109
33. *वही*, पृ. 110

34. *वही*, पृ. 111-12
35. *वही*
36. *वही*, पृ. 113
37. *वही*, 2.25.9, पृ. 114
38. *वही*, पृ. 115
39. *वही*, पृ. 116
40. *वही*, पृ. 117
41. *वही*, पृ. 118
42. *वही*, 2.26.10, पृ. 119
43. *वही*, 2.40.24, पृ. 199
44. *वही*, 2.41.25, पृ. 200
45. *वही*, पृ. 201
46. *वही*, 2.42.26, पृ. 205
47. *वही*, पृ. 206
48. *वही*, 2.43.27, पृ. 207
49. *वही*, पृ. 208
50. *वही*, पृ. 210
51. *वही*, पृ. 211
52. *वही*, 2.45.29, पृ. 216
53. *वही*, पृ. 217
54. *वही*, 2.49-50.33, पृ. 237
55. *वही*, 2.51-52.34, पृ. 239
56. *वही*, पृ. 240
57. *वही*, 2.53-54.35, पृ. 241
58. *वही*, पृ. 242
59. *वही*, पृ. 243
60. *वही*, 2.55.36, पृ. 245
61. *वही*, पृ. 246
62. *वही*, पृ. 247
63. *वही*, पृ. 248
64. *वही*, पृ. 249
65. *वही*, पृ. 250
66. *वही*, 3.56-57.1, पृ. 259
67. *वही*, पृ. 260
68. *वही*, 3.72-73.16, पृ. 326
69. *वही*, पृ. 327
70. *वही*, 5.92.4, पृ. 425
71. *वही*, पृ. 426
72. *वही*, पृ. 427

अध्याय-8

गुप्तचर प्रणाली

केन्द्रीय प्रशासनिक व्यवस्था का अतिमहत्त्वपूर्ण अंग गुप्तचरी है। भारतीय साहित्यिक स्रोतों का अध्ययन करने से स्पष्ट होता है कि *अर्थशास्त्र* विश्व का प्राचीनतम ग्रन्थ है जो गुप्तचरी व्यवस्था पर अतुलनीय प्रकाश डालता है। मौर्यकालीन केन्द्रीय प्रशासनिक व्यवस्था ने प्रारम्भिक चरण से ही गुप्तचरों को सर्वाधिक सहयोगी माना और यह तथ्य *मुद्राराक्षस* से भी प्रमाणित होता है। मौर्यकाल में स्थाई गुप्तचर होते थे। *अर्थशास्त्र* गुप्तचरों की स्थाई नियुक्ति के लिए बुद्धि जाँच को आवश्यक बताता है।[1]

8.1 गुप्तचरों के प्रकार

दूसरों के रहस्य को जाननेवाला, दबंग और विद्यार्थी की वेश-भूषा में रहनेवाला गुप्तचर **कापटिक** कहलाता था।[2] केन्द्रीय मन्त्री द्वारा उसे धन, प्रतिष्ठा और सत्कार से सदा सन्तुष्ट रखा जाता था। राज्य में जिस किसी कारणवश हानि या क्षति पहुँचती उसकी सूचना राजा और सम्बद्ध मन्त्री को देना कापटिक का कर्तव्य था। बुद्धिमान, सदाचारी और संन्यासी के वेश में रहनेवाले गुप्तचर को **उदास्थित** कहते थे। वह अपने साथ काफी धन और विद्यार्थियों को ले जाकर वहाँ काम करवाता जहाँ कृषि, पशुपालन और व्यापार के लिए भूमि नियुक्त की जाती थी। उस कार्य को करने से जो लाभ होता उससे उदास्थित संन्यासियों के लिए भोजन, वस्त्र और आवास का प्रबन्ध करता था।[3]

वैसे गुप्तचरों को **गृहपतिक** कहते जो बुद्धिमान, पवित्र हृदय, गरीब और किसान के वेश में रहते थे। कृषिकार्य के लिए नियुक्त भूमि में जाकर वे उदास्थित गुप्तचर के समान कार्य करते थे। **वैदेहक** उस गुप्तचर को कहते थे जो बुद्धिमान, पवित्र हृदय, गरीब और व्यापारी के वेश में रहता था। व्यापारकार्य में नियुक्त भूमि में जाकर वह उदास्थित के समान कार्य करता था।[4]

जीविका के लिए सर मुँड़ाए या जटा धारण किए हुए, राजा का कार्य करनेवाला गुप्तचर ही **तापस** था। वह कहीं नगर के समीप ही बहुत से मुंड या जटिल विद्यार्थियों को लेकर रहता और महीने दो महीने तक लोगों के सामने हरा शाक या मुट्ठीभर अनाज खाता रहता था; वैसे छिपे तौर पर अपनी इच्छानुसार सुस्वादु भोजन करता था। वैदेहक तथा उसके अनुचर तापस गुप्तचर की पूजा-अर्चना करते थे। शिष्यमंडली घूम-घूम कर यह प्रचार करता कि यह तपस्वी पूर्ण सिद्ध, भविष्य-वक्ता और लौकिक शक्तियों से सम्पन्न था। अपना भविष्यफल जानने की इच्छा से आए हुए लोगों की पारिवारिक पहचान, उनके शारीरिक चिह्नों के माध्यम से तथा अपने शिष्यों के संकेतों के अनुसार बताता था। ऐसा भी बताता कि इन-इन कार्यों में थोड़ा लाभ का योग था। इसके अतिरिक्त वह, आग लगने, चोरी हो जाने; दुष्ट लोगों के वधस्वरूप इनाम देने; देश-विदेश के फल; यह कार्य आज होगा या कल; या इस कार्य को राजा करेगा; आदि बातें भी उसको बताता था।[5]

तापस गुप्तचर की दूसरी सत्री आदि गुप्तचर सहायता करते थे। प्रश्नकर्ताओं में यदि धीर, बुद्धिमान, चतुर लोग होते तो उनसे वह, राजा की ओर से, धन प्राप्त होने की बात कहता था। मन्त्री के साथ भी उनकी मुलाकात का संयोग बताता था। जब मन्त्री से इन लोगों की मुलाकात होती थी तो ऐसे लोगों को मन्त्री धन तथा आजीविका आदि देकर, गुप्तचर की भविष्यवाणी को सच्ची सिद्ध कर देता था। जो लोग किसी कारणवश क्रुद्ध हो जाते उन्हें धन एवं सम्मान देकर सन्तुष्ट किया जाता था। जो बिना कारण ही क्रुद्ध हों तथा राजा से द्वेष रखते हों, उनका चुपचाप वध करवा दिया जाता था।[6] एक ही स्थान पर रहकर कार्य करनेवाले संस्था और जो गुप्तचर घूम-घूमकर कार्य करते उन्हें संचार करते थे।[7]

8.2 नियुक्ति

जो राजा के सम्बन्धी नहीं होते किन्तु जिनका पालन-पोषण करना राजा के लिए आवश्यक हो; जो सामुद्रिक विद्या, ज्योतिष, व्याकरण आदि अंगों का शुभाशुभ फल बताने वाली विद्या; वशीकरण; इन्द्रजाल; धर्मशास्त्र; शकुनशास्त्र; पक्षिशास्त्र; कामशास्त्र तथा तत्सम्बन्धी नाचने-गाने की कला में निपुण हों वे **सत्री** कहलाते थे। अपने देश में रहनेवाले ऐसे व्यक्ति, जो द्रव्य के लिए अपने प्राणों की भी परवाह न करके हाथी, बाघ और साँपों से भी भिड़ जाते, उन्हें **तीक्ष्ण** कहते थे। अपने भाई-बन्धुओं से भी स्नेह न रखने वाले, क्रूरप्रकृति और आलसी स्वभाव वाले व्यक्ति **रसद** (जहर देने वाला) कहलाते थे।

आजीविका की इच्छुक, दरिद्र, प्रौढ़, विधवा, दबंग ब्राह्मणी, रनिवास में सम्मानित, प्रधान अमात्यों के घर में प्रवेश पानेवाली 'परिव्राजिका' (संन्यासिनी के वेश में खुफिया काम करनेवाली) नाम की गुप्तचरी कहलाती थी। इसी प्रकार मुंडा (मुंडित बौद्ध-भिक्षुणी) और वृषली (शूद्रा) आदि नारी गुप्तचरियाँ होती थीं। ये सभी 'संचार' नामक गुप्तचर थे।[8]

राजा इन सत्री आदि गुप्तचरों को मन्त्री, पुरोहित, सेनापति, युवराज, ड्योढ़ीदार, अन्तःपुररक्षक, छावनी-रक्षक, कलक्टर, कोषाध्यक्ष, कमिश्नर, हवलदार, नगरमुखिया, खदान-निरीक्षक, मन्त्रि-परिषद् का अध्यक्ष, सेनारक्षक, दुर्गरक्षक, सीमारक्षक और अटवीपाल आदि अधिकारियों के समीप, वेश, बोली, कौशल, भाषा तथा कुलीनता के आधार पर उनकी भक्ति और उनके सामर्थ्य की परीक्षा करके, तब रवाना करता था। उनमें से तीक्ष्ण नामक गुप्तचर का कर्तव्य था कि वह छत्र, चामर, व्यंजन, पादुका, आसन, शिविका (पालकी) और घोड़े आदि बाहरी उपकरणों की देख-रेख करता हुआ अमात्य आदि की सेवा करता और उनके व्यवहारों को जानता था। तीक्ष्ण गुप्तचर द्वारा जानी हुई बातों को सत्री नामक गुप्तचर स्थानिक कापटिक आदि गुप्तचरों को बता देते थे।[9]

सूद (रसोइया), आरालिक (मांस पकानेवाला), स्नापक (नहलाने वाला), संवाहक (हाथ पैर दबानेवाला), आस्तरक (बिस्तर बिछानेवाला), कल्पक (नाई), प्रसाधक (शृंगार करनेवाला) और उदक-परिचारक (जल भरनेवाला) आदि विभिन्न रूप-नामों में रहकर **रसद** नामक गुप्तचर, मन्त्री आदि उच्च अधिकारियों के भेदों का पता लगाते थे। इसी प्रकार कुबड़े, बौने, किरात (जंगली आदमी), गूँगे, बहरे, मूर्ख, अन्धे आदि के वेश में गुप्तचर और नट, नाचने-गाने-बजाने वाले, कहानी कहने वाले, कूद-फाँद कर खेल दिखाने वाले, आदि के वेश में स्त्री-गुप्तचर सब रहस्यों का पता लगाते थे। भिक्षुकी वेश धारण करने वाली गुप्तचर महिला रसद आदि पुरुष गुप्तचरों से प्राप्त समाचारों को कापटिक आदि गुप्तचरों तक पहुँचाया करती थीं।[10]

संस्थाओं (कापटिक आदि गुप्तचरों) के विद्यार्थी अपनी विशिष्ट संकेतलिपि द्वारा उस सूचना को राजा तक पहुँचाते थे। ऐसा करते समय इस बात का ध्यान रखते कि संस्था-गुप्तचरों को संचार-गुप्तचर और संचार-गुप्तचरों को संस्था-गुप्तचर बिलकुल न जानने पावें। यदि अमात्य आदि के घरों में भिक्षुकी का अन्तःप्रवेश निषिद्ध होता तो वह समाचार द्वारपालों के माध्यम से बाहर भिक्षुकी तक पहुँचाया जाता था। यदि इसमें भी कुछ आशंका या असम्भव जान पड़ता तो अन्तःपुर के नौकरों के माता-पिता बनने का बहाना करके वृद्धा स्त्री-पुरुष भीतर प्रवेश करके

रहस्य का पता लगाते थे। रानियों के बाल सँवारने वालो या नाचने-गाने वाली स्त्रियों अथवा दासियों द्वारा, अथवा निजी संकेतों वाले गीतों, श्लोकों, प्रार्थनाओं, या तो बाजों, बर्तनों, टोकरियों में गुप्त लेख रखकर, अथवा अन्य विधियों से जैसा भी समय के अनुसार अपेक्ष्य हो, अन्तःपुर के समाचारों को बाहर लाया जाता था। यदि इन युक्तियों से भी सफलता नहीं मिल पाती तो गुप्तचर किसी खतरनाक बीमारी अथवा पागलपन के बहाने से आग लगाकर या किसी को जहर देकर (जिससे अन्तःपुर में कोलाहल मच जाए) चुपचाप बाहर निकल आता था।

परस्पर अपरिचित तीन गुप्तचरों द्वारा लाए गए समाचार यदि एक ही तरह से मिल जाते तो उन्हें ठीक समझा जाता था। यदि वे परस्पर विरोधी समाचारों को लाते तो उन्हें या तो नौकरी से अलग कर दिया जाता अथवा चुपचाप पिटवाया जाता था।[11]

उभयवेतनभोगी गुप्तचरों के सम्बन्ध में विजय की इच्छा रखने वाला राजा उनके स्त्री-बच्चों को सत्कारपूर्वक अपने अधीन रखता था। शत्रु की ओर से नियुक्त इस प्रकार के उभयवेतनभोगी गुप्तचरों की भी राजा जानकारी रखता और उनके माध्यम से अपने उभयवेतनभोगी गुप्तचरों की पवित्रता की भी परीक्षा करता रहता था। राजा, शत्रु, मित्र, मध्यम तथा उदासीन राजाओं और उनके मन्त्री, पुरोहित, सेनापति आदि अठारह प्रकार के अधीनस्थ कर्मचारियों के निकट, सभी स्थानों पर, अपने गुप्तचरों को नियुक्त करता था। उन शत्रु, मित्र, मध्यम आदि राजाओं के घरों तथा उनके मन्त्री, पुरोहित आदि के घरों में भी काम करनेवाले कुबड़े, बौने, नपुंसक, कारीगर, स्त्रियाँ, गूँगे तथा दूसरे-दूसरे प्रकार के बहानों को लेकर म्लेच्छ जाति के पुरुषों को नियुक्त किया जाता था।

किलों में व्यापार करने वाले लोगों को, किले की सीमा पर सिद्ध तपस्वियों को, राज्य के अन्तर्गत अन्य स्थानों पर कृषक तथा उदास्थित पुरुषों को और राज्य की सीमा पर चरवाहों को, गुप्तचर वेश में नियुक्त किया जाता था। जंगल में शत्रु की प्रत्येक गति-विधि का पता लगाने के लिए चतुर, वानप्रस्थी और जंगली लोगों को गुप्तचर नियुक्त किया जाता था।[12] शत्रु के किसी प्रलोभन या बहकावे में न फँसने वाले अपने विश्वस्त पुरुषों को, शत्रु के गुप्तपुरुषों का पता लगाने के लिए, राज्य की सीमा पर नियुक्त किया जाता और उन्हें शत्रुपक्ष के लोगों को स्ववश करने के उपाय भी बता दिए जाते थे[13]।

8.3 कार्य

महामन्त्री, मन्त्री, पुरोहित आदि के समीप गुप्तचर नियुक्त करने के पश्चात् राजा

अपने प्रति प्रजाजनों तथा नगरनिवासियों का अनुराग-द्वेष जानने के लिए वहाँ भी गुप्तचरों की नियुक्ति करता था। शुरू में गुप्तचर आपस में ही लड़ने-झगड़ने लगते और बाद में वे तीर्थस्थानों, सभा-सोसाइटियों, खाने-पीने की दुकानों, राजकर्मचारियों के बीच, तथा नाना प्रकार के लोगों में यह कहकर वाद-विवाद करा देते थे कि 'यह राजा तो सर्वगुणसम्पन्न सुना जाता है; किन्तु इसमें कोई भी सद्‌गुण नहीं दिखाई दे रहा है। उल्टा वह नगरवासियों को दंड देकर एवं कर वसूली करके पीड़ा पहुँचा रहा है'।[14]

उसके बाद सुनने वालों की उचित-अनुचित प्रतिक्रिया को ताड़ता हुआ दूसरा गुप्तचर उसके विरोध में यों कहे-'देखो, जैसे छोटी मछली बड़ी मछली को खा जाती है, पुराकाल में वैसे ही बलवान लोगों ने निर्बल लोगों का रहना दूभर कर दिया था। इस अन्याय से बचने के लिए प्रजा ने मिलकर विवस्वान् के पुत्र मनु को अपना राजा नियुक्त किया; और तभी से खेती की उपज का छठा भाग, व्यापार की आमदनी का दसवाँ भाग तथा थोड़ा-सा सुवर्ण राजा के लिए कर रूप में निर्धारित भी कर दिया था। प्रजा के द्वारा निर्धारित भाग को पाकर राजाओं ने प्रजा के योगक्षेम का सारा दायित्व अपने ऊपर लिया। इस प्रकार ये निर्धारित दंड एवं कर प्रजा के उत्पीड़नों को दूर करने में सहायक होते हैं, और प्रजा की भलाई एवं कल्याण के कारण सिद्ध होते हैं। यही कारण है कि जंगलों में एकान्त जीवन बिताने वाले ऋषि-मुनि भी दाना-दाना करके बीने हुए अन्न का छोटा भाग राजा को देते हैं; यह जानकर कि राजा का इस पर सनातन हक है, जिसके बदले में वह हमारी रक्षा करता है। इन्द्र और यम के समान ये राजा लोग भी प्रजाजनों का प्रत्यक्ष निग्रह एवं उन पर अनुग्रह करने वाले होते हैं। इसलिए जो उनका तिरस्कार करता है, निश्चित ही, उस पर दैवी विपत्तियाँ टूटती हैं। यही कारण है, जिनको दृष्टि में रखकर राजा का अपमान नहीं करना चाहिए।' इत्यादि बातों को कहकर राजा की निन्दा करने वालों को रोक दिया जाता था।[15]

गुप्तचरों के लिए आवश्यक था कि वे अफवाहों पर भी ध्यान दें। जो लोग धान्य, पशु, हिरण्य आदि से राजा की सेवा करते; विपत्ति और अभ्युन्नति के समय उसकी सहायता करते; राजा के प्रति क्रुद्ध भाई तथा कुपित प्रजा को जो शान्त कर देते; उनकी प्रसन्नता और उनके कोप पर भी मुंड एवं जटिल गुप्तचर निगाह रखते थे। जो लोग राजा से सन्तुष्ट होते उन्हें धन और मान द्वारा और भी सन्तुष्ट किया जाता था। जो किसी कारण अप्रसन्न थे, उन्हें भी प्रसन्न करने के लिए धन आदि दिया जाता था। सान्त्वना दी जाती थी। न हो तो इन असन्तुष्ट व्यक्तियों में आपसी कलह करा दिया जाता था। सामन्त, आटविक एवं उनके

सम्बन्धियों से भी इनकी फूट डलवा दी जाती थी। इन उपायों के बावजूद यदि वे असन्तुष्ट ही बने रहते तो राजा अपने दंडसम्बन्धी या करसम्बन्धी अधिकारों द्वारा सम्पूर्ण राष्ट्र के साथ उनका द्वेष करा देता था। जब सारा जनपद द्वेषी हो जाता तब या तो चुपचाप ही उनका वध करवा दिया जाता अथवा असन्तुष्ट जनपद से ही उनका दमन करा दिया जाता था।

इन लोगों के दमन के लिए एक दूसरा तरीका यह भी था कि राजा उनके स्त्री-बच्चों को अपने अधिकार में कर लेता और उन्हें खदान के कार्य में भेज देता था। क्योंकि ऐसा भी सम्भव था कि ये असन्तुष्ट लोग शत्रुपक्ष में जाकर मिल जाते! क्रोधी, लोभी, डरपोक और अपमानित लोग सहज ही शत्रु के वश में हो जाते थे। जो व्यक्ति सन्तुष्ट होता राजा उन्हें और भी धन-मान से सत्कृत करता था। असन्तुष्ट व्यक्तियों को साम, दाम, दंड, भेद जैसे भी बन पड़े, अपने वश में किया जाता था।[16]

जिसको धन देने की प्रतिज्ञा करके धन न दिया गया हो; किसी शिल्प या उपकार सम्बन्धी कार्यों को समान रूप से करने वाले दो व्यक्तियों में से एक का तो सम्मान किया गया हो और दूसरी की अवमानना की गई हो; राजा के विश्वस्त कर्मचारियों ने जिसको राजभवन में प्रवेश करने से रोक दिया हो; स्वयं बुलाकर जिसका तिरस्कार किया गया हो; राजाज्ञा से प्रवासित होने के कारण दु:खित; व्यय करके भी जिसका अभीष्ट कार्य पूरा न हुआ हो; जिसको अपने धर्म तथा अधिकार से रोका गया हो; सम्मानित तथा अधिकारपूर्ण पद से जिसको च्युत किया गया हो; राजपुरुषों द्वारा जिसको बदनाम किया गया हो; जिसकी स्त्री को जबरदस्ती छीन लिया गया हो; जिसको जेल में ठूँस दिया गया हो; दूसरे के कहने मात्र से जिसको दंड दिया गया हो; झूठा इल्जाम लगाकर जिस पर धार्मिक प्रतिबन्ध लगा दिया हो; जिसका सर्वस्व अपहरण किया गया हो; अशक्त कार्यों पर नियुक्त करके जिसको पीड़ित किया गया हो और जिसके बन्धु-बान्धवों को देश-निकाला दिया गया हो-इस प्रकार के सभी लोग **क्रुद्धवर्ग** कहलाते थे।[17]

किसी लोभ के कारण हिंसा करके जो दूषित हो चुका हो; पाप कर्मों को करने में जो कुख्यात हो; अपने समान अपराधी को दंडित हुआ देखकर जो घबरा गया हो; भूमि का अपहरण करने वाला; जो दंड के द्वारा वश में किया गया हो; सभी राजकीय विभागों पर जिसका अधिकार हो; अपनी कार्यक्षमता से जिसने प्रभूत धन एकत्र कर लिया हो; जो राजा के किसी वंशज हिस्सेदार के निकट कुछ कामना से रहता हो; जिससे राजा शत्रुता रखता हो और जो राजा से शत्रुता रखता हो-इस प्रकार से सभी लोग **भीतवर्ग** कहलाते थे।[18] जिसका सब धन-वैभव

नष्ट हो गया; जो कायर, व्यसनी और अपव्ययी हो, वह 'लुब्धवर्ग' कहलाता था। अपने को महान समझनेवाला; आत्मश्लाघी; शत्रु के सम्मान को सहन न करनेवाला; नीच लोगों द्वारा प्रशंसित; तीक्ष्णप्रकृति; साहसी और भोग्य-पदार्थों से कभी सन्तुष्ट न होनेवाला वर्ग ही **मानीवर्ग** कहलाता था। उक्त क्रुद्ध, लुब्ध, भीत आदि कृत्यपक्ष के लोगों में से जिस मुंड या जटिल गुप्तचर के जो-जो भक्त होते उसको वही गुप्तचर अपने वश में करता था।

गुप्तचर, क्रुद्धवर्ग के लोगों को उनके स्वामी से यह कहकर फोड़ता था, 'देखो, जैसे उन्मत्त पीलवान से चलाया गया मतवाला हाथी अपने सामने जो कुछ भी देखता है, उसे कुचल डालता है, उसी प्रकार शास्त्ररूपी आँखों से हीन, अपने अंधे मन्त्री के साथ रहता हुआ यह राजा राष्ट्र और प्रजा को नष्ट करने के लिए उद्यत है। ऐसी अवस्था में इस राजा से शत्रुता रखने वाले लोगों को उभार देने से उसका अपकार किया जा सकता था। इस राजा के प्रति तुम्हें कुपित होना चाहिए।' यह कहकर क्रुद्धवर्ग को राजा से फोड़ देता था।[19]

भीतवर्ग को अपने वश में करने के लिए गुप्तचर कहता था–'देखो, जैसे डरा हुआ साँप जिससे भय खाता है उसी पर अपना विष उगल देता है, उसी प्रकार यह राजा भी तुमसे शंकित है और सर्वप्रथम यह तुम्हारे ऊपर क्रोधरूपी विष उगलने वाला है। तुम्हारे लिए यही उचित है कि तुम इस स्थान को छोड़कर कहीं अन्यत्र चले जाओ।' यह कहकर भीतवर्ग का भेदन करता था। लुब्धवर्ग को वश में करने के लिए गुप्तचर कहता था–'देखो जैसे चांडालों की गाय चांडालों के लिए ही दूध देती है, ब्राह्मणों के लिए नहीं, उसी प्रकार राजा भी बल, बुद्धि और वाक्शक्ति से हीन लोगों के लिए लाभदायक, सर्वगुण सम्पन्न लोगों के लिए नहीं। इसके विपरीत अमुक राजा बड़ा गुणज्ञ है, तुम्हें उसी के आश्रय में रहना चाहिए।' इस प्रकार लुब्धवर्ग को मिलाता था।

मानीवर्ग का भेदन करने के लिए गुप्तचर कहता था – 'देखो, जैसे चांडालों का कुआँ अकेले उन्हीं के लिए उपयोगी है, उसी प्रकार नीच राजा भी नीच लोगों के लिए ही सुखकर है, तुम्हारे जैसे श्रेष्ठ पुरुषों के लिए नहीं। किन्तु वह अमुक नाम का राजा स्वयं गुणी और गुणज्ञों का आदर करनेवाला है। तुम्हें उसी के आश्रम में जाकर रहना चाहिए।' इस प्रकार मानीवर्ग को उसके स्वामी से अलग करता था।[20] कापटिक, उदास्थित, गृहपतिक, वैदेहक, और तापस आदि के वेश में कार्य करने वाले गुप्तचरों को प्रतिवर्ष हजार पण वेतन दिया जाता था। धोबी, नाई, आदि गाँव के नौकर, गाँव के मुखिया, खत्री, तीक्ष्ण तथा भिक्षुकी आदि के वेश में काम करने वाले गुप्तचरों को पाँच सौ पण वेतन दिया जाता था। गुप्तचरों

को इधर-उधर भेजने वाले कर्मचारियों को ढाई सौ पण वेतन अथवा मेहनत के अनुसार सबको अधिक वेतन दिया जाता था।[21]

बलात् अपहृत स्त्री तीक्ष्ण गुप्तचर द्वारा अपने अपहरण करने वाले व्यक्ति को मरवा डालती, अथवा स्वयं ही उसे विष देकर मार डालती थी। तदनन्तर यह अफवाह फैलाती कि 'अमुक संघमुख्य कामुक व्यक्ति ने मेरे प्रियतम को मार डाला था।' संघमुख्य जब उस स्त्री पर आसक्त हो जाता तो सिद्ध के वेश में रहनेवाला गुप्तचर उस स्त्री पर वशीकरण मन्त्र प्रयोग करने के बहाने संघमुख्य व्यक्ति को विषमिश्रित औषधियाँ देकर मार डालता और स्वयं वहाँ से भाग जाता था। उसके भाग जाने पर सभी गुप्तचर इस अफवाह को उड़ाते कि 'प्रतिद्वंद्वी किसी कामी पुरुष की प्रेरणा से ही सिद्ध-पुरुष के द्वारा इसको विष देकर मारा था'।[22]

गृहस्थ (गृहपति) के वेश में रहनेवाले गुप्तचर, समाहर्त्ता की आज्ञानुसार अपने क्षेत्र में गाँवों का रकबा, घर और परिवारों की तादाद को अच्छी तरह से जानते थे। वे गुप्तचर यह नोट रखते कि कौन खेत कितने बड़े थे और उनकी उपज क्या थी, किस घर से कर वसूल किया जाता था और कौन घर छोड़ा जाता[23] था, यह परिवार ब्राह्मणों का या क्षत्रियों का और वे क्या-क्या करते थे। गुप्तचरों को यह भी जानकारी रखनी पड़ती थी कि उन परिवारों के प्राणियों (मनुष्यों तथा पशुओं) की संख्या कितनी थी और उनकी आमदनी एवं खर्च के जरिये क्या थे। एक स्थान से दूसरे स्थान में जाने-आने वाले लोगों और अपने स्थान को छोड़कर दूसरी जगह बस जानेवाले लोगों के सम्बन्ध में, राजा से सम्बन्ध न रखने वाली नर्तकियों, जुआरियों, भाँड़ों आदि के आवास-प्रवास पर वे गुप्तचर निगरानी रखते थे और यह जानने का प्रयास करते थे कि शत्रुओं के गुप्तचर कहाँ-कहाँ पर रहकर क्या-क्या कार्य कर रहे थे।

व्यापारी के वेश में रहनेवाले गुप्तचर (वैदेहक) समाहर्ता के आदेशानुसार अपने अधिकार-क्षेत्र में उत्पन्न और बेची जानेवाली सरकारी वस्तुओं, खनिज पदार्थों, तालाबों, जंगलों तथा कारखानों से उत्पन्न होनेवाली वस्तुओं की तौल एवं कीमत को अच्छी तरह से समझते थे। विदेशी व्यापारियों ने चुंगी, सीमाकर, मार्गरक्षा का कर, नाव कर, अन्तपाल का टैक्स, साझेदारी का हिस्सा, भत्ता, भोजन-व्यय और बाजार आदि का टैक्स कितना दिया था, यह भी उन्हें जानना पड़ता था।

तपस्वी के वेश में रहनेवाले गुप्सचर (तापस), समाहर्त्ता की आज्ञानुसार, अपने क्षेत्र में रहनेवाले किसान, ग्वाले, व्यापारी और अध्यक्षों की ईमानदारी तथा बेईमानी

के रहस्यों की जानकारी रखते थे। पुराने चोरों के वेश में रहनेवाले उन तापस गुप्तचरों के शिष्य (पुराणचोर) देवालय, चौराहा, निर्जन स्थान, तालाब, नदी, कुओं के समीपस्थ जलाशय, तीर्थस्थान, आश्रम, जंगल, पहाड़ और घना जंगल आदि स्थानों में ठहर कर चोरों, शत्रुओं, शत्रुओं के भेजे हुए तीक्ष्ण तथा रसद आदि गुप्तचरों का ठीक-ठीक पता लगाते थे।[24]

व्यापारियों के वेश में बड़े-बड़े मार्गों पर घूमने वाले, ग्वाले तथा लकड़हारे के वेश में रास्ता छोड़कर जंगलों में घूमने वाले, नगर के भीतर या बाहर बने हुए मन्दिरों, तीर्थों, जंगलों या श्मशानों, कहीं भी, हथियार से घायल, हथियार तथा विष को लिए हुए, सामर्थ्य से अधिक भार उठाए हुए, डरे हुए, घबराए हुए, घोर निद्रा में सोए हुए, थके हुए इसी प्रकार का कोई अजनबीपन किए हुए, इस प्रकार के संदिग्ध व्यक्ति को पकड़कर गुप्तचर नागरिक के सुपुर्द कर देते थे। नगर के खंडहरों में, कल-कारखानों में, शराब की दुकानों में, होटलों में, मांस बेचने वाली दुकानों में, जुआघरों में, पाखंडियों के अड्डों में कोई संदिग्ध व्यक्ति दिखाई दे तो, गुप्तचर उसको पकड़ कर नागरिक को सौंप देते थे।[25]

सिद्धों के वेश में घूमने वाले गुप्तचर रात में किसी पेड़ पर बैठ कर 'मुझे प्रतिदिन एक-एक मनुष्य चाहिए, नहीं तो सबको एक ही साथ खा जाऊँगी' ऐसा राक्षस का बानिक बनाया जाता, उसके प्रतिकार के लिए जनता से धन-संग्रह किया जाता और वह धन राजकोष में रखा जाता अथवा किसी सुरंग वाले कुएँ में तीन या पाँच सिर वाले बनावटी नाग को दिखाया जाता और उसको दिखाने के बदले में दर्शकों से धन लिया जाता, फिर उस धन को राजकोष में जमा कर दिया जाता था। या किसी मन्दिर तथा वाल्मीक में साँप को अचानक दिखाकर उसे मन्त्र या औषधि से वश में कर लिया जाता और तब यह कहते हुए श्रद्धालु भक्तों को उसके दर्शन कराए जाते कि 'देखो, देवता की कैसी महिमा है?' जो व्यक्ति इस पर विश्वास न करता उसे चरणामृत के साथ इतना विष दिया जाता, जिससे वे बेहोश हो जाते और फिर यह प्रसिद्धि की जाती कि 'यह नाग देवता का शाप था।' जो व्यक्ति देवता की निन्दा करता उन्हें साँप से कटवा दिया जाता और उसको भी देवता का ही शाप कहा जाता था। फिर बाद में चिकित्सा कर उसके विष को दूर कर दिया जाता था। इस प्रकार धन संचय करके राजा अपने खजाने को बढ़ाता था।

व्यापारी के वेश में वैदेहक नामक गुप्तचर प्रचुर वस्तुओं और अनेक सहायकों को लेकर व्यापार करना आरम्भ कर देता। लोगों के बीच जब उसकी साख बन जाती और अमानत के रूप में तथा ब्याज आदि के लिए लोग उसके पास जब

काफी पूँजी जमा कर देते तब अचानक ही वह चोरी हो जाने का ढिंढोरा कर सारा माल राजा के लिए हड़प लेता था।[26]

पड़ोस के लोगों से माँगकर या भाड़े पर सोने-चाँदी के बर्तन ले आते या अपना माल रखकर उसके बदले में अनेक व्यक्तियों की उपस्थिति में किसी से रुपया या सोना ऋण ले आते, और दूसरे दिन जिनसे अपनी वस्तुएँ बेचनी होती उनसे प्रतिवस्तु का दाम ले आते थे। इन दोनों प्रकार के लाए हुए मालों की वह रात्रि में चोरी करवा देता और राजकोष को भरने का यत्न करता था।

कुलीन वेश में रहनेवाली गुप्तचर स्त्रियों द्वारा दूष्य पुरुषों को उत्साही बनाकर उन स्त्रियों के घरों में ही उनको गिरफ्तार किया जाता और तब उनका सर्वस्व छीन लिया जाता था। दूष्य पुरुषों के आपसी झगड़े के समय गुप्तचर उनके पास रहते हुए किसी एक को विष देकर मार देते; दूसरे दूष्य का धन अपराध में कर लिया जाता था।[27]

सिद्ध के वेश में गुप्तचर दूष्य को ऐसा कह देता था कि 'मैं अपार हिरण्य के खजाने को देखना, राजा को वश में करना, स्त्री को वश में करना, दुश्मन को बीमार करना, आयु को बढ़ाना और सन्तान को पैदा करना आदि चमत्कार जानता हूँ।' जब दूष्य राजी हो जाता तो रात में किसी देवस्थान के पास ले जाकर गुप्तचर उसको खूब मदिरा, मांस, गन्ध आदि देवता को चढ़ाने के लिए कहता; तदनन्तर जहाँ मुर्दे का कोई अंग या मरा हुआ बच्चा गड़ा हो वहाँ से, पहले गाड़ा हुआ, पुराना सिक्का निकालकर उससे कहता कि 'यह बहुत कम है, क्योंकि तुमने कम भेंट चढ़ाई थी। यदि तुम अधिक भेंट चढ़ाना चाहते हो तो यह सोना लो और अधिक सामग्री लाकर देवता को अधिक से अधिक भेंट चढ़ाना। जब दूसरे दिन दूष्य उस सुवर्ण का सामान खरीदने लगता तभी उसको गिरफ्तार करके उसका सर्वस्व अपहरण कर लिया जाता था।

माता-पिता के वेश में कोई गुप्तचर स्त्री दूष्य पर यह दोषारोपण करती कि 'तूने मेरा लड़का मारा है।' जब दूष्य पुरुष रात्रिहवन, वनयज्ञ और वनक्रीड़ा को प्रस्थान करता तो तीक्ष्ण लोग किसी नियुक्त किए पुरुष को मारकर दूष्य के रात्रि-हवन आदि के पास उसको गाड़ देते और इसी अपराध में दूष्य को गिरफ्तार कर उसका सर्वस्व अपहरण कर लिया जाता था।[28] दूष्य के पास रहता हुआ सत्री नामक गुप्तचर दूष्य के घर में रखे राज्याभिषेक तथा शत्रु के लेख की सूचना कापटिक गुप्तचर के द्वारा राजा तक पहुँचा देता। उसका कारण यह सिद्ध किया जाता कि वह दूष्य राजा को मारकर उसकी जगह अपना अभिषेक कराना चाहता था। इसी अपराध में उसका सब कुछ ले लिया जाता था।[29]

कापटिक, उदास्थित, गृहपतिक, वैदेहक, और तापस आदि के वेश में कार्य करने वाले गुप्तचरों को प्रतिवर्ष हजार पण वेतन दिया जाता था। धोबी, नाई आदि गाँव के नौकर, गाँव के मुखिया, खत्री, तीक्ष्ण तथा भिक्षुकी आदि के वेश में काम करने वाले गुप्तचरों को पाँच सौ पण वेतन दिया जाता था। गुप्तचरों को इधर-उधर भेजने वाले कर्मचारियों को ढाई सौ पण वेतन दिया जाता अथवा मेहनत के अनुसार सबको अधिक वेतन दिया जाता था।[30] बन्धक में रखे गए राजपुत्र को छुड़ाने के लिए इन उपायों को काम में लाया जाता; राजपुत्र के निकट गुप्त वेश में रहने वाले बढ़ई, लुहार, सुनार या मिस्त्री तथा अन्य लोग, अपने जिम्मे के कार्यों को करते हुए राजपुत्र के निवास के पास ही एक सुरंग खोदकर रात्रि में वहाँ से उसको लेकर वे भाग जाते थे।[31]

नट, नर्तक, गायक, वादक, वाग्जीवक (कथावाचक); कुशीलव, प्लवक (तलवार आदि का खेल दिखाने वाला), सौत्रिक (आकाश में उड़ने वाला), विजिगीषु के ये आठ प्रकार के गुप्तचर पहले शत्रु राजा के पास जाते, और फिर धीरे-धीरे उसी के यहाँ रहते हुए गिरफ्तार राजकुमार तक पहुँचते थे। राजकुमार, राजा की अनुमति प्राप्त कर, स्वेच्छया उक्त गुप्तचरों को अपने यहाँ ठिकाने तथा आने-जाने की पूरी व्यवस्था करा देता था। फिर उन्हीं में से किसी का वेश बनाकर रात्रि के समय बाहर निकल जाते और उन्हीं के साथ अपने देश को चले जाते थे। वेश्या या पत्नी के रूप में नई गुप्तचर स्त्रियाँ राजकुमार को वहाँ से छुड़ा ले जाती थीं। व्यापारी के वेश में रहनेवाले गुप्तचर किसी पके अन्न में विष मिलाकर पहरेदारों को दे देते और जब वे बेहोश हो जाते तो राजकुमार को लेकर वे बाहर निकल भागते थे।[32]

गुप्तचर, राजकुमार को शव के रूप में अर्थी में रखकर बाहर निकल जाते थे। नगर-रक्षक, नट, चिकित्सक और आपूपिक (खोमचा लगाने वाला) के वेश में रात्रि के समय इधर-उधर घूमने वाले गुप्तचर लोग रात में धनी लोगों के घर में आग लगा देते। पहरेदारों तथा व्यापारियों के वेश में दूसरे गुप्तचर भी बाजार तथा दुकानों में आग लगा देते। आग लगने के कारण जब कोलाहल या गड़बड़ हो जाता तो अवसर पाकर राजकुमार बाहर निकल जाता था।[33]

सत्री नामक गुप्तचर बाह्य कोपकारी राष्ट्रमुख आदि व्यक्तियों को यह कहकर मित्र बनाए रखता कि 'तुम जिसके साथ मिलना चाहते हो वह तुमको विजिगीषु का गुप्तचर समझकर तुमको तुम्हारे मित्र से लड़ने को कहेगा और उस आक्रमण के परिणाम को देखकर तुमको अपनी सेना का नायक बनाकर अपने शत्रु या आटविक के मुकाबले में किसी दुष्कर आक्रमण के लिए नियुक्त करेगा, अथवा

तुमको तुम्हारे स्त्री–पुत्रों से वियुक्त कर अपने किसी सरहदी इलाके में नियुक्त कर देगा, अथवा अपने ही मालिक के मुकाबले में यदि तुम हार गए तो तुम्हारे मालिक से धन लेकर वह उसी के हाथ तुम्हें बेच देगा, अथवा तुम्हारे स्वामी के हाथ तुम्हें ही शर्तनामा के रूप में गिरवी रखकर सन्धि कर लेगा, अथवा तुम्हें शर्त में रखकर अपने किसी मित्र के साथ तुम्हारे स्वामी की सन्धि करा देगा।' यदि सत्री के इस भेदभरे उपदेश को वह बाह्यकोपकारी स्वीकार कर लेता तो उसको उसकी मनचाही वस्तुएँ देकर सम्मानित किया जाता था।[34]

असहनशील, उत्साही, व्यसनी तथा दुर्ग–सम्पन्न शक्तिशाली शत्रु को गुप्तचर मिलकर शस्त्र, अग्नि तथा विष के प्रयोगों द्वारा मार डालता था। अथवा उनमें से कोई एक ही समर्थ गुप्तचर ऐसे शत्रुओं को मार डालता; क्योंकि एक ही गुप्तचर अनेक प्रकार के उपायों द्वारा सब प्रकार के शत्रुओं को अकेले ही मार सकता था। इस प्रकार का एक गुप्तचर वह कार्य कर सकता था जो अनेक गुप्तचर मिलकर भी नहीं कर पाते थे।[35]

गुप्तचरों द्वारा संघ के विशिष्ट व्यक्तियों को उनकी अपेक्षा हीन व्यक्तियों के साथ एक पंक्ति में बैठकर भोजन करने तथा विवाहादि सम्बन्ध करने से वर्जित किया जाता था। वह हीन व्यक्तियों को विशिष्ट व्यक्तियों के साथ एक पंक्ति में भोजन करने तथा विवाहादि सम्बन्ध के लिए प्रेरित किया करता था। छोटी हैसियत के व्यक्तियों को बड़ी हैसियत के व्यक्तियों के बराबर खानदानी या बहादुरी या स्थानान्तर के लिए वह उत्साहित करता था। संघ द्वारा किसी विवादास्पद विषय का निर्णय किए जाने पर जो निर्णय हुआ हो उसके विपरीत ही वह वादी को जाकर सुनाता था। रात में तीक्ष्ण गुप्तचर स्वयं ही किसी संघ के द्रव्य, पशु तथा मनुष्यों को नष्ट कर उसको दूसरे संघ वालों को कार्य बताकर प्रचार करता और इस प्रकार के विवादास्पद विषयों को उठाकर उनको आपस में लड़ा देता था।[36]

संघप्रमुख के घमंडी पुत्र को यह कहकर गुप्तचर द्वारा बहकाया जाता कि 'तु अमुक राजा का पुत्र है, शत्रु भय से यहाँ रख दिया गया है। यदि संघ मुख्य का पुत्र इस बात को मान जाता तो उसको कोष और सेना की सहायता देकर संघों के ऊपर आक्रमण के लिए भेज दिया जाता था। उसके द्वारा जब अपने कार्य की सिद्धि हो जाती तो बाद में उसको प्रवासित कर दिया जाता था। कुलटा स्त्रियों का पालन–पोषण करनेवाले प्लवक, नट, नर्तक और सौभिक वेश में रहनेवाले गुप्तचर अत्यन्त सुन्दरी यौवन–सम्पन्न स्त्रियों के द्वारा संघमुख्यों को प्रमादी बनाते थे। जब स्त्रियों में बहुत से संघमुख्यों की आसक्ति हो जाती तो उनमें से किसी एक को किसी सांकेतिक स्थान पर स्त्री से मिलने का वायदा कर, ठीक समय

पर उस स्त्री को वहाँ से किसी दूसरे संघमुख्य के द्वारा अन्यत्र भिजवा दिया जाता, उसके द्वारा अपहरण करा दिया जाता और बाद में इसी निमित्त उन संघमुख्यों का परस्पर झगड़ा करा देते थे। झगड़ा होने पर तीक्ष्ण गुप्तचर उनमें से किसी एक संघ मुख्य को मार डालते और बाद में यह अफवाह उड़ा देते कि एक कामी पुरुष ने दूसरे कामी पुरुष का वध कर डाला।[37]

ज्योतिषी के वेश में रहनेवाले सभी गुप्तचर किसी दूसरे संघमुख्य द्वारा वरण की हुई कन्या को किसी दूसरे ही संघमुख्य के लिए बतलाकर उससे कहते कि 'अमुक व्यक्ति की कन्या से जो ब्याह करेगा वह राजा होगा और उससे जो पुत्र होगा वह भी राजा बनेगा। इसलिए अपना सर्वस्व लगाकर अथवा बलात्कार द्वारा ही उसको अवश्य प्राप्त करो।' इसके बाद यत्न करने पर भी यदि वह संघमुख्य उस कन्या को प्राप्त न कर सकता तो जिस घर में उस कन्या का विवाह था उन लोगों को इसके विरुद्ध भड़काता था। यदि वह कन्या को प्राप्त कर लेता तब दोनों संघमुख्यों में झगड़ा होना निश्चित था।[38]

कुलटा स्त्रियों का पालन–पोषण करने वाले गुप्तचरों द्वारा सुन्दर रूपवती युवती स्त्रियों के द्वारा सेना के प्रमुख व्यक्तियों को प्रमादी बनवा दिया जाता था। जब बहुत सारे अथवा दो सेनामुख्यों को एक ही स्त्री में कामासक्ति हो जाती तब तीक्ष्ण गुप्तचर उनमें परस्पर कलह पैदा कर देते थे। आपसी झगड़े में जो हार जाता उसको विजिगीषु के पक्ष में भेज दिया और जब विजिगीषु आक्रमण करने लगता तब सहायतार्थ उसको नियुक्त किया जाता था। जो सेना मुख्य कामासक्त होते, उन्हें सिद्ध के वेश में रहनेवाले गुप्तचर वशीकरण द्वारा उस सुन्दरी युवती को वश में करने के उपायों का बहाना करके विषमिश्रित खिलाकर मार डालते थे।[39]

व्यापारी के वेश में रहनेवाला गुप्तचर अति सुन्दरी पटरानी की अन्तरंग सेविका को प्रचुर धन देकर अपने उपभोग के लिए उसे फुसलाता और एक बार उसका भोग कर दुबारा उसके पास नहीं जाता था। फिर उसी गुप्तचर से प्रेरित होकर दूसरा सिद्ध वेशधारी उस पटरानी की सेविका को वशीकरण औषधि देकर उससे कहता, 'इस औषधि को अपने व्यापारी प्रेमी के शरीर पर छिड़क देना, वह तुम्हारे वश में हो जाएगा।' जब दिखावा मात्र के लिए वह व्यापारी वेषधारी गुप्तचर उस सेविका के वश में हो जाता तब उस सुन्दरी पटरानी को भी वशीकरण के प्रयोग का उपदेश दिया जाता था। उससे कहा जाता कि 'इस औषधि को राजा के शरीर पर छिड़क देने से वह तुम्हारे काबू में हो जाएगा।' उस वशीकरण योग में विष मिलाकर इस प्रकार राजा का वध कर दिया जाता था।

ज्योतिषी (कार्तान्तिक) के वेश में रहनेवाला गुप्तचर, विश्वासी राजलक्षण–

सम्पन्न महामात्र को यह कहकर फुसलाता कि 'तुम अवश्य ही राजा बनोगे।' और भिक्षुकी गुप्तचर स्त्री द्वारा उस महामात्र की पत्नी को कहला दिया जाता कि 'तुम पटरानी बनोगी और तुम राजा होने योग्य पुत्र को पैदा करोगी।' इस प्रकार राजा बनने की इच्छा रखने वाले महामात्र का राजा विरोधी हो जाता था। महामात्र की स्त्री बनकर रहने वाली छद्मवेश स्त्री उससे कहती कि 'राजा मुझे अवश्य ही अपने अन्तःपुर में रोक लेगा। दूती द्वारा लाए गए तुम्हारे नाम के इस पत्र और इन आभरणों से यह साफ जाहिर होता है।' ऐसा करने से भी महामात्र का राजा के साथ विरोध हो जाता था[40]।

राजा तथा राजा के प्रियजनों के निकट मित्र बनकर रहने वाले सभी गुप्तचर : पैदल, घुड़सवार, रथसवार तथा हाथीसवार सेनाओं के अध्यक्षों और महामात्रों के मित्रों के यहाँ जाकर अत्यन्त विश्वासी मित्रों की तरह उससे कहता कि 'सेनाध्यक्ष आदि पर राजा कुपित हो गया है।' जब यह प्रवाद सर्वत्र फैल जाता तब, रात्रिभ्रमण की निषेधाज्ञा में भ्रमण करने की अनुमति प्राप्त कर सभी गुप्तचर घर-घर में जाकर सेनाध्यक्ष आदि से कहते कि 'स्वामी की आज्ञा से आप लोगों को तत्काल स्वामी के पास जाना चाहिए।' और जब वे बाहर निकलते तो उन्हें मरवा डालते थे। तदनन्तर मित्र के वेश में रहने वाले तीक्ष्ण गुप्तचर सभी गुप्तचरों से कहते कि उन लोगों ने यह सब कार्य स्वामी की आज्ञा से किया था। जो सेनापति आदि पहले ही राजा को छोड़कर चले गए थे, उनसे सभी गुप्तचर कहते 'देखिए, जो हमने कहा था वही हुआ, अतः जो भी अपनी जान बचाना चाहे वह यहाँ से भाग जाएँ।''[41]

किसी के द्वारा कोई वस्तु माँगी जाने पर राजा जब उस वस्तु को नहीं देता तो उस माँगने वाले से सभी गुप्तचर यों कहते 'राजा ने शून्यपाल से कह दिया है कि अमुक-अमुक व्यक्तियों ने मुझ से न माँगी जाने योग्य वस्तुएँ माँगी हैं। मैंने देने से इनकार कर दिया। इसलिए कि वे लोग शत्रु से मिल गए हैं। अतः उनको नष्ट करने के लिए प्रयत्नशील रहो।' ऐसा कहने के बाद पूर्ववत् सब कार्य किया जाता था अर्थात् तीक्ष्ण गुप्तचर रात में कुछ आदमियों को मार देते; जिनको नहीं मारते उनको वध का भय दिखाकर राजा से फोड़ देते थे। माँगने पर जिन्हें राजा कोई वस्तु दे देता उनसे सभी गुप्तचर कहते कि राजा ने शून्यपाल से कहा था कि 'अमुक-अमुक व्यक्तियों ने उससे न माँगने योग्य वस्तु माँगी थी, 'मैंने उनको वह वस्तु इसलिए दे दी है कि उनका मुझ पर विश्वास बना रहे; किन्तु वे व्यक्ति शत्रु से मिले हैं, अतः उनका वध करने के लिए तुम्हें यत्नशील रहना चाहिए।' ऐसा कहने के बाद पूर्ववत् सब कार्य किया जाता था।

जो महामात्र माँगने योग्य वस्तु भी राजा से नहीं माँगते उनसे सभी गुप्तचर कहते 'राजा ने शून्यपाल को कह दिया है कि अमुक-अमुक व्यक्ति मुझसे माँगने योग्य वस्तुओं को भी नहीं माँगते। इसका कारण इसके सिवा दूसरा क्या हो सकता है कि वे अपने दोषों के कारण मुझसे शंकित रहते हैं और इसलिए मेरे पास नहीं आते हैं। तुम उनका वध करने के लिए यत्नशील रहो।' ऐसा कहने के बाद पूर्ववत् सब कार्य किया जाता था। राजा के पास कपटपूर्वक रहने वाले सभी गुप्तचर राजा से कहते कि 'अमुक-अमुक महामात्र तुम्हारे शत्रुओं के साथ मिले हुए हैं।' जब राजा को इस बात पर विश्वास हो जाता तो सभी राजद्रोहियों द्वारा महामात्र का सन्देश ले जाते हुए दिखा देता और कहता 'देखिए, वही बात हुई, जो मैंने आपसे कही थी।'[42]

सेना के अध्यक्षों, अमात्य आदि प्रकृतियों और अन्य राजकर्मचारियों को सभी गुप्तचर धन तथा भूमि आदि के लोभ में फँसाकर उनके अपने ही आदमियों पर उनके द्वारा चढ़ाई करवा देते; या उनको राजा के यहाँ से कहीं दूसरी जगह भगा देते थे। उसके बाद सभी गुप्तचर राजधानी में या अन्तपाल के पास दुर्ग में रहने वाले राजकुमार को इस प्रकार फुसलाते 'राजा ने जिस पुत्र को युवराज बनाया है, तुम्हारी योग्यता उससे किसी कदर कम नहीं है; फिर भी राजा ने तुम्हें नियंत्रित कर रखा है। अब तुम इस बात की लापरवाही न करके राजा पर धावा बोल दो और राज्य को अपने अधीन कर लो। अन्यथा बहुत सम्भव है कि युवराज तुम्हें ही मार डाले।' शत्रु के किसी बन्धु-बान्धव को या नजरबन्द राजकुमार को धन का प्रलोभन देकर सभी गुप्तचर इस प्रकार फुसलाते, 'तुम राजा के मौलबल को या सीमा पर नियुक्त सेना को अथवा दूसरी किसी सेना को नष्ट कर डालो और आटविकों को धन तथा सत्कार से वश में करके उन्हीं के द्वारा शत्रु के राज्य पर चढ़ाई करा दो।[43]

शत्रु राजा के दुर्गों में जो वैदेहक, गाँवों में जो गृहपतिक, सरहदी इलाकों में जो ग्वाले और तापस आदि के वेश में विजिगीषु के गुप्तचर नियुक्त होते, वे शत्रु के साथ स्वभावतः ही बैर रखने वाले सामन्त, आटविक, शत्रु के बन्धु बान्धव और नजरबंद राजकुमार आदि के पास कुछ भेंट सामग्री रखकर, यह सन्देश भेजते कि 'शत्रु के अमुक दुर्बल प्रदेश का आप लोग सहज ही में अपहरण कर सकते हैं।' इस बात के लिए उद्यत होकर जब उन सामन्त आदि के गुप्तचर आ जाते तो उनका धन-मान से सत्कार करके उनके सामने शत्रु राजा के प्रकृतिवर्ग के समस्त दोषों को खोल कर रखा जाता था। जब शत्रु के सभी दोष उनको ज्ञात हो जाते तो उनकी सहायता प्राप्त कर शत्रु पर आक्रमण किया जाता था।

शत्रु की छावनी में शराब बेचने वाले सभी गुप्तचर किसी वध्य पुरुष को अपना पुत्र बताकर रात्रि के अन्तिम प्रहर में विष देकर उसकी हत्या कर डालते और तब अपने मृतक पुत्र के निमित्त 'यह नैषेचनिक द्रव्य है' ऐसा कहकर विषमिश्रित शराब के सैकड़ों घड़े फौजियों को पिला देते, अथवा विश्वास के लिए प्रथम दिन विषरहित ही शराब देते, अथवा प्रथम दिन चौथाई हिस्सा विषमिश्रित[44] शराब देते और बाद में पर्याप्त विषमिश्रित शराब पिलाते अथवा सेना के अध्यक्षों को पहले विषरहित शराब देते और बाद में जब वे बेहोश हो जाते तब उन्हें विषमिश्रित शराब दे देते थे। पका मांस, पका अन्न, शराब तथा विविध व्यंजन और मालपुआ या पकौड़े आदि बेचने के वेश में सभी गुप्तचर एक-दूसरे से होड़ लगाकर अपनी-अपनी दुकानों की खूब तारीफ कर कम-ज्यादा मूल्य पर अथवा उधार ही शत्रु के आदमियों को विष मिले पदार्थ खिला देते थे।

स्त्री तथा बालक शराब, दूध, घी, दही तथा तेल आदि का व्यवहार करने वाले लोगों के हाथ से लेकर इन वस्तुओं को अपने जहरीले बर्तनों में डलवा देते और बाद में उनके साथ यह झगड़ा करते कि 'अमुक वस्तु हमें इतने मूल्य पर दो, नहीं तो हम खरीदा हुआ सामान भी लौटा देंगे।' जब दुकानदार इस बात पर राजी न होता तो उन, शराब, दूध आदि वस्तुओं को उन्हीं दुकानदारों के बर्तनों में उलट देते, ऐसा करने से सभी चीजें जहरीली हो जाती थीं।

फिर छावनी के साथ व्यापारी वेश में रहने वाले गुप्तचर या शराब बेचने के बहाने दूसरे लोग इन्हीं सब जहरीली वस्तुओं को हाथी घोड़ों के राशन में मिलाकर उन्हें खिला देते थे।[45] मजदूर के वेश में रहने वाले गुप्तचर विषमिश्रित घास अथवा जल बेचते, अथवा बहुत समय से मित्र बनकर रहने वाले गुप्तचर अपने गाय, बकरी के समूहों को मध्य रात्रि में मोहग्रस्त (निद्राग्रस्त) शत्रुओं को व्याकुल करने के लिए छोड़ देते थे। इसी प्रकार व्यापारी वेश में रहने वाले गुप्तचर अपने घोड़ा, गधा, ऊँट तथा गाय, भैंस आदि चौंकने वाले जानवरों की आँखों में छछून्दर के खून का अंजन लगाकर छोड़ देते थे। इसी प्रकार शिकारी के वेश में रहनेवाले गुप्तचर अपने हिंसक जानवरों को छोड़ देते थे। सपेरों के वेश में रहने वाले गुप्तचर अपने जहरीले साँपों को; और हाथियों के व्यापारी अपने हाथियों को छोड़ देते थे। इसी प्रकार रसोइये, लुहार आदि जो गुप्तचर आग से अपनी जीविका चलाते थे, वे शत्रु की छावनी में आग लगा देते थे।

गुप्तचरों द्वारा युद्ध से विमुख हुए पैदल, घुड़सवार, रथसवार तथा हाथीसवार सेनाओं के अध्यक्षों को मार डाला जाता; अथवा उनके घरों में आग लगा दी जाती थी। दूष्य, शत्रु या आटविक के वेश में रहने वाले गुप्तचर युद्ध से लौटी

हुई सेना के पीछे से धावा बोल देते। सोते समय उसको नष्ट कर देते अथवा उसका मुकाबला करते; अथवा वन में छिपकर रहनेवाले गुप्तचर सरहदी इलाकों की सुरक्षा के लिए नियुक्त सेना को किसी बहाने अपनी ओर खींच कर मार डालते थे।[46] जिस ओर से भी राजा भागता, वहीं से सत्र तथा स्तम्भवाट को लेकर सैनिक के वेश में घूमने वाले म्लेच्छ और आटविक उसको मार डालते, अथवा शिकारी के वेश में रहने वाले गुप्तचर रात में इकट्ठा सोते समय शत्रुओं को मार डालते थे। कंटकाकीर्ण तथा दुर्गम प्रदेश में प्रविष्ट हुई शत्रुसेना को अग्नि के द्वारा, धान्वन दुर्ग में ठहरे शत्रुदल को विशेष गैस द्वारा; गुप्तप्रदेश में छिपे हुए शत्रुओं को विष के द्वारा; जल के भीतर छिपे हुए शत्रु को भयंकर मगरमच्छ आदि जल-जंतुओं के द्वारा अथवा जल में जाने योग्य अन्य साधनों के द्वारा तीक्ष्ण गुप्तचर उनको कैद कर लेते या नष्ट कर देते थे।[47]

मित्र के वेश में रहने वाले सभी गुप्तचर शत्रुराजा के पास इस प्रकार का सन्देश भिजवाते; 'शत्रु के इस दुर्ग में अन्न, घी, तेल, गुड़ तथा नमक आदि सब पदार्थ समाप्त हो चुके हैं। यह सब सामान अमुक स्थान से अमुक समय में ले जाया जाएगा। तुम उसको रास्ते में ही लूट लेना।' तदनन्तर विजिगीषु के दूष्य, शत्रु तथा आटविक विषमिश्रित उक्त सामान को उसी समय उन्हीं मार्गों से लेकर गुजरते अथवा दूसरे वध्य पुरुष उस सामान को ले जाते थे।[48]

रात में सोते समय शत्रु के ऊपर छापा मारने में यदि कार्यसिद्धि सम्भव होता तो दुर्बल राजा अपने दुर्ग में डटा रहता और यदि ऐसी आशा न होती तो पास से होकर निकल भागता था। बाहर निकलने के लिए वह पाखंडी का वेश बनाकर थोड़ा-सा परिवार साथ लेकर अथवा अर्थी पर रखकर गुप्तचरों के द्वारा या स्त्री का वेश धारण कर किसी मृतक की अर्थी के पीछे-इन तरीकों से वह बाहर निकल जाता था। देवबलि (दैवतोपहार), श्राद्ध तथा पार्टियों (प्रवहण) आदि के अवसरों पर शत्रु को विषाक्त अन्नादि देकर; या दूष्य गुप्तचरों द्वारा शत्रुपक्ष का उपजाप करके छिपी हुई सेना को लेकर दुर्बल राजा अपने शत्रु पर धावा बोल देता था।[49]

प्रमदवन और विहार में या केवल विहार में मदविह्वल शत्रु राजा को सुरंगों या तहखानों में छिपे हुए गुप्तचर मार डालते थे; अथवा छिपकर रहने वाले रसोइया तथा मांस बनाने वाले गुप्तचर विष देकर शत्रु को मार डालते; या किसी निषिद्ध एकान्त में सोते हुए राजा के ऊपर गुप्त वेषधारी स्त्री, सर्प, विष या अग्नि का प्रयोग कर उसको मार डालती थी। द्वारपाल, नपुंसक तथा अन्तःपुर आदि के अन्य गुप्तचर वेषधारी कर्मचारियों को तथा शत्रु के ऊपर छिपे तौर पर नियुक्त दूसरे

गुप्तचरों को बाजे आदि के विशेष संकेतों द्वारा बुलाकर शत्रु के बाकी आदमियों को भी मार डालते थे।[50]

मुंडित या जटाधारी साधु के वेश में पहाड़ की गुफा में अपने अनेक शिष्यों सहित रहने वाले गुप्तचर अपनी आयु को चार सौ वर्ष की बताकर नगर के समीप डेरा डालते थे। वे शिष्य लोग राजा तथा उसके अमात्यों को कन्द, मूल, फल लेकर उस भगवत्स्वरूप सिद्ध पुरुष के दर्शन करने के लिए उत्साहित करते थे। जब राजा उसके दर्शनार्थ जाता तब वह साधुवेशधारी गुप्तचर प्राचीन राजाओं और देशों के सम्बन्ध में अनेक बातें बताता तथा कहता, 'मैं सौ वर्ष बीत जाने पर अग्नि में प्रवेश करके फिर बालक बन जाता हूँ। अब यहाँ पर आपके सामने चौथी बार अग्नि में प्रवेश करूँगा। कुछ वरदान देकर मैं आपको सम्मानित करना चाहता हूँ। अपनी इच्छानुसार आप मुझसे तीन वर माँग सकते हैं।' यदि राजा इन बातों को मान लेता तो गुप्तचर फिर कहता, 'आप अपने स्त्री-पुत्रों सहित सात रात्रि तक खेल-तमाशा कराते हुए तथा उत्सव मनाते हुए यहाँ मेरे आश्रम पर निवास करें।' जब वह राजा सपरिवार वहाँ रहने लगे तो सोते समय चुपके से उसको मार दिया जाता था।[51]

मुंडित या जटाधारी के वेश में अनेक शिष्यों सहित किसी स्थान में रहने वाला मठाधीश गुप्तचर बकरे के खून से सनी तथा स्वर्ण चूर्ण से लिपटी, या सुवर्ण युक्त एक बाँस की नली को जंगल में जाकर पहचान के लिए किसी बाँबी में रख देता। वह बाँस की नली ऐसे स्थान पर रख दी जाती जिससे साँप आसानी से भीतर-बाहर आ-जा सकता था। उसके बाद सत्री गुप्तचर राजा से जाकर कहता, 'अमुक सिद्ध पुरुष जमीन में गड़े खजाने को बता सकता है।' राजा के पूछने पर अपनी अभिज्ञता को स्वीकार कर लेता और तत्सम्बन्धी कुछ चिह्न भी बताता था। अथवा वहाँ और भी धन गाड़कर राजा से कहता कि 'यह खजाना साँपों से सुरक्षित है। इसलिए इसको बड़ी तजबीज से ही प्राप्त किया जा सकता है।' जब राजा, सिद्ध की बातों को मान लेता तब उससे कहता 'आपको सात रात तक सपरिवार मेरे समीप रहना होगा।' तदनन्तर सोते समय रात में उसको मार डाला जाता था।

रात्रि के एकान्त में अपने शरीर को अग्नि के समान प्रज्ज्वलित कर बैठे हुए उस सिद्ध महात्मा को सत्री गुप्तचर राजा को दिखाता तथा राजा से कहता कि 'यह सिद्ध पुरुष भावी समृद्धि को बता सकता है।' तदनन्तर राजा उस सिद्ध पुरुष से जिस समृद्धि की याचना करता उसको भविष्य में पूरा कर देने का वायदा कर राजा को सात रात्रि तक सपरिवार आश्रम में रहने के लिए कहा जाता और

फिर पूर्ववत् उसको मार डाला जाता था। सिद्ध के वेश में रहनेवाला गुप्तचर राजा को कपट विद्याओं से प्रलोभन में फँसा कर पूर्ववत् मार डालता था। सिद्ध के वेश में रहने वाला गुप्तचर किसी प्रसिद्ध देवता के मन्दिर में रहकर सहभोज और उत्सव के द्वारा राजा की अमात्य प्रकृति को अपने वश में करके प्रकृतिवर्ग के ही द्वारा राजा को मरवा देता था।[52]

मुंडित या जटाधारी गुप्तचर उदकचरी विद्याओं के द्वारा अपने आप को जल के भीतर छिपा कर अपने स्वरूप को स्वच्छ, श्वेत एवं दिव्य, देवता के रूप की तरह बना लेता। फिर सत्री गुप्तचर उसको वरुण देवता या नागराज कहकर उसका प्रचार करता। जब राज़ा उस पर विश्वास कर अपनी मनोकामना पूर्ण करने की याचना करता तो उसे पूर्ववत् मार डाला जाता था। जनपद की सीमा में रहनेवाला सिद्धवेष गुप्तचर वहाँ के राजा को शत्रु राजा से मिला देने का प्रपंच रचता। जब राजा इस पर राजी हो जाता तो पूर्व निर्धारित सांकेतिक चिह्नों के द्वारा शत्रु राजा को वहाँ बुलाकर फिर उस फँसाए गए राजा को एकान्त में मार दिया जाता था। घोड़ों के व्यापारी गुप्तचर अच्छे-अच्छे घोड़ों को लेकर शत्रु राज्य में जाते और सौदे के बहाने शत्रु को अपने पास बुलाते थे। जब राजा घोड़ों की परीक्षा कर लेता या घोड़ों से घिर जाता तब उसको मार दिया जाता और उन्हीं घोड़ों पर सवार होकर उसकी राजधानी पर हमला बोल दिया जाता था।[53]

नगर के समीपस्थ किसी समाधि या श्मशान में खड़े वृक्ष पर चढ़कर सत्री गुप्तचर रात में अव्यक्त रूप से इस प्रकार से बोलता 'हम इस राजा के या इसकी मुख्य प्रकृतियों के मांस को अवश्य खाएँऐ, हमारी पूजा होनी चाहिए।' इस बात को शकुनवक्ता (नैमित्तिक) तथा ज्योतिषी (मौहूर्त्तिक) के वेश में रहनेवाले गुप्तचर सर्वत्र प्रकाशित कर देते थे। किसी मांगलिक गहरे जलाशय में रात के समय वे गुप्तचर नाग का रूप बनाकर तथा शरीर में जलने वाले तेल की मालिश कर हाथ में लोहे की बनी हुई शक्ति और मूसल लेकर उन्हें परस्पर रगड़ते हुए चिल्लाते "हम राजा और उसके मन्त्रियों का मांस खाएँगे; हमारी पूजा होनी चाहिए। अथवा रीछ की खाल को ओढ़कर राक्षसों का वेश बनाकर मुँह से आग-धुआँ उगलते हुए, नगर के चारों ओर बाँई ओर से तीन परिक्रमा करते हुए वे गुप्तचर कुत्तों तथा सियारों की भाषा में ऊपर की तरह आवाज लगाते अथवा जलने वाले तेल (तेजनतैल) में अभ्रक मिलाकर उसके बीच में श्मशान के देवता की ढकी हुई मूर्ति को रात में जलाकर वे गुप्त पुरुष राजा तथा उसके मन्त्रियों को खा जाने की बात करते थे। दूसरे सभी गुप्तचर इन बातों को नगर भर में फैला देते थे।

गुप्तचर देवप्रतिमाओं के भीतर से बकरे आदि के खून को इस प्रकार बहाते

कि देखने वालों को ऐसा प्रतीत होता कि देवप्रतिमाएँ स्वयं ही खून उगल रही थीं। उसके बाद गुप्तचर इस अपशकुन को नगर भर में यह कहकर प्रचारित करते कि संग्राम में अवश्य ही राजा की पराजय होगी। पूर्णिमा या अमावस की रातों में ऊपर के भाग जिनके खाये गए होते ऐसे मनुष्यों द्वारा चिता के चिह्नों को दिखाया जाता था। तदनन्तर राक्षस बना हुआ कोई गुप्तचर वहीं प्रकट होकर अपने भोजन के लिए एक पुरुष को माँगता था। अपने आप को बहादुर कहने वाला जो कोई भी व्यक्ति वहाँ देखने के लिए आया हो उसको दूसरे सभी गुप्तचर लोहे के मूसलों से मार डालते और सब लोगों को यही मालूम होता कि अमुक व्यक्ति को राक्षसों ने मार डाला था। इस अद्भुत घटना को देखने वाले लोग तथा गुप्तचर इस बात को पहुँचाते थे। उसके बाद गुप्तचरों के वेश में रहने वाले नैमित्तिक तथा मौहूर्त्तिक लोग राजा से शान्ति और प्रायश्चित के लिए कहते कि यदि ऐसा न किया गया तो राजा-प्रजा का बड़ा अनिष्ट होगा। जब राजा इस बात को स्वीकार कर लेता तो उस दुर्निमित्त शान्ति के लिए राजा को सात रात्रि तक बलि, मन्त्र तथा होम करने को राजी कर पूर्ववत् उसका वध कर दिया जाता था।[54]

8.4 गुप्तचरों का शत्रु देश में निवास

विजिगीषु राजा अपने अत्यन्त विश्वस्त श्रेणीमुख्य को बनावटी शत्रुतावश अपने राज्य से निकाल देता था। वह शत्रु-राजा की शरण में जाकर उसका विश्वास प्राप्त करता और उसके कार्य का बहाना बनाकर छिपे तौर से अपने देश की युद्धोपयोगी सहायक वस्तुओं का संग्रह करता था। सहायतार्थ जब उसके पास पर्याप्त गुप्तचर एकत्र हो जाते तब वह शत्रु-राजा की अनुमति से अपने राजा के किसी दूष्यवर्ग या मित्र पर आक्रमण कर वहाँ से विजित हाथी, घोड़े, राजद्रोही अमात्य, सैनिक और मित्र आदि को गिरफ्तार कर शत्रु-राजा के पास भेज देता था। वह जनपद के किसी एक देश, संघ या आटविक पुरुषों को अपने उस बनावटी स्वामी की सहायता के लिए तैयार करके फिर उनके साथ गुप्त-मन्त्रणा करता था। जब गुप्त-मन्त्रणा द्वारा वे लोग वस्तुस्थिति को जानकर पूरी तरह सहमत हो जाते तो उन्हें अपने असली स्वामी के सहायतार्थ उसके पास भेज देता था। तदनन्तर हाथियों को पकड़ने या जंगल को नष्ट करने का बहाना बनाकर विजिगीषु राजा अपने असावधान शत्रु पर आक्रमण कर देता था। इसी प्रकार अमात्य तथा आटविक को गुप्तचर बनाकर शत्रुदेश में भेज देता था।[55]

शिकारी के वेश में रहने वाले गुप्तचर मांस बेचने के बहाने दरवाजे पर ठहर

कर पहरेदारों से मित्रता करके दो तीन बार चिल्लाकर कहते कि 'शत्रु के गाँव में चोर आते हैं।' जब शत्रु राजा को उनकी बातों पर विश्वास हो जाता तो वे गुप्तचर अपने राजा की सेना को ग्रामवध और लूटमार करने (अवस्कंद) के लिए दो भागों में बाँटकर शत्रु-राजा से कहते कि 'चोरों का समूह बिलकुल नजदीक आ गया है, उनकी संख्या बहुत कम है, अतः मुकाबले के लिए आपकी बहुत-सी सेना हमारे साथ जानी चाहिए।' जब शत्रु-राजा चोरों को दंड देने के लिए अपनी सेना भेज देता तो वे ही गुप्तचर अपने राजा की सेना के दूसरे हिस्से को लेकर रात के समय दुर्ग के दरवाजों पर चिल्ला-चिल्ला कर कहते कि 'हमने चोरों के समूह को मार डाला है, यह सेना अपने कार्य को सफल करके यहाँ पहुँच गई है, इसलिए दुर्ग के दरवाजों को खोल दिया जाए।' अथवा पहले से नियुक्त किए गए गुप्तचर ही इशारा पाकर दरवाजे खोल देते और उस सेना के सहित वे गुप्तचर दुर्ग पर हमला बोल देते थे।

कारु, शिल्पी, पाखंडी, कुशीलव और वैदेहक आदि के वेश में रहने वाले या आयुधजीवियों के वेश में रहनेवाले गुप्तचरों को भेदिया बनाकर दुर्ग में बसा दिया जाता था। उनमें से गृहस्थ के वेश में रहने वाले गुप्तचर दूसरे गुप्तचरों को लकड़ी, घास, अनाज आदि की गाड़ियों में हथियार तथा कवच आदि पहुँचाते रहते थे।[56] कारु आदि के वेश में रहनेवाले गुप्तचर प्रमादी पुरुषों के वध, बलात्कार, लूट-मार और चारों ओर के आक्रमण के सम्बन्ध में शंख तथा नगाड़े आदि बजाकर पीछे को ओर से हमला हो जाने की सूचना देते थे। जब शत्रु उनका प्रतिकार करने के लिए सेना लेकर पीछे की ओर से जाते तो इधर से वे गुप्तचर परकोटा प्रधान दरवाजा तथा उसके ऊपर की अटारी तोड़ने के साथ ही शत्रु की सेना को पूर्ववत् विभक्त कर यथावसर उसको नष्ट कर देते थे।

दुर्गम मार्गों से पार करनेवाले व्यापारियों के झुंड में रहते हुए, कन्याओं को ले जाते हुए, घोड़ों का व्यापार करते हुए, तत्सम्बन्धी दूसरे सौदों को बेचते हुए, सामान को इधर-उधर ढोते हुए, अनाज आदि की खरीद-फरोख्त करते हुए और संन्यासियों के वेश में रहते हुए गुप्तचर अपनी सेनाओं को दुर्गम रास्तों से निकालकर बाहर ले आते तथा शत्रु के विश्वास के लिए सन्धि की शर्तों का पूरा-पूरा ध्यान रखते थे।[57]

सन्दर्भ-ग्रन्थ

1. *कौटिल्यम्, अर्थशास्त्रम्*, व्याख्याकार, वाचस्पति गैरोला, चौखम्बा, वाराणसी, 1984, अधिकरण 1, प्रकरण 6, अध्याय 10, पृ. 29

2. वही
3. वही, पृ. 30
4. वही
5. वही
6. वही, पृ. 31
7. वही, 1.7.11, पृ. 32
8. वही
9. वही, पृ. 33
10. वही
11. वही, पृ. 34
12. वही, पृ. 35
13. वही, पृ. 36
14. वही, 1.8.12, पृ. 37
15. वही, पृ. 38
16. वही, पृ. 39
17. वही, 1.9.13, पृ. 40
18. वही, पृ. 41
19. वही
20. वही, पृ. 42
21. वही, 5.91.3, पृ. 422
22. वही, 11.160-61, पृ. 673
23. वही, 2.53-54.35, पृ. 242
24. वही, पृ. 242-43
25. वही, 2.55.36. पृ. 246
26. वही, 5.90.2, पृ. 416
27. वही, पृ. 417
28. वही, पृ. 418
29. वही, पृ. 419
30. वही, 5.91.3, पृ. 422
31. वही, 7.122-23.17, पृ. 540
32. वही, पृ. 541
33. वही, पृ. 542
34. वही, 9.140-41.3, पृ. 605
35. वही, 9.144.6, पृ. 622
36. वही, 11.160-61.1, पृ. 670
37. वही, पृ. 672
38. वही, पृ. 674
39. वही, 12.163.2, पृ. 684

40. वही, पृ. 685
41. वही, 12.164-65.3, पृ. 688
42. वही, पृ. 689
43. वही, पृ. 690
44. वही, 12.166-67.4, पृ. 692
45. वही, पृ. 693
46. वही, पृ. 694
47. वही, पृ. 695
48. वही, 12.168-70.5, पृ. 699
49. वही, पृ. 700
50. वही, पृ. 701
51. वही, 13.172.2, पृ. 709
52. वही, 13.172.2
53. वही, पृ. 711
54. वही, पृ. 712
55. वही, 13.173.3, पृ. 715
56. वही, पृ. 719
57. वही, पृ. 720

अध्याय-9

व्यसन (दुराचरण)

9.1 प्रकृतियों के व्यसन और उनका प्रतीकार

व्यसन दो प्रकार का था : एक देव और दूसरा मानुष। अमात्य आदि प्रकृति वर्ग के ये दोनों व्यसन अनय और अपनय के कारण पैदा होते थे। सन्धि आदि की उचित व्यवस्था न करना **अनय** और शत्रुओं से पीड़ित होते रहना **अपनय** कहलाता था। गुणों की प्रतिकूलता या अभाव, उनका अनुचित उपयोग, प्रकृतिवर्ग में दोषों की अधिकता, विषयों में अति आसक्ति और शत्रुओं द्वारा पीड़ित होना, ये 5 प्रकार के व्यसन थे। 'व्यसन' का शब्दार्थ ही यह है जो कल्याण मार्ग से भ्रष्ट कर दे। अर्थात् जो कार्य राजा को नीचे गिरा दे वही उसके लिए **व्यसन** अर्थात् बुरी आदत या दुराचरण है।

कुछ आचार्यों का मत है कि 'स्वामी, अमात्य, जनपद, दुर्ग, कोष, सेना और मित्र, इनमें से पूर्व-पूर्व की विपत्ति अत्यन्त कष्टकर है।' परन्तु आचार्य भारद्वाज का कहना है कि 'यदि स्वामी और अमात्य पर एक साथ व्यसन आ पड़े तो अमात्य का व्यसन ही अधिक भयावह है; क्योंकि प्रत्येक कार्य का विचार, उसके फलाफल की प्राप्ति का चिंतन[1], आवश्यक कार्यों को करना, आय-व्यय की व्यवस्था, सैन्यसंग्रह, शत्रु तथा आटविकों का प्रतीकार, राज्य की सुरक्षा, विपत्तियों का दमन, राजकुमारों की रक्षा और उनका अभिषेक आदि कार्यों को सम्पन्न करना अमात्यों पर ही निर्भर था। इसलिए राजा की अपेक्षा अमात्य का व्यसन अधिक भयप्रद था। अमात्यों के अभाव में सारे राजकार्य नष्ट हो जाते और परकटे पक्षी के समान राजा के सारे कार्यक्रम ही चौपट हो जाते तथा व्यसनों का लाभ उठाकर शत्रु षड्यन्त्रों का जाल बिछा देते थे। अमात्यों के व्यसनी या विपरीत हो जाने पर राजाओं के प्राण खतरे में पड़ जाते; क्योंकि अमात्य, राजाओं के प्राण के समान होते थे।'

इस मत के विरुद्ध कौटिल्य का कहना है कि 'मन्त्री, पुरोहित आदि भृत्यवर्ग को, सम्पूर्ण विभागीय अध्यक्षों के कार्य को, अमात्य तथा सेना आदि प्रकृतिवर्ग की विपत्ति को और जनपद, दुर्ग, कोष आदि द्रव्य प्रकृति की विपत्ति को दूर कर उनकी उन्नति के कार्यों को राजा स्वयं सम्पन्न कर सकता था। अमात्य यदि व्यसनी हो गए हों तो उनके स्थान पर राजा अव्यसनी अमात्यों को नियुक्त कर सकता था। राजा ही पूज्य व्यक्तियों का सम्मान और दुष्ट व्यक्तियों का निग्रह कर सकता था। वही अपने राजयोग्य गुणों से अपनी अमात्य प्रकृति को गुणसम्पन्न बना सकता था; क्योंकि राजा स्वयं जिस स्वभाव का होता था उसकी प्रकृतियाँ भी वैसे ही स्वभाव की हो जाती थीं। राजा पर ही उसकी प्रकृतियों का अभ्युदय एवं पतन निर्भर होता था क्योंकि सातों प्रकार की प्रकृतियों में राजा ही प्रधान होता था, इसलिए मूल प्रकृति राजा का जैसा स्वभाव हो उसकी विकृतियों का भी वैसा ही स्वभाव होता था।'[2]

कौटिल्य कहता है कि सभी कार्य अमात्यों पर निर्भर होते थे। दुर्ग तथा कृषि आदि कार्यों की सफलता, राजवंश, अन्तपाल और आटविकों की ओर से योग-क्षेम का साधन, आपत्तियों का प्रतिकार, उपनिवेशों की स्थापना एवं उनकी उन्नति, अपराधियों को दंड और राजकर का निग्रह आदि जनपद के सभी कार्य अमात्यों द्वारा ही सम्पन्न होते थे। इसलिए जनपद की विपत्ति की अपेक्षा अमात्यों की विपत्ति चिंतनीय थी।'

कौटिल्य का कहना है कि 'दुर्ग, कोष, सेना, सेतुबन्ध और कृषि आदि कार्य जनपद पर ही निर्भर थे और शूरता, स्थिरता, चतुरता एवं अधिकता आदि बातें जनपदों (जनपद के पुरुषों) में ही हो सकती थी।[3] यदि जनपद पर ही आपत्ति आ जाए तो नदी और पर्वतों में बने बड़े-बड़े अजेय दुर्ग भी सूने पड़ जाते थे। इसलिए दुर्ग-व्यसन की अपेक्षा जनपद-व्यसन ही अधिक चिन्ताकर समझना चाहिए। किन्तु इतनी विशेषता जरूर है कि जैसे जनपदरहित दुर्ग सूने हो जाते हैं वैसे ही दुर्गरहित जनपदों में रहना भी दुष्कर हो जाता है। इसलिए इतना समझ लेना चाहिए कि कृषिप्रधान जनपदों के दुर्गों पर विपत्ति का आना अधिक खतरनाक है। इसी प्रकार आयुधप्रधान देशों पर विपत्ति का आना अधिक भयावह है।'

आचार्य पिशुन (नारद) का मत है कि दुर्ग की मरम्मत एवं उसकी रक्षा कोष पर ही निर्भर थी। कोष के बल पर दुर्ग का भी उच्छेद किया जा सकता था। कोष के ही द्वारा जनपद; शत्रु और मित्र आदि सब का निग्रह किया जा सकता था। दूरदेशस्थ राजाओं को कोष के ही बल पर सहायता के लिए प्रेरित किया जा सकता था। सैनिक-शक्ति का उपयोग कोष पर ही निर्भर था। यदि

आकस्मिक आपत्ति टूट पड़े तो भागते समय कोष को भी साथ ले जाया जा सकता था; किन्तु ऐसी दशा में दुर्ग को साथ नहीं ले जाया जा सकता था।'

पिशुन (नारद) का मत है कि दुर्ग और कोष, इन दोनों पर एक साथ ही आई विपत्ति अधिक भयावह थी; क्योंकि दुर्ग की मरम्मत एवं उसकी रक्षा कोष पर ही निर्भर थी। कोष के बल पर दुर्ग का भी उच्छेद किया जा सकता था। कोष के ही द्वारा जनपद; शत्रु और मित्र आदि सबका निग्रह किया जा सकता था। दूरदेशस्थ राजाओं को भी कोष के ही बल पर सहायता के लिए प्रेरित किया जा सकता था। सैनिक-शक्ति का उपयोग भी कोष पर ही निर्भर था। यदि आकस्मिक आपत्ति टूट पड़े तो भागते समय कोष को भी साथ ले जाया जा सकता है; किन्तु ऐसी दशा में दुर्ग को साथ नहीं ले जाया जा सकता था।'

पिशुन के मत का विरोध करते हुए कौटिल्य का कहना है कि 'कोष और सेना दोनों की रक्षा दुर्ग के द्वारा की जा सकती थी। तूष्णीयुद्ध, अपने पक्ष के राजद्रोहियों का निग्रह, सैनिक शक्ति का आश्रय और शत्रु-सेना तथा आटविकों का प्रतीकार सभी कार्य दुर्ग के लिए किए जा सकते थे। दुर्ग के नष्ट हो जाने पर बहुत सम्भव था कि कोष को भी शत्रु छीन ले; क्योंकि तब उसकी रक्षा का कोई साधन नहीं रह जाता था। ऐसा भी देखा गया कि जिनके पास पर्याप्त कोष नहीं; किन्तु दुर्जेय दुर्ग था, उनका उच्छेद सहसा नहीं किया जा सकता था। इसलिए कोष की अपेक्षा दुर्ग-व्यसन ही अधिक कष्टकर समझना चाहिए।'[4]

आचार्य कौणपदन्त (भीष्म) का कहना है कि कोष और सेना, दोनों के व्यसनों में सेना-व्यसन ही अधिक कष्टकर था; क्योंकि शत्रु तथा मित्र का निग्रह सेना द्वारा ही होता था; दूसरे की सेना को अपनी सेना द्वारा ही कार्य पर नियुक्त किया जा सकता था। अपनी सेना का अधिक संग्रह सेना के ही द्वारा किया जा सकता था। अपनी सैनिक शक्ति क्षीण हो जाने पर ही विजिगीषु, शत्रु की अपेक्षा में अपनी सेना को आगे नहीं बढ़ा पाता था। यदि सेना पर विपत्ति पड़ जाए तो निश्चित ही कोष भी नष्ट हो जाता था; क्योंकि उसकी रक्षा करने वाला कोई नहीं रह जाता था। कोष के अभाव में भी वस्त्राभरण के द्वारा, भूमि के द्वारा, बलात् अपहृत शत्रुद्रव्य के द्वारा सेना का संगठन किया जा सकता था; और तब कोष को जमा किया जा सकता था। सदा राजा के समीप रहने के कारण सेना को भी अमात्यों के ही समान उपकारक समझना चाहिए। इसलिए कोष की अपेक्षा सेना-व्यसन अधिक भययुक्त था।'

किन्तु कौटिल्य, कौणपदन्त की उक्त दलील को स्वीकार नहीं करते हैं। उनका कहना है कि सेना का सारा दारोमदार कोष पर ही निर्भर था। उसके अभाव में

या तो सेना शत्रु के अधीन हो जाती थी या अपने ही स्वामी का वध कर डालती थी। सब सामन्तों के साथ सेना ही राजा का विरोध करा सकती थी; क्योंकि धन देने पर सभी को वश में किया जा सकता था। लोक में धर्म, अर्थ और काम, इस त्रिवर्ग के साधन का मूल कारण कोष ही था; किन्तु इस सम्बन्ध में विशेष ध्यान देने योग्य बात यह थी कि देश, काल तथा कार्य को दृष्टि में रखकर कोष और सेना, दोनों को प्रधान माना जा सकता था, जिनके द्वारा कि विजिगीषु का कार्य सध सके। सेना केवल कोष की रक्षा कर सकती थी; किन्तु कोष से दुर्ग और सेना, दोनों की रक्षा हो जाती थी।[5] इसलिए सभी दुर्ग आदि द्रव्य प्रकृतियों की प्रयोजनसिद्धि होने के कारण कोष के ऊपर आई हुई विपत्ति को ही गरीयसी समझना चाहिए।

आचार्य वातव्याधि (उद्धव) का मत है कि 'अपनी सेना और अपने मित्र पर एक साथ पड़ी विपत्ति में मित्र पर पड़ी विपत्ति अधिक कष्टकर थी; क्योंकि दूर रहता हुआ भी मित्र बिना कुछ लिए विजिगीषु का कार्य करता था और पार्ष्णिग्राह का, पार्ष्णिग्राह के मित्रबल का, शत्रु का तथा आटविक का सदैव प्रतीकार करने के लिए तैयार रहता था। कोष, सेना और भूमि के द्वारा वह बराबर विजिगीषु की मदद करता रहता था। विपत्ति में साथ नहीं छोड़ता था।'

किन्तु कौटिल्य, वातव्याधि के उक्त सिद्धान्त से सहमत नहीं है। उसका कहना है कि 'जिसके पास अच्छा सैन्यबल होता है, उसके मित्र तो मित्र ही बने रहते हैं, किन्तु शत्रु तक भी मित्र बन जाते हैं। सेना और मित्र, इनके साधारण कार्य में लोभ के अनुसार अपने युद्ध, देश और काल की अपेक्षा विशेषता समझनी चाहिए। तात्कालिक आक्रमण पर अथवा शत्रु और आटविकों के द्वारा आभ्यन्तर कोप उत्पन्न करा देने पर मित्र लोग उसका कोई प्रतीकार नहीं करा सकते हैं; बल्कि सेना ही ऐसे अवसरों पर काम आती है। एक साथ विपत्ति आने पर अथवा शत्रु के बढ़ जाने के कारण मित्र ही अर्थ-सिद्धि में सहायक होता है।'

यहाँ तक प्रकृति-व्यसन का निरूपण किया गया। यदि प्रकृति के कुछ अंगों पर विपत्ति आ पडी हो तो जिस प्रकृति पर व्यसन पड़ता उसके अधिक संख्या, स्वामिभक्ति और विशेष गुणों के अनुसार ही उस विपत्ति को दूर किया जाता था।[6] यदि शत्रु और विजिगीषु दोनों पर एक साथ ही व्यसन आ पड़ा हो तो एक के गुणशाली और दूसरे के गुणहीन होने पर ही विशेषता समझनी चाहिए, किन्तु जिस प्रकृति पर व्यसन था उसके अतिरिक्त शेष सभी प्रकृति यदि अपनी-अपनी अवस्था में शक्तिशाली बनी रहें तो पूर्वोक्त विशेषता नहीं समझनी चाहिए। यदि एक प्रकृति-व्यसन के कारण शेष प्रकृतियों का भी नाश होता हो, तो वह व्यसन

भले ही प्रधान-अप्रधान किसी भी प्रकृति से सम्बद्ध क्यों न हो, पहले उसी व्यसन का प्रतीकार किया जाता था।[7]

9.2 राजा और राज्य के व्यसन

प्रकृति का संक्षिप्त स्वरूप राजा और राज्य था। राजा के प्रति राज्य का दो प्रकार से कोप होता : आभ्यंतर और बाह्य। घर में रहने वाले साँप की तरह आभ्यन्तर कोप बाह्य कोप की अपेक्षा बहुत ही अनर्थकारी होता था। यह आभ्यन्तर कोप भी दो प्रकार का था : एक अन्तर अमात्य-कोप और दूसरा बाह्य अमात्य-कोप। इन दोनों में अन्तर अमात्य-कोप बहुत ही खतरनाक होता था। इसलिए विजिगीषु कोष और सेना की सम्पूर्ण शक्ति को अपने ही हाथ में रखता था। पूर्वाचार्यों का मत है कि 'द्वैराज्य (जिस राज्य के दो राजा हों) और वैराज्य (जिस राज्य में किसी विजित राजा का शासन हो), इन दोनों में दो राजाओं के पारस्परिक ईर्ष्या, द्वेष, वैमनस्य एवं स्पर्धा के कारण द्वैराज्य शीघ्र ही नष्ट हो जाता है; किन्तु प्रजा के विचारों के अनुसार चलाए जाने वाला वैराज्य हमेशा अपनी स्थिति को बनाए रखता है।'

किन्तु कौटिल्य का कहना है 'क्योंकि पिता, पुत्र तथा दो भाइयों में दायभाग सम्बन्धी विरोध के कारण ही द्वैराज्य की स्थापना होती है, जिसमें दोनों शासकों का योगक्षेम समान होता है; उनके अमात्यों द्वारा दोनों राजाओं का पारस्परिक वैमनस्य शान्त हो सकता है।[8] इस दृष्टि से द्वैराज्य में कोई बड़ा दोष नहीं है। परन्तु वैराज्य में जीवित शत्रु को उच्छिन्न कर, बलपूर्वक उससे राज्य छीन कर, विजिगीषु उसको 'यह मेरा नहीं है' ऐसा मानता हुआ जुर्माना, टैक्स आदि के द्वारा कष्ट पहुँचाता है; अथवा अच्छी रकम लेकर उसे दूसरे के हाथ बेच देता है; या वहाँ की प्रजा को विमुख जानकर सर्वस्व अपहरण कर के वहाँ से चला जाता है।'

अन्धशास्त्र (जिस राजा ने शास्त्रों का अध्ययन नहीं किया है) और **चलित शास्त्र** (शास्त्रों का अध्ययन कर के भी तदनुसार आचरण न करने वाला), इन दोनों राजाओं में से कौन सा राजा प्रजा के लिए अधिक कल्याणप्रद है? इस सम्बन्ध में पूर्वाचार्यों का कहना है कि 'शास्त्ररूपी चक्षुओं से हीन अन्धा राजा बिना विचारे ही कार्य करने वाला, हठबुद्धि, दुष्कर्मरत, या परबुद्धि होकर अन्याय से राज्य को नष्ट कर डालता है। उसकी अपेक्षा चलितशास्त्र राजा को, शास्त्रविरुद्ध आचरण करने पर अनुनय, विनय के द्वारा रोका जा सकता है। इसलिए अन्धशास्त्र से चलितशास्त्र राजा उत्तम है।' किन्तु आचार्य कौटिल्य का कहना है कि 'अन्धे

राजा को अमात्य आदि की हितकर बुद्धि से स्वेच्छया अच्छे मार्ग पर लाया जा सकता है; किन्तु चलितशास्त्र राजा तो शास्त्र-विरुद्ध कार्य करने में अपनी हठ-वादिता के कारण अन्याय से स्वयं को और अपने राज्य को नष्ट कर डालता है।' बीमार राजा और नए राजा, दोनों में कौन श्रेष्ठ है, इसका निर्णय करते हुए प्राचीन आचार्यों का मत है कि 'व्याधिग्रस्त राजा अपने अमात्यों के षड्यन्त्र से राज्य को गँवा बैठता है या राज्य के सहित प्राण भी दे बैठता है; किन्तु नया राजा अपने धर्म, अनुग्रह, परिहार और मान आदि कार्यों से लोकप्रियता प्राप्त कर राज्य का संचालन कर सकता है।'[9]

किन्तु कौटिल्य का कहना है 'क्योंकि व्याधिग्रस्त राजा पूर्ववत् ही राज्य के व्यापारों को बराबर चलाता रहता है; किन्तु नया राजा तो बल के अभिमान से चूर होकर 'यह मेरा राज्य है' ऐसा समझता हुआ स्वेच्छाचारी बन कर मनमाना शासन करता है। अथवा जब कभी उन्नतिशील साथी राजाओं से घिर जाता है तो राज्य के नाश को चुपचाप देखता रहता है। प्रजा का अनुराग न होने से अनायास ही शत्रुओं के द्वारा उखाड़ दिया जाता है। इसलिए नए राजा की अपेक्षा व्याधिग्रस्त राजा ही श्रेष्ठ है। परन्तु इस सम्बन्ध में एक विशेष बात ध्यान रखने योग्य यह है कि व्याधिग्रस्त राजा भी दो तरह के हो सकते हैं : एक तो पापरोग (कोढ़) आदि से ग्रस्त और दूसरे अपाप रोग (साधारण रोग) से ग्रस्त। इनमें अपापरोगी राजा के सम्बन्ध में ही उक्त कथन को समझना चाहिए।

नए राजाओं में भी उच्च कुलीन राजा उत्तम होता है या नीच कुलीन? उनमें भी उच्च कुल का दुर्बल राजा उत्तम होता है या नीच कुल का बलवान राजा? इस सम्बन्ध में प्राचीन आचार्यों का कहना है कि 'कुलीन दुर्बल राजा के अमात्य आदि प्रकृतिजन तथा प्रजाजन बड़ी कठिनाई से उसके वश में रहते हैं। किन्तु नीच कुलोत्पन्न, परन्तु बलवान राजा के रोबदाब के कारण सम्पूर्ण प्रजा तथा अमात्य आदि उसके वश में हो जाते हैं। इसलिए दुर्बल अभिजात राजा ही श्रेष्ठ है।' किन्तु कौटिल्य का उक्त मत के विरुद्ध यह कहना है कि 'जो राजा उच्च कुलोत्पन्न होता है, वह चाहे दुर्बल भी हो, प्रकृतिजन अपने-आप ही उसके सामने झुक जाते हैं; क्योंकि ऐश्वर्य की योग्यता उच्च कुलोत्पन्न राजा का ही अनुगमन करती है। किन्तु बलवान होने पर भी नीचकुलोत्पन्न राजा के प्रकृतिजन विराग के कारण उसका विरोध करने लगते हैं; क्योंकि अनुराग ही गुणों का आश्रय है।'[10]

खेत में बीज न बोने के कारण अन्नाभाव से जो कष्ट होता उसकी अपेक्षा बीज बोने के बाद तैयार हुए अनाज का नष्ट हो जाना अधिक पीड़ाकर होता, क्योंकि सारा परिश्रम ही व्यर्थ चला जाता था। अधिक वृष्टि होने की अपेक्षा

वृष्टि का सर्वथा न होना अधिक हानिकर था; क्योंकि जीवन की रक्षा जल पर ही निर्भर होती थी। दो भिन्न-भिन्न व्यसनों में प्रकृतियों के बलाबल का निरूपण किया जा चुका है। इसका स्पष्टीकरण इस तरह है : विजिगीषु और शत्रु पर व्यसन होने के कारण, यदि शत्रु की अपेक्षा विजिगीषु पर लघु व्यसन हो तो विजिगीषु को चढ़ाई कर देनी चाहिए; और यदि अवस्था इसके विपरीत हो तो विजिगीषु को चुपचाप होकर बैठ जाना चाहिए।[11]

9.3 सामान्य पुरुषों के व्यसन

अशिक्षित व्यक्ति व्यसनी हो जाते; क्योंकि अशिक्षित व्यक्ति व्यसनों से पैदा होने वाले दोषों को नहीं समझ पाता था। कोप से उत्पन्न होने वाले 3 दोष होते थे, इसीलिए उन्हें **त्रिवर्ग** कहा गया है। इसी प्रकार काम से उत्पन्न होने वाले 4 दोष थे, इसीलिए उन्हें **चतुर्वर्ग** कहा गया है। दोषों को उत्पन्न करने वाले काम और क्रोध दोनों में से क्रोध ही अधिक भयावह होता; क्योंकि क्रोध का सर्वत्र प्रवेश था। प्राय: ऐसा सुना गया है कि कोप से वशीभूत हुए राजा अपनी प्रकृतियों के कोप से ही मारे गए। इसी प्रकार काम के वशीभूत हुए राजा, सेना तथा कोष के नष्ट हो जाने या शारीरिक शक्ति के नष्ट हो जाने के कारण शत्रुओं तथा व्याधियों के द्वारा मारे गए। इस सिद्धान्त के विपरीत आचार्य भरद्वाज का कथन है 'क्योंकि कोप करना श्रेष्ठ लोगों का आचारधर्म है। कोप से ही शत्रु का प्रतीकार और दूसरे के तिरस्कार का बदला लिया जाता है। क्रोधी पुरुष की बुराई करने से सभी लोग डरते हैं। क्रोध छोड़ा भी नहीं जा सका है,[12] क्योंकि उसी के द्वारा पापियों का निग्रह होता है। इसी प्रकार काम भी सुख को देनेवाला होता है और उसी के कारण व्यक्ति में सच्चाई, मधुरता, त्याग और सौम्यता जैसे गुण आ बसते हैं। इसके अतिरिक्त अपने कर्मों का फल भोगने के लिए प्रत्येक पुरुष के लिए काम का अवलंबन आवश्यक भी है।' किन्तु आचार्य कौटिल्य उस मत को स्वीकार नहीं करते। उनका कहना है कि 'कोप और काम कदापि गुणों की कोटि में नहीं रखे जा सकते हैं, वे तो अनेक महान अनर्थों को पैदा करने वाले हैं, कोप के कारण मनुष्य सबका द्वेषी बन जाता है, उसके अनेक शत्रु बन जाते हैं, दु:ख उसके सिर पर मँडराया करते हैं, कामी पुरुष का सर्वत्र तिरस्कार होता है, वह धन नाश करता है, चोर, जुआरी, शराबी आदि अनर्थकारी व्यक्तियों से उसका साथ होता है।'

काम और क्रोध से उत्पन्न होने वाले दोषों में से, कामजन्य परिभव (दोष) की अपेक्षा क्रोधजन्य द्वेष्यता अधिक हानिकर होती थी। तिरस्कृत व्यक्ति अपने

या पराये लोगों के द्वारा कभी न कभी अनुगामी बनाया जा सकता; किन्तु जिससे सभी लोग द्वेष करते वह तो नष्ट ही हो जाता था। इसलिए तिरस्कृत होने की अपेक्षा द्वेष्य होना अधिक कष्टकर था। द्रव्यनाश हो जाने की अपेक्षा अधिक शत्रुओं का पैदा हो जाना अधिक हानिकर था। द्रव्यनाश होने पर केवल कोष को बाधा पहुँचती, प्राण सुरक्षित रहते, किन्तु शत्रुओं के बढ़ जाने से प्राण खतरे में पड़ जाते थे। अनर्थकारी व्यक्तियों से सम्पर्क होने की अपेक्षा दुःखों का संयोग अधिक कष्टकर था। चोर, जुआरी आदि अनर्थकारी व्यक्तियों के सम्बन्ध परिणाम में दुःखदायी होने के बावजूद थोड़े समय के लिए प्रसन्न कर देने वाले होते, किन्तु दुःखों का सम्बन्ध लगातार कष्टदायक होता था। इसलिए कामजन्य दोषों की अपेक्षा क्रोधजन्य दोषों को ही अधिक हानिकर समझा जाता था।[13]

कोपजन्य त्रिवर्ग : वाक्पारुष्य, अर्थदूषण और दंडपारुष्य, ये कोपज त्रिवर्ग थे, आचार्य विशालाक्ष के मत से 'वाक्पारुष्य ही अधिक बलवान था। क्योंकि अपने तिरस्कार को सहन न करने वाले पुरुष के साथ कठोर वाक्यों का व्यवहार करने पर वह निश्चित ही कठोरभाषी व्यक्ति पर अपने तेज के द्वारा आक्रमण करता था। हृदय में गड़ा हुआ दुर्वचन भीतरी तेज को उभारने वाला इन्द्रियों को संतप्त करने वाला होता था। इसलिए अर्थदूषण की अपेक्षा वाक्पारुष्य को ही अधिक हानिकर समझा जाता था।'

विशालाक्ष के मत के विरुद्ध कौटिल्य का कहना है कि 'अर्थ द्वारा की गई पूजा दुर्वचनरूपी शल्य को नष्ट कर देती है, किन्तु वाणी द्वारा की गई पूजा अर्थदूषण को नहीं हटा सकती है, किसी की जीविका मारना ही अर्थदूषण है। प्रिय वचन जीविका के विघात को पूरा नहीं कर सकते हैं। अर्थदूषण चार प्रकार का होता है। 1. अदान (कार्य करने पर भी वेतन न देना), 2. आदान (दंड आदि के द्वारा धन खींच लेना) 3. विनाश (देश को पीड़ा पहुँचाना) और 4. अर्थत्याग (रक्षा योग्य अर्थ की रक्षा न करना)।'

आचार्य पराशर के अनुयायियों का कहना है कि 'अर्थदूषण और दंडपारुष्य में अर्थदूषण ही बलवान होता है, क्योंकि धर्म, काम और लोकनिर्वाह सभी अर्थ पर निर्भर होते हैं। इसलिए अर्थ का उपघात (दूषण) होना अत्यन्त ही आपत्तिजनक है। इसलिए दंडपारुष्य की अपेक्षा अर्थदूषण को ही बड़ा समझना चाहिए।'

कौटिल्य उक्त मत को युक्तिसंगत नहीं मानता है। उसका कहना है कि 'अत्यधिक धन-प्राप्ति के बदले में कोई भी अपने को नष्ट नहीं करना चाहता है, पुनः दंडपारुष्य से आत्मरक्षा के लिए वह उतनी ही धनराशि खर्च करने के लिए तैयार रहता है। इसलिए अर्थदूषण की अपेक्षा दंडपारुष्य को ही अधिक

कष्टकर समझना चाहिए।' यहाँ तक कोपजन्य त्रिवर्ग का निरूपण किया गया।[14]

कामजन्य चतुर्वर्ग : मृगया, द्यूत, स्त्री और मदिरापान, ये कामज चार दोष हैं। 'इस कामजन्य चतुर्वर्ग में मृगया और द्यूत, इन दोनों में से मृगया दोष अधिक हानिकर होता है'-ऐसा आचार्य नारद (पिशुन) का कहना है। 'क्योंकि मृगया दोष में सर्वथा चोर, शत्रु, साँप, दावाग्नि और गिरने का भय बना रहता है, दिशाओं के भूल जाने से तथा भूख-प्यास से कभी-कभी प्राणान्तक कष्ट भी उपस्थित हो जाता है। परन्तु बढ़िया खिलाड़ी जुए में अवश्य ही विजयी होता है, जैसे जयत्सेन और दुर्योधन ने नल और युधिष्ठिर को जुए में जीत लिया था। इसलिए जुए की अपेक्षा शिकार में अधिक कष्ट है।'

उक्त सिद्धान्त के विरुद्ध कौटिल्य का कहना है कि 'मृगया की भाँति जुए में भी अनेक दोष हैं। जुआ खेलने वालों में एक की अवश्य ही हार होती है, जैसे नल और युधिष्ठिर जुए में हार गए थे। जुए में जीता हुए धन पराये मांस की तरह है और हारने वाला जुआरी जीते हुए जुआरी से बैर भी ठान लेता है। धर्मपूर्वक कमाए हुए धन का दुरुपयोग होता है और अधर्मपूर्वक जुए से धन का संग्रह होता है। संग्रह किया हुआ धन फिर जुए में ही गँवा दिया जाता है। जुआ खेलते समय पेशाब, पाखाना और भूख रोकने से अनेक बीमारियाँ हो जाती हैं। जुए की अपेक्षा मृगया में व्यायाम, कफ-पित्त का नाश, मेदा का न बढ़ना, पसीना निकलने से देह का हल्का होना, चलते हुए या बैठे हुए शरीर पर निशाना बाँधने का अभ्यास होना, क्रोध तथा भय से उत्पन्न होने वाले जंगली जानवरों के चित्त की भिन्न-भिन्न चेष्टाओं का ज्ञान होना और किसी खास अवसर पर ही मृगया का समय निश्चित होना-ये सब गुण ऐसे हैं, जो द्यूत में असम्भव हैं।'[15]

आचार्य कौणपदन्त का मत है कि 'द्यूत-व्यसन और स्त्री-व्यसन, दोनों में द्यूत-व्यसन अधिक हानिकर है, क्योंकि जुआरी रात में भी दीपक जलाकर जुआ खेलता है, माता के मर जाने पर उसकी दाहक्रिया आदि की कुछ भी परवाह न करके जुए में जुटा हुआ रहता है और किसी संकटकालीन स्थिति में उससे जब कोई कुछ कहना चाहता है तो वह कुपित हो जाता है। इसके विपरीत स्त्री-व्यसनी राजा से स्नान के समय वस्त्र पहनते हुए या भोजन आदि के समय धर्म-अर्थ के सम्बन्ध में पूछा तथा बतलाया जा सकता है, जिस स्त्री पर राजा आसक्त हो उसको भी अमात्यों के द्वारा राजा के ध्येय कार्यों की ओर मोड़ा जा सकता है। यदि वह स्त्री अमात्यों का कहना न माने तो उसका उपांशुवध भी कराया जा सकता है। यदि ऐसा भी सम्भव न हो तो विषयुक्त औषधियों से उसमें व्याधि उपजा कर इलाज के बहाने उसको दूसरी जगह भेजा जा सकता है। इसलिए

स्त्री-व्यसन की अपेक्षा द्यूत-व्यसन ही अधिक हानिकर है।'

कौटिल्य का कहना है कि 'जुए में जो चीज हार दी जाए उसको फिर जुए में ही जीता जा सकता है; किन्तु स्त्री व्यसन में तो जो चीज हाथ से निकल गई उसका वापिस मिलना सम्भव नहीं होता है। स्त्री-व्यसन में आसक्त राजा अपने मन्त्रियों तक से नहीं मिल पाता है, जिसकी वजह से मन्त्रिवर्ग भी राजकार्य की ओर उदासीन हो जाता है और इस प्रकार कुछ समय बाद राजा के अर्थ-धर्म, दोनों ही विलुप्त हो जाते हैं। इतना ही नहीं, उसका राज्यतन्त्र भी दुर्बल हो जाता है। स्त्री-व्यसन के सहकारी व्यसन मद्यपान, जुआ आदि भी उसके पीछे लग जाते हैं। इसलिए द्यूत-व्यसन की अपेक्षा स्त्री-व्यसन ही अधिक हानिकर समझना चाहिए।'

आचार्य वातव्याधि के मत से 'स्त्री-व्यसन और मद्यपान, दोनों में से स्त्री-व्यसन ही अधिक कष्टकर है; क्योंकि स्त्रियों में अनेक प्रकार की मूर्खताएँ होती हैं; यहाँ तक कि वे अपने पतियों के वध करने तक का षड्यन्त्र रच देती हैं। मद्यपान में तो इन्द्रियों के विषयभूत शब्द आदि का ही उपयोग किया जाता है।[16] उससे प्रेम का विस्तार तथा परिजनों का सत्कार करने की प्रवृत्ति बढ़ती है और अधिक कार्य करने से उत्पन्न थकावट दूर हो जाती है। इसलिए मद्यपान की अपेक्षा स्त्री-व्यसन अधिक दुःखदायी है।'

कौटिल्य का कथन है कि 'यदि स्त्री-व्यसन अपनी पत्नियों तक ही सीमित है तब तो पुत्रों को पैदा कर उनके द्वारा आत्मरक्षा होना, यह तो लाभ की ही बात है। यदि वह व्यसन गणिका आदि स्त्रियों में हो तो उससे उक्त लाभ नहीं होता और यदि वह अन्य कुलीन स्त्रियों तक असीमित हो जाए तो उससे राजा का सर्वनाश हो जाता है; इसीलिए बाह्य स्त्रियों और कुलीन स्त्रियों में आसक्ति होने के कारण ही स्त्री-व्यसन को सदोष माना गया है। किन्तु मद्यपान-व्यसन में न तो पुत्र आदि के पैदा होने की कोई सम्भावना है और उसमें सर्वनाश का ही अधिक खतरा रहता है। इसके अतिरिक्त मद्यपान करने से नीचे लिखे अनेक दोष पैदा होते हैं : विवेक-बुद्धि नष्ट हो जाती है; अच्छा व्यक्ति भी उन्मत्त के समान हो जाता है; जीता हुआ भी मरे हुए के समान निश्चेष्ट हो जाता है; उसके गुप्तपापों का पता लग जाता है, उसका शास्त्रज्ञान तथा उसकी संस्कृत बुद्धि, बल, धन और मित्र आदि सभी वस्तुओं का विनाश हो जाता है, सज्जनों की संगति से वह दूर हो जाता है, सर्वदा अनर्थकारी व्यक्तियों से उसका संसर्ग हो जाता है, धन को नष्ट करने वाले गीत, वाद्य आदि में उसकी प्रवृत्ति हो जाती है।'

कुछ आचार्यों का कहना है कि 'द्यूत और मद्य, इन दोनों व्यसनों में से द्यूत

ही अधिक कष्टकर है, क्योंकि दाँव लगाने पर जय तथा पराजय और प्राणी तथा अप्राणी विषयक द्यूतों में परस्पर विरुद्ध दो पक्षों का वैर हो जाने के कारण प्रकृतियों में कोप को पैदा कर देते हैं और विशेषत: एक साथ रहने वाले एक विचार-बुद्धि के राजकुलों में भी द्यूत के कारण परस्पर मतभेद हो जाता है, जिससे कि उनका विनाश हो जाता है।[17] यह असत्प्रग्रह (जिस व्यसन में दुर्जनों का सत्कार किया जाता है) अर्थात् मद्यपान व्यसन अन्य सभी व्यसनों में अत्यन्त पापिष्ठ है, क्योंकि उससे सारी राज्य-व्यवस्था दुर्बल हो जाती है।

काम और क्रोध, ये दोनों ही गाने-बजाने का व्यवसाय करने वाले दुर्जनों के सत्कार के हेतु तथा सज्जनों के तिरस्कार के हेतु होते थे। दोषों की अधिकता के कारण काम-क्रोध को महान व्यसन माना गया। इसलिए धैर्यशाली, वृद्धसेवी और जितेन्द्रिय राजा प्राणों तक का नाश करने वाले तथा दु:खोत्पादक काम और क्रोध का सर्वथा परित्याग कर देता था।[18]

9.4 पीडनवर्ग, स्तम्भवर्ग और कोषसंगवर्ग

पीडनवर्ग : राष्ट्र पर आने वाली दैवी विपत्तियाँ पाँच प्रकार की होतीं : 1. अग्नि, 2. जल, 3. व्याधि, 4. दुर्भिक्ष और 5. महामारी। प्राचीन आचार्यों का मत है कि 'अग्नि और जल से उत्पन्न होने वाली आपत्तियों में से अग्निजन्य आपत्ति ही अधिक कष्टकर होती है, क्योंकि आग लग जाने पर उसका सरलता से कोई प्रतीकार नहीं किया जा सकता है और आग सब वस्तुओं को जलाकर भस्म कर देती है। किन्तु जल में यह बात नहीं है, क्योंकि शीतल होने से उसका स्पर्श सह्य होता और नौका आदि साधनों के द्वारा उससे अपना काम भी लिया जा सकता है। कौटिल्य का कहना है 'अग्नि किसी एक ही गाँव या आधे गाँव को जला सकती है किन्तु जल का प्रवाह एक साथ ही सैकड़ों गाँवों को बहा ले जाता है।' पूर्वाचार्यों का कहना है कि 'व्याधि और दुर्भिक्ष इन दोनों में से व्याधि ही अधिक कष्टप्रद होती है, क्योंकि उससे लोग मर जाते हैं, बीमार हो जाते हैं, कृषि आदि कार्य ठप हो जाते हैं। परन्तु दुर्भिक्ष के कारण यह सब बाधाएँ नहीं होने पातीं। अन्न के अभाव में हिरण्य आदि के द्वारा सरकारी कर चुकाया जा सकता है।'[19]

किन्तु कौटिल्य पूर्वाचार्यों के मत को युक्तिसंगत नहीं मानता है। वह कहता है कि 'व्याधि से किसी एक ही देश की हानि होती है और औषधि आदि के द्वारा उसका प्रतीकार भी किया जा सकता है। किन्तु दुर्भिक्ष के कारण सारा राष्ट्र पीड़ित हो जाता है और प्राणिमात्र का जीवन संकट में पड़ जाता है।' प्राचीन

आचार्यों का विचार है कि 'छोटे कर्मचारियों और प्रमुख कार्यकर्ताओं में से छोटे कर्मचारियों का क्षय होना अधिक हानिकर है, क्योंकि कर्मचारियों के अभाव में कार्यों का योगक्षेम सिद्ध नहीं होता है। किन्तु प्रमुख कार्यकर्ताओं का क्षय केवल कार्य की निगरानी में ही बाधा डाल सकता है।' कौटिल्य का कहना है कि 'छोटे कर्मचारियों की कमी को दूसरी नियुक्तियाँ कर के पूरा किया जा सकता है, किन्तु प्रमुख कार्यकर्ता हजारों में से एक मिलता है या कभी-कभी वह भी नहीं मिलता, अपने बल-बुद्धि की अधिकता के कारण छोटे कर्मचारियों का वह आश्रय होता है।'

प्राचीन आचार्यों का मत है कि स्वचक्र (अपने देश का विप्लव) और परचक्र (दूसरे देश द्वारा विप्लव), इन दोनों में से स्वचक्र ही अधिक भयंकर होता है, क्योंकि वह जुर्माना एवं टैक्स आदि के द्वारा प्रजा को पीड़ित करता है और अपने ही देश का होने के कारण उसका प्रतीकार भी नहीं किया जा सकता है, किन्तु परचक्र का प्रतीकार, उस देश को छोड़ देने से भी किया जा सकता है या कुछ धन देकर भी सन्धि की जा सकती है।'[20]

किन्तु कौटिल्य का कथन है कि 'स्वचक्र की पीड़ा का प्रतीकार अमात्य आदि मुख्य व्यक्तियों को अनुकूल बनाकर या उनका खात्मा कर देने पर भी किया जा सकता है। स्वचक्र से किसी एक धन-मान्य सम्पन्न देश को ही पीड़ा पहुँचती है। किन्तु परचक्र के द्वारा तो लूटने, मारने, आग लगाने, अन्य प्रकार से पीड़ा पहुँचाने और अपने देश से निकाल देने आदि द्वारा अनेक प्रकार की पीड़ाएँ सारे राष्ट्र को उठानी पड़ती हैं।'

आचार्यों का मत है कि 'प्रकृति-विवाद और राज-विवाद, इन दोनों में से प्रकृति-विवाद ही अधिक हानिकर होता है, क्योंकि वह अमात्य आदि में परस्पर फूट डालने वाला और शत्रु के कार्यों को सहारा देने वाला होता है। परन्तु राज-विवाद के कारण प्रकृतियों का दुगुना वेतन, भत्ता बढ़ जाता है और प्रजा के सारे कर माफ कर दिए जाते हैं।'

किन्तु कौटिल्य का कहना है कि 'अमात्य आदि मुख्य प्रकृतियों को अनुकूल बनाकर और कलह के कारणों को मिटा देने से प्रकृति-विवाद को शान्त किया जा सकता है। दूसरी बात यह भी है कि परस्पर विरुद्ध प्रकृति जन स्पर्धावश राजा का उपकार ही करते हैं। किन्तु प्रजा की सारी शक्ति और सम्पूर्ण समृद्धि राज-विवाद में नष्ट हो जाती है। उसको शान्त करने के लिए दुगुना यत्न करना पड़ता है।' प्राचीन आचार्यों का कहना है कि 'देश-विहार (हँसी-खेल में फँसा हुआ देश) और राज-विहार (हँसी-खेल में फँसा हुआ राजा), इन दोनों में से देश-विहार अधिक हानिकर होता है; क्योंकि प्रजाजनों के खेल-कूद में फँसे रहने

के कारण कृषिकार्यों में विघ्न हो जाता है। किन्तु राज-विहार से सम्बद्ध बढ़ई, सुनार, गाने वाले, भाट, वेश्या और व्यापारी आदि व्यक्तियों का बड़ा भला होता है।'

कौटिल्य का कहना है कि 'प्रजाजनों का मनोविनोद थोड़े ही व्यय में हो जाता है और वह मनोविनोद उन्हें ताजगी देकर दुगुने उत्साह से फिर काम करने में जुटा देता है। किन्तु राज-विहार में तो स्वयं राजा के द्वारा तथा राजा के प्रिय व्यक्तियों के द्वारा जनपद की इच्छा के विरुद्ध धन की लूटमार की जाती है। पण्यशाला से तथा अतिरिक्त कार्यों को पूरा करने के लिए रिश्वत आदि से धन लेकर प्रजा को पीड़ित किया जाता है।' प्राचीन आचार्यों का मत है कि 'रानी-विहार और युवराज-विहार, इन दोनों में से युवराज-विहार अधिक कष्टकर होता है; क्योंकि युवराज के द्वारा तथा उसके खुशामदी व्यक्तियों के द्वारा जनपद की इच्छा के विरुद्ध धन लेकर पण्यशाला तथा अन्य कार्यों को पूरा करने के लिए रिश्वत लेकर प्रजा को पीड़ित किया जाता है। किन्तु विलास-प्रिय रानी केवल भोग-विलास की सामग्री द्वारा ही प्रजा को पीड़ित करती है।'

कौटिल्य उक्त मत से सहमत नहीं है, उनका कहना है कि 'युवराज को इस प्रकार के अनर्थकारी कार्यों से अमात्य आदि रोक सकते हैं। परन्तु रानियों के सम्बन्ध में यह बात नहीं हो सकती है; क्योंकि उनमें प्राय: मूर्खता अधिक होती है और फिर अनर्थकारी नीच पुरुषों का संसर्ग होने के कारण उन्हें समझाना बहुत कठिन होता है।'

प्राचीन आचार्यों के मतानुसार 'श्रेणी (आयुधजीवी तथा कृषिजीवी व्यक्तियों का संघ) और मुख्य (प्रधान कर्मचारियों का समूह), इन दोनों में से श्रेणी पुरुष ही अधिक कष्टकर है; क्योंकि वही चोरी डाका आदि से प्रजा को कष्ट पहुँचाते हैं और उनकी संख्या इतनी अधिक होती है कि उन्हें रोका भी नहीं जा सकता है। किन्तु मुख्य पुरुष केवल रिश्वत के मिलने न मिलने के कारण ही कार्यों को बनाने-बिगाड़ने के द्वारा प्रजा को तंग करते हैं।'[22]

कौटिल्य का कहना है कि 'श्रेणी पुरुषों को चोरी, डाका आदि से सहज ही में रोका जा सकता है; क्योंकि जहाँ वे चोरी-डाका करते हैं वे लोग भी उन्हीं के स्वभाव एवं व्यवसाय के होते हैं। उनके मुखिया को वश में करके भी उनको चोरी आदि से रोका जा सकता है। परन्तु राजकीय मुख्य पुरुष बड़े अभिमानी होते हैं और वे प्राण तथा धन का अपहरण करके दूसरों को बहुत कष्ट पहुँचाते हैं।' प्राचीन आचार्य, सन्निधाता और समाहर्ता, दोनों में से सन्निधाता को अधिक कष्टकर समझते हैं; क्योंकि वह कार्य बिगाड़कर और प्रजा से अनुचित कर वसूल कर प्रजा को तंग करता है। परन्तु समाहर्ता अपने ठीक हिसाब से कार्य करता

हुआ नियमित नौकरी को भोगने वाला होता है।

कौटिल्य का कथन है कि 'सन्निधाता तो दूसरे कर्मचारियों द्वारा वसूल किए हुए धन को एकत्र कर कोष में जमा कर देता है। किन्तु समाहर्ता पहले अपनी रिश्वत लेकर फिर राजकर को वसूल करता है। अथवा उसमें से भी कुछ चुरा लेता है और स्वेच्छया सब कुछ करता है।' प्राचीन आचार्यों के मत से 'अन्तपाल और वैदेहक, इन दोनों में से अन्तपाल ही अधिक कष्टप्रद है; क्योंकि वह चोरों द्वारा राहगीरों को लुटवाता है; रास्ते का टैक्स मनमाना वसूल करता है; और व्यापारिक मार्गों पर चलने वाले पथिकों को अधिक कष्ट पहुँचाता है। परन्तु वैदेहक क्रय-विक्रय पर अधिक लाभ पहुँचाकर देश के व्यापारिक भागों को उन्नत बनाता है।'[23]

इसके विरुद्ध कौटिल्य का कथन है कि 'अन्तपाल एक साथ लाए विक्रेय पदार्थों पर उचित वर्तनी (व्यापारी मार्गों का टैक्स) लेकर व्यापारिक मार्गों को उन्नत एवं लाभप्रद बनाता है। किन्तु वैदेहक तो आपस में सलाह करके व्यापारी माल के मूल्य को घटा-बढ़ाकर एक पण के सौ पण और एक कुम्भ के सौ कुम्भ लाभ उठाते हैं।'

'विजिगीषु के पारिवारिक पुरुषों से घिरी हुई भूमि को छोड़ना उचित है या गो आदि पशुओं से घिरी हुई भूमि को छोड़ना ठीक है?' इस सम्बन्ध में प्राचीन आचार्यों का मत है कि 'यदि विजिगीषु की भूमि अत्यन्त उपजाऊ; लाभदायक और सैनिकों को देकर उपकार करनेवाली हो तो उसको नहीं छोड़ना चाहिए; क्योंकि आक्रमण के समय सैनिक पुरुषों के अभाव में ऐसी भूमि कष्टकर होती है। पशुओं से घिरी भूमि यदि कृषियोग्य हो तो छोड़ी जा सकती है; क्योंकि चरागाह की अपेक्षा खेती से अधिक लाभ हो सकता है।'

कौटिल्य का कहना है कि 'विजिगीषु के पारिवारिक पुरुषों की भूमि सैन्य दृष्टि से उपकारक होने पर भी छोड़ी जा सकती है; क्योंकि उससे सदा ही भय बना रहता है। किन्तु पशुओं की भूमि कोष-संग्रह योग्य घृत तथा बैल आदि को देकर अत्यन्त उपकार करने वाली होती है। इसलिए छोड़ने योग्य नहीं है। किन्तु उसके पास यदि अनाज के खेत हों और चरागाह के कारण उनका नुकसान होता हो तो उसे भी छोड़ा जा सकता है, अन्यथा नहीं।[24]

प्राचीन आचार्यों की दृष्टि से 'प्रतिरोधक (लुटेरे) और आटविक (जंगली), इन दोनों में से प्रतिरोधक पुरुष ही प्रजा के लिए अधिक कष्टप्रद है; क्योंकि प्रतिरोधक रात्रि में तथा घने जंगलों में घूमने वाले, राहगीर पर आक्रमण करनेवाले, सदा ही पास रहनेवाले, सैकड़ों-हजारों का धन अपहरण करनेवाले और राज्य के प्रमुख व्यक्तियों को लूट के द्वारा कम्पित कर देने वाले होते हैं। इसके विपरीत

आटविक दूर रहनेवाले, सीमा के जंगलों में घूमनेवाले, प्रकट रूप में रहनेवाले होते हैं। उनसे देश के किसी एक ही भाग को नुकसान पहुँचाता है और पता चल जाने पर लोग उनसे अपनी रक्षा भी कर सकते हैं।'

किन्तु कौटिल्य का कहना है कि 'प्रतिरोधक पुरुष असावधान व्यक्ति के यहाँ से ही चोरी करते हैं। ये लोग अल्प संख्या में होने के कारण सरलता से पहचाने जा सकते हैं। किन्तु आटविकों के अपने देश होते हैं और संख्या में भी वे अधिक होते हैं। बहादुर होने के कारण वे बड़ी कठिनाई से कब्जे में आते हैं। वे प्रकट रूप में युद्ध करते हैं, प्राणों का अपहरण करने वाले होते हैं और निरंकुश होने के कारण उनकी स्थिति राजाओं के समान होती है।'

मृगवन और हस्तिवन इन दोनों में से मृगवन उत्तम होता है क्योंकि मृगों में मांस और चाम अधिक मात्रा में मिलता है। वे थोड़ा खाने वाले, भागते समय जल्दी थक जाने वाले और पकड़े जाने पर जल्दी ही वश में आने वाले होते हैं। उनके विपरीत हाथी संख्या में कम होते हैं; उन पर बहुत कम चमड़ा और मांस निकलता; वे अधिक खाते; थकते भी नहीं हैं; मुश्किल से पकड़े जाते हैं और पकड़े जाने पर मार भी डालते हैं। अपने नगर का उपकार करना और पराये नगर का अपकार करना, इन दोनों में से अपने नगर का उपकार करना; अर्थात् धान्य, पशु, हिरण्य और कुप्य आदि पदार्थों का क्रय-विक्रय करना; जनपदवासियों के विपत्तिकाल में उनकी आत्मरक्षा करना श्रेष्ठ है। किन्तु दूसरे नगर में क्रय-विक्रय का व्यवहार करके उसे लाभ पहुँचाने से विपरीत ही परिणाम होता था।[25]

स्तम्भवर्ग : स्तम्भ दो प्रकार का होता था; आभ्यंतर और बाह्य। अपने ही मुख्य सरकारी कर्मचारियों के द्वारा अर्थ का रोका जाना आभ्यंतर स्तम्भ और भिन्न आटविक पुरुषों द्वारा अर्थ का रोका जाना बाह्य स्तम्भ कहलाता था।

कोषसंग : उक्त दोनों प्रकार के स्तम्भों तथा सरकारी कर्मचारियों के द्वारा उचित आमदनी की मात्रा से घटाया हुआ, छोटे कर्मचारियों से कर वसूली लेकर मुख्य कर्मचारियों द्वारा गबन किया हुआ, राजाज्ञा से माफी के कारण कम हुआ, इधर-उधर बिखरा हुआ, उचित परिमाण से कम--ज्यादा रूप में इकट्ठा किया हुआ और सामन्त तथा आटविक पुरुषों के द्वारा अपहरण किया हुआ धन खजाने में न पहुँच कर बीच में ही नष्ट हो जाता था। उसी का नाम **कोषसंग** था। देश की सुख-समृद्धि के लिए राजा अपने राज्य में पीडनवर्ग को उत्पन्न न होने देता था, अथवा उत्पन्न होने पर उनका निवारण करता था। स्तम्भवर्ग और कोषसंग को नष्ट करने के लिए भी राजा सतत् यत्नवान रहता था।[26]

9.5 सेना-व्यसन और मित्र-व्यसन

सेना के व्यसन : अमानित, विमानित, अभृत, व्याधित, नवागत, दुरायात, परिश्रान्त, परिक्षीण, प्रतिहत, हताग्रवेग, अनृतुप्राप्त, अभूमिप्राप्त, आशानिर्वेदी, परिसृप्त, कलत्रगर्ही, अन्तःशल्य, कुपितमूल, भिन्नगर्भ, अपसृत, अतिक्षिप्त, उपनिविष्ट, समाप्त, उपरुद्ध, परिक्षिप्त, छिन्नधान्य, छिन्नपुरुषवीवध, स्वविक्षिप्त, मित्रविक्षिप्त, दूष्ययुक्त, दुष्टपार्ष्णिग्राह, शून्यमूल, अस्वामिसंहत, भिन्नकूट और अन्ध- ये 34 सेना के व्यसन थे। इन सैन्य-व्यसनों में **अमानित** (असत्कृत) और **निमानित** (तिरस्कृत, इन दो सेनाओं में अमानित सेना सत्कार पाने के बाद युद्ध के लिए तैयार हो जाती, किन्तु निमानित सेना नहीं, क्योंकि तिरस्कार के कारण वह अन्दर-ही-अन्दर कुपित रहती थी। **अभृत** (जिसे वेतन न दिया गया हो) और व्याधित (रोगी) इन दोनों सेनाओं में अभृत सेना वेतन, भत्ता दिए जाने पर युद्ध के लिए तैयार हो सकती, किन्तु व्याधित सेना नहीं, क्योंकि वह बीमारी के कारण कार्य करने में असमर्थ रहती थी।[27]

नवागत (नई भरती) और दूरायात (दूर से आई हुई), इन दो सेनाओं में नवागत सेना दूसरे अनुभवी व्यक्तियों से जानकारी प्राप्त करके तथा पुराने आदमियों के साथ मिलकर युद्ध कर सकती, किन्तु दूरायात सेना नहीं, क्योंकि वह लम्बी यात्रा से काफी थकी हुई होने के कारण असमर्थ रहती थी। परिश्रांत (थकी हुई) और परिक्षीण (योग्य सैनिकों से हीन), इन दोनों सेनाओं में परिश्रांत सेना स्नान, भोजन, निद्रा आदि विश्राम प्राप्त कर युद्ध के लिए तैयार हो सकती, किन्तु परिक्षीण सेना नहीं, क्योंकि उसके योग्य पुरुषों का नाश हो चुका था। प्रतिहत (पराजित) और हताग्रवेग (हतोत्साह) इन दोनों सेनाओं में प्रतिहत सेना युद्ध के लिए तैयार हो सकती, किन्तु हताग्रवेग नहीं, क्योंकि वीर सैनिकों के खो देने से युद्ध में जाने के लिए उसका उत्साह जाता रहता था। अनृतुप्राप्त (जिसको युद्ध के योग्य समय न मिले) और अभूमिप्राप्त (जिसको कवायद के लिए भूमि प्राप्त न हो) इन दोनों में अनृतुप्राप्त सेना विपरीत समय में भी युद्धोपयोगी साधन प्राप्त कर युद्ध के लिए तैयार हो सकती, किन्तु अभूमिप्राप्त सेना नहीं, क्योंकि वह अनुपयुक्त भूमि में फँस कर चलने-फिरने तथा युद्ध-सम्बन्धी कार्यों को करने में असमर्थ रहती थी। आशानिवेदी (आशारहित) और परिसृप्त (नेतृत्वहीन) इन दोनों सेनाओं में आशानिर्वेदी अपना स्वार्थलाभ देखकर युद्ध के लिए तैयार हो सकती, किन्तु परिसृप्त नहीं, क्योंकि उसका मुख्य नेता नहीं होता था।

कलत्रगर्ही (कलत्र आदि की निन्दा करने वाला) और अन्तःशल्य (अन्दर से शत्रुता रखने वाला) इन दोनों सैन्यों में कलत्रगर्ही अपने स्त्री-पुरुषों की समुचित

व्यवस्था करके युद्ध के लिए तैयार हो सकता, किन्तु अन्त:शल्य सैन्य नहीं, क्योंकि वह अन्दर से शत्रुता रखता था।[28] कुपितमूल (क्रोधीली सेना) और भिन्नगर्भ (आपसी वैर रखनेवाली सेना) इन दोनों में से कुपितमूल सेना को साम आदि के द्वारा शान्त करके युद्ध के लिए तैयार किया जा सकता, किन्तु भिन्नगर्भ सेना को नहीं, क्योंकि उसकी आपस में ही अनबन रहती थी। अपसृत (एक ही राज्य में दूसरी सेना द्वारा कष्ट पाई सेना), इन दोनों में से अपसृत सेना को, विशेष उपायों तथा कवायद आदि के द्वारा जंगल और मित्र का सहारा देकर, युद्ध के लिए तैयार किया जा सकता, किन्तु अतिक्षिप्त सेना को नहीं, क्योंकि उसे अनेक राज्यों के बहुत-से कष्टों का अनुभव रहता था।

उपनिविष्ट (शत्रु के समीप ठहरने वाली किन्तु शत्रु-विमुख सेना) और समाप्त (शत्रु के साथ ही ठहरने तथा आक्रमण करने वाली सेना), इन दोनों में से उपनिविष्ट सेना भिन्न-भिन्न स्थानों में युद्ध करने का अनुभव प्राप्त करने से छावनी के अतिरिक्त अन्यत्र भी युद्ध कर सकती, किन्तु समाप्त सेना नहीं, क्योंकि शत्रु के सहयोग में रहने के कारण उसके सब भेद शत्रु को मालूम होते थे।

उपरुद्ध (एक ओर से घिरी हुई) और परिक्षिप्त (चारों ओर से घिरी हुई), इन दोनों में से उपरुद्ध सेना दूसरी ओर से निकल कर आक्रमण कर सकती, किन्तु परिक्षिप्त सेना नहीं, क्योंकि वह चारों ओर से घिरी होती थी। छिन्नधान्य (जिस सेना का अपने देश से धान्य आदि मँगाने का सम्बन्ध टूट गया हो) और विच्छिन्नपुरुषवीवध (जिस सेना का अपने देश से खाद्य पदार्थ तथा सैनिक सम्बन्ध टूट गया हो), इन दोनों में से छिन्नधान्य सेना अन्यत्र से अनाज, साग-सब्जी तथा मांस आदि मँगाकर युद्ध कर सकती, किन्तु विच्छिन्नपुरुषवीवध सेना नहीं, क्योंकि वह सब तरह से असहाय होती थी।[29]

स्वविक्षिप्त (अपने ही देश में इधर-उधर भेजी) और मित्रविक्षिप्त (मित्र देश को भेजी हुई), इन दोनों सेनाओं में से स्वविक्षिप्त सेना आवश्यकतानुसार आसानी से एकत्र की जा सकती, किन्तु मित्रविक्षिप्त सेना नहीं, क्योंकि दूर होने के कारण वह समय पर काम नहीं आ सकती। दूष्ययुक्त (राजद्रोहियों से सम्बद्ध) और दुष्ट पार्ष्णिग्राह (जिसके पीछे दुष्ट सेना हो) इन दोनों में से दूष्ययुक्त सेना, दूष्य पुरुषों की सेवा में विश्वस्त पुरुषों को नियुक्त कर, युद्ध के लिए तैयार हो सकती, किन्तु दुष्टपार्ष्णिग्राह नहीं, क्योंकि उसको पीछे के आक्रमण का सदा भय बना रहता था। शून्यमूल (राजधानी की अत्यल्प सेना) और अस्वामिसंहत (राजा तथा सेनापति रहित सेना), इन दोनों में से शून्यमूल सेना नगरनिवासियों तथा जनपद-निवासियों की सहायता से युद्ध कर सकती, किन्तु अस्वामिसंहत

सेना नहीं, क्योंकि वह अपने नेता से रहित होती थी। भिन्नकूट (प्रधान सेनापति से रहित) और अन्ध (शत्रु के व्यवहारों से सर्वथा अपरिचित), इन दोनों सेनाओं में से भिन्नकूट सेना किसी दूसरे सेनापति के शासन से युद्ध के लिए तैयार हो सकती, किन्तु अन्ध सेना नहीं, क्योंकि उसमें शत्रु के व्यवहारों से सर्वथा अपरिचित सैनिक रहते थे।

सैनिक व्यसनों के परिहार का उपाय : अमानन, विमानन, आदि दोषों का प्रायश्चित करना, दोषरहित सेना को दूसरी सेना के साथ ठहराना, जंगली स्थानों में सेना की स्थिति बनाए रखना, क्रूर उपायों से शत्रुसेना का भेदन करना और अपने से बलवान पक्ष के साथ सन्धि करना, ये सेनासम्बन्धी व्यसनों (बल-व्यसनों) को दूर करने के उपाय थे।[30] विजिगीषु सदा सजग रहता हुआ वह व्यसनकाल में शत्रु सेना से अपनी सेना की रक्षा करता और बड़ी चतुरता से शत्रुसेना की निर्बलताओं का पता लगाकर उन पर सदा प्रहार करता रहता था।

मित्रव्यसन : जब विजिगीषु असमर्थ होने के कारण या लोभ तथा स्नेह के कारण अपने प्रयोजन से अथवा किसी बन्धु आदि के प्रयोजन से शत्रु के साथ मिल कर शत्रु पर आक्रमण करने वाले अपने मित्र की सहायता नहीं करता तो वह बिछुड़ा हुआ मित्र फिर बड़ा मुश्किल से उसके वश में आता था। युद्ध के दौरान ही शत्रु से कुछ धन आदि लेकर अपनी सहायता को पूरा न करके विजिगीषु द्वारा बीच में ही छोड़ा हुआ मित्र, अथवा द्वैधीभाव द्वारा अपने यातव्य पर आक्रमण कर देने के कारण बेचा हुआ मित्र, अथवा 'तुम इस ओर आक्रमण करो और मैं इस ओर' इस प्रकार परस्पर अपने मित्र के शत्रु के साथ सन्धि करके किसी दूसरे ही अपने शत्रु पर आक्रमण करने वाले विजिगीषु से ठगा हुआ मित्र फिर बड़ी मुश्किल से उसके वश में आता था। पृथक् आक्रमण करने या एक साथ आक्रमण करने पर पहले विश्वास दिलाकर और बाद में छिपे तौर से मित्र के शत्रु के साथ सन्धि करके विजिगीषु द्वारा खोया हुआ मित्र, अथवा मित्र के सम्बन्ध में तिरस्कार की भावना रखने के कारण या अपने ही आलस्य के कारण आपत्ति से न छुड़ाया गया मित्र बड़ी मुश्किल से वश में आता था। विजिगीषु के देश में जाने से रोका गया मित्र अथवा वध-बन्धन के भय से विजिगीषु के पास से गया हुआ मित्र अथवा बलपूर्वक द्रव्य का अपहरण करने से तिरस्कृत हुआ मित्र, अथवा देने योग्य वस्तु न देने के कारण या देकर फिर तिरस्कृत हुआ मित्र बड़ी कठिनाई से वश में आता था। विजिगीषु के द्वारा या किसी दूसरे के द्वारा धन का सर्वथा अपहरण किया या कराया गया मित्र, अथवा विजिगीषु के शत्रु को जीतकर आया हुआ और तत्काल ही किसी दूसरे दु:साध्य कार्य पर लगाया हुआ

मित्र बिगड़ जाने पर बड़ी मुश्किल से वश में आता था।[31]

असमर्थ होने के कारण ठुकराया गया मित्र, अथवा मित्रता के लिए प्रार्थना करके फिर विरुद्ध किया गया मित्र बड़ी कठिनाई से वश में आता था। जिस मित्र ने विजिगीषु के लिए अत्यन्त कठिन संग्राम किया हो, भ्रम या प्रमाद से तिरस्कृत हुआ ऐसा पूजा योग्य मित्र अथवा परिश्रम के योग्य सत्कार न किया हुआ मित्र, अथवा विजिगीषु में अनुराग होने के कारण विजिगीषु के शत्रुओं से दुत्कारा गया मित्र, शीघ्र ही फिर विजिगीषु के वश में हो जाता था। विजिगीषु के द्वारा किसी दूसरे मित्र पर किए गए आघात को देखकर डरा हुआ मित्र अथवा विजिगीषु द्वारा शत्रु के साथ सन्धि कर लेने पर शंकित हुआ मित्र, शीघ्र ही विजिगीषु के वश में हो जाता था। इसलिए विजिगीषु मित्रों के साथ भेद डालने वाले उक्त दोषों को अपने में कभी पनपने ही नहीं देता। यदि कोई दोष पैदा भी हो जाता तो उन्हें दोषनाशक गुणों के द्वारा तत्काल ही शान्त कर दिया जाता था। विजिगीषु आलस्य का परित्याग कर अपने प्रकृतिवर्ग में, व्यसनों के पैदा होने से पहले ही, उनके कारणों का प्रतिकार कर देता।[32]

सन्दर्भ-ग्रन्थ

1. *अर्थशास्त्र*, अधिकरण 8, प्रकरण 127, अध्याय 1, पृ. 555
2. *वही*, पृ. 556
3. *वही*, पृ. 557
4. *वही*, पृ. 558
5. *वही*, पृ. 559
6. *वही*, पृ. 560
7. *वही*, पृ. 561
8. *वही*, 8.128.2, पृ. 562
9. *वही*, पृ. 563
10. *वही*, पृ. 564
11. *वही*, पृ. 565
12. *वही*, 8.129.3, पृ. 566
13. *वही*, पृ. 567
14. *वही*, पृ. 568
15. *वही*, पृ. 569
16. *वही*, पृ. 570
17. *वही*, पृ. 571
18. *वही*, पृ. 572
19. *वही*, 8.130-32.4, पृ. 573

20. वही, पृ. 574
21. वही, पृ. 575
22. वही, पृ. 576
23. वही, पृ. 577
24. वही, पृ. 578
25. वही, पृ. 579
26. वही, पृ. 580
27. वही, 8.133-34.5, पृ. 581
28. वही, पृ. 582
29. वही, पृ. 583
30. वही, पृ. 584
31. वही, पृ. 585
32. वही, पृ. 586

अध्याय-10

दंड व्यवस्था

10.1 परिचय

नागरिक द्वारा राज्य की विधियों का उल्लंघन करने की स्थिति में राज्य द्वारा नागरिक के विरुद्ध की जानेवाली कार्यवाही को **दंड** कहते हैं। अपराध के लिए दंड देना सरकार के अपरिहार्य आरक्षक कर्तव्यों में से एक है। शान्ति और व्यवस्था कायम रखने के लिए दंड का भय बहुत आवश्यक है। राज्य को दंड देने का अधिकार है किन्तु दंड केवल दंड के लिए ही नहीं होना चाहिए। दंड एक साधन है जिसका साध्य शासन-व्यवस्था को स्थिर रखना और जनता के हित की वृद्धि करना है। अतएव, दंड केवल प्रतीकात्मक नहीं होना चाहिए, उल्टे इसका उद्देश्य अपराधी का सुधार करना और उसे अच्छा नागरिक बनाना होना चाहिए। लॉक, बेंथम, ग्रीन तथा अधिकांश अन्य लेखकों का यही मत है। इसलिए दंड एक प्रकार की चेतावनी है। वह अपराधी को भविष्य में कानून भंग न करने की चेतावनी देता है। प्राचीन काल में अपराध को पीड़ित व्यक्ति या व्यक्तियों के प्रति अत्याचार माना जाता था। अतएव अपराधी को उसके हाथों में सौंप दिया जाता था कि वह अपना बदला चुका ले। धीरे-धीरे यह माना जाने लगा कि अपराध केवल पीड़ित व्यक्तियों के विरुद्ध नहीं, वरन् समग्र समाज के विरुद्ध होता है। अतएव यह निष्कर्ष निकाला गया कि दंड देने का अधिकार पीड़ित व्यक्ति को नहीं, वरन् समाज के प्रतिनिधि को है। फलतः राज्य ने दंड देने का अधिकार व्यक्ति से छीनकर अपने हाथों में ले लिया। प्रतिकारक सिद्धान्त के अनुसार अपराध समाज-विरोधी कार्य और राज्य-सत्ता पर आघात है। अतः राज्य अपराधी से बदला लेकर अपनी सत्ता की रक्षा करता है। यह सिद्धान्त अब गम्भीर आलोचना का विषय बन गया है। इसका नाम ही राज्य की आधुनिक कल्पना से मेल नहीं खाता। निस्संदेह राज्य का मुख्य कर्तव्य विधि की रक्षा करके और अपराधी को दंड

देकर नागरिकों की स्वतन्त्रता का संरक्षण करना है। फिर भी, दंड का हेतु केवल प्रतिकार नहीं हो सकता। राज्य बदला लेने वाला या रक्त-पिपासु उत्पीड़क नहीं होता। दंड का हेतु अपराधी से बदला लेने की अपेक्षा यह अधिक है कि उसे अपराध से विरत किया जाए, उसका सुधार किया जाए।

निवारक सिद्धान्त के अनुसार दंड का हेतु प्रतिकार नहीं, वरन् अपराध का निवारण है। इसमें बताया गया है कि दंड राज्य की सत्ता को दी गई चुनौती का बदला लेने के लिए नहीं, वरन् अपराधी तथा अन्य व्यक्तियों को भविष्य में वैसा करने से रोकने के लिए दिया जाता है। अपराधी को दूसरों को विरत करने के लिए उदाहरण बना दिया जाता है। इस लक्ष्य की पूर्ति के लिए दंड से दूसरों के हृदयों में भय उत्पन्न होना चाहिए। इसका अर्थ है कि दंड का कठोर होना आवश्यक है। निवारक सिद्धान्त अतीत में दंड का आधार था जबकि छोटे-छोटे अपराधों के लिए भी कठोर दंड दिया जाता था। भारत में मौर्य साम्राज्य के काल में छोटी-छोटी चोरियों के लिए मृत्यु-दंड दिया जाता था या अंग-भंग कर दिया जाता था। मध्ययुगीन इंगलैंड में अपराधियों को गर्म लोहे से दागने, नाक-कान काट देने, कोड़े लगाने, सार्वजनिक रूप से फाँसी देने या जिन्दा जला देने का दंड दिया जा सकता था। मृत्युदंड तो उन्नीसवीं शताब्दी के आरम्भ तक बहुत सामान्य था। आधुनिक विचारक निवारक सिद्धान्त को पसन्द नहीं करते। इतिहास साक्षी है कि कठोर दंड अपराधों को रोकने में सफल नहीं हुआ।

10.2 न्याय और व्यवस्था

प्राचीन भारत की राज्य-व्यवस्था में धर्म का सर्वोच्च स्थान रहा है। समाज के सभी वर्ग और सारी कार्यप्रणाली के मूल में धर्म के नीति-निर्देश समन्वित थे। समाज का सबसे बड़ा व्यवस्थापक राजा भी धर्म के बन्धन से इस प्रकार बंधा था कि इस दिशा में कोई संस्कार-संशोधन करने का उसे कोई अधिकार ही नहीं था। धर्मसूत्रों और *मनुस्मृति* आदि ग्रन्थों में राजा को धर्म का ही एक अंग माना गया है। हिन्दू राज्य-व्यवस्था में जिस युग में राजा को सभी अधिकार प्राप्त थे तब भी राजा से धर्म को उच्च स्थान प्राप्त था। *मनुस्मृति* में तो राजा को अर्थदंड देने तक की बात कही गई है। *अर्थशास्त्र* में तो राजा को इतनी छूट दी गई है कि वह कानून बना सकता है; किन्तु धर्मशास्त्र में वह बात भी नहीं है। *अर्थशास्त्र* में यह भी कहा गया है कि राजा ऐसा कानून नहीं बना सकता जो धर्म के विरुद्ध हो और जिससे राजा को मनमाना अधिकार प्राप्त हो सके।

प्राचीन भारत में, जबकि शासन प्रणाली सर्वथा एक राजत्व पर आधारित

थी, न्याय-विभाग, शासन-विभाग से अलग रखा जाता था। उस समय राजनीति के प्रकांड विद्वान तथा श्रेष्ठ नैतिक आचरण वाले पुरोहित, राजनीतिज्ञ और ब्राह्मण लोग मन्त्री नियुक्त किए जाते थे और वही न्यायाधीश भी हुआ करते थे। धर्मसम्बन्धी सारी शासन-व्यवस्था पुरोहितों के हाथ में थी। उस पुरोहित न्यायाधीश पर राजा का कोई अंकुश नहीं होता था। इस प्रकार की कानूनी अदालत का नाम **सभा** था, जिसमें न्यायाधीशों की सहायता के लिए समाज के लोगों की एक स्वतन्त्र संस्था भी हुआ करती थी। मनु के मतानुसार तीन पंच, न्यायाधीशों की सहायता के लिए हुआ करते थे (*मनुस्मृति* 8.10)और जो कानून पारित किया जाता था, उसका ठीक तरह से अर्थ बताने के लिए एक विद्वान ब्राह्मण हुआ करता था (7.20)। किन्तु कौटिल्य ने लिखा है कि न्याय व्यवस्था का सारा भार राज्य के अर्थशास्त्रविद्, तीन सदस्यों और तीन अमात्यों के ऊपर निर्भर होना चाहिए।

मुकदमों की निष्पक्ष जाँच हो और न्याय की दिशा में किसी प्रकार का दोष न आने पावे, इसका निरीक्षण करने के लिए वृद्धों की व्यवस्था थी। ये वृद्ध आजकल के ज्यूरियों जैसे थे। इस प्रकार के लगभग 7, 5 या 3 ज्यूरी होते थे। (*शुक्रनीतिसार* 4.5.36-37)। राजा अपनी परिषद् के साथ मुकदमा सुनता था, जिसमें प्रधान न्यायाधीश भी हुआ करते थे। किसी भी मामले की अपील करने के लिए उच्च न्यायालय होता था (*नारद*, प्रस्ता. 1.7; *बृहस्पति* 1.29; *याज्ञवल्क्य* 2.30)। जिन मुकदमों को राजा सुनता था, उनका फैसला वह अपनी परिषद् तथा जजों के परामर्श से करता था। सभी न्यायों का निर्णय राजा के नाम से होता था।

उच्च न्यायालय के सर्वप्रधान न्यायाधीश को **प्राड्विवाक** कहा जाता था। वही न्याय-विभाग का मन्त्री भी हुआ करता था। धर्मशास्त्र विभाग का अलग मन्त्री था, जिसको पंडित (धर्माधिकारी) कहा जाता था। दोनों के कार्य अलग-अलग होते थे। न्याय की दिशा में प्राड्विवाक का कार्य ज्यूरी का बहुमत जानकर धर्म या कानून के अनुसार यह बतलाना होता था कि अभियुक्त वास्तव में दोषी है कि नहीं, और तब उसके बाद राजा को परामर्श देना था। 'पंडित' या धर्माधिकारी का यह कार्य होता था कि लोक में जिन-जिन धर्मों का व्यवहार किया जा रहा है, वे धर्मशास्त्रसंगत हैं या नहीं और तब राजा से वह ऐसे कानून बनवाने की सिफारिश करता था जो लोक को हितकारी सिद्ध हों।

इस प्रकार न्याय और व्यवस्था की दृष्टि से राजा सर्वदा ही प्राड्विवाक और धर्माधिकारी के अधीन हुआ करता था। समाज में जहाँ भी जिस दिशा में ऐसी आशंका होती कि धर्म और न्याय के द्वारा निर्दिष्ट नियमों का पालन नहीं हो रहा है, वहाँ के लिए वह प्रजा को इस बात के लिए सावधान करता था कि

वह प्राड्विवाक तथा धर्माधिकारी की आज्ञाओं पर चले।

न्याय-व्यवस्था की शरण में जाने या मुकदमों के लिए मनु ने 18 कारण गिनाए हैं (*मनुस्मृति* 8.4-7) जिनके नाम हैं : ऋण और धरोहर का भुगतान न करना; बिना स्वामित्व का विक्रय करना; साझीदारों के सम्बन्ध में गड़बड़ी हो जाना; दान दी हुई वस्तु को पुनः वापिस लेना; पारिश्रमिक का भुगतान न करना; समझौतों को भंग करना; क्रय-विक्रय की व्यवस्था का उल्लंघन न करना; स्वामी तथा भृत्य के बीच विवाद पैदा होना; सीमा सम्बन्धी अड़चन का उपस्थित होना; किसी को मारना; किसी का अपमान करना; किसी की चोरी करना; हिंसा तथा व्यभिचार करना; वैयक्तिक कर्तव्यों को न निभाना; पैतृक सम्पत्ति के बँटवारे में मतभेद हो जाना; और जुआ तथा पासा आदि खेलना।

इस प्रकार के किसी भी विवाद के उपस्थित हो जाने पर कौटिल्य का कहना है कि न्यायाधीश को चाहिए कि वह किसी भी वादी-प्रतिवादी को न धमकाए; या अपमान करे; या न्यायालय से बाहर निकाले। किसी मामले में व्यक्तिगत दबाव नहीं डालना चाहिए। मुकदमे का लेखक वादी-प्रतिवादी के बयानों में न तो अस्पष्ट बयानों को टाले और न ही स्पष्ट कही हुई बातों को अन्यथा या संदिग्ध रूप में लिखे। प्रधान न्यायाधीश का कर्तव्य था कि वह प्रत्येक निर्णीत मुकदमे का पुनर्निरीक्षण करे और उसके सभी पहलुओं को अच्छी तरह से देखे। न्याय की प्रभावशाली व्यवस्था का परिचय हमें कौटिल्य के उस वाक्य से मिलता है, जिसमें लिखा गया है "जब राजा किसी निरपराध व्यक्ति को दंड देता है तो उसे किए गए अर्थदंड का तीस गुना द्रव्य राजा को वरुण देवता के निमित्त जल में फेंकना पड़ता है, जो कि बाद में ब्राह्मणों में बाँट दिया जाता है। इससे पता चलता है कि पूरी सावधानी रखने के बावजूद न्याय में त्रुटि रह जाने की सम्भावना थी और राजा उस सर्वोच्च न्याय-व्यवस्था से नियमित था। *अर्थशास्त्र* में उद्धृत अपराधों और अपराधियों की सूची को देखकर पता चलता है कि न्याय की दिशा में कौटिल्य के विचार कितने परिष्कृत और कितने ठोस थे।

कौटिल्य की कानून-व्यवस्था के अनुसार राज्य के सभी व्यक्ति एक समान माने गए हैं। यहाँ तक कि जिस ब्राह्मण के प्रति पक्षपात का दोषारोपण किया जाता है, अपराध के आगे वह भी अन्य जातियों के समान दंडभागी माना गया है। स्वयं राजा के लिए दंड-व्यवस्था निर्धारित करके कौटिल्य की न्याय-व्यवस्था में जनतन्त्र की भावना को सर्वोपरि स्वीकार किया गया है। एक सामाजिक व्यक्ति का परिवार के प्रति, माता-पिता, पति-पत्नी, पुत्र, शासक, शासित, नौकर, श्रमिक, व्यापारी, कलाकार, धोबी, ग्वाला और ग्राहक आदि के प्रति क्या कर्तव्य हैं, इसकी

भी व्यापक व्याख्या कौटिल्य ने की है। बलात्कार, व्यभिचार जैसे सामाजिक तथा नैतिक पतन के कार्यों के लिए कौटिल्य ने कठोर दंड निर्धारित किए हैं। चरित्र सम्बन्धी ऊँचाई के लिए कौटिल्य की न्याय-व्यवस्था बड़ी ही उपयोगी है।

10.3 भ्रष्ट अधिकारी

छल से असली रत्न का अपहरण कर ले जाए तो अपहरण करने वाले और कराने वाले, दोनों को उत्तम साहस दंड दिया जाता था। चन्दन आदि वस्तुओं में कपट करने पर मध्यम साहस दंड दिया जाता था। वस्त्र, लकड़ी और चमड़ा जैसे पदार्थों में छल करने वाले व्यक्ति से वैसी ही दूसरी वस्तु ले ली जाती या उसका मूल्य ले लिया जाता और उतना ही उससे दंडरूप में वसूल कर लिया जाता था।

सिक्कों के पारखी पुरुषों द्वारा स्वर्णमुद्रा का संग्रह किया जाता था। सिक्कों में से जो नकली मालूम हो उसको तत्काल ही काट दिया जाता, जिससे उसको व्यवहार में न लाया जा सके। नकली सिक्कों को लानेवाले पुरुष भी प्रथम साहस-दंड के अपराधी थे। धान्याधिकारी पुरुष शुद्ध, पूरा तथा नया अन्न लेता; यदि वह ऐसा न करे तो उससे दुगुना दंड वसूल किया जाता था। इसी प्रकार पण्य, कुप्य और आयुध के सम्बन्ध में भी नियम थे। प्रत्येक अधिकारी पुरुष को, उसके सहकारियों को तथा उन दोनों के बीच काम करने वाले पुरुषों को, पहली बार किसी वस्तु का अपहरण करने पर क्रमशः एक पण, दो पण और चार पण का दंड दिया जाता था। यदि वे फिर भी अपहरण करते तो क्रमानुसार उन्हें प्रथम साहस, मध्यम साहस और उत्तम साहस दंड दिया जाता था। इस पर भी वे न मानें तो उन्हें प्राणदंड दिया जाता था।

कोषाध्यक्ष यदि सुरंग आदि उपाय से कोष का अपहरण करता तो उसे प्राणदंड दिया जाता। इसमें अधीनस्थ लोगों को उसका आधा दंड दिया जाता। यदि कोष का अपहरण करने में अधीनस्थ[1] लोगों का हाथ नहीं होता तो उन्हें दंड नहीं दिया जाता था। केवल उनकी निंदा तथा उपहास कर उनको दुत्कारा जाता था। यदि चोर सेंध लगाकर चोरी करता तो उन्हें चित्रबध का दंड (कष्टकर प्राणदंड) दिया जाता था। इसलिए कोषाध्यक्ष विश्वासी पुरुषों के सहयोग से ही वह धन-संग्रह आदि का कार्य करता था। कोषाध्यक्ष जनपद तथा नगर से होनेवाली आय की अच्छी तरह से जानकारी रखता था। इस सम्बन्ध में उसे इतनी जानकारी होती कि यदि उससे सौ वर्ष पीछे की आय का लेखा-जोखा पूछा जाता तो तत्काल ही वह उसकी समुचित जानकारी दे सके। बचे हुए धन को वह सदा कोष में दिखाता था।[2]

10.4 बिक्री विधान

सुवर्ण आदि धातुओं की बिक्री के लिए एक निश्चित स्थान पर राज्य की ओर से व्यवस्था की जाती थी। उसे अन्यत्र बेचने वाले व्यक्तियों को दंडित करने का प्रावधान था। धातुओं की चोरी करनेवाले व्यक्ति पर चोरी का 8 गुना दंड दिया जाता था। रत्नों की चोरी करनेवाले को मृत्युदंड देने का नियम था। राजकीय अनुमति प्राप्त किए बिना धातुओं का व्यापार करने वाले को पकड़कर खान के कार्य में लगा दिया जाता था। जिस व्यक्ति को न्यायालय द्वारा मृत्युदंड दिया जाता और किसी कारणवश वह दंड नहीं पूरा कर पाता तो ऐसे व्यक्ति को भी खान में लगा दिया जाता था।[3]

10.5 कर्ज एवं बेईमानी

यदि खान पर लोगों का कर्जा चढ़ गया होता और उस कर्जे को चुकता कर देने पर ही लाभ निर्भर होता, तो खान का अध्यक्ष थोड़ी-थोड़ी किस्तों में उस कर्जे को चुकता कर देता अथवा राजा से कुछ सोना लेकर, एकमुश्त रकम देकर, वह उस कर्जे को सर्वथा चुकता कर देता। यदि थोड़ी पूँजी या थोड़े श्रम से कार्य पूरा हो सकता तो, अध्यक्ष स्वयं ही वैसा कर देता था।[4] यदि कोई पारीक्षिक का अपहरण करता तो उसे 25 पण दंड दिग्ग जाता, यदि अधिक अपहरण करता तो अपहृत धन के हिसाब से, उस पर दुगुना, चौगुना दंड नियत किया जाता। किन्तु सिक्कों को बनाने, बेचने, खरीदने और परीक्षा करनेवाले अधिकारियों के लिए दंड विधान की व्यवस्था कुछ दूसरी ही थी। विदेश से बिक्री के लिए आए हुए नमक का छठा भाग राजकर के रूप में दिया जाता था। जो व्यक्ति समुचित राजकर एवं तौल का टैक्स अदा करता वही उसको बेचने का अधिकारी था और उसे 5 प्रतिशत ब्याजी, रूप तथा रूपिक राजकर के रूप में अदा करना पड़ता था। उस माल को खरीदने वाला व्यक्ति राजकर अदा करता, उसकी छीजन भी वह पूरी करता था। राजकीय बाजार का कोई व्यापारी यदि बाहर से नमक मँगाता तो उससे छह प्रतिशत राजकर के अतिरिक्त जुर्माना अदा किया जाता। घटिया या मिलावटी नमक बेचने वाले व्यापारी को उत्तम साहस दंड देना पड़ता था।[5] इसी प्रकार जो राजाज्ञा के विरुद्ध नमक को बनाता या उसका व्यापार करता उसे उत्तम साहस दंड दिया जाता था। किन्तु यह नियम वानप्रस्थियों पर लागू नहीं होता था। श्रोत्रिय, बेगार ढोनेवाले और तपस्वी लोग बिना कीमत दिए अपने उपयोग के लायक नमक ले जा सकते थे।

इनके अतिरिक्त, नमक और क्षार का उपयोग करने वाले सभी लोग नमक

के अध्यक्ष और क्षार के अध्यक्ष को शुल्क अदा करते थे। इस प्रकार मूल्य, विभाग, ब्याजी, परिघ, अत्यय, शुल्क, वैधरण, दंड, रूप, खनिज पदार्थ और भिन्न-भिन्न प्रकार के विक्रेय पदार्थों का संग्रह किया जाता था। राज्यभर की सभी मंडियों में प्रमुख विक्रेय वस्तुएँ बिक्री के लिए रखी जाती थीं। कोष की उन्नति खान पर निर्भर थी। कोष की समृद्धि से शक्तिशाली सेना तैयार की जा सकती थी। कोष और सेना से ही पृथ्वी प्राप्त की जा सकती थी।[6]

10.6 राजकीय स्वर्णकार

सौवर्णिक (राज्य का प्रधान आभूषण व्यापारी) नगरवासियों और जनपदवासियों के सोने-चाँदी के आभूषणों का कार्य शिल्पशाला में बैठकर काम करने वाले सुनारों से कराता था। सुनार समय और वेतन को नियत करके ही कार्य करते थे। यदि कार्य की अधिकता हो या वायदे की अवधि बीत रही हो तो उन्हें नियत समय से भी अधिक कार्य करना पड़ता था। यदि कोई सुनार वायदे के अनुसार कार्य पूरा नहीं करता तो उसके वेतन का चौथाई भाग जब्त करके उसे वेतन का दुगुना दंड दिया जाता था। यदि कोई सुनार अभीष्ट जेवर को न बनाकर दूसरा ही जेवर बनाकर देता तो उसकी मजदूरी जब्त कर उसे नियत वेतन का दुगुना दंड दिया जाता था।

सुनारों को जिस प्रकार और जितने वजन का सोना आदि आभूषण बनाने के लिए दिया जाता उसी प्रकार और उतने ही वजन का आभूषण बनाकर वापस करता था। सुनार के परदेश चले जाने अथवा उसकी मृत्यु हो जाने के कारण यदि सुनार के घर सोना बहुत दिनों तक पड़ा रह जाता तो उसके उत्तराधिकारियों से वह सोना वापिस ले लिया जाता था। यदि सोना नष्ट हो जाता या छीज जाता तो सुनार से उसका मुआवजा लिए जाने का प्रावधान था। सौवर्णिक सुनारों के द्वारा किए जाने वाले पुद्‌गल तथा लक्षण आदि कपट प्रयोगों के सम्बन्ध में अच्छी जानकारी रखता था।[7]

10.7 शर्तनामों का लेखन

राज्यों या गाँवों की सीमा (जनपद-सन्धि) पर, 10 गाँवों के केन्द्र (संग्रहण) में, 400 गाँवों के केन्द्र (द्रोणमुख) में और 800 गाँवों के केन्द्र (स्थानीय) में तीन-तीन न्यायाधीश (धर्मस्थ) एक साथ रहकर इकरारनामा, शर्तनामा आदि व्यवहार-सम्बन्धी कार्यों का प्रबन्ध करते थे। उन शर्तनामों को न्याय-विरुद्ध घोषित किया जाता जो छिपकर, घर के अन्दर, रात में, जंगल में, छल-कपट से और

एकान्त में किए गए थे। ऐसा नियम विरुद्ध करने वालों और कराने वालों, दोनों को प्रथम साहस दंड दिया जाता था। इस प्रकार के व्यवहारों में सुनकर गवाही देने वालों को आधा साहस दंड, और श्रद्धा सहानुभूति रखने वालों को अर्थदंड दिया जाता था। जिस व्यवहार को गुप्त रूप से किसी दूसरे ने सुन लिया हो तथा जिसको नियम विरुद्ध साबित न किया जा सके, ऐसा व्यवहार यदि छिपाकर भी किया गया हो तो उसे गैर कानूनी करार नहीं दिया जाता था। पर्दानशीन महिलाओं तथा चैतन्य रोगियों के द्वारा दायभाग, अमानत, धरोहर और विवाहसम्बन्धी घर के अन्दर किए हुए व्यवहार नियम विरुद्ध नहीं समझे जाते थे।[8] डाका (साहस), चोरी (अनुप्रवेश), झगड़ा, विवाह तथा सरकारी हुक्म और रात के प्रथम पहर में वेश्यासम्बन्धी व्यवहार यदि रात के समय में किए जाते तो उन्हें गैरकानूनी नहीं माना जाता था।

व्यापारी, ग्वाले, आश्रमवासी, शिकारी और गुप्तचर आदि जंगलों में रहने वालों तथा घूमने वालों के द्वारा जंगल में किए गए व्यवहार वैध समझे जाते थे। गुप्त रूप से जीविका चलाने वालों द्वारा किए गए छल-कपट सम्बन्धी व्यवहार नियमानुकूल समझे जाते थे। आपसी समझौते से एकान्त में किए गए व्यवहार नियमसंगत थे। इस प्रकार की विशेष परिस्थितियों के अतिरिक्त स्वीकार किए गए सभी व्यवहार गैरकानूनी समझे जाते थे। निराश्रित व्यक्ति, जिसका पिता जीवित हो, जिसका पुत्र जीवित हो, बिरादरी से बहिष्कृत भाई, जिसकी सम्पत्ति का बँटवारा न हुआ हो, जिस स्त्री का पति या पुत्र जीवित हो, दास, नाबालिग, बहुत बूढ़ा, समाज में निंदित, संन्यासी, लूले-लँगड़े और बीमार आदि व्यक्तियों द्वारा किए गए व्यवहार जायज नहीं समझे जाते; किन्तु उन व्यवहारों को वैद्य समझा जाता जो कि उन्हें राजा की ओर से प्राप्त होते थे। क्रोधी, दुःखी, मत्त, उन्मत्त, पागल आदि व्यक्तियों के द्वारा किए गए व्यवहार वैधानिक नहीं समझे जाते। जो भी व्यक्ति इस प्रकार का व्यवहार करता या कराता तथा सुनता उसे पूर्वोक्त दंड दिया जाता था।[9]

परीक्षा : अपनी-अपनी जाति में उचित देशकाल और प्रकृति के अनुसार किए गए दोषरहित सभी व्यवहार वैध समझे जाते; बशर्ते कि उनकी सूचना दी गई हो और उनके रूप, लक्षण, प्रमाण तथा गुण की अच्छी तरह परीक्षा की गई हो। बलात्कार जैसे व्यवहारों को छोड़कर उनके सभी व्यवहार न्याय-सम्मत माने जाते। अपने-अपने पक्ष की शहादत के लिए उपस्थित हुए मुद्दाला (वेदक) और मुद्दई (आवेदक) के देश, गाँव, जाति, गोत्र, नाम और व्यवसाय आदि को पहले लिखा जाता; फिर कर्जा लेने या चुकाने का वर्ष, ऋतु, पक्ष, महीना, दिन, स्थान

और गवाही आदि को लिखा जाता; अन्त में मुद्दई तथा मुद्दाला के बयान क्रमपूर्वक लिखे जाते। तब जाकर उन पर विचार किया जाता था।

बयान देते समय जो व्यक्ति प्रसंग की बात न कहकर इधर-उधर की हाँकने लगता; जिसके बयानों में कोई सिलसिला न होता, दूसरे की अमान्य बात को पकड़कर उस पर डट जाता, कर्जा लेने के स्थान पर हलफ देकर पूछने पर न बतलाता या उसकी जगह किसी दूसरे ही स्थान को बतलाता, स्थान ठीक बताने पर ऋण लेने से मुकर जाता; गवाहों की बात को स्वीकार नहीं करता; और निषिद्ध स्थान में गवाहों से मिल कर बात करता; उसको हारा हुआ समझा जाता था। ऐसे हारे हुए व्यक्ति को ऋण की रकम का पाँचवाँ हिस्सा दंड दिया जाता। बिना गवाह के अपनी ही बात को जो बार-बार ठीक कहता जाता उसको देय रकम का दसवाँ हिस्सा दंड दिया जाता। इसके अतिरिक्त हर्जाने के रूप में हारे हुए अपराधी से नौकरों के वेतन का आठवाँ हिस्सा और रास्ते का भोजन-भत्ता भी अदा कर लिया जाता था।[10] फौजदारी, डाका, व्यापारियों और लिमिटेड कम्पनियों के झगड़ों को छोड़कर अभियुक्त, अभियोक्ता पर उलटा मुकदमा नहीं चला सका था। अभियुक्त पहली बात को लेकर अभियोक्ता पर पुनः मुकदमा नहीं चला सकता था।

जवाबतलबी : जवाबतलब किए जाने पर तत्काल ही वादी यदि उत्तर नहीं देता तो उसे पराजित समझा जाता। क्योंकि पूरे सोच-विचार के बाद ही अभियोक्ता दावा दायर करता था, जबकि अभियुक्त ऐसी स्थिति में नहीं रहता था।

मुहलत : इसलिए, अभियुक्त यदि फौरन ही जवाब न दे सके तो उसे 3 से 7 रात तक की मुहलत दी जाती। इतनी मुहलत मिलने पर भी यदि वह उत्तर नहीं दे पाता तो उस पर तीन से बारह पण दंड किया जाता। यदि डेढ़ महीने की मुहलत के बाद भी वह अपने अभियोग की सफाई पेश नहीं कर पाता तो उसको देय धन का पाँचवाँ हिस्सा दंड दिया जाता और उसकी सम्पत्ति में से जितना न्यायसंगत हो उतना हिस्सा अभियोक्ता को दिलाया जाता; सारी सम्पत्ति को दिए जाने के बाद भी यदि कुछ कर्जा बाकी रह जाता तो अभियुक्त के जीवन-निर्वाह योग्य अन्न, वस्त्र, बिस्तर आदि सामान अभियोक्ता को नहीं दिलाया जाता। यदि अभियोक्ता अपराधी सिद्ध हो जाता तब ये सारे अधिकार अभियुक्त को दिए जाते; किन्तु अभियुक्त ही यदि अपराधी साबित हो जाता तो उसको सफाई पेश करने की मुहलत नहीं दी जाती; बल्कि तत्काल ही पूर्वोक्त दंड दिया जाता था। यदि बीच में ही अभियुक्त मर जाता या किसी भारी विपदा में फँस जाता तो उसके गवाहों की सहादत के अनुसार अदालत अपराधी अभियोक्ता को

यथोचित दंड देकर उससे काम लेता। नियत समय तक न्यायालय उसको अपने अधिकार में रखता अथवा उससे जन-कल्याण सम्बन्धी कार्यों को कराता। यदि अभियोक्ता ब्राह्मण हो तो उससे ऐसे कार्य नहीं करवाए जाते थे।[11]

10.8 आपसी विवाद

मकान बेचना–यदि मकान बेचना हो तो मकान मालिक अपने कुटुम्बी, गाँव का मुखिया और धनाढ्य से पूछता था। यदि वे खरीदने से इनकार कर दें तब बाहर के लोगों से बातचीत चलाई जाती थी। दूसरे गाँवों के मुखिया तथा उनके 40 कुल तक के पुरुषों को, मकान के सामने ही मकान की कीमत सुनाई जाती। गाँव के मुखिया तथा अन्य वृद्ध पुरुषों के सामने खेत, बाग, सीमबन्ध, तालाब और हौज आदि की मर्यादा के अनुसार कीमत निर्धारित करता 'इस मकान की इतनी कीमत है; इसको कौन खरीदना चाहता है?' इस प्रकार तीन बार आवाज लगाने पर जो भी खरीददार बोली बोले, उसको बेरोक-टोक बेच दिया जाता था। खरीददारों की होड़ के कारण बोली बढ़ जाती तो वह बढ़ा हुआ मूल्य शुल्क सहित सरकारी खजाने में जमा किया जाता था। बेचने वाले से वह शुल्क वसूल किया जाता था।

मकान मालिक की अनुपस्थिति में उसके मकान को नीलाम करने वाले पर 24 पण दंड[12] किया जाता। सूचना देने पर भी 7 दिन के भीतर यदि मकान मालिक उपस्थित न हो तो उसकी अनुपस्थिति में ही नीलाम करने वाला मकान बेच देता। बोली बोल देने के बाद यदि कोई व्यक्ति मकान लेने से मुकर जाता तो उस पर दो सौ पण दंड किया जाता। मकान के अतिरिक्त अन्य वस्तुओं के सम्बन्ध में 24 पण दंड किया जाता था।

सीमा विवाद–दो गाँवों के झगड़ों को उन गाँवों के मुखिया (सामन्त) या आसपास के 5-5, 10-10 गाँवों के मुखिया आपस में मिलकर निबटाते; 2 गाँवों के बीच वे स्थायी या अस्थायी हदबन्दी कायम करते थे। गाँव के किसान, ग्वाले, वृद्ध तथा बाहर के अन्य अनुभवी, एक या अनेक पुरुष, जो सरहद की ठयेबन्दी से परिचित न होते, अपना वेश बदलकर वे सीमा के चिह्नों का पता लगाते और तब सीमाएँ निर्धारित करते थे। निर्णय किए हुए या बताए गए सीमा-चिह्नों के न देखे जाने पर अपराधी पर एक हजार पण दंड किया जाता। जो सीमा की भूमि का अपहरण करता या उसके चिह्नों को काटता उसे भी यही दंड दिया जाता था। जहाँ पर कि सीमा के चिह्न सर्वथा मिट गए हों और निर्णय के लिए कोई आधार नजर न आए, वहाँ पर राजा स्वयं इस प्रकार का सीमा-विभाग करता

जिससे कि किसी भी ग्रामवासी को कोई हानि न उठानी पड़े।

खेतों की सीमाएँ–खेतों के झगड़े का निपटारा गाँव के मुखिया तथा वृद्ध पुरुष करते। यदि उनका आपस में मतभेद हो जाता तो वे धार्मिक पुरुष उसका निर्णय करते, जिनको प्रजा स्वीकार करती हो या किसी दूसरे को मध्यस्थ बनाकर निर्णय किया जाता था। यदि इन दोनों अवस्थाओं में भी[13] कुछ निर्णय न हो सके तो उन विवादग्रस्त खेतों को राजा अपने कब्जे में ले लेता और उस सम्पत्ति को भी राजा ले लेता जिसका कोई वारिस न होता या जनता की लाभ की दृष्टि से उनका यथोचित विभाग कर देता। जो व्यक्ति मकान, भूमि आदि अचल सम्पत्ति पर नाजायज कब्जा करता उसे चोरी का दंड दिया जाता था। किन्तु, यदि ऋण आदि के बदले कब्जा करता तो कब्जेदार सम्पत्ति के मालिक के शारीरिक श्रम का फल और कर्जे की अपेक्षा सम्पत्ति का जो अधिक मूल्य बैठे, उसका हिसाब मालिक को अदा कर देता था। सीमाबन्दी को सरकाने पर प्रथम साहस दंड और सीमा–चिह्नों को मिटाने पर 24 पण दंड दिया जाता था। इसी प्रकार तपोवन, चरागाह, बड़ी सड़कें, श्मशान, देवालय, यज्ञस्थान और दूसरे पुण्यस्थानों के विवादास्पद विषयों का भी निर्णय किया जाता था।

मिश्रित विवाद–सब तरह के विवादों का निर्णय मुखिया (सामन्त) लोगों द्वारा किया जाता था। चरागाह, खेती योग्य जमीन, खलिहान, मकान और घुड़साल आदि के सम्बन्ध में विवाद उपस्थित होने पर क्रमशः पहले को प्रधानता देते हुए निर्णय किया जाता था। ब्रह्मारण्य, सीमारण्य, देवस्थान, यज्ञस्थान और अन्य पुण्यस्थानों को छोड़कर आवश्यकता होने पर सभी जगह खेती कराई जा सकती थी। जलाशय, क्यारी तथा नाली बनाते समय यदि किसी के बीच बोए खेत का नुकसान हो जाता तो हानि के अनुसार उसका मूल्य चुका किया जाता था। यदि कोई व्यक्ति खेत, बाग–बगीचा और सीमाबन्ध आदि को एक–दूसरे के बदले में नुकसान पहुँचाता तो उन्हें नुकसान का दुगुना दंड देना पड़ता था।[14]

बाद में बने हुए नीचे के तालाब से सींचे जानेवाले खेत को ऊपर के तालाब के पानी से नहीं सींचा जाता था। नीचे के तालाब में आते हुए ऊपर के तालाब का पानी तब तक न रोका जाता, यदि नीचे का तालाब तीन वर्ष तक बेकार न पड़ा होता। इस नियम का उल्लंघन करने वाले को प्रथम साहस दंड दिया जाता और उसके तालाब का पानी निकलवा दिया जाता था। 5 वर्ष तक यदि जल आदि का कोई सीमाबन्ध बेकार रहता उस दशा में उस पर उसके स्वामी का हक नहीं रहता, किन्तु विपत्तियों के कारण यदि उसको उपयोग में न लाया गया हो तो कोई बात नहीं।

कर की छूट—नए सिरे से तालाब और सीमाबन्ध बनवाने वाले व्यक्ति पर 5 वर्ष तक सरकारी टैक्स नहीं लगाया जाता था। यदि वह जीर्णोद्धार कराता तो 4 वर्ष तक; यदि उनको बढ़ाता तो 3 वर्ष तक सरकारी टैक्स नहीं लिया जाता था। इसी प्रकार भूमि को गिरवी रखने और बेचने पर दो वर्ष तक सरकारी टैक्स नहीं लिया जाता था। जिन तालाबों में नदी का पानी नहीं आता और किसान रहट आदि लगाकर अपने खेतों, बगीचों तथा फुलवारियों में से पानी देते तो उनकी उपज पर सरकार उतना ही कर लगाती जितने से उन लोगों को कोई कष्ट नहीं होता था।

जिन किसानों के तालाब नहीं थे वे भी कीमत देकर, कुछ बंधी हुई रकम देकर, अपनी उपज का कुछ हिस्सा देकर अथवा मालिक की आज्ञा से दूसरे तालाबों से पानी ले सकते थे। किन्तु उनके लिए यह आवश्यक था कि वे तालाब, रहट आदि की बराबर मरम्मत कराते रहें। मरम्मत न करने पर जो नुकसान होता उसका दुगुना जुर्माना उन्हें भुगतना पड़ता था।[15] अपनी बारी न होने पर जो पानी लेता उसको 6 पण का दंड दिया जाता, और उसको भी यही दंड दिया जाता जो प्रमाद से अपनी बारी पर पानी लेते हुए दूसरे का पानी रोक देता।[16]

10.9 असामाजिक कार्य

जो लोग खेती की सिंचाई के लिए पानी के उचित रास्तों को रोकते और अनुचित रास्तों से जल को ले जाते उन्हें प्रथम साहस दंड दिया जाता था। जो लोग दूसरे की जमीन में सीमा, पुण्यस्थान, चैत्य और देवालय बनवाते अथवा पहले से धर्मार्थ बने हुए स्थानों को गिरवी रखते, बेचते या बिकवाते उन्हें मध्यम साहस दंड दिया जाता था। जो लोग इन कार्यों में सहायक या साक्षी बनते उन्हें उत्तम साहस दंड दिया जाता, किन्तु, यदि मकान टूट-फूट गया होता और उसको मालिक ने छोड़ दिया होता तो उसको बेचने, गिरवी रखने में कोई हानि नहीं थी। मकान मालिक के न होने पर ग्रामवासी तथा अन्य धार्मिक लोग उस टूटे-फूटे धर्मार्थ मकान की मरम्मत कर सकते थे।

रास्तों का रोकना—जो भी व्यक्ति छोटे-छोटे जानवरों और मनुष्यों के रास्ते को रोकते उस पर 12 पण दंड दिया जाता था। बड़े-बड़े पशुओं का मार्ग रोकने पर 24 पण; हाथी का तथा खेतों का रास्ता रोकने पर 54 पण; सेतु एवं जंगल का रास्ता रोकने पर 600 पण; श्मशान तथा गाँव का रास्ता रोकने पर 200 पण[17]; द्रोणमुख का रास्ता रोकने पर 500 पण और स्थानीय, राष्ट्र तथा चरागाह का रास्ता रोकने पर एक हजार का दंड दिया जाता था। यदि कोई व्यक्ति इन

रास्तों को खोदने या जोतने के अलावा कोई हानि पहुँचाता तो उस पर ऊपर बताए गए दंडों का चौथाई दंड लगाया जाता था। गाँव में रहने वाला किसान यदि बीज बोने के समय बीज न बोता या खेत को ही छोड़ देता, तो उसे 12 पण दंड दिया जाता; किन्तु खेत के किसी दोष के कारण या किसी आकस्मिक आपत्ति के कारण अथवा असमर्थ होने के कारण यदि वह ऐसा करता तो वह अदंड था।

गाँवों का बन्दोबस्त–लगान देने वाले किसान, लगान देने वालों के यहाँ ही अपनी जमीन गिरवी रख सकते अथवा बेच सकते थे। जिनको बिना लगान की धर्मार्थ भूमि दी गई, वे अपने समान लोगों के ही हाथ अपनी जमीन गिरवी रख सकते या बेच सकते थे। इन नियमों का उल्लंघन करने वालों को प्रथम साहस दंड लगाया जाता था। यही दंड उस व्यक्ति को भी चुकाना पड़ता, जो लगान देने वाले गाँव के निवास को छोड़कर लगान न देने वाले गाँव में बस जाने की इच्छा से प्रवेश करते थे। यदि वह पुनः लगान देने वाले गाँव में ही बसने लगता, तो उसे मकान के अलावा सभी बातों की छूट दी जाती अथवा उचित होता तो मकान भी उसको दे दिया जाता था। जो किसान अपनी जमीन को नहीं जोतता उसको दूसरा किसान बिना लगान दिए ही जोत सकता था और वह 5 वर्ष तक उसका उपयोग कर उस जमीन को उसके मालिक को सौंप देता था; किन्तु उस जमीन को ठीक करने में उसका जो खर्चा और मेहनत लगता, उसका मूल्य वह मालिक से वसूल करता था।[18]

जब गाँव का मुखिया गाँव के किसी कार्य से बाहर जाता तो अपनी पारी के अनुसार गाँव वाले उसके साथ रहते थे। जो अपनी पारी पर नहीं जाते उन पर योजन के हिसाब से डेढ़ पण जुर्माना किया जाता था। यदि गाँव का मुखिया, चोर या व्यभिचारी के अतिरिक्त किसी दूसरे को गाँव से निकाल देता तो उस मुखिया पर 24 पण दंड लगाया जाता था। यदि सारा गाँव मिलकर ऐसे निरपराध व्यक्ति को गाँव से निकालता तो सारे गाँव पर उत्तम साहस दंड लगाया जाता था। इसी प्रकार यदि गाँव से बाहर गया हुआ कोई व्यक्ति पुनः गाँव में बसना चाहता और मुखिया तथा गाँव वाले उसको नहीं बसने देते तो मुखिया पर 24 पण दंड और गाँव वालों पर उत्तम साहस दंड आरोपित किया जाता था।

चरागाहों का प्रबन्ध–पशुओं के घूमने और चरने-फिरने के लिए जंगल में चरागाह बनवाए जाते थे। ऊँट और भैंस आदि पड़े पशुओं को यदि उनके मालिक चरागाह में चराकर अपने घर बाँधने के लिए ले जाता, तो उनसे चराई का 1/4 पण कर लिया जाता था। गाय, घोड़े और गधे आदि मध्यम श्रेणी के

पशुओं की चराई 1/8 पण; इसी प्रकार भेड़, बकरी आदि छोटे पशुओं की चराई 1/16 पण कर रूप में उनके मालिक से वसूल कर लिया जाता था। जो जानवर चरकर चरागाह में ही[19] रहें उनके मालिकों से पूर्वोक्त राशि से दुगुना कर लिया जाता था।

यदि किसी का जानवर किसी की बड़ी खेती को चर जाता तो अन्न के नुकसान का दुगुना दाम खेत के मालिक को दिलाया जाता था। लुका-छिपाकर यदि कोई अपने पशु से दूसरे का खेत चरवाता उसको 12 पण दंड दिया जाता। जो अपने पशु को किसी के खेत में चरने के लिए छोड़ देता उसे 24 पण दंड दिया जाता था। इस प्रकार खेतों का नुकसान होने पर खेतों के रखवालों को पूर्वोक्त दंडों का आधा दंड दिया जाता। यदि खेत को कोई साँड़ चर जाता तब भी रखवाले पर इतना ही जुर्माना किया जाता। खेत की बाड़ टूट जाने पर रखवाले पर दुगुना दंड दिया जाता था। घर, खलिहान और बाड़ी हुई जगहों का अन्न यदि पशु खा जाते तो हानि के बराबर मूल्य चुकाना पड़ता था।

यदि आश्रमों के मृग खेतों को चरते हुए पकड़े जाते तो रखवाला इसकी खबर अपने मालिक को कर देता और उन मृगों को इस प्रकार खेतों से बाहर करता, जिससे उन पर कोई चोट न लगे या वे मरने न पाते। पशुओं को रस्सी या कोड़े से हटाया जाता था। यदि उनको कोई अनुचित ढंग से मारता या हटाता तो उसे यथोचित दंड दिया जाता था। किन्तु जो हटाने वालों का मुकाबला करता या पहले कभी किसी को मारते हुए देखे गए हों उनको अनुचित ढंग से भी मारा या हटाया जा सकता था।

सामूहिक कार्यों में शामिल न होने का मुआवजा–यदि कोई किसान गाँव में आकर पंचायती या खेती आदि का कार्य नहीं करता तो गाँव उससे यथोचित जुर्माना वसूल करता था। यदि कोई व्यक्ति कार्य नहीं करता तो कार्य के वेतन से दुगुना; पंचायती कार्यों में चन्दा न देता तो चन्दे का दुगुना और सामूहिक खान-पान के अवसर पर शरीक न होता तो उसका दुगुना दंड उससे वसूल किया जाता था।[20]

यदि कोई ग्रामवासी गाँव के सार्वजनिक मनोरंजन के कार्यों में अपने हिस्से का चन्दा नहीं देता तो सपरिवार उसको उत्सव में प्रवेश नहीं करने दिया जाता। यदि वे छिपकर तमाशा देखते या सुनते और जो गाँव के सार्वजनिक हितकारी कार्यों में भाग न ले उससे दुगुना हिस्सा वसूल किया जाता था। जो व्यक्ति सार्वजनिक कल्याण का सुझाव दे उसकी बात को सभी ग्रामवासी मानते थे। उसका तिरस्कार करने वाले प्रत्येक व्यक्ति पर 12 पण दंड किया जाता था। यदि गाँव के लोग

मिलकर उस व्यक्ति को मारें-पीटें तो प्रत्येक ग्रामीण पर अपराध से दुगुना दंड वसूल किया जाता था। जो लोग घातक प्रहार करते उन पर विशेष दंड किया जाता था। उन मारने वालों में यदि ब्राह्मण या उससे भी प्रतिष्ठित कोई व्यक्ति होता तो उसे सबसे अधिक दंडित किया जाता था। यदि किसी सार्वजनिक कार्य में ब्राह्मण शामिल नहीं होता तो गाँव के लोग उसके अभाव को पूरा कर देते; किन्तु अनुपस्थित रहने का जो मुआवजा ब्राह्मण की ओर निकलता था, उसे गाँव वाले अवश्य वसूल लेते थे।[21]

10.10 ऋण व्यवस्था

ब्याज के नियम–सामान्यतया सौ-पण पर सवा-पण ब्याज प्रतिमास लिए जाने का नियम था। इसी सौ-पण पर व्यापारी लोगों से 5 पण, जंगल में रहने या वहाँ व्यापार करने वालों से 10 पण और समुद्र के व्यापारियों से 20 पण ब्याज लिया जाता था। इससे अधिक ब्याज लेनेवाले को प्रथम साहस दंड दिया जाता था। उसमें जिन्होंने गवाही भरी हो उन्हें आधा दंड दिया जाता था। यदि ऋण देनेवाले (धनिक) और ऋण लेनेवाले (धारणि) के आपसी सौदे पर राज्य की भलाई होती हो तो प्रशासन द्वारा उनके चरित्र पर निगरानी की जाती थी। यदि अन्नसम्बन्धी ब्याज फसल के समय पर चुकता करना हो तो वह मूलधन की आधा रकम से अधिक नहीं होता था। गोदाम के इकट्ठे बेचे हुए माल पर उसके लाभ का आधा ब्याज होता था। यदि विदेश में चले जाने के कारण या जान-बूझकर खरीददार अपने माल को नहीं निकालता तो वह माल के मूलधन का दुगुना मूल्य बेचने वाले को अदा करता था। अवधि से पहले ही जो ब्याज माँगता, अथवा ब्याज को मूलधन के साथ जोड़कर[22] उतना रुपया माँगता, उससे माँगे हुए धन का, चौगुना दंड वसूला जाता था। थोड़ा धन को अधिक कहा जाता और जब गवाहियाँ ली जातीं, उस समय गवाह जितना धन बताता, उसका चौगुना दंड अधमर्ण और उत्तमर्ण दोनों को दिया जाता था। उसमें से 3 भाग अधमर्ण (ऋण लेने वाला) और बाकी उत्तमर्ण (ऋण देने वाला) अदा करता था। लम्बी अवधि तक यज्ञकार्य में लगे हुए, व्याधिग्रस्त, गुरुकुल में अध्ययन करने वाले, बालक और अशक्त आदि व्यक्तियों के ऋण पर ब्याज नहीं जोड़ा जाता था। यदि कर्जदार अपने कर्जे की अन्तिम रकम को अदा करता और धनिक उसको नहीं लेता तो, धनिक पर 12 पण का दंड दिया जाता था। यदि न लेने का कोई विशेष कारण होता तो वह रकम बिना सूद के कहीं और जमा कर दी जाती थी।

यदि कोई उत्तमर्ण 10 वर्ष के अन्दर अपना कर्जा वसूल नहीं कर पाता तो

उस धन पर उसका फिर कोई अधिकार नहीं रहता था। यदि वह कर्जे का धन बाल, बूढ़े, बीमार, आपद्ग्रस्त, प्रवासी, देशत्यागी या राजकाज से बाहर गए किसी व्यक्ति का हो तो वह 10 वर्ष बाद भी उस धन का अधिकारी माना जाता था। यदि ऋण लेनेवाला (अधमर्ण) मर जाता तो उसका पुत्र ऋण को चुकता करता था। अथवा उसके वारिस या उसके साथ काम करने वाले जामिन हिस्सेदार उसके ऋण को अदा करते थे। इनके अतिरिक्त ऐसे मृतक अधमर्ण के ऋण का जामिन दूसरा न माना जाता, बालक जामिन होने का अधिकारी नहीं था। जिस ऋण का स्थान तथा समय निश्चित नहीं था, उसको कर्जेदार के पुत्र, पौत्र या दूसरे दायभागी अदा करते थे।[23] जो कर्जा आजीविका, विवाह और जमीन के लिए लिया जाता था उसको तथा जामिन के द्वारा चुकता किए जाने योग्य ऋण को केवल उनके पुत्र, पौत्र ही अदा करते थे।

एक व्यक्ति पर अनेक व्यक्तियों का कर्जा–यदि एक व्यक्ति पर अनेक व्यक्तियों का कर्जा होता तो उस पर एक साथ अनेक कर्जा देने वाले मुकदमा नहीं चला सकते थे, किन्तु यदि वह कर्जदार कहीं विदेश जा रहा हो तो उस पर एक साथ अनेक मुकदमे चलाए जा सकते थे। मुकदमों का फैसला हो जाने के बाद ऋण का भुगतान उसी क्रम से होता जिस क्रम से उसको लिया गया था। यदि उसमें राजा या ब्राह्मण का कर्जा निकलता तो उसका भुगतान सबसे पहले होता था। भार्या, पति, पिता, पुत्र और एक साथ रहने वाले भाई परस्पर कर्जा लेते या देते तो उनके कर्जे का मुकदमा अदालत में नहीं चलाया जा सकता था।

कर्जा लेने वाले किसान और राज-कर्मचारी यदि काम पर लगे होते तो ऋण के सम्बन्ध में उन्हें गिरफ्तार नहीं किया जा सकता था। पति के कर्ज लिये हुए ऋण को यदि उसकी स्त्री चुकाना मंजूर नहीं करती तो उस पर किसी प्रकार का जोर-दबाव नहीं डाला जा सकता था; किन्तु ग्वाला आदि कार्यों की कमाई पर निर्भर रहने वाले लोगों की स्त्रियाँ अपने पति की अनुपस्थिति में अपने पति का कर्जा चुकता करने की जिम्मेदार थीं।

साक्षियों की गवाह–यदि पत्नी कर्जा लेती तो उसको अदा करने के लिए उसके पति को विवश किया जा सकता था। स्त्री के ऋण को न चुकाने की नौबत से बच कर या बहाना करके यदि कोई पुरुष विदेश चला जाता और उसकी यह बात साबित हो जाती तो उसे उत्तम साहस दंड दिया जाता था। यदि कारण सिद्ध न हो सके तो साक्षियों की गवाही के अनुसार निर्णय किया जाता था। दोनों पक्षों से अनुमत कम-से-कम तीन गवाह होने चाहिए। जो विश्वास योग्य और चरित्रवान हों अथवा दोनों पक्षों की राय से दो गवाह भी हो सकते थे। किन्तु

कर्जे के मामले में एक गवाह कदापि नहीं होता था।[24]

साला, सहायक, क्रीतदास (अन्वर्थी), ऋण देनेवाला (धनिक), कर्जदार (धारणिक), दुश्मन, अंगहीन और राज्य से सजा पाए पुरुष गवाह नहीं हो सकते थे। विश्वासी, चरित्रवान और दोनों पक्षों से अनुमत व्यक्ति भी यदि व्यवहारकुशल न होता तो वे भी गवाह होने के योग्य नहीं थे। राजा, वेदपाठी, ब्राह्मण, गाँव का मुखिया, कोढ़ी, दागयुक्त शरीरवाला, पतित, चांडाल, नीच कार्य करनेवाला, अंधा, बहरा, गूँगा, घमंडी, स्त्री और राजकर्मचारी ये सब अपने-अपने वर्गों को छोड़कर अन्यत्र गवाह नहीं हो सकते थे।

परन्तु पारुष्य, चोरी और व्यभिचार के मामलों में शत्रु, साला और सहायक को छोड़कर पूर्वोक्त बाकी सभी लोग गवाह हो सकते थे। गुप्त मामलों में स्त्री, राजा और तपस्वी को छोड़कर सुनने-देखने वाला अकेला व्यक्ति भी गवाह हो सकता था। नौकरों के मालिक, शिष्यों के आचार्य, पुत्रों के माता-पिता और मालिकों के नौकर आदि परस्पर खुले तौर पर गवाह हो सकते थे। आपसी मुकदमों में यदि मालिक, आचार्य तथा माता-पिता पराजित हो जाते तो नौकर, शिष्य आदि को वे पराजय का दसवाँ भाग देते थे। यदि नौकर आदि हार जाते तो अपने स्वामी आदि को उन्हें हारे हुए धन का पाँचवाँ हिस्सा दंड रूप में दे देना पड़ता था।[25]

शपथ : पानी से भरे घड़े के पास या आग के पास ब्राह्मण को शपथ के लिए ले जाया जाता था, यदि ब्राह्मण गवाह हो तो उसे 'सच बोलो' इतनी भर शपथ दिलाई जाती थी। यदि गवाही देनेवाला क्षत्रिय और वैश्य हो तो उससे 'तुमको यज्ञ आदि इष्ट का और कुआँ, धर्मशाला आदि परोपकार का फल न मिले; तुम अपनी शत्रु-सेना को जीतकर भी हाथ में खप्पर लेकर भीख माँगते फिरो, यदि झूठ बोलो तो' इस प्रकार शपथ दिलाई जाती थी। यदि गवाह शूद्र होता तो उसके सम्मुख कहा जाता 'देखो यदि सच न बोलो तो जन्म-जन्मांतर का तुम्हारा सारा पुण्य राजा को प्राप्त हो; यदि तुमने झूठ बोला तो तुम्हें निश्चित ही दंड मिलेगा; इसलिए तुम सब लोगों को मिलकर सही-सही कहना चाहिए।' इतना कहने पर भी 7 दिन तक यदि वे सही-सही वारदात नहीं बताते तो उनमें से प्रत्येक को 12-12 पण दंड लगाया जाता था। यदि वे डेढ़ मास तक भी कुछ भेद न खोलते तो उनके विरुद्ध मुकदमे का फैसला किया जाता था।

यदि किसी मुकदमे में गवाहों का आपसी मतभेद हो जाता था तो उनमें जिस बात को बहुसंख्यक, चरित्रवान, विश्वासी तथा अनुमत गवाह कहता, उसी के आधार पर फैसला कर दिया जाता अथवा किसी को मध्यस्थ बनाकर फैसला किया जाता था। यदि किसी भी युक्ति से फैसला न हो सके तो उस विवादग्रस्त

सम्पत्ति को राजा ले लेता था। कर्जे की जो रकम कर्जा देनेवाले ने बताई थी गवाह यदि उससे कम रकम बताता तो अभियोक्ता उस अधिक बताई रकम का पाँचवाँ हिस्सा राजा को दे देता था। यदि गवाह अधिक बताता तो उस अधिक रकम को राजा ले लेता था। अभियोक्ता यदि मूर्ख होता, ठीक तरह से नहीं सुन पाता, ठीक तरह से नहीं लिख सकता, अथवा पागल होता, तो गवाहों के आधार पर ही ऐसे मामलों का फैसला दिया जाता था।[26]

साक्षियों की सुनी हुई बात सभी ठीक होती थी। जो साक्षी किसी बात को ठीक तरह से हृदयंगम न करके गवाही देने को खड़े हो जाते उनको 24 पण दंड दिया जाता था। इसका आधा दंड उन्हें दिया जाता तो गवाह मामले को ठीक-ठीक नहीं बता पाते थे। अभियोक्ता देशकाल के अनुसार अधिक पास रहनेवाले व्यक्ति को ही गवाह बनाता। अथवा न्यायाधीश की आज्ञा प्राप्त कर वह सुगमता से न आ सकने वाले दूर-दूरस्थ गवाहों को भी अदालत में हाजिर करता था।[27]

10.11 धरोहर सम्बन्धी नियम

शत्रु के षड्यन्त्र और जंगलवासियों के आक्रमण से दुर्ग तथा राष्ट्र का नाश हो जाने पर; या डाकू-चोरों के द्वारा गाँव, व्यापारिक कम्पनियाँ तथा पशुओं का नाश हो जाने पर; या भीतरी षड्यन्त्रों के कारण नाश हो जाने पर; गाँव में आग लग जाने या बाढ़ के कारण नष्ट हो जाने पर; अग्नि से घिर जाने पर, नाव के डूब जाने पर, या नाव के माल की चोरी हो जाने पर, अपना बचाव हो जाने पर भी उपनिधि (धरोहर) पाने के लिए कोई व्यक्ति किसी पर मुकदमा नहीं चला सकता था।

जो व्यक्ति उपनिधि को अपने उपयोग में लाता, देश-काल के अनुसार वह उपयोग का बदला (भोगवेतन) चुका देता और दंडरूप में 12 पण अदा करता था। उपभोग के कारण उपनिधि को नष्ट कर देनेवाले व्यक्ति पर मुकदमा चलाया जाता, और 24 पण दंड दिया जाता था। किसी भी प्रकार से उपनिधि के नष्ट हो जाने पर यही नियम लागू किया जाता। यदि कोई व्यक्ति उपनिधि को लेकर भाग जाता या विपत्ति में फँस जाता तो उस पर न तो अभियोग चलाया जा सकता और न ही दंड दिया जा सकता था।[28] यदि कोई व्यक्ति उपनिधि को कहीं गिरवी रख देता, बेच देता या अन्य किसी तरह से उसका अपव्यय कर देता, उस पर उपनिधि का चौगुना पंचबन्ध दंड किया जाता। यदि कोई व्यक्ति उपनिधि को बदलता या किसी भी प्रकार से नष्ट करता उससे उपनिधि की कीमत वसूल कर ली जाती थी।

गिरवी : उपनिधि के समान ही आधि (गिरवी रखी हुई वस्तु) के नाश हो

जाने, उपयोग में लाने, बेचने, गिरवी रखने और बदलने आदि के सम्बन्ध में भी नियम लागू होता था। यदि गिरवी रखी हुई वस्तु सोने चाँदी के आभूषण (सोपकार) होते तो वे नष्ट नहीं होते और उन पर ब्याज नहीं लिया जाता था। इनके अतिरिक्त आधि के नष्ट हो जाने का भी व्यय रहता था और उस पर ब्याज भी लगता था।

यदि गिरवी रखनेवाला व्यक्ति अपनी वस्तु को लेना चाहता और ब्याज आदि के लोभ से उत्तमर्ण उसको देना न चाहता तो उस पर 12 पण का दंड किया जाता। यदि अधमर्ण को उत्तमर्ण उसके स्थान पर न मिलता, तो वह आधि के बदले में लिए धन को उस गाँव के वृद्ध पुरुषों के पास रखकर अपनी गिरवी रखी हुई वस्तु को वापिस ले सकता था। यदि अधमर्ण अपनी आधि को बेचकर अपना कर्जा चुकाना चाहता तो उसी समय उसकी लागत निश्चित करके उस वस्तु को उत्तमर्ण के पास रहने दिया जाता, उसके बाद उत्तमर्ण उस आधि पर ब्याज नहीं ले सकता था। आधि के रखने में उत्तमर्ण का लाभ हो रहा या हानि हो रही थी, किन्तु निकट भविष्य में यदि उसके नष्ट हो जाने की आशंका होती, अथवा उसकी लागत से कर्जे की संख्या अधिक हो रही होती, ऐसी अवस्था में, अधमर्ण की अनुपस्थिति में भी, न्यायाधीश (धर्मस्थ) की आज्ञा लेकर उत्तमर्ण उस आधि को बेच देता था। न्यायाधीश की अनुपस्थिति में आधिपाल (न्यायविभाग का अधिकारी) से आज्ञा ली जा सकती थी।[29]

जो स्थायी सम्पत्ति परिश्रम या बिना ही परिश्रम फल देती अथवा उपभोग करने योग्य हो, उसे बेचा नहीं जा सकता था, जिस आधि को उत्तमर्ण व्यापार में लगाए उसका लाभ अधमर्ण को दिया जाता था। जो व्यक्ति बिना आज्ञा या शर्त के आधि का उपभोग करता, उससे आधि के अच्छी हालत का मूल्य वसूल किया जाता और अलग से उस पर जुर्माना किया जाता था।

आदेश और अन्वाधि : आदेश (आज्ञा) और अन्वाधि (गिरवी रखी हुई वस्तु को वापस मँगाना) के सम्बन्ध में उपर्युक्त नियम लागू था। व्यापारी यदि किसी की गिरवी रखी हुई वस्तु को किसी व्यक्ति के द्वारा कहीं दूसरी जगह भेजता और बीच ही में उस वस्तु की चोरी हो जाती तो उसे ले जाने वाले पर आधि विषयक मुकदमा नहीं चलाया जा सकता था। यदि किसी कारण वह बीच रास्ते में ही मर जाता तो उसके उत्तराधिकारियों पर भी मुकदमा नहीं चलाया जा सकता था। बाकी सब नियम उपनिधि के समान थे।

उधार ली गई वस्तु को लौटाना : उधार या किराये पर ली गई वस्तु जिस दशा में लाई जाती ठीक उसी दशा में वापस करनी पड़ती थी। यदि देश, काल, दोष या आकस्मिक आपत्ति के कारण उस वस्तु में कोई खराबी आ जाती या

सर्वथा वह नष्ट हो जाती तो उस वस्तु के सम्बन्ध में मुकदमा नहीं चलाया जा सकता था। बाकी सब नियम उपनिधि के समान लागू थे।

फुटकर वस्तुओं को बेचने का नियम : फुटकर वस्तुओं को बेचने वाले व्यापारियों द्वारा देश, काल के अनुसार अपनी वस्तुओं को बेचा जाता[30] और थोक व्यापारियों को यथोचित मूल्य और ब्याज दिए जाने का नियम था। शेष नियम उपनिधि के समान थे। यदि देश, काल के अनुसार पहले से खरीद कर रखी हुई वस्तुओं का मूल्य गिर जाए तो वर्तमान में दिए जानेवाले मूल्य के अनुसार ही उसका मूल्य और ब्याज थोक व्यापारियों को दिया जाता था। यदि थोक व्यापारियों का बड़े व्यापारियों के साथ यह तय हो चुका होता कि वे किसी नियत मूल्य पर ही माल बेचेंगे तो उसी मूल्य पर बेचते हुए यह छोटे व्यापारी, बड़े व्यापारियों को केवल मूल्य देते, ब्याज नहीं। यदि भाव गिर जाता तो उसी के अनुसार मूल्य दिया जाता था। बिना कानूनी कार्यवाही के व्यावहारिक विश्वास पर होनेवाले सौदे में यदि किसी प्रकार के दोष या आपत्ति के कारण खराबी आ जाती, माल सर्वथा ही नष्ट हो जाता तो थोक व्यापारी उसका मूल्य नहीं देते थे। किन्तु दूसरे स्थान और दूसरे समय में बेचे जाने वाले माल का छीजन (क्षय) और खर्च (व्यय) के हिसाब से उचित मूल्य और ब्याज दिया जाता था। स्टेशनरी (पण्यसमवाय) में कुछ अंश छीजन का निकाल लिया जाता था।

निक्षेप धन : निक्षेप, अर्थात् दिखाकर या गिनकर रखी जानेवाली धरोहर वस्तु के नियम उपनिधि के समान थे। किसी के निक्षेप को यदि कोई व्यक्ति किसी दूसरे को दे देता, तो देनेवाले को यथोचित दंड दिया जाता था। निक्षेप रखनेवाला व्यक्ति यदि उसे दबा देता या नष्ट कर देता तो पूर्वस्थिति की जाँच करके, इस सम्बन्ध में धरोहर रखनेवाला (निक्षेप्ता) जैसी गवाही दे तद्नुसार ही मामले का फैसला किया जाता था।[31]

शिल्पी लोग प्रायः ईमानदार नहीं होते थे। उनके यहाँ जो निक्षेप रखा जाता उसका वे लोग कोई लिखित प्रमाण (कारणपूर्व) नहीं देते थे। यदि वे लोग ऐसे अलिखित निक्षेप का अपव्यय करते तो निक्षेप्तता छिपे तौर पर दीवारों की ओर से साक्षियों को उनके (शिल्पियों) गुप्त भेद बता देता अथवा जंगल में नाव या एकान्त में विश्वास से साक्षियों को बता देता। कोई बीमार या वैदेहक किसी चिह्नित वस्तु को शिल्पी के हाथ में देकर चला जाता; बाद में निक्षेप्तता के कहने पर उसका लड़का या भाई शिल्पी के पास आकर उस चिह्नित निक्षेप को माँगता। यदि वह दे देता तो उसको ईमानदार समझा जाता और न दे तो उससे निक्षेप वसूल कर उसे चोरी की सजा दी जाती थी। कोई विश्वासी व्यक्ति संन्यासी का

वेश बनाकर किसी चिह्नित वस्तु को शिल्पी के हाथ में सौंप कर चला जाता। फिर कुछ समय बाद वह उस वस्तु को माँगे। उस वस्तु को वापस कर देने पर शिल्पी को ईमानदार समझा जाता और न देता तो निक्षेप वसूल कर उसे चोरी की सजा दी जाती थी। चिह्नित वस्तु के द्वारा ही उसको गिरफ्तार किया जाता अथवा कोई व्यक्ति रात में पुलिस से डरा-सा, मूर्ख की शक्ल बनाकर शिल्पी के हाथ में द्रव्य को सौंप कर चलता बने। वह फिर जेल में जाकर शिल्पी से अपना धन माँगे। दे दे तो ईमानदार, अन्यथा धन वसूल कर उसको चोरी का दंड दिया जाता था।[32]

शिल्पी के घर में माल की शिनाख्त करने के बाद घर के दो आदमियों से अलग-अगल उस माल को माँगा जाता। यदि दोनों ही देने से इनकार करें तो पूर्वोक्त नियम का उपयोग किया जाता था। अदालत में शिल्पी से पूछा जाता कि 'यह जो तुम धन के कारण मौज उड़ा रहे हो, यह तुम्हें कहाँ से मिला है?' इसके अतिरिक्त उस धन के व्यवहार एवं चिह्नों के सम्बन्ध में भी उससे तथा अभियोक्ता की आर्थिक दशा के सम्बन्ध में भी जाँच-पड़ताल की जाती थी।[33]

10.12 दास और श्रमिक सम्बन्धी नियम

उदरदास को छोड़कर आर्यों के प्राणभूत नाबालिग, शूद्र, वैश्य, क्षत्रिय और ब्राह्मण को यदि उनके ही परिवार का कोई व्यक्ति बेचता या गिरवी रखता तो उन पर क्रमशः 12 पण, 24 पण, 36 पण और 48 पण का दंड किया जाता था। यदि इन्हीं नाबालिग शूद्र आदि को यदि कोई दूसरा व्यक्ति बेचता या गिरवी रखता तो उक्त क्रम से उनको प्रथम, मध्यम, उत्तम साहस और प्राणवध का दंड दिया जाता था। यही दंड खरीददारों और इस मामले में गवाही देनेवालों को भी दिया जाता था।

इसमें कोई दोष नहीं था; परन्तु आर्यजाति किसी हालत में भी गुलाम नहीं बनाई जा सकती थी। यदि सारा परिवार गिरफ्तार हो जाता या बहुत सारे आर्यों पर विपत्ति आ पड़ी हो तो उस दशा में आर्य को गिरवी रखा जा सकता और जब छुड़ाने योग्य धन प्राप्त हो जाता तो पहले बालक को या सहायक को मुक्त कराया जाता था।[34] जो व्यक्ति अपने आपको गिरवी रखा चुका हो, यदि एक बार भी वह वहाँ से भाग निकले तो उसे आजीवन गुलाम बनाकर रखा जाता। जो व्यक्ति दूसरों के द्वारा गिरवी रखा गया हो, यदि वह दो बार भाग जाए तो उसे सदा के लिए दास बनाकर रखा जाता। ये दोनों दास यदि किसी दूसरे देश में चले जाने का इरादा करते तब भी इन्हें जीवनपर्यंत के लिए दास बनाया जाता था।

धन का अपहरण करने वाले तथा किसी आर्य को दास बनाने वाले व्यक्ति को आधा दंड दिया जाता। गिरवी रखे हुए व्यक्ति यदि भाग जाते, मर जाते या बीमार हो जाते तो गिरवी रखनेवाला ही उनका मूल्य देता था। जो स्वामी अपने पुरुष गुलामों से मुर्दा, मल-मूत्र या जूठन उठवाता और महिला गुलामों को अनुचित दंड दे, उनके सतीत्व को नष्ट करे, नग्नावस्था में उनके पास जाए या नंगा कराके उनको अपने पास बुलावे तो उसका धन जब्त कर लिया जाता था। यदि यही व्यवहार दाई, परिचारिका, अद्धसीतिका (जिस जाति में पुरुषों का जीवन-निर्वाह स्त्रियों पर निर्भर रहता था) और भीतरी दासी (उपचारिका) आदि के साथ किया जाता तो उन्हें दासकार्य से मुक्त कर दिया जाता। यदि उच्चकुलोत्पन्न दास से उक्त कार्य कराते तो वह दास कर्म को छोड़कर जा सकता था। अपनी दासी या गिरवी रखी हुई किसी स्त्री को उनकी इच्छा के विरुद्ध अपने वश में करने वाले व्यक्ति को प्रथम साहस दंड दिया जाता किन्तु उनको यदि दूसरे व्यक्ति के वश में करने की कोशिश करता तो उसे मध्यम साहस दंड दिया जाता था। गिरवी में आई कन्या को यदि कोई स्वयं या किसी दूसरे के द्वारा दूषित करता तो उसका बदले में दिया धन जब्त कर लिया जाता, जुर्माने के तौर पर कुछ धन वह कन्या को देता और उससे दुगुना दंड सरकार को अदा करता था।[35]

अपने आपको बेच देनेवाले आर्य पुरुष की सन्तान भी आर्य ही समझी जाती थी। वह अपने मालिक की आज्ञानुसार कमाये हुए धन को अपने पास रख सकता था। पिता की सम्पत्ति का भी उत्तराधिकारी हो सकता था। बाद में अपनी कीमत को चुकता कर वह आर्यश्रेणी में आ सकता था। इसी प्रकार उदरदास (आजीवन दास) और आहितक दास (गिरवी रखा हुआ दास) के साथ भी होता था। गिरवी रखने के अनुसार ही उनके छुड़ाने का मूल्य भी होता था। जिस व्यक्ति को दंड का धन भुगतान न करने के कारण दास बनना पड़ा हो, वह किसी तरह का कार्य कर उस धन का भुगतान करके स्वतन्त्र हो सकता था। आर्य जाति का कोई व्यक्ति यदि युद्ध में पराजित होने पर दास बनाया गया हो तो वह अपने कार्य के बल पर या समय के अनुसार या अपने पकड़े जाने का आधा मूल्य देकर छुटकारा पा सकता था।

अपने (स्वामी के) घर में पैदा हुए, दाय-भाग के समय अपने हिस्से में आए या स्वयं खरीदे हुए, बन्धु-बान्धवों से रहित, 8 वर्ष से कम उम्र के दास को उसकी इच्छा के विरुद्ध, यदि कोई व्यक्ति नीच कार्य के लिए किसी विदेशी के हाथ बेचे या गिरवी रखे तो उसे प्रथम साहस दंड दिया जाता; इसी प्रकार यदि कोई स्वामी गर्भिणी दासी को, उसके गर्भ की रक्षा का कोई प्रबन्ध न करके

दूसरे के हाथ बेचे या गिरवी रखता तो उसको भी प्रथम साहस दंड दिया जाता था। इनके अतिरिक्त उनके खरीदने वालों और गवाहों को भी यही दंड दिया जाता था।

जो व्यक्ति उचित मूल्य पाने पर भी किसी को दासता से मुक्त नहीं करता, उस पर 12 पण दंड किया जाता। यदि मुक्त न करने का कोई कारण न हो तो उसको कारावास का दंड दिया जाता। दास की सम्पत्ति के उत्तराधिकारी उसके बन्धु-बान्धव एवं कुटुम्बी लोग होते थे। उनके न होने पर दास का स्वामी ही उसकी सम्पत्ति का अधिकारी था।[36]

यदि स्वामी द्वारा अपनी दासी से सन्तान पैदा हो जाती तो वह सन्तान और उसकी माता, दोनों को दासता से मुक्त कर दिया जाता था। यदि वह स्त्री सद्गृहिणी बनकर स्वामी के घर में ही उसकी पत्नी बनकर रहना चाहे तो उसकी माँ, बहन और भाइयों को दासता से मुक्त कर दिया जाता था। एक बार मुक्त हुए दास-दासी को यदि फिर कोई व्यक्ति बेचता या गिरवी रखता तो उस पर 12 पण दंड किया जाता। किन्तु दास-दासी ही स्वयं बिकने और गिरवी रखे जाने को कहें तो किसी को दोष नहीं दिया जाता था।

नौकर का वेतन : पास-पड़ोस के रहने वालों की जानकारी में ही नौकर की नियुक्ति की जाती। जिसका वेतन तय हो गया होता वह उसी पर कार्य करता; किन्तु जिसका वेतन पहले तय न हुआ होता वह अपने कार्य और समय के अनुसार अपना वेतन लेता था। किसान का नौकर अनाज का, ग्वाले का नौकर घी का और बनिये का नौकर अपने द्वारा व्यवहार की गई वस्तुओं का दसवाँ हिस्सा लेता; बशर्ते कि उसका वेतन तय न हुआ हो। यदि वेतन पहले से तय होता तो वह उसी पर नौकरी करता था। कारीगर, नट, नर्तक, चिकित्सक, वकील (वाग्जीवन) और नौकर-चाकर आदि मेहनताने की आशा से कार्य करने वाले (आशाकारिक) व्यक्तियों को वैसा ही वेतन दिया जाता, जैसा अन्यत्र दिया जाता हो, अथवा जो भी वेतन कुशल पुरुष नियत कर देता तद्नुसार दिया जाता था। इस विषय पर विवाद होने पर साक्षियों के अनुसार ही निर्णय दिया जाता। यदि साक्षी न हों तो जैसा कार्य किया हो, उसी के अनुसार फैसला किया जाता था।[37] उनका वेतन न देने पर वेतन का दसवाँ हिस्सा या 6 पण दंड दिया जाता था। अपव्यय करने पर उसका पाँचवाँ हिस्सा या 12 पण दंड किया जाता था।

10.13 दान विधान

दान किए हुए धन को न देना कर्जा न देने के समान ही समझा जाता था। दान

किया हुआ धन यदि उपयोग में लाने के योग्य न हो तो उसे अमानत (अनुशय) के तौर पर सुरक्षित रखा जाता। दाता अपनी सारी सम्पत्ति, स्त्री, पुत्र, कलश आदि, यहाँ तक कि अपने आप को भी गिरवी रखकर दान पानेवाले (अनुशयी) का धन चुकता करता था। धर्मबुद्धि से अनजाने में असाधुओं को दान में दिया हुआ धन; या सद्बुद्धि से अच्छे कार्य के लिए बुरे व्यक्तियों को दान में दिया हुआ धन; अनुपकारी तथा अपकारी को दान में दिया हुआ धन; और काम-तृप्ति के लिए वेश्या आदि को दिया हुआ धन अमानत (अनुशय) के तौर पर सुरक्षित रखा जाता। कुशल धर्मस्थ व्यक्तियों द्वारा अनुशय का इस प्रकार निर्णय किया जाता जिससे दाता और प्रतिगृहीता, दोनों को किसी प्रकार की हानि न हो। जो भी व्यक्ति दंड, निंदा और रोग आदि के भय से दान देता तथा दान लेता, उन सब को चोरी का दंड दिया जाता। दूसरे को मारने की नियत से दान देने और दान लेनेवाले व्यक्तियों को भी यही दंड दिया जाता। यदि कोई व्यक्ति किसी कार्य में अभिमानवश राजा से अधिक दान दे तो उसे उत्तम साहस दंड दिया जाता था।[38] व्यर्थ का ऋण, दंडशेष (जुर्माना), शुल्कशेष (दहेज का धन), जुए में हारा धन, शराबखोरी में लिया हुआ ऋण और वेश्या को दिया जानेवाला धन आदि को; मृत पुरुष का कोई भी वारिस यदि न देना चाहता तो कानूनन उसको बाध्य नहीं किया जा सकता था।

अस्वामी-विक्रय : किसी वस्तु का स्वामी न होते हुए भी जो व्यक्ति उस वस्तु को बेच दे उसका दंड-विधान इस प्रकार था : अपनी खोई हुई या चोरी गई वस्तु को उसका मालिक जिस व्यक्ति के पास देखता उसको धर्मस्थ के द्वारा गिरफ्तार करा देता था। यदि देश या काल उसमें बाधक हो तो स्वयं ही पकड़कर उस व्यक्ति को धर्मस्थ के हवाले कर देता। धर्मस्थ उससे पूछता कि "तुम्हें यह कहाँ मिली?" यदि वह प्राप्त वस्तु के सम्बन्ध में पूरा विवरण बताकर कहे कि उसको वह वस्तु कहीं पड़ी हुई मिली थी और उस वस्तु को उसके असली मालिक को लौटा दे, तो उसे बरी कर दिया जाता था। यदि वह उस वस्तु के बेचने वाले का नाम बताता, तो उस विक्रेता से उस वस्तु का मूल्य खरीदने वाले को दिलाया जाता और वह वस्तु उसके असली मालिक को सौंप दी जाती तथा बेचने वाले को चोरी का दंड दिया जाता था। यदि वह भी किसी दूसरे विक्रेता का नाम लेता; वह भी किसी दूसरे को बताए, इस प्रकार जो भी उसका पहला विक्रेता सिद्ध हो वही उस वस्तु का मूल्य और चोरी का जुर्माना अदा करता था। खोई हुई वस्तु को उसका मालिक प्रमाणरूप में लेख तथा साक्षी दिखाकर ही प्राप्त कर सकता था। यदि वह पुरुष उस वस्तु को अपनी सिद्ध न कर सके तो उसके मूल्य

का पाँचवाँ हिस्सा जुर्माना भरता और वह वस्तु धर्मानुसार राजा के अधिकार में दे दी जाती थी।[39]

अपनी खोई हुई वस्तु को किसी के पास देखकर बिना धर्मस्थ को सूचित किए ही उसका मालिक स्वयं ही छीनने लगे तो उसको प्रथम साहस दंड दिया जाता था। किसी का खोया हुआ या चोरी गया माल मिल जाता तो वह चुंगीघर में जमा कर दिया जाता था। डेढ़ महीने तक यदि उसका मालिक उसको न ले तो उसको सरकारी माल में जमा कर दिया जाता; अथवा साक्षी आदि के द्वारा मालिक अपना स्वत्व सिद्ध करके उस माल को ले लेता था। नष्ट या अपहृत दास-दासी को छुड़ाने के लिए प्रति व्यक्ति के हिसाब से 5 पण, छुड़ाने वाला, जमा करता था। इसी प्रकार घोड़े-गधे आदि को छुड़ाने के लिए 1/4 पण; गाय, भैंस आदि को छुड़ाने के लिए 2 पण, छोटे-छोटे पशुओं को छुड़ाने के लिए 1/4 पण; रत्न आदि बहुमूल्य, टिकाऊ वस्तुओं, रसहीन (फल्गु) वस्तुओं और ताँबा आदि धातुओं को छुड़ाने के लिए 5 पण सरकारी टैक्स (निष्क्रय) छुड़ाने वाले को जमा करना पड़ता था। दूसरे राजा के द्वारा या जंगलियों द्वारा अपहरण किए हुए दास, दासी या चौपाया आदि को राजा स्वयं लाकर उनके स्वामियों को देता। चोरों द्वारा चुराई गई वस्तु यदि नष्ट हो जाती या राजा भी उसको लौटा कर न ला सके, तो राजा अपने द्रव्यों में से उस वस्तु को उसके स्वामी को दे देता। चोरों को पकड़ने के लिए नियुक्त हुए राजपुरुषों द्वारा लाई गई वस्तु उसके मालिक को दे दी जाती; यदि ऐसा सम्भव न हो तो उस खोई हुई वस्तु का मूल्य उसके स्वामी को दे दिया जाता था। दूसरे देश से जीत कर लाए हुए धन का उपभोग, राजा की आज्ञा प्राप्त कर किया जाता; किन्तु वह धन यदि आर्यों, देवताओं, ब्राह्मणों और तपस्वियों का हो तो उसका उपभोग न कर, प्रत्युत उसको लौटा दिया जाता था।[40]

10.14 साहस

खुले आम बलात्कार करना, डाके डालना तथा मारधाड़ करना **साहस** कहलाता था। छिपकर किसी वस्तु का अपहरण करना या किसी वस्तु को लेकर देने से मुकर जाना **चोरी** कहलाता था। कौटिल्य का अभिमत है कि उन्हें 'अपराध के अनुसार ही दंड दिया जाए।' फूल, फल, शाक, मूल, कंद, पका अन्न, चमड़ा, बाँस और मिट्टी के बर्तन आदि छोटी-छोटी वस्तुओं का अपहरण करने वाले पर 12 पण से लेकर 24 पण तक का दंड दिया जाता था। इसी प्रकार लोहा, लकड़ी, रस्सी, छोटे पशु और वस्त्र[41] आदि वस्तुओं के अपहरण में 24 से 48

पण तक का दंड किया जाता था। ताँबा, पीतल, काँसा, काँच और हाथीदाँत आदि की बनी हुई वस्तुओं पर डाका डालने वाले पर 48 से 96 पण तक का जुर्माना किया जाता; इसी को प्रथम साहस दंड कहते थे। बड़े पशु, मनुष्य, खेत, मकान, हिरण्य, सोना और बड़ी कीमत के वस्त्र आदि द्रव्यों पर डाका डालने वाले को दो-सौ पण से पाँच सौ पण तक का दंड दिया जाता; इसी का नाम **मध्यम साहस दंड** था। स्त्री-पुरुष को जबरदस्ती बाँधने, बँधवाने वाले और राजाज्ञा से बँधे हुए स्त्री-पुरुष को अनाधिकार जबरदस्ती छोड़ने या छुड़वाने वाले व्यक्ति को 500 पण से लेकर 1000 पण तक का दंड दिया जाता; प्राचीन आचार्यों के मतानुसार यही **उत्तम साहस दंड** कहलाता था। जो व्यक्ति जानबूझ कर या सूचना देकर डाका (साहस) डालता, उसे दुगुना दंड दिया जाता था। जो व्यक्ति किसी को डाका डालने के लिए यह कहकर प्रेरित करे कि 'तुम्हारे छुड़ाने पर जितना खर्च होगा, उतना मैं लाऊँगा', उसे चौगुना दंड दिया जाता था। जो व्यक्ति 'तुम्हें इतना सुवर्ण दूँगा' इस प्रकार धन की तादाद का प्रलोभन देकर डाका डलवाये, उससे उतना ही सुवर्ण वसूल किया जाए और इसके अतिरिक्त उसे यथोचित दंड दिया जाता था। कौटिल्य का कहना है कि 'इस प्रकार साहस कार्य करानेवाले व्यक्ति को यदि वह इसका कारण क्रोध, उन्माद या अज्ञानता बताए तो वही दंड दिया जाए, जो साहस आदि कर्म करने वालों के लिए बताया गया है।' सब दंडों में प्रति सैकड़ा 8 पण रूप (सरकारी टैक्स) और दंड की रकम सौ से कम होने पर प्रति सैकड़ा 5 पण ब्याजी (सरकारी टैक्स) समझा जाता था।[42]

10.15 वाक्यपारुष्य

गाली-गलौज, निन्दा और धमकाना आदि वाक्यपारुष्य नामक अपराध के अन्तर्गत थे। वाक्यपारुष्य के पाँच भेद थे–1. शरीर, 2. प्रकृति, 3. श्रुत, 4. वृत्ति और 5. देश।

शरीर : इनमें शरीर को लक्ष्य करके यदि कोई व्यक्ति काने, गंजे, लँगड़े, लूले को काना, गंजा, लंगड़ा, लूला कहकर पुकारता तो उस पर 3 पण दंड किया जाता। यदि झूठी निन्दा करता तो 6 पण दंड किया जाता था। यदि कोई व्यक्ति किसी काने, लंगड़े आदि की ब्याज स्तुति के भाव से यह कहे कि 'वाह तुम्हारी आँखें आदि कितनी सुन्दर हैं' तो उस पर 12 दंड किया जाता था।

किसी व्यक्ति की कोढ़ी, पागल या नपुंसक आदि कहकर निन्दा करने वाले पर भी 12 पण दंड किया जाता था। यदि कोई व्यक्ति अपने बराबर वालों की सच्ची, झूठी तथा ब्याज स्तुति से निन्दा करता तो उस पर क्रमशः 12, 24 और

36 पण दंड किया जाता था। यदि अपने से बड़ों के साथ कोई ऐसा व्यवहार करता तो उस पर दुगुना दंड किया जाता था। अपने से छोटों के साथ ऐसा करने पर आधा दंड किया जाता। दूसरों की स्त्रियों के साथ ऐसा करने वाले पर भी दुगुना दंड किया जाता। यदि ऐसी निन्दा पागलपन, मद या किसी मोह के कारण की गई हो तो उस पर भी आधा दंड किया जाता था।[43] किसी को कोढ़ी, पागल सिद्ध करने के लिए उनके चिकित्सक या साथ रहने वाले ही प्रमाण माने जाते थे। पेशाब में झाग न उठना और पानी में विष्ठा का डूब जाना नपुंसक स्त्री का प्रमाण समझा जाता था।

प्रकृति : ब्राह्मण, क्षत्रिय, वैश्य, शूद्र और अन्त्यज जातियों (प्रकृतियों) में यदि पूर्व-पूर्व वे एक दूसरे की निन्दा करता तो अन्त्यज को 3 पण, 6 पण, 9 पण और 12 पण दंड दिया जाता। इसी प्रकार ब्राह्मण निन्दा करता तो 2 पण, 4 पण, 6 पण और 8 पण उसको दंड दिया जाता। इसी प्रकार कुब्राह्मण, महाब्राह्मण आदि निन्दित वाक्य कहने वाले को यही दंड दिया जाता था।

श्रुति : पढ़ाई, विद्वता, योग्यता आदि विषयों को लेकर वाग्जीवी, व्यक्ति यदि एक दूसरे की निन्दा करें तो उन्हें यही दंड दिया जाता था।

वृत्ति : शिल्पी, कुशीलव (नट, नर्तक, गायक) आदि यदि एक दूसरे की आजीविका की निन्दा करें तो उन्हें यही दंड दिया जाता था।

देश : भिन्न-भिन्न देशों के रहने वाले यदि एक दूसरे के देश की निन्दा करें तो उन्हें उक्त दंड दिया जाता था। यदि कोई व्यक्ति किसी दूसरे व्यक्ति को यह कहकर कि 'मैं तुम्हें पीटूँगा या तुम्हारे साथ ऐसा कार्य करूँगा' धमकाए, पर मारे-पीटे नहीं तो उसे पूर्वोक्त दंड से आधा दंड दिया जाता था। यदि कोई निर्बल व्यक्ति, किसी को डराए-धमकाए, क्रोध, उन्माद या पागलपन प्रकट करे तो उस पर 12 पण दंड किया जाता था।[44] यदि यह बात साबित हो जाती कि किसी ने शत्रुतावश किसी दूसरे व्यक्ति के हाथ-पैर तोड़ने की धमकी दी और वह ऐसा करने में समर्थ भी था, तो उसे उसकी आमदनी तथा हैसियत के अनुसार यथोचित दंड दिया जाता था।

यदि कोई व्यक्ति अपने देश या गाँव की निन्दा करता तो उसे प्रथम साहस दंड, अपनी जाति तथा समाज की निन्दा करता तो उसे मध्यम साहस दंड और देवालयों की निन्दा करे तो उसे उत्तम साहस दंड दिया जाता था।[45]

10.16 दंडपारुष्य

किसी को छूना, पीटना या हाथ उठाना और चोट पहुँचाना दंडपारुष्य था। नाभि

से नीचे के हिस्से पर हाथ, कीचड़, राख और धूल डालने वाले व्यक्ति को 3 पण दंड दिया जाता था। यदि किसी को अपवित्र हाथ से छू दिया जाता, पैर से छू दिया जाता तो उस पर 6 पण दंड किया जाता था। यही हरकतें यदि नाभि से ऊपर के हिस्से से की जातीं तो उसे दुगुना दंड दिया जाता। यदि सिर पर की जाती तो चौगुना दंड दिया जाता था। यदि अपने से श्रेष्ठ व्यक्तियों के साथ ऐसा व्यवहार किया जाता तो उसे दुगुना दंड दिया जाता था। अपने से छोटों के साथ यदि ऐसा व्यवहार किया जाता तो आधा दंड दिया जाता। दूसरों की स्त्रियों के साथ ऐसी हरकतें करने पर भी दुगुना दंड देना पड़ता था। यदि कोई व्यक्ति प्रमाद, उन्माद या अज्ञानतावश ऐसा करता तो उसे आधा दंड दिया जाता था। पैर, वस्त्र, हाथ और बालों को पकड़ने वाले व्यक्ति पर क्रमशः 6, 12, 18 और 24 पण दंड किया जाता था। किसी को पकड़ने पर, बाँधने पर, कालिख पोतने पर, घसीटने पर और नीचे पटक उसके ऊपर चढ़ बैठने पर प्रथम साहस दंड दिया जाता। किसी को जमीन पर पटक कर भाग जानेवाले को प्रथम साहस का दंड दिया जाता था।[46]

शूद्र जिस अंग से ब्राह्मण पर प्रहार करता उसका वह अंग काट दिया जाता था। शूद्र यदि ब्राह्मण का हाथ या पैर झटक दे तो उस पर यथोचित दंड किया जाता और केवल छू दे तो उक्त दंड का आधा दंड किया जाता था। इसी प्रकार चांडाल आदि नीच जातियों के सम्बन्ध में दंड-व्यवस्था थी। हाथ से ढकेलने या झटकने पर 3 पण से 12 पण तक का दंड लगाया जाता था। पैर से प्रहार करने पर दुगुना दंड दिया जाता था। काँटा, सूई, आलपीन आदि चुभा देने पर प्रथम साहस दंड और प्राणघातक वस्तु द्वारा चोट पहुँचाने पर मध्यम साहस दंड दिया जाता था। लकड़ी, ढेला, पत्थर, लोहे की छड़ तथा रस्सी आदि किसी एक वस्तु से मारने पर यदि खून न निकले तो 24 पण और खून निकले तो 48 पण दंड दिया जाता। यदि वह खून कोढ़, फोड़ा, फुंसी आदि के कारण निकला हो तो दुगुना दंड नहीं दिया जाता था।

यदि बिना खून निकाले ही मारते-मारते किसी को अधमरा कर दिया जाता या उसके हाथ-पैरों के जोड़ तोड़ दिए जाते तो मारने वाले को प्रथम साहस दंड दिया जाता था। हाथ, पैर तथा दाँत तोड़ देने पर, कान तथा नाक काट देने पर और घावों को फोड़ देने पर भी प्रथम साहस दंड दिया जाता; किन्तु वे घाव यदि फोड़े, फुंसी आदि के कारण हुए हों, उसी दशा में प्रथम साहस दंड दिया जाता था।[47] पैर या गर्दन तोड़ देने पर, आँख फोड़ने पर, जीभ, हाथ, पैर और मुँह आदि को काट देने पर मध्यम साहस दंड और अपराधी को उस अपंग व्यक्ति

की दवा-दारू, खाने-पीने तथा आवश्यक व्यय का इन्तजाम उस समय तक करना पड़ता करता जब तक वह पूर्ण स्वस्थ नहीं हो जाता।

यदि बहुत से आदमी मिलकर एक आदमी को मारते तो उनमें से प्रत्येक आदमी को उससे दुगुना दंड दिया जाता, जितना दंड एक आदमी द्वारा मारने पर दिया जाता था। कौटिल्य का कथन है कि 'अदालत में कोई आगे आए या पीछे, साक्षियों के कथनानुसार ही मुकदमे का फैसला दिया जाए। यदि साक्षी न हों तो चोट आदि से और चोट भी यदि भीतरी हो तो अन्य लक्षणों से झगड़े की असलियत जानकर फैसला करना चाहिए।' फौजदारी के मामलों में यदि प्रतिवादी उसी दिन जवाब न दे तो उसकी हार समझी जाती। दो आदमियों को झगड़े में फँसा हुआ जानकर उनकी वस्तुओं को यदि कोई तीसरा ही व्यक्ति उड़ाकर ले जाता तो उसे दस पण दंड दिया जाता था। यदि झगड़े में कोई किसी की छोटी-छोटी वस्तुओं को नष्ट कर दे तो वह उसका मूल्य मालिक को दे और उतना ही दंड उसे राजकोष में जमा करना पड़ता था।[48] यदि इसी प्रकार झगड़े में बड़ी-बड़ी वस्तुएँ नष्ट हो जातीं तो उनकी कीमत मालिक को और मूल्य का दुगुना दंड सरकार को दिया जाता था। यदि कोई वस्त्रों, आभूषणों और हिरण्य तथा सुवर्ण के बने बर्तनों को नष्ट करे तो वह मालिक को उनकी पूरी कीमत चुकाता और सरकार की ओर से उसे प्रथम साहस दंड दिया जाता था। दूसरे की दीवार को धक्का देकर या चोट मारकर हिलाने वाले व्यक्ति को 3 पण दंड दिया जाता; दीवार को तोड़ने-फोड़ने पर 6 पण तथा गिराने पर 12 पण दंड और नुकसान का मुआवजा लिया जाता था। यदि कोई व्यक्ति किसी के घर में कोई घातक वस्तु फेंके तो उसे 12 पण दंड दिया जाता; यदि प्राण-घातक वस्तु फेंके तो प्रथम साहस दंड दिया जाता था।

छोटे-छोटे जानवरों को लकड़ी, बाँस आदि से मारने पर एक या दो पण दंड दिया जाता। यदि मारने पर जानवर के खून निकल जाता तो दुगुना दंड दिया जाता था। गाय, भैंस आदि बड़े पशुओं को इसी प्रकार चोट पहुँचाने पर दुगुना दंड दिया जाता और अपराधी से दवा-दारू के लिए भी खर्च लिया जाता था।

नगर के बाग-बगीचों में लगे हुए फल-फूल तथा छायादार पेड़ों के पत्ते आदि तोड़ने पर 6 पण; छोटी-छोटी शाखाओं की टहनियाँ तोड़ने पर 12 पण; मोटी-मोटी शाखाओं को काटने पर 24 पण; तने के ऊपर स्कंध को काटने पर प्रथम साहस दंड; और पेड़ को जड़ से काटने पर मध्यम साहस दंड दिया जाता था।[49] फली-फूली छायादार वृक्ष-लता, तीर्थस्थानों, तपोवनों और श्मशानों के वृक्षों को काटने वाले पर भी आधा दंड दिया जाता था। सीमा के पेड़ों, मन्दिरों के पेड़ों, राजा की ओर

से मुहर लगे पेड़ों और सरकारी जंगलों के पेड़ों को काटने पर दुगुना जुर्माना किया जाता था।[49]

10.17 द्यूत समाह्वय और प्रकीर्णक

द्यूताध्यक्ष किसी एक नियत स्थान में जुआ खेलने का प्रबन्ध करता था। उस नियत स्थान को छोड़कर दूसरी जगह जुआ खेलने वाले पर 12 पण दंड किया जाता; ऐसा इसलिए किया गया ताकि ठगी, धोखेबाजी लोगों को पता लग सके। 'जुए के मुकदमों में जीतने वाले को प्रथम साहस दंड; और हारने वाले को मध्यम साहस दंड दिया जाता; क्योंकि हारने वाला मूर्ख जीतने की इच्छा से जुआ खेलता और हार जाने पर अपनी हार को सहन न कर जीतने वाले से झगड़ा कर बैठता था।' ऐसा प्राचीन आचार्यों का मत है। परन्तु आचार्य कौटिल्य इस बात को नहीं मानते हैं। उनका कहना है कि 'यदि हारने वाले को जीतने वाले से दुगुना दंड दिया जाएगा तो फिर कोई भी हारने वाला जुआरी अदालत की शरण में न जा सकेगा; और उसका नतीजा यह होगा कि धूर्त लोग कपट से जुआ खेलते रहेंगे।'

द्यूताध्यक्षों द्वारा जुआघर में साफ कौड़ी और पासे रखा जाता था। यदि कोई जुआरी उन कौड़ियों और पासों को बदले तो उस पर 12 पण दंड किया जाता था। यदि कोई छल-कपट से जुआ खेलता तो उसे प्रथम साहस दंड दिया जाता और उसके जीते हुए धन को छीन लिया जाता तथा रखवाए गए पासों में कुछ तब्दीली करके दूसरे को धोखा देने के अभियोग में चोरी का दंड दिया जाता था।[50]

जीतने वाले जुआरी से द्यूताध्यक्ष 5 प्रतिशत सरकारी कर लेता और कौड़ी, पासे, अरल (पासे फेंके जाने के लिए चमड़े की चौकी), शलाका, जल तथा जमीन का किराया भी वसूल करता। जुआरियों को चीजें बेचने और गिरवी रखने की इजाजत भी दे देता था। यदि अध्यक्ष, जुआरियों को पासे, हाथ की सफाई आदि से न रोकता तो जितना धन वह जुआरियों से वसूल करता, उससे दुगुना जुर्माना उस पर किया जाता था। यही नियम उन लोगों के सम्बन्ध में भी लागू था जो मुर्गा, तीतर, भेड़ आदि की लड़ाई में बाजी लगाते; किन्तु विद्या और शिल्प की बाजी लगाने वाले जुआरियों के लिए ये नियम नहीं थे।

इस प्रसंग में जिन विषयों के सम्बन्ध में कहना शेष रह गया है उन विषयों को **प्रकीर्णक** कहते थे। यदि कोई पुरुष उधार ली हुई (याचितक), किराये पर ली हुई (अवक्रीतक) और धरोहर के तौर पर रखी हुई (आहितक) वस्तु एवं जेवर बनाने के लिए सुवर्ण आदि को ठीक स्थान तथा ठीक समय पर वापस नहीं करता; निश्चित समय एवं स्थान का वायदा कर फिर न मिले; बेड़ा आदि

के द्वारा पार कराके ब्राह्मण से किराया माँगे; पड़ोसी श्रोत्रिय को छोड़कर बाहरी श्रोत्रिय को निमन्त्रण दे; तो उस पर 12 पण दंड किया जाता था। वायदा किए धन को न देनेवाले; भौजाई का हाथ पकड़कर झटका देनेवाले; दूसरे की रखैल वेश्या के यहाँ जानेवाले; दूसरे के हाथ बिके पदार्थ को खरीदने वाले; सरकारी चिह्नों से युक्त मकान को गिराने वाले और सामन्तों के चालीसों कुलों तक बाधा पहुँचाने वाले; व्यक्ति पर 48 पण दंड किया जाता था।[51]

जो व्यक्ति वंशानुक्रम से भोगी जानेवाली सर्वसाधारण सम्पत्ति का अपव्यय करे; स्वतन्त्र रहनेवाली विधवा के साथ बलात्कार करे; चांडाल होकर आर्या स्त्री को छूए; पड़ोसी की आपत्ति पर सहायता न करे; बिना कारण पड़ोसी के यहाँ जाए-आए और बौद्ध भिक्षुओं तथा शूद्रा संन्यासियनों को यज्ञादि देवकर्मों तथा श्राद्धादि पितृकर्मों में भोजन कराए; उस पर सौ पण दंड किया जाता था।

न्यायाधीश (धर्मस्थ) की आज्ञा के बिना ही साक्षी के तौर पर शपथ खाने वाले; अनाधिकारी को अधिकार देने वाले; छोटे-छोटे पशुओं को बधिया बना देने वाले और दवा देकर दासी के गर्भ को गिरा देने वाले; व्यक्ति को प्रथम साहस दंड दिया जाता था। पिता-पुत्र, भाई-बहन, मामा-भानजा और गुरु-शिष्य आदि में से कोई भी किसी को बिना पतित हुए त्याग दे; या किसी व्यापारी काफिले का मुखिया अपने साथ के किसी बीमार व्यक्ति को रास्ते के किसी गाँव में ही छोड़ दे; उनको प्रथम साहस दंड देना पड़ता था। यदि किसी बीहड़ वन में छोड़ दे तो उस पर मध्यम साहस दंड लगता और यदि मार डाले तो उस व्यापारी को उत्तम साहस दंड तथा उसके साथ जितने लोग हों, उन पर इसी अपराध में आधा दंड किया जाता था। जो व्यक्ति किसी बेगुनाह व्यक्ति को बाँधे, बँधवाये उस पर हजार पण दंड किया जाता था। इस तरह किसी भी व्यक्ति को अपराध के अनुसार ही दंड दिया जाता था। दानी, तपस्वी, भूखा, बीमार, प्यासा, रास्ते का थका, परदेशी, अनेक बार दंड पाने से दुखी और निर्बल-निर्धन व्यक्तियों पर सदा अनुग्रह रखा जाता था।[52]

धर्मस्थ अधिकारियों को देव, ब्राह्मण, तपस्वी, स्त्री, बालक, बूढ़ा, बीमार और अपने दुखों को कहने के लिए न जानेवाले अनाथों का कार्य खुद ही करना पड़ता था। स्थान तथा समय का बहाना लगाकर उसके धन का अपहरण न किया जाए; अथवा देश, काल के बहाने उनको तंग न किया जाए। जो व्यक्ति, विद्या, बुद्धि, पौरुष, कुल और सत्कार्यों के कारण आदरयोग्य हों, उनकी सदा प्रतिष्ठा की जाती थी।[53]

10.18 शिल्पियों से प्रजा की रक्षा

तीन कमिश्नर (प्रदेष्टा) या तीन मन्त्री प्रजापीड़क व्यक्तियों से प्रजा की रक्षा (कंटक शोधन) करते थे। अच्छे स्वभाववाले शिल्पियों के मुखिया; सबके सामने लेन-देन का कार्य करने वाले; अपने ही धन से गहने आदि बनानेवाले और साझीदारों में विश्वसनीय, शिल्पी लोग ही किसी के धन को गिरवी (निक्षेप) रख सकते थे। गिरवी रखने वाला यदि मर जाता या विदेश चला जाता तो उसके साझीदार मिल-जुलकर उस गिरवी रखे हुए धन को अदा करते थे। कारीगर लोग स्थान, समय और कार्य आदि का निश्चय करके ही किसी कार्य को आरम्भ करते थे। कोई बहाना बनाकर समय और कार्य आदि का निश्चय न करके किसी कार्य को आरम्भ करने की मनाही थी।

जो शिल्पी ठीक समय पर काम पर हाजिर न हों उनका चौथाई वेतन काट लिया जाता और उन पर उससे दुगुना जुर्माना किया जाता था। किन्तु किसी हिंसक प्राणी द्वारा बाधा उत्पन्न हो जाने या किसी आकस्मिक आपत्ति के आ जाने के कारण यदि वह ठीक समय से काम पर हाजिर न हो सका तो उसे अपराधी नहीं समझा जाता था। यदि कारीगर से कोई कार्य बिगड़ जाता तो वह उसके नुकसान को भरता; किन्तु किसी विपत्ति के कारण यदि ऐसा हुआ हो तो उसको अपराधी न समझा जाता। यदि कारीगर काम बिगाड़ दें तो उनको मजदूरी नहीं दी जाती; बल्कि उन पर वेतन का दुगुना जुर्माना किया जाता था।[54]

जुलाहा (तंतुवाय) प्रति दस पल पर एक पल अधिक सूत, कपड़ा बुनने के लिए लेता। यदि वह इससे अधिक छीजन निकाले तो उस पर छीजन का दुगुना जुर्माना किए जाने का प्रावधान था। जितने कीमत का सूत हो उतनी ही उसकी बुनाई दी जाती; और रेशमी कपड़ों की बुनाई सूत से ड्योढ़ी दी जाती। धुले हुए रेशमी कपड़ों (पत्रोर्ण), ऊनी कंबलों और दुशालों की बुनाई सूती कपड़े से दुगुनी दी जाती थी।

जितने नाप का कपड़ा बुनने को दिया जाता यदि बुनकर उतना न निकाले तो उसी हिसाब से जुलाहे की मजदूरी काटी जाती और उस पर उस कम बुनाई का दुगुना जुर्माना किया जाता। यदि सूत तौलकर दिया गया हो तो बुने हुए कपड़े में जितनी कमी निकले उसका चौगुना दंड जुलाहे को किया जाता था। यदि वह सूत को ही बदल दे तो उस पर मूल्य से दुगुना दंड किया जाता। इसी आधार पर सूती कपड़ों की बुनाई के सम्बन्ध में नियमों का पालन किया जाता था। सौ पल वजनी ऊन में से 5 पल ऊन पिंजाई-धुनाई में कम हो जाता था और 5 पल ऊन बुनाई के समय रूओं के रूप में उड़ जाती; अर्थात् धुनाई-बुनाई

के समय प्रति सैकड़ा दस पल ऊन कम हो जाती थी, इससे अधिक नहीं।

धोबियों (रजकों) द्वारा लकड़ी के फट्टे पर या साफ पत्थर पर ही कपड़ों को साफ किया जाता था। दूसरी जगह धोने पर यदि कपड़ा फट जाए तो वे उसका नुकसान भरते थे और दंड रूप में 6 पण भी अदा करते थे।[55] धोबियों के अपने पहनने के कपड़ों पर मुद्गर का निशान होता; जिस धोबी के कपड़ों पर यह निशान न रहता उस पर 3 पण दंड किया जाता था। जो धोबी धुलाई के कपड़ों को बेचता, किराये पर दे या गिरवी रखता उस पर 12 पण दंड किया जाता था। कपड़ा बदल जाने पर कपड़े के मूल्य का दुगुना दंड और कपड़ा भी उसे वापस करने का प्रावधान था। धोबी अधखिली पुष्पकली के समान स्वच्छ-श्वेत कपड़े को धोकर एक दिन में ही वापस करे, शिलापट्ट के समान स्वच्छ कपड़े को 2 दिन में, धुले हुए सूत की तरह श्वेत कपड़े को 3 दिन में और अत्यन्त श्वेत कपड़े को 4 दिन में धोकर वापस करना पड़ता था। इसी प्रकार हलके रंग वाले कपड़े को 5 दिन में, नीले, गाढ़े रंग के, हरसिंगार, लाख तथा मजीठ आदि में रँगे कपड़े को 6 दिन में, रेशम, पशम, बेल-बूटेदार जैसे कठिनाई से धुले जाने योग्य उत्तम कपड़ों को 7 दिन में धोकर वापस करता था। इसके बाद वापस करने पर उसकी धुलाई नहीं देने का नियम था।

यदि रंगीन कपड़ों की धुलाई देने में झगड़ा हो जाता तो उसका फैसला रंगों को ठीक-ठीक समझने वाले कुशल व्यक्ति करता था। बढ़िया रंगीन कपड़ों की धुलाई एक पण, मध्यम दर्जे के रंगीन कपड़ों की धुलाई आधा पण और मामूली रंगीन कपड़ों की धुलाई चौथाई पण दी जाती थी। इसी प्रकार मोटे कपड़ों की धुलाई एक या दो माष और रंगे हुए कपड़ों की धुलाई इससे दुगुनी दी जाती थी। कपड़े की पहली धुलाई में उसकी चौथाई कीमत कम हो जाती थी। दूसरी धुलाई में शेष मूल्य का पाँचवाँ हिस्सा कम हो जाता और तीसरी धुलाई में उस शेष मूल्य का छठा हिस्सा कम हो जाता था।[56] धोबियों के समान ही **दर्जियों** (तुन्नवाय) पर नियम लागू थे।

यदि सुनार निम्नकोटि के नौकर-चाकरों (अशुचिहस्त) के हाथ से, सोने-चाँदी के बने हुए जेवर (सरूप); सुवर्णाध्यक्ष को सूचित किए बिना ही खरीद ले तो उस पर 12 पण दंड किया जाता था। यदि बिना गहने की सोना-चाँदी खरीदे तो 24 पण; चोर के हाथ से खरीदे तो 48 पण और दूसरों से छिपाकर गहने आदि को तोड़-मरोड़कर थोड़ी कीमत में खरीदे तो उसको चोरी का दंड दिया जाता था। बनाए हुए माल को बदल देने वाले सुनार को भी चोरी का दंड देने का नियम था। यदि सुनार सोने में से एक माष सोना चुरा ले तो उस पर दो-सौ

पण दंड किया जाता था। यदि एक धरण चाँदी में से एक माष चाँदी चुरा ले तो उस पर 12 पण दंड दिया जाता था। इसी प्रकार अधिकाधिक चोरी के अनुसार अधिकाधिक दंड की व्यवस्था थी। यदि कोई सुनार खोटे सोने-चाँदी पर नकली रंग चढ़ा देता या शुद्ध सोना-चाँदी में नकली धातु मिला दे तो उस पर 500 पण दंड किया जाता। सोने-चाँदी के खरे-खोटे की जाँच आग में तपाकर की जाती थी। एक धरण मान चाँदी के गहने आदि की बनवाई एक माषक दी जाती थी। जितने तौल की सोने की चीज बनवाई जाती उसका आठवाँ हिस्सा बनवाई दी जाती थी। विशेष कारीगरी के लिए दुगुनी बनवाई दी जाती थी। इसी के अनुसार अधिक कार्य करवाने की मजदूरी का नियम था।

ताँबा, सीसा, काँसा, लोहा, राँगा और पीतल इनकी बनवाई 5 प्रति सैकड़ा दी जाती थी। ताँबे का दसवाँ हिस्सा, बनाते समय छीजन के लिए छोड़ दिया जाता था। इससे एक पल भी कम हो जाने पर नुकसान का दंड देना पड़ता था। इसी प्रकार अधिक हानि के अनुपात से दंड का विधान था।[57] सीसे और रांगे की चीजों में बीसवाँ हिस्सा छीजन में निकल आता था। इनके एक पल की बनवाई का एक काँकड़ी वेतन दिया जाता था। कलायस (काला लोहा) की चीजों में पाँचवाँ हिस्सा छीजन में निकल जाता था। उसकी बनवाई दो काँकड़ी वेतन दिया जाता था। इसी अनुपात से बनवाई दी जाती थी। यदि सिक्कों का पारखी (रूपदर्शक) चलते हुए खरे पण खोटा और खोटे पण को खरा बताए तो उस पर 12 पण जुर्माना किया जाता था। 5 प्रति सैकड़ा टैक्स (ब्याजी) सरकार को देकर पण चलाया जा सकता था। एक पण को चलाने के लिए माषक रिश्वत लेनेवाले लक्षणाध्यक्ष को 12 पण दंड दिया जाता था।

यदि छिपकर कोई जाली सिक्के बनवाए या जाली सिक्कों को स्वीकार करता अथवा उसका निर्यात करता, उस पर एक हजार पण दंड दिया जाता था। खजाने में अच्छे सिक्कों की जगह जाली सिक्के रखने वाले को मृत्यु दंड देने का नियम था। खान से निकले हुए रत्नों को साफ करने वाले कर्मचारी, टूटे-फूटे सारभूत माल का तीसरा हिस्सा ले लेते। बाकी दो हिस्से तथा रत्नों को राजकोष के लिए रखा जाता था। रत्न चुराने वाले कर्मचारी को उत्तम साहस दंड देने का प्रावधान था।

जो व्यक्ति राजा को रत्नों का, खान तथा गड़े हुए खजाने का पता देता उस व्यक्ति को उसमें से छठा हिस्सा दिया जाता था। यदि वह इसी कार्य के लिए राजा की ओर से नियुक्त हो तब उसे बारहवाँ हिस्सा दिया जाता था।[58] गड़ा हुआ खजाना यदि एक लाख पण से अधिक निकलता तब उसका स्वामी राजा होता

था। अन्यथा वह पता देनेवाले व्यक्ति को ही दिया जाता; किन्तु उनमें से छठा हिस्सा राजा को देने का नियम था। साक्षी और लेख आदि के प्रमाण से यदि यह साबित हो जाता कि खजाना पानेवाले व्यक्ति के पूर्वजों का था; यदि वह व्यक्ति सदाचारी था तो उस खजाने का स्वामी वही समझा जाता था। यदि वह साक्षी और लेख आदि के बिना ही उस खजाने पर अधिकार जमाने लगता तो उस पर 500 पण दंड दिया जाता था। यदि कोई छिपकर चुपचाप ही अपना कब्जा कर लेता तो उस पर एक हजार पण दंड किया जाता था।

राजा को बिना सूचित किए यदि कोई वैद्य किसी ऐसे रोगी का इलाज करता जिसके मरने की सम्भावना हो, और दवा देने के दौरान ही उसकी मृत्यु हो जाए तो उस वैद्य को प्रथम साहस दंड दिया जाता था। यदि इलाज में भूल हो जाने के कारण मृत्यु हुई हो तो मध्यम साहस दंड दिया जाता था। शरीर के किसी विशेष अंग का गलत ऑपरेशन होने के कारण यदि रोगी का वह अंग जाता रहे, या दूसरी तरह की हानि हो जाती तो वैद्य को दंड-पारुष्य प्रकरण के अनुसार यथोचित दंड दिया जाता था।

वर्षा ऋतु में नट नर्त्तक आदि एक ही स्थान पर निवास करते थे। उनकी कला से प्रसन्न होकर यदि कोई व्यक्ति उन्हें उचित मात्रा से अधिक पुरस्कार दे तो वे उसे स्वीकार नहीं करते, अपनी अधिक तारीफ को भी वे पसन्द नहीं करते थे। इस नियम का उल्लंघन करने पर 12 पण दंड लगाया जाता था। किसी खास देश, जाति, गोत्र या चरण के मजाक या निन्दा को छोड़कर तथा मैथुन सम्बन्धी कर्तव्यों को छोड़कर नट लोग जो चाहें अपने इच्छानुसार खेल दिखाकर दर्शकों को खुश कर सकते थे।[59]

नटों के ही अनुसार नाचने-गाने वालों और भिक्षुकों पर नियम लागू थे। दूसरों के मर्म को पीड़ा पहुँचाने पर इन लोगों को अपराध के अनुसार जितना पण दंड दिया जाता, यदि वे उसको अदा न कर सकें तो उन पर उतने ही कोड़े लगवाए जाने का नियम था। इस प्रकार बनावटी साधु, बनिये, कारीगर, नट, भिखारी और ऐंद्रजालिक आदि चोरों को तथा इसी प्रकार के अन्य पुरुषों को देश में पीड़ा, पहुँचाने से रोका जाता था।[60]

10.19 व्यापारियों से प्रजा की रक्षा

बाजार का अध्यक्ष (संस्थाध्यक्ष) पुराने अन्न आदि के तथा दुकानदारों के स्वाधिकृत (स्वकरण विशुद्ध) माल के आयात-निर्यात का यथोचित प्रबन्ध करता था। उसका यह भी कर्तव्य था कि तराजू, बाट और माप के बर्तनों का वह भी अच्छी तरह

निरीक्षण करे, जिससे माल-तौल में कोई गड़बड़ी न हो सके। परिमाणी और द्रोण में यदि आधा पल कम-ज्यादा हो जाता तो कोई बात नहीं; किन्तु एक पल कम-ज्यादा होने पर 12 पण दंड दिया जाता। पल की कमी-ज्यादा के अनुसार ही दंड की व्यवस्था की जाती थी।

तराजू में यदि एक कर्ष कम-ज्यादा हो तो कोई हर्ज नहीं। यदि 2 कर्ष कम-ज्यादा निकले तो 6 पण दंड दिया जाता। इसी प्रकार कर्ष के अनुपात से दंड वृद्धि का नियम था। आढक में यदि आधे कर्ष की कमी-बेशी हो तो कोई बात नहीं। यदि कमीबेशी एक कर्ष की हो तो तीन पण दंड दिया जाता था। इसी अनुपात से दंड बढ़ाए जाने का प्रावधान था।[61]

जो बनिया अधिक वजन के तराजू-बाट से माल खरीद कर हल्के तौल से उसे बेचता उसको दुगुना 24 पण दंड देना पड़ता था। गिनकर बेची जानेवाली चीजों में बनिया यदि आठवाँ हिस्सा चुरा लेता तो उस पर 96 पण जुर्माना लगता था। जो बनिया लकड़ी, लोहा, मणि, रस्सी, चमड़ा, सूत, छाल और ऊन से बने हुए घटिया माल को बढ़िया कहकर रखता या बेचता उस पर वस्तु की कीमत का आठ गुना जुर्माना किया जाता था। बनावटी कस्तूर, कपूर आदि वस्तुओं को असली कहकर; दूसरे देश में पैदा हुई कमसल वस्तु को असली देश की बताकर; चमकदार बनावटी मोती को; मिलावटी वस्तु को; अच्छे माल की पेटी को दिखाकर रद्दी माल की पेटी को देने पर; व्यापारी को 54 पण दंड किया जाता था। यदि वह माल एक पण मूल्य का हो तो पहले से दुगुना दंड और 2 पण कीमत का हो तो 200 पण दंड किया जाता था। इसी प्रकार अधिक मूल्य के माल पर अधिक दंड किया जाता था। जो लुहार, बढ़ई आदि कारीगर ऑर्डर के अनुसार कार्य न करें, एक पण की जगह 2 पण मजदूरी लें, किसी वस्तु को बेचते समय अधिक दाम और खरीदते समय कम दाम कहकर खरीद-फरोख्त में विघ्न डालें, उनमें से प्रत्येक को एक-एक हजार पण दंड लगाए जाने का नियम था। जो व्यापारी आपस में मिलकर किसी वस्तु को बेचने से रोक दें और फिर उसी वस्तु को अनुचित मूल्य पर बेचें या खरीदें उनमें प्रत्येक को एक-एक हजार पण जुर्माना किया जाता था।[62]

तुला, बाट और मूल्य में अन्तर हो जाने के कारण जो लाभ हो उसे बही-खाते में दर्ज कर लिया जाता था। तोलने वाला या मापने वाला अपने हाथ की सफाई से यदि एक पण मूल्य की वस्तु में आठवाँ हिस्सा कम कर दे तो उस पर 200 पण दंड किया जाता था। इसी प्रकार अधिक हिस्सा कम कर देने पर अधिक दंड की व्यवस्था की जाती थी। अनाज, तेल, खार, नमक, गन्ध और दवाइयों

में कम कीमत की वस्तुओं को मिलाकर बेचने वाले पर 12 पण दंड किया जाता था। दुकानदारों को प्रतिदिन जितना लाभ हो उसे बाजार का चौधरी (संस्थाध्यक्ष) अपनी बही में गिनकर दर्ज कर लेता। जिस वस्तु की खरीद-फरोख्त की अवस्था संस्थाध्यक्ष स्वयं करता, उसका लाभ राजकोष में जमा किया जाता था। इस दृष्टि से व्यापारियों को उचित था कि वे संस्थाध्यक्ष की आज्ञा से ही धान्य आदि विक्रेय वस्तुओं का संचय करें। अनुमति न लेने पर संस्थाध्यक्ष को अधिकार था कि वह अनाधिकृत वस्तुओं को अपने कब्जे में कर ले। संस्थाध्यक्ष संगृहीत वस्तुओं के बिकने की ऐसी सुव्यवस्था करता जिससे प्रजा का उपकार होता रहे।

संस्थाध्यक्ष जिन वस्तुओं को बेचने की अनुमति दे, यदि वे वस्तुएँ स्वदेशी हों तो, उन पर व्यापारी नियत मूल्य से प्रति सैकड़ा 5 पण लाभ ले सकता था। यदि वे विदेशी हों तो प्रति सैकड़ा 10 पण लाभ लेता। इससे अधिक मूल्य बढ़ाने तथा अधिक लाभ लेने पर 200 पण दंड दिया जाता था। इसी प्रकार अधिकाधिक लाभ पर अधिकाधिक दंड किया जाता था।[63] यदि संस्थाध्यक्ष से थोक भाव कर खरीदा हुआ माल न बिके तो दूसरे व्यापारियों को थोक भाव पर माल न दिया जाता था। यदि आकस्मिक आपात के कारण किसी व्यापारी का माल नष्ट हो जाता तो संस्थाध्यक्ष दूसरा माल देकर उसकी सहायता करता था। संस्थाध्यक्ष सारी विक्रेय वस्तुओं को किसी एक व्यापारी द्वारा बिकवाए। यदि एक व्यापारी के द्वारा वह न बिक सके तो अन्य व्यापारी उस तरह का माल नहीं बेचते थे। उन वस्तुओं को दैनिक मजदूरी देकर वह इस ढंग से बिकवाया जाता जिससे प्रजा का हित हो। संस्थाध्यक्ष दूसरे देश तथा समय में उत्पन्न होनेवाली वस्तुओं का मूल्य, बनवाई का समय, वेतन, ब्याज, भाड़ा इसी प्रकार के ऊपरी खर्चों को जोड़कर ऐसा भाव तय करता जिससे कि वे बिक जातीं।[64]

10.20 जाँच और यातना के द्वारा चोरी को अंगीकार कराना

जिसकी चोरी हुई हो उसके सामने और बाहर-भीतर के दूसरे लोगों के सामने गवाह से, चोरी के सन्देह में गिरफ्तार हुए व्यक्तियों का देश, जाति, गोत्र, नाम, काम, सम्पत्ति, मित्र और निवासस्थान के सम्बन्ध में पूछा जाता था। तदनन्तर जिरह (उपदेश) में उसके बयानों की आलोचना की जाती। गवाह के बयानों की आलोचना हो जाने के बाद गिरफ्तार हुए व्यक्तियों से उनका पिछला कार्य, रात का निवास और जिस समय वह पकड़ा गया था उस समय तक के सब कार्यों के सम्बन्ध में पूछताछ की जाती। यदि वह निर्दोष साबित हो जाता तो उसको बरी कर दिया जाता अन्यथा उसको सजा दी जाती थी। चोरी के 3 दिन बाद

संदिग्ध व्यक्ति को गिरफ्तार नहीं किया जाता, क्योंकि इतने दिन बीत जाने के कारण उससे सही बातें मालूम नहीं हो सकती थीं। किन्तु किसी के पास यदि चोरी के सबूत मिल जाते तो उसे 3 दिन के बाद भी गिरफ्तार किया जा सकता था। जो व्यक्ति साधु पुरुष को चोर बताता उसे चोरी का दंड दिया जाती और यही दंड उसे भी दिया जाता जो चोर को छिपाने का यत्न करता था। यदि चोर व्यक्ति दुश्मनी के कारण किसी सज्जन पुरुष को पकड़वाता और यह बात सिद्ध हो जाती तो उसे अपराधी नहीं समझा जाता था। जो अधिकारी (प्रदेष्टा) निरपराध को दंड दे तो उसको प्रथम साहस दंड दिया जाता था।[65]

संदेह में गिरफ्तार हुए व्यक्ति से चोरी करने के उपाय, उसके सलाहकार, सहायक वस्तुएँ, चोरी का माल और उसकी मजदूरी के सम्बन्ध में विस्तार से पूछताछ की जाती थी। उससे यह भी पूछा जाता कि चोरी करते समय मकान के भीतर कौन-कौन गया था, क्या-क्या माल हाथ लगा और किस-किस को कितना-कितना हिस्सा मिला? जो व्यक्ति चोरी सिद्ध करने वाले उक्त प्रश्नों के सम्बन्ध में तो कुछ न कहे; बल्कि डर के मारे अंट-संट बके तो, उसको चोर नहीं समझा जाता। क्योंकि व्यवहार में ऐसा देखा गया कि चोर न होते हुए भी चोरों के रास्ते से जाता हुआ, चोर के समान शक्ल, हथियार और माल लिए हुए राहगीर को भी चोर समझ कर गिरफ्तार कर लिया जाता था। इसी प्रकार चोरी के माल के पास खड़ा निर्दोष व्यक्ति भी गिरफ्तार होते लोक में देखा गया। उदाहरण के लिए माण्डव्य चोर न होते हुए भी मार के भय से 'मैं चोर हूँ' यह कहते हुए पकड़ा गया था। इसलिए इस प्रकार के मामलों में खूब सोच-विचार करके ही अपराधी को दंड दिया जाता था। छोटे अपराधी, बालक, बूढ़ा, बीमार, पागल, उन्मादी, भूखा, प्यासा, थका, अति भोजन किये, अजीर्ण रोगी और निर्बल आदि व्यक्तियों को कोड़े आदि मारकर शारीरिक दंड नहीं दिया जाता था।[66] समान स्वभाव वाली वेश्याओं, दूतियों, कत्थकों, सरायों और होटलों आदि के द्वारा छिपे तौर पर बुरा कर्म करने वाले व्यक्तियों का पता लगाया जाता था। जिसका अपराध साबित हो जाता उसी को दंड दिया जाता; किन्तु गर्भिणी और एक महीने से कम प्रसूता स्त्री को हर्गिज दंड नहीं दिया जाता था। पूर्वोक्त अपराधों में जो दंड पुरुषों के लिए कहे गए हैं उनका आधा दंड स्त्रियों को दिया जाता; अथवा उनको केवल वाग्दंड (वाणी से ताड़ना) ही दिया जाता था।

ब्राह्मण, वेदज्ञ और तपस्वी को इतना मात्र दंड दिया जाता कि सिपाही उनको इधर-उधर दौड़ा-फिरा दे। जो लोग इन नियमों का उल्लंघन करते या करवाते तथा अपराधी से काम कराते या उसको मारें, उनको उत्तम साहस दंड दिया जाता

था। लोक व्यवहार में 4 प्रकार के दंड प्रसिद्ध थे : 1. 6 डंडे मारना, 2. 7 कोड़े मारना, 3. हाथ-पैर बाँधकर उल्टा लटका देना और 4. नाक में नमक का पानी डालना। इनके अतिरिक्त पापाचारी पुरुषों के लिए इतने दंड और थे : 9 हाथ लम्बी बेंत से 12 बेंत लगाना; दोनों टाँगों को बाँधकर करंज की छड़ी से 20 छड़ी मारना; 32 थप्पड़ मारना; बाएँ हाथ को पीछे बाएँ पैर से और दाएँ हाथ को पीछे दाएँ पैर से बाँधना; दोनों हाथ आपस में बाँधकर लटका देना; हाथ के नाखून में सूई चुभाना; लस्सी पिलाकर पेशाब न करने देना; अंगुली की एक पोर जला देना; घी पिलाकर पूरे दिन अग्नि या धूप में बैठाना; जाड़ों की रात में भीगी हुई खाट पर सुलाना; इस प्रकार कुल मिलाकर 18 प्रकार के दंड देने की व्यवस्था थी।[67]

जो लोग सूचना देकर चोरी करते, प्रण करते, किसी की वस्तु को छीनते, चोरी हुई वस्तु के टुकड़े-टुकड़े करके उसे काम में लाते, चोरी करते या माल ले जाते पकड़े जाते, खजाना उड़ा कर ले जाते और जो हत्या आदि महाअपराध करते, उन सबको राजा की आज्ञानुसार एक साथ, अलग-अलग या बारी-बारी आजीवन कठिन श्रम का दंड दिया जाता था। ब्राह्मण को किसी अपराध में मृत्यु दंड या ताड़नदंड न दिया जाता, बल्कि जैसे-जैसे वह अपराध करता वैसे-वैसे निशान उसके मस्तक पर दाग दिए जाते, जिससे कि वह पतितों की कोटि में रखा जा सके। चोरी करे तो कुत्ते, मनुष्यों की हत्या करे तो मनुष्य के धड़ का निशान, गुरु पत्नी के साथ सम्भोग करे तो योनि का चिह्न; शराब पीये तो प्याले का चिह्न; उस ब्राह्मण के मस्तक पर कर दिया जाता था। पापी ब्राह्मण के माथे पर ये चिह्न दाग कर जनता में इस बात की घोषणा की जाती; राजा उसे देश-निर्वासित कर देता या तो उसे खानों में रहने की आज्ञा दी जाती थी।[68]

10.21 सरकारी विभागों और छोटे-बड़े कर्मचारियों की निगरानी

समाहर्ता और प्रदेष्टा अधिकारियों द्वारा विभागीय अध्यक्षों तथा उनके अधीनस्थ कर्मचारियों पर निगरानी रखी जाती थी। जो व्यक्ति खानों या कारखानों से हीरे-जवाहरात आदि बहुमूल्य वस्तुओं की चोरी करते उन्हें प्राणदंड दिया जाता था। जो व्यक्ति सूत या लकड़ी के कारखानों से सारहीन वस्तुओं की चोरी करते उन्हें प्रथम साहस दंड दिया जाता था। जो व्यक्ति राजकीय खेतों से एक माष से 4 माष कीमत की जीरा, अजवायन आदि वस्तुओं को चुराता, उस पर 12 पण दंड दिया जाता, और जो 8 माष कीमत तक की वस्तुओं को चुराता उस पर 24 पण दंड किया जाता था। इसी प्रकार 12 माष तक की वस्तु चुराने पर

36 पण और 16 माष तक की चुराने पर 48 पण दंड किया जाता। यदि 2 पण मूल्य की वस्तु चुराता तो प्रथम साहस; 4 पण मूल्य तक की चुराये तो मध्यम साहस, 8 पण मूल्य तक की चुराये तो उत्तम साहस और 10 पण मूल्य तक की चुराए तो उसे प्राणदंड दिया जाता था।[69] जो व्यक्ति गोदाम, दुकान से, कारखाने से या शस्त्रागार से आधा माष कीमत से लेकर दो माष कीमत तक की धातुओं, उनसे बनी वस्तुओं और छीजन आदि की चोरी करता उस पर भी 12 पण दंड दिया जाता था। जो व्यक्ति कोष, भांडारगार और अक्षशाला से एक काकणी से लेकर एक माष मूल्य तक की वस्तुओं को चुराता उस पर 24 पण दंड किया जाता।

राजकीय कर्मचारियों के अतिरिक्त कोई व्यक्ति यदि खेतों, खलिहानों, घरों और दुकानों से एक माष से 4 माष मूल्य तक की वस्तुओं की दिन में चोरी करे तो उस पर 3 पण दंड किया जाता या उसकी देह पर गोबर लीपकर उसे सारे शहर में घुमाया जाता था। 8 माष कीमत तक की वस्तुओं को चुराने पर 6 पण दंड दिया जाता, अथवा गोबर की राख से उसका शरीर काला करके उसे शहर भर में घुमाया जाता था। 12 माष मूल्य की वस्तुओं की चोरी करने पर 9 पण दंड किया जाता या उपले की राख से उसका शरीर काला करके उसे शहर में घुमाया जाता अथवा सकोरों की माला उसकी कमर या गले में डालकर उसे शहर में घुमाया जाता था। 16 माष मूल्य की वस्तु की चोरी करने पर चोर को 12 पण दंड दिया जाता, या उसका सिर मुँडवाकर उसे देशनिकाला दिया जाता था। 32 माष की वस्तु चुराने वाले को 24 पण दंड दिया जाता, अथवा सिर मुँडाकर पत्थर मारते हुए उसको देश से बाहर खदेड़ा जाता था। 2 पण (32 माष) कीमत की वस्तु चुराने वाले पर 24 पण दंड किया जाता, अथवा पहले की तरह उसको देश से बाहर खदेड़ा जाता। 4 पण कीमती वस्तु को चुराने वाले पर 36 पण दंड किया जाता।[70] 5 पण कीमती वस्तु के लिए 48 पण दंड, 10 पण कीमती वस्तु के लिए प्रथम साहस दंड, 20 पण कीमती वस्तु के लिए 200 पण दंड, 30 पण कीमती वस्तु के लिए 500 पण दंड, 40 पण कीमती वस्तु के लिए 1000 पण दंड और 50 पण मूल्य की वस्तु चुराने वाले को प्राणदंड की सजा देने का प्रावधान था।

किसी रक्षित वस्तु पर दिन या रात में जबरदस्ती डाका डालने पर आधा माष से 2 माश तक की वस्तु के लिए 6 पण दंड दिया जाता। यदि चोर हथियारबन्द हो तो 2/4 माष मूल्य की वस्तु पर ही 6 पण दंड किया जाता। यदि जनसाधारण जाली दस्तावेज या जाली नोट अथवा जाली मुद्राएँ बनाता तो उन्हें प्रथम साहस

दंड दिया जाता, यदि सुवर्णाध्यक्ष आदि ऐसा कार्य करता तो उन्हें मध्यम साहस दंड, यदि गाँव का मुखिया करता तो उसे उत्तम साहस दंड और यदि समाहर्ता ही करता तो उसे प्राणदंड दिया जाता, अथवा अपराध के अनुसार यथोचित दंड निर्धारित किया जाता था। यदि न्यायाधीश (धर्मस्थ) अदालत में किसी अभियोक्ता या अभियुक्त को डराता, धमकाता या घुड़कता या बाहर निकाल देता या उससे रिश्वत लेता तो उसे प्रथम साहस दंड दिया जाता था। यदि न्यायाधीश गाली देता तो इससे दुगुना दंड दिया जाता था। यदि न्यायाधीश, साक्षी से पूछने योग्य बातों को न पूछकर न पूछी जाने योग्य बातों को पूछे या बिना ही उत्तर पाए बात को छोड़ दे या गवाह को सिखाए या याद दिलाये या उसकी अधूरी बात को स्वयं ही पूरी कर दे, तो उसे मध्यम दंड[71] दिया जाता था। यदि किसी विचारणीय वस्तु के सम्बन्ध में उपयोगी बातों को न पूछकर अनुपयोगी बात पूछे, यदि बिना गवाह के किसी मामले का निर्णय दे देता, यदि सच्चे साक्षी को कपट की बातों में डालकर झूठा बना देता, यदि व्यर्थ की बातों में साक्षी को उलझाए रखने के बाद छोड़ देता, यदि साक्षी के कथन के क्रम को उलट-पुलट कर लिखता, यदि बीच-बीच में साक्षियों की सहायता करता, यदि निर्णीत मामले को फिर से जिरह में रखता, ऐसे न्यायाधीश को उत्तम साहस दंड दिया जाता था। दुबारा भी वह यही अपराध करता तो इससे दुगुना दंड दिया जाता और उसको पदच्युत किया जाता था।

मुहर्रिर (लेखक) यदि बयानों को सही-सही नहीं लिखता, न कही हुई बात को लिखता, बुरी बात को अच्छी तथा अच्छी बात को बुरी तरह लिखता या बात के अभिप्राय को ही बदलकर लिखता, उसको प्रथम साहस दंड दिया जाता या अपराध के अनुसार उसको यथोचित दंड दिया जाता था। धर्मस्थ या प्रदेष्टा यदि किसी निरपराधी को सुवर्ण दंड देते तो उन पर उससे दुगुना दंड किया जाता था। यदि वे दंड में कमीबेशी करें तो उनसे उसका 8 गुना दंड वसूल किया जाता था। यदि वे किसी निरपराधी को शारीरिक दंड की जगह अर्थदंड करते तो उनसे उसका दुगुना अर्थदंड वसूल किया जाता था। न्यायोचित धन को नष्ट करने और अन्यायपूर्ण धन का संग्रह करने वाले धर्मस्थ या प्रदेष्टा को उस धनराशि का 8 गुना दंड दिया जाता था।[72] न्यायाधीश द्वारा हवालात में बंद कैदी को यदि कोई जेल का कर्मचारी घूस लेकर घूमने, फिरने, पानी पीने, सोने, बैठने, खाने, पीने और मल-मूत्र त्यागने की स्वतन्त्रता देता या दिलाता तो उस पर उत्तरोत्तर 3 पण अधिक दंड किया जाता था।

यदि कोई राजपुरुष किसी अपराधी को हवालात से छोड़ देता या उसको

प्रेरित करता, उसे मध्यम साहस दंड दिया जाता और साथ ही अपराधी को जितना देना था उसका भुगतान भी उसी राजपुरुष से किया जाता। यदि कोई प्रदेष्टा ऐसा करता तो उसकी सारी सम्पत्ति जब्त कर ली जाती और उसको प्राणदंड दिया जाता था। जेलर की आज्ञा के बिना यदि कैदी बाहर घूमता तो उस पर 24 पण दंड दिया जाता और ऐसा कराने वाले व्यक्ति पर 48 पण दंड दिया जाता था। यदि कोई जेल का कर्मचारी कैदी की जगह बदले, उसके खानेपीने में बाधा डालता, उस पर 96 पण दंड, जो किसी कैदी को कोड़े मारे या रिश्वत दिलाता, उसको मध्यम साहस दंड और जो कोई कैदी का वध कर डालता उस पर 1000 पण दंड किया जाता था। खरीदी हुई या गिरवी रखी दासी यदि किसी कारण हवालात में बंद कर दी जाती और तब यदि कोई राजपुरुष उसके साथ व्यभिचार करता तो उसे प्रथम साहस दंड दिया जाता था। चोर और अकस्मात् विनष्ट पुरुष (डामरिक) की पत्नी के साथ ऐसा ही दुर्व्यवहार करने वाले राजपुरुष को मध्यम साहस दंड, और कैद में बंद किसी आर्या स्त्री के साथ ऐसा करने पर उत्तम साहस दंड दिया जाता था। यदि कोई कैदी ही ऐसा करता तो उसे प्राणदंड दिया जाता था। सुवर्णाध्यक्ष यदि किसी कुलीन स्त्री के साथ दुराचार करे तो उसे भी प्राणदंड दिया जाता था। दासी के साथ ऐसा करने पर प्रथम साहस दंड दिया जाता था।[73] यदि जेलखाने को बिना तोड़े ही कोई कैदी को बाहर निकाल देता तो उसे मध्यम साहस दंड, यदि तोड़कर निकाले तो प्राणदंड दिया जाता था। यदि प्रदेष्टा ऐसा करता तो उसकी सारी सम्पत्ति जब्त कर उसे प्राणदंड की सजा दी जाती थी। इस प्रकार राजा अपने कर्मचारियों को दंड से शुद्ध करता था। फिर वे विशुद्ध हुए राजकर्मचारी दंड व्यवस्था के द्वारा नगर तथा प्रदेश की जनता को सही रास्ते पर लाते थे।[74]

10.22 एकांग वध अथवा उसकी जगह द्रव्य-दंड

तीर्थस्थानों में रहने वाले उठाईगीर (तीर्थघात), गिरहकट (ग्रन्थिभेद) और छत फोड़नेवाले (उर्ध्वकर) व्यक्तियों का अँगूठा तथा कनिष्ठिका उँगली कटवा दी जाती; अथवा उन पर 54 पण दंड किया जाता था। दूसरी बार अपराध करने पर उनकी सब उँगलियाँ कटवा दी जातीं अथवा उन पर 100 पण जुर्माना किया जाता था। तीसरी बार यदि वे अपराध करते तो उनका दाहिना हाथ कटबा दिया जाता या उन पर 400 पण दंड किया जाता था। चौथी बार भी वे अपराध कर बैठें तो उन्हें प्राणदंड दिया जाता था। यदि कोई व्यक्ति 25 पण से कम कीमत के मुर्गे, नेवले, बिल्ली, कुत्ते और सुअर की चोरी करे या उन्हें मार डाले तो

उस पर 54 पण दंड किया जाता या उसकी नाक का अगला हिस्सा काट दिया जाता था। यदि वे मुर्गे आदि किसी चांडाल के अथवा जंगली हों उसे चुराते तो उक्त दंड से आधा दंड दिया जाता था। जो व्यक्ति फाँस कर, जाल बिछाकर और घास-फूस से ढके गड्ढों द्वारा संरक्षित राजकीय मृग तथा अन्य पशु, पक्षी, हिंसक जीव और मछली आदि पकड़े, उससे उनकी कीमत वसूली जाती और उतना ही उस पर जुर्माना किया जाता था। जो व्यक्ति सुरक्षित जंगल के जानवरों तथा लकड़ी आदि की चोरी करे[75] उस पर 100 पण जुर्माना किया जाता था। रंग-बिरंगी सुंदर चिड़ियाओं, पालतू हरिणों तथा तोतों को पकड़ने वाले या मारने वाले व्यक्ति पर 200 पण दंड किया जाता था।

जो व्यक्ति बढ़इयों, छोटे कारीगरों, कत्थकों और तपस्वियों की छोटी-छोटी चीजों की चोरी करता उस पर 100 पण जुर्माना किया जाता और बड़ी-बड़ी चीजों की चोरी करता तो 200 पण दंड किया जाता था। खेती के साधन हल आदि चुराने वाले पर भी 200 पण दंड किया जाता था। यदि अनाधिकारी व्यक्ति किले में प्रवेश करता अथवा परकोटे की दीवार तोड़कर माल उड़ा ले जाता तो उसके पैर के पीछे की दो मुख्य नसें कटवा दी जातीं, या उस पर 200 पण दंड किया जाता था। चक्रयुक्त (धन, शस्त्र या यन्त्र युक्त) नाव को अथवा छोटे-छोटे पशुओं की चोरी करने वाले का एक पैर कटवा दिया जाता या उस पर 300 पण दंड दिया जाता था। जो व्यक्ति जाली कौड़ी, पाँसें, अरला और शलाका आदि जुआ सम्बन्धी सामान बनाता तथा जो व्यक्ति इसी प्रकार की अन्य कूट-कपट की चीजें बनाता उसका एक हाथ काट दिया जाता या उस पर 400 पण जुर्माना किया जाता था। चोरों और व्यभिचारियों की दूतियों के नाक, कान काट लिये जाते या उन पर 500 पण दंड किया जाता। यदि पुरुष ऐसा दूतकर्म करते तो उन पर दुगुना (एक हजार पण) दंड आरोपित किया जाता था।

गाय, भैंस आदि पशुओं, एक दास, एक दासी को चुराने वाले अथवा मुर्दे के कपड़े बेचने वाले पुरुष के दोनों पैर काट लिये जाते या उस पर 600 पण दंड लगाया जाता था। जो व्यक्ति श्रेष्ठ पुरुषों या गुरुजनों को हाथ-पैर से मारता या राजा की सवारी एवं घोड़े पर चढ़े उसका या तो एक हाथ और एक पैर काट दिया जाता अथवा उस पर 700 पण दंड किया जाता था।[76]

जो शूद्र अपने को ब्राह्मण बताता और देव-निमित्त द्रव्य का अपहरण करता तथा ज्योतिषी बनकर जो राजा के भावी अनिष्ट को बताता अथवा बगावत करता या किसी की दोनों आँखें फोड़ देता, ऐसे व्यक्तियों को औषधियों का सुरमा लगा कर अंधा कर दिया जाता अथवा उस पर 800 पण जुर्माना किया जाता था। चोर

या व्यभिचारी को छोड़ देने वाले, राजा की आज्ञा को घटा-बढ़ा कर लिखने वाले, आभूषणों सहित कन्या या दासी का अपहरण करने वाले, छल-कपट का व्यवहार करने वाले, अभक्ष्य पशुओं का मांस बेचने वाले पुरुष का बायाँ हाथ और दोनों पैर काट दिए जाते, या उस पर 900 पण दंड किया जाता था। आदमी का मांस बेचने वाले को प्राणदंड की सजा दी जाती थी। देवता के निमित्त पशु, प्रतिमा, मनुष्य, खेत, घर, हिरण्य, सोना, रत्न और अन्न, इन 9 चीजों की जो भी व्यक्ति चोरी करता उसे उत्तम साहस दंड दिया जाता या उसको पीड़ारहित प्राणदंड की सजा दी जाती थी।

राजा और अमात्यों को साथ लेकर प्रदेष्टा दंड देते समय अपराध को, अपराध के कारणों को, अपराधी की हैसियत को, वर्तमान तथा भावी परिणामों को और देश-काल की स्थिति को भली-भाँति सोच समझ लेता तदनन्तर न्याय के अनुसार प्रथम, मध्यम तथा उत्तम आदि दंडों की सजा सुनाता था।[77]

10.23 शुद्धदंड और चित्रदंड

कोई व्यक्ति यदि लड़ाई-झगड़े में किसी व्यक्ति को जान से मार डालता तो उसको कष्टपूर्वक प्राणदंड (चित्रघात) की सजा दी जाती थी। झगड़ा होने के बाद चोट खाया व्यक्ति यदि 7 दिन बाद मरे तो मारने वाले को उत्तम साहस दंड दिया जाता था। एक महीने बाद मरता तो 500 पण जुर्माना और साथ ही मृतक की दवाई दारू का सारा व्यय भी मारने वाले से वसूल किया जाता था। किसी शस्त्र द्वारा चोट पहुँचाने पर उत्तम साहस दंड दिया जाता। यदि बल के घमंड से चोट पहुँचाए तो उसका हाथ काट दिया जाता था। क्रोधावेश में प्रहार करता तो उस पर 200 पण दंड किया जाता। यदि जान से मार डालता तो उसको प्राणदंड की सजा दी जाती थी। जो व्यक्ति प्रहार द्वारा गर्भ गिराता उसको उत्तम साहस दंड, औषध द्वारा गर्भ गिराने वाले को मध्यम साहस दंड और कठोर काम कराकर गर्भ गिराने वाले को प्रथम साहस दंड दिया जाता था।[78]

यदि कोई व्यक्ति बलात्कार से किसी स्त्री या पुरुष की हत्या कर डाले, बलात्कार से किसी स्त्री को अपहरण कर ले जाए, बलात्कार से किसी स्त्री की नाक-कान काट ले, धमकी देकर हत्या, चोरी की घोषणा करने वाला, बलात्कार से नगर तथा गाँवों का धन ले जाने वाला; भीत तोड़कर सेंध लगाने वाला, रास्ते की धर्मशालाओं तथा प्याउओं से चोरी करने वाला और राजा के हाथी; घोड़े तथा रथों को नष्ट करने, मारने या चुराने वाला, इन सभी प्रकार के अपराधियों को सूली पर लटका दिए जाने का प्रावधान था।

इन लोगों को जो दाह-संस्कार या क्रिया-कर्म करे या उनको उठाकर गंगा-प्रवाह आदि के लिए ले जाए उसको भी सूली पर चढ़ाया जाए या उत्तम साहस दंड दिए जाने का प्रावधान था। जो लोग हत्यारों को खाना, रहना, वस्त्र, आग और सलाह दें तथा उनके यहाँ नौकरी करें उन्हें भी उत्तम साहस दंड दिया जाता था। जिन्हें यह पता नहीं कि वे हत्यारे या चोर थे, उन्हें वाक् ताड़ना दी जाती थी। हत्यारों और चोरों के स्त्री-पुरुष यदि हत्या-चोरी में शामिल न हों तो उन्हें छोड़ दिया जाता, यदि उन्होंने किसी प्रकार की सहायता की हो तो उन्हें गिरफ्तार कर यथोचित दंड दिया जाता था।

राजसिंहासन को हथियाने की इच्छा रखने वाले, अन्तःपुर में व्यर्थ का झमेला खड़ा कर देने वाले, आटवी एवं पुलिंद आदि शत्रु राजाओं को उभारने वाले, किले की सेना तथा बाहर की सेना में बगावत फैला देने वाले पुरुषों के सिर और हाथ में आग लगाकर उनका कत्ल कर दिया जाता था। यदि ऐसा दुष्कर्म करने वाला कोई ब्राह्मण हो तो उसे आजीवन काल-कोठरी में बंद कर दिए जाने का नियम था। जो व्यक्ति माता, पिता, पुत्र, भाई, आचार्य और तपस्वी की हत्या कर डाले, उसके सिर की खाल उतरवा कर उसमें आग लगाई जाती और तब उसको कत्ल कराया जाता था। माता-पिता को गाली देने वाले की जीभ कटवा दी जाती। माता-पिता के किसी अंग को कोई जिस अंग से नोचे-खसोटे उसका वही अंग कटवा दिया जाता था।[79]

जो व्यक्ति किसी दूसरे को अचानक ही मार डाले या पशुओं के झुंड की तथा घोड़ों की चोरी करे उसको शुद्ध प्राणदंड दिया जाता था। कम-से-कम 10 पशुओं का एक झुंड माना जाता था। जो व्यक्ति पानी के बाँध को तोड़ता उसको वहीं जल में डुबा कर मार दिया जाता था। यदि जल-बाँध में पानी न हो तो तोड़ने वाले को उत्तम साहस दंड दिया जाता था। यदि वह पहले से ही टूटा-फूटा हो और तब उसे तोड़ा जाता तो मध्यम साहस दंड दिया जाता था। विष देकर किसी की हत्या करनेवाले स्त्री-पुरुष को जल में डुबाकर खत्म कर दिया जाता, बशर्ते कि वह स्त्री गर्भिणी न हो। यदि गर्भिणी हो तो बच्चा पैदा होने के एक मास बाद उसका ऐसा ही प्राणांत किया जाता था। अपने पति, गुरु और बच्चे की हत्या करने वाली, आग लगाने वाली, विष देनेवाली, सेंध लगाकर चोरी करनेवाली स्त्री को गायों के पैरों के नीचे कुचलवा कर मारे जाने का नियम था। जो व्यक्ति चरागाह, खेत, खलिहान, घर और लकड़ियों तथा हथियारों से सुरक्षित जंगल में आग लगा दे उसको आग में ही जला देने का नियम था। जो व्यक्ति राजा को गाली दे, गुप्त रहस्य को खोल दे, राजा के अनिष्ट को फैलाए और

ब्राह्मण की भोजनशाला से जबरदस्ती अन्न लेकर खाने लगे उसकी जीभ कटवा दी जाती थी। जो आयुधजीवी न होकर भी हथियार और कवच आदि चुराता, उसे सामने खड़ा करके बाणों से मरवा दिया जाता। यदि वह आयुधजीवी हो तो उसको उत्तम साहस दंड दिया जाता था।[80]

10.24 कुँवारी कन्या से सम्भोग करने का दंड

जो व्यक्ति अपनी जाति की रजोधर्म रहित (अरजस्वा) कन्या को दूषित करता उसका हाथ कटवा दिया जाता अथवा उस पर चार–सौ पण दंड किया जाता था। यदि वह बलात्कार के कारण मर जाती तो अपराधी को प्राणदंड की सजा देने का नियम था। यदि कोई व्यक्ति रजस्वला हो चुकी कन्या को दूषित करता तो अपराधी की तर्जनी और मध्यमा उँगलियाँ कटवा दी जातीं अथवा उस पर दो–सौ पण दंड दिया जाता और लड़की के पिता को वह हर्जाना (अवहीन) देता था। सम्भोग के लिए इच्छा न करने वाली कन्या से गमन करने पर इच्छापूर्ति नहीं होती थी। सम्भोग की इच्छा करनेवाली स्त्री से गमन करने पर पुरुष को 54 पण और स्त्री को 27 पण दंड दिया जाता था। जिस लड़की की सगाई हो चुकी थी उसके साथ सम्भोग करने वाले का हाथ काट दिया जाता या उस पर चार सौ पण दंड और सगाई का सारा खर्च उससे वसूल किया जाता था। सगाई के बाद 7 मासिक धर्म होने तक भी यदि लड़की का विवाह न किया जाता तो उसका होने वाला पति लड़की को यथेच्छा भोग सकता था और लड़की के पिता को वह हर्जाना भी नहीं देता क्योंकि मासिकधर्म हो जाने के बाद लड़की पर पिता का कोई अधिकार नहीं रह जाता था।[81]

यदि मासिक धर्म होने पर भी कन्या का तीन वर्ष तक विवाह न किया जाता तो उसकी जाति का कोई भी पुरुष उसके साथ सम्भोग कर सकता था। यदि मासिक धर्म होते हुए तीन वर्ष से अधिक गुजर जाता तो किसी भी जाति का पुरुष उसको अपनी पत्नी बना सकता था इसमें कोई दोष नहीं, किन्तु वह पुरुष लड़की के पिता के बनवाए आभूषण आदि नहीं ले जा सकता था। यदि वह पुरुष लड़की के पिता के आभूषण आदि वापस नहीं करता तो उसको चोरी का दंड दिए जाने का नियम था।

दूसरे के लिए कही हुई स्त्री को 'वह पुरुष मैं ही हूँ' ऐसा कहकर जो अन्य पुरुष उपभोग करता उस पर दो–सौ पण दंड किया जाता था। स्त्री की इच्छा न होने पर कोई पुरुष उससे सम्भोग नहीं कर सकता था। विवाह से पूर्व जिस कन्या को दिखाया गया होता, विवाह में यदि उसी जाति की दूसरी कन्या दी

जाती तो उस व्यक्ति पर सौ पण दंड दिया जाता था। यदि उसकी जगह कोई नीच जाति की कन्या दी जाती तो दो-सौ पण दंड किया जाता था। जो पुरुष क्षतयोनि स्त्री को अक्षतयोनि कहकर दुबारा उसका विवाह कराता उस पर 54 पण दंड दिया जाता और उससे शुल्क तथा अन्य खर्चा वसूल किया जाता था। यदि वह ऐसा ही कहकर तीसरी बार विवाह कराता तो उस पर दुगुना जुर्माना (108 पण) किया जाता था।

जो स्त्री अपनी योनि-क्षीणता दिखाने के लिए दूसरे का खून अपने कपड़ों पर लगाती उस पर दो-सौ पण दंड किया जाता था। इसी प्रकार जो पुरुष अक्षतयोनि स्त्री को क्षतयोनि बताता उस पर दो-सौ पण दंड दिया जाता तथा शुल्क एवं विवाह-व्यय उससे वसूल किया जाता था। स्त्री की इच्छा के विरुद्ध उससे कोई सम्भोग नहीं कर सकता था।[82] सम्भोग की इच्छा से कोई स्त्री यदि अपने समान जाति वाले पुरुष से योनिक्षत कराती तो उस पर 12 पण दंड किया जाता। यदि वह स्वयं ही अपनी योनि को क्षत करती तो उस पर 24 पण दंड किया जाता था। पुरुष की इच्छा न रखती हुई जो स्त्री क्षणिक आनन्द के लिए किसी पुरुष से अपनी योनि क्षीण कराती उस पर सौ पण दंड किया जाता और उस पुरुष को वह सम्भोग शुल्क देती थी। जो स्त्री अपनी इच्छा से सम्भोग कराती उसको राजदासी बनाने का नियम था।

गाँव के बाहर निर्जन स्थान में सम्भोग कराने वाली स्त्री पर 24 पण जुर्माना किया जाता और यदि पुरुष सम्भोग करके मुकर जाता तो उस पर 48 पण दंड किए जाने का नियम था। किसी कन्या का बलात् अपहरण करने वाले पुरुष पर 200 पण दंड किया जाता था। आभूषणों से युक्त कन्या का बलात् अपहरण करने वाले को उत्तम साहस का दंड लगाया जाता था। अपहरण में यदि अनेक व्यक्तियों का हाथ होता तो प्रत्येक को यही दंड दिया जाता था।

वेश्या की लड़की के साथ बलात्कार करने वाले पर 54 पण दंड किया जाता और दंड से सोलह गुनी फीस (864 पण) वह लड़की की माता को अदा करता था। किसी भी दास या दासी की लड़की के साथ सम्भोग करने वाले पुरुष पर 24 पण दंड लगाया जाता और उससे शुल्क तथा आभूषण आदि वसूल किए जाते थे। दासता से छुड़ाने के बराबर धन देकर जो व्यक्ति किसी दासी से सम्भोग करता उस पर 12 पण जुर्माना किया जाता और उससे दासी स्त्री के लिए वस्त्र तथा जेवरात वसूल करने का प्रावधान था। कन्या को दूषित करने में जो सहायता करता अथवा मौका या जगह दे उसे भी अपराधी के समान दंड दिया जाता था।[83]

जिस स्त्री का पति विदेश में होता यदि वह व्यभिचार कराती तो उसका देवर

या नौकर उसको नियन्त्रण में रखते थे। उनके नियन्त्रण में रहकर वह स्त्री अपने पति के आने की प्रतीक्षा करती थी। यदि पति उसके अपराध को क्षमा कर देता तो, जार सहित उसको दंड से बरी किया जाता, यदि क्षमा न करता तो स्त्री के नाक-कान काट दिए जाते और उसके जार को प्राणदंड की सजा दी जाती थी। व्यभिचार छिपाने के लिए यदि कोई रक्षक पुरुष जार को चोर बताता तो उस पर 500 पण जुर्माना किया जाता था। रक्षक पुरुष यदि हिरण्य की रिश्वत लेकर जार को छोड़ देता तो उस पर रिश्वत का 8 गुना जुर्माना किया जाता था।

यदि कोई स्त्री किसी पुरुष के साथ फँसी होती तो उसका पता उसकी इन चेष्टाओं से किया जाता : यदि वह चलती हुई दूसरी स्त्री की चुटिया पकड़ती, यदि उसके शरीर पर सम्भोग चिह्न लक्षित होते, यदि कामोत्तेजना के लिए अपने शरीर पर उसने चन्दन आदि का लेप किया हो, यदि वह पुरुषों से इशारों से बात करती, यदि वह बातचीत से स्वयं ही प्रकट कर देती थी।

जो पुरुष शत्रुओं से, जंगली लोगों से, नदी के प्रवाह से, जंगलों से, दुर्भिक्ष से, रोग या मूर्च्छा से त्यागी हुई परायी स्त्रियों का उद्धार करता वह उस स्त्री की रजामन्दी से उसके साथ तृप्त होकर सम्भोग कर सकता था। यदि वह स्त्री कुलीन होती, समान जाति की होने पर भी वह उद्धारकर्ता से सम्भोग की इच्छा न करती और बाल-बच्चों वाली हो तो उद्धार करने वाला उसको उसके पति के पास सौंपकर उससे यथोचित पुरस्कार प्राप्त करता था।[84]

शत्रुओं से, जंगली लोगों से, नदी के प्रवाह से, जंगलों से, दुर्भिक्ष से, परित्यक्ता रोग या मूर्च्छा से त्यागी हुई पराई स्त्रियों को उद्धार करनेवाला व्यक्ति, भोग सकता था; किन्तु राजाज्ञा या स्वजनों से त्यक्त, कुलीन, कामनारहित और बाल-बच्चों वाली स्त्रियों का, आपत्ति से बचाने पर भी; उपभोग नहीं किया जा सकता था प्रत्युत उचित पुरस्कार प्राप्त कर ऐसी स्त्रियों को उनके घर पहुँचा दिया जाता था।[85]

10.25 अतिचार का दंड

जो व्यक्ति, किसी ब्राह्मण को अभक्ष्य या अपेय वस्तु खिलाता-पिलाता उसे उत्तम साहस दंड; यदि क्षत्रिय को खिलाता-पिलाता तो मध्यम साहस दंड; यदि वैश्य को खिलाता-पिलाता तो प्रथम साहस दंड और शूद्र को खिलाता-पिलाता तो 54 पण दंड लगाने का नियम था। यदि ब्राह्मण, क्षत्रिय आदि अभक्ष्य-अपेय वस्तुओं का सेवन करते तो उन्हें देश-निर्वासन का दंड देने का प्रावधान था। जो पुरुष दिन में किसी के घर में घुसे उसे प्रथम साहस दंड, रात्रि में घुसे तो मध्यम साहस दंड और हथियार लेकर रात या दिन में प्रवेश करता तो उसको उत्तम साहस

दंड दिया जाता था। भिखारी, फेरी वाले, शराबी, उन्मादी, व्यभिचारी, बन्धु-बान्धव और मित्र आदि एक दूसरे के घर में प्रवेश करता तो दंडनीय नहीं था; बशर्ते कि उनको किसी पारिवारिक व्यक्ति ने रोका न हो। यदि कोई व्यक्ति एक प्रहर रात बीत जाने पर बाहर से अपने ही घर की दीवार पर चढ़ता तो उसे प्रथम साहस दंड दिया जाता था। यदि इसी हालत में वह दूसरे के घर की दीवार पर चढ़े और गाँव तथा बगीचों की बाड़ को तोड़ता तो उसे मध्यम साहस दंड दिया जाता था।[86]

यात्रा करते समय यदि कोई व्यापारी किसी गाँव में ठहरता तो अपने पूरे सामान की सूचना गाँव के मुखिया को देनी पड़ती थी। रात में यदि कोई चोरी हो जाती या गाँव में उसकी कोई वस्तु छूट जाती तो उस वस्तु को गाँव का मुखिया (सामन्त) देता था। यदि कोई वस्तु गाँव के बाहर छूट गई या चोरी गई हो तो उसकी पूर्ति चरागाह का अध्यक्ष (विवीताध्यक्ष) करता था। यदि वहाँ पर चरागाहों की व्यवस्था न हो तो उस वस्तु को चोर पकड़ने वाले राजपुरुष (चोर-रज्जुक) अदा करते थे। यदि फिर भी वस्तु सुरक्षित न रह सके तो जिसकी सीमा में उसकी चोरी हुई हो वही सीमाध्यक्ष उसको देता था। यदि फिर भी कोई प्रबन्ध न हो सके तो आस-पास के पाँच-दस गाँवों की पंचायतें उस वस्तु को ढूँढ़कर व्यापारी को देती थीं।

मकान की कच्ची दीवार के कारण, गाड़ी की पटरी की कमजोरी के कारण, हथियार को ठीक तरह से न रखने के कारण, गड्ढे न भरे जाने के कारण और बिना जंगले वाले कुएँ के कारण यदि कोई व्यक्ति किसी की मृत्यु का कारण बन जाता तो उसे दंडित करने का नियम था। पेड़ काटते समय, मारू जानवरों को खोलते समय, जानवरों का पहले-पहल सवारी में जोतते समय, अथवा दो दलों में लकड़ी, ठेला, पत्थर, बाण आदि चलते समय, हाथी की सवारी करते समय और बीच में आने से बारित करते समय यदि किसी का हाथ टूट जाता तो किसी को दंड नहीं दिया जा सकता था।[87]

यदि कोई स्वामी अपने सींग, खुर या दाँत वाले पशुओं द्वारा किसी व्यक्ति को मारते हुए देखकर न बचाता तो उसे प्रथम साहस दंड दिया जाता। उस व्यक्ति के चिल्लाने पर भी यदि न छुड़ाता तो स्वामी को दुगुना दंड दिया जाता था। यदि सींग-दाँत वाले जानवर आपस में लड़कर एक-दूसरे को मार दें तो मारने वाले जानवर का मालिक को मरे हुए जानवर की कीमत और उतना ही दंड भरना पड़ता था।

जो कोई व्यक्ति देव निमित्त किसी पशु को, साँड़ को, बैल को या बछड़ी

को हल या गाड़ी में जोते तो उस पर 500 पण दंड किया जाता था। यदि उन्हें कोई घर से निकाले या दूर छोड़ आता तो उसे उत्तम साहस दंड दिया जाता। किन्तु उन्हें यदि किसी देवकार्य या पितृकार्य के लिए दूर छोड़ना पड़े तो कोई दोष नहीं था। यदि बैल की नाथ टूट जाए या जुआ टूट जाए अथवा जुता हुआ बैल ही तिरछा हो जाए या सामने की ओर उल्टा हो जाए या गाड़ियों एवं पशुओं की भारी भीड़ हो, ऐसे समय यदि किसी पशु को चोट पहुँच जाए तो गाड़ीवान को दोषी नहीं समझा जाता था। ऐसी स्थिति न हो और मनुष्य या पशु को कोई चोट पहुँचे तो, चोट पहुँचाने वाले को पूर्वोक्त यथोचित दंड दिया जाता। यदि कोई छोटा पशु दबकर मर जाए तो वही पशु लिए जाने का नियम था। यदि गाड़ीवान नाबालिग हो तो इसका दंड मालिक को भोगना पड़ता था। यदि मालिक उपस्थित न हो तो सवारी अथवा दूसरा बालिग गाड़ीवान दंडित किए जाते। यदि गाड़ी में बालक के अतिरिक्त कोई न हो तो राजपुरुष उसे जब्त कर लेता था।[88]

जो पुरुष अपनी मौसी, बुआ, मामी, गुरुपत्नी, पुत्रवधू, लड़की और बहन के साथ व्यभिचार करता तो उसका लिंग और अंडकोश काटकर उसको प्राणदंड की सजा देने का नियम था। यदि मौसी, बुआ आदि स्वयं ऐसा करातीं तो उनके दोनों स्तन काटकर और उनका भग-भेदन कर उन्हें प्राणदंड की सजा दी जाती थी। दास और परिचारक यदि व्यभिचार करते तो उन्हें यही दंड दिया जाता था। लोक-लाज से रहनेवाली ब्राह्मणी के साथ यदि क्षत्रिय व्यभिचार करता तो उसे उत्तम साहस दंड; यदि वैश्य करे तो उसकी सारी सम्पत्ति हड़प और स्त्री के साथ जो कोई भी व्यभिचार करे उसे तपे भाड़ में भून देने का विधान था।

चांडालिनी के साथ व्यभिचार करने वाले पुरुष के माथे पर योनि का निशान दाग कर उसे देश-निर्वासन का दंड और यदि ऐसा शूद्र करता तो उसे चांडाल बना देने का नियम था। चांडाल यदि किसी आर्या स्त्री के साथ सम्भोग करता तो उसे प्राणदंड और उस पर स्त्री के नाक-कान काट दिए जाते थे।[89] संन्यासिनी के साथ सम्भोग करने वाले पर 24 पण दंड और यदि संन्यासिनी कामातुर होकर ऐसा कराती तो उस पर भी 24 पण दंड लगाने का प्रावधान था।

वेश्या के साथ बलात् व्यभिचार करने पर 12 प० दंड और यदि अनेक व्यक्ति एक स्त्री के साथ बारी-बारी से सम्भोग करें तो एक-एक को 24-24 पण दंड लगाया जाता था। जो राजा अदंडनीय व्यक्ति को दंड दे, प्रजा द्वारा उस दंड का तीस गुना दंड राजा से वसूलने का नियम था। वह अर्थ दंड पहले वरुण देवता के निमित्त पानी में छोड़ दिया जाता और बाद में ब्राह्मणों को बाँट दिया जाता था। इस प्रकार अनुचित दंड के वसूलने से राजा को जो पाप लगता वह

छूट जाता था; क्योंकि मनुष्यों के ऊपर अनुचित व्यवहार करने वाले राजा पर वरुणदेव ही शासन करता था।[९०]

सन्दर्भ-ग्रन्थ

1. *अर्थशास्त्र*, अधिकरण 2, प्रकरण 21, अध्याय 5, पृ. 97
2. *वही*, पृ. 98
3. *वही*, 2.28.12, पृ. 139
4. *वही*, पृ. 140
5. *वही*, पृ. 141
6. *वही*, पृ. 142
7. *वही*, 2.30.14, पृ. 150
8. *वही*, 3.56-57.1, पृ. 255
9. *वही*, पृ. 256
10. *वही*, पृ. 257
11. *वही*, पृ. 258
12. *वही*, 3.65.9, पृ. 289
13. *वही*, पृ. 290
14. *वही*, पृ. 291
15. *वही*, पृ. 292
16. *वही*, पृ. 293
17. *वही*, 3.66.10, पृ. 294
18. *वही*, पृ. 295
19. *वही*, पृ. 296
20. *वही*, पृ. 297
21. *वही*, पृ. 298
22. *वही*, 3.67.11, पृ. 299
23. *वही*, पृ. 300
24. *वही*, पृ. 301
25. *वही*, पृ. 302
26. *वही*, पृ. 303
27. *वही*, पृ. 304
28. *वही*, 3.68.12, पृ. 305
29. *वही*, पृ. 306
30. *वही*, पृ. 307
31. *वही*, पृ. 308
32. *वही*, पृ. 309
33. *वही*, पृ. 310

34. वही, 3.69.13, पृ. 311
35. वही, पृ. 312
36. वही, पृ. 313
37. वही, पृ. 314
38. वही, 3.72-73.16, पृ. 323
39. वही, पृ. 324
40. वही, पृ. 325
41. वही, 3.74.17, पृ. 328
42. वही, पृ. 329
43. वही, 3.75.18, पृ. 331
44. वही, पृ. 332
45. वही, पृ. 333
46. वही, 3.76.19, पृ. 334
47. वही, पृ. 335
48. वही, पृ. 336
49. वही, पृ. 337
49. वही, पृ. 338
50. वही, 3.74-75.20, पृ. 339
51. वही, पृ. 340
52. वही, पृ. 341
53. वही, पृ. 342
54. वही, 4.76.1, पृ. 345
55. वही, पृ. 346
56. वही, पृ. 347
57. वही, पृ. 348
58. वही, पृ. 349
59. वही, पृ. 350
60. वही, पृ. 351
61. वही, 4.77.2, पृ. 352
62. वही, पृ. 353
63. वही, पृ. 354
64. वही, पृ. 355
65. वही, 4.83.8, पृ. 376
66. वही, पृ. 377
67. वही, पृ. 378
68. वही, पृ. 379
69. वही, 4.84.9, पृ. 380
70. वही, पृ. 381

71. वही, पृ. 382
72. वही, पृ. 383
73. वही, पृ. 384
74. वही, पृ. 385
75. वही, 4.85.10, पृ. 386
76. वही, पृ. 387
77. वही, पृ. 388
78. वही, 4.86.11, पृ. 389
79. वही, पृ. 390
80. वही, पृ. 391
81. वही, 4.87.12, पृ. 393
82. वही, पृ. 394
83. वही, पृ. 395
84. वही, पृ. 396
85. वही, पृ. 397
86. वही, 4.88.13, पृ. 398
87. वही, पृ. 399
88. वही, पृ. 400
89. वही, पृ. 401
90. वही, पृ. 402

अध्याय-11

कूटनीति

11.1 भूमिका

कूटनीति अथवा राजनय का अभिप्राय है–सन्धिवार्ता के कौशलपूर्ण प्रयोग द्वारा अन्तर्राष्ट्रीय सम्बन्धों की व्यवस्था और निर्वाह। सर अर्नेस्ट सैटो के अनुसार राजनय "स्वतन्त्र राज्यों के पारस्परिक राजकीय सम्बन्धों के संचालन में बुद्धि और चातुर्य का प्रयोग" है। डब्ल्यू. ऐलीसन फिलीटस ने *एनसाइक्लोपीडिया ब्रिटेनिका* में राजनय को "अन्तर्राष्ट्रीय सन्धिवार्ताओं के संचालन की कला" कहा है। *चैम्बर्स एनसाइक्लोपीडिया* में विलियम वारटन मेडलीकाट के राजनय विषयक लेख के अनुसार नित्यप्रति की भाषा में राजनय मानवीय कार्यों के चातुर्यपूर्ण संचालन को कहते हैं। यहाँ राजनय के विशिष्टार्थ से मतलब है 'अन्तर्राष्ट्रीय कार्यों का सन्धिवार्ता द्वारा संचालन'।

वैदेशिक नीति और कूटनीति में परस्पर घनिष्ठ सम्बन्ध है। किसी भी राज्य का विदेश-विभाग दो भूमिकाओं में कार्य करता है। एक तो वह विदेश-नीति का निर्धारण करता है और दूसरे उस नीति को कार्यान्वित करता है। विदेश नीति में उन मूलभूत सिद्धान्तों का निरूपण रहता है जो अन्य देशों के साथ सम्बन्ध-संचालन के मूल में सक्रिय रहते हैं। राजनयज्ञ इन्हीं सिद्धान्तों के आधार पर अपने कर्तव्यों का पालन करते हैं।

कूटनीति के दो अंग हैं–राजनायिक आचार और राजनयिक सिद्धान्त। राजनयिक आचार राजनयिक सेवा का आचरण पक्ष है। राजनयिक सिद्धान्त से अभिप्राय सन्धिवार्ता के उन मूल सिद्धान्तों से है जो समस्त अन्तर्राष्ट्रीय समागम में सामान्यत: प्रयुक्त होते हैं और शासन-पद्धतियों या वैदेशिक नीति में होनेवाले अस्थायी परिवर्तनों से स्वतन्त्र रहते हैं।

राजदूत या राजनयज्ञ अपनी सरकारों से विचार-विनिमय करने के लिए टेलीफोन

तार या लिखित प्रतिवेदनों का प्रयोग करते हैं। वे अपने पत्रों और रिपोर्टों को विशेष हरकारों द्वारा डाक के थैलों में भेजते हैं। इन हरकारों को कुछ विशेष सुविधाएँ प्राप्त होती हैं और इन डाक–थैलों को खोला नहीं जा सकता। राजनयिक भाषा में उन्हें अनतिक्रमणीयता का विशेषाधिकार प्राप्त होता है। पुराने समय में इन थैलों में निजी डाक के अलावा और बहुत सा सामान भी आ–जा सकता था। अब यह सुविधा बहुत सीमित कर दी गई है। जिस दिन यह थैला लाया या ले जाया जाता है, उसे दूतावासों में **डाक दिवस** कहते हैं।

कभी–कभी राजमर्मज्ञ या वार्ताकार के लिए यह सुविधाजनक होता है कि वह किसी सभा या समारोह में उपस्थित न हो। उसकी यह अनुपस्थिति बुरी न लगे इसके लिए वह अस्वस्थता का बहाना कर देता है। ऐसी अस्वस्थता को **कूटनीति अस्वस्थता** की संज्ञा दी जाती है। राजनयिक मिशनों के सदस्य जिन देशों में नियुक्त किए जाते हैं, वहाँ उन्हें कुछ विशेषाधिकार तथा उन्मुक्तियाँ प्राप्त होती हैं जिन्हें राजनयिक अथवा कूटनीतिक विशेषाधिकार कहते हैं। ये विशेषाधिकार मिशन के प्रधान को ही प्राप्त नहीं होते, उसके उच्च कर्मचारियों तथा उनके बीवी–बच्चों को भी प्राप्त होते हैं। इन विशेषाधिकारों में से ये प्रमुख हैं : राजनयिक की जान–माल को कोई हानि नहीं पहुँचाई जा सकती, उसके निवासस्थान का अतिक्रमण नहीं किया जा सकता, उसे स्थानीय कर नहीं देने पड़ते, वह देश के दीवानी और फौजदारी क्षेत्राधिकार से मुक्त रहता है, उस पर न तो न्यायालय में मुकदमा चलाया जा सकता था और न उसे किसी न्यायालय में गवाही देने के लिए बाध्य किया जा सकता था।

11.2 गुप्त उपायों से अमात्यों के आचरणों की परीक्षा

सामान्य पदों पर अमात्यों की नियुक्ति करके, मन्त्री और पुरोहित के सहयोग से राजा, गुप्त उपायों द्वारा उनके आचरणों की परीक्षा करता था। धर्मोपधा से राजा, पुरोहित को किसी नीच जाति के यहाँ यज्ञ करने तथा पढ़ाने के लिए नियुक्त करता। जब पुरोहित इस कार्य के लिए निषेध करता तो राजा उसको उसके पद से च्युत कर देता था। वह पदच्युत पुरोहित गुप्तचर स्त्री–पुरुषों के माध्यम से शपथपूर्वक प्रत्येक अमात्य को राजा से भिन्न कराता था। वह कहता 'यह राजा बड़ा अधार्मिक है। हमें चाहिए कि उसके स्थान पर, उसके ही वंशज किसी श्रेष्ठ पुरुष को, किसी धार्मिक व्यक्ति को, समीप के किसी सामन्त को, अथवा किसी जंगल के स्वामी को, या जिसको भी एकमत होकर हम निश्चित कर लें, उसको नियुक्त करें। मेरे इस प्रस्ताव को सबने स्वीकार कर लिया है। बताओ, तुम्हारी

क्या राय है?' पुरोहित की यह बात सुनकर यदि अमात्य उसको स्वीकार न करता तो उसे पवित्र हृदय वाला समझा जाता था। गुप्त धार्मिक उपायों द्वारा अमात्य के हृदय की पवित्रता की परीक्षा को **धर्मोपधा**[1] कहते थे।

अर्थोपधा से राजा, किसी निन्दनीय या अपूज्य व्यक्ति का सत्कार करने के लिए, सेनापति को आदेश देता। राजा की इस बात से जब सेनापति रुष्ट हो जाता तो राजा उसको भी पदच्युत कर देता था। वह पदच्युत अपमानित सेनापति गुप्तभेदियों द्वारा अमात्य को धन का प्रलोभन देकर उसे पूर्वोक्त विधि से राजा के विनाश के लिए उकसाता और कहता 'मेरी इस युक्ति को सभी ने स्वीकार कर लिया है। बताओ, तुम्हारी क्या सम्मति है?' सेनापति की यह बात सुनकर अमात्य यदि उसका विरोध करे तो समझ लिया जाता कि वह पवित्र हृदय वाला था। गुप्त आर्थिक उपायों द्वारा अमात्य के हृदय की पवित्रता की परीक्षा को ही **अर्थोपधा** कहते थे।

कामोपधा से राजा किसी संन्यासिनी का वेश धारण करनेवाली विशेष गुप्तचर स्त्री को अन्त:पुर में ले जाकर उसका अच्छा स्वागत-सत्कार करता और फिर वह एक-एक अमात्य के निकट जाकर कहता 'महामात्य, महारानी जी आप पर आसक्त हैं। आपके समागम के लिए उन्होंने पूरी व्यवस्था कर दी है। इससे आपको यथेष्ट धन भी प्राप्त होगा।' अमात्य यदि उसका विरोध करता तो उसे पवित्रचित्त समझा जाता था। गुप्त कामसम्बन्धी उपायों द्वारा अमात्य के हृदय की पवित्रता की परीक्षा को ही **कामोपधा** कहते थे।

भयोपधा से नौका-विहार के लिए एक अमात्य दूसरे अमात्यों को बुलाता; इस प्रस्ताव पर राजा उत्तेजित होकर उन सबको दंडित कर देता। तदनन्तर राजा द्वारा पहले अपकृत हुआ कपट-वेशधारी छात्र (छात्र के वेश में गुप्तचर) उस तिरस्कृत एवं दंडित अमात्य के निकट जाकर उससे कहता 'यह राजा बहुत ही बुरा है। इसका वध करके हम किसी दूसरे राजा को उसके स्थान पर नियुक्त करें। सभी अमात्यों को यह स्वीकृत है। कहिए आपकी क्या राय है?' अमात्य यदि उसका विरोध करता तो उसको शुचिचित्त समझा जाता था। गुप्तभय सम्बन्धी उपायों द्वारा अमात्य की शुचिता की परीक्षा को ही **भयोपधा** कहते थे[2]।

11.3 परीक्षित अमात्यों की नियुक्ति

जो अमात्य धर्मपरीक्षा में खरे उतरते उन्हें धर्मस्थानीय (दीवानी कचहरी) तथा कंटकशोधन (फौजदारी कचहरी) सम्बन्धी कार्यों में नियुक्त किया जाता था। अर्थपरीक्षा में उत्तीर्ण अमात्यों को समाहर्ता (टैक्स कलक्टर) तथा सन्निधाता

(कोषाध्यक्ष) के पदों पर रखा जाता था। कामोपधा में परीक्षित अमात्यों को बाहरी विलास-स्थानों (विहारों) तथा भीतरी अन्त:पुर-सम्बन्धी रक्षा का व्यवस्था-भार सौंपा जाता था। भयपरीक्षा में उत्तीर्ण अमात्यों को राजा अपना अंगरक्षक नियुक्त करता था। इनके अतिरिक्त जो अमात्य सभी परीक्षाओं में खरे उतरते उन्हें मन्त्रिपद पर नियुक्त किया जाता; और सभी परीक्षाओं में असफल अमात्यों को खदानों, हाथियों और जंगलों आदि की परिश्रम-साध्य व्यवस्था का भार सौंपा जाता था।[3]

11.4 रनिवास

रनिवास के अन्दर जाकर राजा किसी विश्वस्त बूढ़ी परिचारिका के साथ महारानी से मिलता था। अकेला किसी रानी के पास नहीं जाता, क्योंकि ऐसा करने में कभी बड़ा धोखा हो जाता थ।। कहा जाता है कि पहले भद्रसेन नामक राजा के भाई वीरसेन ने उसकी रानी से मिलकर छिपे में भद्रसेन राजा को मार डाला था। इसी प्रकार माता की शय्या के नीचे छिपे हुए राजकुमार ने अपने पिता कारूण को मार डाला था। इसी प्रकार काशीराज की रानी ने धान की खीलों में मधु के बहाने विष मिलाकर अपने पति को मार डाला था। इसी भाँति विष में बुझे नुपूर के द्वारा वैरन्त्य राजा को और विष-बुझी करधनी की मणि से सौबीर राजा को, शीशे के द्वारा जालूथ राजा को और अपनी वेणी में शस्त्र छिपाकर बिडरथ राजा को, उनकी रानियों ने धोखे से मार डाला था। इसलिए रानियों से मिलते समय, राजा को इस प्रकार की अदृष्ट विपत्तियों से सावधान रहना पड़ता था।

राजा द्वारा मुंडी, जटी इसी प्रकार के अन्य धूर्त और बाहर की दासियों के साथ रानियों का सम्पर्क नहीं होने दिया जाता था। रानियों के सगे-सम्बन्धी भी उन्हें प्रसव या बीमारी की अवस्था के अतिरिक्त नहीं देख पाते थे। स्नान, उबटन के बाद सुंदर वस्त्राभूषणों से अलंकृत होकर वेश्याएँ राजा के निकट जातीं। 80 वर्ष की अवस्था के पुरुष तथा 50 वर्ष की बूढ़ी स्त्रियाँ माता-पिता की भाँति रानियों के हितचिंतन में रहती थीं। अन्त:पुर के दूसरे वृद्ध तथा नपुंसक पुरुष रानियों के चरित्र का ध्यान रखते और उनको राजा की हितकामना में लगाए रखते थे।[4]

अन्त:पुर के सभी परिचारक-परिचारिकाएँ अपने-अपने स्थानों पर ही रहतीं, एक दूसरे के स्थान पर नहीं जाती थीं। इसी प्रकार भीतर का कोई आदमी बाहर के आदमियों से नहीं मिल पाते थे। जो वस्तु महल से बाहर जाती तथा महल में आती उसका भली-भाँति निरीक्षण कर और उसके सम्बन्ध के सारे विवरण रजिस्टर में लिख दिए जाते थे। राजमहल के बाहर और भीतर आने-जाने वाली प्रत्येक वस्तु पर राजकीय मुहर लगी होती थी।[5]

11.5 व्यवस्था का यथोचित पालन

अपने-अपने कार्यों पर नियुक्त हुए कर्मचारियों द्वारा खर्चे को घटाकर शुद्ध आमदनी (उदय) राजा को दिखानी पड़ती थी। कर्मचारियों द्वारा दुर्ग में होनेवाले तथा बाहर होनेवाले कार्यों का, खुले रूप में तथा छिपकर होनेवाले कार्यों का, विघ्नयुक्त एवं उपेक्षायुक्त कार्यों का विवरण स्पष्ट रूप में राजा के सामने पेश किया जाता और उन सभी बातों का लेखा रजिस्टर में दर्ज कर दिया जाता था। यदि राजा शिकार, जुआ या स्त्रियों में आसक्त हो तो उसका अनुगामी बनकर, उसकी खुशामद या प्रशंसा करके उसको दुर्व्यसनों से विमुख करने का यत्न किया जाता था। इसी प्रकार शत्रु के भेदियों, ठगों और विष देने वाले लोगों से राजा की रक्षा की जाती थी। राजा की चेष्टाओं और आकार-प्रकारों को बड़ी कुशलता से हृदयंगम किया जाता क्योंकि बुद्धिमान लोग अपने रहस्य को छिपाए रखने के लिए काम, द्वेष, हर्ष, दैन्य; व्यवसाय, भय और सुख-दुख को चेष्टाओं द्वारा तथा विशेष आकृतियों से ही प्रकट किया करते थे।[6]

राजा की प्रसन्नता को इन बातों से भाँपा जाता; वह देखने पर ही प्रसन्न हो जाता था; बात को बड़े ध्यान एवं आदर से सुनता था; बैठने के लिए उचित आसन देता था, एकान्त में या अन्त:पुर में ले जाकर मिलता था, विश्वास के कारण शंकित नहीं होता था, वार्तालाप में रुचि लेता था, समझी हुई बात में सलाह करने की इच्छा रखता था, मुस्कुराता हुआ कार्य पर नियुक्त करता था, हितकर कठोर बात को सहन करता था, बात करने में हाथ से छू लेता था, प्रशंसा योग्य कार्यों पर प्रसन्न होता था, गुणों की प्रशंसा परोक्ष में करता था, भोजन के समय स्मरण करता था, यात्रा, विहार में साथ रहता था, दुख दूर करने में पूरी सहायता देता था, अनुराग रखने वालों का सम्मान करता, अपने गुप्त रहस्यों को बता देता था, मान-सत्कार बढ़ाता, इच्छित आर्थिक सहायता देता और अनर्थ का निवारण करता था।

यदि उक्त सभी बातें राजा में उल्टी पाई जाती तो समझा जाता कि वह क्रुद्ध था। इसके अतिरिक्त राजा की अप्रसन्नता को इन बातों से भाँपा जाता था : वह देखते ही कुपित हो उठता, कही गई बात को नहीं सुनता या बीच में ही रोक देता, बैठने के लिए स्थान नहीं देता, उसकी ओर आँख नहीं उठाता, मुख चढ़ाकर एवं आवाज बदलकर बोलता, आँख-भौंह चढ़ाकर या आँख सिकोड़ कर बोलता, उसे पसीना आ जाता, साँस फूलने लगती, अकस्मात् ही मुस्कुराने लगता, दूसरे के साथ बात करने लगता, बीच में ही उठकर चला जाता, दूसरा ही प्रसंग छेड़ देता, भूमि एवं शरीर को नाखून से कुरेदने लगता, किसी को मारने लगता, विद्या,

वर्ण तथा देश की निन्दा करने लगता, दूसरे समान व्यक्ति के दोष की निन्दा करने लगता, ब्याज-स्तुति करने लगता, अच्छी तरह किए गए कार्य की भी परवाह नहीं करता, बिगड़े हुए कार्य को सर्वत्र कह डालता[7], लौटते समय उसको पीछे बड़े ध्यान से देखता, पास आए तो दूर हटा देता, उसके साथ व्यर्थ की बातें करता और अन्य राजकर्मचारियों और उसके व्यवहार में भेद डालता था।

मनुष्यों के अतिरिक्त पशु-पक्षियों के भी मानसिक विकारों एवं चेष्टाओं का ध्यानपूर्वक निरीक्षण किया जाता था। यह जल सींचने वाला आज ऊपर से जल सींच रहा है—यह देखकर मन्त्री कात्यायन अपने राजा को छोड़कर चला गया था। 'क्रौंचपक्षी आज बाईं ओर से उड़ गया'—यह देखकर भारद्वाजगोत्रीय कर्णिक नाम का मन्त्री अपने राजा को छोड़कर चला गया था। तृण को देखकर आश्चर्य दीर्घ चारायण, राजा को छोड़कर चला गया था। 'कपड़ा ठंडा है'—यह सुनकर आचार्य घोटमुख अपने राजा को छोड़कर चला गया था। हाथी को ऊपर पानी डालता देखकर किंजल्क नामक आचार्य अपने राजा को छोड़कर चला गया था। रथ के घोड़े की तारीफ सुनकर आचार्य पिशुन अपने राजा को छोड़कर चला गया था। कुत्ते के भूँकने पर आचार्य पिशुन का पुत्र अपने राजा को छोड़कर चला गया था। सम्पत्ति और सत्कार को नष्ट कर देने वाले राजा को भी त्याग दिया जाता था। राजा के स्वभाव और अपने अपराध पर विचार करके राजा को न छोड़ने की इच्छा होने पर, राजा का प्रतीकार किया जाता था। राजा के निकटवर्ती सम्बन्धी अथवा मित्र का आश्रय लेकर राजा को प्रसन्न किया जाता था।[8] राजा के पास रहते हुए ही उसके मित्रों द्वारा अपने अपराध की सफाई कराई जाती और तब राजा के प्रसन्न हो जाने पर उसके आश्रय में बना रहा जाता या जब उसकी[9] मृत्यु हो जाती तब वापस आया जाता था।

11.6 विजिगीषु

जो राजा आत्मसम्पन्न, अमात्य आदि द्रव्यप्रकृतिसम्पन्न और नीति का आश्रय लेनेवाला हो उसको **विजिगीषु** कहते थे। विजिगीषु राजा के चारों ओर के राजा **अरिप्रकृति** कहलाते थे। अरिप्रकृति राजाओं की सीमाओं से लगे हुए राजा **मित्रप्रकृति** कहलाते थे। शत्रु के गुणों से युक्त सामन्त **शत्रु** कहलाता था। व्यसनी शत्रु-राजा पर आक्रमण कर दिया जाता था। आश्रयहीन अथवा दुर्बल शत्रु-राजा पर भी आक्रमण कर दिया जाता था। आश्रययुक्त और सबल शत्रु राजा किसी अपकारक द्वारा तंग किया जाता अथवा अन्य उपायों से उसकी सेना और उसके धन की क्षति की जाती थी। विजिगीषु राजा की विजय यात्रा में आगे क्रमशः शत्रु, मित्र,

अरिमित्र, मित्रमित्र और अरिमित्र-मित्र ये पाँच राजा आते थे। इसी प्रकार उसके पीछे क्रमशः पार्ष्णिग्राह, आक्रंद, पार्ष्णिग्राहासार और आक्रंदासार ये चार राजा होते थे। विजिगीषु राजा के सहित आगे-पीछे के राजाओं को मिलाकर एक **राजमंडल** कहलाता था। विजिगीषु राजा सीमा से लगा हुआ स्वाभाविक शत्रु और विजिगीषु के वंश में उत्पन्न दायभागी, ये दोनों **सहजशत्रु** कहलाते थे। स्वयं विरुद्ध होने वाला अथवा किसी दूसरे को विरोधी बना देने वाला कृत्रिम शत्रु कहलाता था।[10]

विजिगीषु के राज्य से एक राज्य को छोड़कर उसके बाद का स्वभावतः मित्र राजा और विजिगीषु का ममेरा या फुफेरा भाई, ये **सहजमित्र** थे। धन या जीवन-जीविका के लिए आश्रय देने वाला **कृत्रिममित्र** कहलाता था। अरि और विजिगीषु राजाओं की सन्धि में सन्धि का समर्थक और विग्रह में विग्रह का समर्थक राजा **मध्यम** कहलाता था। अरि विजिगीषु और मध्यम की प्रकृतियों के अतिरिक्त, शक्तिशाली मध्यम राजा से भी बलवान, अरि, विजिगीषु और मध्यम की सन्धि में सन्धि का समर्थक और उनके विग्रह में विग्रह का समर्थक राजा **उदासीन** कहलाता था। विजिगीषु, मित्र और मित्रमित्र ये तीन प्रकृति थे। इन तीनों की अलग-अलग अमात्य, जनपद, दुर्ग, कोष और दंड, ये पाँच प्रकृतियाँ, एक साथ मिलकर 18 प्रकृतियों का एक **मंडल**[11] होता था।

शक्ति अर्थात् बल के तीन भेद थे : ज्ञानबल, कोषबल और विक्रमबल। ज्ञानबल ही मन्त्रशक्ति था; कोष-सेना बल ही प्रभुशक्ति थी और विक्रमबल ही उत्साहशक्ति थी। इसी प्रकार सिद्धि के भी तीन भेद थे : मन्त्रसिद्धि, प्रभुसिद्धि और उत्साह-सिद्धि। मन्त्रशक्ति से होने वाली सिद्धि मन्त्रसिद्धि, प्रभुशक्ति से होनेवाली सिद्धि प्रभुसिद्धि और उत्साहशक्ति से होनेवाली सिद्धि उत्साहसिद्धि कहलाती थी। इन शक्तियों से सम्पन्न राजा श्रेष्ठ; उनसे रहित अधम और समान शक्ति वाला मध्यम कहा जाता था। इसलिए राजा द्वारा अपनी शक्ति तथा सिद्धि को बढ़ाने के लिए निरन्तर यत्नशील रहना पड़ता था। जो राजा स्वयं अपनी शक्ति-सिद्धि को बढ़ाने में असमर्थ होता वह इस कार्य को अपनी अमात्य आदि द्रव्य प्रकृतियों के द्वारा या अपनी सुविधा के अनुसार सम्पन्न करता; और दूष्य तथा शत्रु की शक्ति-सिद्धि को नष्ट करने का यत्न करता था। यदि वह राजा ऐसा देखे कि : मेरा शक्तिशाली शत्रुराजा वाक्पारुष्य, दंडपारुष्य और अर्थदोष से अपनी अमात्य आदि द्रव्यप्रकृतियों से रुष्ट कर देगा; अथवा वह मृगया, द्यूत और स्त्रियों में आसक्त होकर प्रमादी बन जाएगा; तब निश्चित ही वह प्रकृतियों से विरक्त और प्रमादी शत्रुराजा को 'मैं आसानी से जीत सकूँगा, अथवा जब मैं अपनी सम्पूर्ण सैन्यशक्ति को लेकर उससे युद्ध करने जाऊँगा तो वह अपनी

शक्ति पर गर्वित होकर किसी स्थान या दुर्ग में अकेला मेरे मुकाबले की प्रतीक्षा में रहेगा'–ऐसी स्थिति में वह मेरी सेना से घिर जाएगा तथा उसको मित्र एवं दुर्ग से कोई सहायता न मिल पाएगी और तब मैं उसे आसानी से जीत सकूँगा[12], अथवा वह बलवान शत्रुराजा अपने दूसरे शत्रु का उच्छेद करके ही रुक जाएगा, अथवा किसी दूसरे बलवान के साथ युद्ध करने पर मुझे क्षीणशक्ति देखकर, मुझे मध्यम राजा बनाने की अभिलाषा से, वह मेरी सहायता करेगा' इस प्रकार की विशेष परिस्थितियों में वह शत्रु की शक्ति-सिद्धि की भी सम्भावना करता था। नेता विजिगीषु द्वारा राजमंडल रूपी चक्र में अपने मित्र राजाओं को नेमि, पास के राजाओं को अरा और स्वयं को नाभि स्थान में समझा जाता था। जो बलवान शत्रु विजिगीषु और मित्र के बीच में आ जाता वह जीत लिया जाता या बहुत तंग किया जाता था।[13]

11.7 बलवान का आश्रय

विजिगीषु राजा सन्धि और विग्रह में जब एक समान लाभ होता देखता तो अपनी उन्नति के लिए सन्धि का ही अवलम्बन करता; क्योंकि विग्रह करने पर प्रजा का नाश, धान्य आदि की क्षति, प्रवास और प्रत्यवाय आदि अनेक प्रकार के कष्ट झेलने पड़ते थे। इसी प्रकार आसन और यान के द्वारा समान लाभ की स्थिति में आसन को ही अपनाया जाता था। द्वैधीभाव और संश्रय के समान लाभ होने पर द्वैधीभाव को ही ग्रहण किया जाता; क्योंकि ऐसा करने पर राजा अपने कार्यों को करता हुआ अपनी उन्नति करता था। इसके विपरीत संश्रय का सहारा लेने वाला राजा अपने आश्रयदाता का ही अधिक उपकार करता था, अपना नहीं। आश्रय उसका लिया जाता जो अपने शत्रु राजा (सामन्त) से बलवान होता। यदि ऐसा बलवान राजा कोई न मिले तो अपने शत्रु राजा का ही आश्रय लिया जाता और दूर से ही वह धन, सेना, भूमि आदि को देकर उसका उपकार करता, उसके पास न जाता। क्योंकि बलवान राजा का साथ कभी-कभी महान अनर्थकारी सिद्ध होता था। लेकिन उस बलवान राजा ने यदि किसी शत्रु से दुश्मनी ठानी हो तो उसके साथ रहने में कोई हानि नहीं थी।[14]

यदि बलवान राजा के निकट गए बिना उसको प्रसन्न करना असम्भव जान पड़ता तो अपनी सेना देकर उससे मिल-जुलकर नम्रतापूर्वक उसी के पास रहता था। जब देखता कि वह बलवान राजा किसी प्राणांतक व्याधि से ग्रस्त था, अथवा उसका पुरोहित आदि प्रकृतियाँ उससे असन्तुष्ट थीं या उसके शत्रु बहुत बढ़ गए थे, या अपने मित्र के ऊपर कोई बड़ी विपत्ति आई थी, और इन्हीं कारणों से

अपनी उन्नति का मार्ग देखे तो किसी व्याधि या धर्मकार्य का बहाना कर वहाँ से अपने देश को कूच कर देता। यदि ये सभी व्याधियाँ-विपत्तियाँ स्वयं उसके देश में पैदा हो गई हों तो किसी व्याधि या धर्मकार्य के निमित्त बुलाए जाने पर भी वह अपने देश को नहीं छोड़ता अथवा बलवान राजा के पास रहकर ही वह उसके छिद्रों पर बराबर आघात करता रहता था।

दो बलवान राजाओं के बीच में रहता हुआ वह अपनी रक्षा करने में समर्थ राजा के आश्रय में रहता अथवा अपने समीपस्थ राजा का आश्रय लेता। यदि दोनों ही समीप होते तो कपालसन्धि के द्वारा दोनों का अनुग्रह प्राप्त करता। दोनों को वह एक-दूसरे का अपकार करने वाला बताता रहता था। एक दूसरे के द्रव्य का नाश करने वाला बताकर उन दोनों में वह फूट डाल देता। इस प्रकार फूट डालकर वह गुप्त उपायों द्वारा चुपचाप उन्हें मरवा देता था।

उन दोनों बलवान राजाओं में जिसकी ओर से शीघ्र ही भय की आशंका देखता उसके पास रहता हुआ अपनी भावी आपत्ति का प्रतीकार करता। अथवा दुर्ग का आश्रय लेकर द्वैधीभाव द्वारा एक के साथ सन्धि कर दूसरे से विग्रह कर देता। अथवा सन्धि-विग्रह के निमित्तों को लेकर वह अपनी उन्नति का उपाय सोचता। अथवा उन दोनों ही प्रतिद्वन्द्वी राजाओं के दूष्य[15], शत्रु और आटविक आदि को उच्च दान-सम्मान देकर अपने वश में कर लेता था। तदनन्तर किसी एक का मुकाबला करता हुआ उसके जिस पक्ष को वह कमजोर समझता दूष्य आदि के द्वारा उस पर प्रहार कर देता था। यदि दोनों ही उसके लिए पीड़ाकर होते तो वह **मंडल** की शरण में चला जाता। अथवा मध्यम या उदासीन राजा का आश्रय ले लेता। किसी एक के साथ रहता हुआ वह दान-सम्मान देकर उसको अपने वश में कर लेता और दूसरे का उच्छेद करा देता; यदि हो सके तो दोनों का ही उच्छेद कर देता। अथवा दोनों से पीड़ित हुआ वह मध्यम, उदासीन या उनके पक्ष के किसी न्यायपरायण राजा का आश्रय ले लेता। यदि उनमें से अनेक राजा न्यायपरायण हों तो जिसकी अमात्य आदि प्रकृतियाँ अपने अनुकूल होतीं उसी का आश्रय लेता अथवा जिसके साथ रहता हुआ वह अपना उद्धार कर सके; अथवा जिसके साथ परम्परा से विवाहादि अन्तरंग सम्बन्ध रहे हों; अथवा जहाँ बहुत-से शक्तिशाली मित्र हों; उसका आश्रय ले लेता। जो जिसका प्रिय था, वे दोनों एक-दूसरे के अवश्य प्रिय होते थे। इसलिए जो जिसका प्रिय होता, वह उसी का आश्रय लेता यही सर्वश्रेष्ठ आश्रयस्थान बताया गया है[16]।

11.8 मित्र और शत्रु

यान तथा आसन को सन्धि और विग्रह के अन्तर्गत माना जाता था। स्थान, आसन और उपेक्षण; ये तीन शब्द आसन के पर्यायवाची थे। आसनरूप गुण की अल्पावस्था में स्थान शब्द का प्रयोग रूढ़ था। आशय यह था कि आसन को ग्रहण करने पर भी यदि शत्रु के अपकार का बदला न चुकाया जा सके ऐसी अवस्था में आसन शब्द के लिए विशेष रूप से स्थान शब्द का प्रयोग किया जाता था। अपनी वृद्धि के जब इस गुण का अवलम्बन किया जाता तो उसे **आसन** कहते थे। लड़ते हुए उपायों का प्रयोग न करना अथवा थोड़ा प्रयोग करना **उपेक्षण** कहलाता था। एक दूसरे को हानि पहुँचाने में असमर्थ सन्धि की इच्छा रखने वाले विजिगीषु और शत्रु राजा द्वारा विग्रह करके आसन का अवलम्बन किया जाता या सन्धि करके आसन का अवलम्बन किया जाता था।

जब विजिगीषु देखता कि 'अपनी तथा मित्र की या आटविक राजा की सेना के द्वारा, मैं बराबर के या अधिक शक्तिवाले शत्रु राजा की सेना को पराजित कर सकूँगा' तो भीतर और बाहर की सब व्यवस्था ठीक करके विग्रह करके चुप होकर बैठ जाता था।[17] अथवा जब देखे कि 'मेरी अमात्य आदि प्रकृतियाँ पूरे उत्साह पर तथा पूरे संगठन पर हैं; वे उन्नति पर हैं तथा निर्विरोध अपने कर्मों की रक्षा और शत्रु के कर्मों को ध्वस्त कर सकेंगी' तो युद्ध की घोषणा कर चुप बैठ जाता था।

अथवा जब देखता कि 'शत्रु का प्रकृति मंडल तिरस्कृत, क्षीण, लोभी, पारस्परिक कलह से पीड़ित होने से भेद उपायों द्वारा या स्वयमेव मेरे वश में हो जाएगा। मेरा कृषि, वाणिज्य सुधार पर तथा शत्रु के बिगाड़ पर है, उसका सारा प्रकृति-मंडल दुर्भिक्ष से पीड़ित होकर मेरे पक्ष में हो जाएगा। अथवा शत्रु की वार्ता समृद्ध और मेरी क्षीणावस्था में है। फिर भी मेरा प्रकृति-मंडल शत्रु के पक्ष में न जाएगा, बल्कि विग्रह करके मैं शत्रु के धन-धान्य, पशु, हिरण्य आदि नष्ट कर सकूँगा। अथवा विग्रह करके मैं अपने पण्य (व्यापार) को हानि पहुँचाने वाले शत्रु के पण्य को अपने देश में आने से रोक दूँगा। या विग्रह करके शत्रु के व्यापारी मार्गों से हाथी, घोड़े आदि सारवान वस्तुएँ मेरे पास चली आएँगी और मेरी वे वस्तुएँ शत्रु के पास न जा सकेंगी। या विग्रह करके शत्रु अपने दूष्य शत्रु और आटविकों को वश में न कर सकेगा। या उनके साथ भी इसका विग्रह हो जाएगा। अथवा विग्रह के द्वारा शत्रु के कार्यों में रुकावट डालकर मैं अपने मित्र राजा को थोड़े ही समय में इतना अधिक उपकार कर सकूँगा कि वह धन-धान्य से सम्पन्न हो जाएगा। अथवा इस प्रकार मेरे द्वारा अनादृत यह शत्रु राजा अत्यन्त

उपजाऊ एवं उपयोगी भूमि को लेने के लिए कहीं अपनी सम्पूर्ण सेना को लेकर आक्रमण न कर दे'–इत्यादि अवस्थाओं में विजिगीषु अपनी अभ्युन्नति और शत्रु की हानि के लिए विग्रह करके आसन का अवलम्बन करता था।[18]

किन्तु कौटिल्य का कथन है कि 'कुपित हुआ शत्रु राजा व्यसनरहित विजिगीषु को उखाड़ नहीं सकता है; थोड़ा-बहुत अनिष्ट अवश्य कर दे। परन्तु विजिगीषु यदि उसके आक्रमण में बाधा न डाले तो अपने शत्रुराजा को निर्विघ्न जीतकर वह विजिगीषु को उखाड़ फेंकने में समर्थ हो सकता है।'

इस प्रकार विग्रह करके चुप बैठ जाने का परिणाम यह होता था कि यातव्य (जिस पर आक्रमण किया जाता) राजा अपनी सुरक्षा के लिए विजिगीषु को अवश्य सहायता पहुँचाता। इसलिए पूरी ताकत के साथ युद्ध के लिए प्रस्तुत राजा के साथ विग्रह करके ही आसन का अवलम्बन किया जाता था। विग्रह करके, आसन के जो हेतु बतलाए गए यदि उनसे विपरीत दिखाई देता, तो सन्धि करके ही आसन का अवलम्बन किया जाता अथवा जब देखता कि 'शत्रु व्यसनों में फँसा था; उसका प्रकृत-मंडल भी व्यसनों में उलझा था, अपनी सेनाओं से पीड़ित उसकी प्रजा उससे विरक्त हो गई थी, राजा स्वयं उत्साहहीन था, प्रकृति-मंडल में परस्पर कलह था; उसको लोभ देकर फोड़ा जा सकता था; शत्रु, अग्नि, जल, व्याधि, संक्रामक रोग के कारण वह अपने वाहन, कर्मचारी और कोष की रक्षा न कर सकने के कारण क्षीण हो चुका था' तो ऐसी दशाओं में विग्रह करके चढ़ाई (यान) कर देता अथवा जब देखता कि 'मेरे आगे-पीछे के मित्रराजा सूर, अनुभवी एवं अनुरक्त प्रकृति-मंडल से सम्पन्न थे और शत्रु के मित्र राजा सर्वथा विपन्नावस्था में थे; यही स्थिति पार्ष्णिग्राह और आसार राजाओं की भी थी; ऐसी दशा में 'मैं' मित्र के साथ आसार को और आक्रंद के साथ पार्ष्णिग्राह को भिड़ाकर शत्रु को जीत सकूँगा।' तो विग्रह करके चढ़ाई कर देता था।[19]

अथवा देखता कि 'अकेले ही चढ़ाई करके मैं अभीष्ट फल को प्राप्त कर लूँगा तो पार्ष्णिग्राह और आसार के साथ भी विग्रह करके अपने शत्रु पर चढ़ाई कर देता। और यदि देखता कि 'अकेले ही चढ़ाई करके मैं अभीष्ट फल को प्राप्त न कर सकूँगा' तो सन्धि करके चढ़ाई कर देता। अथवा जब देखे कि 'मैं अकेले ही चढ़ाई करने में असमर्थ हूँ; किन्तु चढ़ाई करनी आवश्यक है' तो ऐसी दशा में सम, हीन तथा अधिक शक्ति वाले राजाओं के साथ गठबन्धन करके चढ़ाई करता। यदि एक ही देश पर चढ़ाई करनी हो तो सहायक राजाओं का हिस्सा निश्चित करके और अनेक देशों पर चढ़ाई करनी होती तो हिस्से का निश्चय किए बिना ही चढ़ाई कर देता था। यदि उक्त राजाओं में कोई भी राजा साथ

चलने को तैयार न हो तो उनका कुछ हिस्सा निश्चित करके उनसे सेना माँगता। अथवा यह कहता कि इस समय साथ चलकर यदि तुम मेरी सहायता करोगे तो अवसर आने पर मैं भी तुम्हारा साथ दूँगा।' यदि आक्रमण करने पर भूमि मिले तो उसमें से पूर्व निश्चित हिस्सा दे देता और दूसरा सामान मिलता तो लाभ के अनुसार हिस्सा दे देता था। सैन्य सहायता के अनुसार ही सहायक राजाओं को हिस्सा दिया जाता, यह प्रथम पक्ष था। मेहनत के अनुसार धन दिया जाता, यह उत्तम तरीका था। लूट-पाट में जो जिसके पल्ले पड़ जाता, वह उसी को दिया जाता, यह भी एक पक्ष था अथवा लड़ाई के समय जिसका जितना खर्च हुआ उसी के अनुसार उसको हिस्सा दिया जाता था।[20]

11.9 यानसम्बन्धी विचार

विजिगीषु राजा द्वारा यातव्य और शत्रु के ऊपर सामन्त आदि से उत्पन्न समान व्यसन आ पड़ा तो, ऐसी स्थिति में, पहले शत्रु पर चढ़ाई की जाती थी। उसको जीत लेने के बाद फिर यातव्य, विजिगीषु का सहायक हो सकता था; किन्तु यातव्य को जीत लेने पर शत्रु कभी भी सहायक नहीं हो सकता; उसका कारण यह था कि शत्रु हमेशा ही अपकार करने वाला होता था।

यदि विजिगीषु के समक्ष 'अधिक व्यसन में फँसे हुए यातव्य पर पहले चढ़ाई की जाती या थोड़े व्यसन में फँसे हुए शत्रु पर पहले चढ़ाई की जाए' ऐसे विकल्प की स्थिति आती तो उसको उचित था कि अधिक व्यसनी यातव्य पर ही पहले वह चढ़ाई करता, क्योंकि उसको जीत लेना अधिक सुगम होता है'–ऐसा पूर्वाचार्यों का अभिमत है किन्तु कौटिल्य इस अभिमत से सहमत नहीं है। उसका कहना था कि 'पहले शत्रु पर ही चढ़ाई करनी चाहिए, भले ही उस पर थोड़ी विपत्ति क्यों न हो; क्योंकि आक्रमण की स्थिति में छोटे व्यसन का प्रतीकार करना भी कठिन हो जाता है। यद्यपि यातव्य का गुरु व्यसन चढ़ाई कर देने पर अधिक गुरुतर हो जाएगा और उसको जीत लेना अत्यन्त ही सरल हो जाएगा[21]; तथापि पहले लघु व्यसन शत्रु पर ही चढ़ाई करनी चाहिए, क्योंकि उस पर यदि चढ़ाई न की जाएगी तो अपने छोटे से व्यसन का शीघ्र ही सरलता से प्रतीकार कर वह यातव्य की सहायता के लिए तैयार हो जाएगा; अथवा पार्ष्णिग्राह (पीछे से आक्रमण करनेवाला) बन जाएगा।'

न्यायपूर्वक प्रजा का पालन करनेवाला भारी विपत्ति से ग्रस्त यातव्य, अन्यायपूर्वक प्रजा का पालन करनेवाला थोड़ी विपत्ति से ग्रस्त यातव्य, और जिसका प्रकृति-मंडल विरक्त हो गया हो, ऐसा यातव्य इस प्रकार के तीन यातव्य यदि

एक साथ प्राप्त हों तो उनमें सर्वप्रथम विरक्त-प्रकृति यातव्य पर ही चढ़ाई की जाती थी। क्योंकि यदि न्यायपरायण गुरु-व्यसनी यातव्य पर पहले आक्रमण किया जाता तो उसका प्रकृति-मंडल प्राण-प्रण से उसकी सहायता करता; इसी प्रकार अन्यायवृत्ति लघु-व्यसनी यातव्य पर पहले आक्रमण किया जाता तो उसका प्रकृति-मंडल न तो उसकी सहायता करता और न विरोध ही। इसके विपरीत विमुख हुआ प्रकृति-मंडल बलवान राजा को भी उखाड़ फेंकता था। इसलिए विरक्त प्रकृति यातव्य पर ही पहले आक्रमण किया जाता था।

'दुर्भिक्ष आदि विपत्तियों से पीड़ित और लोभी प्रकृति-मंडल से युक्त यातव्य पर पहले चढ़ाई करनी चाहिए या तिरस्कृत प्रकृति-मंडल वाले यातव्य पर पहले चढ़ाई करनी चाहिए, ऐसी अवस्था में 'विपत्तिग्रस्त लोभी प्रकृति-मंडल से घिरे हुए यातव्य पर ही पहले चढ़ाई करनी चाहिए; क्योंकि पीड़ित एवं लोभी प्रकृति-मंडल सरलता से काबू में किया जा सकता था। किन्तु तिरस्कृत प्रकृति-मंडल को बहकाना या सताना कठिन था, क्योंकि वे किसी की बात मानने के लिए तभी राजी होते थे, जब उनका प्रधान उस बात को स्वीकार करता था।' पूर्वाचार्य ऐसा कहते हैं। किन्तु कौटिल्य[22] का कथन था कि 'पीड़ित एवं लोभी प्रकृतिजन अपने मालिक में बड़ा अनुराग रखते थे और उसके हितार्थ वे हर समय तैयार रहते थे; और यह भी सम्भव था कि वे किसी के बहकावे में ही न आवें। वे इस बात को भी भलीभाँति जानते थे कि अपने राजा में अनुराग रखना ही सब गुणों का मूल था। इसलिए अपने प्रकृतिजनों का अनादर करनेवाले यातव्य पर ही पहले आक्रमण करना श्रेयस्कर था।'

'अन्यायपूर्वक प्रजा का पालन करनेवाले बलवान यातव्य पर पहले आक्रमण करना चाहिए या न्यायपूर्वक प्रजा का पालन करनेवाले दुर्बल यातव्य पर?' ऐसी स्थिति में अन्यायवृत्ति राजा पर ही पहले आक्रमण किया जाता, क्योंकि ऐसे यातव्य पर आक्रमण करने पर उसके अमात्य आदि प्रकृतिजन उसकी सहायता करने के बदले उसको दुर्ग से निकाल देते या शत्रु के साथ जाकर मिल जाते थे। परन्तु न्यायवृत्ति दुर्बल यातव्य पर आक्रमण करने से उसका प्रकृति-मंडल प्राण-प्रण से उसकी सहायता करता और उसके दुर्ग छोड़ देने पर भी बराबर उसकी कल्याण-कामना में ही निरत रहते थे।[23]

सज्जनों का अनादर करने से, दुर्जनों पर अनुग्रह करने से अनुचित, अधार्मिक एवं हिंसात्मक कार्यों को करने से, धार्मिक व्यक्तियों द्वारा सदाचरण का त्याग किए जाने से, अनुचित कार्यों को करने से, उचित कार्यों को बिगाड़ देने से, सुपात्रों को दान न देने से; कुपात्रों की सहायता करने से, अपराधियों को दंड

न देने से, निरपराधों को कठोर दंड देने से, त्याज्य व्यक्तियों को पास रखने से, कुलीन एवं सौम्य व्यक्तियों को दूर हटाने से, अनर्थकारी कार्यों को करने से, अर्थकारी कार्यों को न करने से, चोरों से प्रजा की रक्षा न करने से, चोरी कराने, पुरुषार्थी व्यक्तियों की उपेक्षा करने से, उचित ढंग से संपादित सन्धि-विग्रह आदि कार्यों की निन्दा करने से, अध्यक्ष आदि प्रधान कर्मचारियों पर दोषारोपण करके उन्हें नीच कार्यों में नियुक्त करने से, आचार्य, पुरोहित आदि माननीय व्यक्तियों का तिरस्कार करने से, विषय या मिथ्या बातें कहकर वृद्ध पुरुषों में परस्पर विरोध कराने से, किसी के उपकार को न मानने से, नित्यकर्मों को न करने से, राजा के प्रमाद एवं आलस्य से और योग (किसी वस्तु की प्राप्ति) तथा क्षेम (प्राप्त वस्तु की रक्षा) का नाश होने से अमात्य आदि प्रकृतिजनों का क्षय हो जाता था। वे लोभी हो जाते एवं उनमें राजा के प्रति वैराग्य की भावना पैदा हो जाती थी। क्षय हुए प्रकृतिजन लोभी हो जाते, लोभी होकर वे राजा की ओर से उदासीन हो जाते और ऐसी स्थिति में वे शत्रु से जा मिलते थे अथवा स्वयं ही अपने राजा का वध कर डालते थे। इसलिए नीतिनिपुण राजा द्वारा अपने प्रकृतिजनों में क्षय, लोभ और विराग के कारणों को पैदा ही नहीं होने दिया जाता था। यदि किसी कारण वे पैदा हो भी जाते तो उनका तत्काल प्रतीकार कर दिया जाता था।

क्षीण, लुब्ध और विरक्त, इन तीनों प्रकार की प्रकृतियों को उत्तरोत्तर गुरु समझा जाता था। पीड़ा और उच्छेद के डर से क्षीण हुआ प्रकृति-मंडल शीघ्र ही सन्धि, युद्ध या दुर्ग को छोड़कर पलायन कर देता था। लोभी प्रकृति-मंडल असन्तोष के कारण शत्रु के वश में चला जाता था। विरक्त प्रभामंगल शत्रु के साथ मिलकर विजिगीषु पर आक्रमण करने के लिए तैयार हो जाता था।[24]

इन प्रकृतियों के हिरण्य और धान्य का क्षय हो जाना सर्वस्व नष्ट कर देनेवाला होता था। इसलिए इसका प्रतीकार करना भी अत्यन्त कठिन हो जाता था। किन्तु हाथी-घोड़ों और पुरुषों के क्षय का प्रतीकार हिरण्य तथा धान्य आदि के द्वारा सुगमता से हो सकता था। अमात्य आदि प्रकृतिजनों में किसी एक मुखिया को ही लोभ होता था। शत्रु या यातव्य की सम्पत्ति द्वारा उसका प्रतीकार किया जा सकता था, अथवा मुख्य व्यक्तियों द्वारा वह वापस भी लिया जा सकता था। परन्तु विराग का प्रतीकार केवल मुख्य पुरुष को वश में करने से ही नहीं हो सकता था। मुखिया रहित प्रकृतिजन शत्रु के वश में हो जाते थे। वे दूसरे के वश में भी जा सकते थे, किन्तु वे आपत्तियों को सहन नहीं कर सकते थे, आपत्ति के समय वे विजिगीषु को छोड़कर चले जाते थे, मुखिया के अधीन रहने पर

वे शत्रु से नहीं फोड़े जा सकते थे और आक्रमण के समय भी वे विपत्ति को सहन कर लेते थे।

विजिगीषु द्वारा सन्धि-विग्रह के कारणों को भलीभाँति सोच-समझकर अपने सहयोगी राजाओं की शक्ति एवं पवित्रता को परखकर उनके साथ ही शत्रु पर चढ़ाई कर देता क्योंकि बलवान राजा पार्ष्णिग्राह राजा को रोकने में सहायता करता था और विश्वासपात्र राजा युद्ध में सेना आदि देकर उसके कार्यों में सहायता करता तथा निष्कपट राजा कार्यसिद्धि होने या न होने पर न्यायमार्ग का अनुसरण करता था।[25]

उनमें से भी अधिक शक्तिशाली एक राजा के साथ गठबंधन करके चढ़ाई की जाती या समान शक्ति वाले दो राजाओं के साथ सुलह करके आक्रमण करना चाहिए? ऐसी दशा में समान शक्ति राजा को साथ लेकर युद्ध करना ही श्रेयस्कर था क्योंकि अधिक शक्तिशाली राजा के साथ विजिगीषु को दबकर ही चलना पड़ता था; जबकि समान शक्तिवाले के सम्बन्ध में यह बात नहीं होती थी और फिर एक सुविधा यह भी थी कि दो बराबर शक्तिवाले राजाओं को आपस में सुगमता से फोड़ा जा सकता था। उनमें से किसी एक ने यदि दुष्टता भी की तो दूष्य आदि के द्वारा उसका दमन भी किया जा सकता था।

समशक्ति एक राजा या हीनशक्ति दो राजाओं में से किस के साथ गठबंधन करके युद्ध किया जाता? हीनशक्ति दो राजाओं को साथ लेकर चढ़ाई की जाती, क्योंकि वे दोनों दो कार्यों को एक साथ कर सकते और विजिगीषु के वश में भी रह सकते थे। कार्य सिद्ध हो जाने पर कृतार्थ हुए अधिक शक्तिशाली राजा के मन में यदि बेईमानी आ जाती तो मित्र राजा द्वारा वहाँ से चुपचाप चल दिया जाता था। उसकी ईमानदारी और निष्कपटता को दृष्टि में रखकर तब तक मित्र राजा उसके साथ रहता, जब तक कि वह नहीं छोड़ता था।

कार्यसिद्धि होने पर मित्र राजा द्वारा आदि संकटमय स्थान से अपने परिवार को साथ लेकर दूसरी जगह चल दिया जाता था। सफल हुए समशक्ति राजा से मित्र राजा को भय बना रहता था। वास्तविकता यह थी कि चाहे अधिकशक्ति राजा हो या समशक्ति राजा हो, कार्य सिद्ध हो जाने पर उसके दिल में फर्क अवश्य आ जाता था। वृद्धि प्राप्त करनेवाले व्यक्ति पर कभी भी विश्वास नहीं किया जाता क्योंकि वह चित्त को विरत कर देती थी[26]। अधिक शक्तिशाली विजयी राजा से मित्र राजा को थोड़ा भी हिस्सा मिलता या कुछ भी न मिलता तो प्रसन्न होकर वह ले लेता और बाद में उसकी किसी निर्बलता पर प्रहार करके दुगुना धन वसूल कर लेता था। विजयी विजिगीषु द्वारा सफल हो जाने पर वह अपने

सहायक मित्र राजाओं को सम्मानपूर्वक विदा किया जाता भले ही विजय का उसको थोड़ा ही हिस्सा उपलब्ध क्यों न होता। ऐसा व्यवहार करने से वह राजमंडल का प्रियपात्र हो जाता था।[27]

11.10 मित्रों के प्रति कर्तव्य

यातव्य विजिगीषु द्वारा आक्रमण करने से पहले ही वह, सन्धि के कारणों को मानने वाले या उसकी अपेक्षा न रखनेवाले सहायक (सामवायिक) के रूप में किसी एक सामन्त के साथ, पूर्व निश्चित लाभ से, दुगुना लाभ देकर सन्धि कर लिया जाता था। तदनन्तर उस साथ सामन्त के समक्ष वह : सेनाक्षय, धनव्यय, दूर प्रवास, मार्ग के विघ्न, शत्रुपक्ष में घुसकर उसका उपकार करना और शरीर-पीड़ा आदि दोषों या बाधाओं को खोलकर रख देता था। यदि वह इन सब बाधाओं को झेलना स्वीकार कर ले तो उसे प्रतिज्ञात धन दे दिया जाता था। इसके विपरीत यदि वह सन्धि के कारणों को स्वीकार नहीं करता तो दूसरे सामन्त से उसका विरोध कराकर, उससे अपनी सन्धि तोड़ देता था।

अनुचित देशकाल में युद्ध-यात्रा का आरम्भ कर सामन्त को क्षय-व्यय-ग्रस्त करने की इच्छा रखने वाला या उचित देशकाल में युद्ध यात्रा करके अवश्यम्भावी सिद्धि का विधान करने की इच्छा वाला या यात्रा करने पर दुर्ग आदि के ऊपर आक्रमण करने की इच्छा वाला; या यातव्य से पहले थोड़ा ही लेकर सन्धि करके फिर अधिक माँग की इच्छा रखने वाला या आकस्मिक अर्थ-कष्ट से ग्रसित या यातव्य में अविश्वास करने वाला; उस समय थोड़ा ही लाभ लेकर सन्धि कर लेता और फिर भविष्य में अधिक धन लेने की इच्छा करता था।[28]

यदि उसे यह सम्भावना होती कि आगे चलकर मित्र से उसको लाभ होगा; शत्रुओं को वह हानि कर पाएगा; पुराने सहायक पुनः सहायता करेंगे; ऐसी स्थिति में उस समय अधिक लाभ हो छोड़कर भविष्य में वह थोड़े ही लाभ की कामना करता था। यदि वह चाहता था कि दूष्य, शत्रु एवं अधिकशक्ति सामन्त से उसके साथी सामन्त की रक्षा हो जाए अथवा अपने प्रति भी इसी प्रकार के उपकारों को चाहता; और यह चाहता कि यातव्य के साथ उसका सम्बन्ध जुड़ जाए, तो उस समय और भविष्य में भी अपने साथी से कुछ भी लाभ न लेता था।

यदि वह पहले की गई सन्धि को तोड़ना चाहता या शत्रुप्रकृति को नष्ट करना चाहता या मित्र तथा शत्रु की सन्धि को तोड़ना चाहता या उसे शत्रु के आक्रमण की आशंका होती या अप्राप्त पूर्व निश्चित लाभ से अधिक लाभांश की माँग करता, ऐसी दशा में दूसरे सामन्त को चाहिए, जिससे लाभ की माँग की गई

थी, कि वह इस प्रकार की माँग के सम्बन्ध में उस समय और भविष्य में होनेवाले लाभ तथा हानि का भलीभाँति विचार करता था।

अपने-अपने मित्रों पर बड़ा अनुग्रह रखनेवाले शत्रु और विजिगीषु, दोनों के द्वारा वे 1. शक्यारम्भी 2. कल्याणारम्भी 3. भव्यारम्भी 4. स्थिरकर्मा और 5. अनुरक्त प्रकृति, इन पाँच प्रकार के मित्रों पर विशेष अनुग्रह रखा जाता था। अपनी शक्ति के अनुसार कर सकने योग्य कार्य को आरम्भ करनेवाला **शक्यारम्भी** कहलाता था। दोष रहित कार्य को आरम्भ करनेवाला **कल्याणारम्भी** कहलाता था। भविष्य में कल्याणप्रद फल को देनेवाले को जो आरम्भ करे उसे **भव्यारम्भी** कहते थे। आरम्भ में किए हुए कार्य को जो समाप्त किए बिना नहीं छोड़ता उसे **स्थिरकर्मा** कहते थे। अच्छे सहायक मिल जाने के कारण[29] थोड़ी-सी सेना आदि से कार्य को पूरा कर देने वाला **अनुरक्तप्रकृति** कहलाता था। यदि इन 5 प्रकार के मित्रों को सहायता देकर कृतार्थ किया जाता तो उनसे विजिगीषु को बहुत सहायता मिलती थी। इनसे विपरीत अशक्यारम्भी आदि पर कदापि भी अनुग्रह न किया जाता।

यदि शत्रु और विजिगीषु दोनों एक ही व्यक्ति पर अनुग्रह करना चाहते तो जो मित्र या अतिमित्र होता उस पर ही अनुग्रह किया जाता, क्योंकि वह अत्यन्त लाभ पहुँचाता था। मित्र से तो सर्वदा ही आत्मवृद्धि होती थी, यदि उस पर अनुग्रह भी किया जाता तब तो कहना ही क्या था। जो भी मित्र की जगह शत्रु पर अनुग्रह करता उसके पुरुष एवं धन का नाश होता था तथा दूर-दूर जाकर उसको शत्रु का उपकार करना पड़ता और कार्य सध जाने के बाद फिर शत्रु उससे बिगाड़ कर लेता था।

यदि शत्रु और विजिगीषु मध्यम राजा पर अनुग्रह करना चाहते तब भी मित्र अथवा अतिमित्र पर ही अनुग्रह करनेवाले को सदा ही क्षय, व्यय, प्रवास सहना पड़ता था तथा शत्रु का उपकार करना पड़ता था। अनुगृहीत मध्यम राजा के बिगड़ जाने पर अपने शत्रु को ही विशेष लाभ होता था, क्योंकि मित्र बनकर बिगड़ जाने के बाद शत्रु बना मध्यम समान कार्य करने वाले विजिगीषु के शत्रु को अपना मित्र बना लेता था। इसी प्रकार उदासीन राजा पर अनुग्रह करने का सुफल कुफल होता था। मध्यम और उदासीन राजाओं को सेना की सहायता में जो अपने शस्त्र-संचालन में कुशल, दुःखसहिष्णु एवं अनुरक्त सैनिक को दे डालते वे धोखा खाते थे और जो धोखा खाते थे और जो ऐसा नहीं करता वह लाभ में रहता था।[30]

जिस कार्य को सम्पन्न करने के लिए एक बार भेजी हुई सेना नष्ट हो जाती उसकी पूर्ति के लिए तथा दूसरे कार्यों की सफलता के लिए ऐसे अवसर पर मौलबल, भृतबल, श्रेणीबल, मित्रबल और आटवीबल, इन पाँचों में से किसी

एक सेना को उचित देशकाल के अनुसार भेज दिया जाता था। अथवा दूर देश और अधिक समय के लिए अमित्रबल या आटवीबल को ही भेजा जाता था।

जिस उदासीन या मध्यम को यह समझा जाता कि : 'वह अपना कार्य निकाल लेने के बाद 'मेरी' सेना को अपने वश में कर लेगा, या उसको शत्रु के पास, आटविक के पास, अयुक्त स्थानों तथा ऋतुओं में रखेगा, अथवा 'मेरी' सेना को जीत का कोई हिस्सा न देगा' उसको कुछ बहाना बना कर सेना न दी जाती थी। यदि इस प्रकार के राजा की सहायता करनी परमावश्यक होता तो उतने समय तक के लिए उसको समर्थ सैनिक दिए जाते, जब तक कार्य समाप्त नहीं होता और सुविधाजनक भूमि में सेना रहती तथा अवसर आने पर ही वह युद्ध करता, साथ ही सैनिक आपत्तियों या निरस्त्र हो जाने की स्थिति से उन्हें सुरक्षित रखता। कार्य हो जाने के बाद कुछ बहाना बनाकर सेना वापस बुला ली जाती थी। फिर जरूरत पड़ने पर अपनी दूष्यसेना, शत्रु सेना या आटविक सेना को ही दिया जाता अथवा यातव्य के साथ मिलकर मध्यम या उदासीन राजा से खूब धन वसूल करता था।[31]

11.11 पार्ष्णिग्राह-चिन्ता

विजिगीषु और शत्रु जब पृष्ठवर्ती (पार्ष्णि) होकर किसी राजा पर चढ़ाई करता तो उनमें से वही विशेष लाभ प्राप्त करता जो कि दूसरे के साथ युद्ध में फँसे हुए अपने शत्रुभूत दो राजाओं में से अधिक शक्तिशाली राजा की पार्ष्णि को ग्रहण करता था क्योंकि शक्तिशाली राजा अपने शत्रु का उच्छेद कर बाद में अपने पार्ष्णिग्राह का भी उच्छेद कर देता था। हीनशक्ति शत्रुराजा तो अपने शत्रु का उच्छेद करने पर भी वैसे ही निर्बल बना रहता था। उसकी ओर से आक्रमण की कोई आशंका नहीं हो सकती थी। इसलिए उसका पार्ष्णिग्राह बनने में कोई लाभ नहीं था।

यदि दोनों युद्ध-निरत शत्रु समानशक्ति होते तो उसी का पार्ष्णिग्राह बनना लाभप्रद था जो कि सभी साधनों से सम्पन्न होते। क्योंकि सर्वसाधनसम्पन्न शत्रु राजा अपने शत्रु का उच्छेद कर सकता था। जो कि साधनहीन और अपनी बिखरी सेना को बटोरने में ही लगा होता, ऐसा शत्रु न तो अपने शत्रु को जीत सकता था और न ही वह विजिगीषु के लिए भय का कारण था। इसलिए ऐसे शत्रु का पार्ष्णिग्राह बनने में कोई लाभ नहीं था।

यदि दोनों ही सर्वसाधनसम्पन्न होते तो ऐसे राजा का पार्ष्णिग्राह बनने में विशेष लाभ था, जो अपने सम्पूर्ण सैन्य को लेकर युद्ध के लिए कूच कर गया

होता। क्योंकि जिसका मुख्य भाग (राज्य या राजधानी) असुरक्षित होता उस पर शीघ्र ही विजय प्राप्त की जा सकती थी। किन्तु जिसने[32] अपनी पार्ष्णि की रक्षा के लिए प्रबन्ध कर थोड़ी सेना को साथ ले युद्ध के लिए प्रस्थान करता था उसको जीतना सरल नहीं था। वह अपने पार्ष्णिग्राह का अच्छी तरह प्रतीकार कर सकता था।

बराबर सेनाओं को साथ ले जानेवाले राजाओं में से उसी का पार्ष्णिग्राह बनना ठीक था, जिसने अपने दुर्गरहित शत्रु पर आक्रमण किया हो। क्योंकि सहज ही में अपने दुर्गरहित शत्रु को वश में करके बाद में वह अपने पार्ष्णिग्राह का भी उच्छेदन कर सकता था। परन्तु दुर्गसम्पन्न राजा के साथ युद्ध में लगे शत्रु पर चढ़ाई करने में कोई लाभ नहीं था, प्रत्युत हानि की सम्भावना अधिक थी। क्योंकि युद्ध से खिसियाकर जब वह वापस लौटता तो पार्ष्णिग्राह के साथ ही युद्ध में जुट जाता, जिससे पार्ष्णिग्राह की हानि ही होती, लाभ नहीं। सर्वथा समानशक्ति शत्रुओं में उसी का पार्ष्णिग्राह बनने में विशेष लाभ था, जिसने अपने किसी धर्मात्मा शत्रु पर आक्रमण किया हो। क्योंकि ऐसा करने पर अपने और पराये सभी उससे द्वेष करने लगते और ऐसी स्थिति में पार्ष्णिग्राह सरलता से ही उसको अपने वश में कर सकता था। परन्तु अधर्मी शत्रु पर आक्रमण करने वाला राजा सभी का प्रिय हो जाता और वह निश्चित ही अपने शत्रु को जीत लेता था इसलिए ऐसे राजा का पार्ष्णिग्राह बनने में कोई लाभ नहीं था।

मित्र और शत्रु पर आक्रमण करने वाले राजाओं में से[33], जो मित्र पर आक्रमण करने वाले राजा का पार्ष्णिग्राह बनता वही विशेष लाभ में रहता था। क्योंकि मित्र पर आक्रमण करने वाला राजा सहज ही में सिद्धि प्राप्त कर लेता और बलवान होकर वह पार्ष्णिग्राह का भी उच्छेद कर सकता था। इसके विपरीत, क्योंकि मित्र के साथ सन्धि हो जाना सुकर होता था, शत्रु के साथ कठिनता से ही सन्धि हो सकती थी। अतः शत्रु पर आक्रमण करनेवाला राजा न तो सिद्धिलाभ कर सकता और न तो पार्ष्णिग्राह की कुछ हानि कर सकता था। मित्र और शत्रु का उन्मूलन (उद्धार) करनेवाले राजाओं में से जो शत्रु का उद्धार करनेवाले राजा का पार्ष्णिग्राह बनता वही विशेष लाभ में रहता था। क्योंकि शत्रु का उद्धार करनेवाला राजा स्वपक्ष और मित्र पक्ष से सम्पन्न होकर पार्ष्णिग्राह का भी उच्छेद कर सकता था। परन्तु, दूसरा जो मित्र का ही उन्मूलन करना चाहता अपने ही पक्ष का घातक होने के कारण, कभी भी पार्ष्णिग्राह का उच्छेद नहीं कर सकता था।

मित्र और शत्रु का उन्मूलन करनेवाले राजाओं के कोई विशेष लाभ प्राप्त किए बगैर ही लौट आने पर, उनमें से ऐसे शत्रु पर आक्रमण करने में लाभ था, जिसने कुछ भी लाभ प्राप्त नहीं किया और जिसका अधिक क्षयव्यय हुआ हो।

क्योंकि वह शत्रु को क्षीण कर पार्ष्णिग्राह को भी हानि पहुँचा सकता था। किन्तु विशेष लाभ प्राप्त करके लौट आने पर जिसका शत्रु लाभ तथा शक्ति से हीन हो, ऐसे आक्रमणकारी राजा का पार्ष्णिग्राह बनने में लाभ रहता था क्योंकि लाभ और शक्ति से सम्पन्न शत्रु को वश में न कर सकने के कारण वह पार्ष्णिग्राह का कुछ नहीं बिगाड़ पाता था। अथवा जो यातव्य और विजिगीषु के साथ युद्ध करके अपकार करने में असमर्थ होता उसकी पार्ष्णि को दबाने वाला राजा भी विशेष लाभ में रहता था।[34]

दो समान गुण वाले पार्ष्णिग्राह राजाओं में वही पार्ष्णिग्राह विशेष लाभ में रहता, जिसके पास कार्यसिद्धि के लिए दूसरे की अपेक्षा अधिक सेना होती और जो दुर्ग आदि से सम्पन्न अथवा जो यातव्य का पड़ोसी होता। क्योंकि निकटवर्ती को यदि विशेष लाभ होता तो वह यातव्य के साथ मिलकर विजिगीषु के मूलस्थान को भी बाधा पहुँचा सकता था। परन्तु दूर रहनेवाले से बाधा की आशंका नहीं रहती थी। शत्रु के कार्य व्यापार को रोकने वाले पार्ष्णिग्राह तीन प्रकार के होते थे : 1. आक्रमण करनेवाले राजा के समीपवर्ती 2. पीछे रहनेवाले और 3. इधर-उधर के पार्श्ववर्ती। आक्रमणकारी विजिगीषु और उसके शत्रु के बीच का दुर्बल राजा **अन्तर्धि** कहलाता था। केवल बलवान का मुकाबला होने पर वह दुर्ग तथा घने जंगल (अटवी) में छिप जाता था। इसीलिए उसका ऐसा अन्वर्थ नाम पड़ा।

मध्यम राजा को वश में करने की इच्छा रखनेवाले शत्रु और विजिगीषु, दोनों में वही विशेष लाभ में रहता जो उसका पार्ष्णिग्राह बनता और वहाँ से कुछ लाभ प्राप्त कर मध्यम राजा को अपने मित्र से अलग कर देता तथा जो स्वयं अपने शत्रु तक को अपना मित्र बना लेता था। उपकार करनेवाले शत्रु के साथ भी सन्धि कर लिया जाता और मित्र भाव से शून्य अपकार करने वाले मित्र को भी छोड़ दिया जाता था। इसी प्रकार उदासीन राजा को वश में कर लिया जाता था। पार्ष्णिग्राह और आक्रमणकारी, इन दोनों राजाओं में वही अधिक उन्नत हो सकता था, जो मन्त्रयुद्ध से शत्रु का नाश करता था। साधारणतया युद्ध 2 प्रकार का होता था। 1. व्यायाम युद्ध और 2. मन्त्रयुद्ध। युद्धभूमि में उतरकर शस्त्रास्त्र आदि के उपायों द्वारा शत्रु को विच्छिन्न कर देना **व्यायाम युद्ध** कहलाता था, और बिना युद्धभूमि में गए हो सभी तीक्ष्ण आदि गुप्तचरों द्वारा शत्रु[35] का नाश कराना **मन्त्रयुद्ध** कहलाता था। इन दोनों में मन्त्रयुद्ध ही उन्नति का कारण था, क्योंकि व्यायाम युद्ध में क्षय-व्यय होता था। तथैव युद्ध में जीत जाने पर भी सेना और कोष के क्षीण हो जाने के कारण वह राजा प्रायः पराजित-सा ही हो जाता था। यह प्राचीन आचार्यों की राय थी। इसके विपरीत कौटिल्य का कहना था कि चाहे कितना ही क्षय-व्यय

क्यों न हो, हर हालत में शत्रु का नाश करना ही उद्देश्य होना चाहिए। मनुष्य तथा धन की बराबर हानि होने पर जो राजा पहले ही अपने दूष्यबल को समाप्त कर फिर निष्कंटक हो अपनी नियमित सेना को साथ लेकर युद्ध करता वही विशेष लाभ में रहता था। यदि दोनों राजा पहले अपने दूष्यबल को ही समाप्त कर डालते थे तो उनमें से वही अधिक लाभ में रहता जो पहले बहुसंख्यक शक्तिशाली दूष्यबल को समाप्त करवा डालता था। विजिगीषु को यही उचित था कि वह अपने मित्र पर आक्रमण करनेवाले शत्रु के पृष्ठवर्ती मित्र (आक्रंद) को पहले अपने मित्र की सेना के साथ भिड़ाकर फिर स्वयं उसकी पार्ष्णि को ग्रहण करता। यदि विजिगीषु स्वयं ही आक्रमणकारी होता तो वह अपने पार्ष्णिग्राह को अपने मित्र राजा द्वारा वारित करता और पार्ष्णिग्राह की सेना का मुकाबला अपने मित्र की सेना के द्वारा करता था।[36]

अपने पीछे का प्रबन्ध कर सामने से कोई शत्रु मुकाबले में आता तो राजा उससे अपने मित्र को भिड़ा देता। मदद के लिए यदि शत्रु के मित्र का मित्र आता तो उसका मुकाबला अपने मित्र से करता। यदि विजिगीषु के ऊपर ही चढ़ाई की गई हो तो अपने मित्र को अपने उस आक्रमणकारी का पार्ष्णिग्राह बना देता। यदि आक्रमणकारी का कोई मित्र उस पार्ष्णिग्राह का मुकाबला करने के लिए आता तो अपने मित्र पार्ष्णिग्राह के मित्र द्वारा उसका निवारण करता था। इस प्रकार विजिगीषु, मित्ररूप प्रकृति की पूर्वोक्त गुणसमृद्धि से युक्त राजमंडल को अपनी सहायता के लिए आगे और पीछे ठीक तरह से स्थापित करता था। अपनी सहायता के लिए स्थापित किए हुए उस सम्पूर्ण राजमंडल में गुप्तचरों और दूतों का सदा उत्तम प्रबन्ध रखता और शत्रुओं के साथ ऊपर से मित्रता के भाव रखकर एक-एक करके उन्हें मार देता तथा ऊपर से उदासीन एवं निष्पक्ष रहता था। जो राजा अपने गुप्त विचारों या गुप्त मन्त्रणाओं को छिपाकर नहीं रख सकता वह उन्नतावस्था में पहुँचकर भी नीचे गिर जाता था। समुद्र में नाव के फट जाने से जो दशा सवार की होती ठीक वही दशा मन्त्र के फूट जाने पर राजा की होती थी।[37]

11.12 दुर्बल विजिगीषु

यदि अनेक राजा मिलकर विजिगीषु पर एक साथ आक्रमण करते तो विजिगीषु उन राजाओं के मुखिया से इस प्रकार कहता : 'मैं आपसे सन्धि करना चाहता हूँ; यह रहा हिरण्य। अब से मैं आपका मित्र हूँ। आपका भी दुगुना लाभ हो गया है। इसलिए अपने जन-धन का नुकसान कर इन ऊपरी मित्रों को बढ़ावा देना अब आपको उपयुक्त नहीं है। बाद में ये आप पर ही टूट पड़ेंगे। इसलिए आपको

इनका साथ नहीं देना चाहिए।' यदि ऐसा सम्भव न हो तो उनकी आपस में फूट करा देता। फूट डालने के लिए वह कहता कि 'जैसे मुझ निरपराध पर इन सबने आक्रमण किया है, वैसे स्वयं उन्नत होने पर या आपके विपत्तिकाल में आप पर भी अवश्य आक्रमण करेंगे क्योंकि एकत्र बल अवश्य ही चित्त को विकृत कर देता है। इसलिए आपके लिए उचित यही है कि अभी से आप इनके संगठित बल को छिन्न-भिन्न कर दें।' इस प्रकार जब उनमें फूट हो जाती तब उनमें किसी प्रधान को अग्रसर करके हीनबल वाले शत्रु पर आक्रमण कर देता। अथवा हीनबल वाले राजाओं को अपनी ओर मिलाकर सामवायिकों के प्रधान पर ही चढ़ाई कर देता। अथवा जिस तरह अपना काम बन सके, वैसा करता। अथवा उनमें से प्रत्येक के हृदय में परस्पर घृणाभाव पैदा कर उन्हें विघटित कर देता था।[38]

अथवा बहुत-सा धन देकर उस मुखिया को फोड़ लेता और खुद जाकर दूसरे राजाओं से चुपचाप सन्धि कर लेता। उसके बाद विजिगीषु के उभयवेतन भोगी गुप्तचर उन संगठित राजाओं से, मुखिया को मिली भारी रकम की बात सुनाते हुए उनसे 'तुम सबको उसने ठग लिया है' ऐसा कहकर भड़काता। जब संगठित राजा मुखिया के विरुद्ध हो जाते तो मुखिया के साथ की गई सन्धि को तोड़ देता। उसके बाद उभयवेतनभोगी गुप्तचर कहे 'देखो, मैंने पहले ही कहा था कि मुखिया राजा ने भारी रकम मारी है। तभी तो गड़बड़ हो जाने के कारण इसने विजिगीषु के साथ सन्धि को तोड़ दिया है। हम इस बात को पहले ही कह चुके थे।' जब वे आपस में फूट जाते तो दोनों पक्षों में से किसी एक का सहारा लेकर दूसरे पक्ष के साथ लड़ाई आरम्भ कर देता था। यदि उन संगठित राजाओं में कोई प्रधान न होता तो उनको उत्साहित करने वाला, स्थिरकर्मा, अनुरक्तप्रकृति, लोभ या भय से सन्धि में शामिल न होनेवाला, विजिगीषु से भयभीत अपने राज्य से सम्बन्धित, अपना ही मित्र और चल शत्रु हो तो इन्हें ही वश में किया जाता था। इनमें अगले-अगले राजा को वश में करने का यत्न किया जाता था। उत्साही राजा से विजिगीषु यों कहे 'मैं अपनी सारी प्रकृति और पुत्रादिसहित आपके अधीन हूँ। अपनी इच्छानुसार जिस कार्य पर चाहें मुझे लगा सकते हैं; किन्तु मेरा उच्छेद न कीजिए।' इस प्रकार आत्मसमर्पण करके उसको वश में कर लेता था। स्थिरकर्मा को 'आपने मुझे जीत लिया है' कहकर वश में करता। अनुरक्तप्रकृति राजा को अपनी कन्या[39] देकर वश में करता था। लोभी राजा को दुगुना हिस्सा देकर; अपने आप से डरे हुए राजा को विश्वास दिलाकर वश में करता। इसी प्रकार अपने राज्य से सम्बन्ध रखनेवाले राजा को-मैं और आप एक ही हैं। मेरी पराजय में आपकी भी पराजय है। दूसरों के साथ मिलकर मुझ पर

आक्रमण करना आपको शोभा नहीं देता है।' ऐसी आत्मीयता का भाव जताकर अपने वश में करता। मित्र राजा को प्रिय और हितकर वचनों से तथा उससे लिया गया कर उसे वापस कर देता और वश में करता। अस्थिर शत्रु राजा को, उसका उपकार करने तथा अपकार न करने की प्रतिज्ञा से, वश में करता था। अथवा इन संगठित राजाओं में जो जिस तरीके से वश में किया जा सके उसके साथ वैसा ही व्यवहार करता; अथवा साम, दाम आदि उपायों से उनको वश में करता था। अथवा विजिगीषु राजा आसन्न विपत्ति को शीघ्र ही दूर करने की इच्छा रखकर संगठित राजाओं से, सेना और कोष के द्वारा सहायता देने की शर्त पर, सन्धि कर लेता और अपनी कमजोरियों को दूर करने का यत्न करता। मित्र-रहित विजिगीषु द्वारा अधिकाधिक राजाओं को अपना मित्र बनाया जाता अथवा अभेद्य दुर्गों को बनवाया जाता क्योंकि मित्रसम्पन्न और दुर्गसम्पन्न विजिगीषु के विरोध में कोई खड़ा नहीं हो सकता था। बुद्धिबल (मन्त्रशक्ति) से हीन राजा द्वारा बुद्धिमान पुरुषों का संग्रह कर विद्यावृद्ध एवं अनुभवी व्यक्तियों की संगति करता। ऐसा करने से राजा शीघ्र ही अपना कल्याण करता था।[40]

प्रभुशक्ति (प्रभाव) से हीन राजा द्वारा अपनी अमात्य प्रकृति तथा प्रयोजनों के योग-क्षेम के लिए महान किया जाता था। क्योंकि जनपद ही सभी कार्यों की सिद्धि का मूल था। उसी से कोष तथा सेना का संग्रह और दुर्गों का निर्माण किया जाता था। तभी प्रभावशाली बना जा सकता था। उस प्रभाव का मूल दुर्ग ही था और उसी दुर्ग से विपत्तिकाल में अपनी भी रक्षा होती थी। अन्न आदि की उत्पत्ति के प्रमुख कारण बाँध थे। क्योंकि जो अन्न हमें केवल वृष्टि के द्वारा ही प्राप्त हो सकते थे, बाँधों एवं जलाशयों के द्वारा उन अन्नों को हम सदा ही प्राप्त कर सकते थे। व्यापारिक मार्ग शत्रुओं को धोखा देने के प्रधान कारण थे, क्योंकि इन्हीं मार्गों द्वारा शत्रुदेश में सेना, तीक्ष्ण, रसद आदि पुरुषों को तथा अस्त्र, शस्त्र को भेजा जा सकता था और घोड़े आदि के क्रय-विक्रय का कार्य शत्रु देश में किया जा सकता था। इन्हीं मार्गों के द्वारा दूसरे देशों के साथ वस्तु-विनिमय और यातायात होता था। युद्ध के सभी उपकरणों का मूल स्थान खान था। दुर्गों और राजप्रासादों के मूल कारण लकड़ियों के जंगल थे। इसी प्रकार रथ तथा अन्य सवारियों के कारण भी जंगल ही थे। हाथियों की उत्पत्ति के मूल कारण हस्तिवन थे। हाथी, घोड़े, गधे और ऊँट आदि पशुओं की उत्पत्ति का कारण वज्र (गोष्ठ) था। यदि उपर्युक्त साधन अपने राज्य में उपलब्ध या उत्पन्न न हों तो उन्हें अपने मित्रों तथा बन्धुओं के कुलों से प्राप्त किया जाता था।[41]

उत्साहहीन राजा द्वारा श्रेणीपुरुषों, शूरवीरों, शत्रुओं का अपकार करनेवाले,

चोरों, आटविकों, म्लेच्छों और गुप्तचरों का अपने लाभ के लिए संग्रह किया जाता था। शत्रुओं का बनावटी मित्र बनकर उनका प्रतीकार करता था। इस प्रकार बन्धु, मित्र, विद्यावृद्ध पुरुषों की संगति से तथा दुर्ग, सेतुबंध से उत्पन्न द्रव्य द्वारा और श्रेणी आदि बल से अपनी शक्ति को पूर्ण करता हुआ विजिगीषु सदैव अपने शत्रु का प्रतीकार करता था।[42]

11.13 बलवान शत्रु

यदि कोई बलवान राजा किसी दुर्बल राजा पर आक्रमण करता तो उस दुर्बल राजा द्वारा अपने आक्रमणकारी राजा से भी बलवान किसी ऐसे राजा का आश्रय प्राप्त करने की आवश्यकता पड़ती ताकि वह आक्रमणकारी राजा मन्त्रशक्ति आदि से फोड़ न सके। यदि अनेक समान सैन्यशक्ति और मन्त्रशक्ति के राजा होते तो उनमें उसी का आश्रय प्राप्त किया जाता, जिसका प्रकृति-मंडल बुद्धिमान होता। यदि इस तरह के भी बहुत-से राजा हों तो उनमें भी उसी का आश्रय लेना अच्छा था, जो अत्यन्त अनुभवी विद्वानों से युक्त होते। यदि आक्रमणकारी की अपेक्षा अधिक शक्तिशाली राजा आश्रय के लिए न मिले तो विजिगीषु द्वारा समान शक्तिवाले या समान सैन्यबल वाले अनेक राजाओं के साथ मिलकर अपने शक्तिशाली आक्रमणकारी का तब तक मुकाबला करता रहे, जब तक कि वह शत्रु उन सब मिले हुए राजाओं को मन्त्रशक्ति तथा प्रभावशक्ति के द्वारा अलग-अलग न कर देता। यदि आश्रय लेने योग्य इस प्रकार के अनेक राजा होते तो उनमें से विपुलारंभ राजा का ही आश्रय प्राप्त करना अच्छा समझा जाता था।

यदि समशक्ति राजा भी आश्रय के लिए नहीं मिलता तो आक्रमणकारी के प्रबल विरोधी उत्साही, पवित्रहृदय, बलवान और बहुत से हीनशक्ति राजाओं के साथ मिलकर तब तक अपने शत्रु का मुकाबला करता जब तक कि अपनी सहायता करनेवाले इन राजाओं में मन्त्रशक्ति तथा[43] प्रभावशक्ति से भेद डालकर वह (शत्रु) अपने से अलग न कर लेता। यदि इस प्रकार के भी बहुत से राजा आश्रय के लिए मिलें तो उनमें से वही श्रेष्ठ था जिसके पास युद्ध के योग्य अपनी भूमि होती। यदि इस प्रकार युद्धयोग्य भूमि भी अनेक राजाओं के पास मिले तो उनमें उसी का आश्रय लेना ठीक था, जिससे अपने अनुकूल, युद्ध के योग्य समय भी मिल सके। यदि देश और काल भी अनेक के पास हों तो उनमें से उसी का आश्रय लेना ठीक होता जिसके पास विपुल युद्ध-सामग्री होती थी। यदि सहायता करनेवाला कोई भी राजा आश्रय के लिए न मिलता तो ऐसे दुर्ग का सहारा लिया जाता जहाँ पर अधिक सैन्यसम्पन्न शत्रु अपने तथा अपने पशुओं के भोजन योग्य अपेक्षित

पदार्थों और ईंधन, जल आदि के लिए किसी प्रकार की रुकावट न करे। उल्टे शत्रु ही का क्षय व्यय होता रहे। यदि इस प्रकार के अनेक दुर्ग आश्रय के योग्य मिलें तो उनमें से वही दुर्ग श्रेष्ठ था, जहाँ तेल, नमक आदि नित्य वस्तुओं का अच्छा संचय हो और अवसर आने पर जहाँ से निकल जाने की भी आशा हो। क्योंकि कौटिल्य का यही कहना है कि 'ऐसे ही दुर्ग का आश्रय लिया जाए, जिसमें तेल, नमक आदि नित्य सामग्री हो और जिससे भाग निकलने की सम्भावना हो।'

नीचे गिनाए कारणों में यदि कोई भी कारण उपस्थित हो तो दुर्ग का आश्रय लिया जाता था :

1. यदि विजिगीषु यह समझता कि वह पार्ष्णिग्राह, मित्रबल, मध्यम अथवा उदासीन राजा को अपने शत्रु के मुकाबले में युद्ध करने के लिए खड़ा कर सकता तो दुर्ग का आश्रय लेता था। 2. यदि समझता कि सामन्त, आटविक या आक्रमणकारी के विरोधी उसी के किसी वंशज द्वारा उसका राज्य हरण करा लेगा या उसको मरवा डालेगा तो दुर्ग का आश्रय लेता था। 3. यदि समझता कि आक्रमणकारी के कर्मचारियों को वश में करके उसके दुर्ग, राष्ट्र तथा उसकी छावनी[44] में विप्लव करा देगा तो दुर्ग का आश्रय लेता था। 4. यदि समझता कि हथियार, अग्नि, विष आदि का प्रयोग करनेवाले गुप्तचरों द्वारा पास आए आक्रमणकारी को मरवा डालेगा तो दुर्ग का आश्रय लेता था। 5. यदि समझता कि स्वयं अधिष्ठित या योगप्रणिधान द्वारा शत्रु का अच्छी तरह क्षय-व्यय कर सकेगा तो दुर्ग का आश्रय लेता था। 6. यदि समझता कि क्षय-व्यय और प्रवास से संतप्त शत्रु के मित्रवर्ग तथा सेना में धीरे-धीरे भेद डाल देगा तो दुर्ग का आश्रय लेता था। 7. यदि समझता कि शत्रु देश से आने वाले खाद्यपदार्थ, मित्रबल तथा घास-भूसा और ईंधन आदि को बीच में ही नष्ट करके शत्रु की छावनी को पीड़ित कर सकेगा तो दुर्ग का आश्रय लेता था। 8. यदि समझता कि अपनी कुछ सेना को शत्रु की छावनी में छिपे तौर से ले जाकर उसकी निर्बलताओं का पता लगाएगा और तब पूरे सैन्यबल के साथ उस पर हमला बोल देगा तो दुर्ग का आश्रय लेता था। 9. यदि समझे कि किसी तरह शत्रु के उत्साह को दबा करके उसके साथ सन्धि कर लूँगा, या मुझ पर आक्रमण करने वाले शत्रु पर सारा राजमंडल कुपित हो उठेगा तो दुर्ग का आश्रय ले। 10. यदि समझे कि मित्र द्वारा प्राप्त उसकी सैनिक सहायता को रोककर उसकी राजधानी को अपने मित्रबल और आटविकों द्वारा रौंदा दूँगा तो दुर्ग का आश्रय ले। 11. यह समझे कि यहीं रहकर मैं अपने महान देश का योग-क्षेम करता रहूँगा तो दुर्ग का आश्रय ले। 12. यदि समझे कि यहीं पर रहकर मेरे अथवा मित्र के कार्य से अन्यत्र भेजी हुई सेना यहाँ आकर

मेरे साथ मिली रहेगी और शत्रु के वश में न हो सकेगी तो दुर्ग का आश्रय ले। 13. यदि समझे कि जमीन के नीचे खाई खोदकर और रात में युद्ध करने में चतुर मेरी सेना रास्ते की थकावट को दूर करके अवसर आने पर अच्छी तरह कार्य कर सकेगी तो दुर्ग का आश्रय ले। 14. यदि समझे कि प्रतिकूल देशकाल में आए हुए आक्रमणकारी को अपने आप क्षय-व्यय भुगतना पड़ेगा तो दुर्ग का आश्रय ले। 15. यदि समझे[45] कि इस देश पर अति क्षय-व्यय सहन करनेवाला राजा ही चढ़ाई कर पाएगा, क्योंकि जहाँ दुर्ग, जंगल और बहिर्गामी मार्गों की अधिकता है तो दुर्ग का आश्रय ले। 16. और यदि समझे कि विदेश से आनेवाले लोगों के लिए यह स्थान कष्टकर है। सेनाओं की कवायद के लिए भी यहाँ उचित भूमि नहीं है। इसलिए प्रत्येक आक्रमणकारी यहाँ आपद्ग्रस्त होगा। यदि किसी तरह वह यहाँ आ भी गया तो फिर उसका बाहर सकुशल निकलना कठिन है तो अवश्य ही दुर्ग का आश्रय ले।

यदि उक्त परिस्थितियाँ न हों और शत्रु की सेना बहुत बलवान एवं बहुसंख्यक हो तो पूर्वाचार्यों का कहना है कि या तो दुर्ग छोड़कर चले जाना चाहिए अथवा अग्नि में पतंगे के समान शत्रु-सैन्य पर पिल पड़ना चाहिए। क्योंकि आत्ममोह छोड़कर इस प्रकार लड़ाई में कूद पड़ने पर कभी-कभी जीत भी हो जाती थी। इसके विपरीत कौटिल्य का कहना है कि पहले तो शत्रु की और अपनी योग्यता को देखकर सन्धि कर लेनी चाहिए। यदि सन्धि होनी किसी तरह भी सम्भव न हो तो पराक्रम के द्वारा ही सिद्धिलाभ करना चाहिए। अथवा यदि समझे कि सन्धि होनी सर्वथा ही असम्भव है तो स्थान को ही छोड़ दे। अथवा उक्त स्थिति में किसी धर्मविजेता शक्तिशाली राजा के पास अपना दूत भेजे। अथवा उसके भेजे हुए दूत को धन-मान से सन्तुष्ट कर उससे कहे, यह मेरी मूल्यवान भेंट विजेता के लिए और यह महारानी तथा राजकुमारों की भेंट विजेता की महारानी एवं राजकुमारों के लिए लेते जाएँ। उनको मेरा यह सन्देश भी पहुँचा दीजिए कि मेरे तथा इस राज्य के मालिक भी वे ही हैं। इस युक्ति से यदि विजेता का आश्रय मिल जाता तो समय को देखते हुए उसके साथ विजिगीषु सेवक की तरह व्यवहार करें और दुर्ग आदि कार्यों के निर्माण, विवाह, पुत्र का राज्याभिषेक, घोड़े खरीदने,[46] हाथियों को पकड़ने, यज्ञ करने, तीर्थाटन करने और मनोविनोद के लिए बाहर आने-जाने आदि सब कार्यों को वह विजेता की अनुमति से करे। अपने राज्य के प्रकृति-मंडल के साथ सन्धि आदि या उपघात अथवा दूसरे राज्य में भाग जानेवाले के लिए किसी भी प्रकार की दंड व्यवस्था, विजेता राजा की अनुमति से ही करे। यदि ऐसा राजा अन्यायी हो जाए या पौर जनपद के विरुद्ध हो जाए

तो ऐसी स्थिति में वह अपनी पैतृक भूमि को छोड़कर अपने निवास के लिए दूसरी भूमि की याचना करे; अथवा दूष्य द्वारा उपांशुदंड से उसका प्रतीकार किया जाता। यदि विजेता राजा अपने किसी पराजित मित्र राजा की भूमि छीनकर उसको देता तो उसे वह स्वीकार न करे। विजयी राजा की सेवा करते हुए पराजित राजा द्वारा अपने मन्त्री, पुरोहित, सेनापति और युवराज आदि किसी को भी सेवक की अवस्था में नहीं दिखाने का निर्देश देता अर्थात् उसके सेवक जब उसे देखें तो अपने स्वामी के ही रूप में देखें; किसी के सेवक के रूप में नहीं।

पराजित राजा समय-समय पर अपने मालिक को उपहार देता था। देवाराधन और मांगलिक कृत्यों के अवसर पर अपने मालिक के लिए दुआएँ माँगता। सबके सामने स्वयं को स्वामी का समर्पण बताता तथा उसके गुणों का कीर्तन करता था। इस प्रकार अपने विजेता राजा की सेवा करते हुए विजित राजा उसके शक्तिशाली अमात्य आदि के साथ सदा अनुकूल बर्ताव करता और जो विजेता के विरोधी हों या जिन पर उसका शक हो, उनके वह विरुद्ध रहता था।[47]

11.14 अधीनस्थ राजाओं के प्रति विजेता विजिगीषु का व्यवहार

यदि पराजित राजा द्वारा प्रतिज्ञात हिरण्यसन्धि का उल्लंघन विजेता राजा को उद्विग्न करता तो बलवान विजिगीषु शत्रु के उस प्रदेश पर चढ़ाई कर देता, जहाँ के रास्ते उसके अपने अधिकार में होते; अपनी सेना के लिए अनुकूल समय एवं उसके खाने-पीने की पूरी सुविधा होती, जहाँ न तो शत्रु के दुर्ग होते तथा निकल भागने के लिए भी मार्ग न होता, जहाँ पर शत्रु राजा विजिगीषु से पार्ष्णिग्राह को न भिड़ा दे, और जहाँ उसके मित्रबल का अभाव होता। यदि ऐसी कोई भी सुविधा न हो तो इन सबका प्रतीकार करके ही वह आक्रमण कर देता था।

दुर्बल राजाओं को शान्ति या धन देकर अपने वश में किया जाता और बलवान राजा को भेद तथा दंड के द्वारा। नियोग, विकल्प और समुच्चय आदि उपायों से शत्रु-प्रकृति और मित्र-प्रकृति को वश में किया जाता था। गाँव या जंगल में रहनेवाली गाय, भैंसों की एवं जल, स्थल के व्यापारी मार्गों की रक्षा करना, दूसरे राजा के भय से या स्वयं अपकार करके भागे हुए दूष्य, अमात्य आदि प्रकृतियों को खोज-खोज कर के देना, आदि उपकार कार्यों से शत्रु राजा के साथ सामरूप उपाय का प्रयोग करता था। इसी प्रकार भूमिदान, द्रव्यदान, कन्यादान, अभयदान आदि उपकारों से दुर्बल राजा के साथ दानरूप उपाय का प्रयोग किया जाता था।[48]

विजिगीषु सामन्त, आटविक, शत्रु राजा का सम्बन्धी, नजरबन्द शत्रु राजा का पुत्र, आदि इनमें से किसी एक को अपने वश में करके उसके द्वारा कोष,

सेना, भूमि और दायभाग की याचना करवाकर बलवान राजा एवं उसके सामन्त आदि के बीच भेद डाल देता अर्थात् इन योजनाओं द्वारा **भेदरूप** उपाय का प्रयोग करता था। इसी प्रकार **प्रकाशयुद्ध** (देशकाल की सूचना देकर किया जानेवाला युद्ध), **कूटयुद्ध** (देशकाल की सूचना दिए बिना या गलत सूचना देकर किया जाने वाला युद्ध) और **तूष्णीयुद्ध** (छिपे तौर पर गूढ़पुरुषों द्वारा शत्रु को मरवा देना), इन तीन प्रकार के युद्धों द्वारा शत्रु को वश में करता–यही दंडरूप उपाय के प्रयोग का तरीका था। इस प्रकार के उपायों द्वारा अपने अधीन हुए उत्साही एवं सेना का उपकार करने वाले राजाओं को सैनिक कार्यों पर नियुक्त किया जाता था। इसी प्रकार कोषसम्पन्न व्यक्तियों को कोष सम्बन्धी कार्यों पर और सुयोग्य मन्त्रशक्ति सम्पन्न व्यक्तियों को भूमि सम्बन्धी कार्यों पर नियुक्त किया जाता, जो कि उनकी यथोचित व्यवस्था कर सकें। अधीनस्थ मित्र राजाओं में से जो राजा बाजारों, नगरों, गाँवों, खदानों से उत्पादित रत्न एवं चन्दन आदि पदार्थ, शंख आदि फल्गू पदार्थ तथा वस्त्र आदि द्रव्यों को देकर, अथवा लकड़ियों-हाथियों के जंगल, गाय, रथ; हाथी को देकर विजिगीषु राजा का अत्यन्त उपकार करता वह मित्र, **चित्रभोग** कहा जाता था। जो मित्र राजा सेना और कोष के द्वारा विजिगीषु का महान उपकार करता वह **महाभोग** कहलाता था। जो मित्र राजा सेना, कोष और भूमि आदि के द्वारा विजिगीषु का सर्वांगीण उपकार करता उसको **सर्वभोग** कहते थे।[49] अनर्थ का निवारण करके उपकार करनेवाले मित्र-राजाओं में से जो राजा एक ही शत्रु का प्रतीकार करके विजिगीषु का उपकार करता वह **एकतोभोगी**, जो मित्रराजा शत्रु और शत्रुमित्र (आसार), इन दोनों का प्रतीकार करके विजिगीषु का उपकार करता वह **उभयतोभोगी**, और जो मित्रराजा शत्रु, शत्रु-मित्र, पड़ोसी शत्रुराजा (प्रतिवेशी) तथा आटविक आदि सबका प्रतीकार करके विजिगीषु का उपकार करता वह **सर्वतोभोगी** कहा जाता था।

यदि पार्ष्णिग्राह, आटविक, शत्रु की अमात्य प्रकृति अथवा स्वयं शत्रु राजा ही भूमि देने पर अधीनता स्वीकार कर लेता तो गुणरहित (ऊसर) भूमि देकर ही उसे अपने अधीन किया जाता था। यदि पार्ष्णिग्राह आदि दुर्ग में रहते थे तो उन्हें ऐसी भूमि दी जाती, जिसका दुर्ग से कोई सम्बन्ध न था। आटविक को ऐसी भूमि दी जाती, जिससे कृषि आदि न हो सके। शत्रुकुल के व्यक्तियों को ऐसी भूमि दी जाती, जिसका किसी समय अपहरण किया जा सके। नजरबंद शत्रु के पुत्र आदि को ऐसी भूमि दी जाती, जिसको शत्रु से छीना गया हो। श्रेणीबल (नेतारहित सेना) को ऐसी भूमि दी जाती, जिसमें नित्य ही उपद्रव होते थे। संहतबल (नेतासहित सेना) को ऐसी भूमि जाती, जिसका सामन्त अत्यधिक बलवान होता

था। कूटयुद्ध करनेवाले शत्रु को ऐसी भूमि दी जाती, जहाँ सदा ही उपद्रव होते तथा जिसका सामन्त भी अधिक बलवान होता था। उत्साही शत्रु को ऐसी भूमि दी जाती जिसमें सेना की कवायद के लिए स्थान न हो। शत्रुपक्ष के किसी भी व्यक्ति को ऐसी भूमि दी जाती, जो कि किसी काम की न (शून्य) होती। सन्धि करके फिर तोड़ देनेवाले राजा को ऐसी भूमि दी जाती, जिसमें सदैव शत्रु सेना एवं आटविक के उपद्रव होते हों। एक बार शत्रु से मिलकर जो फिर अपने से मिलना चाहे उसको ऐसी भूमि दी जाती, जिसको बसने योग्य बनाने के लिए अत्यधिक पुरुषों का क्षय एवं धन का व्यय करना पड़े।[50] शत्रु के डर से अपने देश में शरण पाए पुरुष को ऐसी भूमि देकर वश में किया जाता जो दुर्ग आदि से रहित होता और जिस भूमि में उसके असली मालिक की सेवा में कोई नहीं टिक सकता उस भूमि को उसके असली मालिक को लौटाकर उसे वश में किया जाता था। अपने अधीनस्थ राजाओं में से जो राजा विजेता का महान उपकार करता तथा उसकी ओर से अपने मन में कोई कलुष न रखता हो, उसके साथ ऐसा व्यवहार रखा जाता, जिससे उसको किसी भी प्रकार की हानि न पहुँचे। किन्तु जो विरुद्ध आचरण करता उसे उपांशुदंड से सीधा किया जाता, क्योंकि प्रकट दंड से अन्य वशीभूत राजाओं में उद्वेग फैलने की सम्भावना रहती थी। अपना उपकार करनेवाले प्रत्येक राजा को सदैव सन्तुष्ट रखा जाता और श्रम-सहयोग के अनुसार उसको यथोचित धन-सत्कार दिया जाता था। उसके ऊपर किसी प्रकार की विपत्ति आ पड़े तो सान्त्वना, सहानुभूति से सदैव उस पर अनुग्रह रखा जाता। यदि ऐसे शुभचिन्तक राजा बिना बुलाए ही अपने राज्य में आ जाते तो उनके साथ अच्छी तरह प्रेमपूर्वक मिला जाता। किन्तु उनकी ओर से किसी भी प्रकार की बुराई की आशंका हो तो उनसे अपनी रक्षा करने के लिए हर समय सतर्क रहा जाता। इस प्रकार के अधीनस्थ राजाओं के सम्बन्ध में तिरस्कार, कटुवाक्य, निन्दा या अति स्तुति आदि का प्रयोग कभी नहीं किया जाता था। अभयदान देकर उन पर पिता के समान अनुग्रह करता जाता। किन्तु उनमें जो भी विजेता का अपकार करता, उसके उस अपराध को सर्वत्र प्रचारित कराके प्रकट रूप में उसका वध करवा दिया जाता। किन्तु इस प्रकार से दंडित राजा की भूमि, द्रव्य, पुत्र, स्त्री आदि का अपहरण नहीं किया जाता। बल्कि उन सबको तथा उनके दूसरे संबंधियों को भी यथोचित नौकरियों पर नियुक्त किया जाता। यदि किसी राजा को वश में करते समय[51] युद्ध में उसकी मृत्यु हो जाती तो उसके पुत्र को राजा बनाया जाता।

विजिगीषु राजा के इस प्रकार के सदाचरण से न केवल दंडोपनत राजा उसकी

अधीनता स्वीकार करते बल्कि उसके पुत्र और पौत्र आदि के भी अनुगामी बन जाते थे। इसके विपरीत जो विजिगीषु राजा दंडोपनत राजाओं को मारकर या उनको कैद में डालकर उनके द्रव्य, स्त्री, पुत्र, भूमि आदि का अपहरण करता उससे कुपित हुआ सारा **राजमंडल** उसका विध्वंस करने के लिए तैयार हो जाता था। ऐसे विजिगीषु के अमात्य आदि उच्चाधिकारी उससे कुपित होकर बदला लेने की भावना से राजमंडल में जा मिलते अथवा स्वयं ही उसके राज्य या प्राणों पर अधिकार कर लेते थे। इसलिए जो राजा अपनी-अपनी भूमि में रहकर राज्य का उपभोग करते रहते और जो विजिगीषु साम उपाय के द्वारा ही उनकी रक्षा करता वे उसके अनुकूल बने रहते थे और उसके पुत्र-पौत्र आदि के भी अनुगामी बने रहते थे।[52]

11.15 मध्यमचरित, उदासीनचरित और मंडलचरित

मध्यम, स्वयं और तीसरी तथा पाँचवीं प्रकृति (अर्थात् स्वयं, मित्र और मित्र-मित्र) ये तीनों मध्यम की **प्रकृति** कहलाती थीं। इसी प्रकार शत्रु, शत्रु का मित्र और शत्रु के मित्र का मित्र, ये तीनों मध्यम की विकृति कही जाती थीं। मध्यम इन दोनों प्रकार के राजाओं पर समान अनुग्रह बनाए रखता और राजा दोनों प्रकार की प्रकृतियों पर अनुग्रह न कर सके तो आत्मप्रकृति को वह अवश्य ही अपने अनुकूल बनाए रखता था।

यदि मध्यम राजा विजिगीषु राजा के मित्रभावी-मित्र को अपने अधीन करना चाहे तो उस समय विजिगीषु अपने मित्र राजाओं के मित्रों और अपने मित्र राजाओं की सहायता करके तथा मध्यम के मित्रों को उनसे फोड़कर अपने मित्र की रक्षा करता अथवा **राजमंडल** को वह मध्यम के विरुद्ध यह कहकर उत्तेजित करता; 'देखो, अति उन्नत हुआ यह मध्यम राजा हम सब को नष्ट करने पर तुला है। हमको चाहिए कि एक होकर हम इसके आक्रमण को रोकें!' इस प्रकार उकसाया हुआ राजमंडल यदि विजिगीषु की सहायता करने के लिए तैयार हो जाता तो उसके सहयोग से मध्यम निग्रह करके स्वयं को उन्नत बनाता[53]। यदि राजमंडल विजिगीषु को सहायता देना स्वीकार न करता तो वह धन तथा सेना के द्वारा अपने मित्र की सहायता करता था। जो बहुत से राजा मध्यम के साथ द्वेष रखते हों; अथवा जो आपस में एक-दूसरे की सहायता करके मध्यम का अनिष्ट करना चाहते हों; या मध्यम के शत्रु विजिगीषु के अनुकूल हो जाने पर सब अनुकूल हो जाएँ; अथवा जो परस्पर सम्मिलित विजय-लाभ की इच्छा रखते हुए भी एक-दूसरे के भय से आक्रमण करने के लिए तैयार न हों; या मध्यम के

शत्रु-राजाओं में से प्रमुख राजा, या अपने देश के सभी राजाओं को साम, दाम आदि के द्वारा अपने अनुकूल बनाए—इस प्रकार दूसरे राजा की सहायता मिलने से विजिगीषु का बल दुगुना और तीसरे राजा की सहायता मिलने पर तिगुना हो जाता था। इन तरीकों से अपनी शक्ति को बढ़ाकर विजिगीषु, मध्यम को वश में करता। अथवा देश तथा काल के अनुसार विजिगीषु सीधे मध्यम के साथ ही सन्धि कर लेता और फिर अपने मित्रभावी मित्र के साथ उसकी सन्धि करा देता था। यदि ऐसा सम्भव न हो तो मध्यम के दूष्य पुरुषों के साथ मिलकर आग लगवाकर या कोई उपद्रव कराके कर्मसन्धि करता था।

विजिगीषु को दुर्बल बनानेवाले (कर्शनीय) मित्र को यदि मध्यम अपने अधीन करना चाहे तो विजिगीषु अपने उस मित्र को सुरक्षा का आश्वासन देकर मध्यम से अभय कर देता। परन्तु यह अभय वचन उसी समय तक रहता जब तक कि मध्यम के द्वारा उसे दुर्बल न बना देता। दुर्बल हो जाने पर विजिगीषु उसकी रक्षा करता था। यदि विजिगीषु को नष्ट करने योग्य मित्र को मध्यम अपने अधीन करना चाहता तो विजिगीषु अपने उस मित्र की तब रक्षा करता जब वह मध्यम द्वारा अच्छी तरह सता दिया गया होता था। उसकी रक्षा इसलिए आवश्यक थी कि मध्यम राजा शक्ति प्राप्त कर विजिगीषु को ही न सताने लगे। विनष्ट हुए अपने उस मित्र को भूमि देकर वह अपने वश में कर लेता, अन्यथा यह सम्भव हो सकता था कि वह शत्रुपक्ष में जाकर मिल जाता।[54]

यदि कर्शनीय और उच्छेदनीय राजाओं के दूसरे मित्र भी मध्यम की ही सहायता करते हों तो विजिगीषु भी अपने अमात्य या राजकुमार को विश्वास के लिए बन्धक में रखकर मध्यम से सन्धि कर लेता था। यदि विजिगीषु के कर्शनीय और उच्छेदनीय राजाओं के मित्र मध्यम का मुकाबला करने के लिए तैयार हों तो वह भी मध्यम के साथ सन्धि कर लेता। यदि विजिगीषु के किसी शत्रु राजा को मध्यम अपने वश में करना चाहता तो विजिगीषु मध्यम के साथ सन्धि कर लेता क्योंकि ऐसा करने से एक तो अपने शत्रु का नाश हो जाने से अपनी कार्यसिद्धि हो जाती और दूसरे में वह मध्यम का भी प्रिय हो जाता था।

यदि मध्याग अपने ही किसी मित्रभावी मित्र को वश में करना चाहता तो उस समय विजिगीषु अपने सेनापति आदि को भेज कर मध्यम की सहायता करता। यदि उससे अपनी कार्यसिद्धि होती देखता तो मध्यम को आक्रमण करने से रोकता। ऐसा करने से विजिगीषु दूसरे राजाओं का भी विश्वासपात्र हो जाता था। अथवा यह सोचकर उधर से आँखें फेर ले कि अपने मित्र पर आक्रमण करनेवाले मध्यम से सारा **राजमंडल** ही कुपित हो जाता[55]। यदि मध्यम किसी शत्रुराजा को अपने

अधीन करना चाहता तो विजिगीषु कोष तथा सेना द्वारा छिपे तौर पर ही शत्रु की सहायता करता था।

यदि मध्यम किसी उदासीन राजा को वश में करना चाहता तो दोनों की फूट को उचित मानकर वह उन दोनों में जो **राजमंडल** का अधिक प्रिय हो उसी से सन्धि करता और उसी की सहायता करता था। यदि उदासीन राजा किसी मध्यम राजा को अपने अधीन करना चाहता तो विजिगीषु इन दोनों में से उसके साथ जा मिलता जिसकी सहायता से शत्रु का उच्छेद और मित्र का उपकार हो सके; या इन दोनों को अपनी सैनिक सहायता देकर अपने वश में कर लेता था। इस प्रकार विजिगीषु राजा अपनी वृद्धि करके शत्रु-प्रकृति का नाश और मित्र-प्रकृति का उपकार करता था। 'शत्रु' शब्द से कहे जानेवाले सामन्त तीन प्रकार के थे : 1. अमित्रभाव रखनेवाला सामन्त शत्रुभावि, 2. मित्रभाव रखने वाला सामन्त मित्रभावि और 3. भृत्यभाव रखनेवाला सामन्त भृत्यभावि। अजितेन्द्रिय, सदा अपकार करनेवाला, शत्रुभाव रखनेवाला, विजिगीषु के शत्रु की सहायता करनेवाला, पार्ष्णिग्राह, बन्धु आदि की मृत्यु से दुखी, यातव्य और विजिगीषु को विपत्ति में फँसा हुआ जानकर उस पर आक्रमण करनेवाला सामन्त 'शत्रुभावि' कहलाता था। एक ही अर्थसिद्धि के लिए विजिगीषु के साथ चढ़ाई करनेवाला, अथवा एक ही भूमि पर दो प्रयोजनों के लिए दोनों का चढ़ाई करना; विजिगीषु की सहमति प्राप्त करके युद्ध करनेवाला; विजिगीषु के निमित्त ही चढ़ाई करनेवाला; शून्य स्थानों को बदले में खरीदने या बेचने वाला सामन्त 'मित्रभावि' कहलाता था।[56]

सामन्त, बलवान राजा का मुकाबला करनेवाला, अन्तर्धि, (मध्यम), प्रतिवेश (पड़ोस), बलवान राजा पर पीछे से आक्रमण करनेवाला (पार्ष्णिग्राह), स्वयं आश्रित (स्वयं उपनत), बल द्वारा आश्रित (प्रतापोनत) और सेना द्वारा अधिकसामन्त 'भृत्यभावि' कहलाता था। इन तीन प्रकार के सामन्तों के समान ही भूम्येकान्तर (एक देश के व्यवधान से राज्य करनेवाले) मित्रराजाओं के भी 1. शत्रुभावि 2. मित्रभावि और 3. भृत्यभावि, ये तीन भेद थे। उन भूम्येकांतर मित्रों में से किसी पर यदि शत्रु आक्रमण करता तो उस मित्र के साथ सन्धि करनेवाले राजा को इतनी सेना और सहायता पहुँचाई जाती कि वह आक्रमणकारी शत्रु का दमन कर सके।

अपने शत्रु को जीतकर उन्नत हुआ जो मित्र, विजिगीषु के वश में नहीं रहता, किसी भी तरह उसका विरोध, उसके सामन्त और भूम्येकांतर मित्रों एवं उनकी अमात्य-प्रकृति से करा दिया जाता था। उसके बन्धु-बान्धवों द्वारा या नजरबन्द किए उसके पुत्र आदि के द्वारा उसकी भूमि का अपहरण करा दिया जाता था।

अथवा अपनी सहायता चाहता हुआ वह जिस तरह भी वश में रह सके, उसी तरह उसके साथ व्यवहार किया जाता था। क्षीण हुआ जो मित्र विजिगीषु की कोई सहायता न कर सके या शत्रु के साथ मिल जाता, तो विजिगीषु उसको ऐसी दशा में रखता कि न तो वह उन्नत हो सके और न ही मिट पाता था।[57]

जो चंचल प्रकृति का मित्र लोभवश सन्धि करता, उससे सन्धि बनाए रखने के लिए विजिगीषु सन्धि नष्ट कर देनेवाली उसकी अर्थलिप्सा को, स्वयं ही कुछ धन देकर पूरी कर दे, जिससे वह सन्धि न तोड़ सके। जो धूर्त मित्र विजिगीषु के शत्रु के साथ मिलकर रहता हो, पहले तो उसके और शत्रु के बीच फूट डाली जाती और फिर उसका उन्मूलन करके शत्रु का भी उन्मूलन कर दिया जाता था। विजिगीषु उदासीन मित्रों का विरोध सामन्त से करा देता। जब वह लड़ाई में फँस जाता और लड़ाई से बहुत तंग आ जाता तब उसका उपकार कर देता था। जो दुर्बल मित्र अपनी शक्ति बढ़ाने के लिए शत्रु और विजिगीषु, दोनों का आश्रय लेना चाहता उसे ऐसे दुर्बल मित्र को सेना आदि की सहायता देकर उपकृत करता रहे, जिससे वह शत्रु पक्ष में न जा मिले। अथवा उसको उसकी भूमि से उठाकर दूसरी भूमि में बसा दे; अथवा जहाँ शत्रु की सहायता का कोई अंदेशा न हो ऐसी अपनी ही भूमि में बसा दे; और उसकी भूमि में, उसके जाने से पूर्व, सेना द्वारा सहायता पहुँचाने के लिए किसी समर्थ व्यक्ति को नियुक्त कर देता था। जो मित्र विजिगीषु का अपकार करे, या विजिगीषु के ऊपर कोई विपत्ति आने पर समर्थ होकर भी सहायता न करे; विजिगीषु ऐसे मित्र को पहले खूब विश्वास दिलाता और बाद में उसका उच्छेद कर देता था।[58]

यदि विजिगीषु का शत्रु विजिगीषु के मित्र को आपद्ग्रस्त जानकर बिना किसी अवरोध-आक्रमण के उन्नति कर जाता तो अपने मित्र की आपत्ति दूर हो जाने पर उस मित्र के द्वारा ही विजिगीषु शत्रु को वश में करने का यत्न करता था। जो मित्र अपने शत्रु पर आपत्ति आ जाने से उन्नत होकर विजिगीषु के अनुकूल नहीं रहता, उसे उसके शत्रु की आपत्ति दूर हो जाने पर, उसी के द्वारा वश में किया जाता था। अर्थशास्त्रज्ञ राजा को उचित था कि वह वृद्धि, क्षय, स्थान, कर्शन, और उच्छेदन तथा साम, दाम आदि सभी उपायों का प्रयोग खूब सोच-विचार कर करे। जो राजा इन छह गुणों का विचारपूर्वक प्रयोग करता, वह निश्चित ही अपनी बुद्धिरूपी शृंखला से बाँधे हुए अन्य राजाओं के साथ इच्छानुसार क्रीड़ा कर सकता था।[59]

सन्दर्भ-ग्रन्थ

1. *अर्थशास्त्र*, अधिकरण 1, प्रकरण 5, अध्याय 9, पृ. 25
2. *वही*, पृ. 26
3. *वही*, पृ. 27
4. *वही*, 1.15.19, पृ. 67
5. *वही*, पृ. 68
6. *वही*, 4.93.5, पृ. 428
7. *वही*, पृ. 429
8. *वही*, पृ. 430
9. *वही*, पृ. 431
10. *वही*, 6.97.2, पृ. 446
11. *वही*, पृ. 447
12. *वही*, पृ. 448
13. *वही*, पृ. 449
14. *वही*, 7.100.2, पृ. 458
15. *वही*, पृ. 459
16. *वही*, पृ. 460
17. *वही*, 7.103-7.4, पृ. 466
18. *वही*, पृ. 467
19. *वही*, पृ. 468
20. *वही*, पृ. 469
21. *वही*, 7.108-10.5, पृ. 470
22. *वही*, पृ. 471
23. *वही*, पृ. 472
24. *वही*, पृ. 473
25. *वही*, पृ. 474
26. *वही*, पृ. 475
27. *वही*, पृ. 476
28. *वही*, 7.113-14.8, पृ. 489
29. *वही*, पृ. 490
30. *वही*, पृ. 491
31. *वही*, पृ. 492
32. *वही*, 7.117.13, पृ. 516
33. *वही*, पृ. 517
34. *वही*, पृ. 518
35. *वही*, पृ. 519
36. *वही*, पृ. 520
37. *वही*, पृ. 521

38. वही, 7.118.14, पृ. 522
39. वही, पृ. 523
40. वही, पृ. 524
41. वही, पृ. 525
42. वही, पृ. 526
43. वही, 7.119-20.15, पृ. 527
44. वही, पृ. 528
45. वही, पृ. 529
46. वही, पृ. 530
47. वही, पृ. 531
48. वही, 7.121.16, पृ. 532
49. वही, पृ. 533
50. वही, पृ. 534
51. वही, पृ. 535
52. वही, पृ. 536
53. वही, 7.124-26.18, पृ. 544
54. वही, पृ. 545
55. वही, पृ. 546
56. वही, पृ. 547
57. वही, पृ. 548
58. वही, पृ. 549
59. वही, पृ. 550

अध्याय-12

सन्धि

अन्तर्राष्ट्रीय सन्धियाँ ऐसे समझौते हैं जो संविदात्मक होते हैं, जो राज्यों अथवा राज्यों के संगठनों के मध्य किए जाते हैं और जिनसे वैधिक अधिकार और कर्तव्य उत्पन्न होते हैं। सन्धि को ऐसा 'समझौता' माना जा सकता है "जिससे दो या अधिक राज्य अन्तर्राष्ट्रीय विधि के अधीन आपस में सम्बन्ध स्थापित करते हैं या करना चाहते हैं।" राष्ट्रीय विधि में व्यक्ति के पास वैधिक कार्यवाही करने के अनेक साधन होते हैं जैसे संविदा (कांट्रेक्ट), स्वत्वांतर (कांवेयेंस), पट्टा (लीज) और अनुज्ञा (लाइसेंस) आदि। किन्तु, अन्तर्राष्ट्रीय व्यवहार में राज्यों के पास विविध प्रकार के वैधिक कार्य करने के लिए सन्धियाँ ही एकमात्र साधन हैं।

सन्धियों का वैयक्तिक विधि की संविदाओं से गहरा सादृश्य होता है। दोनों में सम्बद्ध पक्षों की सहमति आवश्यक होती है पर दोनों के बीच एक महत्त्वपूर्ण अन्तर भी है। यदि कोई संविदा अनुचित दबाव डालकर कराई जाए, तो वह समाप्त हो जाती है किन्तु कोई सन्धि दबाव के कारण समाप्त नहीं होती।

12.1 छह गुण

अर्थशास्त्र के अनुसार 7 प्रकृतियाँ और 12 राजमंडल ही छह गुणों के आधार थे। प्राचीन आचार्यों ने 1.सन्धि, 2. विग्रह, 3. यान, 4. आसन, 5. संश्रय और 6. द्वैधीभाव ये छह गुण बताए हैं। दो राजाओं का कुछ शर्तों पर मेल हो जाना **सन्धि**, शत्रु का कोई अपकार करना **विग्रह**, उपेक्षा करना **आसन**, चढ़ाई करना **यान**, आत्मसमर्पण करना **संश्रय**, और सन्धि-विग्रह दोनों से काम लेना **द्वैधीभाव** कहलाता–यही छह गुण थे। शत्रु की तुलना में अपने को निर्बल समझने पर सन्धि कर ली जाती थी। यदि शत्रु की तुलना में स्वयं को बलवान समझा जाता तो विग्रह कर देना उचित माना जाता था। यदि शत्रुबल और आत्मबल में कोई अन्तर न समझे तो[1] आसन को अपना लेना चाहिए। यदि स्वयं को सर्वसम्पन्न एवं

शक्तिसम्पन्न समझता तो चढ़ाई (यान) कर दी जाती थी। अपने को निरा अशक्त समझने पर संश्रय से काम लिया जाता था। यदि सहायता की अपेक्षा समझा जाता तो **द्वैधीभाव** को अपनाया जाता था।

गुणों में से जिस गुण का आश्रय प्राप्त करने पर वह समझे कि, 'मैं इस को अपनाकर अपने दुर्ग, सेतुकर्म, व्यापार, नई बस्ती बसाना, खान, लकड़ी के जंगल, हाथियों के जंगल आदि कार्यों को कर सकूँगा और शत्रु के इन कार्यों को नष्ट कर सकूँगा उसका ही आश्रय ले'–इस प्रकार के गुण का आलंबन ही **वृद्धि** था।

यदि वह समझता कि 'मेरी वृद्धि शीघ्र होती और शत्रु की देर से, मेरी वृद्धि अधिक होती और शत्रु की कम, हम दोनों की एक ही समय में बराबर वृद्धि होने पर भी शत्रु की वृद्धि ह्रासोन्मुख होती और मेरी उदयोन्मुख', ऐसी अवस्था में शत्रु की वृद्धि की कोई चिन्ता नहीं करता था। यदि वह देखे कि शत्रु की वृद्धि भी समान रूप से उदय की ओर अग्रसर हो तो उसके साथ सन्धि कर लेता था। जिस गुण को अपनाने से अपने कार्यों का नाश और शत्रुकार्यों की कोई क्षति न हो, उसको कदापि नहीं अपनाया जाता था। इस प्रकार के गुण का अवलंबन ही क्षय था। यदि वह ऐसा समझे कि 'मेरा क्षय बहुत दिनों बाद होगा और शत्रु का जल्दी, मेरा क्षय थोड़ा होगा और शत्रु का अधिक, मेरा क्षय उदयोन्मुख होगा और शत्रु का क्षीणोन्मुख', तो अपने क्षय की कोई परवाह नहीं करता था। यदि शत्रु का क्षय अपने ही समान उदयोन्मुख समझे तो उससे सन्धि कर लेता था।[2]

जिस गुण का आश्रय लेने पर राजा को अपनी वृद्धि और अपना क्षय कुछ भी नहीं दिखाई पड़े, ऐसी समान स्थिति को **स्थान** कहते थे। यदि वह समझे कि 'मेरी ऐसी दशा थोड़े समय तक रहेगी और शत्रु की बहुत दिनों तक; मेरी यह दशा उदयोन्मुख होगी और शत्रु की क्षयोन्मुख', ऐसी स्थिति में अपनी उस दशा की कोई चिन्ता न करे। किसी विशेष परिस्थिति में यदि विजिगीषु राजा यह देखता कि 'सन्धि कर लेने पर अपने शक्तिशाली कर्मों से वह शत्रु के कर्मों का उन्मूलन कर देगा; या अपने ही महान फलदायक कर्मों की भाँति शत्रु के कर्मों का उपभोग भी सन्धि विश्वास से कर सकेगा अथवा सन्धि के बहाने गुप्तचरों तथा विष प्रयोगों द्वारा शत्रु के कर्मों को नष्ट कर डालेगा, या सन्धि के बहाने शत्रु के कार्यकुशल व्यक्तियों को उत्तम फल तथा पर्याप्त लाभ का प्रलोभन देकर अपने देश में खींच लाएगा, जिससे उसके कृष्य आदि कार्य अधिक लाभदायी होंगे, अथवा अधिक बलवान शत्रु के साथ सन्धि करने पर शत्रु को बहुत धन देना पड़ेगा और कोष को क्षीण करने पर वह अपने कर्मों को क्षीण कर लेगा,

अथवा शत्रु का जिसके साथ विग्रह हो उसके साथ सन्धि करके वह अपने शत्रु के साथ होनेवाले विग्रह को[3] अधिक दिनों तक बनाए रखेगा, अथवा इसके साथ सन्धि करके यह 'मेरे' शत्रु राष्ट्र को पीड़ा पहुँचाएगा, या दूसरे से सताया हुआ दूसरा राष्ट्र, इसके साथ सन्धि कर लेने पर 'मेरे' चंगुल में आ जाएगा, जिससे 'मैं' अपने कर्मों को अधिक बढ़ा सकूँगा, या दुर्ग आदि के नष्ट हो जाने पर आपत्ति में पड़ा 'मेरा' शत्रु मुझ पर आक्रमण न कर सकेगा या कदाचित् दूसरे शत्रु की सहायता से उसने अपने कार्यों का पुनरुद्धार करना आरम्भ कर दिया, तब भी दोनों के साथ सन्धि करके 'मैं' अपने कार्यों को उन्नत बनाए रख सकूँगा, या शत्रु के साथ मिले हुए मंडल को, शत्रु के साथ सन्धि करके, उन दोनों में फूट डाल दूँगा तथा मंडल से भिन्न हुए राजा को अपने वश में कर सकूँगा, अथवा सैनिक सहायता से वश में करके 'मैं' मंडल के साथ मिल जाने की उसकी इच्छा को उलट दूँगा, बाद में द्वेष हो जाने पर मंडल के द्वारा ही उसको मरवा दूँगा'–इस प्रकार की स्थितियों में सन्धि करके अपनी उन्नति करने में भलाई थी।

इसके विपरीत, विजिगीषु राजा यदि समझता कि 'मेरे देश में आयुधजीवी क्षत्रिय और कृषक अधिक हैं, मेरे देश में पहाड़, जंगल, नदी तथा किले बहुत हैं, मेरे राज्य में जाने-आने के लिए भी एक ही मार्ग है, शत्रु के किसी भी आक्रमण का प्रतीकार मेरा देश हर तरह से करने में समर्थ है, या राज्य की सीमा पर अति दुर्भेद्य दुर्ग का आश्रय लेकर शत्रु के कार्यों का विनाशकाल अब समीप आ पहुँचा है, अथवा विग्रह करते हुए शत्रु के जनपद को मैं किसी दूसरे रास्ते से पार कर लूँगा'–यदि ऐसा समझता तो विग्रह कर लेता। ऐसी अवस्थाओं में विग्रह करके ही वह अपनी[4] उन्नति कर सकता था।

विजिगीषु समझता कि 'शत्रु मेरे कार्यों को नष्ट नहीं कर सकता है और मैं भी उसके कार्यों का नाश नहीं कर सकता हूँ, अथवा समान शक्ति वाले कुत्तों तथा सूअरों के समान हमारा विग्रह हो जाने पर भी अपने कर्मों के अनुष्ठान में निरत रहकर मैं अपनी उन्नति कर सकूँगा', तो आसन का आश्रय लेकर वह अपनी उन्नति कर सकता था।

वह यदि समझता कि 'शत्रु के कर्मों का नाश यान से हो सकेगा और मैंने अपने कर्मों की रक्षा का पूरा प्रबन्ध कर दिया है' तो यान का आश्रय लेकर अपनी उन्नति करने का प्रयास करता था। यदि वह समझे "मैं शत्रु के कर्मों को नाश कर सकूँगा और अपने कार्यों को उसके आक्रमणों से बचा पाऊँगा" तो बलवान का आश्रय लेकर अपने कार्यों का अनुष्ठान करता हुआ वह क्षय से स्थान और स्थान से वृद्धि की आकांक्षा करता था। और अथवा ऐसा समझता कि 'मैं एक

शत्रु के साथ सन्धि करके अपने कार्यों को पूर्ववत् करता रहूँगा और दूसरे के साथ विग्रह करके उसके कर्मों का नाश कर सकूँगा' तो द्वैधीभाव का आश्रय लेकर अपनी उन्नति का यत्न करता था। इस प्रकार अमात्य आदि प्रकृति-मंडल में स्थित राजा सन्धि, विग्रह आदि 6 गुणों का आश्रय लेकर क्षयावस्था को पार करके स्थान की और स्थानावस्था को पार करके वृद्धि की आकांक्षा करता था।[5]

12.2 बलवान का आश्रय

विजिगीषु राजा सन्धि और विग्रह में जब एक समान लाभ होता देखता तो अपनी उन्नति के लिए सन्धि का ही अवलम्बन करता; क्योंकि विग्रह करने पर प्रजा का नाश, धान्य आदि की क्षति, प्रवास और प्रत्यवाय आदि अनेक प्रकार के कष्ट झेलने पड़ते थे। आसन और यान के द्वारा समान लाभ की स्थिति में आसन को ही अपनाना बेहतर माना जाता था। द्वैधीभाव और संश्रय के समान लाभ होने पर द्वैधीभाव को ही ग्रहण किया जाता; क्योंकि ऐसा करने पर राजा अपने कार्यों को करता हुआ अपनी उन्नति करता था। इसके विपरीत संश्रय का सहारा लेनेवाला राजा अपने आश्रयदाता का ही अधिक उपकार करता था, अपना नहीं।

आश्रय उसका लिया जाता जो अपने शत्रु राजा (सामन्त) से बलवान होता। यदि ऐसा बलवान राजा कोई न मिलता तो अपने शत्रु राजा का ही आश्रय लिया जाता और दूर से ही वह धन, सेना, भूमि आदि को देकर उसका उपकार करता और उसके पास नहीं आता। क्योंकि बलवान राजा का साथ कभी-कभी अनर्थकारी सिद्ध होता था। लेकिन उस बलवान राजा ने यदि किसी शत्रु से दुश्मनी ठानी तो उसके साथ रहने में कोई हानि नहीं थी।[6] यदि बलवान राजा के निकट गए बिना उसको प्रसन्न करना असम्भव जान पड़ता तो अपनी सेना देकर उससे मिलजुल कर नम्रतापूर्वक उसी के पास रहता था।

वह जब देखता कि वह बलवान राजा किसी प्राणांतक व्याधि से ग्रस्त था अथवा उसका पुरोहित आदि प्रकृतियाँ उससे असन्तुष्ट थे या उसके शत्रु बहुत बढ़ गए थे या अपने मित्र के ऊपर कोई बड़ी विपत्ति आई थी और इन्हीं कारणों से अपनी उन्नति का मार्ग देखता, तो किसी व्याधि या धर्मकार्य का बहाना कर वहाँ से अपने देश को कूच कर देता। यदि ये सभी व्याधियाँ-विपत्तियाँ स्वयं उसके देश में पैदा हो गई हों तो किसी व्याधि या धर्मकार्य के निमित्त बुलाए जाने पर भी वह अपने देश को न छोड़े। अथवा बलवान राजा के पास रहकर ही वह उसके छिद्रों पर बराबर आघात करता रहता था।

दो बलवान राजाओं के बीच में रहता हुआ वह अपनी रक्षा करने में समर्थ

राजा के आश्रय में रहता अथवा अपने समीपस्थ राजा का आश्रय लेता था। यदि दोनों ही समीप हों तो कपाल सन्धि के द्वारा दोनों का अनुग्रह प्राप्त करता था। दोनों को वह एक-दूसरे का अपकार करनेवाला बताता रहे। एक दूसरे के द्रव्य का नाश करनेवाला बताकर उन दोनों में वह फूट डाल देता। इस प्रकार फूट डालकर वह गुप्त उपायों द्वारा चुपचाप उन्हें मरवा देता था। अथवा उन दोनों बलवान राजाओं में जिसकी ओर से शीघ्र ही भय की आशंका देखता उसके पास रहता हुआ अपनी भावी आपत्ति का प्रतीकार करता अथवा दुर्ग का आश्रय लेकर द्वैधीभाव द्वारा एक के साथ सन्धि कर दूसरे से विग्रह कर देता। सन्धि-विग्रह के निमित्तों को लेकर वह अपनी उन्नति का उपाय सोचता अथवा उन दोनों ही प्रतिद्वन्द्वी[7] राजाओं के दूष्य, शत्रु और आटविक आदि को उच्च दान-सम्मान देकर अपने वश में कर लेता और उसके बाद किसी एक का मुकाबला करता हुआ उसके जिस पक्ष को वह कमजोर समझता दूष्य आदि के द्वारा उस पर प्रहार कर देता था। यदि दोनों ही उसके लिए पीड़ाकर होते तो वह मंडल की शरण में चला जाता। अथवा मध्यम या उदासीन राजा का आश्रय ले लेता। किसी एक के साथ रहता हुआ वह दान-सम्मान देकर उसको वश में कर लेता और दूसरे का उच्छेद करा दे; यदि हो सके तो दोनों का ही उच्छेद करा देता था।

दोनों से पीड़ित हुआ राजा मध्यम, उदासीन या उनके पक्ष के किसी न्यायपरायण राजा का आश्रय ले लेता था। यदि उनमें से अनेक राजा न्यायपरायण हों तो जिसकी अमात्य आदि प्रकृतियाँ अपने अनुकूल हों उसी का आश्रय लेता अथवा जिसके साथ रहता हुआ वह अपना उद्धार कर सके; अथवा जिसके साथ परम्परा से विवाहादि अन्तरंग सम्बन्ध रहे हों; अथवा जहाँ बहुत-से शक्तिशाली मित्र हों; उसका आश्रय ले लेता था। जो जिसका प्रिय है, वे दोनों एक-दूसरे के अवश्य प्रिय होते हैं। इसलिए जो जिसका प्रिय हो, वह उसी का आश्रय ले। यही सर्वश्रेष्ठ आश्रयस्थान बताया गया है।[8]

12.3 हीन राजा से सन्धि

विजिगीषु राजा अपने सामर्थ्य के अनुसार सन्धि आदि छह गुणों में जिसको उचित समझे उसी को व्यवहार में लाता था। उसके लिए उचित यही था कि बराबर तथा बड़ी शक्ति वाले राजा के साथ वह सन्धि कर ले; और शक्तिहीन के साथ विग्रह कर दे। क्योंकि अधिक शक्तिवाले के साथ विग्रह करने पर हीनशक्ति वाले राजा की वही दुर्दशा होती जो कि गजारोही सैनिकों के साथ युद्ध में पैदल लड़नेवाली सेना की होती थी और समान बल-विक्रम वाले के साथ विग्रह करने

पर वे दोनों ही उसी प्रकार नष्ट हो जाते जैसे दो कच्चे घड़े आपस में भिड़ जाने से दोनों ही नष्ट हो जाते हैं। हीन शक्ति के साथ विग्रह करने का वही सुपरिणाम होता जो पत्थर से घड़े पर चोट मारने से होता है। यदि समान शक्तिवाला राजा सन्धि न करना चाहता तो वह जितना नुकसान पहुँचाए उतना ही नुकसान उसका भी करना चाहिए; क्योंकि तेज ही सन्धि का कारण सिद्ध होता है। बिना तपा लोहा दूसरे लोहे के साथ कभी नहीं मिल पाता है।[9]

यदि हीनशक्ति राजा प्रत्येक विषय में नम्र ही बना रहे तो उससे सन्धि कर लेनी चाहिए। क्योंकि दुख और अमर्ष से पैदा हुआ तेज जंगल में लगी हुई आग के समान है; बहुत सम्भव है कि विजिगीषु के सन्धि न करने पर हीन शक्ति राजा का तेज उसको विक्रमशाली बना दे और उस दशा में वह **मंडल** का कृपापात्र बन जाए। यदि हीनशक्ति राजा सन्धि कर देने पर भी यह देखे कि 'शत्रु के अमात्य आदि प्रकृतिजन अपनी नीचता या असन्तोष के कारण या बदला लिए जाने के भय से मुझे नहीं अपना रहे हैं' तो विग्रह कर दें। अधिक बलसम्पन्न विजिगीषु, हीनशक्ति राजा के साथ विग्रह करने पर यदि देखे कि 'अमात्य आदि प्रकृतिजन लोभी, क्षीण तथा चरित्रहीन होने के कारण अथवा विग्रह से उद्विग्न होने के कारण मुझसे अनुराग नहीं रखते' तो सन्धि कर ले। या विग्रह से पैदा हुई उद्विग्नता को वह शान्त करे। अथवा जब देखे कि 'मेरे ऊपर भी आपत्ति है और शत्रु के ऊपर भी; मेरी आपत्ति बहुत बड़ी है और शत्रु की बहुत थोड़ी; वह सुगमता से अपनी आपत्ति का प्रतीकार करके मेरा मुकाबला करने के लिए तैयार हो जाएगा' तो शक्तिहीन के साथ भी सन्धि कर ले।

यदि शक्तिशाली विजिगीषु यह समझता कि 'सन्धि या विग्रह करने पर शत्रु का ह्रास और मेरी वृद्धि सम्भव न होगी' तो आसन का आश्रय ले। यदि हीनशक्ति विजिगीषु यह देखे कि 'शत्रु अपनी आपत्ति का प्रतीकार करने में असमर्थ है' तो तत्काल ही उस पर चढ़ाई कर देता था[10]। प्रतीकार से शान्त न होनेवाली आपत्ति को समीप आया देखकर अधिक शक्तिसम्पन्न विजिगीषु संश्रयवृत्ति का अवलम्बन करता था। यदि एक के साथ सन्धि द्वारा और दूसरे के साथ विगह द्वारा अपनी कार्यसिद्धि समझे तो अधिक शक्तिशाली विजिगीषु द्वैधीभाव का अवलम्बन करता था।

सेना आदि के द्वारा बलवान राजा से दबाए हुए निर्बल राजा धन, सेना और भूमि आदि के सहित आत्मसमर्पण करके बलवान राजा के सामने झुक जाता था। जब विजित राजा; विजयी राजा के कथनानुसार अपनी शक्तिभर सेना तथा धन लेकर आत्मसमर्पण कर दे तो उस सन्धि को **अमिषसन्धि** कहते थे। सेनापति

और राजकुमार को शत्रुराजा की सेवा में पेश करके जो सन्धि की जाती उसको **पुरुषांतर** सन्धि कहते थे। इसी को **आत्मरक्षण सन्धि** भी कहते थे क्योंकि इसमें राजा शत्रु के दरबार में न जाने से आत्मरक्षा कर लेता था।

शत्रु के कार्य की सिद्धि के लिए जब 'मैं स्वयं अकेला ही जाऊँगा या मेरी सेना ही जाएगी' ऐसा कहकर सन्धि की जाती तब उसे **अदृष्टपुरुषसन्धि** कहते थे। इस सन्धि को **दंडमुख्यात्मरक्षण** सन्धि भी कहते थे क्योंकि इसमें मुख्य सैनिकों और राजा की रक्षा की जाती थी। उक्त तीनों सन्धियों में से प्रथम दो सन्धियों में विश्वास के लिए शक्तिशाली राजा प्रमुख राजपुरुषों की कन्याओं से विवाह करे और तीसरी सन्धि में शत्रु को विष आदि गूढ़ प्रयोगों के द्वारा वश में करे। इन तीनों सन्धियों का एक नाम **दंडोपनतसन्धि** था[11]। जिस सन्धि में बलवान शत्रु द्वारा युद्ध में गिरफ्तार किए गए अमात्य आदि प्रकृतिजनों को धन देकर छुड़ाया जाए उसे **परिक्रयसन्धि** कहते और यही सन्धि जब सुविधानुसार किस्तवार धन अदा करने की शर्त पर की जाए तो **उपग्रह-सन्धि** कहलाती थी। जब किस्तवार देय धन के लिए समय और स्थान निश्चित किए जाते थे तब इसी उपग्रहसन्धि को **प्रत्ययसन्धि** कहते थे।

सुविधानुसार नियत समय में नियमित धन राशि दे देने के कारण यह सन्धि **कन्यादानसन्धि** के नाम से भी कहीं-कहीं प्रसिद्ध थी, क्योंकि यह सन्धि भविष्य में अच्छा फल देनेवाली एवं तपे हुए सुवर्ण को आपस में मिला देने के समान शत्रु और विजिगीषु को मिलाने का साधन सिद्ध होती थी। इसलिए इसका एक नाम **सुवर्ण सन्धि** भी किया गया था। जिस सन्धि में सम्पूर्ण धनराशि तत्काल ही अदा कर देने की शर्त होती उसे **कपालसन्धि** कहते थे। शास्त्रों में इस दुरभिसन्धि को कोई स्थान नहीं दिया गया है। उक्त चार सन्धियों में से पहली दो सन्धियों में कपड़ा, कवच, लोहा; ताँबा आदि वस्तुएँ शत्रु राजा को देता, या उसके इच्छानुसार बूढ़े हाथी-घोड़े पेश करता, किन्तु उनको ऐसा विष दिया जाता, जिससे दो-तीन दिनों के भीतर उनकी मृत्यु हो जाती। तीसरी सन्धि में देय धन का कुछ हिस्सा देकर कह देता कि 'आजकल मेरे कार्य बहुत बिगड़ गए हैं, इतने ही पर सन्तोष कीजिए'। चौथी कापालिक सन्धि में मध्यम या उदासीन राजा का आश्रय लेकर 'देता हूँ', 'देता हूँ' कहता हुआ समय को टाल दे। इन चारों सन्धियों का एक नाम **कोशेपनतसन्धि** भी कहा जाता था।

राष्ट्र और प्रकृति की रक्षा के लिए भूमि का कुछ भाग देकर जो सन्धि की जाती उसे **आदिष्टसन्धि** कहते थे। जो विजिगीषु उस दी हुई भूमि में गूढ़ पुरुषों और चोरों के द्वारा उपद्रव करने में समर्थ होता उसके लिए यह सन्धि बड़े मौके

की थी।[12] राजधानी और दुर्गों को छोड़कर सारहीन भूमि शत्रु को देकर जो सन्धि की जाती उसको **उच्छिन्नसन्धि** कहते थे। यह सन्धि उस राजा के लिए बड़ी हितकर थी जो इस इन्तजारी में होता कि कब शत्रु पर विपत्ति पड़े और कब वह अपनी भूमि को वापस ले ले। जिस सन्धि में भूमि की पैदावार को देकर भूमि को छुड़ा लिया जाए उसका नाम **अपक्रयसन्धि** किन्तु जिस सन्धि में पैदावार के अलावा कुछ और भी देना पड़े उसको **परदूषणसन्धि** कहते थे। इन चारों प्रकार की सन्धियों में प्रथम आदिष्ट और उच्छिन्न, दो सन्धियों के समय शत्रु की विपत्ति की प्रतीक्षा की जाती और पिछली दो सन्धियों में भूमि की पैदावार को लेकर अन्य उपायों से शत्रु का प्रतीकार करना चाहिए। भूमि देने के कारण इन चारों सन्धियों को **भूम्युपनतसन्धि या देशोपनतसन्धि** कहा जाता था। इस प्रकार निर्बल राजा उक्त दंडोपनत, कोषोपनत और देशोपनत, इन 3 प्रकार की हीन सन्धियों को अपने कार्य, देश तथा समय के अनुसार प्रयोग में लाता था।[13]

विजिगीषु राजा अपने पड़ोसी दुश्मन राजा (द्वितीय प्रकृति) को नीचा दिखाने के लिए सहप्रयाण में वह उससे कहता कि 'आप इधर से आक्रमण करें और मैं इधर से। दोनों ओर से जो भी लाभ होगा हम दोनों का उसमें बराबर हिस्सा होगा।' यदि दोनों ओर में समान लाभ हो तो विजिगीषु दूसरे समशक्ति सहयोगी से सन्धि कर लेता। यदि विजिगीषु को अधिक लाभ हो तो उससे लड़ाई कर लेता था।

सन्धि दो प्रकार की होती थी। **परिपणित** (जो देश, काल या कार्य की शर्त लगाकर की जाती) और **अपरिपणित** (जिसमें देश, काल या कार्य की अपेक्षा नहीं रहती)। 'तुम इस देश पर चढ़ाई करो और मैं उस देश पर' इस प्रकार निश्चित देश का निर्देश कर जो सन्धि की जाती उसको परिपणित देश सन्धि कहते थे। 'तुम इतने समय तक कार्य करते रहो और मैं इतने समय तक' इस प्रकार निश्चित समय का निर्देश करके जो सन्धि की जाती है उसको **परिपणित काल सन्धि** कहते थे।[14] 'तुम इतना कार्य करो और मैं इतना कार्य करूँगा' इस प्रकार निश्चित कार्य का निर्देश करके जो सन्धि की जाती उसको **परिपणित कार्य सन्धि** कहते थे। विजिगीषु राजा यदि समझे कि 'जिस देश में पहाड़ों, जंगलों और नदियों के किनारे पर बड़े-बड़े किले हों; जहाँ तक पहुँचने में भयानक जंगलों को पार करना पड़े; जहाँ दूसरे देश से धान्य, पुरुष आदि सामान तथा अपनी मित्र सेना को न लाया जा सके; जहाँ घास, लकड़ी एवं पानी न मिले; जिसका भौगोलिक ज्ञान पूर्णतया प्राप्त न हो; बहुत दूर हो; जहाँ की प्रजा राजभक्त न हो; इत्यादि कारणों से कठिनाई से वश में आने वाले देश पर दूसरा सामन्त राजा आक्रमण करेगा

और मैं सुगमता से वश में आ जाने वाले देश पर आक्रमण करूँगा' ऐसी स्थिति होने पर परिपणित देश सन्धि कर लेता था।

यदि वह समझे कि 'वर्षा, गर्मी तथा सर्दी के मौसम में; जिन दिनों बीमारी का भय रहता है; जब खाने-पीने के लिए ठीक तरह से सामान न मिलता हो; जहाँ सेना की कवायद ठीक तरह से न हो सकती हो; विजय प्राप्त करने में सामन्त को काफी समय लगाना पड़ेगा; लेकिन मुझे काल सम्बन्धी बाधाएँ न झेलनी पड़ेंगी'-ऐसे विशेष कारणों के उपस्थित होने में परिपणित काल सन्धि कर लेता था। यदि देखे कि 'शत्रु प्रकृति को कुपित कर देनेवाले, विलंब से सिद्ध होनेवाले, पुरुषों का नाश करनेवाले, धन का अपव्यय करनेवाले, थोड़े किन्तु भविष्य में अनर्थकारी, कष्ट से संपादित होनेवाले, अधर्म से युक्त, मध्यम तथा उदासीन राजाओं के विरुद्ध मित्रों के लिए कष्टकर; इत्यादि जितने कार्य हैं उनको दूसरा सामन्त पूरा करेगा और मैं इनसे विपरीत कार्य करूँगा' तो इस विशेष स्थिति में परिपणितार्थ सन्धि कर लेता था।[15]

इसी प्रकार देशकाल, कालकार्य, देशकार्य और देशकालकार्य इन 4 सन्धियों को उक्त 3 सन्धियों से मिला देने पर परिपणित सन्धि के 7 भेद हुए। विजिगीषु परिपणित सन्धि कर लेने पर पहले अपने कार्यों को प्रारम्भ और उन्हें पूरा कर देता। उसके बाद शत्रु के दुर्ग आदि कार्यों पर चढ़ाई करता था। विजय की इच्छा रखने वाले राजा मद्य, द्यूत आदि व्यसनों से जल्दी से, तिरस्कार से और आलस्य से युक्त अविचारशील शत्रु राजा के साथ देश, काल तथा कार्य का कुछ भी निश्चय न करके 'हम दोनों आपस में सन्धि करते हैं' ऐसा कहकर सन्धि के बहाने उस पर अपना विश्वास जमाकर तथा उसके दोषों का पता लगाकर फिर आक्रमण कर दे-इसको **अपरिपणित सन्धि** कहते थे। विचारशील एवं विद्वान विजिगीषु सन्धि कर लेने के बाद वह एक सामन्त के साथ दूसरे सामन्त को लड़ा देता और यातव्य की मित्रप्रकृति को नष्ट करके यातव्य की भूमि को अपने कब्जे में कर लेता था।

सन्धि के 4 धर्म थे : 1. अकृतचिकीषा 2. कृतश्लेषण 3. कृतविदूषण तथा 4. अवशीर्णक्रिया। इसी प्रकार विग्रह के भी 3 धर्म थे : 1. प्रकाशयुद्ध 2. कूटयुद्ध और 3. तूष्णीयुद्ध। साम, दाम आदि उपायों से नई सन्धि करना और उसके अनुसार ही छोटे, बड़े तथा समान राजाओं के अधिकारों का पूरा ध्यान रखना **अकृतचिकीषा** नामक सन्धिधर्म था[16]। जो सन्धि की जाती उसको अच्छे तथा हितकर आचरणों द्वारा बनाए रखना और पूर्व समझौते के अनुसार जब शर्तों की पूरी तरह रक्षा करते रहना ही **कृतश्लेषण** नामक सन्धिधर्म था। राजद्रोही दूष्य के साथ सन्धि

करके विजिगीषु के साथ हुई सन्धि को तोड़ देना **कृतविदूषण** नामक सन्धिधर्म था। किसी दोष के कारण बहिष्कृत भृत्य या मित्र के साथ विजिगीषु का फिर से सन्धि कर लेना **अवशीर्ण** नामक सन्धिधर्म था।

यह गतागत (अवशीर्णक्रिया) 4 प्रकार का होता था। 1. किसी कारण विशेष से अलग होना और फिर किसी कारण विशेष से मिल जाना, 2. बिना ही कारण के अलग होना और बिना ही कारण फिर आकर मिल जाना, 3. किसी कारण विशेष से अलग होना और अकारण ही आकर मिल जाना, 4. अकारण ही अलग होना और किसी विशेष कारण से फिर मिल जाना। अपने मालिक के दोष से अलग और मालिक के ही गुण से फिर मिल जाना; शत्रु के गुणों के कारण मालिक को छोड़ देना और शत्रु के दोषों के कारण फिर मालिक से मिल जाना। यह जाना-आना कुछ कारणों से होता। इस कारण पुनः सन्धि करने के योग्य था। स्वामी और शत्रु के गुणों को न समझकर अपने ही दोष के कारण स्वामी को छोड़कर चले जानेवाले और अपने ही दोष के कारण शत्रु को छोड़कर फिर स्वामी से मिल जानेवाले चंचल बुद्धि व्यक्ति सन्धि करने योग्य नहीं थे।[17]

स्वामी के दोष से शत्रु के आश्रय में गए हुए तथा अपने दोष से स्वामी के पास लौटे हुए—कारण से गत और अकारण ही आगत—व्यक्ति की जाँच इस प्रकार करनी चाहिए : क्या यह शत्रु की प्रेरणा से मेरा अपकार करने के लिए तो नहीं आया है? या मेरे द्वारा किए गए अपकार का बदला लेने के लिए तो नहीं आया? या अपने वध के भय से तो यहाँ नहीं चला आया है? या मेरे स्नेह के कारण फिर मेरे पास तो नहीं चला आया है? यदि वह कल्याणकामना से आया हो तो उसका सत्कार करे अन्यथा उससे दूर ही रहे।

अपने दोष से स्वामी को छोड़कर गए हुए और शत्रु के दोष से पुनः वापस आए हुए—अकारण गत और सकारण आगत—व्यक्ति की जाँच इस प्रकार करनी चाहिए; यहाँ आकर वहाँ मेरे दोषों को तो नहीं फैलाएगा? या इस देश का निवास अनुकूल जानकर तो नहीं आया है? अथवा अपने स्त्री-पुत्रों की अनिच्छा से तो वह परदेश छोड़कर नहीं आया है? या मेरे मित्रों के साथ तो इसने सन्धि नहीं कर ली है? या शत्रुओं ने तो इसका कुछ अपकार नहीं किया है? अथवा यह लोभी एवं क्रूर शत्रु संघ से तो नहीं घबरा गया है? इन बातों को जानकर यदि कल्याण बुद्धि समझे तो रख ले अन्यथा उसको दूर भगा देता था।

कौटिल्य का कथन है कि 'परित्याग उसी राजा का करना चाहिए, जो डरपोक, किसी कार्य को आरम्भ न करने वाला और क्रोधी स्वभाव का हो।'[18] गतागत पुरुष के सम्बन्ध में इतना ध्यान और रखा जाता कि जो अपना (राजा का) अपकार

करके जाता और शत्रु का बिना अपकार किए ही वापस चला आया, उसको पुनः आश्रय न दिया जाता; और जो शत्रु का अपकार करके आया उसे ग्रहण कर लिया जाता था। जो दोनों का ही अपकार करनेवाला हो उसकी अच्छी तरह जाँच करके उसको रखा जाता या दूर कर दिया जाता था।

जो व्यक्ति सन्धि करने के योग्य नहीं यदि विशेष परिस्थितिवश उससे सन्धि करनी पड़े तो शत्रु के जिन कारणों से वह व्यक्ति प्रभावित हो, पहले उनका प्रतीकार किया जाता था। यदि शत्रुपक्ष का कोई व्यक्ति अपने आश्रय में रहकर किसी कारण शत्रु के आश्रय में चला जाता और वहाँ से पुनः वापस चला आता तो ऐसे गतागत को कुछ विशेष सन्धि नियमों पर ही पुनः प्रश्रय दिया जाता था। ऐसे व्यक्ति को किसी विश्वासी भृत्य की देख-रेख में जीवन भर आश्रय दिया जाता था। यदि वह निष्कपट साबित हो जाता तो उसे स्वामी की परिचर्या में नियुक्त किया जाता। वहाँ भी निष्कपट जँचे तो उसे सेना-विभाग में नियुक्त किया जाता था या आटविकों के मुकाबले में अथवा कहीं दूर प्रदेश में नियुक्त किया जाता था।

यदि नियुक्त स्थान पर वह कपटपूर्ण व्यवहार करता तो व्यापार का बहाना करके उसे शत्रुदेश भेज दिया जाता और इस बहाने से शत्रु के साथ सन्धि करके उसी के दोष से उसको मरवा दिया जाता था। यदि भविष्य में किसी प्रकार के उपद्रव की आशंका न हो तो उसको चुपचाप मरवा दिया जाता। भविष्य में वध करने की इच्छा रखने वाले गतागत को तो देखते ही मरवा दिया जाता था।[19] शत्रु के आश्रय से आया हुआ व्यक्ति, शत्रु-सहवास के कारण बड़ा जहरीला होता क्योंकि शत्रु-सहवास साँप के सहवास के समान था। इसीलिए ऐसा व्यक्ति निंदित कहा गया है।

जैसे प्लक्ष (पाखर या बरगद) का बीज खानेवाला कबूतर सेमल के पेड़ पर जाकर उद्विग्न होता उसी प्रकार शत्रु पक्ष का व्यक्ति भी विजिगीषु के लिए भयप्रद और बाद में उद्वेगजनक होता था। किसी देश या समय को निश्चित करके जो युद्ध घोषणा की जाती उसे **प्रकाशयुद्ध** कहते थे। थोड़ी-सी सेना को बहुत दिखाकर भय पैदा कर देना; किलों को जलाना एवं लूटपाट कर देना, प्रमाद तथा व्यसन के समय शत्रु को पीड़ित करना, एक स्थान का युद्ध छोड़कर दूसरी ओर से धावा बोल देना—यह **कूटयुद्ध** था। विष और औषधि आदि के प्रयोगों तथा गुप्तचरों के उपजाप (धोखा-बहकाना) आदि के प्रयोगों से शत्रु का विनाश करना **तूष्णीयुद्ध** कहलाता था।[20]

12.4 द्वैधीभाव सम्बन्धी सन्धि

विजिगीषु राजा अपने पड़ोस के शत्रु राजा को अपनी सहायता के लिए इन तरीकों से तैयार करता : किसी एक सामन्त से मिलकर वह यातव्य सामन्त पर चढ़ाई करे। अथवा यदि ऐसा समझे कि 'अपने साथ मिलाया हुआ सामन्त, मेरी अनुपस्थिति में, मेरे देश पर आक्रमण तो नहीं करेगा; दूसरे पार्ष्णिग्राह (पीछे से आक्रमण करनेवाले शत्रु) को रोकेगा, मेरे यातव्य की ओर जाकर न मिलेगा, इसको साथ लेकर मेरी शक्ति दुगुनी हो जाएगी, अपने देश में उत्पन्न धान्य तथा मेरे मित्र राजा की सेना को मेरी सहायता के लिए आने देगा, उसे न रोकेगा, शत्रुदेश में जाने से इन दोनों को रोकेगा, युद्धकाल में मेरे मार्ग की कठिनाइयों को दूर करेगा, दुर्ग तथा आटवियों पर प्रयाण करने के समय सेना द्वारा मुझे मदद पहुँचाता रहेगा, किसी असह्य अनर्थ या आपत्ति के आ जाने पर यातव्य के साथ मेरी सन्धि करा देगा, अथवा प्रतिज्ञात अपने लाभांश को मुझसे प्राप्त कर मेरे दूसरे शत्रुओं पर भी मेरा विश्वास जमा देगा' इत्यादि।

यदि सामन्त को अपने साथ मिलाने में विजिगीषु को विश्वास न हो तो द्वैधीभाव प्रयोग के द्वारा वह पीछे या बगल में रहनेवाले किसी एक सामन्त को धन देकर, यदि सेना कम हो तो, सेना ले और यदि धन कम हो तो सेना देकर धन प्राप्त करने का यत्न करता था।[21]

विषमसन्धि के 3 प्रकार थे : 1. अधिक शक्तिशाली सामन्त को अधिक लाभांश देकर उससे सन्धि करना, 2. समान शक्तिशाली सामन्त को समभाग लाभांश देकर उससे सन्धि करना और 3. कम शक्तिशाली सामन्त को थोड़ा हिस्सा लाभांश देकर उससे सन्धि करना। इसके विपरीत विषमसन्धि के 6 प्रकार थे : 1. अधिक शक्तिशाली सामन्त को बराबर हिस्सा देकर या 2. कम हिस्सा देकर 3. समान शक्तिशाली सामन्त को कम हिस्सा देकर या 4. अधिक हिस्सा देकर 5. हीनशक्ति सामन्त को बराबर हिस्सा देकर या 6. अधिक हिस्सा देकर। ये दोनों प्रकार की सन्धियों के द्वारा जब प्रतिज्ञात धन से अधिक धन का लाभ हो जाए तो वे अतिसन्धि कहलाती हैं; अर्थात् इस अतिसन्धि भेद से वे 9 सन्धियाँ अठारह प्रकार की हो जाती हैं।

हीनशक्ति विजिगीषु व्यसनी, शारीरिक नाश करने में निरत और अनर्थकारी, अधिक शक्ति सामन्त के साथ, सेना के समान हिस्सा लेकर ही सन्धि करता था। सन्धि करने पर यदि अधिक शक्ति सामन्त, अपना तिरस्कार करनेवाले विजिगीषु का अपकार करने में समर्थ होते तो उस पर आक्रमण कर दे, अन्यथा शान्त रहता था।

समसन्धि : व्यसनपीड़ित हीनशक्ति विजिगीषु अपने विनष्ट प्रताप एवं शक्ति को पूरा करने के लिए और अपने संभावित अर्थ को पूरा करने और अपने दुर्ग तथा पर्ष्णि की रक्षा करने के लिए सेना की अपेक्षा अधिक हिस्सा देकर अधिक शक्तिसम्पन्न सामन्त के साथ, सन्धि कर लेता। सन्धि कर लेने पर यदि हीनशक्ति विजिगीषु ईमानदारी से रहे तो अधिक शक्तिसम्पन्न सामन्त सदा उस पर अनुग्रह बनाए रखता अन्यथा उस पर आक्रमण कर देता था।

शिकार आदि व्यसनों में आसक्त, कुपित, लोभी तथा भीरू अमात्य, अमात्य-प्रकृतिवाले अनर्थकारी अधिकशक्ति सामन्त के साथ, हीनशक्ति विजिगीषु, अपने मजबूत किलों एवं सहायक मित्रों के कारण गर्वित, अथवा अपने नजदीक के किसी शत्रु[22] पर आक्रमण करनेवाला बिना लाभ के ही विजय की इच्छा रखनेवाला, सेना की अपेक्षा थोड़ा हिस्सा देकर ही सन्धि कर लेता। यदि अधिकशक्ति सामन्त, अपना तिरस्कार करनेवाले हीनशक्ति राजा का इस प्रकार की सन्धि कर लेने पर अपकार करने में समर्थ हो तो उस पर आक्रमण कर देता अन्यथा सन्धि बनाए रखता था।

प्रकृति-कोप एवं मृगयादि व्यसनों से पृथक हुए अपने विरोधी शत्रु को अधिक क्षय-व्यय से ग्रस्त रखने की इच्छा करनेवाला, अपनी दूषित सेना को निकालने तथा शत्रु की दूषित सेना को अपने यहाँ बुलाने की इच्छा करनेवाला, या पीड़ित एवं विनष्ट करने योग्य शत्रु का हीन शक्ति राजा से पीड़न तथा उच्छेदन कराने की इच्छा रखनेवाला, अथवा सन्धि गुण को प्रमुख समझने वाला कल्याणबुद्धि अधिक शक्ति सामन्त होने के कारण थोड़े दिए हुए लाभ को भी स्वीकार कर ले। कल्याणबुद्धि हीन के साथ मिलकर बराबर उसकी सहायता करता रहे। यदि वह हीन दुष्टबुद्धि हो तो उस पर आक्रमण कर देता था। समशक्ति सामन्त, दूसरे समशक्ति सामन्त के साथ दुष्टबुद्धि और कल्याणबुद्धि देखकर ही निग्रह तथा अनुग्रह करता था। शत्रु की सेना के साथ तथा शत्रु के मित्र एवं आटविकों के साथ युद्ध करने में समर्थ, शत्रु के पर्वतीय प्रांतरों का नक्शा भलीभाँति समझने वाला, अथवा अपने दुर्ग तथा पार्ष्णि की रक्षा करने के लिए सम सामन्त की सेना बराबर विजय-लाभांश देकर सन्धि कर लेता। सन्धि करने पर यदि समशक्ति सामन्त कल्याणबुद्धि बना रहे तो उस पर अनुग्रह बनाए रखे, अन्यथा उस पर आक्रमण कर देता था[23]।

मृगया आदि व्यसनों तथा प्राकृतिक कोपों से पीड़ित और दूसरे अनेक सामन्तों का विरोधी अथवा सहायता बिना ही अन्य उपायों से हुई कार्यसिद्धि, समशक्ति सामन्त के साथ सेना की अपेक्षा थोड़ा ही लाभांश देकर सन्धि कर लेता था।

सन्धि करने के बाद यदि वह उसका उपकार करने में समर्थ हो तो उस पर आक्रमण कर दे अन्यथा चुपचाप सन्धि कर लेता था। मृगयादि व्यसनों और प्रकृति–कोपों से पीड़ित, दूसरे सामन्त की सहायता करने पर ही अपने कार्यों की सफलता देखनेवाला अथवा नई सेना भर्ती करनेवाला समशक्ति सामन्त, दूसरे समशक्ति सामन्त के साथ सेना की अपेक्षा अधिक लाभ देखकर सन्धि कर लेता। सन्धि करने पर यदि वह कल्याणबुद्धि बना रहे तो उस पर सदा अनुग्रह बनाए रखे, अन्यथा आक्रमण कर देता था।

मृगयादि व्यसनों एवं प्रकृति–प्रकोपों से पीड़ित अधिक शक्तिसम्पन्न (ज्याय) हीनशक्ति अथवा समशक्ति सामन्त को नष्ट करने की इच्छा करनेवाला या उचित देशकाल के अनुसार आरंभित उसके अवश्यंभावी कार्यों को नष्ट करने की इच्छा रखनेवाला अथवा विजिगीषु की यात्रा के बाद उसके पीछे से उसके किले आदि पर चढ़ाई करने की कामना वाला, अथवा विजिगीषु की अपेक्षा यातव्य से अधिक धन पा जानेवाला हीन, ज्याय या समशक्ति सामन्त, उक्त ज्याय, हीन या समशक्ति सामन्त से अधिक लाभ की माँग करता। इस प्रकार माँग करने पर अपनी सेना की रक्षा के लिए तथा दूसरे के दुर्गम दुर्ग, मित्रबल, आटविकों आदि को दूसरे सामन्त की सेना की रक्षा के लिए तथा दूसरे के दुर्गम दुर्ग, मित्रबल, आटविकों आदि को दूसरे सामन्त की सेना से कुचल डालने की इच्छा रखनेवाला, दूर देश में अधिक समय तक दूसरे सामन्त की सेना से कुचल डालने की इच्छा रखनेवाला, दूर देश में अधिक समय तक दूसरे सामन्त की सेना को काम पर लगा क्षय–व्यय से युक्त करने की इच्छा रखनेवाला, या यातव्य की सेना के द्वारा अपनी सेना को बढ़ाकर फिर उस अधिक माँगने वाले का उच्छेदन करने की कामना वाला अथवा यातव्य की सेना को उस अधिक माँगने वाले सामन्त की सहायता से लेने की इच्छा रखनेवाला, अवश्यमेव उतना अधिक लाभ दे, जितने की दूसरे सामन्त माँग करते थे।[24]

यातव्य के बहाने अपने वश में करने की इच्छा रखनेवाला, शत्रु का उच्छेद कर फिर उसी का उच्छेद करने की कामना वाला, या देकर फिर लौटा लाने की इच्छा रखनेवाला अधिकशक्ति सामन्त हीनशक्ति सामन्त के साथ, अवश्यमेव सेना की अपेक्षा अधिक लाभ देकर, सन्धि कर लेता। सन्धि हो जाने पर यदि वह उसका अपकार करने में समर्थ हो तो उस पर आक्रमण कर दे, अन्यथा चुपचाप सन्धि बनाए रखे। अथवा यातव्य के साथ सन्धि करके पूर्ववत् बना रहे। अथवा अपनी शत्रु सेना तथा आटविक सेना को सन्धि करनेवाले अधिक शक्ति सामन्त को दे देता था। व्यसन पीड़ित एवं आपत्तिग्रस्त अधिक शक्ति सामन्त

के साथ, सेना के बराबर लाभ देकर, सन्धि कर ले। सन्धि करने के बाद यदि वह उसका अपकार करने में समर्थ हो तो उस पर आक्रमण कर दे, अन्यथा पूर्ववत् सन्धि बनाए रखता। विजयेच्छु पणित (जिससे सन्धि की जाए) और पणमान (सन्धि करने वाला) दोनों ऊपर बताई गई सन्धियों के कारणों को भलीभाँति समझ लेते। उसके बाद सन्धि तथा विग्रह करने पर लाभ तथा हानि के परिणामों को समझ-बूझ कर जिसमें अपना कल्याण समझें उस मार्ग को अपनाते थे।[25]

12.5 मित्रसन्धि और हिरण्यसन्धि

संयुक्त युद्ध-यात्रा में मित्र, हिरण्य और भूमि, इन लाभों में उत्तरोत्तर लाभ श्रेष्ठ था क्योंकि भूमिलाभ से शेष दोनों लाभ प्राप्त हो सकते और हिरण्य लाभ से मित्रलाभ सुलभ किया जा सकता था। अथवा जिस प्राप्त हुए लाभ से शेष दोनों या उनमें से कोई एक लाभ सिद्ध हो सके, वही श्रेष्ठ समझा जाता था। 'तुम और हम, दोनों मिलकर मित्र को लाभ पहुँचाए' इस प्रकार की गई सन्धि को **समसन्धि** कहते थे। 'तुम मित्र लाभ प्राप्त करो और मैं हिरण्य का अथवा तुम हिरण्य का लाभ प्राप्त करो और मैं भूमि का' इस प्रकार की गई सन्धि को **विषमसन्धि** कहते थे। इन दोनों सन्धियों में पूर्व लिखित लाभ से अधिक लाभ प्राप्त हो तो वह **अतिसन्धि** कहलाती थी। समसन्धि में जो सम्पन्न मित्र को या विपत्तिग्रस्त मित्र को प्राप्त करता, वह अतिसन्धि के विशेष लाभ को प्राप्त करता था। क्योंकि आपत्ति में मित्रता और भी दृढ़ हो जाती थी। मित्र के विपत्तिकाल में, अपने वश में न रहनेवाले नित्य मित्र का मिलना उत्तम या अपने वश में रहनेवाले अनित्य मित्र का मिलना अच्छा था? इस सम्बन्ध में पुरातन आचार्यों का कहना है कि नित्य मित्र का प्राप्त करना ही श्रेष्ठ हैं, क्योंकि वह उपकार न करे किन्तु अपकार कभी भी नहीं करता था।[26]

कौटिल्य का कहना है कि अपने वश में रहनेवाला अनित्य मित्र का प्राप्त होना ही श्रेष्ठ था, क्योंकि जब तक वह उपकार करता रहता था तभी तक मित्र बना रहता, मित्र का लक्षण ही अपने साथी की भलाई करता था। 'अपने वश में रहनेवाले दो मित्रों में से थोड़े समय के लिए अधिक कर देनेवाला मित्र अच्छा था या हमेशा थोड़ा-थोड़ा कर देनेवाला मित्र अच्छा था?' कौटिल्य का अभिमत है कि सदा के लिए थोड़ा-थोड़ा देने वाला मित्र श्रेष्ठ था, क्योंकि एक साथ अधिक देने के भय से मित्रता भी टूट जाती और फिर वह अपने दिए गए धन को वापस करने के लिए यत्न करता था। इसके विपरीत थोड़ा-थोड़ा धन देनेवाला मित्र विजिगीषु का बड़ा उपकार करता था। बड़ी कठिनाई और बड़े यत्न करने

पर शत्रु से युद्ध करने के लिए तैयार होनेवाला प्रबल मित्र अच्छा था या सरलता से शीघ्र ही तैयार हो जानेवाला निर्बल मित्र श्रेष्ठ था?' इस पर पूर्वाचार्यों का कहना है कि कठिनता से तैयार होने वाला प्रबल मित्र ही अच्छा था, क्योंकि एक तो वह शत्रुओं का दमन कर सकेगा और दूसरे में कार्य को भी पूरा कर देगा।[27]

कौटिल्य इस तर्क से सहमत नहीं है। उसका कहना है कि सरलता से शीघ्र तैयार हो जाने वाला निर्बल मित्र ही उत्तम था, क्योंकि ऐसा मित्र हरेक आवश्यकता पर काम आता और इच्छानुसार उसको किसी भी कार्य में लगाया जा सकता था। इसके विपरीत ये सभी बातें दूसरे मित्र में नहीं होतीं, विशेषतया जब कि वह दूर देश में रहता था।

'कार्य सिद्धि के लिए अनेक स्थानों में विघटित राजा की वश्य सेना अच्छी थी या जिसकी सेना तो अपने वश में न हो लेकिन सब अपने पास हो, ऐसा मित्र अच्छा था?' कौटिल्य का मत है कि अपने पास ही एकत्र अवश्य सेना वाला राजा ही मित्र के लायक था; क्योंकि साम, दाम आदि उपायों से उस सेना को अपने वश में किया जा सकता और शीघ्र ही इच्छित कार्यों में उसको लगाया जा सकता था। इसके विपरीत दूसरे कार्यों में व्यस्त बिखरी हुई सेना को तत्काल एकत्र कर अपने कार्यों में नहीं लगाया जा सकता था।

'आदमियों की सहायता देनेवाला मित्र अच्छा था? या हिरण्य की सहायता देनेवाला मित्र अच्छा था? इन दोनों में आदमियों की सहायता देने वाला मित्र ही अच्छा था, क्योंकि वह स्वयं ही शत्रुओं पर आक्रमण कर उन्हें दबा सकता था, और जब कभी भी कार्य करने के लिए तैयार हो जाता तो उस कार्य को पूरा भी कर डालता था ऐसा पूर्वाचार्यों का मत है। किन्तु कौटिल्य इस बात को नहीं मानता है। उसके मत से हिरण्य आदि की सहायता देनेवाला मित्र ही श्रेष्ठ था, क्योंकि धन की आवश्यकता सदा ही बनी रहती थी, जबकि सेना की आवश्यकता कभी-कभी ही होती और फिर धन के द्वारा सेना-संग्रह भी किया जा सकता तथा दूसरे अभीष्ट कार्यों को भी पूरा किया जा सकता था।[28]

हिरण्य देनेवाला मित्र श्रेष्ठ है या भूमि देनेवाला मित्र श्रेष्ठ है?' इस पर पूर्वाचार्यों का कहना है कि हिरण्य देनेवाला मित्र ही श्रेष्ठ है; क्योंकि धन को जहाँ चाहो, इच्छानुसार लगाया जा सकता और हर तरह का व्यय उससे पूरा किया जा सकता था। किन्तु कौटिल्य का कहना है कि 'मित्र और हिरण्य दोनों ही भूमि से प्राप्त किए जा सकते हैं' इसलिए भूमि की सहायता देनेवाला मित्र ही श्रेष्ठ था। यदि दो मित्र समान रूप से पुरुषों की सहायता पहुँचाने वाले हों तो उनमें जो पराक्रमी, क्लेशसह; अनुरागी और मौलभृत आदि सभी प्रकार की सेनाएँ देनेवाला हो वही

श्रेष्ठ था। समानरूप से हिरण्य आदि की सहायता पहुँचाने वाले दो मित्रों में वही मित्र श्रेष्ठ था; जो थोड़ा ही कहने पर बहुत धन दे और निरन्तर ही ऐसा देता रहे।

गुण भेद से मित्र 6 प्रकार के होते थे; नित्य, वश्य, लघूत्थान, पितृ-पैतामह, महत् और अद्वैध्य। निस्वार्थ भाव से पुराने सम्बन्धों के कारण स्नेहवश विजिगीषु जिसकी रक्षा करता और जो विजिगीषु की रक्षा करता उसको **नित्यमित्र** कहते थे। **वश्यमित्र** 3 प्रकार का होता था : सर्वभोग, चित्रभोग और महाभोग।[29] जो सेना, धन, भूमि आदि सभी तरह से विजिगीषु की सहायता करता वह **सर्वभोग वश्यमित्र**, जो केवल सेना एवं धन से विजिगीषु का महान उपकार करे वह **महाभोग वश्यमित्र**; और जो रत्न, ताँबा, लोहा, लकड़ी के जंगल आदि से विजिगीषु की सहायता करता वह **चित्रभोग वश्यमित्र** कहलाता था। अनर्थ-निवारण की दृष्टि से वश्यमित्र के 3 भेद और थे; एकतोभोगी, उभयतोभोगी और सर्वतोभोगी। जो केवल शत्रु का प्रतीकार करे वह **एकतोभोगी**, जो शत्रु तथा शत्रुमित्र दोनों का प्रतीकार करे वह **उभयतोभोगी**; और जो शत्रु, शत्रुमित्र तथा आटविक आदि सब का प्रतीकार करे वह **सर्वतोभोगी** वश्यमित्र कहलाता था।

जो विजिगीषु का उपकार न करने पर भी शत्रुओं की लूटमार करके अपना निर्वाह करता और जो दुर्ग एवं अटवी में सुरक्षित हो वह **वश्यमित्रता हीन नित्यमित्र** कहलाता था। किन्तु जिस-जिस पर शत्रु ने आक्रमण कर दिया हो, जिस पर थोड़ी विपत्ति आ पड़ी हो, इसलिए जो सहायतार्थ विजिगीषु से सन्धि करना चाहता वह **नित्यमित्रताहीन वश्यमित्र** कहलाता था। उपकारक होने से वश्य और अपनी उन्नतिकाल तक ही मित्रता रखने के कारण वह अनित्य था। जो दुख-सुख को समान रूप से अनुभव करे, सदा उपकार करनेवाला, कभी भी विमुख न हो और जो आपत्तिकाल में साथ न छोड़े वह **अद्वैध्य** मित्र था। उसके साथ मित्रता का नित्य सम्बन्ध होने के कारण उसको **मित्रभावि** भी कहते थे। जो शत्रु और विजिगीषु, दोनों का उपकार न करे, जो दोनों का समान उपकार करे, जो दुर्बलतावश दोनों का सेवक बना रहे, वह **उभयभावि** मित्र कहलाता था।[30]

जो विजिगीषु राजा अमित्र तथा शत्रु-विजिगीषु के बीच होने के कारण मित्र हो तथा इच्छा होने पर भी जो दोनों का उपकार न कर सके वह भी **उभयभावि** मित्र था। जो विजिगीषु का मित्र हो तथा शत्रु का भी प्रिय एवं रक्ष्य (रक्षा किए जाने योग्य) हो और शत्रु के साथ जिसका कोई पूज्य सम्बन्ध हो, वह भी **उभयभावि** मित्र कहलाता था। अकारण गत और अकारण आगत मित्र को जो आश्रय देता वह निश्चय ही अपनी मौत को स्वयं बुलाता था। 'शीघ्र होने वाला थोड़ा लाभ अच्छा है या देर में होनेवाला बड़ा लाभ अच्छा है?' इस पर पूर्वाचार्यों का कथन

है कि शीघ्र हो जानेवाला थोड़ा लाभ श्रेयस्कर है, क्योंकि उससे देश, काल और कार्य के लाभ को जाना जा सकता था[31]। किन्तु कौटिल्य इससे सहमत नहीं हैं। उनका कहना है कि देर में होनेवाला विघ्नरहित बीज आदि का महान लाभ ही उत्तम है। यदि महान लाभ में निधन होने की सम्भावना हो तो शीघ्र मिलनेवाला थोड़ा ही लाभ श्रेष्ठ है। विजिगीषु अपने निश्चित लाभ या लाभांश के परिणाम को ठीक तरह से जानकर दूसरे राजाओं के साथ सन्धि करके अपनी कार्यसिद्धि के लिए तत्पर रहता था।[32]

12.6 भूमिसन्धि

'तुम और हम मिलकर भूमि को प्राप्त करें' इस प्रकार की गई भूमि विषयक सन्धि को **भूमिसन्धि** कहते थे। शत्रु और विजिगीषु, दोनों में जो भी धन और गुणी भृत्यों को शीघ्र उपस्थित कर सम्पन्न भूमि को प्राप्त करता वह विशेष लाभ में रहता था। दोनों को समान रूप से सम्पन्न भूमि के प्राप्त हो जाने पर भी जो बलवान शत्रु पर आक्रमण करके भूमि को प्राप्त करता वही विशेष लाभ में रहता क्योंकि एक तो उसे भूमि का लाभ होता और दूसरे अपने बलवान शत्रु का नाश कर वह अपने प्रताप का भी विस्तार करता था। यद्यपि दुर्बल से भूमि प्राप्त करना निःसंदेह सुगम था, तथापि इस प्रकार की भूमिलाभ निकृष्ट कोटि की होती; क्योंकि यह लाभ दुर्बल की हिंसा करके प्राप्त होता और दूसरे में दुर्बल के पड़ोसी सामन्त तथा विजिगीषु के मित्र भी उसके आचरण से क्षुब्ध होकर उसके शत्रु बन जाते थे। इसलिए दुर्बल से भूमि लेना श्रेयस्कर नहीं था। दो समान बलशाली शत्रुओं के होने पर, जो विजिगीषु स्थायी शत्रु का नाश कर भूमि प्राप्त करता वही विशेष लाभ में था; क्योंकि शत्रु के दुर्ग आदि अपने हाथों में आ जाने पर विजिगीषु की भूमि की रक्षा हो जाती और आटविकों का प्रतीकार करना भी उसके लिए सरल हो जाता था।[33]

चलायमान शत्रु से भूमिलाभ करने पर उसी दशा में विशेष लाभ होता जब उस चलायमान शत्रु का पड़ोसी दुर्बल हो; क्योंकि ऐसी भूमि विजिगीषु को शीघ्र ही योग क्षेम की देनेवाली होती थी। इसके विपरीत जिस विजित भूमि का सामन्त बलवान हो वह सर्वदा अनिष्टकर होती; विजिगीषु के कोश और बल को क्षीण करनेवाली होती थी। 'विजिगीषु के लिए सम्पन्न एवं नित्य शत्रु की भूमि लेनी श्रेयस्कर था या अत्यल्प सम्पन्न एवं अनित्य शत्रु की भूमि लेना श्रेयस्कर था?' इस सम्बन्ध में पूर्वाचार्यों का मन्तव्य है कि सम्पन्न एवं नित्य शत्रु की भूमि लेना ही उत्तम था ; क्योंकि सम्पन्न भूमि के द्वारा कोश तथा

सेना, दोनों को बढ़ाया जा सकता था, जिससे कि शत्रुओं का उच्छेद किया जा सके। कौटिल्य का कहना है कि नित्य शत्रु की भूमि लेने से शत्रुता बढ़ जाती थी; क्योंकि जो नित्य शत्रु था उसका उपकार किया जाए या अपकार; वह रहता शत्रु ही था। किन्तु अनित्य शत्रु का उपकार या अपकार करने पर वह शान्त हो जाता था। जिस भूमि के सीमा प्रान्तों के बहुत से दुर्ग चोरों, म्लेच्छों तथा आटविकों से सदा घिरे रहते वह भूमि **नित्यमित्रा** कहलाती और इसके विपरीत भूमि **अनित्यमित्रा** कहलाती थी।[34]

'प्राप्त होनेवाली भूमियों में निकटवर्ती थोड़ी भूमि ठीक थी या दूर की बहुत-सी भूमि' ऐसी स्थिति में समीप की थोड़ी भूमि ही श्रेयस्कर थी; क्योंकि सरलता से उसकी प्राप्ति और रक्षा की जा सकती थी और विपत्ति काल में उसका आश्रय लिया जा सकता था। परन्तु बहुत दूर की अधिक भूमि इसके सर्वथा विपरीत होती थी।'

'दूर और पास की भूमि में पररक्षित भूमि लेना ठीक है या स्वयं रक्षित भूमि?' इन दोनों में स्वयं रक्षित भूमि लेना ही उत्तम था; क्योंकि स्वयं स्थापित कोष और सेना द्वारा उसकी रक्षा की जा सकती थी। किन्तु पररक्षित भूमि इसके सर्वथा विपरीत होती; क्योंकि दूसरे के स्थापित कोष और सेना द्वारा उसकी रक्षा की जाती थी। 'मूर्ख शत्रु और बुद्धिमान शत्रु दोनों में किससे भूमि प्राप्त करना श्रेयस्कर है?' मूर्ख शत्रु राजा से भूमि लेना श्रेयस्कर था; क्योंकि वह बड़ी सरलता से प्राप्त हो जाती और एक तो उसकी रक्षा सुगमता से की जा सकती तथा दूसरे वह लौटानी भी पड़ती थी। परन्तु बुद्धिमान शत्रु राजा से प्राप्त भूमि इसके सर्वथा विपरीत होती थी; उसके प्रकृतिजन तथा प्रजाजन उसमें सदा ही अनुराग रखनेवाले होते थे। पीडनीय और उच्छेदनीय, इन दोनों शत्रु राजाओं में उच्छेदनीय शत्रु की भूमि लेना श्रेयस्कर था; क्योंकि निराश्रय तथा दुर्बल आश्रय का होने के कारण, जब उस पर चढ़ाई की जाती तो, वह सेना तथा कोष सहित भाग निकलता था। ऐसी दशा में प्रकृतिजन उसकी सहायता नहीं करते। परन्तु पीडनीय शत्रु दुर्ग और मित्रों की सहायता प्राप्त करके अपने ही स्थान पर जमा रहता था। उसके प्रकृतिजन भी उससे अनुराग रखते थे।[35]

'दुर्गों से सुरक्षित शत्रुओं में स्थल दुर्ग में रहनेवाले शत्रु की भूमि प्राप्त करना ठीक है या नदी दुर्ग में रहने वाले शत्रु की?' स्थल दुर्ग में रहनेवाले शत्रु की भूमि लेना ही ठीक था; क्योंकि स्थल-दुर्ग को सरलता से घेरा जा सकता था, उच्छिन्न किया जा सकता और शत्रु को भी उससे भाग निकलने का सुयोग नहीं मिल पाता था। इसलिए शीघ्र ही वह आक्रमणकारी की अधीनता स्वीकार कर लेता, परन्तु नदी-दुर्ग को इससे दुगुना कष्ट उठाकर भी काबू में नहीं किया जा

सकता था। वहाँ पर जल और जलाधीन अन्न, फल आदि के होने से शत्रु के निर्वाह में कोई बाधा नहीं पड़ती। इसलिए उसका उच्छेद करना कठिन होता था।

नदी दुर्ग और पर्वत दुर्ग दोनों में से नदी दुर्ग में रहनेवाले राजा से ही भूमि लाभ होना श्रेष्ठ था; क्योंकि हाथी, लकड़ी, पुल, बाँध और नौकाओं द्वारा पार करके उसको हस्तगत किया जा सकता था। किनारों को तोड़ कर उसके जल को भी निकाला जा सकता था। परन्तु पर्वतीय दुर्ग पत्थर आदि से सुदृढ़ बना होने के कारण न तो उसको सरलता से घेरा जा सकता था और न ही उस पर चढ़ा जा सकता था। अस्त्रों में से एक को ही नष्ट किया जा सकता बाकी सुरक्षित बने रहते थे। बड़े शक्तिशाली आक्रमणकारी का भी, ऊपर से पत्थर, पेड़ आदि गिराकर प्रतीकार किया जा सकता था।

निम्नयोधी (नौका में बैठकर युद्ध करनेवाले) और स्थलयोधी शत्रुओं में निम्नयोधी शत्रु से ही भूमिलाभ श्रेष्ठ था; क्योंकि उसके युद्ध का निश्चित समय एवं निश्चित स्थान होता था। इसलिए उस पर विजय प्राप्त करना कठिन नहीं था। परन्तु जलयोधी सभी परिस्थितियों में युद्ध करता था। इसलिए उनको शीघ्र ही नहीं जीता जा सकता था।[36]

खनकयोधी (खाई युद्ध करनेवाले) और आकाशयोधी शत्रुओं में खनक योधी शत्रु से ही भूमिलाभ श्रेष्ठ था; क्योंकि उनके लिए खाई तथा अस्त्र दोनों की आवश्यकता होती थी। कभी-कभी खाई के लिए उचित स्थान न मिलने के कारण वे युद्ध नहीं कर पाते। इसलिए उनको सरलता से वश में किया जा सकता था। परन्तु आकाशयोधी शत्रु केवल शस्त्र द्वारा ही युद्ध करता। इसलिए उसको जीतना कठिन था। इस प्रकार अर्थशास्त्रज्ञ विजिगीषु राजा, ऊपर बताए गए संहित एवं दूसरे राजाओं से, पृथ्वी को प्राप्त करता हुआ अपनी उन्नति करता जाता था।[37]

12.7 अनवसित सन्धि

'आओ, तुम और हम मिलकर शून्य भूमि में उपनिवेश बसाएँ!' इस प्रकार से जो सन्धि की जाती उसको **अनवसित** (अनिश्चित) सन्धि कहते थे। उन दोनों में से जो, पूर्ण साधनों को साथ लेकर पूर्वोक्त गुणसम्पन्न भूमि में उपनिवेश बसाता वही विशेष लाभ में रहता था। सर्वगुणसम्पन्न स्थलभूमि और जलभूमि, दोनों में जलभूमि को बसाना ही श्रेष्ठ था। अधिक स्थलभूमि की अपेक्षा थोड़ी ही जलभूमि अच्छी थी; क्योंकि सदा ही वह फल-फूल आदि से गुलजार बनी रहती थी। दो स्थल भूमियों में भी वही स्थलभूमि अच्छी होती जहाँ वसन्त और शरद की

फसलें एक समान अच्छी होती थीं तथा जहाँ थोड़ी ही वृष्टि से फसलें पक कर तैयार हो जातीं और जिनको सरलता से जोता-बोया जा सकता था। दो जलमय भूमियों में वही भूमि उत्तम जहाँ सभी धान्य बोए जा सकें और जहाँ धान्य न हों वह भूमि अच्छी नहीं थी। उनमें भी कम-ज्यादा को दृष्टि में रखकर उपजाऊ[38] अधिक भूमि ही श्रेष्ठ; क्योंकि अधिक विस्तार होने से उसके जल स्थल युक्त विभिन्न क्षेत्रों में अनेक प्रकार के अन्न उपजाए जा सकते थे। क्योंकि भूमि को अधिक उपजाऊ बनाना अपने हाथ में निर्भर; इसलिए अधिक भूमि को लेना ही श्रेष्ठ था। खानयुक्त तथा धान्ययुक्त भूमियों में खानयुक्त भूमि केवल कोष की वृद्धि करती, किन्तु धान्ययुक्त भूमि कोष और कोष्ठागार दोनों को सम्पन्न करती थी। क्योंकि दुर्ग आदि कर्मों की उन्नति भी धान्यमूलक ही थीं; अत: धान्ययुक्त भूमि ही श्रेयस्कर होती थी। अथवा खानयुक्त भूमि उत्तम क्योंकि वहाँ से उत्पन्न वस्तुओं का बड़ा भारी व्यापार किया जा सकता था। 'लकड़ी के जंगल और हाथी के जंगल, दोनों में से कौन श्रेष्ठ है?' इस सम्बन्ध में पूर्वाचार्यों का कहना है कि लकड़ियों का जंगल ही श्रेष्ठ था; क्योंकि एक तो दुर्ग आदि कर्मों में लकड़ी की बड़ी आवश्यकता होती और दूसरे उसका अधिक-से-अधिक संचय सरलता से किया जा सकता था। किन्तु हाथी के जंगलों में यह उपयोगिता नहीं होती थी। कौटिल्य इस बात को नहीं मानता है। उसका कथन है कि 'लकड़ी के जंगल अपनी इच्छानुसार बनाए जा सकते हैं; हाथियों के जंगल स्वयं नहीं बनाए जा सकते हैं। शत्रु की सेना को नाश करनेवाले साधनों में हाथी प्रमुख साधन है। इसलिए हाथियों के जंगल ही श्रेष्ठ हैं।' जलमार्ग और स्थलमार्ग दोनों ही अनित्य (अस्थायी) हों तो उनमें जलमार्ग ही उत्तम था। यदि दोनों ही नित्य (स्थायी) होते तो स्थलमार्ग ही उत्तम समझा जाता था।[39]

'भिन्न प्रकृति मनुष्यों वाली भूमि अच्छी है या समान प्रकृति मनुष्यों वाली भूमि श्रेष्ठ है?' इन दोनों में भिन्न प्रकृति मनुष्यों वाली भूमि ही श्रेष्ठ होती; क्योंकि ऐसी भूमि को विजिगीषु शीघ्र ही अपने कब्जे में कर लेता और क्योंकि भिन्न प्रकृति के कारण दूसरे शत्रु उन्हें बहका नहीं सकते थे। ऐसे लोग आपत्तिसह भी नहीं होते किन्तु समान प्रकृति मनुष्यों वाली भूमि को शत्रु बहका सकते थे। एकता के कारण वहाँ की प्रजा हर तरह की आपत्तियों को सहन करने के लिए तैयार रहती और कुपित होने पर राजा का भी उच्छेद कर देती थी।

उस भूमि में चारों वर्णों के लोगों की स्थिति के सम्बन्ध में यह विचार कर लेना चाहिए कि सब तरह के दुख-सुख सहन करनेवाले शूद्र, ग्वाले आदि नीची जाति के मनुष्यों वाली भूमि ही श्रेष्ठ होती, क्योंकि खेती की अधिकता और

निश्चित फलवती होने के कारण ऐसी भूमि श्रेयस्कर होती थी। कृषि सम्बन्धी व्यापार तथा अन्य अनेक कार्य गाय एवं गोपालकों पर ही निर्भर था। इसलिए गाय और ग्वालों से युक्त भूमि ही श्रेष्ठ थी। व्यापार के लिए धान्य आदि का संचय तथा ब्याज पर ऋण आदि देकर उपकार करने के कारण व्यापारी और धनवान व्यक्तियों से युक्त भूमि श्रेष्ठ होती थी। भूमि के उक्त सभी गुणों में से आश्रय या रक्षा, उसके सर्वोच्च गुण थे।

'दुर्गों का आश्रय देनेवाली भूमि अच्छी होती है या मनुष्यों का?' इन दोनों में मनुष्यों का सहारा देनेवाली भूमि श्रेष्ठ है, क्योंकि **राज्य** कहते ही उसको हैं, जहाँ बहुत से पुरुष निवास करते हों; 'पुरुषवृद्धि राज्यम्'। पुरुषहीन भूमि तो बन्ध्या गो के समान थी।[40]

जन-धन का अत्यधिक व्यय करके बसाई जानेवाली भूमि को यदि विजिगीषु प्राप्त करना चाहे तो पहले वह उस भूमि का ऐसा खरीददार राजा तैयार कर ले, जो दुर्बल, आराजजीवी (जो किसी राजवंश का नहीं हो), उत्साहहीन, अपक्ष (बेसहारा), अन्यायवृत्ति, व्यसनी, भाग्यवादी और यत्किंचनकारी (जो मन में आया, कर दिया) होता।

जन-धन आदि का अत्यधिक व्यय करके बसाई जाने योग्य भूमि में जब शक्तिहीन राजवंश में पैदा हुआ राजा उपनिवेश बसाता तो अत्यधिक पुरुषों का क्षय और धन का व्यय होने के कारण अपने सहायकों, सजातीयों और अमात्य आदि प्रकृतियों के साथ वह क्षीण हो जाता था। राजवंश में पैदा न हुए बलवान राजा को क्षय-व्यय के भय से उसके विजातीय अमात्य आदि सहायक उसको छोड़ देते थे। सेना के होते हुए भी उत्साहहीन राजा उसका यथोचित उपयोग नहीं कर पाता था। इसलिए धन-जन का व्यय-क्षय हो जाने के कारण सेना के सहित ही वह नष्ट हो जाता था। कोषसम्पन्न मित्रहीन राजा क्षय-व्यय में उचित सहायता न मिलने के कारण नष्ट हो जाता था। प्रजा पर अन्याय करनेवाले स्थायी रूप से बसे हुए राजा को जब प्रजा उखाड़ फेंकती तब नए उपनिवेशों को बसाना उसके लिए कैसे सम्भव हो सकता था?

यही हाल व्यसनी राजा का भी होता था। भाग्य पर भरोसा करने वाले पौरुषहीन राजा किसी नए कार्य को आरम्भ नहीं करता था; यदि आरम्भ करता था तो विघ्न के भय से उसे अधूरा ही छोड़ देता और इस प्रकार जन-धन की व्यर्थ हानि करने के बाद वह स्वयं भी नष्ट हो जाता था[41]। बिना विचारे कार्य करनेवाला राजा कभी फूलता-फलता नहीं; किन्तु ऊपर कहे गए सभी राजाओं की अपेक्षा विजिगीषु के लिए वह बहुत खतरनाक सिद्ध होता था।

पूर्वाचार्यों का कहना है कि किसी कार्य को प्रारम्भ करता हुआ शत्रु यदि विजिगीषु के किसी दोष का पता लगा ले तो वह यत्किंचनकारी राजा के द्वारा विजिगीषु को हानि पहुँचा सकता था; क्योंकि विजिगीषु उसे मूर्ख समझकर उससे पीठ फेरे रहता था। परन्तु कौटिल्य का मत है कि वह यत्किंचनकारी विजिगीषु के दोषों को जानने की तरह स्वयं को भी नष्ट कर सकता; क्योंकि विजिगीषु तो उसके अनेक दोषों से परिचित रहता था। यदि इन राजाओं में से कोई उस व्यय-क्षयी भूमि को खरीदने के लिए तैयार न हो तो जो तरीका आगे पार्ष्णिग्राह के साथ सन्धि के लिए बताया गया उसी के अनुसार उस भूमि को बसाने की व्यवस्था की जाती थी। इसी का नाम **अभिहितसन्धि** था। अभिहितसन्धि अर्थात् लेन-देन से विचलित न होकर बराबर बनी रहना। गुणवती और अदेय भूमि को यदि बलवान सामन्त खरीदना चाहे तो उससे 'अवसर आने पर आप मेरी सहायता करेंगे' ऐसी सामान्य सन्धि करके वह भूमि उसके हाथ बेची जाती क्योंकि प्रबल सामन्त दुर्बल से अविश्वास करके अपनी प्रतिज्ञा को तोड़ भी सकता था। इसको **अनिभृतसन्धि** कहते थे।[42]

यदि समानशक्ति राजा उस भूमि को खरीदना चाहे तो नीचे लिखे कारणों पर अच्छी तरह विचार करके वह भूमि उसके हाथ बेच दी जाती। वे कारण थे : 'बेच देने पर यह भूमि कालान्तर में मेरे पास आ सकेगी, अथवा बेच देने पर भी मैं इससे लाभ उठाता रहूँगा, अथवा इस भूमि के साथ सम्बन्ध बना रहने के कारण दूसरा शत्रु मेरे वश में हो जाएगा, अथवा इसको बेच देने पर मैं मित्र तथा धन-सम्पत्ति से सम्पन्न हो जाऊँगा।' इसी प्रकार हीनशक्ति खरीददार के सम्बन्ध में भी समझना चाहिए। अर्थशास्त्रज्ञ राजा इस प्रकार मित्र, धन, सम्पत्ति, आबाद और बंजर भूमि को प्राप्त करता हुआ दूसरे राजाओं की अपेक्षा सदा ही विशेष लाभ प्राप्त करता था।[43]

12.8 कर्मसन्धि

'आप और मैं मिलकर दुर्ग बनवाएँ' इस प्रकार किसी कार्य सम्बन्धी वस्तु का नाम लेकर जो सन्धि की जाती उसको **कर्मसन्धि** कहते थे। इस प्रकार की सन्धि करनेवाले विजिगीषु और उसकी साथी राजा, दोनों में से वही विशेष लाभ में रहता जो शत्रुओं में दुर्भेद्य दुर्गम स्थान में अल्य व्यय करके दुर्ग बनवाता था। ऐसे दुर्गों में भी स्थल में बने दुर्ग की अपेक्षा जल में बना दुर्ग श्रेष्ठ और उससे भी पर्वतीय प्रदेश में बना हुआ दुर्ग श्रेष्ठ होता था।

सेतुबंधों में वर्षा जल भरने वाले की अपेक्षा स्वाभाविक अर्थात् नहर आदि

के जल से भरनेवाला सेतुबंध उत्तम था। उनमें भी वह सेतुबंध श्रेष्ठ था जो खेती योग्य पर्याप्त भूमि के निकट होता था। जो राजा अनेक पदार्थों को पैदा करनेवाले जंगलों में नदियों से सींचे जाने योग्य फल-फूलों को पैदा करनेवाले सीमाप्रान्त के जंगलों को ठीक करता वही विशेष लाभ में रहता क्योंकि नदियों से सींचे जानेवाले स्थान आजीविका के साधन होने के साथ-साथ विपत्ति काल में आश्रय देनेवाले भी होते थे।[44]

हाथी और मृग के जंगलों में जो राजा शक्तिशाली जंगली जानवरों से युक्त, दुर्बलों के लिए सुखकर और अनेक जाने-आने के मार्गों से युक्त हस्तिवनों को अपने प्रदेश में स्थापित करता वह विशेष लाभ में रहता था।

उन हाथी के जंगलों में भी अशक्त अधिक संख्यावाले हस्तिवन की अपेक्षा शक्तिशाली घोड़े-हाथियों वाले जंगल ही श्रेष्ठ थे; क्योंकि बलवान हाथियों के भरोसे ही युद्ध होता था। इसके विपरीत पुरातन आचार्यों का कहना था कि अल्पसंख्यक शूर हाथी बहुसंख्यक कायर हाथियों को भगा देते और वे तितर-बितर होकर अपनी ही सेना को कुचल डालते थे। किन्तु कौटिल्य का कथन है कि शक्तिहीन बहुत हाथियों का होना ही श्रेयस्कर था; क्योंकि सेना के अनेक विभागों में उनसे अनेक कार्य लिए जा सकते थे। इसलिए युद्ध में वे अच्छे सहायक, शत्रुओं को घबरा देने वाले (अधिक होने के कारण) और शत्रु के वश में न आने वाले होते थे। संख्या में अधिक हाथी यदि सामर्थ्यहीन भी हों तो कोई हानि नहीं क्योंकि युद्ध सम्बन्धी शिक्षाओं के द्वारा उन्हें समर्थ बनाया जा सकता किन्तु शक्तिशाली घोड़े हाथियों की संख्या सहसा बढ़ाई नहीं जा सकती थी। खानों में जो राजा उत्तम वस्तुएँ देनेवाली, दुर्गम मार्गों से युक्त और अल्प व्ययकर खानों को खुदवाता वह विशेष लाभ प्राप्त करता था।[45]

उन खानों में मणि-माणिक्य आदि बहुमूल्य वस्तुओं को थोड़े परिणाम में उत्पन्न करनेवाली खान श्रेष्ठ थी? अथवा अधिक परिमाण वाली अल्पमूल्य की वस्तुओं को उत्पन्न करनेवाली खान श्रेष्ठ थी? इस सम्बन्ध में पूर्वाचार्यों का कथन है कि 'बहुमूल्य थोड़ी वस्तुओं को उत्पन्न करनेवाली खान अच्छी नहीं है; क्योंकि हीरा, मणि, मोती, मूँगा, सोना, चाँदी आदि बहुमूल्य वस्तुएँ, अल्प मूल्य की अधिक वस्तुओं को भी दबा लेती है।' कौटिल्य कहता है कि 'मूल्यवान वस्तु का खरीददार बहुत समय बाद कोई विरला ही मिलता हैं; किन्तु अल्पमूल्य वस्तुओं की खरीददारों की कमी नहीं रहती है।' स्थलमार्ग और जलमार्ग में से जलमार्ग द्वारा व्यापार करना श्रेयस्कर था; क्योंकि उसमें श्रम तथा व्यय अधिक नहीं करना पड़ता और उसके द्वारा माल आसानी से लाया-ले जाया जा सकता था—ऐसा प्राचीन आचार्यों का

मत है। इसके विपरीत कौटिल्य का कथन है कि विपत्तिकाल में जलमार्ग सब ओर से रोका जा सकता था। सभी ऋतुओं में उससे आना-जाना भी नहीं हो सकता था। स्थल मार्ग की अपेक्षा वह भयजनक और अप्रतीकारक भी था। किन्तु स्थलमार्ग में ये सभी दिक्कतें नहीं होतीं इसलिए स्थलमार्ग ही श्रेष्ठ था।'

जलमार्ग दो प्रकार का होता था : एक तो किनारे-किनारे का मार्ग (कूलपथ) और दूसरा जल के बीच का मार्ग (संयानपथ)–इन दोनों में **कूलपथ** ही श्रेष्ठ होता क्योंकि उस पर अनेक व्यापारिक नगर बसे होते जिससे बड़ा लाभ उठाया जा सकता था। अथवा **संयानपथ** भी उत्तम समझा जाता क्योंकि नदी में निरन्तर पानी भरा रहता, जिससे मार्ग में कोई उत्कट बाधा उपस्थित नहीं हो पाती थी।[46]

'स्थलमार्ग में भी दक्षिणापथ की अपेक्षा उत्तरापथ श्रेष्ठ था, क्योंकि उस ओर हाथी, घोड़े, कस्तूरी, दाँत, चाप, चाँदी और सुवर्ण आदि बहुमूल्य विक्रेय वस्तुएँ अधिकता से मिल जाती हैं।' यह प्राचीन आचार्यों का मत था। परन्तु कौटिल्य का कहना है कि कंबल, चमड़ा और घोड़े इन वस्तुओं को छोड़कर हाथी आदि तथा शंख, हीरा, मणि, मोती, सुवर्ण आदि अन्य अनेक विक्रेय वस्तुएँ उत्तर की अपेक्षा दक्षिण की ओर अधिक होती थीं। इसलिए दक्षिणापथ ही श्रेष्ठ था।' दक्षिणापथ में भी वह मार्ग उत्तम समझा जाता था जो खान तथा विक्रेय वस्तुओं से युक्त, आने-जाने में सुगम और थोड़े से परिश्रम से सिद्ध होने वाला हो। अथवा वह मार्ग श्रेष्ठ समझा जाता जहाँ थोड़े कीमत की वस्तुएँ बहुतायत से मिल सकें या जहाँ बहुमूल्य वस्तुओं से अधिक खरीददार होते। इन व्यापारिक मार्गों में भी पैदल मार्ग की अपेक्षा सवारी योग्य मार्ग को उत्तम समझा जाता क्योंकि ऐसे मार्गों में बहुत व्यापार किया जा सकता था। विक्रेय वस्तुएँ अधिक तादाद में लाई-ले जाई जा सकती थीं। देश-काल के अनुसार गधों और ऊँटों का मार्ग श्रेष्ठ समझा जाता क्योंकि उनसे अधिक व्यापार किया जा सकता था। शत्रु का अपने कार्यों से लाभ होना ही विजिगीषु का क्षय समझा जाता था।[47]

थोड़ी आय तथा अधिक खर्च हो तो क्षय, इसके विपरीत वृद्धि समझी जाती थी। इसी प्रकार बराबर आय व्यय में समान अवस्था समझा जाता था। इसलिए विजिगीषु दुर्ग आदि के कार्यों में थोड़ा खर्च करके ही महान फल प्राप्त करने की चेष्टा करता था। महान फल देने वाले कार्य को प्राप्त करके ही विजिगीषु अपने शत्रु से बढ़ सकता था और यही **कर्मसन्धि** था।[48]

12.9 सन्धिकर्म और सन्धिमोक्ष

'शम', 'सन्धि' और 'समाधि' ये तीनों शब्द समानार्थक थे। वह इसलिए कि

इन तीनों के कारण ही राजाओं में परस्पर दृढ़ विश्वास की स्थापना होती थी। पूर्वाचार्यों का मत है कि 'जो सन्धि सत्य की शपथ लेकर की जाती वह स्थायी नहीं होती और जो सन्धि जामिन (प्रतिभू) रखकर अथवा राजपुत्र को बंधक (प्रतिग्रह) रखकर की जाती वह स्थायी होती है।' परन्तु कौटिल्य इस मन्तव्य को नहीं मानता है। उसका कहना है कि 'जो सन्धि सत्यनिष्ठ होकर और शपथपूर्वक की जाती है वह परम विश्वसनीय तथा स्थायी होती है, क्योंकि ऐसी सन्धि तोड़नेवालों को यह भ्रम बना रहता है कि परलोक में नरक तथा इस लोक में बदनामी होगी। इसके विपरीत जो सन्धि जामिन (प्रतिभू) और बंधक (प्रतिग्रह) रखकर की जाती उसको तोड़ने पर इसी लोक में थोड़ा-बहुत अनर्थ होता है, परलोक का नहीं।' इसलिए उसको तोड़ने का भय बना रहता था। इसके अतिरिक्त यह सन्धि तभी निभाई जा सकती थी जब प्रतिभू बलवान तथा प्रतिग्रह अपने दाता का प्रेमपात्र हो।[49]

सच्चाई का अतिक्रमण करने पर वे लोग अग्नि, जल, भूमि, मकान, हाथी का कंधा, घोड़े की पीठ, रथ में बैठने की जगह, हथियार, रत्न, धान्य के बीज, चन्दन, घी, सुवर्ण और हिरण्य आदि वस्तुओं को स्पर्श करते हुए 'ये चीजें उस व्यक्ति का नष्ट कर दें, जो इस प्रतिज्ञा का अतिक्रमण करेगा' इस प्रकार शपथ लेकर सन्धि कर लेते थे।

शपथ का अतिक्रमण कर देने पर बड़े-बड़े तपस्वियों या ग्राममुख्यों को प्रतिभू बनाकर सन्धि की जाती क्योंकि किसी भी सन्धि को बनाए रखने का दायित्व इन्हीं लोगों पर निर्भर होता था। प्रतिभू बनाकर सन्धि करनेवाले राजाओं में वही राजा विशेष लाभ में रहता, जो प्रतिज्ञा या सन्धि तोड़ने वाले शत्रुओं का दमन करने में समर्थ व्यक्तियों को अपना प्रतिभू बनाता और दूसरा राजा अपने शत्रु से निश्चित ही धोखा खाता था।

किसी दूसरे से, मौखिक प्रतिज्ञा को बनाए रखने के लिए, उस व्यक्ति के भाई, बन्धु या मुख्य पुरुष को लेना **प्रतिग्रह** कहलाता था। इस प्रकार प्रतिग्रह के द्वारा सन्धि करने वाले राजाओं में वही राजा विशेष लाभ में रहता जो अपने राजद्रोही अमात्य या राजद्रोही पुत्र को सन्धि में देता और दूसरा राजा ऐसी दशा में निश्चित ही धोखा खाता था। क्योंकि लेनेवाला तो यह समझता कि उसके पास इसके अमात्य आदि हैं। वह 'मेरे विरुद्ध कुछ नहीं कर सकता। किन्तु देनेवाला, लेनेवाले की दुर्बलताओं को पकड़ते ही अपने प्रतिग्रहों की अपेक्षा न करता हुआ तत्काल हमला बोल देता था।

पुत्र आदि को देकर सन्धि करनेवाले राजाओं में वही राजा लाभ में रहता

जो कि पुत्र और कन्या को दिए जाने के विकल्प में कन्या को भेज देता क्योंकि कन्या दाय की अधिकारिणी नहीं होती तथा दूसरों के उपभोग्य होती थी, पिता के लिए क्लेश का ही कारण होती, किन्तु पुत्र दायभागी होता था और पिता के क्लेशों को दूर करने वाला भी।[50]

पुत्रों को देकर सन्धि करनेवाले राजाओं में वह राजा अवश्य ही धोखा खाता, जो कि अपने कुलीन, बुद्धिमान, शूर, अस्त्र-शस्त्रज्ञ अथवा इकलौते पुत्र को देता था। इसके विपरीत गुण वाले पुत्र को देनेवाला राजा लाभ में रहता था। इसलिए जातीय समान जातीय पुत्र की अपेक्षा असमानजातीय पुत्र को देना ही अच्छा था क्योंकि उसकी संतति दायभाग की अधिकारिणी होती थी। बुद्धिमान पुत्र की अपेक्षा बुद्धिहीन पुत्र देना इसलिए अच्छा होता कि उसमें विवेक-विचार का महत्त्व नहीं होता था। इसलिए शत्रु को वह कोई उपयोगी सुझाव नहीं दे पाता। शूर पुत्र की अपेक्षा भीरु पुत्र को देना इसलिए श्रेयस्कर था कि उसमें उत्साह नहीं होता था। वह न तो अपना लाभ कर सकता और न शत्रु की हानि ही। शस्त्रज्ञ चतुर पुत्र की अपेक्षा इससे विपरीत पुत्र को देना इसलिए उचित था कि वह आक्रमण नहीं कर पाता था। इकलौते पुत्र की जगह अनेक पुत्रों में से एक को दे देना इसलिए ठीक था कि उसके बिना कोई भी कार्य चल जाता था।

कुलीन (जात्य) और बुद्धिमान पुत्रों में से जो पुत्र जात्य, किन्तु बुद्धिहीन होता था, राजसम्पत्ति स्वभावतः उसका अनुगमन करती और जो पुत्र असमानजातीय किन्तु बुद्धिमान होता, मन्त्रशक्ति स्वभावतः उसका अनुगमन करती थी। इन दोनों पुत्रों में से मन्त्रशक्ति सम्पन्न होने पर भी अकुलीन प्राज्ञ की अपेक्षा कुलीन अप्राज्ञ ही श्रेष्ठ था; क्योंकि राज्याधिकारी होने पर वह अपने वृद्ध, अनुभवी एवं बुद्धिमान पुरुषों की नियुक्ति कर अपनी कमी को पूरी कर लेता था।

इसी प्रकार बुद्धिमान और शूर पुत्रों में से बुद्धिमान, किन्तु शूरतारहित पुत्र का, बुद्धिमतापूर्वक किए गए कार्य अनुगमन करते थे। बुद्धिहीन, किन्तु शूर पुत्र पराक्रम के कार्यों को कर सकता था। इन दोनों पुत्रों में से शूर; किन्तु बुद्धिहीन पुत्र के पराक्रमी होने पर भी, उसकी अपेक्षा, पराक्रमहीन बुद्धिमान पुत्र ही श्रेष्ठ था। जैसे एक बुद्धिमान पुत्र अपने बुद्धिबल से शूर को भी अपने वश में कर सकता था।[51]

शूर और कृतास्त्र (शस्त्रानिपुण) पुत्रों में शस्त्रास्त्र शून्य, किन्तु शूरपुत्र केवल पराक्रम के कार्यों को ही कर सकता था। शूरतारहित, किन्तु शस्त्रास्त्र निपुण पुत्र अपने लक्ष्य को अच्छी तरह भेदन करने की क्षमता रखता था। इन दोनों में से लक्ष्य को ठीक भेदन करने वाले पराक्रमहीन पुत्र की अपेक्षा पराक्रमी पुत्र ही

श्रेष्ठ था, क्योंकि अपनी सतर्कबुद्धि से वह कृतास्त्र को भी अपने वश में कर लेता था।

एक पुत्र और अनेक पुत्रों में से अनेक पुत्रों का होना अच्छा था क्योंकि एक पुत्र को सन्धि में दिए जाने पर भी बाकी पुत्रों के द्वारा राजा यथावसर सन्धि को तोड़ सकता था; किन्तु जिसका एक ही पुत्र था वह ऐसा नहीं कर सकता था।

यदि सन्धि करनेवाले दोनों राजाओं का एक-एक ही पुत्र हो और उनके देने पर ही सन्धि दृढ़ होती हो तो; उन दोनों में से वही अधिक लाभ में रहता जिसके पुत्र का पुत्र हो गया हो; क्योंकि पुत्र के अभाव में पौत्र भी सिंहासन पर बैठ सकता था। यदि सन्धि करनेवाले दोनों राजाओं के पुत्र-पौत्र हों तो उनमें से वही अधिक लाभ में था, जिसका पुत्र युवा होता था। यदि दोनों के पुत्र युवा हों, तो उनमें से उसी को अधिक लाभ था, जिसका पुत्र निकट भविष्य में बच्चा पैदा करने की स्थिति में था। निष्कर्ष यह है कि यथाशक्ति पुत्र न देने का यत्न किया जाता था।

पुत्र पैदा करने की अथवा राज्यभार को सँभालने की शक्ति रखनेवाले यदि एक ही पुत्र का पुत्र हो और उसकी पुत्रोत्पादन की शक्ति जाती रही हो तो अपने ही आप को राजा, सन्धि पर चढ़ा देता किन्तु इकलौते पुत्र को कदापि न देता था। सन्धि हो जाने के बाद यदि अपनी शक्ति बढ़ जाती तो दूसरे राजा के यहाँ बंधक में रखे हुए पुत्र को मुक्त करा दिया जाता था।[52]

बंधक में रखे हुए राजपुत्र को छुड़ाने के लिए इन उपायों को काम में लाया जाता; राजपुत्र के निकट गुप्त वेश में रहनेवाले बढ़ई, लुहार, सुनार या मिस्त्री तथा अन्य लोग, अपने जिम्मे के कार्यों को करते हुए राजपुत्र के निवास के पास ही एक सुरंग खोदकर रात्रि में वहाँ से उसको लेकर वे भाग जाते थे। अथवा नट, नर्तक, गायक, वादक, वाग्जीवक (कथावाचक); कुशीलव, प्लवक (तलवार आदि का खेल दिखाने वाला), सौत्रिक (आकाश में उड़ने वाला), विजिगीषु के ये 8 प्रकार के गुप्तचर पहले शत्रु राजा के पास आते और फिर धीरे-धीरे उसी के यहाँ रहते हुए गिरफ्तार राजकुमार तक पहुँचते थे। राजकुमार, राजा की अनुमति प्राप्त कर, स्वेच्छया उक्त गुप्तचरों को अपने यहाँ टिकाने तथा आने-जाने की पूरी व्यवस्था करा लेता था। फिर उन्हीं में से किसी का वेश बनाकर रात्रि के समय बाहर निकल आता और उन्हीं के साथ अपने देश को पलायन कर जाता था।

इसी प्रकार वेश्या या पत्नी के रूप में गई गुप्तचर स्त्रियाँ राजकुमार को वहाँ

से छुड़ा ले आतीं। अथवा नट, नर्तक आदि के साज-बाजों या आभूषणों की पेटी को उठाकर बाहर निकल आते। अथवा सूद (रसोइया), आरालिक (हलवाई), स्नापक (स्नान करानेवाला), संवाहक (मालिश करनेवाला), आस्तरक (बिस्तर बिछानेवाला), कल्पक (नाई), प्रसाधक (वस्त्र पहनानेवाला) और उदक-परिचायक (जल देनेवाला); इन लोगों के द्वारा जब कोई भोज्य पदार्थ, पेटी या बिस्तर आदि उपयोगी वस्तुएँ बाहर ले जाई जातीं तो अवसर पाकर उनके साथ राजकुमार भी बाहर निकल जाते। अथवा राजकुमार ही नौकर के बहाने से अन्धकार के समय किसी चीज को लेकर बाहर निकल जाते। अथवा भूतबलि आदि का बहाना कर सुरंग द्वारा बाहर निकल जाता। अथवा नदी, तालाब आदि किसी बड़े जलाशय में वारुणयोग के प्रयोग द्वारा बाहर निकल जाते। अथवा व्यापारी के वेश में रहने वाले गुप्तचर किसी पके अन्न में विष मिलाकर पहरेदारों को दे देते और जब वे बेहोश हो जाते तो राजकुमार को लेकर वे बाहर निकल जाते थे।[53]

देवकार्य, पितृकार्य या सहभोज के निमित्त से अन्न या पेय पदार्थों में विष मिलाकर पहरेदारों पर प्रयोग कर उन्हें बेहोश बना देने के बाद राजकुमार रात के समय बाहर निकल आता। अथवा किसी मुर्दे के पीछे स्त्री का वेश बनाकर राजकुमार बाहर निकल जाता। अथवा अपनी देखरेख में पहरेदारों को बहुत-सा धन देने की प्रतिज्ञा से उन्हें सन्तुष्ट कर राजकुमार बाहर निकल आता। अथवा नगर-रक्षक तट, चिकित्सक और आपूपिक (खोमचा लगाने वाला) के वेश में रात्रि के समय इधर-उधर घूमने वाले गुप्तचर लोग रात में धनी लोगों के घर में आग लगा देते। पहरेदारों तथा व्यापारियों के वेश में दूसरे गुप्तचर बाजार तथा दुकानों में आग लगा देते। आग लगने के कारण जब कोलाहल या गड़बड़ हो जाए तो अवसर पाकर राजकुमार बाहर निकल आता। अथवा राजकुमार अपने निवास में आग लगा देता, और वहाँ किसी दूसरे की लाश डलवा देता, जिससे कि शत्रु लोग उस शव को देखकर यह समझ लें कि राजकुमार जलकर मर गया; अथवा राजकुमार स्वयं ही किसी सन्धिच्छेद या सुरंग के द्वारा बाहर निकल जाता। अथवा लकड़हारों (काचभार), कहारों (कुम्भभार) या साईसों (भांडभार) के वेश में राजकुमार रात को बाहर हो जाता। अथवा विजिगीषु राजा अपने मुंड तथा जटिलों को जब बाहर भेजता तो राजकुमार भी छिपकर उनमें जा मिलता और रात में उन्हीं जैसा वेश बनाकर उनके साथ ही बाहर निकल आता। या अपनी शक्ल सूरत को बदलकर या रोगी का वेश बनाकर या जंगली भील-कोलों का वेश बनाकर तब निश्चिंत होकर राजकुमार अपने देश को जा सकता था।[54]

राजकुमार के बाहर निकल जाने पर जब विजिगीषु राजा के कर्मचारी उसकी

खोज में इधर-उधर दौड़ते फिरते तो जंगल में रहनेवाले राजकुमार के पक्ष के लोग उन्हें दूसरा ही रास्ता बता देते। अथवा गाड़ीवानों या गाड़ियों के झुंड के साथ-साथ अपने देश की ओर चला जाता था।

यदि खोजने वाले लोग बहुत ही नजदीक आ पहुँचते तो वह किसी घने जंगल में छिप जाता। यदि छिपने लायक घना जंगल पास न हो तो हिरण्य अथवा विषयुक्त खाद्य वस्तु रास्ते के दोनों ओर डाल देता; और उस रास्ते को छोड़कर किसी रास्ते से निकल जाता। अथवा यदि वह पकड़ ही लिया जाता तो साम, दाम आदि उपायों से धोखा देकर वह उनसे भाग निकलता। अथवा उन्हें विषयुक्त खाना देकर मार देता या मूर्च्छित कर देता और स्वयं भाग जाता था। पकड़े जाने के डर से छिपे हुए राजकुमार को भगा ले जाने के लिए पूर्वोक्त वारुणयोग तथा अग्निदाहों के अवसरों पर किसी के शव को वहाँ डालकर विजिगीषु राजा, शत्रु राजा के ऊपर यह अभियोग लगाता कि उसने मेरे पुत्र को मार डाला था। इससे शत्रु राजा भागे हुए राजकुमार को खोजना बंद कर देता और राजकुमार बाहर निकल आता। यदि पूर्वोक्त कोई भी उपाय न किया जा सके तो राजकुमार को चाहिए कि वह रात में पहरेदारों पर सशस्त्र हमला कर दे और उन्हें घायल कर या मारकर द्रुतगामी घोड़ों पर सवार अपने गुप्तचरों के साथ वहाँ से निकल भागे।[55]

सन्दर्भ-ग्रन्थ

1. *अर्थशास्त्र*, अधिकरण 7, प्रकरण 98-99, अध्याय 1, पृ. 453
2. *वही*, पृ. 454
3. *वही*, पृ. 455
4. *वही*, पृ. 456
5. *वही*, पृ. 457
6. *वही*, पृ. 458
7. *वही*, पृ. 459
8. *वही*, पृ. 460
9. *वही*, 7.101-102.3, पृ. 461
10. *वही*, पृ. 462
11. *वही*, पृ. 463
12. *वही*, पृ. 464
13. *वही*, पृ. 465
14. *वही*, 7.111.6, पृ. 477
15. *वही*, पृ. 478
16. *वही*, पृ. 479
17. *वही*, पृ. 480

18. वही, पृ. 481
19. वही, पृ. 482
20. वही, पृ. 483
21. वही, पृ. 484
22. वही, पृ. 485
23. वही, पृ. 486
24. वही, पृ. 487
25. वही, पृ. 488
26. वही, 7.115.9, पृ. 493
27. वही, पृ. 494
28. वही, पृ. 495
29. वही, पृ. 496
30. वही, पृ. 497
31. वही, पृ. 498
32. वही, पृ. 499
33. वही, 7.116.10, पृ. 500
34. वही, पृ. 501
35. वही, पृ. 502
36. वही, पृ. 503
37. वही, पृ. 504
38. वही, 7.116.11, पृ. 505
39. वही, पृ. 506
40. वही, पृ. 507
41. वही, पृ. 508
42. वही, पृ. 509
43. वही, पृ. 510
44. वही, 7.116.12, पृ. 511
45. वही, पृ. 512
46. वही, पृ. 513
47. वही, पृ. 514
48. वही, पृ. 515
49. वही, 7.122-123.17, पृ. 537
50. वही, पृ. 538
51. वही, पृ. 539
52. वही, पृ. 540
53. वही, पृ. 541
54. वही, पृ. 542
55. वही, पृ. 543

चाणक्य नीति

1. सुख का मूल धर्म है, 2. धर्म का मूल अर्थ है, 3. अर्थ का मूल राज्य है, 4. राज्य का मूल इन्द्रियजय है, 5. इन्द्रियजय का मूल विनय (नम्रता) है, 6. विनय का मूल वृद्धों की सेवा है, 7. वृद्धों की सेवा का मूल विज्ञान है, 8. इसलिए **मनुष्यों को चाहिए कि वह अपने आपको विज्ञान से सम्पन्न बनाए (आत्मोन्नति करे) 9. जो पुरुष विज्ञान से सम्पन्न होता है वह स्वयं को भी जीत सकता है**, 10. अपने ऊपर काबू पाने वाला मनुष्य समस्त अर्थों से सम्पन्न होता है, 11. अर्थ-सम्पत्ति अमात्य आदि प्रकृति सम्पत्ति को देने वाली होती है, 12. प्रकृति-सम्पत्ति के द्वारा नेता-रहित राज्य का भी संचालन किया जा सकता है, 13. अमात्य आदि का कोप सब कोपों में बड़ा होता है, 14. अविनीत स्वामी के प्राप्त होने की अपेक्षा, स्वामी का न मिलना श्रेयस्कर है, 15. अपने आपको सर्व-सम्पन्न बना लेने के बाद ही सहायकों की इच्छा करनी चाहिए, 16. सहायकहीन व्यक्ति के विचार अनिश्चित होते हैं, 17. एक पहिये से गाड़ी को नहीं चलाया जा सकता, 18. सहायक वही है जो अपने सुखःदुख में सदा साथ रहे, 19. मनस्वी राजा को चाहिए कि वह, अपने समान दूसरे मनस्वी व्यक्ति को ही अपना सलाहकार नियुक्त करे, 20. विनयहीन व्यक्ति को, एकमात्र स्नेह के कारण, कभी भी सलाह के समय सम्मिलित नहीं करना चाहिए, 21. बहुश्रुत एवं सब तरह से परीक्षित व्यक्ति को ही मन्त्री नियुक्त करना चाहिए, 22. समस्त कार्य-व्यापार मन्त्र पर ही निर्भर हैं, 23. मन्त्र की रक्षा करने से ही कार्य की सिद्धि होती है, 24. मन्त्र का भेद खोल देनेवाला व्यक्ति कार्य को नष्ट कर देता है, 25. प्रमाद करने से (व्यक्ति) शत्रु के वश में चला जाता है, 26. इसलिए सभी प्रकार से मन्त्र की रक्षा करनी चाहिए, 27. मन्त्र की सुरक्षा से राज्य की संवृद्धि होती है, 28. मन्त्र को गुप्त रखना बड़े महत्त्व की बात है, 29. कर्तव्याकर्तव्य के ज्ञान से रहित राजा के लिए मन्त्र दीपक के तुल्य है, 30. मन्त्ररूपी आँखों से राजा अपने शत्रु के दोषों को देख लेता है, 31. मन्त्र के समय ईर्ष्या नहीं

करनी चाहिए, 32. तीन व्यक्तियों की एक राय होने पर किसी विषय का निश्चय नहीं किया जा सकता है, 33. कार्य और अकार्य की वास्तविकता को देखने वाले मन्त्री होते हैं, 34. छह कानों में जाते ही मन्त्र का भेद प्रकट हो जाता है, 35. जो व्यक्ति आपत्ति के समय स्नेह से अपने साथ बना रहे, वही मित्र है, 36. अधिक मित्रों के बना लेने से अपनापन बढ़ जाता है, 37. बलवान व्यक्ति अप्राप्त वस्तु की प्राप्ति के लिए यत्न करता है, 38. आलसी व्यक्ति अप्राप्त वस्तु को प्राप्त नहीं कर सकता है, 39. यदि कदाचित् उसको प्राप्त हो जाए तो वह उसकी रक्षा नहीं कर पाता, 40. उसके द्वारा रक्षित वस्तु बढ़ती नहीं है, 41. न वह अपने भृत्यवर्ग को ही वितरित करता है, 42. अप्राप्त को प्राप्त, प्राप्ति का संरक्षण, संरक्षित का संवर्द्धन और संवर्द्धित का वितरण–ये चार ही राज्य के सर्वस्व हैं, 43. राज्यतन्त्र (राजस्थिति) का आधार नीतिशास्त्र है, 44. तन्त्र और आवाप राज्यतन्त्र के अधीन होते हैं, 45. अपने देश में सामदामादि उपायों का प्रयोग 'आयत्त' कहलाता है, 46. बाहरी राज्यमंडल में प्रयुक्त सामदामादि उपायों को 'आवाप' कहते हैं, 47. सन्धि और विग्रह का निर्णय मंडल पर निर्भर होता है, 48. राजा उसको कहते हैं, जो नीतिशास्त्र के अनुसार राज्य का संचालन करे, 49. अपने देश से जुड़ी हुई राज्य-सीमा का राजा अपना शत्रु है, 50. एक राज्य के बाद अगला राजा अपना मित्र है, 51. किसी कारणवश ही कोई राजा शत्रु या मित्र बनता है, 52. कमजोर को सन्धि कर लेनी चाहिए, 53. तेज से ही कार्य-सिद्धि होती है, 54. ठंडा लोहा गरम लोहे से नहीं जुड़ता है, 55. बलवान राजा को चाहिए कि वह दुर्बल राजा से झगड़ा कर ले, 56. अपने से बड़े या बराबर वाले के साथ झगड़ा न करे, 57. बलवान के साथ किया गया विग्रह वैसा ही होता है, जैसे गज-सैन्य से पदाति-सैन्य का मुकाबला, 58. कच्चा बर्तन, कच्चे बर्तन के साथ भिड़कर टूट जाता है। इसलिए बराबर वाले के साथ भी लड़ाई नहीं करनी चाहिए, 59. शत्रु के प्रयत्न का सदा भलीभाँति निरीक्षण करते रहना चाहिए, 60. अनेक शत्रु होने पर एक शत्रु से सन्धि कर लेनी चाहिए, 61. शत्रु के विरोध को भली प्रकार तजबीजना चाहिए; या तो अनेक शत्रु होने पर, एक शत्रु से सन्धि कर लेनी चाहिए। शत्रु के द्वारा किए जाने वाले विरोध से अपनी रक्षा करनी चाहिए, 62. शक्तिहीन राजा को चाहिए कि वह बलवान का आश्रय ले ले, 63. दुर्बल का आश्रय लेने वाला राजा सदा दुःख उठाता है, 64. आश्रयी राजा के समीप उसी प्रकार रहना चाहिए, जैसे आग के समीप रहा जाता है, 65. राजा के प्रतिकूल कभी भी आचरण न करे, 66. उद्धत वेश धारण न करे, 67. देवताओं के चरित्र की नकल न करे, 68. अपने से वैर रखने वाले दो राजाओं के बीच फूट डाल

दें, 69. व्यसनों के चंगुल में पड़े हुए राजा की कभी भी कार्यसिद्धि नहीं होती, 70. इन्द्रियों के वश में पड़ा हुआ राजा, चतुरंग सेना के होने पर भी, विनष्ट हो जाता है, 71. जुए में फँसे हुए राजा की कार्यसिद्धि नहीं होती, 72. शिकार में व्यसन रखने वाले राजा के धर्म और अर्थ दोनों नष्ट हो जाते हैं, 73. अर्थ की अभिलाषा को व्यसन में नहीं गिना जाता, 74. कामासक्त राजा का कोई कार्य नहीं बन पाता, 75. वाणी की कठोरता अग्निदाह से भी बढ़ कर होती है, 76. कठोर दंड वाला राजा समस्त प्रजा का शत्रु हो जाता है, 77. अर्थदोषी राजा को लक्ष्मी छोड़ देती है, 78. शत्रु को वश में करना दंडनीति पर निर्भर है, 79. दंडनीति का आश्रय लेता हुआ राजा समस्त प्रजा की रक्षा करता है, 80. दंड से सम्पत्ति बढ़ती है, 81. दंडशक्ति के अभाव में मन्त्रिसमूह विच्छिन्न हो जाता है, 82. दंडशक्ति के कारण वे लोग न करने योग्य कार्यों को नहीं करते हैं, 83. अपनी सुरक्षा भी दंडनीति पर निर्भर है, 84. अपनी सुरक्षा किए जाने के बाद ही दूसरे की रक्षा की जा सकती है, 85. उत्थान और विनाश, दोनों अपने ही हाथों में हैं, 86. भली-भाँति सोच-विचार करके दंड का प्रयोग किया जाना चाहिए, 87. किसी राजा को दुर्बल समझकर उसकी उपेक्षा नहीं करनी चाहिए, 88. अग्नि को कौन दुर्बल कह सकता है, 89. दंड के आधार पर ही व्यवहार का ज्ञान होता है, 90. अर्थ की प्राप्ति व्यवहारमूलक है, 91. धर्म और काम अर्थमूलक होते हैं, 92. कार्य ही अर्थ का मूल है, 93. इसी से थोड़ा भी प्रयत्न करने पर कार्य की सिद्धि हो जाती है, 94. उपाय से किया जाने वाला कोई भी कार्य कठिन नहीं होता, 95. जो कार्य उपायों से नहीं किया जाता वह किया कराया भी नष्ट हो जाता है, 96. कार्य-सिद्धि चाहने वाले लोगों के लिए उपाय ही परम सहायक है, 97. पुरुषार्थ से कार्य को लक्ष्य बनाया जा सकता है, 98. भाग्य भी पुरुषार्थ का अनुगमन करता है, 99. भाग्य के बिना, बड़े प्रयत्न से किया गया कार्य भी विफल हो जाता है, 100. असावधान व्यक्ति में व्यवहारकुशलता नहीं होती, 101. निश्चय करने के बाद ही कार्य को आरम्भ करें, 102. एक के बाद दूसरे कार्य को करने में विलम्ब नहीं करना चाहिए, 103. चंचल चित्त वाले व्यक्ति की कार्यसिद्धि नहीं होती, 104. हाथ में आई हुई वस्तु का तिरस्कार कर देने पर काम बिगड़ जाता है, 105. विरले ही ऐसे कार्य हैं, जो दोषरहित हों, 106. दु:खपूर्ण तथा कष्टसाध्य कार्यों को आरम्भ ही नहीं करना चाहिए, 107. समय की गतिविधि जानने वाला व्यक्ति कार्य को सिद्ध करे, 108. कार्य की अवधि बीत जाने पर काल ही उस कार्य के फल को पी जाता है, 109. अत: किसी भी कार्य में क्षण-भर का विलम्ब न करें, 110. देश और फल का विवेचन

करके ही कार्य का आरम्भ करें, 111. दैव के विपरीत होने पर सरल कार्य भी कठिन हो जाता है, 112. नीतिज्ञ व्यक्ति को चाहिए कि वह देशकाल का भलीभाँति विचार कर ले, 113. विचारशील व्यक्ति के पास लक्ष्मी चिरकाल तक बनी रहती है, 114. सामदामादि सब उपायों के द्वारा सभी प्रकार की सम्पत्ति का संचय करें, 115. भाग्यशाली होने पर भी अविचारशील व्यक्ति को लक्ष्मी छोड़ देती है, 116. प्रत्यक्ष और अनुमान के द्वारा प्रत्येक वस्तु की परीक्षा करनी चाहिए, 117. जो जिस कार्य को करने में निपुण हो उसको उसी कार्य में नियुक्त करना चाहिए, 118. उपायों को जानने वाला व्यक्ति कठिन कार्य को भी सहज बना देता है, 119. अज्ञानी व्यक्ति के द्वारा किए गए कार्य को अधिक महत्त्व नहीं देना चाहिए, 120. कभी-कभी एक साधारण कीड़ा भी रूप बदल लेता है, 121. जो कार्य सम्पन्न हो गया हो उसको ही प्रमाणित किया जाना चाहिए, 122. विज्ञ पुरुषों के भी कार्य दैवदोष तथा मानुषदोषों से दूषित (असफल) हो जाते हैं, 123. शान्ति-कर्मों के अनुष्ठान द्वारा दैव का प्रतिकार करना चाहिए, 124. मानुष-विपत्तियों का निवारण अपने कौशल से करना चाहिए, 125. किसी कार्य में विपत्ति के आ जाने पर मूर्ख व्यक्ति उसमें दोष दिखाते हैं, 126. कार्यसिद्धि के आकांक्षी व्यक्ति को चाहिए कि वह भोला भाला न बना रहे, 127. बछड़ा भी दूध के लिए माता के अयनों (दूध) पर आघात करता है, 128. प्रयत्न न करने पर निश्चित ही कार्यों में विपत्ति आ जाती है, 129. दैव को प्रमाण मानने वाले की कभी भी कार्यसिद्धि नहीं होती, 130. कार्य से पृथक् रहने वाला व्यक्ति अपने आश्रितों का पोषण नहीं कर सकता, 131. जो अपने कार्यों को नहीं देखता वह अंधा है, 132. प्रत्यक्ष, परोक्ष और अनुमान प्रमाणों से कार्यों की परीक्षा करनी चाहिए, 133. बिना विचारे कार्य करने वाले पुरुष को लक्ष्मी छोड़ देती है, 134. भली-भाँति विचार करके विपत्ति को दूर करना चाहिए, 135. अपनी शक्ति का अन्दाजा लगा कर ही किसी कार्य को आरम्भ करना चाहिए, 136. स्वजनों (पारिवारिक तथा भृत्य) को भर पेट भोजन कराके जो अवशिष्ट अन्न को खाता है वह अमृत को खाता है, 137. सब तरह के कार्यों को करने से आमदनी के रास्ते खुल जाते हैं, 138. कामचोर या अनुद्यमी व्यक्ति को अपने कार्यों की कोई चिन्ता नहीं होती, 139. कार्यार्थी को चाहिए कि वह अपने स्वामी के स्वभाव को जानकर ही कार्य को सफल बनाए, 140. जो व्यक्ति के स्वभाव से परिचित होता है, वही उसके दूध का उपभोग करता है, 141. विचारवान व्यक्ति को चाहिए कि वह क्षुद्र विचार के व्यक्तियों पर अपनी गुह्य बातों को प्रकट न करे, 142. सरल स्वभाव के राजा का उसके आश्रित व्यक्ति ही तिरस्कार कर देते

हैं, 143. तीव्र स्वभाव के राजा से सभी व्यक्ति बेचैन रहते हैं, 144. अत: राजा ऐसा होना चाहिए, जो उचित दंड का निर्धारण करे, 145. शास्त्रज्ञ, किन्तु दुर्बल राजा का प्रजा अधिक सम्मान नहीं करती, 146. अधिक भार पुरुष को खिन्न कर देता है, 147. जो व्यक्ति सभास्थल पर किसी दूसरे व्यक्ति के अवगुणों का प्रख्यापन करने की चेष्टा करता है वह प्रकारान्तर से अपनी ही अयोग्यता का परिचय देता है, 148. स्वार्थ को वश में न रखनेवाले क्रोधी पुरुष को उसका क्रोध ही नष्ट कर डालता है, 149. सत्य का आचरण करनेवाले व्यक्ति के लिए दुर्लभ कुछ नहीं है, 150. केवल साहस से कार्य सिद्ध नहीं होते, 151. विपत्तियों के टल जाने पर विपद्ग्रस्त पुरुष ही विपत्तियों को भूल जाता है, 152. अवसर चूक जाने पर कार्यों में अवश्य ही बाधा उपस्थित हो जाती है, 153. अवश्यंभावी (असंशय) विनाश की अपेक्षा संदिग्ध (संशययुक्त) विनाश अच्छा है, 154. किसी स्वार्थवश ही दूसरे के धन को अमानत पर रखा जाता है, 155. दान करना धर्म है, 156. वैश्य वृत्ति से किया हुआ यह धर्म (दान देना) सफल नहीं होता। मनुष्य के लिए दान धर्म का न करना सर्वथा अनर्थकारी है, 157. जो धर्म और अर्थ का अपकर्ष नहीं करता उसी को 'काम' कहा जाता है, 158. धर्म और अर्थ के अपकर्षक काम के आसेवन से निश्चित ही अनर्थ होता है, 159. मनुष्यों में ऐसा पुरुष दुर्लभ होता है, जो सर्वथा सरल स्वभाव का हो, 160. तिरस्कार से उपलब्ध ऐश्वर्य को, सत्पुरुष, ठुकरा देते हैं, 161. श्रेष्ठ धर्मात्मा शत्रु के साथ युद्ध नहीं करना चाहिए, 162. अनेक गुणों को एक ही दोष ग्रसित कर लेता है, 163. सदाचार का उल्लंघन न करना चाहिए, 164. यद्यपि सिंह भूखा हो तब भी तिनके नहीं खाता, 165. प्राणों की बलि देकर भी अपने विश्वास की रक्षा करनी चाहिए, 166. चुगली करने और सुनने वाले पुरुष को उसके स्त्री-पुत्र भी छोड़ देते हैं, 167. बालक की भी उचित बात को ग्रहण करना चाहिए, 168. ऐसी सच्चाई नहीं बरतनी चाहिए, जिसका विश्वास ही न किया जा सके, 169. थोड़े से दोष से बहुत सारे गुणों को नहीं छोड़ा जा सकता, 170. विद्वान पुरुषों में भी दोष का हो जाना सम्भव है, 171. (उसी प्रकार जैसे) कोई भी रत्न समूचा नहीं होता, 172. मर्यादा से अधिक विश्वास कभी नहीं करना चाहिए, 173. शत्रु सम्बन्ध में किया गया अच्छा कार्य, बुरा ही समझा जाता है, 174. झुकती हुई भी ढींकली की बल्ली कुएँ के जल को उलीच देती है, 175. श्रेष्ठ पुरुषों के अभिमत का अतिक्रमण न करना चाहिए, 176. गुणी पुरुष के आश्रय से गुणहीन भी गुणी हो जाता है, 177. दूध में मिला हुआ जल भी दूध ही हो जाता है, 178. मिट्टी का ढेला पाटलि पुष्प के संसर्ग से उसकी

गन्ध को उत्पन्न करता है, 179. चाँदी भी सोने के साथ मिलकर सोना ही हो जाती है, 180. मूर्ख व्यक्ति उपकारक व्यक्ति का भी अपकार करना चाहता है, 181. पाप-कर्म करनेवाले को निन्दा-भय नहीं होता, 182. उत्साही पुरुषों के शत्रु भी वश में हो जाते हैं, 183. राजाओं का मुख्य धन है विक्रम (बल), 184. आलसी व्यक्ति को न ऐहिक सुख प्राप्त होता है और न पारलौकिक, 185. उत्साहहीन होने पर भाग्य भी साथ नहीं देता, 186. उपयोग में आने योग्य अर्थ को उसी प्रकार ग्रहण करना चाहिए, जैसे मछियारा मछली को, 187. अविश्वस्त पुरुष पर कभी विश्वास न करना चाहिए, 188. विष तो प्रत्येक अवस्था में विष ही रहता है, 189. अर्थ-संग्रह करते समय शत्रु को कदापि भी साथ न रखना चाहिए, 190. अर्थसिद्ध हो जाने पर भी शत्रु का विश्वास न करना चाहिए, 191. नियत सम्बन्ध अर्थ के ही अधीन होता है 192. यदि शत्रु का भी पुत्र अपना मित्र हो तो उसकी रक्षा करनी चाहिए, 193. जब तक शत्रु के दोष या निर्बलता (छिद्र) का पता नहीं लग जाता तब तक उसको हाथ-कंधों पर रखना चाहिए, 194. जहाँ भी शत्रु की दुर्बलता दिखाई दे वहीं उस पर प्रहार करना चाहिए, 195. अपने दोष या अपनी दुर्बलता को कभी भी प्रकट नहीं करना चाहिए, 196. जो दोष या दुर्बलता पर प्रहार करते हैं उन्हें शत्रु समझना चाहिए, 197. अपनी मुट्ठी में भी आए हुए शत्रु का विश्वास न करना चाहिए, 198. स्वजनों के दुर्व्यवहार को रोकना चाहिए, 199. स्वजनों का अपमान भी श्रेष्ठ पुरुषों के लिए दुखदायी होता है, 200. एक साधारण दोष भी पुरुष को नष्ट कर देता है, 201. सद्व्यवहार से शत्रु को भी जीता जा सकता है, 202. नीच पुरुषों को अपमानित होना ही भला लगता है, 203. नीच पुरुष को कभी भी सुमति न देनी चाहिए, 204. उन पर विश्वास भी न करना चाहिए, 205. सत्कार किए जाने पर भी दुर्जन पीड़ा ही पहुँचाता है, 206. जंगल में लगी आग चन्दन आदि को भी जला ही लेती है, 207. किसी पुरुष का कभी भी तिरस्कार न करना चाहिए, 208. किसी भी पुरुष को कभी भी बाधित न करके क्षमा कर देना चाहिए, 209. एकान्त में कही गई अपने मालिक की बात को, मूर्ख व्यक्ति, बढ़ा-चढ़ाकर कहता है, 210. प्रेम का परिचय उसके फल से सूचित होता है, 211. बुद्धि का ही फल ऐश्वर्य है, 212. देने योग्य वस्तु को भी मूर्ख पुरुष बड़े कष्ट से दे पाता है, 213. धैर्यहीन व्यक्ति महान ऐश्वर्य को प्राप्त करने पर भी नष्ट हो जाता है, 214. धैर्यहीन पुरुष को न तो ऐहिक सुख प्राप्त होता है और न पारलौकिक, 215. दुर्जन की संगति न करनी चाहिए, 216. कलाल के हाथ में यदि दूध भी हो तो उसकी कद्र नहीं होती, 217. कार्यों में संकट

उपस्थित हो जाने पर जो बुद्धि अर्थ का निश्चय करती है, वही वास्तविक बुद्धि है, 218. परिमित भोजन करना ही स्वास्थ्य का लक्षण है, 219. अजीर्ण (बदहजमी) होने पर पथ्य या अपथ्य कुछ भी नहीं खाना चाहिए, 220. एक बार का भोजन पच जाने के बाद जो भोजन करता है उसको कोई भी व्याधि नहीं लगती, 221. वृद्ध शरीर में बढ़ती हुई व्याधि की उपेक्षा नहीं करनी चाहिए, 222. अजीर्णावस्था में भोजन करना दुखदायी होता है, 223. व्याधि शत्रु से भी बढ़कर कष्टकर होती है, 224. जैसा कोष हो वैसा ही दान दिया जाना चाहिए, 225. अति तृष्णा वाले व्यक्ति को वश में कर लेना आसान होता है, 226. तृष्णा, बुद्धि को ढक लेती है, 227. अनेक कार्यों के उपस्थित हो जाने पर उसी कार्य को पहले करना चाहिए, जो भविष्य में अधिक फल देने वाला है, 228. आक्रमण आदि के कार्य का राजा को स्वयंमेव निरीक्षण करना चाहिए, 229. मूर्खों में लड़ाई-झगड़ा करने का माद्दा (साहस) अवश्य होता है, 230. मूर्खों से विवाद न करना चाहिए, 231. मूर्खों के साथ मूर्ख की तरह कहना चाहिए 232. लोहे को लोहे से ही काटा जा सकता है, 233. बुद्धिहीन व्यक्ति का कोई मित्र नहीं होता, 234. धर्म ही संसार को धारण किए हुए है, 235. धर्म और अधर्म दोनों मृत पुरुष के साथ जाते हैं, 236. दया ही धर्म की जन्मभूमि है, 237. राज्य और दान धर्ममूलक होते हैं, 238. धर्म के द्वारा प्राणियों को जीता जा सकता है, 239. मृत्यु भी धर्मात्मा पुरुष की रक्षा करती है, 240. जहाँ-जहाँ धर्म के विरुद्ध पाप का प्रसार होता है वहाँ-वहाँ धर्म का बड़ा अपकार होता है, 241. स्वभाव या कार्य से आसन्न विनाश की परिस्थिति को जाना जाता है, 242. अधर्मबुद्धि ही अधर्मात्मा के विनाश की सूचना दे देती है, 243. चुगलखोर व्यक्ति की बात छिपी नहीं रहती, 244. दूसरे की गुप्त बात को न सुनना चाहिए 245. स्वामी का कठोर होना अधर्मयुक्त है, 246. स्वजनों का अतिक्रमण न करना चाहिए 247. माता भी यदि दुष्ट हो तो उसको छोड़ देना चाहिए, 248. विष से भरा हुआ यदि अपना भी हो तो उसे काट देना चाहिए, 249. हित करने वाला बाहरी व्यक्ति भी अपना भाई है, 250. सूखे जंगल से भी औषधि को प्राप्त किया जा सकता है, 251. चोरों पर विश्वास नहीं करना चाहिए, 252. बाधारहित कर्म के करने में उपेक्षा न करनी चाहिए, 253. थोड़ा भी व्यसन बड़ा कष्टकर होता है, 254. स्वयं को अमर समझकर अर्थों का अर्जन करना चाहिए, 255. धनवान व्यक्ति सबका मान्य होता है, 256. अर्थहीन इन्द्र को भी संसार बड़ा नहीं समझता, 257. पुरुष की दरिद्रता, जीवितावस्था में ही मृत्यु है, 258. कुरूप धनवान भी रूपवान समझा जाता है, 259. न देने वाले धनवान को भी याचक लोग नहीं

छोड़ते, 260. निम्नकुल में पैदा हुआ भी धनी पुरुष उच्चकुलोत्पन्न पुरुष से बड़ा समझा जाता है, 261. नीच पुरुष को अपने तिरस्कार का भय नहीं होता, 262. चतुर पुरुष को जीविका का भय नहीं होता, 263. जितेन्द्रिय पुरुष को विषयों का भय नहीं होता, 264. आत्मदर्शी पुरुष को मृत्यु का भय नहीं होता, 265. जो सज्जन पुरुष होता है वह पराये अर्थ को अपने ही अर्थ की भाँति मानता है, 266. दूसरे के वैभव की लिप्सा न करनी चाहिए, 267. दूसरे के वैभव की लिप्सा करना भी नाश का कारण होता है, 268. पलालमात्र भी (थोड़ा भी) दूसरे के द्रव्य का अपहरण न करना चाहिए, 269. दूसरे के द्रव्य का अपहरण करना अपने द्रव्य का नाश करना है, 270. चोरी से बढ़कर कोई भी दुखदायी बन्धन नहीं है, 271. उचित समय पर प्राप्त लपसी (यवागू) भी प्राणरक्षक होती है, 272. मृतक व्यक्ति का औषधि से कोई प्रयोजन नहीं होता 273. समय आने पर ऐश्वर्य की आवश्यकता होती है, 274. नीच पुरुष की विद्याएँ उसे पापकर्म में प्रवृत्त करती हैं, 275. सर्प को दूध पिलाने पर उसका विष ही बढ़ता है, वह अमृत नहीं बनता, 276. अन्न से बढ़कर दूसरा धन नहीं है, 277. भूख से बढ़कर दूसरा शत्रु नहीं है, 278. अकर्मण्य व्यक्ति को कभी-न-कभी भूख का कष्ट भोगना ही पड़ता है, 279. भूखे मनुष्य के लिए कुछ भी अभक्ष्य नहीं है 280. इन्द्रियाँ मनुष्य को वृद्धावस्था में अपने वश में कर लेती हैं, 281. कृपालु स्वामी की सेवा करके जीविकोपार्जन करना चाहिए, 282. कृपण स्वामी के सेवक की वही दशा होती है जो आग प्राप्त करने के लिए जुगनू को पंखे से झलने वाले की होती है, 283. विद्वान (विशेषज्ञ) स्वामी का आश्रय प्राप्त करना चाहिए, 284. अहंकार से बढ़कर दूसरा शत्रु नहीं है, 285. सभा में शत्रु की निन्दा न करनी चाहिए, 286. शत्रु का दु:ख सुनकर कानों को आनन्द मिलता है, 287. निर्धन पुरुष को बुद्धि नहीं होती, 288. धनहीन व्यक्ति की हितकर बात को भी नहीं सुना जाता, 289. निर्धन व्यक्ति की स्त्री भी पति का अपमान कर बैठती है, 290. पुष्परहित आम के पास भौंरे नहीं जाते, 291. **निर्धन के लिए विद्या ही एकमात्र धन है**, 292. विद्याधन को चोर भी नहीं चुरा सकता, 293. विद्या के द्वारा ही ख्याति प्राप्त होती है, 294. यशरूपी शरीर का कभी नाश नहीं होता, 295. जो मनुष्य परोपकार के लिए आगे बढ़ता है, वही सत्पुरुष है, 296. शास्त्रज्ञान से इन्द्रियाँ शान्त होती हैं, 297. नीच पुरुष की विद्या की अवहेलना नहीं करनी चाहिए, 298. म्लेच्छ भाषा का प्रयोग नहीं करना चाहिए, 299. म्लेच्छ व्यक्ति की भी अच्छी बात को अपना लेना चाहिए, 300. दूसरे के अच्छे गुणों से ईर्ष्या नहीं करनी चाहिए, 301. शत्रु में भी यदि अच्छे गुण

दिखाई दें तो उन्हें ग्रहण कर लेना चाहिए, 302. विष में यदि अमृत हो तो उसे भी ले लेना चाहिए, 303. अवस्था के अनुसार ही पुरुष को सम्मान प्राप्त होता है, 304. अपने स्थान पर बने रहने से ही व्यक्ति को सम्मान मिलता है, 305. मनुष्य को चाहिए कि वह सदा श्रेष्ठ पुरुषों के आचरण का अनुसरण करे, 306. मर्यादा का कभी भी उल्लंघन न करना चाहिए, 307. पुरुषरत्न का कोई मूल्य नहीं है 308. स्त्रीरत्न से बढ़कर दूसरा रत्न नहीं है, 309. रत्न का मिलना बड़ा कठिन होता है 310. समस्त भयों में अपयश का भय बड़ा है, 311. आलसी पुरुष को कभी शास्त्र की प्राप्ति नहीं होती, 312. स्त्री में आसक्त पुरुष को न तो स्वर्ग मिलता है और न उसके द्वारा कोई धर्मकार्य हो पाता है, 313. स्त्रियाँ भी स्त्रैण पुरुष का अपमान कर देती हैं, 314. फूलों का इच्छुक व्यक्ति सूखे पेड़ को नहीं सींचता, 315. धन के बिना किसी कार्य का उद्योग करना बालू से तेल निकालने के समान है, 316. महापुरुषों का उपहास नहीं करना चाहिए, 317. किसी कार्य के लक्षण ही उसकी सिद्धि या असिद्धि की सूचना दे देते हैं, 318. इसी प्रकार नक्षत्रों से भी भावी सिद्धि या असिद्धि की सूचना मिल जाती है, 319. अपने कार्य की सिद्धि शीघ्र चाहने वाला व्यक्ति नक्षत्रगणना पर अपने भाग्य की परीक्षा नहीं करता, 320. परिचय हो जाने पर दोष छिपे नहीं रह सकते, 321. अशुद्ध विचारों का व्यक्ति दूसरों पर भी सन्देह करता है, 322. स्वभाव को बदलना बड़ा कठिन है, 323. अपराध के अनुसार ही दंड देना चाहिए, 324. प्रश्न के अनुसार ही उत्तर देना चाहिए, 325. सम्पत्ति के अनुसार ही आभूषण धारण करने चाहिए, 326. अपने कुल की मर्यादा के अनुसार ही कार्य करना चाहिए, 327. कार्य के अनुसार ही प्रयत्न करना चाहिए, 328. पात्र के अनुसार ही दान देना चाहिए, 329. अवस्था के अनुसार ही वेश धारण करना चाहिए, 330. स्वामी के अनुसार ही सेवक को कार्य करना चाहिए, 331. पति के वश में रहनेवाली पत्नी ही भार्या (भरण-पोषण की अधिकारिणी) होती है, 332. शिष्य को सदा गुरु के अधीन रहना चाहिए, 333. पुत्र को सदा पिता के अधीन रहना चाहिए, 334. अत्यधिक आदर शंका का कारण होता है, 335. सेवक को सदा स्वामी की आज्ञा का अनुसरण करना चाहिए, 336. माता के द्वारा ताड़ित बच्चा, माता के ही आगे रोता है, 337. स्नेही व्यक्ति का कोप क्षणिक होता है, 338. मूर्ख व्यक्ति अपने दोषों को नहीं, दूसरों के दोषों को देखता है, 339. उपचार के साथ छल होता है, 340. किसी विशेष अभिलाषा की पूर्ति के लिए की जाने वाली सेवा को 'उपचार' कहते हैं, 341. सुपरिचित व्यक्ति का अतिशय आदर-दर्शन संशयकारी होता है, 342. एक साधारण गाय भी सौ कुत्तों से बढ़कर होती है

343. कल मिलने वाले मोर की अपेक्षा आज मिलने वाला कबूतर ही अच्छा है, 344. अत्यधिक साथ से बुराई पैदा हो जाती है, 345. क्रोध न करने वाले व्यक्ति की सर्वत्र विजय होती है, 346. यदि अपकारी व्यक्ति पर क्रोध करना हो तो पहले अपने क्रोध पर ही क्रोध करना चाहिए, 347. बुद्धिमान मनुष्य, मूर्ख, मित्र, गुरु और प्रियजनों के साथ व्यर्थ का विवाद न करें, 348. ऐश्वर्य में पैशाचिकता होती है, 349. धनिकों को शुभकार्य करने में श्रम नहीं करना पड़ता, 350. सवारी पर चलने वाले को थकावट का अनुभव नहीं होता, 351. स्त्री बिना लोहे की बेड़ी है, 352. जो मनुष्य जिस कार्य में निपुण हो, उसको उसी काम में नियुक्त करना चाहिए, 353. दुष्ट स्त्री मनस्वी पुरुष के शरीर को कृश बना देती है, 354. अप्रमत्त होकर सदा स्त्री का निरीक्षण करना चाहिए, 355. स्त्रियों पर जरा भी विश्वास न करना चाहिए, 356. स्त्रियों में न विवेक होता है और न लोक-व्यवहार का ज्ञान, 357. गुरुजनों में माता का स्थान सर्वोच्च होता है, 358. अतएव प्रत्येक अवस्था में माता का भरण-पोषण करना चाहिए, 359. अलंकार (बनावटीपन), पाण्डित्य को ढाँप देता है, 360. स्त्री का आभूषण लज्जा है, 361. ब्राह्मणों का आभूषण वेद (ज्ञान) है, 362. सब लोगों का आभूषण धर्म है, 363. समस्त आभूषणों का आभूषण विनयसम्पन्न विद्या है, 364. जिस देश में उपद्रव न हो, वहाँ बसना चाहिए 365. जिस देश में सज्जन पुरुषों का निवास हो वहीं बसना चाहिए, 366. राजा से सदा डरना चाहिए 367. राजा से बड़ा कोई देवता नहीं है, 368. राजवह्नि दूर से ही भस्म कर डालती है, 369.राजा, देवता और गुरु के पास खाली हाथ न जाना चाहिए, 370-371.कुटुम्ब के व्यक्ति से सदा डरना चाहिए, 372. राजदरबार में हमेशा जाना चाहिए, 373. राजपुरुषों से सम्बन्ध बनाए रखना चाहिए, 374. राजदासी से किसी तरह का सम्बन्ध न रखना चाहिए, 375. गुणवान पुत्र से परिवार स्वर्ग बन जाता है, 376. पुत्र को सब विद्याओं में पारंगत बनाना चाहिए, 377. जनपद के हित के आगे ग्रामहित को त्याग देना चाहिए, 378. ग्रामहित के लिए परिवार-हित की उपेक्षा कर देनी चाहिए, 379. पुत्रलाभ सर्वोच्च लाभ है, 380. दुर्गति से माता-पिता की रक्षा करने वाला पुत्र ही होता है; 381. सुपुत्र से ही कुल की ख्याति होती है, 382. पुत्रहीन व्यक्ति को स्वर्ग नहीं मिलता, 383. सन्तान को जन्म देने वाली स्त्री ही भार्या है, 384. जिसका विनाश निकट होता है, वह हित की बात को नहीं सुनता, 385. प्रत्येक देहधारी व्यक्ति के लिए सुख और दुख लगे रहते हैं, 386. जैसे बछड़ा माता के पास जा पहुँचता वैसे ही सुख और दुख अपने कर्ता के पास जा पहुँचते हैं, 387. सज्जन पुरुष तिलतुल्य उपकार को पहाड़ जैसा मानता है,

388. दुष्ट पुरुष का उपकार न करना चाहिए, 389. क्योंकि प्रत्युपकार भय से दुष्ट पुरुष शत्रु बन जाता है, 390. सज्जन पुरुष थोड़े भी उपकार का महान प्रत्युपकार करने के लिए उद्यत रहता है, 391. देवता का कभी भी अपमान न करना चाहिए 392. आँख के समान दूसरी ज्योति नहीं है, 393. नेत्र, देहधारियों का नेता है, 394. जैसा शरीर होता है, उसमें वैसा ही ज्ञान रहता है, 395. जैसी बुद्धि होती है, वैसा ही वैभव प्राप्त होता है, 396. आग में आग न डालनी चाहिए (तेजस्वी पर क्रोध न करना चाहिए), 397. तपस्वियों की सदा पूजा करनी चाहिए, 398. जिस तरह भी हो, धर्म का आचरण करना चाहिए, 399. मीठी और सच्ची वाणी मनुष्य को स्वर्ग ले जाती है, 400. सत्य से बढ़कर कोई तप नहीं है, 401. सत्य ही स्वर्ग का साधन है, 402. सत्य पर ही संसार टिका है, 403. सत्य से ही इन्द्र जल बरसाता है, 404. झूठ से बढ़कर कोई पाप नहीं है, 405. गुरुजनों की आलोचना नहीं करनी चाहिए, 406. दुष्टता को अंगीकार न करना चाहिए, 407. दुष्ट मनुष्य का कोई मित्र नहीं होता, 408. दरिद्र मनुष्य को जीवन-निर्वाह करना कठिन होता है, 409. दानवीर ही सबसे बड़ा वीर है, 410. गुरु, देवता और ब्राह्मणों में भक्ति रखना मानवता का आभूषण है, 411. विनय सबका आभूषण है, 412. जो कुलीन न होता हुआ भी विनीत हो वह अविनीत कुलीन की अपेक्षा बड़ा है, 413. सदाचार से आयु और यश दोनों की वृद्धि होती है, 414. प्रिय होने पर भी अहितकर वाणी को न बोलना चाहिए, 415. अनेक लोगों के विरोधी एक व्यक्ति का अनुगमन नहीं करना चाहिए, 416. दुर्जन व्यक्तियों के साथ अपना भाग्य नहीं जोड़ना चाहिए, 417. ऋण, शत्रु और रोग को सर्वथा समाप्त कर देना चाहिए, 418. कल्याण मार्ग पर चलना ही मनुष्य के लिए उत्तम रसायन है, 419. याचक से घृणा न करनी चाहिए, 420. नीच मनुष्य दुष्कर्म करके, कर्ता को अपमानित करता है, 421. कृतघ्न मनुष्य के लिए नरक के अतिरिक्त कोई गति नहीं है, 422. अपनी उन्नति और अवनति अपनी वाणी के अधीन है, 423. वाणी ही विष तथा अमृत की खान है, 424. प्रिय वचन बोलने वाले का कोई शत्रु नहीं है, 425. स्तुति से देवता भी प्रसन्न हो जाते हैं, 426. असत्य दुर्वचन चिरकाल तक स्मरण होता रहता है, 427. राजा से द्वेष करने वाली बात न बोलनी चाहिए, 428. काली कोयल के भी, कानों को सुख देने वाले वचन सबको भाते हैं (कोयल के समान, कानों को सुख देनेवाली वाणी का प्रयोग करना चाहिए), 429. स्वधर्म पर अवस्थित रहने के कारण पुरुष सत्यपुरुष हो जाता है, 430. याचक का कोई गौरव नहीं होता, 431. शत्रु की भी जीविका को नष्ट न करना चाहिए, 432. जहाँ बिना प्रयत्न के जल सुलभ हो वही अपना खेत

है, 433. एरण्ड वृक्ष के सहारे पर हाथी को कुपित करना उचित नहीं है, 434. बहुत बड़ा होने पर भी सेमल के वृक्ष से हाथी को नहीं बाँधा जा सकता, 435. बहुत बड़ा हुआ भी कनेर का वृक्ष मूसल बनाने के काम में नहीं आता, 436. जुगुनू कितना भी अधिक चमकीला क्यों न हो, आग का काम नहीं दे सकता, 437. बहुत बड़ा समृद्धिशाली हो जाने पर भी कोई गुणवान नहीं हो पाता 438. बहुत पुराना होने पर भी नीम के वृक्ष का सरोता नहीं बन सकता, 439. जैसा बीज होता है वैसा ही उससे फल उत्पन्न होता है, 440. योग्यता के ही अनुरूप बुद्धि होती है, 441. जैसा कुल होता है वैसा ही आचार होता है, 442. कितना ही संस्कार क्यों न किया जाए, नीम आम नहीं बन सकता, 443. जो सुख प्राप्त हो उसको न छोड़ना चाहिए, 444. कर्मानुसार ही मनुष्य को दुख मिलता है, 445. अकारण दूसरे के घर में न जाना चाहिए, 446. जान–बूझकर भी लोग अपराध ही करते हैं, 447. लोकव्यवहार शास्त्रानुकूल होना चाहिए, 448. शास्त्रज्ञान न होने पर श्रेष्ठ पुरुषों के आचरण का अनुगमन न करना चाहिए, 449. सदाचार से बढ़कर कोई शास्त्र नहीं है, 450. गुप्तचरों के द्वारा राजा दूर की वस्तु को देख लेता है, 451. लोक, परम्परा का अनुगमन करता है, 452. जिसके द्वारा जीविकोपार्जन होता है उसकी निन्दा न करनी चाहिए 453. वेदत्रयी (ऋक्, यजु, साम) को जानने वाला ही यज्ञ के फल को जानता है, 454. स्वर्गप्राप्ति स्थायी नहीं होती, क्योंकि उसकी अवधि तब तक होती है, जब तक पुण्य का फल शेष रहता है, 455. अनार्य व्यक्ति की मित्रता से आर्य व्यक्ति की शत्रुता अच्छी है, 456. दुर्वाणि सारे कुल को नष्ट कर देती है, 457. पुत्र के आलिंगन से बढ़कर कोई सुख नहीं है, 458. विवाद के समय धर्म के अनुसार कार्य करना चाहिए, 459. नित्य प्रातःकाल अपने (दिन के) कार्यों पर विचार करना चाहिए, 460. जिसका विनाशकाल निकट होता है वह अन्याय पर उतर आता है, 461. दूध चाहनेवाले को हथिनी की आवश्यकता नहीं होती 462. दान के समान कोई वशीकरण नहीं, 463. परायी वस्तु की इच्छा न करनी चाहिए, 464. दुर्जनों की समृद्धि को दुर्जन ही भोगते हैं, 465. नीम के फल को कौवे ही खाते हैं, 466. समुद्र प्यास नहीं बुझाता, 467. बालू भी अपने गुण का अनुसरण करती है, 468. भले लोग बुरे लोगों से आनंदित होते हैं, 469. हंस श्मशान में रहना पसन्द नहीं करते ,470. सारा संसार धन के पीछे दौड़ता है, 471. सभी सांसारिक प्राणी आशा के बन्धन से बँधे हैं, 472. आशा में निमग्न पुरुष को लक्ष्मी नहीं मिलती, 473. आशावान मनुष्य धैर्यशाली नहीं होता, 474. दरिद्र होकर जीवित रहने की अपेक्षा मर जाना ही अच्छा है, 475. आशा,

लज्जा को मिटा देती है, 476. एकान्त में माता के भी साथ न रहे, 477. अपने मुख से अपनी प्रशंसा न करनी चाहिए, 478. दिन में सोना न चाहिए, 479. ऐश्वर्य में अन्धा मनुष्य न तो अपने समीप की वस्तु को देखता है और न हितकारी बात को सुनता है, 480. अपने यहाँ आए हुए अतिथि का विधिवत् सत्कार करना चाहिए, 481. देवताओं के निमित्त से दिया हुआ द्रव्य कभी भी नष्ट नहीं होता, 482. शत्रु भी कभी मित्र के समान दिखाई देता है, 483. तृष्णा के कारण मृग चमकती हुई बालू को जल समझ बैठता है, 484. दुर्बुद्धि मनुष्य को असत् शास्त्र मोह लेते हैं, 485. सत्संग ही स्वर्गवास है, 486. श्रेष्ठ व्यक्ति सबको अपने ही समान समझता है, 487. रूप के अनुसार ही मनुष्य में गुण होता है, 488. जहाँ सुख से रहा जा सके, वही उत्तम स्थान है, 489. विश्वासघाती मनुष्य के उद्धार के लिए कोई प्रायश्चित नहीं, 490. जो बात दैव के अधीन है उसके सम्बन्ध में सोच-विचार न करना चाहिए, 491. सज्जन व्यक्ति आश्रितों के दुःख को अपना ही दुख समझते हैं, 492. हृदय की बात को छिपाकर बनावटी बातें करने वाला अनार्य है, 493. बुद्धिहीन मनुष्य पिशाच के समान है, 494. बिना साथ के यात्रा न करनी चाहिए, 495. सेवक लोगों को चाहिए कि वे अपने स्वामी का गुणगान करते रहें, 496. अपने धर्मकार्यों में भी वे स्वामी का गुणगान करते रहें, 497. राजा की आज्ञा का कभी भी उल्लंघन न करना चाहिए, 498. उसकी जैसी आज्ञा हो तद्नुसार करना चाहिए, 499. बुद्धिमान मनुष्य का कोई शत्रु नहीं है, 500. अपनी गुप्त बात किसी पर प्रकट न करनी चाहिए, 501. क्षमाशील मनुष्य अपना सब कार्य साध लेता है, 502. आपातकाल के लिए धन की रक्षा करनी चाहिए, 503. साहसी पुरुष कर्तव्यप्रिय होता है 504. जो कार्य कल करना है, उसको आज ही कर लेना चाहिए, 505. जो कार्य दोपहर के बाद करना है उसको दोपहर के पहले ही कर लेना चाहिए, 506. व्यवहार के अनुसार ही धर्म होता है, 507. सांसारिक बातों का ज्ञाता ही सर्वज्ञ कहलाता है, 508. शास्त्रज्ञ होता हुआ भी जो लोकज्ञ न हो, वह मूर्ख के समान है, 509. यथार्थ ज्ञान की प्राप्ति ही शास्त्र का प्रयोजन है, 510. कार्य ही यथार्थ ज्ञान के प्रकाशक हैं, 511. व्यवहार (न्याय) में पक्षपात न करना चाहिए, 512. व्यवहार धर्म से भी बड़ा होता है, 513. व्यवहार का साक्षी आत्मा है, 514. छिपकर किए गए पापों के साक्षी पंच महाभूत (पृथ्वी, जल, तेज, वायु और आकाश) हैं, 515. अपने पापों को पापी स्वयंमेव प्रकट करता है, 516. व्यवहार के समय मन की बात को आकृति ही प्रकट कर देती है, 517. मनोगत भावों की अभिसूचक आकृति को देवता भी नहीं छिपा सकते, 518. चोरों और राजपुरुषों से अपने धन की रक्षा करनी चाहिए,

519. जिन राजाओं के दर्शन, प्रजा को कठिनाई से प्राप्त होते हैं उसकी प्रजा नष्ट हो जाती है, 520. जो राजा बराबर प्रजा के सुख-दुख को सुनते हैं उनसे प्रजा प्रसन्न रहती है, 521. न्यायपरायण राजा को, प्रजा माता के समान मानती है, 522. इस प्रकार का प्रजा प्रिय राजा ऐहिक सुख और पारलौकिक स्वर्ग को प्राप्त करता है, 523. अहिंसा ही धर्म है, 524. सज्जन पुरुष अपने शरीर को भी पराया ही मानते हैं, 525. मांस-भक्षण सबके लिए अनुचित है, 526. ज्ञानी पुरुषों को संसार का भय नहीं होता, 527. **विज्ञान (ब्रह्मज्ञान) के दीपक से संसार-भय भाग जाता है**, 528. यह दिखाई देने वाला सबकुछ अनित्य है, 529. कृमि-कीट तथा मल-मूत्र का घर शरीर पुण्य-पाप का जन्मस्थल है, 530. यह जन्म-मरण आदि दुख ही दुख है, 531. इस जन्म-मरणादि से छुटकारा पाने का उपाय करना चाहिए, 532. सब से स्वर्ग की प्राप्ति होती है, 533. क्षमाशील पुरुष का तप बढ़ता रहता है, 534. तपश्चर्या से सबके कार्य सिद्ध होते हैं।

शब्दावली

अंकनी–लेखनी, पेंसिल
अंकेक्षित लेखा–लेखा-परीक्षक द्वारा जाँच किया हुआ हिसाब-ऑडिटेड एकाउंट
अंगरक्षक–शरीररक्षक-बॉडीगार्ड
अन्तग्रस्त–विपत्तिग्रस्त-इंवाल्व्ड
अन्तपाल राज्य–दो देशों की सीमाओं के बीच स्थित राज्य-बफर स्टेट
अन्तरंग सचिव–निजी सचिव, प्राइवेट सेक्रेटरी
अन्तर्वाणिज्य–आभ्यंतर व्यापार, इंटरनल ट्रेड
अन्तिमेत्यम्–अन्तिम चेतावनी-अल्टीमेटम
अंशधर–हिस्सेदार, शेयर होल्डर
अकृतक्षेत्र–कृषि के अयोग्य भूमि
अकृषित–जो भूमि जोती-बोई न गई हो, अनकल्टिवेटेड
अक्ष–धुरी, एक्सिस
अक्षपटल–आय-व्यय के लेखे का प्रावधान, विभाग या कर्मचारी (पटल–अधिवेदन)
अक्षपटलाध्यक्ष–महागणक, महागणनिक, एकाउंटेंट जनरल
अक्षशाला–सुवर्ण आदि का शोधन करने एवं गणना करनेवालों का स्थान।
अग्निवारक–अग्नि का प्रभाव रोकनेवाला, फायरप्रूफ
अग्निशामक–अग्नि को शान्त करनेवाला, फायरब्रिगेड
अग्रदाय–इम्प्रेस्ड
अग्रदाय धन–इम्प्रेस्ड मनी
अग्रसर–आगे बढ़ा हुआ, फॉरवर्ड
अग्रसारित–आगे बढ़ा दिया गया पत्र आदि, फॉरवर्डेड
अटवीवल–कोल-भील लोगों की सेना
अणुदर्शी–सूक्ष्मदर्शी, माइक्रोस्कोप

अति उत्पादन–खपत या माँग से अधिक मात्रा में पण्य वस्तुओं का उत्पादन, ओवर प्रोडक्शन

अतिचरण–सीमा का उल्लंघन, टांसग्रेसन

अत्यय–वैध अर्थदंड

अद्यावधिक–आज तक का, अप-टू-डेड

अधमर्ण–जिसने किसी से ऋण लिया हो, कर्जदार, डेटर

अधिकर–अतिरिक्त कर, सुपर टैक्स

अधिकरण–आधार विषय

अधिकर्ता–निदेशक, संचालक, डायरेक्टर

अधिकर्मी–अधिकारी, ओवरसीयर

अधिकार–कार्यभार, सर चार्ज

अधिकारपत्र–शासन द्वारा प्राप्त पत्र, चार्टर

अधिकारिक सेना–विजित देश पर तब तक अधिकार बनाए रखनेवाली सेना, जब तक कि नियग्ित शासन व्यवस्था कायम नहीं हो जाती, आर्मी ऑफ आकुपेशन

अधिकारी–पदाधिकारी, अफसर

अधिकारी राज्य–कर्मचारी तन्त्र, ब्यूरोक्रेसी

अधिकोष–रुपया जमा करने और मांगने पर ब्याज सहित लौटा देनेवाली संस्था, बैंक

अधिग्रहण–अधिकार या अभिवाचन द्वारा किसी की सम्पत्ति आदि को ले लेना, ऐक्विजिशन

अधिदेय–भत्ता, अलाउन्स

अधिनायक–तानाशाह, डिक्टेटर

अधिनियम–पारित विधि, ऐक्ट

अधिपत्र–लिखित आदेश, वारंट

अधिप्रभार–निर्धारित परिणाम से अधिक शुल्क, ओवरचार्ज

अधिभार–अधिक कर, सरचार्ज

अधिमास–मलमास, लीप इयर

अधियुक्त–नियोजित, एम्प्लॉयड

अधिराज्य–स्वतन्त्र उपनिवेश, डोमीनियन

अधिवक्ता–वकील, एडवोकेट

अधिवारन–डामिसियल

अधिविन्ना–प्रथम विवाहिता पत्नी

अधिशिक्षक–मुख्य अधिष्ठाता, रेक्टर
अधिशेष–बचत, सरप्लस
अधिष्ठाता–नियामक अधिकारी-प्रसाइडिंग ऑफिसर
अधिसूचना–अधिकृत सूचना–नोटिफिकेशन
अधीक्षक–कार्यालय या विभाग का अधिकारी, सुपरिंटेंडेंट
अध्यक्ष–प्रमुख, चेयरमैन
अध्यर्थित- क्लेम्ड
अध्यर्थी–दावेदार, क्लेमेंट
अध्यादेश–विशेष स्थिति में लागू किया गया आदेश, ऑर्डिनेंस
अध्यारोप–इम्त्यूटेशन
अनय–दुष्टनीति
अनर्हता–अयोग्यता, डिस्क्वालिफिकेशन
अनारूढ़–पैदल, डिस्माउंटेड
अनावर्तक–जो (अनुदान) एक ही बार दिया जाए, नॉन रेकरिंग
अनावर्ती–फिर न लौटनेवाला, एपीरिओडिक
अनीकस्थ–निपुण हस्तिशिक्षक
अनीकिनी–सेना का सबसे बड़ा भाग, जिसमें 10–15 हजार सैनिक हों, डिवीजन
अनुग्रह–राजा के द्वारा प्रजा को प्रदत्त उपकार
अनुग्रह परिहार–आर्थिक रियायतें
अनुग्रहधन–सेवा का उपहार, ग्रेचुइटी
अनुच्छेद–संविदा आदि का वह विशिष्ट अंश, जिसमें एक विषय और उसके प्रतिबंधों आदि का उल्लेख हो, पैराग्राफ
अनुज्ञप्ति–अनुज्ञापत्र, लाइसेंस
अनुज्ञाधारी–लाइसेंसदार
अनुदेश–हिदायत, इंस्ट्रक्शन
अनुपूरक–छूट या कमी को पूरा करने के लिए बाद में बढ़ाया हुआ, सप्लिमेंटरी
अनुबन्ध–बंधान, कान्टैक्ट
अनुबन्ध पत्र–करारनामा, इंडेचर
अनुबल–पृष्ठरक्षक सेना, रेयरगार्ड
अनुभाजन–ऐपोर्शन
अनुरक्षक–एस्कोर्ट
अनुवेशनपत्र–परीक्षित पारपत्र, वीजा

अनुशय–क्रय-विक्रय सम्बन्धी विवाद
अनूप–जलमय प्रदेश
अनैतिक–इम्मोरल
अनौपचारिक–इनफारमल
अन्तपाल–सीमान्त अधिकारी
अन्तर्वंशिक–अन्त:पुर का प्रमुख अधिकारी
अन्तर्धि–शत्रु तथा विजिगीषु के बीच का राज्य
अपचारक–दूसरे की सीमा में अनाधिकार प्रवेश, ट्रेसपासर
अपर न्यायाधीश–अतिरिक्त न्यायाधीश, एडिशनल जज
अपर सचिव–अतिरिक्त सचिव, एडिशनल सेक्रेटरी
अपराधी–दोषी, गिल्टी
अपरिदेय–जिसकी अदला-बदली न की जा सके, नॉन ट्रांसफरेबल
अपलाभ–अनुचित लाभ, प्रोफिटियरिंग
अपहार–प्राप्त आय को खाते में न चढ़ाना, निर्धारित धन का व्यय न करना और बचत धन का अपव्यय करना।
अपेक्षाभूमि–परती भूमि, फोलोलैंड
अप्रतिभाव्य–वह अपराध, जिसमें किसी के जामिन बनने या जमानत देने को तैयार होने पर भी अपराधी को अस्थायी रूप से रिहा कर देने की गुंजाइश न हो, नॉन बेलेबल
अप्रत्यक्षकर–जो कर विक्रेय वस्तुओं की बढ़ी हुई कीमत के रूप में उपभोक्ताओं से लिया जाता है, इंडाइरेक्ट टैक्स
अप्रत्यादेय–जो फिर प्राप्त या वसूल किया जा सके, इर्रिकव्हेरेबिल
अप्राप्तव्यवहार–नाबालिग
अभक्ति–अश्रद्धा, डिस्लोयल्टी
अभिकथन–अप्रमाणित आरोप, एलेगेशन
अभिकरण–अभिकर्ता के कार्य करने का स्थान, एजेंसी
अभिकर्ता–कार्यवाहक, घटक-एजेंट
अभिग्रहण–अपना कहकर स्वीकार करना, एक्वीजीशन
अभिज्ञा–मान्यता, रेकॉग्निशन, आइडेंटिटी
अभिज्ञात–मान्यता प्राप्त-रेकॉग्नाइज्ड
अभिज्ञान–पहचान, आइडेंटिफिकेशन
अभिज्ञापक–उद्घोषक, एनाउंसर

अभिज्ञापत्र–पहचान पत्र, आइडेंटिटी कार्ड
अभिधान–कथन, एपीलेशन्स
अभिनिर्णय–अन्तिम निर्णय-वर्डिक्ट
अभिन्यास–किसी योजना के अनुसार गृह, उद्यान आदि का निर्माण करना, ले-आउट
अभिभावक–संरक्षक, गार्जियन
अभियन्ता–यन्त्रविद, इंजीनियर
अभियान–आक्रमण करने की क्रिया
अभियोक्ता–वादी, कॉम्प्लिनेंट
अभियोग–दोषारोपण, एक्यूजेशन
अभिवक्ता–वकील, प्लीडर
अभिरक्षक–सुरक्षा की दृष्टि से किसी वस्तु या व्यक्ति को अपने संरक्षण में रखने वाला
अभिरक्षा–हिरासत, कस्टोडी
अभिलेख–रिकार्ड
अभिलेख कार्यालय–रिकार्ड ऑफिस
अभिलेखपाल–कीपर ऑफ रिकॉर्ड्स
अभिषद्–सीनेट की प्रबन्ध समिति, सिंडिकेट
अभिसूचना–हिदायत, इंस्ट्रक्शन
अभिशास्त्रावणी–भट्ठी, डिस्टलरी
अभुक्त–जिसका उपभोग या भुगतान न किया गया हो, अनकैश्ड
अभ्यंश–नियतांश, कोटा
अभ्यस्त अपराधी–आदतन दोषी, हैबिचुअल ऑफेंडर
अभ्युक्ति–टीका, रिमार्क
अभ्युद्देश–रिफ्रेन्स
अम्ल–तेजाब, एसिड
अमित्रसंपत्–शत्रु के प्रमुख दोष
अय–अभीष्ट फल की प्राप्ति
अराजक–बिना शासक वाली आदर्शवादियों की शासन प्रणाली
अर्थदूषण–आर्थिक क्षति
अर्थशास्त्र–पृथिवी की प्राप्ति और पालन का प्रतिपादन करने वाली विद्या
अर्थापन–व्याख्या, इंटरप्रेटेशन
अर्हता–योग्यता, क्वालिफिकेशन

अवकाशग्रहण–विश्राम लेना, रिटायरमेंट

अवज्ञा–अवहेलना, डिस्ओबिडिएंस

अवधाता–वह व्यक्ति जो असली मालिक की अविद्यमानता में मकान आदि की निगरानी करे, केयरटेकर

अवधायी सरकार–अवधायक सरकार वह सरकार, जो निर्वाचन होने के बाद नई सरकार के कार्यभार ग्रहण कर लेने तक शासन-व्यवस्था की निगरानी करती है, केयरटेकर गवर्नमेंट

अवधान–देखभाल, केयर

अवधायक अधिकारी–किसी कार्यालय का अधिकारी, ऑफिस इंचार्ज

अवमान–अवज्ञा, कंटेप्ट

अवमूल्यन–किसी सरकार द्वारा अन्य देशों की मुद्राओं की तुलना में अपने देश की मुद्रा क़ा मूल्य घटा दिया जाना, डीवेलुएशन

अवयस्क–नाबालिग (18 वर्ष से कम), माइनर

अवर–जूनियर

अवरागार–लोकसभा, लोअर हाउस

अवरुद्ध–नजरबन्द

अवरोधन भत्ता–रूकोनी भत्ता, डिटेंशन अलाउंस

अवशेष–बचा हुआ, बैलेंस ओपनिंग

अवेक्षण–लुक आउट

अवैतनिक–ऑनरेरी

अवैध–नियमविरुद्ध, इल्लीगल

अवसर ग्रहण–अवसर प्राप्त, रिटायरमेंट

अवस्थान प्रक्रम–ठहरने का स्थान, स्टेशन

अवहार–छूट (कर), रिबेट

अव्ययित शेष–किसी काम के लिए निर्धारित या जमा किए हुए धन का वह अंश, जो व्यय न किए जाने के कारण बच गया हो, अनस्पेंट बैलेंस

अशोधित शेष–किसी ऋण आदि का वह बचा हुआ अंश जिसका भुगतान या अदायगी न हुई हो, अनरिडीम्ड बैलेंस

अष्टकुल–आठ सदस्यों की न्यायकारी काउंसिल

असैनिक–सिविल

असैनिकीकरण–किसी स्थान या क्षेत्र को सैन्यविहीन कर देना, डीमिलिटैरिजेशन

अस्थायी सन्धि–आर्मिस्टिस

आकाशी–एरियल
आक्रय–फेरीवाला, हॉकर
आख्यापक–अनाउंसर
आख्यापना–अनाउंसमेंट
आज्ञप्ति–दीवानी मुकदमे में न्यायालय द्वारा दिया गया निर्णय, डिग्री
आतिथ्य शुल्क–आयात माल पर कर
आतंक युद्ध–प्रचार आदि के द्वारा ऐसा आतंक उत्पन्न कर देना कि जिससे शत्रु का साहस और युद्ध क्षमता क्षीण पड़ जाए, वार ऑफ नर्व्ज
आदेय–वह धन, जो दूसरों से मिलना हो या जो अपनी सम्पत्ति बेचकर प्राप्त किया जाए, असेट्स
आधि–धरोहर, पॉन
आधिकारिक–सरकारी, ऑफिसियल
आन्वीक्षकी–आत्मविद्या
आपत्सहायकार्य–दुष्टकाल या बाढ़, भूकम्प आदि के संकटकाल में, आर्त तथा असहाय जनता की सहायता के लिए आरम्भ किया गया सार्वजनिक निर्माण कार्य, रिलीफ वर्क
आपात–आकस्मिक संकट, इमरजेंसी
आपृच्छा–रेफरेंडम
आबकारी–एक्साइज
आभारोक्ति–एक्नॉलेजमेंट
आयकर–इनकम टैक्स
आयकर अधिकारी–इनकम टैक्स ऑफिसर
आयात शुल्क–इम्पोर्ट ड्यूटी
आयात–इम्पोर्ट
आयाम–माप, डाइमेंशन्स
आयव्ययक–किसी निश्चित अवधि के आय-व्यय का लेखा, बजट
आयुक्त–कमिश्नरी का प्रधान अधिकारी, कमिश्नर
आयोग–किसी विशेष कार्य को सम्पन्न करने के लिए नियुक्त व्यक्तियों का मंडल, कमीशन
आयोजना–प्लानिंग
आरक्षक–आरक्षी, पुलिस
आरक्षण–रिजर्वेशन

आरक्षित शायिका–रिजवर्ड बर्थ
आलोचना–गुण-दोष विवेचन, कॉमेंट
आवक–इनवार्ड
आवर्त–रिवोल्यूशन
आवर्त्तक–आवर्ती, बार-बार दिया जाने वाला (अनुदान), रेकरिंग
आविस पत्र–मैनिफेस्टो
आशुपत्र–एक्सप्रेस लेटर
आशुलिपिक–स्टेनोग्राफर
आसेध–कुर्की, अटैचमेंट
आहर्त्ता–ड्रावर
आहार्यी–ड्रावी
आह्वान पत्र–सम्मन, समंस
इतिवृत्त पत्रक–हिस्ट्री शीट
इतिशेष–बैलेंस क्लोजिंग
उच्चाधिकारी–हाई कमान
उच्चायुक्त–हाई कमिश्नर
उत्कोच–रिश्वत, ब्राइब
उत्तमर्ण–महाजन, क्रेडिटर
उत्तराधिकारी–हेयर
उत्तोलक–ऊपर उठाकर तौलने वाला यन्त्र, लीवर
उत्थानक–ऊपर-नीचे चढ़ाने उतारने वाला बिजली का आसन, लिफ्ट
उद्ग्रहण–उगाहना, लेवी
उद्योगशाला–कारखाना, फैक्ट्री
उन्मोचन–बन्धनमुक्त या ऋणमुक्त, डिस्चार्ज
उप–डिप्टी
उप उच्चायुक्त–डिप्टी हाई कमिश्नर
उपकर–एक तरह का छोटा कर, जो विविध वस्तुओं पर विभिन्न स्थितियों में लगाया जाता है, सेस
उपकुलपति–कुलपति के मातहत, प्रो-वाइसचांसलर
उपजीव–मानना या धर्म आदि का पालन करना (राज शब्दोपजीवी-राजा की उपाधि धारण करने वाला संघ, शस्त्रोपजीवी-जो संघ अस्त्र-शस्त्रों का व्यवहार करता था अथवा युद्धकला में निपुण होता था।)

उपनिदेशक–डिप्टी डाइरेक्टर
उपनिवेश–दूसरे देशों में अपनी बस्ती बसाना या नई बस्ती बसाना, कॉलोनिजेशन
उपनौबलाध्यक्ष–वाइस एडमिरल
उपपंजीयक–सब रजिस्ट्रार
उपपत्ति–थ्योरी
उपप्रस्ताव–मोशन
उपमुख्य–डिप्टी चीफ
उपमुख्य लेखा अधिकारी–डिप्टी चीफ अकाउंट ऑफिसर
उपबन्ध–शर्तक, कांडिशन
उपयोजक–एडॉप्टर
उपशुल्क–उपकर, रेंट
उपसंचालक–डिप्टी डायरेक्टर
उपसंहरण–घटाना, कम करना, आबेट
उपस्कर–मसाला, इक्युपमेंट
ऋणबन्धनपत्र–रुक्का, प्रो-नोट
औपचारिक–दिखाऊ, फारमल
औरस–विवाहिता पत्नी से उत्पन्न पुत्र
कक्ष–सेना के पश्चाद् भाग के दोनों पार्श्व
कण्टकशोधन–समाज-अहितकारी लोगों का दमन
कण्टिका–आलपीन, पिन
कण्टिकाधार–पिनकुशन
कर–चुंगी, इम्पोस्ट
कर निर्धारक–असेसर
करण–न्यायालय में बयान लिखनेवाला, क्लर्क
करणिक–क्लर्क
करणिक प्रधान–हेडक्लर्क
करणिक मुख्य–चीफ क्लर्क
करणिक सहायक–असिस्टेंट क्लर्क
कर्णपाल–क्वाटर मास्टर
कर्मक–पर्सनल (वर्ग)
कर्मकार–वर्कमैन
कर्मशाला–वर्कशाप

कर्मान्त–कारखाना
कल्पना–दन्तकथा पुराणकथा, मेथ
कारागारिक–कारापाल, जेलर
कार्तान्तिक–यमपट दिखाकर जीविकोपार्जन करनेवाला ज्योतिषी
कार्मिक–गणना विभाग का कर्मचारी
कार्यकारी अभिकर्ता–ऐक्टिंग एजेंट
कार्यनायक–चार्ज डी-एफेयर्स
कार्य-परिषद्–काउन्सिल ऑफ एक्शन
कार्यपुस्तक–काल बुक
कार्यभारी–इंचार्ज
कार्यवाहक–एक्टिंग
कार्यवाहक प्रभारी–इंचार्ज
कुटीर शिल्प–छोटा उद्योग, काटेज इंडस्ट्री
कुलपति–वाइसचांसलर
कुलिक–पौर का न्यायाधीश, गणराज्य में निर्णय करनेवाली संस्था
कूटरूप–जाली सिक्का
कूटशासन–कपट लेख या जाली दस्तावेज
कूटसाक्षी–झूठा गवाह
कृतिस्वामित्व–सर्वाधिकार, कॉपीराइट
कृष्य–जो भूमि जोती बोई जा सके, कल्टिवेटेबिल
केन्द्र निदेशक–स्टेशन डाइरेक्टर
कोशसंपत–राजकोष के उत्कृष्ट गुण
कोष्ठागार–सरकारी अन्नसंग्रह का स्थान
क्षति सर्वेक्षण–डेमेज सर्वे
क्षय–अल्प आय और अधिक व्यय
क्षेत्रीय न्यायालय–रीजनल कोर्ट
खंड निरीक्षक–ब्लॉक इन्स्पेक्टर
ख्यापना–ऐलान, अनाउंसमेंट
गण–संस्था, सिनेट, कम्पनी
गणक, गाणनिक–आय-व्यय, लेखक, एकाउंटेंट
गणना–लेखा, अकाउंट
गणनाफलक–खिड़की, काउंटर

गणिकाध्यक्ष–वेश्याओं पर अनुशासन रखनेवाला अधिकारी
गति निदेशक–मूवमेंट डाइरेक्टर
गुटिकाधार–बाल बेयरिंग
गुणांकन–स्कोरिंग
गुल्म–रक्षकदल, प्लाटून
गृहपति–छात्राभिरक्षक, वार्डन
गृहरक्षक–होमगार्ड
ग्रन्थागारिक–पुस्तकालय का अध्यक्ष, लाइब्रेरियन
ग्रन्थि–गिल्टी, ग्लेंड
ग्रामकूट–गाँव का मुखिया
ग्राम गामणिक–किसी गाँव या नगर का निर्वाचित राजा या सभापति
ग्रामणी–गाँव का मुखिया
ग्रामिक–ग्रामपाल
घट्‌टकर–नावकर, फेरी टॉल
चमू–मंडल, डिवीजन
चारक–हवालात
चालक–ड्राइवर
चिकित्सा अधिकारी–मेडिकल ऑफिसर
चित्राधार–अलबम
छंद–मत, वोट
छंदक–सम्मति, रेफरेन्डम
छंदाधिकार–मताधिकार
छद्‌मनाम–कपटनाम, प्यूडोनिक
छद्‌मयुद्ध–कपट युद्ध, शैम फाइट
जनन–उत्पादन, रिप्रोडक्शन
जनपद–देशसंघ
जनपद सैन्य–देशरक्षक सेना, मिलीशिया
जल परिवहन विधि–एडमिरेलिटी ला
जनसम्पर्काधिकार–जनता से सम्पर्क बनाए रखने वाला सरकारी अधिकारी, पब्लिक रिलेशन ऑफिसर
जनित्र–जेनरेटर
जीवनरक्षक पेटी–डूबने से बचने के लिए बाँधी जानेवाली ऐसी पेटी जिसमें हवा

भरी रहती है या बड़ा सा कार्क लटकता रहता है, लाइफ बेल्ट

ज्ञप्ति, प्रज्ञप्ति–सूचना

ज्ञात कुल–डिस्क्रिप्ट

ज्वलनांक–फायर पोइंट

ज्वालक–बर्नर

टंकशाला–टकसाल, मिंट

डमर–विप्लव

डिम्ब–प्रजा-विप्लव

तर्जनी–देशिनी प्रदेशिनी-इंडैक्स फिंगर

तीर्थ–विभागीय अध्यक्ष

तुन्नवाय–दर्जी

तुलनपत्र–बैलेंस शीट

दंडपाल–सेनाध्यक्ष

दंडाधीश–दंडाधिकारी, मजिस्ट्रेट

दशकुली–दस परिवारों का संघ

दशग्रामी–दस गाँवों का समुदाय

दाति–वितरण, डेलीवरी

दाय–रिक्थ, इन्हेरिटेंस

दायाद–पिता की सम्पत्ति का उत्तराधिकारी

दिक्सूचक–कुतुबनुमा, कम्पास

दिविर–मुंशी, रजिस्ट्रार, एक्चुअरी

दुरभियोजन–किसी को हानि पहुँचाने के लिए की जानेवाली गुप्त कार्यवाही, प्लॉट

दुर्गरक्षक सेना–दुर्गनिवेश, गारिजन

दूरमुद्रक–टेलिप्रिंटर

दूष्य–राजद्रोही

द्रावक–फलस्क

द्विनेत्री–दूरबीन, बाइनोकुलर

द्वैराज्य–दो शासकों वाला राज

धनादेश–चेक

धरण–सहारा, गर्डर

धर्मस्थ–दीवानी कचहरी का न्यायाधीश

धर्मस्व–प्राभृत, इन्डोमेंट

धारक–कीपर
धारणिक–कर्जदार
धारा–दफा, सेक्शन
धारिता–मता, कैपेसिटी
धारुक–बियरिंग
धात्री–दायी, मिडवाइफ
ध्वजदंड–प्लेग स्टाफ
ध्वजपति–प्लेग ऑफिसर
ध्वजपोत–फ्लेगशिप
नगरपाल–सिटी फादर
नगररक्षक–सिविल गार्ड
नामन्–आख्य, नॉमिनेशन
नामपत्र–लेबल
नामिका–पेनल
नायक–दलनेता, कैप्टन
नाविक–पोतारोही, डेक हैड
निकाय–वर्ग, बॉडी
निगम–पौर संघ, कॉरपोरेशन
निचयकर्ता–समासक, संक्षेपकर्ता, अब्रेविएटर
निजी सचिव–निजी कामों की देखभाल करनेवाला सचिव, प्राइवेट सेक्रेटरी
निदेश–हिदायत, डाइरेक्शन
निदेशक–डाइरेक्टर, प्रशासन
निबन्धक–पंजीयक, रजिस्ट्रार
निबन्धन–पंजीयन, रजिस्ट्रेशन
नियन्त्रक–कंट्रोलिंग ऑफिसर
नियामक–अवरोधक, रेगुलेटर
नियोक्ता–नियोजिता, एम्प्लायर
निरंकुश राजतन्त्र–एबसोल्यूट, मोनार्की
निरसन–किसी विधि आदि को अधिकारपूर्वक या वैधरीति से रद्द कर देना, रिपील्ड
निरीक्षक–इंस्पेक्टर
निर्देशक–डाइरेक्टर (प्रोग्राम)
निर्माता–प्रोजेक्टर

निर्वात–वेक्यूम
निलंबित–मुअत्तिल, सस्पेंडेड
निबन्धक–मुनीम
निष्कासिका–आउटलेट
निष्क्रांत–इवेक्यूई
निष्क्रिय लेखा–डेड अकाउंट
निष्पादक–एक्जिक्यूटिव
निसृष्टि–राज्य का प्रमाण पत्र
निस्तारण–काम पूरा करने की क्रिया, डिस्पोजल
निस्यंदक–फिल्टर
नि:स्वामिक भूमि–वह परती भूमि जो किसी के अधिकार में न हो, नो मेंस लैंड
नीवी–आय-व्यय के बाद का बचा हुआ धन
नैगम–नगर व्यापारियों की सभा
नैमित्तिक–असाधारण काजल
नौतरण–वहन जलयात्रा, नैविगेशन
नौबलाध्यक्ष–नौसेना का प्रधान सेनापति, एडमिरल
नौभार–कारगो
न्यायसभ्य–जूरी
न्यायिक–ज्यूडिशियल
न्यास–निगम, ट्रस्ट
न्यायसधन–ट्रस्टमनी
पंजी–रजिस्टर
पंजीयन–दर्ज करना, रजिस्ट्रेशन
पक्ष–सेना के अग्रभाग के दोनों पार्श्व
पंचगामी–पाँच गाँवों का करसंग्रह करनेवाला अधिकारी
पण–शर्त, राज्याभिषेक के समय राजा से इस बात की शपथ कराई जाती कि वह धर्म या कानून के अनुसार शासन करेगा
पण्य–व्यवहार योग्य, कॉमोडिटी
पण्यक्षेत्र–पण्यभूमि, बाजार, मार्केट
पण्यगृह–गोदामघर
पण्यशाला–भंडार, इम्पोरियम
पत्तनपति–हार्बर मास्टर

पत्ती–पार्टी
पत्रवाहक पंजी–पियन बुक
पथकर–मार्गकर, टॉल
पदक्रम–ग्रेड
पदक्षेप–मार्क टाइम
पदाति–पैदल सेना, इन्फैन्ट्री
परजीवी–पैरासाइटिक
परराष्ट्र मन्त्री–फारेन मिनिस्टर
परिचर–सेवक, अटेंडेंट
परिचायक–डिटेक्टर
परिचालक–ऑपरेटर
परिदर्शन–इन्सपेक्शन (चिकित्सा)
परिधि–सरकल
परिपथ–सरक्यूट
परिपृच्छा–पूछताछ, इनक्वाइरी
परिभाव्य धन–काउशन मनी
परिरक्षक–परजरवेटिव (चिकित्सा)
परिवर्त्तक–कॉन्वर्टर
परिवहन–ट्रांसपोर्ट
परिवाद–शिकायत, कॉम्प्लैंट
परिवीक्षा–परख, प्रोवेशन
परिव्यय–लागत, कॉस्ट
परिषद्–काउन्सिल
परिष्ठा–हैसियत, स्टेट्स
परिसम्पत्ति–असेसमेंट
परीक्षक–टेस्टर
परीक्षण–टेस्ट
परीहार–करमुक्ति से सम्बद्ध राजाज्ञा-पत्र
पर्णिका–कूपन
पर्यवेक्षक–सुपरवाइजर
पलायी–फरार, एब्स्कोंडर
पशु-चिकित्सा-निरीक्षक–वेटरनरी इंस्पेक्टर

पारणक–अनुमतिपत्र, पास
पारपत्र–अनुज्ञापत्र, पासपोर्ट
पारित–स्वीकृत, पास्ड
पारिषद्–काउन्सलर
पार्श्व–बैक ग्राउंड
पार्श्वरक्षक सेना–फ्लैंकगार्ड
पावती पत्र–रसीद, एकनॉलेजमेंट
पीठस्थविर–कुलसचिव, रजिस्ट्रार
पुनर्वास–फिर से बसाना, रिहैबिलिटेशन
पुस्त–बहीखाता
पूग–श्रमिक संघ
पूगगामणिक–शिल्प-सम्बन्धी किसी गण या संघ के सभापति
पूर्त्यधिकारी–वितरण का व्यवस्थापक सप्लाई ऑफिसर
पूर्वेक्षण–पर्व्यू
पृतना–ब्रिगेड
पृतनापति–ब्रिगेडियर
पौर–नगरवासियों की सभा या संस्था; राजधानी के निवासियों की सभा या संस्था, म्यूनिसिपल व्यवस्था
पौर मुख्य–मजिस्ट्रेट
प्रकाश स्तम्भ–रात में विमानों का पथ प्रदर्शन करने के लिए हवाई अड्डे पर दाएँ-बाएँ घूमने वाला प्रकाश, लाइट हाउस या सर्चलाइट
प्रकोष्ठ–सभाकक्ष, लॉबी
प्रणिधि–गुप्तचर, सीक्रेट एजेंट
प्रतिकर–मुआवजा, कम्पनसेशन
प्रतिजीवाणुक–ऐंटीसेप्टिक
प्रतिज्ञा–राज्याभिषेक के समय की शपथ
प्रतिनिधि–डेलिगेट
प्रतिपत्रक–रसीद
प्रतिभाव्य–जमानत, बेलेबिल
प्रतिभू–जामिन, जमानत देने वाला, श्यूरटी
प्रतिभूति–गारंटी
प्रतिरक्षा–इमुनिटी

प्रतिलोम–कन्वर्स
प्रतिवर्णक–नमूना
प्रतिवर्त्त–रिफ्लैक्स
प्रतिवेदन–आख्या, रिपोर्ट
प्रतिश्रवण–प्लेबैक
प्रतिष्ठाता–प्रवर्तक संस्थापक, फाउंडर
प्रतीक्षालय–वेटिंग रूम
प्रत्यक्ष प्रभार–डाइरेक्ट चार्ज
प्रत्यय–साख, क्रेडिट
प्रत्ययपत्र–क्रिडेंशियल्स
प्रत्याय–प्रतिफल, रिटर्न
प्रत्यायित–संवाददाता, एक्रिडिटेड
प्रत्यावर्तक–अल्टरनेटर
प्रत्यावर्ती–लूप (आकाशी)
प्रदर्शक–एक्जिविटर
प्रदर्शिका–गाइडबुक
प्रदेष्टा–फौजदारी कचहरी का न्यायाधीश
प्रधान–मुख्य, चीफ
प्रधान निदेशक–डाइरेक्टर जनरल
प्रधान नियामक–हेड रेगुलेटर
प्रधानमंत्री–प्राइम मिनिस्टर
प्रधान संकेतक–हेड सिग्नलर
प्रधान सचिव–महासचिव, सेक्रेटरी जनरल
प्रधान सैनिक केन्द्र–जेनरल हेडक्वार्टर्स
प्रपत्र–फार्म
प्रबन्धक–मैनेजर
प्रभार–चार्ज (कार्यभार), चार्ज (भाड़ा)
प्रभारी–उत्तरदायी, इंचार्ज
प्रभुसत्ता–पूर्णसत्ता, साव्हरेनटी
प्रमंडल–संघ, कम्पनी
प्रयोजना–प्रोजेक्ट
प्रयोज्य–लागू, ऐप्लिकेबल

प्रलेख–डाकूमेंट
प्रवक्ता–अधिकार प्राप्त बोलनेवाला प्रतिनिधि, स्पोक्समैन
प्रवर–उच्च, सीनियर
प्रवर समिति–सेलेक्ट कमिटी
प्रवर्तक–ओरिजिनेटर
प्रवर्धक–एम्प्लिफायर
प्रवाहिका–डिसेंटरी
प्रविधि–विशेष ढंग, टेकनीक
प्रशास्ता–कारागार अधिकारी
प्रशीतन–रेफ्रिजिरेशन
प्रशुल्क–आयात-निर्यात की वस्तुओं पर लगनेवाला कर, टैरिफ
प्रसंवादी–हारमोनिक
प्रस्तुति–प्रजेंटेशन
प्रवृत्त–लागू, इनफोर्स
प्रशासक–शासन या भू-सम्पत्ति का प्रबन्ध करनेवाला अधिकारी, ऐडमिनिस्ट्रेटर
प्रशासन–ऐडमिनिस्ट्रेशन
प्रहरक–वाचमैन
प्रांतपति–राज्यपाल, गवर्नर
प्राक्कलन–संभावित व्यय का अनुमान, एस्टिमेट
प्रातराश–नाश्ता, ब्रेकफास्ट
प्राधिकार–प्रिविलेज
प्राधिकारी–अथॉर्टी
प्राप्तव्यवहार–वयस्क
प्राप्ताधिकार–विशेषाधिकार, प्रिविलेज
प्राप्तानुज्ञ–आज्ञापत्र, लाइसेंस
प्राप्ति और दाति–रिसीप्ट एंड डिलीवरी
प्राभिकर्ता–अटॉर्नी
प्राभियोग–महाभियोग, इम्पीचमेंट
प्रारक्षण–रिजर्व
प्रारूप–मसौदा, ड्राफ्ट
प्राविधिक–किसी कला, शिल्प आदि की विशेष कार्यविधि, टेक्निकल
प्रेक्षण–ऑबजर्व

प्रेषी–पानेवाला, ऐड्रेसी
बाहिनी–बटालियन
भंडार नियन्त्रक–कंट्रोल ऑफ स्टोर्स

भांडागार–गोदाम, गुडोन
भांडारिक–स्कांधिक बिक्री के लिए बहुत सी चीजें अपनी दुकान या गोदाम में रखने वाला, स्टाकिस्ट
भाग्यदा–पोर्टर
भूयोजन–अर्थ
भृति–मजदूरी, वेज
भृति भोगी–रुपए के लालच से किसी की सेवा करने वाला, मर्सीनरी
मंडल–डिवीजन
मंडल अधीक्षक–डिवीजनल, सुपरिंटेंडेंट
मंडल मुख्यालय–डिवीजन हेड क्वाट्र्स
मन्त्रणा–कौंसल
मन्त्रणाकार–सलाहकार, ऐडवाइजर
मन्त्रालय–मिनिस्ट्री
मन्त्रिपरिषद्–मन्त्रियों की गोपनीय सभा
मन्त्रि-परिषद्–राष्ट्र के कार्यों का विवेचन करनेवाली परिषद्
मन्त्री–अमात्य (एक साथ रहनेवाला)
मत्स्यन्याय–आततायियों का उपद्रव
मयद–खतरा, डेंजरस
मलक–भत्ता, अलाउंस
महागणनाध्यक्ष–महालेखापाल, अकाउंटेंट जनरल
महाधिवक्ता–एडवोकेट जनरल
महानिरीक्षक–इन्स्पेक्टर जनरल
महान्यायवादी, महाप्राभिकर्ता–ऐटर्नी जनरल
महापत्रपाल–पोस्ट मास्टर जनरल
महापरिषद्–जनरल कौंसिल
महाबलाधिकृत–फील्ड मार्शल
महामहिम–हिज एक्सेलेंसी

महामात्य–प्रधानमन्त्री
महामान्य–हिज मैजिस्टी
महालेखापरीक्षक–आडिटर जनरल
मानक–स्टैंडर्ड
माननीय–ऑनरेबुल
मार्गपथ–रोड–वे
मार्गाधिकार–राइट–ऑफ–वे
मित्र शक्ति–मित्रराष्ट्र एलाइड पावर
मुख्यकरणिक–हेड क्लर्क
मुख्य न्यायाधिपति–चीफ जस्टिस
मुख्य न्यायाधीश–चीफ जज
यन्त्र–मशीन
यन्त्रजात–मशीनरी
यन्त्रशाला–मशीनघर
यांत्रिक–मिस्त्री, मैकेनिक
यान पथ–कैरेज–वे
युक्त–आयकारी या अफसर
युक्त कर्म चायुक्तस्य–जो व्यक्ति अफसर या अधिकारी नहीं है, उसका किया हुआ ऐसा कार्य जो किसी अधिकारी या अफसर को करना चाहिए
युक्ताहार–बैलेंस्ड डाइट
युग्मन–संयुजन, कॉन्जुगेशन
योजक–आँकड़ा, कपलर
रक्षित–वार्ड
रक्षी–करद
राजक–संयुक्त कौंसिल
राजतन्त्र–मोनार्की
राजदया–क्लेमेंसी
राजदूत–अम्बेसेडर
राजनयिक संवाददाता–डिप्लोमेटिक कॉरेसपोंडेंट
राजपत्र–गजट
राजपथ–राजमार्ग, हाइवे
राजशब्दिन् संघ–वह प्रजातन्त्र जिसमें राजन् या राजा की उपाधि धारण की जाती है

राजशासन–राजाज्ञा

राजस्व–रेवेन्यू

राजा–शासक, राजा को शासक इसलिए कहा गया है कि उसका कर्तव्य अच्छे शासन के द्वारा अपनी प्रजा का रंजन करना अथवा उसे प्रसन्न करना होता है

राज्य परिषद्–कौंसिल ऑफ स्टेट

राष्ट्रपति, अध्यस्ता–प्रजातन्त्री राष्ट्र द्वारा चुना हुआ प्रधान शासक, प्रेसिडेण्ट

राष्ट्रमण्डल–कॉमनवेल्थ

राष्ट्रमुख्य–जनपद के प्रमुख पुरुष

राष्ट्रसंघ–लीग ऑफ नेशन्स

रिक्ति–वेकेंसी

रिक्थ–सम्पदा, इस्टेट

रोषक–ब्रेक

लक्षण–राजकीय चिह्न

लक्षणाध्यक्ष–सिक्के ढालनेवाला प्रधान अधिकारी

लाभांश–बोनस

लेखा–हिसाब, अकाउंट

लेखा करणिक–एकाउंट क्लर्क

लेखा पुस्ती–बहीखाता, एकाउंट बुक

वनरक्षक–फारेस्ट रेंजर

वन्धपत्र–प्रतिज्ञापत्र, बौंड

वर्णन–हुलिया, डिस्क्रिप्शन

वर्तिग्रह–बर्नर

वलय मार्ग–रिंग रोड

वहन अभिकर्ता–केरिंग एजेंट

वातानुकूलित–एयरकंडीशंड

वाष्पित्र–बॉयलर

वाहक–बेयरर (चेक)

वाहिनी–सेना, ब्रिगेड

वाहिनीपति–सेनापति, ब्रिगेडियर

विगोपन–एक्सपोजर

विज्ञप्ति–कॉम्युनिक

वित्त विधेयक–फाइनेन्स बिल
विद्युत आवेश–इलेक्ट्रिक चार्ज
विधिक–कानूनन, लीगल
विधेयक–बिल
विपण्य–मार्किटेबल
वियोजन–फैलाव, डिस्प्रेशन
विलम्ब शुल्क–डेमरेज
विलय–मर्ज
विवरण–कॉमेंट्री
विशाखन–डिवर्सन
विष्कम्भक–इण्अरल्यूड
विष्टि–श्रमिक संघ
विवीत–गोचर
वेदक–अभियोक्ता या फरियादी
वृत्तक–हैंड आउट
वृत्त रूपक–न्यूज फीचर
वृत्तपत्र–न्यूज लेटर
वेधक–बोरर
वैध–वैलिड
वैमानिक–हवाई
वैराज्य शासन-प्रणाली–बिना राजा की अथवा राजारहित शासन-प्रणाली
व्यक्तिगत–पर्सनल
व्यवहार निरीक्षक–कोर्ट इंस्पेक्टर
व्यवहारपटल–काउंटर
व्युत्थान–बगावत, रिवोल्ट
शलक–फायर (आग)
शलक नियन्त्रण केन्द्र–फायर कंट्रोल
शलककार–गोलाबारी करनेवाला फायर
शलाका–मतपत्र
शलाकाग्रहण–एक प्रकार के रँगे हुए टिकटों द्वारा मत (छंद) एकत्र करना
शायिका–बर्थ
शालाकी–सर्जन

शासन–राज-लेख
शिल्पज्ञ–टेक्निशियन
शिल्पविद्या–टेक्नॉलॉजी
शिल्पसंघ–श्रमिक निकाय, गिल्ड
शिष्टमंडल–डेलिगेशन
शूक–पिन
शूकधानी–पिनकुशा
शून्यपाल–प्रांतीय शासक
शैल्पिक प्रशिक्षण केन्द्र–टेक्निकल ट्रेनिंग सेंटर
श्रमसंघ–श्रमिकों का संघ, लेबर यूनियन
श्रेष्ठिन्–प्रधान, मेयर
श्रेणी–शिल्पियों और व्यवसायिकों का संघ
श्रोणि–हिप
संकलन अधिकारी–कॉम्पिलकेशन अधिकारी
संकलनकर्ता–कॉम्पिलर
संकेतक–सिगनल
संक्रमण–इन्फेक्शन
संगणित–कल्कुलेटेड
संगलक–इलेक्ट्रिक फ्यूज
संग्राहक–रिसीप्टर
संग्राही–रिसीवर (आकाशी)
संघ–बहुत से लोगों की मिलकर बनाई समिति, सभा या संस्था, फेडरेशन
संघ–वैश्यों तथा क्षत्रियों का विशेष समुदाय
संघनक–संघारित्र, संघनित्र, कॉन्डेन्सर
संचालक–ऑपरेटर, कंडक्टर, डाइरेक्टर
संज्ञापन–सलाह, ऐडवाइज
सन्देशहर–सन्देशवाहक, मैसेंजर
सम्भोग–पोर्टफोलियो
संयामक–गवर्नर (आकाशी)
संवर्ग–ब्लाक
संवातन–वेंटिलेटर
संवाद नियन्त्रक–सेंसर

संविद्–करार करके बनाए हुए नियम
संविदा–समझौता, कांट्रैक्ट
संविधान–कांस्टिच्यूशन
संविधान सभा–कांस्टिच्यूशन ऐसेम्बली
संविधि–विधानसभा द्वारा स्वीकृत वह लिखित विधान जो स्थायी कानून के रूप में हो, स्टैट्यूट
संवेष्टिका–पैकेट
संहिता–कोड
सदाशय–बोनाफाइड
सन्न–सहायक कृषि अधिकारी
सन्निधाता–राजकोष का संग्राहक एवं संरक्षक
सन्निधातृ–संगृहीत, राजकोष का अध्यक्ष
समक्ष नियोक्ता–एम्लायमेंट ऑफिसर
समय–सामूहिक संस्थाएँ (अर्थात् ऐसे नियम या निश्चय जो सब लोगों के समूह में स्वीकृत हुआ करते थे)
समय सारिणी–टाइम टेबुल
समरणनिधि–सुविधायक कोष, प्रॉविडेंट फंड
समवरोधक–नाकाबंदी, ब्लॉक्ड
समवाय–कम्पनी
समादेश–कमांड
समालाप–इन्टरव्यू
समाहर्ता–दुर्ग-राष्ट्र की राजकीय आय को एकत्र करनेवाला मुख्य अधिकारी
समाहर्ता, समाहर्तृ–भागदुह, राजकर का संग्रह करनेवाला, कलेक्टर
समुदाय–मेस
समूह–संघटित सभा या संस्था
सर्वेक्षण–सर्वे
सर्वोच्च न्यायालय–सुप्रीम कोर्ट
सहायक उच्चायुक्त–असिस्टेंट हाई-कमिश्नर
सहायक निदेशक–असिस्टेंट डाइरेक्टर
सहायक लेखा परीक्षक–असिस्टेंट ऑडिटर
सहायक सचिव–असिस्टेंट सेक्रेटरी
सहायक सूचना अधिकारी–असिस्टेंट इन्फारमेशन ऑफिसर

साधारणीकरण–जेनरेलिजेशन
सार्थ–व्यापारियों का संघ
सार्थ–सेना, कान्वॉय
सीमांत–फ्रांटियर
सीमागुल्म–सीमा पर स्थित चौकी, बैरियर
सीमा शुल्क–कस्टमड्यूटी
सुश्रावक–माइक्रोफोन
सूचक–अलार्म
सूचना सहायक–इन्फारमेशन असिस्टेंट
सूत्र–फॉरमूला
सेनानायक–कमांडेंट कमांडर
सेनामुख–सेक्शन
सैनिक न्यायालय–कोर्ट मार्शल
सैन्यदल–रेजिमेंट
सैन्यनायक–जनरल
स्कंध–गोदाम, दाल का भंडार, स्टॉक
स्कंधावार–शिविर, कैंप
स्कांधिक–स्टॉकिस्ट
स्तम्भ–कॉलम
स्थानिक–समाहर्ता का अधीनस्थ अधिकारी एवं जनपद तथा नगर के चतुर्थांश का शासक
स्फटिक–क्रेस्टल
स्फुरण–फ्लटर
स्वचल–ऑटोमेटिक
स्वामिभू–जागीर, मैनर
स्वायत्तशासन–ऑटोनोमी
हस्तक–हैंडिल
हीनमुद्रा–खोटा सिक्का, क्वायन वेस

●●●